Vos ressources numériques en ligne !

Un ensemble d'outils numériques spécialement conçus pour vous aider dans l'acquisition des connaissances liées à

APPRENTISSAGE ET ENSEIGNEMENT

2e édition

- Des hyperliens
- Des documents complémentaires sur l'analyse et la modification du comportement

Raymond Vienneau

Apprentissage et enseignement

Théories et pratiques

2e édition

gaëtan morin
éditeur
CHENELIÈRE ÉDUCATION

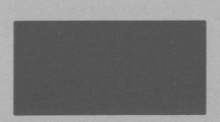

Achetez
en ligne
En tout temps,
simple et rapide !
www.cheneliere.ca

Accédez à ces outils en un clic !

www.cheneliere.ca/vienneau

CHENELIÈRE
ÉDUCATION

Raymond Vienneau

Apprentissage et enseignement

Théories et pratiques

2ᵉ édition

gaëtan morin éditeur

CHENELIÈRE ÉDUCATION

Apprentissage et enseignement
Théories et pratiques, 2e édition

Raymond Vienneau

© 2011 **Chenelière Éducation inc.**
© 2005 gaëtan morin éditeur ltée

Conception éditoriale : Luc Tousignant
Édition : Annie Ouellet
Coordination : Jean-Pascal Baillie
Recherche iconographique : Marc-André Brouillard
Révision linguistique : Mireille Léger-Rousseau
Correction d'épreuves : Natacha Auclair
Conception graphique : Christian Campana

**Catalogage avant publication
de Bibliothèque et Archives nationales du Québec
et Bibliothèque et Archives Canada**

Vienneau, Raymond, 1957-

Apprentissage et enseignement : théories et pratiques

2e éd.

Comprend des réf. bibliogr. et un index.

ISBN 978-2-89632-068-4

1. Apprentissage. 2. Psychopédagogie. 3. Psychologie de l'apprentissage. 4. Enseignement. I. Titre.

LB1060.V53 2011   370.15'23   C2011-940730-2

**gaëtan morin
éditeur**

CHENELIÈRE ÉDUCATION

5800, rue Saint-Denis, bureau 900
Montréal (Québec) H2S 3L5 Canada
Téléphone : 514 273-1066
Télécopieur : 514 276-0324 ou 1 800 814-0324
info@cheneliere.ca

ISBN 978-2-89632-068-4

Dépôt légal : 2e trimestre 2011
Bibliothèque et Archives nationales du Québec
Bibliothèque et Archives Canada

Imprimé au Canada

3 4 5 6 7 M 17 16 15 14 13

Nous reconnaissons l'aide financière du gouvernement du Canada par l'entremise du Fonds du livre du Canada (FLC) pour nos activitées d'édition.

Gouvernement du Québec – Programme de crédit d'impôt pour l'édition de livres – Gestion SODEC.

Œuvre de la couverture

Artiste : Paul-Émile Borduas
Titre : *La colonne se brise*
Date : 1950
Médium : Huile sur toile
Mention : Collection du Musée des beaux-arts de Montréal
Crédit photographique : MBAM, Brian Merrett

Paul-Émile Borduas est né à Saint-Hilaire en 1905. Élève des maîtres Ozias Leduc (École des Beaux-Arts de Montréal) et Maurice Denis (Ateliers d'Art sacré, Paris), il enseigne, lui aussi, à l'École du Meuble (1937-1948). Il rédige le manifeste du mouvement automatiste québécois, *Refus global* (1948). Sa renommée internationale en fait l'un des peintres incontournables de l'histoire de l'art contemporain au Québec. Il meurt à Paris en 1960.

Remerciements

Nous dédions ce livre à tous les professeurs et professeures bâtisseurs de la Faculté des sciences de l'éducation de l'Université de Moncton (Nouveau-Brunswick), à toutes ces personnes qui ont ouvert le chantier de la formation initiale en enseignement en Acadie, avec toute notre reconnaissance et notre gratitude.

Un remerciement tout à fait spécial à mes professeurs en « éducation spéciale » (psychopédagogie) des années 1970 : Léonard Goguen, Rodrigue Landry, Thomas LeBlanc, Gilles G. Nadeau, Aldéo Renaud et Omer Robichaud.

PRÉFACE

Je remercie Raymond Vienneau de la confiance et de l'honneur qu'il me fait en me demandant d'écrire la préface de son livre *Apprentissage et enseignement : théories et pratiques*. Maintenant professeur, à son tour, à la Faculté des sciences de l'éducation de l'Université de Moncton, où il fut en 1976 mon premier assistant de recherche, il a écrit le livre que j'aurais voulu écrire. Il est impressionnant de constater à quel point il a su s'inspirer de la structure d'un cours d'apprentissage auquel il participait comme étudiant en 1976. Toutefois, ce livre donne une nouvelle vie à cette structure grâce à un contenu riche et nuancé qui dépasse de loin celui qui fut présenté à la fin des années 1970. Dans une excellente fusion des traditions américaines et européennes dans les domaines de l'apprentissage et de l'enseignement, il livre un ouvrage unique et original autant par la diversité des théories et des concepts exposés que par ses nombreux schèmes intégrateurs et sa vision globale de la personne, de l'apprenant, de l'apprentissage et de l'enseignement.

Son livre me rappelle aussi le slogan inspiré du psychologue Kurt Lewin que je me plaisais à citer aux étudiants : « Il n'y a rien de plus pratique qu'une bonne théorie. » L'auteur de ce livre veut susciter la réflexion de ses lecteurs, leur démontrer la puissance pratique des théories et des concepts très variés qu'il décrit avec soin et précision. Mais pour lui, la pratique signifie beaucoup plus que la relation enseignement-apprentissage perçue dans son acception didactique traditionnelle. Les théories sont les assises d'une vision « actualisante » du processus enseignement-apprentissage, qui inspirent des pratiques visant l'être humain dans sa globalité, y compris son rôle de citoyen du monde. Il traite autant du « pourquoi » et du « comment » que du « quoi » de l'apprentissage.

Sans chercher à dissimuler la complexité du phénomène, l'auteur cherche à donner un sens à un éventail de conceptions de l'apprentissage, chacune de celles-ci nourrissant au moins quelques dimensions ou aspects du rôle de l'école. S'il vise à exploiter les convergences plus que les contradictions dans cette diversité conceptuelle d'un domaine très vaste, il n'en demeure pas moins ouvert aux constructions nouvelles et aux différentes façons de jumeler la théorie et la pratique.

Les personnes (surtout les étudiants et les enseignants) qui s'enrichiront par la lecture de ce livre y trouveront les fondements d'une pratique de l'enseignement éclairée et responsable. Elles devraient en dégager le message profond de ce livre, qui nous « apprend » que le but de l'école n'est pas l'enseignement, mais l'apprentissage, et que l'apprentissage n'est favorisé que lorsqu'on éprouve un respect profond pour la personne qui apprend.

Rodrigue Landry,
professeur (1975-2002) et doyen (1992-2002) de la Faculté des sciences de l'éducation de l'Université de Moncton,
directeur de l'Institut canadien de recherche sur les minorités linguistiques

REMERCIEMENTS

L'auteur tient tout d'abord à remercier son employeur, l'Université de Moncton, pour l'année sabbatique octroyée pendant l'année universitaire 2010-2011, «congé» sans lequel il lui aurait été impossible d'effectuer la recherche nécessaire à la rédaction de cette seconde édition. Il remercie à nouveau son ancien professeur et mentor en matière d'apprentissage, Rodrigue Landry, actuellement directeur de l'Institut canadien de recherche sur les minorités linguistiques, d'avoir généreusement accepté d'écrire la préface de ce livre. De plus, l'auteur tient à souligner qu'il est redevable à son ancien professeur de psychopédagogie de la structure même du présent ouvrage, fortement inspirée de celle du cours d'apprentissage suivi comme étudiant en 1976.

D'autres remerciements s'imposent. Merci aux collègues de la Faculté des sciences de l'éducation pour leur indéfectible soutien et leurs encouragements, ainsi qu'aux étudiants du cours d'*Apprentissage et enseignement* de l'Université de Moncton, pour les très précieuses rétroactions qu'ils nous ont données depuis la parution de la première édition de cet ouvrage (automne 2004). Un remerciement est également adressé à Catalina Ferrer, récemment élevée au rang de professeure émérite de l'Université de Moncton, pour son importante contribution à la révision du chapitre 7, en particulier de la section consacrée à l'éducation à la citoyenneté dans une perspective planétaire.

Un merci tout spécial aux quatre évaluateurs sollicités par la maison d'édition dans le cadre de ce projet de réédition : Mylène Leroux, de l'Université de Montréal ; Dany Laveault, de l'Université d'Ottawa ; Gina Thésée, de l'Université du Québec à Montréal et Jacinthe Tardif, de l'Université du Québec à Rimouski. Leurs analyses expertes, leurs commentaires éclairés et leurs suggestions détaillées nous ont guidé tout au long du travail de réécriture de certains chapitres et dans le choix des modifications importantes apportées à la structure même de cet ouvrage (par exemple, un chapitre consacré entièrement aux courants constructiviste et socioconstructiviste).

Merci enfin à toute l'équipe d'édition de Chenelière Éducation, en particulier à Annie Ouellet, éditrice en sciences humaines, à Jean-Pascal Baillie, chargé de projet, et à Mireille Léger-Rousseau, réviseure linguistique, pour leur travail très méticuleux. Merci à Luc Tousignant et à Annie Ouellet pour l'encadrement professionnel fourni tout au long de ce processus de réédition.

À tous et à toutes, merci.

Raymond Vienneau

TABLE DES MATIÈRES

INTRODUCTION

L'apprentissage est au cœur de la mission de l'école. Quel que soit l'ordre d'enseignement – primaire, secondaire, collégial ou universitaire –, la raison d'être de toute institution d'enseignement est de transmettre des savoirs, des savoir-faire, des savoir-agir, des savoir-être, des savoir-vivre-ensemble, voire des savoir-devenir, aux apprenants qui la fréquentent. Cette énumération de « savoirs » laisse déjà présager de nombreuses conceptions de l'apprentissage dont peuvent se prévaloir les concepteurs de programmes et les divers intervenants scolaires, dont, au premier rang, les enseignants.

Au moyen d'une présentation des concepts de base en apprentissage, le chapitre 1 de cet ouvrage tentera de répondre à quelques-unes des questions de fond que soulève le processus enseignement-apprentissage. Tout d'abord, qu'est-ce qu'apprendre ? Quelles sont les diverses conceptions existantes de l'apprentissage ? Comment, de manière générale, peut-on définir l'apprentissage chez l'humain, mais surtout, à partir d'une perspective psycho-pédagogique, quelle définition de l'apprentissage scolaire peut-on proposer aujourd'hui ? Cet essai de définition sera suivi d'une présentation des objets de l'apprentissage, section qui visera à répondre à la question : qu'apprend-on, au juste, à l'école ? Évidemment, toute discussion entourant l'apprentissage scolaire ne saurait être complète si l'on n'abordait pas l'épineuse question des différences observées dans la qualité des apprentissages que réalisent les élèves. Pourquoi tel élève apprend-il mieux ou plus vite que tel autre ? Autrement dit, quels sont les principaux facteurs influençant l'apprentissage à l'école ?

Le chapitre 2, consacré aux concepts de base en enseignement et aux courants pédagogiques, poursuivra la réflexion amorcée autour du processus enseignement-apprentissage, mais en se concentrant davantage sur la première composante de ce processus (du moins en ordre d'apparition !), l'enseignement. Après avoir abordé le sujet des différents contextes de l'apprentissage, où, entre autres constats, nous conclurons que tout ce qui est appris à l'école n'est pas nécessairement enseigné et que tout ce qui y est enseigné n'est pas nécessairement appris, les liens conceptuels nécessaires seront établis entre l'enseignement, la pédagogie et la didactique. L'étude des différents styles d'enseignement nous mènera tout naturellement à la présentation des diverses conceptions de l'enseignement et aux définitions actuelles qui en sont proposées. Après avoir présenté le modèle de classification des courants pédagogiques retenu pour les besoins de cet ouvrage, nous tenterons de résumer les principales contributions de chacun de ces courants au développement des compétences visées aujourd'hui par l'école.

Signalons que l'ordre de présentation des courants pédagogiques qui sont l'objet des cinq chapitres suivants est fondé sur leur ordre chronologique d'apparition, pour autant que l'on puisse dater de manière précise l'implantation de tel ou tel courant dans les écoles. On conviendra néanmoins que le courant béhavioriste (*voir le chapitre 3*), souvent associé à l'école dite « traditionnelle », a précédé les premières applications pédagogiques du courant cognitiviste en éducation (*voir le chapitre 4*), applications que l'on peut situer dans les années 1970. Le courant constructiviste et son proche parent, le courant socioconstructiviste (*voir le chapitre 5*), auraient tout aussi bien pu figurer à la fin de cet ouvrage. Apparus dans les années 1990, ces courants constituent en effet les plus récents prolongements pédagogiques des théories développementales. Pour ce qui est du courant humaniste (*voir le chapitre 6*), il est d'autant plus difficile à classer, chronologiquement parlant, que certaines de ses manifestations ont surgi très tôt (par exemple, la pédagogie libertaire de Neill, expérimentée dès le début du xxᵉ siècle), alors que d'autres sont relativement plus récentes (par exemple, la pédagogie ouverte, apparue dans les années 1970). Enfin, le courant critique et citoyen (*voir le chapitre 7*) est le plus récent des prolongements du courant humaniste dans la sphère sociale. Ses principales applications pédagogiques, soit l'enseignement de la philosophie aux enfants et l'éducation à la citoyenneté dans une perspective planétaire, peuvent être considérées comme émergentes dans nos systèmes éducatifs actuels. Ainsi, ces cinq chapitres peuvent être lus dans n'importe quel ordre, l'objectif premier étant d'offrir au lecteur une perspective aussi vaste que possible des diverses théories de l'apprentissage véhiculées par ces courants pédagogiques, de même que des conceptions de l'enseignement et des pratiques éducatives qui en découlent.

Cet ouvrage a été rédigé avant tout dans une perspective pédagogique. Nous avons cherché à rendre les plus compréhensibles possible les principales théories et pratiques de l'enseignement-apprentissage, à l'intention des étudiants universitaires inscrits à des programmes de formation initiale à l'enseignement. Nous avons tenté de rendre compte de la complexité du phénomène de l'apprentissage scolaire et de la diversité des éclairages proposés pour son étude. Nous avons également voulu établir des liens, trop souvent occultés, entre les théories de l'apprentissage et les stratégies d'enseignement ou pratiques éducatives des enseignants. Le futur enseignant, tout comme l'enseignant en exercice, ne peut que gagner à mieux connaître et comprendre les théories qui sous-tendent ses pratiques pédagogiques. Cette capacité à analyser et à évaluer ses stratégies et ses pratiques, les instruments de sa « boîte à outils professionnels », à la lumière des conceptions de l'apprentissage et de l'enseignement qui y sont véhiculées, devrait permettre au futur enseignant de dépasser le statut d'exécutant ou de technicien de l'éducation pour exercer pleinement son rôle de pédagogue, et ce, peu importe les « outils » qu'il aura choisis. Nous ne préconisons pas le recours exclusif à l'un ou l'autre des cinq courants pédagogiques présentés dans cet ouvrage, car, en définitive, il appartient à chaque enseignant « en devenir » (et lequel d'entre nous peut échapper à cette appellation ?) de choisir les stratégies, les techniques et les pratiques éducatives susceptibles de correspondre le mieux à sa propre conception de l'enseignement-apprentissage et d'actualiser le projet éducatif de son école. Nous espérons que cet ouvrage pourra contribuer à la réalisation de cet ambitieux objectif.

CHAPITRE 1

Les concepts de base en apprentissage

Pistes de lecture et contenu du chapitre

Après la lecture de ce chapitre, le lecteur devrait être en mesure de répondre aux questions suivantes :

- Quelles sont les diverses conceptions et définitions de l'apprentissage ?

- Quels sont les principes sous-jacents à la conception actuelle de l'apprentissage scolaire ?

- Comment peut-on définir aujourd'hui l'apprentissage scolaire ?

- Comment peut-on classifier les objets de l'apprentissage scolaire ?

- Quels sont les liens entre compétences, domaines généraux de formation et domaines d'apprentissage ?

- Quels sont les facteurs qui influencent l'apprentissage scolaire des élèves ?

Apprendre

Acquérir de nouvelles connaissances, développer de nouvelles habiletés et capacités, comprendre de nouvelles réalités, enrichir ses représentations, se transformer...

Apprentissage

Processus interne, interactif, cumulatif et multidimensionnel par lequel l'apprenant construit activement ses savoirs.

Qu'est-ce qu'**apprendre** ? Comment définir l'**apprentissage** chez l'être humain ? La réponse peut varier selon l'interlocuteur auquel on s'adresse. Ainsi, en songeant à son jeune enfant, une mère pourrait répondre qu'apprendre, « c'est se développer au contact du monde et des autres ». De son côté, un enseignant du secondaire, en se référant aux objectifs poursuivis par l'école, pourrait affirmer que l'apprentissage, « c'est le résultat atteint par l'enseignement des programmes d'études ». Une femme d'affaires pourrait, pour sa part, signaler que l'apprentissage est avant toute chose « le processus par lequel les humains s'adaptent à leur environnement et aux exigences de leur milieu d'étude ou de travail ». Enfin, un adolescent « branché » pourrait considérer « qu'apprendre, c'est rester en contact permanent avec le monde par l'entremise des instruments modernes de communication (Internet, courrier électronique, téléphonie cellulaire, réseaux sociaux, etc.) ».

Nous avons posé la même question à plusieurs groupes d'étudiants inscrits à un programme de formation initiale à l'enseignement. Leurs réponses ne différaient pas considérablement de celles auxquelles on pourrait s'attendre du public en général. Pour plusieurs étudiants interrogés, l'apprentissage est tout simplement « l'acquisition de nouvelles connaissances ». D'autres, utilisant un langage propre aux sciences de l'éducation, parlaient de « l'acquisition de nouveaux savoirs, savoir-faire et savoir-être » ou de « l'actualisation du potentiel des apprenants ». Quelques-uns disaient qu'apprendre, « c'est avoir l'aptitude à intégrer de nouvelles connaissances, à appliquer celles-ci à la vie de tous les jours ». D'autres, enfin, insistant sur les dimensions sociale et affective, avançaient qu'apprendre, « c'est se développer en tant que personne et en tant que membre d'une collectivité ». Un étudiant a merveilleusement résumé le tout en affirmant qu'apprendre, « c'est tout simplement vivre », le processus d'apprentissage étant intrinsèquement lié à la vie elle-même.

Doit-on s'étonner du fait qu'un concept aussi fondamental, qui se trouve au centre de l'expérience humaine, puisse donner lieu à des interprétations aussi variées ? Doit-on s'inquiéter de ce que l'activité d'apprendre, qui est au cœur de la mission de l'école et de la profession enseignante, puisse être définie de manières aussi diverses par les futurs membres d'une même profession ? En fait, il n'y a rien d'étonnant à cela. Définir l'apprentissage humain, c'est en quelque sorte définir la finalité de la vie, de même que définir l'apprentissage scolaire nous entraîne à définir la finalité de l'école. Comme le conclut Reboul (1999) : « Se poser la question : "Qu'est-ce qu'apprendre ?" revient en définitive à se demander : "Qu'est-ce que l'homme ?" » (p. 17). La tentative pour définir l'apprentissage pose donc un problème philosophique, et l'on sait que, pour tout problème philosophique, de multiples réponses sont possibles.

Ce constat ne nous empêchera pas pour autant de proposer une définition de l'apprentissage scolaire (*voir la section 1.2*), mais seulement après avoir abordé les diverses conceptions de l'apprentissage qui prévalent actuellement (*voir la section 1.1*). Les deux sections suivantes proposeront divers modèles pour nommer, classer ou évaluer les apprentissages visés par l'école : d'une part, quelques systèmes permettant de classifier les objets de l'apprentissage scolaire (*voir la section 1.3*) et, d'autre part, l'approche actuellement privilégiée par plusieurs systèmes éducatifs pour guider le processus enseignement-apprentissage, soit l'approche par compétences (*voir la section 1.4*). La dernière section du chapitre tentera de répondre à la question importante des facteurs qui influencent l'apprentissage des élèves en milieu scolaire (*voir la section 1.5*). Nous conclurons enfin ce chapitre, comme ce sera d'ailleurs le cas pour tous les chapitres composant cet ouvrage, avec un résumé des principaux concepts présentés et une liste de lectures recommandées. Des questions de révision sont également disponibles sur le site Internet de cet ouvrage.

1.1.1   Les trois sens du verbe « apprendre »

Selon Reboul (1999), une partie de la confusion sur le sens du mot provient du fait qu'en français, le verbe apprendre possède trois sens, qui dépendent « des diverses constructions syntaxiques dont le verbe apprendre est susceptible d'être l'objet » (p. 9). Tout d'abord, on peut « **apprendre que** », par exemple, apprendre que 2 et 2 font 4, que le mot « apprendre » se traduit en anglais par *to learn* et que le roi aux échecs se déplace d'une seule case dans toutes les directions. Puis, on peut « **apprendre à** », par exemple, apprendre à additionner des nombres avec des retenues, apprendre à parler l'anglais, apprendre à jouer aux échecs. Enfin, on peut « **apprendre** » tout court (sans complément du verbe), par exemple,par exemple, apprendre à l'école, apprendre en s'amusant ou apprendre le métier d'élève. Notons que, pour Reboul, ce troisième sens du verbe apprendre se conjugue tantôt avec les expériences de la vie (apprendre de ses expériences), tantôt avec l'éducation ou l'étude (apprendre la linguistique). En fait, la distinction entre ces trois sens du verbe apprendre se clarifie lorsqu'on leur associe des contenus scolaires et les actions exigées de l'élève *(voir le tableau 1.1)*.

TABLEAU 1.1	Les trois niveaux du verbe « apprendre » et les actions exigées de l'apprenant	
NIVEAU	**EXEMPLE**	**EXIGENCES POUR L'APPRENANT**
Apprendre que	2 + 2 = 4	Comprendre la nouvelle information, faire le lien avec les connaissances déjà assimilées, mémoriser la nouvelle information et la reproduire au besoin.
Apprendre à	Résoudre un problème écrit en mathématique.	Comprendre la procédure, faire les liens nécessaires avec les connaissances déclaratives et procédurales déjà assimilées, appliquer correctement la nouvelle procédure en l'adaptant au besoin.
Apprendre	Résoudre des problèmes de manière systématique.	Comprendre et savoir apprécier la nature systématique d'une procédure de résolution de problèmes, l'intégrer comme schème mental pour résoudre divers problèmes intellectuels ou de la vie courante.

    Les deux premiers sens attribués ici au verbe apprendre sont les plus étroitement liés à la **mission de l'école** : « apprendre que », c'est-à-dire transmettre une série de faits, de renseignements jugés utiles par l'école, informations que l'on qualifie aujourd'hui de **connaissances déclaratives** *(voir la section 1.3)* ; « apprendre à » correspond pour sa part aux nombreux savoir-faire sans lesquels l'information reçue resterait lettre morte, aux habiletés intellectuelles et autres que l'on désigne aujourd'hui sous le terme de « **connaissances procédurales** ». Notons au passage que Reboul (1999) intègre dans ce deuxième sens ce que d'autres auteurs (par exemple, Tardif, 1992) considèrent comme un troisième type de connaissances, les **connaissances conditionnelles** *(voir la définition à la page suivante)*, c'est-à-dire l'habileté à adapter une procédure quelconque (comme une technique de résolution de problèmes) à une situation donnée. Nous avons pour notre part élargi le troisième sens donné au

---

■ Apprendre que

Savoirs théoriques ou connaissances déclaratives que l'élève apprend à mémoriser.

■ Apprendre à

Savoir-faire, connaissances procédurales ou conditionnelles que l'élève apprend à exécuter.

■ Apprendre (selon Reboul)

Savoir-être, transformation personnelle de l'apprenant ou compréhension approfondie d'une discipline quelconque.

■ Mission de l'école

Finalité ou but ultime poursuivi par un système d'éducation donné.

■ Connaissances déclaratives

Correspondent aux divers types d'informations pouvant être mémorisées par l'apprenant. Les connaissances déclaratives peuvent s'exprimer par une réponse verbale.

■ Connaissances procédurales

Application d'une procédure ou d'un algorithme menant à la résolution d'un problème donné ou application d'étapes permettant la réalisation d'une activité intellectuelle complexe. Les connaissances procédurales correspondent à un savoir-faire.

Connaissances conditionnelles
Capacité à utiliser le contexte pour déterminer la réponse à apporter ou l'action à accomplir. Les connaissances conditionnelles font appel aux processus cognitifs supérieurs de la taxonomie du domaine cognitif.

verbe « apprendre » pour y intégrer la dimension du savoir-être, dont Reboul traite séparément. En effet, alors que le savoir-faire est un savoir comment (*knowing how*), l'étude approfondie d'une discipline cherche à comprendre, à savoir pourquoi. La quête de ce savoir pur (Reboul, 1999) est une recherche de sens et, à ce titre, elle peut difficilement être dissociée du savoir-être.

1.1.2 L'apprentissage (processus) et les apprentissages (produits)

Apprentissage-processus
Expression qui désigne le premier moment de l'apprentissage, pendant lequel l'élève perçoit, décode et traite l'information reçue de l'environnement, période pendant laquelle un apprentissage est en train de se réaliser.

Apprentissage-produit
Résultat du processus d'apprentissage, moment « final » de ce processus… mais qui peut enclencher aussitôt un nouveau processus.

Les conceptions de l'apprentissage peuvent donc varier selon le sens que l'on attribue à l'action d'« apprendre », mais elles peuvent également varier selon qu'on met l'accent sur la dynamique interne de l'apprentissage (la dimension du « processus ») ou sur les résultats de ce même processus (la dimension du « produit »). Par exemple, des définitions telles que celles proposées dans l'introduction à ce chapitre, présentant l'apprentissage comme « l'actualisation du potentiel des apprenants » ou comme l'action de « se développer au contact du monde et des autres », illustrent une conception de l'apprentissage perçu avant tout comme un processus dynamique. Par ailleurs, les définitions présentant l'apprentissage comme le « résultat atteint par l'enseignement des programmes d'études » ou comme « l'acquisition de nouveaux savoirs, savoir-faire et savoir-être » adoptent une conception de l'apprentissage perçu principalement en tant que produit.

On pourra répliquer, avec raison, qu'aucun résultat ou produit n'est possible sans le processus qui l'a précédé ou qui l'accompagne, puisque le second (le produit) présuppose le premier (le processus). Il s'agit en fait de conceptions complémentaires, de deux « moments de l'apprentissage » que l'on peut situer sur un continuum (*voir la figure 1.1*). L'**apprentissage-processus** est donc « constitué d'une série de phases (ou étapes) organisées dans le temps » (Raymond, 2006, p. 43) qui mène à l'**apprentissage-produit,** c'est-à-dire au résultat intériorisé de ce processus chez l'apprenant.

FIGURE 1.1 Les deux moments de l'apprentissage

	Processus	Produits
Accent mis sur :	• Développement • Actualisation • Adaptation	• Connaissances • Réponses apprises • Comportements

Enseignement-apprentissage
Processus qui englobe à la fois toutes les interventions et les mises en situation effectuées par l'enseignant (démarche d'enseignement) et toutes les activités, actions et opérations mentales réalisées par l'apprenant au cours de sa démarche d'apprentissage.

Apprentissage scolaire
Composante de l'apprentissage (au sens le plus large) qui correspond aux apprentissages réalisés en milieu scolaire ; ce que l'on apprend à l'école.

La très vaste majorité des auteurs en psychologie de l'apprentissage optent pour une définition de l'apprentissage en termes de processus (*voir l'encadré 1.1 à la page 7*). Cela dit, en milieu scolaire, ce processus d'apprentissage de l'élève est guidé et soutenu par un enseignant, au moyen de ce qu'on désigne comme le processus **enseignement-apprentissage.** Morandi et La Borderie (2006) rappellent fort justement à ce sujet que « si l'être humain acquiert continuellement de nouvelles connaissances, de manière formelle ou informelle, ce qui s'apprend à l'école est instruit volontairement » (p. 80). Ce sont les **apprentissages scolaires.**

1.1.3 L'apprentissage et les courants pédagogiques

Les conceptions de l'apprentissage peuvent également varier selon l'orientation que l'on désire privilégier, selon l'école de pensée à laquelle on adhère. On pourra, par exemple, parler de conceptions béhavioriste, cognitiviste, constructiviste, socioconstructiviste, humaniste ainsi que critique et citoyenne de l'apprentissage. Nous reviendrons en détail sur ces **courants pédagogiques** dans les chapitres subséquents (*voir les chapitres 3 à 7*). Pour l'instant, contentons-nous d'exposer les diverses conceptions de l'apprentissage véhiculées par ceux-ci (*voir le tableau 1.2*).

Courants pédagogiques

Terme générique qui désigne l'orientation générale donnée au processus enseignement-apprentissage dans un contexte scolaire donné, en quelque sorte le modèle d'école qu'on souhaite implanter.

TABLEAU 1.2 Les conceptions de l'apprentissage selon divers courants pédagogiques

COURANT	CONCEPTION
Conception béhavioriste	• Cette conception dite « mécaniste » est basée sur l'association stimulus-réponse. • L'apprentissage est directement lié aux conséquences fournies par l'environnement. • L'apprentissage est défini en fonction du produit (les bonnes réponses).
Conception cognitiviste	• Cette conception dite « interactionniste » est basée sur les interactions entre l'apprenant et son environnement éducatif. • L'apprentissage est directement lié à la capacité de traitement de l'information. • L'apprentissage met l'accent sur l'élaboration de stratégies cognitives et métacognitives.
Conception constructiviste	• Selon cette conception personnalisée de l'apprentissage, tout nouveau savoir s'intègre dans la structure cognitive unique de chaque apprenant. • L'apprentissage est déterminé par le sujet qui apprend, en fonction de ses expériences et de ses connaissances antérieures. • L'apprentissage est défini comme un processus de construction personnelle de la réalité.
Conception socioconstructiviste	• Selon cette conception interactionnelle, tout savoir est coconstruit par l'apprenant en interaction avec ses pairs et l'enseignant. • L'apprentissage est déterminé par la qualité du climat d'apprentissage et les conflits sociocognitifs vécus par l'apprenant. • L'apprentissage est défini comme un processus de construction collective de la réalité.
Conception humaniste	• Cette conception dite « personnalisée » reconnaît la valeur subjective des connaissances. • L'apprentissage est déterminé par la qualité de l'engagement personnel de l'élève (l'environnement joue un rôle secondaire). • L'apprentissage est défini avant tout comme un processus de développement personnel.
Conception critique et citoyenne	• Cette conception ouverte de l'apprentissage inclut des dimensions intrapersonnelle, interpersonnelle, sociale (engagement citoyen) et environnementale (responsabilité planétaire). • L'apprentissage est associé au développement de la pensée critique et à la capacité d'analyser des enjeux sociaux et planétaires. • L'apprentissage est défini comme un processus de développement social et de développement d'une citoyenneté responsable.

1.1.4 Les définitions de l'apprentissage

Reposons la question soulevée au tout début de ce chapitre : qu'est-ce qu'apprendre ? De la même manière qu'on peut tout simplement définir l'apprentissage comme l'« activité d'apprendre » (La Borderie, 2005), on pourrait se contenter de définir le verbe « apprendre » comme l'action de celui qui effectue un apprentissage ! Pourtant, parmi les auteurs de dictionnaires en éducation consultés, plusieurs proposent des entrées différentes, bien que complémentaires, pour ces deux termes (La Borderie, 2005 ; Legendre, 2005 ; Morandi et La Borderie, 2006 ; Raynal et Rieunier, 2009). Pour Morandi et La Borderie (2006), « l'emploi du verbe apprendre est plus large et plus complet que celui d'apprentissage : apprendre donne son sens à l'école, à l'organisation d'un faire apprendre et d'un savoir apprendre qui deviennent des activités » (p. 74). Dans certains pays francophones, en France par exemple, le terme « apprentissage » désigne même une période de formation pendant laquelle le jeune d'âge scolaire, nommé **apprenti,** « entre en apprentissage chez un employeur qui va lui apprendre le métier et lui offrir une qualification professionnelle sanctionnée par un diplôme » (Bon, 2004). Cette définition de l'apprentissage en tant que « mode de scolarisation par alternance entre les entreprises et les centres de formation d'apprentis » (Longhi, Longhi et Longhi, 2009) apparaît dans la plupart des dictionnaires pédagogiques européens consultés, bien que Legendre (2005) y fasse également allusion.

De plus, bien que dans la langue commune on puisse à l'occasion utiliser le verbe « apprendre » comme un synonyme d'enseigner (par exemple, « je vais t'apprendre à faire de la bicyclette »), on retiendra pour les besoins de cet ouvrage qu'apprendre ou le processus qui lui est associé, l'apprentissage, « concerne l'activité de l'apprenant » et « l'enseignement, celle de l'enseignant » (La Borderie, 2005, p. 10). Évidemment, cela ne signifie pas pour autant qu'un élève ne puisse pas « enseigner » et qu'un enseignant ne puisse pas « apprendre » (nous y reviendrons).

Enfin, en réponse à cette même question, « Qu'est-ce qu'apprendre ? », Perrenoud (2004) rappelle le rôle déterminant de l'apprentissage dans la vie de tout être humain :

> Qu'est-ce qu'apprendre ? Chacun n'est-il pas censé le savoir puisque c'est l'expérience humaine la mieux partagée ? Les êtres humains ne peuvent survivre sans apprendre. Pourtant, rien n'est plus complexe, fragile, subjectif, imprévisible, incontrôlable que le processus d'apprentissage. Rien n'est moins aseptisé : source d'identité, de bonheur, de maîtrise, d'estime de soi, l'apprentissage peut aussi être source de souffrance, d'humiliation, d'aliénation (p. 9).

Perrenoud propose par la suite une réflexion mettant en lumière les dures exigences du **métier d'élève.** En effet, apprendre (à l'école), c'est désirer, persévérer, construire, interagir, prendre des risques, changer, exercer un drôle de métier, mobiliser et faire évoluer son rapport au savoir. Il suggère enfin que si « tous les enseignants avaient conscience de la complexité des processus en jeu, il y aurait moins d'échecs, de douleurs et de tensions dans la vie des enfants, des familles et des classes » (Perrenoud, 2004, p. 9).

En effet, si nous avons tous intuitivement une certaine compréhension de ce qu'est l'apprentissage, on n'insistera jamais assez sur la complexité de ce phénomène chez l'humain (Hayes, 2010 ; Lee, 2005 ; McCulloch et Crook, 2008). Ainsi, parmi les nombreuses branches de la psychologie moderne, la **psychologie de l'apprentissage** se consacre à l'étude « des changements relativement stables du comportement » survenant au cours des interactions avec l'environnement, changements perçus comme améliorant l'adaptation de l'individu à cet environnement (Forquin et Robert, 2005). Les chercheurs du domaine de la psychologie de l'apprentissage nous proposent donc eux aussi plusieurs définitions de leur sujet d'étude. Dans la première édition de cet ouvrage (Vienneau, 2005), nous avions retenu celle de Mikulas (1974), qui définissait tout simplement l'apprentissage comme un « changement relativement permanent dans le potentiel de comportement dû à l'expérience ». Cette définition est toujours utilisée et apparaît encore, sous une forme ou l'autre, dans certains ouvrages de psychopédagogie (par exemple, Illeris, 2007 ; Klein, 2009). Cette définition relativement ancienne de l'apprentissage, d'inspiration à la fois cognitive (référence au potentiel interne) et béhavioriste (changement de comportement),

Apprenti

En Europe, désigne le jeune, habituellement d'âge scolaire, qui est en apprentissage chez un employeur et dans un centre de formation d'apprentis.

Métier d'élève

Rôle social associé à la scolarisation (obligatoire) des enfants et des jeunes d'âge scolaire.

Psychologie de l'apprentissage

Branche de la psychologie qui étudie le phénomène de l'apprentissage animal et humain.

avait l'avantage d'inclure déjà les trois critères requis d'après Shuell (1986) dans l'élaboration de toute définition de l'apprentissage : l'idée de changement, l'idée d'un changement qui survient à la suite d'une expérience quelconque et, enfin, l'idée d'un changement qui présente une certaine durabilité. Nous reviendrons sur ces critères mais, tout d'abord, allons voir quelques-unes des définitions contemporaines de l'apprentissage humain.

<table>
<tr><td>ENCADRÉ 1.1</td><td>Quelques définitions issues de la psychologie de l'apprentissage</td></tr>
</table>

« Acquisition d'une conduite nouvelle, capacité de pratiquer un comportement nouveau ou une manière d'être nouvelle » (Champy et Étévé, 2000, p. 82).

« Activité d'apprendre. Processus d'acquisition d'un comportement nouveau, d'un savoir ou d'un savoir-faire, de compétences, d'aptitudes par des exercices répétés ou conditionnement (entraînement). L'apprentissage n'est pas le fait d'une transformation physiologique » (Bon, 2004, p. 16).

« Acte de perception, d'interaction et d'intégration d'un objet par un sujet. Acquisition de connaissances et développement d'habiletés, d'attitudes et de valeurs qui s'ajoutent à la structure cognitive d'une personne. Processus qui permet l'évolution de la synthèse des savoirs, des habiletés, des attitudes et des valeurs d'une personne » (Legendre, 2005, p. 88).

« L'apprentissage est une des caractéristiques de l'action et de la pensée humaine : la faculté de s'adapter et de modifier son comportement pour acquérir des conduites et des connaissances nouvelles permettant d'agir dans le monde et sur ses propres représentations » (Morandi et La Borderie, 2006, p. 78).

« L'apprentissage est le processus par lequel nous développons des connaissances, des habiletés et notre compréhension à travers l'étude, l'enseignement reçu ou notre propre expérience » (traduction libre de Ravitch, 2007, p.131).

« L'apprentissage est tout processus qui mène chez les organismes vivants à un changement permanent du potentiel de comportement qui ne soit pas dû à la maturation biologique et à la croissance naturelle de l'organisme en question » (traduction libre d'Illeris, 2007, p. 349).

« Élaboration de compétences et de connaissances dont une personne utilisera les résurgences pour s'adapter à diverses situations ultérieures. L'apprentissage procède de l'acquis tout en nécessitant des aptitudes sensorimotrices et neuropsychiques innées » (Longhi, Longhi et Longhi, 2009, p. 29).

« Modification durable du comportement qui ne peut être uniquement attribuée à une maturation physiologique » (Raynal et Rieunier, 2009, p. 36).

« Un apprentissage scolaire est un processus dynamique par lequel un apprenant, à travers une série d'échanges avec ses pairs et l'enseignant, met en interaction ses connaissances avec des savoirs, dans l'objectif de construire de nouvelles connaissances adaptées aux contraintes et aux ressources de la situation à laquelle il est actuellement confronté, dans l'objectif d'utiliser ses nouvelles connaissances dans des situations non didactiques » (Jonnaert et Vander Borght, 2009, p. 266).

« L'apprentissage peut être décrit comme le processus qui permet à l'apprenant de donner un sens à l'information reçue et à créer quelque chose de nouveau à partir de celle-ci ; l'apprentissage transforme et enrichit notre compréhension en cours ; l'apprentissage fait appel aux connaissances et aux nouvelles compréhensions développées au fil de nos expériences pour répondre de manière plus efficace aux nouvelles situations ; enfin, l'apprentissage permet à l'apprenant de sortir de sa zone de confort et d'explorer de nouveaux horizons » (traduction libre de Hayes, 2010, p. 237).

Ces dix définitions récentes de l'apprentissage, d'origines très diverses (Canada, États-Unis, France, Angleterre) satisfont au premier et principal critère spécifié par Shuell (1986). Toutes s'accordent en effet pour définir l'apprentissage en termes de changements ou d'acquisition de nouveaux comportements. Il ne peut en effet y avoir d'apprentissage sans changement ; toutefois, il faut reconnaître que ce changement, une fois réalisé, ne se manifeste pas nécessairement dans le comportement adopté par l'élève. Un état de fatigue peut, par exemple, empêcher un élève de manifester ce qu'il a appris. Dans certains cas, on peut même choisir de ne pas manifester ce que l'on a appris. Il suffit de penser, par exemple, au jeune enfant de trois ans qui, après avoir fait l'apprentissage de la propreté, « oublie » soudainement d'aller aux toilettes quelques semaines après l'arrivée d'un petit frère ou d'une petite sœur à la maison.

C'est pourquoi certains auteurs jugent utile de préciser que l'apprentissage est un changement dans le potentiel de comportement (Illeris, 2007) ou dans la capacité de pratiquer un comportement nouveau (Champy et Étévé, 2000). Ce qui est transformé, ce qui est enrichi, c'est le **potentiel de l'apprenant,** changement qui se traduit par la possibilité de manifester un nouveau comportement, d'adopter une nouvelle attitude, d'effectuer une nouvelle opération mentale, etc. Dans sa définition de l'apprentissage, Driscoll (2000) souligne que « celui qui a appris est capable d'une action qu'il n'aurait pas été en mesure d'accomplir avant l'apprentissage, et cela demeure vrai, que l'apprenant ait ou non l'occasion de manifester ce nouvel apprentissage » (p. 11, traduction libre). Notons qu'une définition purement béhavioriste de l'apprentissage, qui exclut par définition tout ce qui n'est pas directement observable et mesurable, présenterait uniquement l'apprentissage comme un changement de comportement dû à l'expérience.

Par ailleurs, le changement qu'apporte tout apprentissage est un changement permanent (Illeris, 2007), une modification durable du comportement (Raynal et Reunier, 2009). En effet, pour qu'un changement de potentiel puisse être considéré comme un apprentissage, il faut que ce changement se maintienne dans le temps. Sans que l'on puisse pour autant parler de permanence absolue (l'oubli est un phénomène naturel), les modifications de comportements observées doivent tout de même durer plus de quelques secondes pour être interprétées comme des apprentissages. Quoi qu'il en soit, personne n'ayant encore clarifié la notion de **permanence de l'apprentissage** (Hohn, 1995 ; Hohn, 2005), certains choisissent d'ajouter l'adverbe « relativement » pour qualifier le caractère plus ou moins permanent de l'apprentissage (Mikulas, 1974 ; Klein, 2009).

Ce critère de permanence exclut également les performances dues à des facteurs accidentels, tels que le hasard (par exemple, un élève qui répondrait correctement par chance à une question de l'enseignant) ou à des erreurs de mesure, performances qui ne pourraient plus être reproduites après un certain temps. Elle exclut enfin les performances obtenues sous l'effet d'une drogue ou d'un état émotif passager. Dans leur définition de l'apprentissage, De Lannoy et Feyereisen (1999) établissent une liste plutôt exhaustive des conditions et des situations pouvant générer des changements qui ne constituent pas un apprentissage :

> On s'accorde généralement pour définir l'apprentissage comme ce qui entraîne un changement dans la conduite, changement qui ne soit dû ni à la croissance ni à l'âge, la fatigue, la maladie, l'ingestion d'aliments ou de drogues, les variations d'éclairage ou de température, les fluctuations atmosphériques, climatiques ou saisonnières (p. 8).

Enfin, l'apprentissage est dû à l'**expérience** et non à l'effet de la simple **maturation** de l'organisme, comme le soulignent plusieurs des auteurs cités (Bon, 2004 ; Illeris, 2007 ; Raynal et Rieunier, 2009). Il ne faut pas confondre apprentissage et développement. Ainsi, l'acquisition du contrôle moteur fin par le jeune enfant (par exemple, la capacité de préhension d'un objet vers l'âge de cinq mois) ne constitue pas un apprentissage en soi, mais la résultante de la croissance naturelle, génétiquement déterminée, de l'organisme. Tout apprentissage humain est cependant tributaire du niveau de développement atteint.

Potentiel de l'apprenant

Le potentiel modifié par l'apprentissage désigne le nouveau comportement que l'élève est maintenant en mesure de manifester.

Permanence de l'apprentissage

Théorie selon laquelle tout apprentissage serait permanent, modifiant à jamais les réseaux neuraux du cerveau.

Expérience

Toute interaction vécue avec l'environnement physique ou humain qui entraîne l'entrée de stimuli sensoriels et un traitement de l'information par l'apprenant.

Maturation

Processus naturel menant au développement de l'organisme vers son état adulte.

Ainsi, par exemple, un enfant pourra difficilement apprendre à lire avant d'avoir atteint le niveau de maturation nécessaire, qu'on situe habituellement aux alentours de six ans. Le concept de **période critique** (Colombo, 1982) pour certains apprentissages est une hypothèse solidement établie en psychologie et en sciences de l'éducation.

En résumé, les définitions issues de la psychologie ou des théories modernes de l'apprentissage (*learning theories*) nous la présentent comme un changement ou une modification durable dans le potentiel de comportement dû à l'expérience et non à la simple maturation physiologique de l'organisme. On notera de plus l'emploi de mots reflétant l'action chez le sujet qui apprend : acquisition, activité, acte, processus, etc.

> **Période critique**
>
> Théorie selon laquelle on ne peut pas apprendre n'importe quoi à n'importe quel âge ; pour tout apprentissage, un certain degré de maturation physiologique, psychologique ou psychomoteur est nécessaire.

1.2 L'APPRENTISSAGE SCOLAIRE

1.2.1 Pourquoi une définition de l'apprentissage scolaire ?

Pourquoi au juste une définition de l'**apprentissage scolaire** ? L'apprentissage, processus intimement lié à la nature même de l'être humain, n'est-il pas le même pour tous et à tous les âges de la vie ? Si on peut en effet convenir de la portée universelle des définitions proposées par les psychologues de l'apprentissage (*voir l'encadré 1.1 à la page 7*), on conviendra également que certains apprentissages sont culturellement associés à la mission même de l'école, ou tout au moins à l'une de ses principales missions, soit la transmission d'une culture commune : « lire, écrire compter s'apprennent à l'école, par l'école et à travers sa logique d'apprentissage, ayant sa dynamique et ses effets propres » (Morandi et La Borderie, 2006, p. 80). En fait, l'institution scolaire et les objectifs de formation qu'elle poursuit ont pris une telle importance sociale qu'on parle aujourd'hui couramment du « métier d'élève ». Dans sa réponse à la question « qu'est-ce qu'apprendre ? », Perrenoud (2004) répond, entre autres choses, qu'apprendre, c'est exercer un drôle de métier :

> **Apprentissages scolaires**
>
> Désignent les apprentissages réalisés en milieu scolaire, habituellement précisés dans un programme de formation.

> Dans le cycle de vie, il y a un temps fort de l'apprentissage, même si l'on n'en finit jamais d'apprendre. Apprendre, surtout durant l'enfance et l'adolescence, c'est assumer un rôle social qui a ses exigences, mais donne en même temps une place dans la société et une identité légitime et stable (p. 15).

L'apprentissage, tel qu'il est vécu à l'école dans le cadre d'un processus « enseignement-apprentissage », présente donc certaines particularités sociales et psychologiques. Notons au passage que Jonnaert et Vander Borght (2009) adoptent cette même distinction entre l'apprentissage scolaire, processus limité dans le temps, et l'apprentissage au sens large, « qui lui n'est pas nécessairement inscrit dans la relation didactique » (p. 224).

Enfin, toujours en appui à une définition de l'apprentissage spécifique aux sciences de l'éducation, signalons que les définitions de l'apprentissage varient, parfois significativement, selon la perspective de l'auteur et de sa discipline de référence (Gauquelin, 1973). Ainsi, il n'est pas surprenant que Marilyn Ferguson (1981), journaliste et auteure d'un ouvrage de vulgarisation scientifique intitulé *La Révolution du cerveau*, intègre une référence au cerveau dans sa définition de l'apprentissage, qu'elle présente comme « la transformation qui se produit dans le cerveau lors de l'intégration d'une nouvelle information » (p. 216). En fait, il existe autant de définitions de l'apprentissage qu'il existe de disciplines scientifiques qui s'intéressent directement ou indirectement à ce phénomène, que ce soit la biologie, la neurologie, la cybernétique, la philosophie ou la psychologie. Par exemple, pour un biologiste ou un neurologue, l'apprentissage pourrait être défini comme « le processus par lequel les réseaux neuroniques du cerveau se développent » (Robidas, 1989, p. 7). Pour un psychothérapeute humaniste comme Carl Rogers (1976), l'accent sera placé sur le changement intégré dans la conduite de l'individu, menant à une plus grande autonomie personnelle et sociale. Pour un philosophe comme Krishnamurti (1991), apprendre est avant tout introspection et ouverture. Enfin, il existe relativement peu de définitions de l'apprentissage qui, à l'instar de celles de Hayes (2010) et de Jonnaert et Vander Borght (2009), ne soient directement issues des sciences de l'éducation. Une telle définition nous apparaît d'autant plus pertinente que la plupart des définitions de l'apprentissage, d'orientation psychologique, n'accordent que très peu, sinon aucune place à certaines dimensions du processus d'apprentissage considérées aujourd'hui comme essentielles en éducation, telles que les dimensions sociale et multidimensionnelle de l'apprentissage scolaire.

1.2.2 Quelques principes à la base de la conception actuelle de l'apprentissage scolaire

Il convient tout d'abord de préciser le sens que nous accordons à un terme associé de près à l'apprentissage scolaire, soit le **savoir**, et ses liens avec les deux autres membres du trio « apprentissage-savoir-connaissances ». Par « savoir », on entend, comme Legendre (2005), « l'ensemble des connaissances approfondies acquises par un individu, grâce à l'étude et à l'expérience » (p. 1202). L'une des classifications informelles des objets de l'apprentissage scolaire, aujourd'hui d'usage courant chez les enseignants, répartit d'ailleurs les divers types de savoirs visés par l'école en savoirs (connaissances déclaratives), **savoir-faire** (connaissances procédurales et conditionnelles), **savoir-être** (attitudes et valeurs), **savoir-devenir** (buts personnels), **savoir-vivre ensemble** (habiletés interpersonnelles et relations sociales) et **savoir-agir** (compétences disciplinaires et transversales). Nous reviendrons sur ces diverses catégories de connaissances et en particulier sur le concept de « compétences » (*voir la section 1.4*), mais pour l'instant, retenons que « savoir » est un terme générique désignant un ensemble de connaissances, tel qu'on l'utilise, par exemple, dans l'expression « construire son savoir ». L'apprentissage est donc le processus par lequel l'apprenant construit son savoir (ou plus exactement ses « savoirs »), à l'aide des connaissances acquises par l'étude, l'observation ou l'expérience.

Avant de présenter notre définition, posons quelques jalons de celle-ci. Pour ce faire, nous nous sommes inspiré, entre autres sources, des principes à la base d'une conception cognitive de l'apprentissage (Tardif, 1992), des principes de l'apprentissage dans une perspective constructiviste proposés par Slavin (2008), de certaines définitions socioconstructivistes de l'apprentissage scolaire (par exemple, Jonnaert et Vander Borght, 2009 ; Raymond, 2006), mais également de certains volets, d'inspiration humaniste, du projet de **pédagogie actualisante** (Landry, Ferrer et Vienneau, 2002). Voici les sept principes sur lesquels s'appuie notre définition de l'apprentissage scolaire :

1. L'apprentissage est un processus. Bien que le terme « apprentissage » puisse servir à désigner le contenu de ce qui est appris (par exemple, les apprentissages réalisés en mathématique), l'apprentissage scolaire est avant tout un processus, lequel s'inscrit dans le temps et dont le résultat, l'apprentissage-produit, n'est que le moment final. Par « apprentissage », nous faisons donc référence au processus continu par lequel l'apprenant construit sa connaissance de soi et du monde.

2. **L'apprentissage est interne.** L'apprentissage scolaire est un processus interne, dont la manifestation n'est pas toujours directement observable (il ne faut pas confondre apprentissage et **performance**). En tant que processus interne, il n'est pas transmissible. Le meilleur médiateur du monde (comme un enseignant hors pair) peut emmener l'élève jusqu'aux portes de la connaissance, mais seul l'apprenant peut en franchir le seuil (Gibran, 1978).

3. **L'apprentissage est constructif.** L'apprentissage scolaire est un processus actif, dans lequel l'apprenant doit s'engager tout entier, aussi bien cognitivement qu'affectivement. Il nécessite un effort conscient au moment de la réception (par exemple, au moyen de l'attention sélective), du traitement (par exemple, en utilisant des stratégies d'apprentissage) et de l'emmagasinage de l'information (par exemple, en ayant recours à l'organisation des connaissances). L'apprentissage est quelque chose que l'on construit, et non quelque chose qui nous arrive (Dalceggio, 1991).

4. **L'apprentissage est interactif.** L'apprentissage scolaire est un processus interactif. La médiation entre l'apprenant et les contenus d'apprentissage s'effectue aussi bien par les interactions sociales (entre les élèves et l'enseignant) que par les ressources mises à la disposition de l'élève (telles qu'un didacticiel). L'apprentissage peut également être qualifié de « dynamique », puisqu'il « se construit en interaction constante avec ses connaissances et à travers ses échanges avec les autres » (Raymond, 2006, p. 43). On apprend avec les autres et par leur entremise.

5. **L'apprentissage est cumulatif.** L'apprentissage scolaire est une construction constante, dont l'un des principaux matériaux est constitué des connaissances antérieures de l'apprenant. Chaque apprentissage devient ainsi la « brique » sur laquelle vient se poser et s'appuyer un nouvel apprentissage. Toute connaissance, qu'elle soit déclarative, procédurale ou conditionnelle, enrichit la **structure cognitive** de l'apprenant. Plus on apprend, plus on est en mesure d'apprendre.

6. **L'apprentissage est le produit d'une culture.** L'apprentissage scolaire, comme toute autre forme d'apprentissage, s'inscrit à l'intérieur d'une culture donnée. Tout savoir est par nature culturel et est « modelé par l'interaction avec les autres membres de notre culture » (Barth, 1993, p. 53). Le savoir est donc tributaire de la culture dont il émerge et il évolue dans le temps, telle une spirale (Bruner, 1991).

7. **L'apprentissage est multidimensionnel.** L'apprentissage scolaire est un processus qui fait appel à toutes les dimensions de la personne de l'apprenant. L'apprentissage ne se limite pas à la seule dimension cognitive (comme le savoir et le savoir-faire). Apprendre, c'est également progresser dans la connaissance de soi et des autres (savoir-être), c'est enrichir son monde affectif et ses relations sociales (savoir-vivre ensemble), c'est apprendre à intégrer tous ses savoirs (savoir-agir) au sein d'un projet de vie visant à la pleine **actualisation de soi** (savoir-devenir).

1.2.3 Une définition de l'apprentissage scolaire

Nous n'avons pas la prétention, ici, de fournir une définition absolue et définitive de l'apprentissage vécu en contexte scolaire. Nous visons plutôt à en proposer une définition qui soit cohérente par rapport aux principes directeurs de la pédagogie contemporaine (*voir les sept principes qui précèdent*) et aux plus récentes données de la psychopédagogie, incluant l'incontournable contribution des théories constructiviste et socioconstructiviste.

▐ Performance

Expression des apprentissages réalisés dans une production quelconque (par exemple, travail scolaire, test, examen synthèse). La performance scolaire fournit un indice des compétences et des apprentissages développés par l'élève.

▐ Structure cognitive

Ensemble des connaissances emmagasinées et organisées dans la mémoire à long terme; tout ce que l'apprenant sait déjà, incluant les règles et les stratégies utilisées pour le traitement de l'information.

▐ Actualisation de soi

Processus de toute une vie menant au développement optimum du potentiel de l'être humain, quels que soient ce potentiel et la forme ou l'expression de cette réalisation de soi; pour certains humanistes, c'est le but ultime de l'éducation.

L'apprentissage scolaire est le processus interne et continu par lequel l'apprenant construit par lui-même sa connaissance de soi et du monde. Il s'agit d'un processus interactif, alimenté par les interactions sociales entre pairs et par la médiation de l'adulte. L'apprentissage est un processus cumulatif, toute nouvelle connaissance venant enrichir la structure cognitive de l'apprenant. C'est aussi un processus de nature culturelle et multidimensionnelle dans lequel toutes les dimensions de la personne apprenante sont engagées en vue de l'acquisition de connaissances, d'habiletés, d'attitudes et de **valeurs.**

■ **Valeurs**

Principes ou croyances qui influencent les comportements et les choix des individus. Certaines valeurs sont considérées comme universelles (par exemple, la *Déclaration universelle des droits de l'homme*), d'autres ont une connotation plus individuelle (par exemple, le droit à la différence).

1.3 LES OBJETS DE L'APPRENTISSAGE SCOLAIRE

Si l'objet de l'apprentissage humain peut être considéré comme la vie elle-même, sur quels objets portera plus spécifiquement l'apprentissage scolaire? Mentionnons tout d'abord qu'il existe de nombreux systèmes de classification des objets de l'apprentissage scolaire. Nous en présenterons brièvement quelques-uns, parmi les plus connus et les plus utiles : les trois domaines de l'apprentissage scolaire (Bloom, 1969), la version révisée de la taxonomie cognitive de Bloom (Anderson et Krathwohl, 2001), les cinq grands types d'apprentissage (Gagné, 1972), les trois catégories de connaissances (Tardif, 1992) et la classification des apprentissages scolaires à l'intérieur des programmes d'études (Legendre, 2005).

Étant donné leur importance et l'ampleur du débat qui entoure leur implantation en milieu scolaire, nous accorderons une attention particulière à la notion d'« apprentissage en termes de compétences », une conception nouvelle des objets de l'apprentissage découlant des théories constructiviste et socioconstructiviste en éducation, à laquelle nous consacrerons la section 1.4.

1.3.1 Les classifications associées aux domaines de l'apprentissage scolaire

En 1948, tandis qu'il enseigne à l'Université de Chicago, Benjamin Bloom se voit confier la mission d'organiser les examens nationaux des écoles secondaires américaines. Il constate alors le besoin d'un système qui lui permettrait de classifier les questions proposées par l'équipe d'examinateurs selon le domaine d'activité en cause (résoudre un problème mathématique et se tenir en équilibre sur une poutre sont deux habiletés fort différentes), puis à l'intérieur de chaque domaine, les habiletés mesurées selon leur niveau de difficulté (répondre à une question de compréhension littérale est autrement plus facile qu'analyser le contenu d'un texte littéraire).

C'est ainsi que Bloom et ses collègues en viendront à proposer une typologie permettant de classifier les objectifs ou résultats d'apprentissage poursuivis à l'école en trois grands domaines :

- Le domaine cognitif, qui concerne tous les apprentissages relatifs aux connaissances et aux habiletés intellectuelles (par exemple, nommer les lettres de l'alphabet, extraire la racine carrée d'un nombre, expliquer les causes qui ont mené à la Seconde Guerre mondiale) ;

- Le domaine affectif, également désigné sous le nom de « domaine socioaffectif », qui inclut tous les apprentissages scolaires associés aux attitudes et aux valeurs (par exemple, adopter une attitude de respect envers les différences individuelles, valoriser la diversité) ;

- Le domaine psychomoteur, qui porte sur les apprentissages scolaires impliquant la maîtrise d'une habileté motrice ou psychomotrice (par exemple, tracer les lettres de l'alphabet, dribler un ballon de basketball, écrire 100 mots à la minute sur un clavier d'ordinateur).

Cette classification peut aujourd'hui paraître réductrice, voire trompeuse. En effet, il est parfois difficile, voire impossible selon certains, de ramener un apprentissage scolaire à un seul domaine. Par exemple, l'habileté à tracer les lettres de l'alphabet (domaine psychomoteur) s'accompagne dans les faits de l'habileté à nommer celles-ci (domaine cognitif). Ainsi, le plus souvent, les domaines sont imbriqués les uns dans les autres. En outre, comme le rappellent Raynal et Rieunier (2009), l'acte d'apprendre nécessite une attitude favorable de la part de l'apprenant ; tout apprentissage scolaire « présente donc, à des degrés variables, une composante affective » (p. 23). Malgré tout, ce premier effort de classification des objets de l'apprentissage en trois domaines aura eu le mérite d'apporter un certain éclaircissement au sujet des domaines de développement visés par l'apprentissage scolaire, tout en mettant en lumière l'existence de domaines autres que le domaine cognitif.

Cela dit, la contribution majeure des premiers travaux de Benjamin S. Bloom (1913-1999) demeurera sans conteste sa taxonomie du domaine cognitif, publiée en 1956, et qui a été traduite depuis en 22 langues (Anderson et Sosniack, 1994). Aujourd'hui, le nom de Bloom est avant tout associé à cette taxonomie du domaine cognitif, ou **taxonomie cognitive**, qui propose une classification des apprentissages du domaine intellectuel en six niveaux hiérarchisés, allant de l'habileté la plus simple (le niveau « connaissance ») à l'habileté la plus complexe (le niveau « évaluation »). En 2001, un comité d'experts américains, dirigé par Lori Anderson, une ancienne étudiante de Bloom, et par David R. Krathwohl, l'un de ses premiers collaborateurs, en ont proposé une version révisée, davantage conforme aux orientations actuelles des nombreux systèmes d'éducation qui continuent d'en faire usage. McGrath et Noble (2008) offrent par ailleurs une excellente présentation de cette taxonomie révisée dans un ouvrage consacré à l'application du modèle des intelligences multiples de Gardner (1999) à cette taxonomie révisée (Anderson et Krathwohl, 2001).

> ■ **Taxonomie cognitive**
> Classification hiérarchisée des activités intellectuelles (de la plus simple à la plus complexe). La classification originale de Bloom était composée des six niveaux suivants : connaissance, compréhension, application, analyse, synthèse et évaluation.

Les principaux changements apportés sont les suivants. Tout d'abord, sur le plan de la forme, on a modifié le vocabulaire servant à identifier chaque niveau en utilisant des verbes (par exemple, « comprendre » au lieu de « compréhension »). Ce changement, qui peut sembler anodin, permet cependant d'attirer « l'attention sur le processus intellectuel propre à chaque niveau et [de faciliter] la reconnaissance des productions découlant de l'apprentissage » (McGrath et Noble, 2008, p. 23). Le second changement est un changement de fond, puisqu'il concerne la place occupée par l'un des six niveaux dans cette taxonomie. Dans l'ancien modèle, le niveau le plus élevé était celui de l'évaluation ; or, de nombreux utilisateurs de la taxonomie affirmaient que l'opération d'évaluer et celle de synthétiser revêtaient le même niveau de complexité. Dans la version révisée, le niveau « créer », opération auparavant associée au niveau « synthèse », devient ce sixième niveau alors qu'« évaluer » est rétrogradé au cinquième échelon. Le troisième changement apporté est d'ordre pédagogique, les auteurs proposant de modifier les tâches correspondant à chaque niveau. Ainsi, certaines tâches classées auparavant au niveau « analyse » font désormais partie du niveau « comprendre » ; les tâches nécessitant une recherche peuvent désormais être classées au niveau « appliquer » ou « analyser », suivant leur niveau de complexité ; le sens de l'opération « créer » est élargi pour inclure non seulement des pensées et des productions originales, mais aussi la planification détaillée et complète comprenant tous les éléments pertinents d'une tâche (voir McGrath et Noble, 2008, p. 22 à 37, pour une description détaillée et de nombreux exemples des changements apportés).

Deux autres modifications méritent également une mention. La première est fondamentale, puisqu'elle concerne l'interprétation même à donner à cette taxonomie à six niveaux. La hiérarchie initialement proposée par Bloom et ses collaborateurs (1956) pourrait être qualifiée de cumulative. Théoriquement parlant, « les élèves ne pouvaient s'acquitter des tâches de niveaux intellectuels supérieurs (analyser, évaluer et créer) s'ils n'avaient pas déjà réalisé [...] les tâches sollicitant les habiletés intellectuelles des niveaux moins élevés » (McGrath et Noble, 2008, p. 29). La taxonomie révisée propose plutôt une hiérarchie basée sur la complexité, permettant un constant va-et-vient entre niveaux. Ainsi, on pourra proposer à l'élève une tâche de niveau complexe sans l'avoir préalablement préparé, niveau après niveau, avec des tâches associées aux niveaux inférieurs de la taxonomie. Dans ce sens, la version révisée de la taxonomie cognitive d'Anderson et Krathwohl (2001) nous apparaît plus cohérente avec les approches pédagogiques préconisées par le constructivisme et le socioconstructivisme.

La seconde modification fait passer la taxonomie unidimensionnelle de Bloom et de ses collaborateurs (1956) à une taxonomie bidimensionnelle, puisqu'on y ajoute, en plus des six niveaux de complexité cognitive (ou dimensions du processus cognitif), une autre dimension, celle des types de connaissances qui sont visées par la tâche, soit une connaissance factuelle, une connaissance conceptuelle, une connaissance procédurale ou une **connaissance métacognitive.** On peut toutefois, à l'instar de McGrath et Noble (2008), s'interroger sur la pertinence pédagogique de l'ajout de cette seconde dimension, Anderson et Krathwohl (2001) admettant eux-mêmes que la plupart du temps, la connaissance factuelle doit tout simplement être mémorisée, la connaissance conceptuelle devant être comprise et la connaissance procédurale, appliquée. Cette réserve étant exprimée, dans un site consacré à cette nouvelle taxonomie, Forehand (2010), professeure à l'Université de la Georgie, présente cette grille de 24 cellules (six niveaux cognitifs × quatre types de connaissances) dont chacune est illustrée par un verbe, constituant un hyperlien qui permet l'ouverture d'une nouvelle fenêtre qui présente le genre de tâches demandées à l'élève pour chacune. Le lecteur pourra consulter par lui-même ce tableau interactif, mais pour les besoins de cet exposé, nous nous contenterons de fournir un tableau récapitulatif des six niveaux du processus cognitif, accompagné de quelques verbes associés à chaque niveau et d'exemples de tâches (*voir le tableau 1.3*). Les exemples de ce tableau sont tirés de six tableaux détaillés, dont un pour chaque niveau, dans l'ouvrage de McGrath et Noble (2008, p. 32-37).

> **Connaissance métacognitive**
>
> La connaissance métacognitive est une prise de conscience de la manière dont on apprend, des stratégies d'apprentissage ou d'étude qu'on utilise ou que l'on devrait utiliser, de nos stratégies de mémorisation, etc.

TABLEAU 1.3	La taxonomie révisée du domaine cognitif (Anderson et Krathwohl, 2001)	
NIVEAU	EXEMPLES DE VERBES UTILISÉS	EXEMPLES DE TÂCHES DEMANDÉES
Se rappeler	Nommez, choisissez (bonne réponse), associez, annotez, désignez, définissez...	Associez un animal à un habitat, nommez les os sur un diagramme, décrivez le processus de convection.
Comprendre	Comparez (trouver des ressemblances et des différences factuelles), expliquez le principe, classez en catégories (prédéterminées)...	Résumez les principaux points en vos propres mots, redites l'histoire en vos propres mots, donnez un exemple réel du processus du transfert de la chaleur par conduction.
Appliquer	Pratiquez, exécutez, implantez, suivez la procédure, suivez les instructions, utilisez correctement...	Faites une recherche sur ce sujet, suivez les instructions pour mener une expérience, insérez correctement une comparaison dans une phrase.
Analyser	Faites un remue-méninges, préparez ou remplissez une grille de critères ou un tableau pour comparer; définissez vos propres catégories...	Comparez deux expériences sous les angles suivants : structure, statistiques, présomptions et conclusions ; comparez les théories, modèles, genres, concepts ou processus au moyen de votre propre tableau.

NIVEAU (SUITE)	EXEMPLES DE VERBES UTILISÉS (SUITE)	EXEMPLES DE TÂCHES DEMANDÉES (SUITE)
Évaluer	Définissez des critères sur lesquels fonder votre décision, formulez votre conclusion et justifiez-la, décelez les incohérences, les faussetés, les manques de logique, jugez de l'efficacité...	Énumérez les plus forts arguments contre le clonage, déterminez si le basketball est un meilleur spectacle que le baseball, regardez deux versions du film *Roméo et Juliette* et indiquez laquelle est la meilleure en justifiant votre choix.
Créer	Concevez une nouvelle façon de..., trouvez de nouvelles solutions pour..., composez une musique, une chanson, réécrivez l'histoire avec une intrigue ou une fin différente, faites un plan détaillé, étape par étape, pour une présentation multimédia sur un thème et produisez-la...	Concevez cinq nouvelles solutions au manque de places de stationnement en ville, combinez les meilleurs éléments de deux jeux et créez-en un nouveau, écrivez une histoire originale basée sur l'information présentée dans ce graphique, dessinez des marionnettes représentant les personnages de cette histoire, inventez un personnage de dessin animé soucieux de protéger l'eau.

Source: McGrath et Noble (2008, p. 32-37).

Seul le temps dira si cette taxonomie révisée proposée par Anderson, Krathwohl et leurs collaborateurs (2001) connaîtra le même succès et sera l'objet d'un consensus comparable à celui qu'a connu la taxonomie originale (Bloom *et al.*, 1956) pendant plus d'un demi-siècle. Soulignant au passage que cette révision n'est pas la seule entreprise du genre, Marzano et Kendall (2006) ont également proposé une nouvelle version de la taxonomie cognitive de Bloom. Cette révision en profondeur les amène à proposer une taxonomie basée sur trois « systèmes articulant la pensée humaine » (*systems of thought*), dont le système cognitif, qui inclut quatre niveaux (mémorisation, compréhension, analyse et utilisation d'une connaissance), le système métacognitif et un système personnalisé (*self-system*). De la même manière que l'avaient fait Anderson et Krathwohl (2001), ces auteurs ajoutent également une seconde dimension à leur taxonomie, soit celle des domaines de connaissances (informations factuelles, procédures intellectuelles et procédures psychomotrices).

Dans sa première taxonomie des objets de l'apprentissage scolaire, Bloom *et al.* (1956) proposaient de classer ceux-ci en trois grands domaines. Nous avons abondamment traité de l'un de ces trois domaines, soit le domaine cognitif, mais qu'en est-il des deux autres ? La taxonomie du domaine cognitif de Bloom sera effectivement suivie de taxonomies dans les autres domaines du développement, par exemple, la taxonomie du domaine affectif de Krathwohl, Bloom et Masia (1964, traduction française en 1976), la taxonomie du **domaine moral** de Kohlberg (1972, traduction française en 2002) et la taxonomie du domaine psychomoteur de Harrow (1972, traduction française en 1977). Toutes ces taxonomies demeurent encore fort utiles, voire indispensables, dans l'élaboration de programmes d'études et la construction d'items d'évaluation. À titre d'illustrations, le tableau 1.4 présente deux de ces taxonomies, soit celle de D'Hainaut (domaine affectif) et celle de Dave (domaine psychomoteur), présentation dont la formulation est inspirée des tableaux synoptiques de Legendre (2005) et de l'article consacré à Louis D'Hainaut par Raynal et Rieunier (2009).

■ Domaine moral

Domaine d'apprentissage associé au développement social et affectif. Ce domaine traite des stades de développement du jugement moral (par exemple, par exemple, distinguer la manière juste d'agir dans telle ou telle circonstance).

TABLEAU 1.4   **Des exemples de taxonomies des domaines affectif et psychomoteur**

TAXONOMIE DU DOMAINE AFFECTIF	TAXONOMIE DU DOMAINE PSYCHOMOTEUR
D'Hainaut, 1988	Dave, 1967
Niveau 1 : Formation d'une conviction	**Niveau 1 : Imitation**
1.1 Perception ou prise de conscience	**1.1** Tendance spontanée à l'imitation

TAXONOMIE DU DOMAINE AFFECTIF (SUITE)	TAXONOMIE DU DOMAINE PSYCHOMOTEUR (SUITE)
1.2 Attribution	**1.2** Imitation observable
1.3 Généralisation ou imprégnation	
Niveau 2 : Mise en œuvre d'une valeur ou conviction	**Niveau 2 : Manipulation**
2.1 Application passive	**2.1** Exécution d'instructions
2.2 Application potentielle	**2.2** Sélection
2.3 Application active	**2.3** Fixation d'un patron d'actions
Niveau 3 : Combinaison et hiérarchisation	**Niveau 3 : Précision**
3.1 De valeurs compatibles	**3.1** Reproduction
3.2 Résolution de conflits entre valeurs incompatibles	**3.2** Direction
	Niveau 4 : Structuration de l'action
	4.1 Séquence
	4.2 Harmonie
	Niveau 5 : Naturalisation
	5.1 Automatisation
	5.2 Intériorisation

Sources : Legendre (2005, p. 1324) et Raynal et Rieunier (2009, p. 140-141).

Transdisciplinarité

En éducation, approche qui vise à transcender, c'est-à-dire à aller au-delà des disciplines scolaires pour développer des compétences communes à ces diverses disciplines (*voir la définition de « compétences transversales » à la page 21*).

Interdisciplinarité

En éducation, approche qui favorise « l'intégration des matières », en proposant des activités d'apprentissage qui intègrent les contenus de plusieurs matières scolaires (par exemple, une activité d'éducation musicale visant simultanément des résultats d'apprentissage en français).

Il existe aujourd'hui un très grand nombre de taxonomies, que Legendre (2005) classe en cinq grandes catégories : les taxonomies générales simples, qui s'appliquent à l'ensemble des disciplines scolaires, mais ne concernent qu'un seul domaine de développement (c'est le cas de toutes les taxonomies citées précédemment) ; les taxonomies générales composées, qui touchent à plusieurs domaines de développement (par exemple, la taxonomie des domaines affectif, cognitif, psychomoteur et social de French, 1992) ; les taxonomies spécifiques simples, qui s'appliquent à une seule discipline scolaire dans un seul domaine de développement (par exemple, la taxonomie des apprentissages en biologie relevant du domaine cognitif de Klinckmann, 1963) ; les taxonomies spécifiques composées, qui s'appliquent à une seule discipline, mais à plusieurs domaines de développement (par exemple, la taxonomie des apprentissages en sciences humaines dans les domaines affectif et cognitif de Orlandi, 1971) et, enfin, les taxonomies générales unifiées qui, comme leur nom l'indique, tentent d'unifier les principaux domaines d'apprentissage et les disciplines d'enseignement dans une approche faisant appel à la **transdisciplinarité** et à l'**interdisciplinarité** (par exemple, la taxonomie de Tochon, 1988).

1.3.2 La classification des types d'apprentissage

Dans un essai d'intégration des trois grands domaines d'apprentissage dans une même taxonomie, Robert M. Gagné (1972) propose une classification des cinq types de capacités ou d'apprentissage « qui peuvent produire la plupart des activités humaines » (Brien, 1992, p. 27) : les informations verbales, les habiletés intellectuelles, les habiletés motrices, les attitudes ainsi que les stratégies cognitives.

Les **informations verbales** constituent le « matériel mental » ou les schèmes utilisés pour représenter et communiquer la réalité. Ce sont des connaissances sémantiques qui permettent de nommer un objet ou une réalité, d'énoncer un fait, d'expliquer ou de décrire un phénomène, et ainsi de suite. Les informations verbales incluent des idées (par exemple, ce qu'est un « arbre », ce qu'est une « démocratie »), des propositions (par exemple, les arbres feuillus perdent leurs feuilles à l'automne ; la liste des pays du monde qui ont actuellement un régime démocratique) et des ensembles de propositions qui sont liées (par exemple, le cycle des saisons, les modes de gouvernement partout dans le monde).

Quant aux **habiletés intellectuelles,** elles constituent les opérations mentales effectuées sur les informations verbales. Elles permettent de résoudre des problèmes, d'analyser un ensemble de données, etc. Dans la classification de Gagné (1972), les habiletés intellectuelles incluent la capacité à effectuer des discriminations (telle figure géométrique est ou n'est pas un carré), à faire un classement selon des concepts (reconnaître les figures géométriques qui sont des carrés parmi un ensemble de figures géométriques), à appliquer une règle (calculer le périmètre d'un carré) ou à appliquer une règle supérieure (déterminer la quantité de peinture nécessaire pour recouvrir toute une pièce).

Les **habiletés motrices** représentent les habiletés impliquant une activité physique simple (comme tracer une lettre) ou complexe (comme nager). Elles comprennent des sous-routines (comme tracer des traits verticaux et des traits horizontaux) et des routines maîtresses ou des règles qui gèrent l'exécution des sous-routines (comme tracer la lettre majuscule « E »).

Les **attitudes** sont « en quelque sorte les règles qui gèrent le comportement de l'individu dans toutes ses manifestations » (Brien, 1992, p. 38). Il s'agit des règles de nature sociale et affective qui déterminent des comportements tels que choisir de travailler seul plutôt qu'en équipe ou choisir un cours d'art dramatique plutôt qu'un cours de science.

Enfin, les **stratégies cognitives** correspondent aux stratégies qui permettent d'acquérir de nouvelles capacités (informations verbales, habiletés intellectuelles, habiletés motrices et attitudes) et de gérer efficacement l'utilisation de ces capacités dans des opérations visant la compréhension, la résolution de problèmes, la rétention de l'information, etc. Selon Gagné (1972), les stratégies cognitives incluent les stratégies d'apprentissage (par exemple, les stratégies de lecture, les stratégies d'étude, les stratégies de mémorisation) et les stratégies de résolution de problèmes (par exemple, les stratégies de résolution d'un problème écrit en mathématique, les stratégies de résolution d'un problème scientifique, les stratégies de rédaction d'une dissertation littéraire).

Le lecteur cognitivement actif aura probablement déjà tenté d'établir des liens entre, par exemple, les niveaux de la taxonomie révisée du domaine cognitif et certaines habiletés incluses dans la classification de Gagné. Voyons maintenant une classification des objets de l'apprentissage préconisée à la fois par la psychologie cognitive et par les théories constructivistes en éducation.

1.3.3 La classification des catégories de connaissances

Bien que certains auteurs ne reconnaissent que deux catégories d'apprentissage et de mémoire, soit la mémoire déclarative et la mémoire procédurale, ou deux grandes catégories de connaissances (Anderson, 1983), plusieurs auteurs contemporains, à l'instar de Jacques Tardif (1992), distinguent aujourd'hui trois catégories de connaissances parmi les apprentissages visés en milieu scolaire : les connaissances déclaratives, les connaissances procédurales et les connaissances conditionnelles.

▮ Informations verbales

Connaissances sémantiques qui permettent de nommer un objet ou une réalité, d'énoncer un fait, d'expliquer ou de décrire un phénomène. Les informations verbales peuvent être mémorisées, puis exprimées dans une réponse verbale.

▮ Habiletés intellectuelles

Opérations mentales effectuées sur les informations verbales. Elles permettent de résoudre des problèmes, d'analyser un ensemble de données, d'effectuer une synthèse de l'information sur un sujet donné, etc.

▮ Habiletés motrices

Habiletés impliquant une activité physique simple (comme tracer une lettre) ou complexe (comme nager). Les habiletés motrices relèvent du domaine d'apprentissage psychomoteur.

▮ Attitudes

Règles intériorisées qui dictent le comportement de l'individu dans telle ou telle situation. Bien qu'elles puissent être influencées par les croyances (composante cognitive), les attitudes relèvent du domaine social et affectif.

▮ Stratégies cognitives

Ensemble des moyens utilisés par l'apprenant pour apprendre efficacement, par exemple, pour traiter l'information (stratégies de compréhension), pour mémoriser des contenus (stratégies de mémorisation), pour effectuer une tâche, etc.

Les connaissances déclaratives correspondent aux divers types d'informations devant être mémorisées par l'apprenant (par exemple, associer le graphème d'une lettre ou d'un groupe de lettres avec le phonème correspondant, nommer les capitales des 10 provinces et des 3 territoires canadiens, expliquer le fonctionnement du système respiratoire chez l'humain).

Les connaissances procédurales consistent en l'application d'une procédure ou d'un algorithme menant à la résolution d'un problème donné ou d'étapes menant à la réalisation d'une activité intellectuelle complexe (par exemple, résoudre un problème écrit en mathématique, effectuer un service au badminton, résumer un texte informatif).

Pour ce qui est des connaissances conditionnelles, elles correspondent à la capacité à utiliser le contexte pour déterminer la réponse à apporter ou l'action à accomplir (par exemple, lire de manière expressive un texte narratif; accorder les participes passés dans le contexte d'une production écrite; adapter son niveau de langage à l'interlocuteur auquel on s'adresse).

Il n'est pas toujours facile de distinguer ces trois catégories de connaissances, en particulier les connaissances procédurales des connaissances conditionnelles. En ce qui concerne les connaissances déclaratives, on pourrait résumer leur caractéristique fondamentale par le fait qu'elles peuvent être « déclamées », c'est-à-dire faire l'objet d'une réponse verbale de la part de l'apprenant. On peut vérifier la connaissance ou la compréhension des connaissances déclaratives (les deux premiers niveaux de la taxonomie cognitive) en demandant à l'élève de répondre oralement à une question.

Les connaissances procédurales touchent au troisième niveau de la taxonomie cognitive, c'est-à-dire aux capacités d'application de l'information apprise (comme le fait d'appliquer les diverses règles de mise au pluriel dans un exercice écrit), à la capacité à appliquer une procédure déterminée pour résoudre un problème (comme le fait d'appliquer les étapes de la résolution d'un problème écrit en mathématique) ou à la capacité à appliquer les étapes prescrites qui mènent à la réalisation d'une activité intellectuelle ou motrice (telles que les étapes permettant d'effectuer un service au badminton). Bien que les règles et les procédures doivent tout d'abord être mémorisées et comprises par l'apprenant, le véritable « test » pour celui-ci consiste en la capacité à appliquer les connaissances apprises dans le contexte d'une tâche signifiante, à démontrer un savoir-faire.

Les connaissances conditionnelles renvoient pour leur part aux processus cognitifs supérieurs de la taxonomie du domaine cognitif, c'est-à-dire à la capacité à analyser les conditions existantes afin de fournir une réponse appropriée (comme le fait de déterminer la règle de l'accord des participes passés qui s'applique à chaque cas dans le contexte d'une rédaction écrite), à la capacité à tenir compte d'un ensemble de conditions dans le choix, par exemple, d'une réponse sociale (comme le fait d'adapter sa façon de se présenter en tenant compte de l'âge de la personne, de sa personnalité, de l'effet désiré, etc.) ou à la capacité à juger de la valeur d'une information donnée (comme le fait de résumer un texte informatif en distinguant les idées principales des idées secondaires). Notons que les connaissances conditionnelles ne peuvent pas être apprises à l'avance, puisqu'elles sont tributaires de conditions variables ou changeantes.

1.3.4 La classification des apprentissages et le programme de formation

Il existe une dernière manière de classifier les apprentissages scolaires, qui correspond en quelque sorte à l'emballage sous lequel ils sont présentés aux apprenants, celui des matières scolaires (ou cours). Qu'est-ce qu'une matière scolaire ? Comment se distingue-t-elle d'une discipline d'enseignement et d'un champ d'études ? La figure 1.2 illustre la hiérarchie des termes utilisés pour classifier les apprentissages à l'intérieur d'un **programme de formation.**

Le sens donné ici à l'expression « programme de formation », parfois désigné sous l'appellation de « curriculum » ou de « programme d'études », est celui d'un « ensemble structuré de plans d'études » (Legendre, 2005, p. 1092), soit l'ensemble des plans d'études ou programmes-cadres élaborés pour toutes les classes d'un ordre d'enseignement. On parlera, par exemple, du curriculum de l'élémentaire (MEO, 2004), des programmes d'études du primaire (MENB, 1995) ou du programme de formation pour l'éducation préscolaire et l'enseignement primaire (MEQ, 2006a). On emploie également le terme « cursus » lorsque les **cours** composant celui-ci sont sanctionnés par des crédits ou par quelque autre unité de valeur conduisant à l'obtention d'un diplôme (par exemple, le cursus de l'école secondaire en Ontario ou le cursus collégial au Québec). Nous avons opté ici pour le terme « programme de formation » utilisé, entre autres, au Québec.

FIGURE 1.2 **La classification des apprentissages à l'intérieur d'un programme de formation**

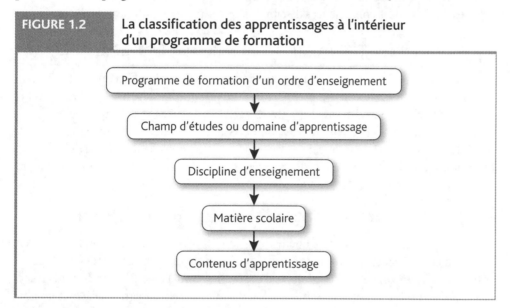

La mission de l'éducation publique et les objectifs ou domaines généraux de formation poursuivis par un ministère de l'éducation mènent au choix des champs d'études ou des domaines d'apprentissage qui seront privilégiés à chaque ordre d'enseignement. Un **champ d'études** est défini ici comme un regroupement de disciplines apparentées, telles que les langues, les sciences et la mathématique, les sciences humaines et sociales ou les arts. À titre d'exemple, les domaines d'apprentissage inclus à l'intérieur du programme de formation de l'école québécoise pour le deuxième cycle de l'ordre du secondaire (MELS, 2008) sont les suivants : langues ; mathématique, science et technologie ; univers social ; arts ; développement de la personne et développement professionnel.

Chaque champ d'études inclut une ou plusieurs disciplines d'enseignement ou un ou plusieurs programmes disciplinaires (un programme réparti sur plusieurs années, couvrant toutes les classes d'un ordre d'enseignement). Notons que la mathématique est parfois considérée comme un champ d'études (elle inclut alors des disciplines telles que l'algèbre et la géométrie) mais, le plus souvent, elle est vue comme une **discipline d'enseignement** associée aux autres sciences, auxquelles on ajoutera parfois la technologie. Le

Programme de formation

Ensemble de programmes disciplinaires prescrits par un ordre d'enseignement.

Cours

Terme polysémique dont le sens le plus courant, en éducation, est celui qui correspond au temps consacré à l'enseignement d'une matière scolaire pendant une période de temps donné.

Champ d'études

Regroupement de plusieurs disciplines scolaires apparentées, qui forment un ensemble (synonyme : domaine d'apprentissage).

Discipline d'enseignement

Branche du savoir humain pouvant être l'objet d'un enseignement ; par exemple, le français, la biologie, l'histoire, la mathématique, la musique et l'éducation physique sont des disciplines d'enseignement.

Matière scolaire

Tranche d'une discipline d'enseignement faisant l'objet d'un cours et dont l'enseignement est étalé sur une période de temps donné (par exemple, un semestre, une année scolaire). On peut suivre plusieurs matières scolaires (cours) à l'intérieur d'une même discipline.

Contenus d'apprentissage

Résultats d'apprentissage généraux ou spécifiques visés à l'intérieur d'un programme de formation. Les contenus d'apprentissage sont ce que l'on enseigne pendant une période d'enseignement donnée (par exemple, le pluriel des noms, le théorème de Pythagore, le service au badminton, etc.).

Compétence

Savoir-agir qui intègre les savoirs et les savoir-faire d'ordre intellectuel ainsi qu'un certain nombre d'attitudes et de valeurs associées aux savoir-être de l'apprenant. La compétence est un « savoir-agir fondé sur la mobilisation et l'utilisation efficaces d'un ensemble de ressources ».

Compétences disciplinaires

Compétences qui découlent directement des contenus spécifiques des programmes d'études.

nombre de disciplines enseignées à l'intérieur d'un champ d'études peut aussi varier selon l'ordre d'enseignement. Par exemple, l'enseignement des langues dans certaines classes du primaire comprend le français (langue maternelle) et l'anglais (langue seconde), alors qu'au secondaire, d'autres disciplines peuvent s'y ajouter (comme l'espagnol).

Rappelons qu'une **matière scolaire** est en quelque sorte une « tranche » de la discipline ou du programme disciplinaire. Ainsi, un enseignant du secondaire peut enseigner une seule discipline, par exemple, la biologie, mais être responsable de plusieurs matières scolaires, c'est-à-dire de plusieurs cours différents de biologie. Dans certains cas, une matière peut regrouper des contenus d'apprentissage tirés de plusieurs disciplines. Par exemple, un cours d'introduction aux sciences de la nature pourrait intégrer des contenus des trois disciplines suivantes : la biologie, la physique et la chimie.

Enfin, les **contenus d'apprentissage** correspondent aux résultats d'apprentissage généraux et spécifiques prescrits dans le programme d'une matière donnée (le pluriel des noms, la mise au féminin des noms et des adjectifs, la conjugaison des verbes aux temps de l'indicatif, les pronoms et leurs fonctions dans la phrase, etc.). Ce sont les savoirs jugés essentiels ou les compétences disciplinaires visées par le programme de formation.

1.4 L'APPRENTISSAGE EN TERMES DE COMPÉTENCES

Au cours des dernières décennies, une nouvelle approche cherchant à nommer les apprentissages visés par l'école s'est imposée. Cette approche, qui s'inspire à la fois des nouvelles conceptions constructivistes de l'apprentissage et de la mission réactualisée de l'école pour le XXIe siècle, tente de définir les apprentissages considérés comme essentiels à la formation des jeunes en matière de compétences. Cette nouvelle manière d'exprimer les intentions éducatives est au cœur des nouveaux programmes de formation, tant au primaire qu'au secondaire (MEQ, 2006a ; MEQ, 2006b ; MELS, 2008).

1.4.1 Les définitions et la raison d'être des compétences

Qu'est-ce qu'une **compétence** ? De quelle façon se distingue-t-elle, par exemple, des divers types de connaissances dont on a discuté précédemment ? La compétence intègre et transcende les savoirs et les savoir-faire d'ordre intellectuel associés aux connaissances déclaratives, procédurales et conditionnelles, de même qu'elle intègre un certain nombre d'attitudes et de valeurs associées aux savoir-être de l'apprenant. En bref, il s'agit d'un « savoir-agir fondé sur la mobilisation et l'utilisation efficaces d'un ensemble de ressources » (MEQ, 2006a, p. 4).

Bien que les compétences ne constituent pas un objet d'enseignement proprement dit (Carbonneau et Legendre, 2002), elles permettent de classifier les apprentissages visés en deux catégories de compétences : les **compétences disciplinaires,** qui, comme leur nom l'indique, découlent directement des contenus spécifiques des programmes d'études (par exemple, la compétence consistant à utiliser la démarche scientifique préconisée par les sciences), et les compétences transversales, qui présentent un caractère plus générique, « en raison du fait qu'elles se déploient à travers les divers domaines d'apprentissage » (MEQ, 2006b, p. 15) et qu'elles relèvent d'une responsabilité collective des divers intervenants scolaires (Carbonneau et Legendre, 2002). En fait, d'après ces derniers auteurs, de telles compétences sont doublement transversales, puisque « leur évolution doit être soutenue par des interventions éducatives qui traversent non seulement l'ensemble des disciplines (dimension horizontale), mais aussi l'ensemble de la scolarité (dimension verticale) »

(p. 13-14). Enfin, le développement des compétences transversales est un processus évolutif « qui se poursuit tant à l'intérieur qu'à l'extérieur des murs de l'école » (MEQ, 2006b, p. 15).

1.4.2 Les compétences transversales et les domaines généraux de formation

Dans son *Programme de formation de l'école québécoise* pour l'éducation préscolaire et l'enseignement primaire, le ministère de l'Éducation du Québec (2006a) retient neuf **compétences transversales** regroupées en quatre ordres : quatre compétences d'ordre intellectuel, deux compétences d'ordre méthodologique, deux compétences d'ordre personnel et social ainsi qu'une compétence de l'ordre de la communication (*voir le tableau 1.5*). On cherchera à développer ces compétences par l'étude de diverses problématiques tirées de la vie contemporaine, sujets d'intérêt qui permettent de rapprocher les savoirs disciplinaires des préoccupations quotidiennes des élèves et que l'on fait correspondre à cinq domaines généraux de formation : santé et bien-être, environnement et consommation, médias, orientation et entrepreneuriat, vivre-ensemble et citoyenneté.

Ces **domaines généraux de formation** transcendent les frontières disciplinaires traditionnelles. Ils favorisent l'intégration des apprentissages et servent de « points d'ancrage au développement des compétences transversales et des compétences disciplinaires » (MEQ, 2006a, p. 42). Précisons que ces domaines généraux ne constituent pas des contenus d'apprentissage en tant que tels (on n'enseigne pas la santé et le bien-être comme on le ferait des contenus d'une matière scolaire). L'intention éducative dont chacun de ces domaines est porteur sert plutôt de fil conducteur, encourageant ainsi la continuité des interventions éducatives tout au long de la scolarité de base. Les domaines généraux servent également de toile de fond, ce qui facilite la cohérence et la complémentarité des interventions émanant des divers services offerts par l'école (enseignement, services particuliers, services complémentaires et services de garde). Enfin, toujours selon le ministère de l'Éducation du Québec (MEQ, 2006), devenu, depuis, le ministère de l'Éducation, du Loisir et du Sport (MELS), les domaines généraux de formation agissent comme lieux de transfert des apprentissages.

Compétences transversales

Compétences génériques développées à travers plusieurs disciplines d'enseignement.

Domaines généraux de formation

Méga-objectifs de formation qui transcendent les frontières disciplinaires et favorisent l'intégration des apprentissages tout en servant de points d'ancrage au développement des compétences transversales et des compétences disciplinaires.

TABLEAU 1.5	Les compétences transversales au préscolaire et au primaire		
COMPÉTENCES D'ORDRE INTELLECTUEL	**COMPÉTENCES D'ORDRE MÉTHODOLOGIQUE**	**COMPÉTENCES D'ORDRE PERSONNEL ET SOCIAL**	**COMPÉTENCE DE L'ORDRE DE LA COMMUNICATION**
1. Exploiter l'information.	**1.** Se donner des méthodes de travail efficaces.	**1.** Structurer son identité.	**1.** Communiquer de façon appropriée.
2. Résoudre des problèmes.	**2.** Exploiter les technologies de l'information et de la communication.	**2.** Coopérer.	
3. Exercer son jugement critique.			
4. Mettre en œuvre sa pensée créatrice.			

Source : MEQ (2006a, p. 13).

1.4.3 Les compétences et les domaines d'apprentissage

En se basant sur une conception de l'apprentissage d'inspiration constructiviste, le *Programme de formation de l'école québécoise* (MEQ, 2006a) destiné à l'éducation préscolaire et à l'enseignement primaire a choisi de mettre l'accent sur le développement de compétences plutôt que sur la seule mémorisation de savoirs. Ces compétences, tant disciplinaires que transversales, sont développées tout au long de la scolarisation par l'étude de cinq **domaines d'apprentissage** : langues, mathématique, science et technologie, univers social, arts et développement personnel. Chacun de ces domaines se subdivise en un certain nombre de programmes disciplinaires (par exemple, la géographie, l'histoire et l'éducation à la citoyenneté pour le domaine de l'univers social), programmes qui définissent les compétences disciplinaires visées et qui permettent de préciser les savoirs essentiels dans chacune des disciplines à l'étude (*voir la figure 1.3*).

FIGURE 1.3   Les compétences, domaines généraux de formation et domaines d'apprentissage

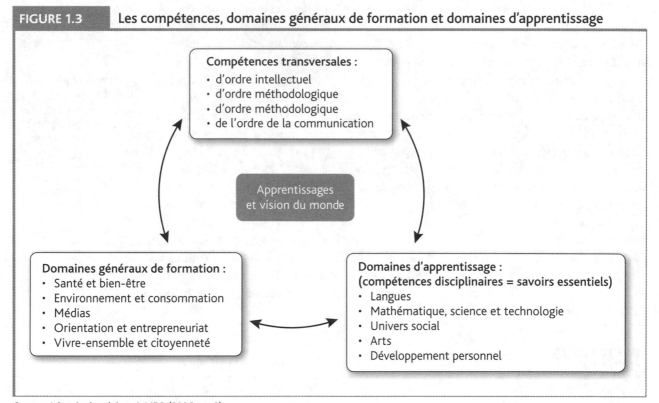

Source : Adaptée du schéma 1, MEQ (2006a, p. 8).

1.5 LES FACTEURS INFLUENÇANT L'APPRENTISSAGE SCOLAIRE

Quels facteurs peuvent influencer, positivement ou négativement, l'apprentissage scolaire des élèves ? Lorsque la question est posée aux enseignants, elle suscite un grand nombre et une grande variété de réponses. On pourra répondre en énumérant des facteurs tels que le milieu familial, le niveau socioéconomique, le degré d'instruction des parents, la motivation ou l'intelligence de l'élève, son intérêt pour la matière ou la qualité de sa relation avec l'enseignant. À cette liste, déjà longue, on ajoutera aujourd'hui des variables comme la qualité des stratégies d'apprentissage utilisées, le type d'intelligence, le style cognitif ou le style d'apprentissage de l'apprenant, voire le degré de compatibilité entre style d'apprentissage et style d'enseignement! La figure 1.4 illustre quelques-unes des innombrables réponses susceptibles d'être apportées à la question: «Pourquoi tel élève apprend-il mieux que tel autre?»

Avant de tenter de répondre à la question précédente, il convient de distinguer **facteurs externes** et **facteurs internes.** Il est depuis longtemps convenu que de nombreux facteurs extérieurs à l'apprenant exercent une influence déterminante sur la qualité de son apprentissage (par exemple, les attitudes des parents à l'égard de l'école, le niveau socioéconomique de la famille ou l'influence des pairs). Par «facteur externe», on entend ici tout aspect de l'environnement physique et humain qui exerce une influence directe (comme des parents analphabètes, incapables d'accompagner l'enfant dans ses apprentissages scolaires) ou indirecte (comme la pauvreté du milieu familial) sur l'un ou l'autre des facteurs internes de l'apprentissage ou sur une combinaison de ces facteurs chez l'apprenant.

Facteurs externes

Tout aspect de l'environnement physique et humain qui exerce une influence directe ou indirecte sur l'un ou l'autre des facteurs internes de l'apprentissage ou sur une combinaison de ces facteurs chez l'apprenant.

Facteurs internes

Facteurs personnels de l'élève-apprenant qui influencent directement son apprentissage: aptitude, disposition affective, disposition cognitive et apprentissages acquis. En interaction constante avec les facteurs externes à l'apprenant, ces facteurs internes évoluent constamment.

FIGURE 1.4	Certains facteurs influençant l'apprentissage scolaire

Il importe de souligner que la seule présence de facteurs externes non favorables n'entraîne pas irrévocablement des effets négatifs sur l'apprentissage. Par exemple, le fait que des parents soient analphabètes ou soient tout simplement incapables d'offrir à la maison un encadrement à la hauteur des exigences scolaires actuelles peut être compensé par le soutien d'un grand frère, d'amis ou par un service d'aide aux devoirs offert à l'école même.

Dans leur explication de l'étiologie de la déficience cognitive, Feuerstein et ses collaborateurs (1981) proposent une distinction similaire entre les causes dites distales (les stimuli de l'environnement, les facteurs culturels, etc.) et la seule cause proximale qui, en fin de compte, ferait toute la différence : la présence ou non d'expériences d'apprentissage médiatisé. De la même manière, nous avons choisi ici de nous consacrer à l'étude des facteurs qui, en dernière analyse, sont les seuls à exercer une influence directe sur l'apprentissage scolaire : les facteurs internes.

Quels sont ces facteurs internes ? Il y a plus de 25 ans, Rodrigue Landry et Omer Robichaud (1985), alors tous deux professeurs à l'Université de Moncton (Nouveau-Brunswick), proposaient une synthèse de ces facteurs, tout aussi pertinente aujourd'hui. Cette synthèse se présentait sous la forme d'un modèle regroupant les nombreuses variables répertoriées dans la littérature spécialisée en quatre facteurs essentiels de l'apprentissage scolaire : le **facteur de l'aptitude,** le facteur des apprentissages acquis, le facteur de la disposition affective et le facteur de la disposition cognitive, facteurs qui s'influencent les uns les autres (*voir la figure 1.5*).

■ **Facteur de l'aptitude**

Correspond à la capacité d'apprendre de l'élève, au temps qui lui est nécessaire pour apprendre.

| **FIGURE 1.5** | **Le modèle des facteurs essentiels de l'apprentissage scolaire** |

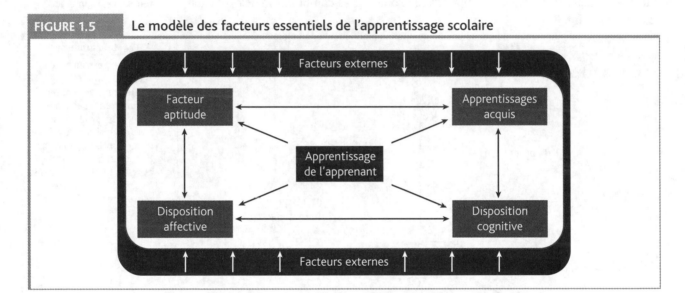

Avant de procéder à la présentation de chacun des quatre facteurs retenus, il convient de souligner l'influence déterminante des facteurs externes sur le développement ou l'actualisation des facteurs internes de l'apprentissage. Par exemple, que deviendrait le facteur de l'aptitude d'un apprenant sans la contribution de l'environnement familial lors de ses tout premiers apprentissages ? Quel serait le désir d'apprendre et les attentes de succès (disposition affective) du même apprenant sans l'attention, l'encouragement et le soutien accordés par son environnement social avant même son entrée à l'école et tout au long de son parcours d'écolier ? Les **facteurs sociaux** et environnementaux exercent un rôle tout aussi déterminant sur les deux autres facteurs internes de l'élève, à savoir les apprentissages acquis (en particulier sur la composante « connaissances antérieures ») et sur la disposition cognitive (rappelons que si « apprendre, ça s'apprend », dans une certaine mesure, cela s'enseigne aussi).

■ **Facteurs sociaux**

Facteurs d'origine externe influençant l'apprentissage de tout élève. Les facteurs sociaux de l'apprentissage scolaire trouvent leurs sources dans le milieu de vie immédiat (famille, parents et amis) et dans l'environnement social et culturel de l'élève (par exemple, le milieu socioéconomique).

1.5.1 Le facteur de l'aptitude

Si l'on avait posé, il y a 50 ans, la question « quel facteur influence le plus l'apprentissage scolaire des élèves ? », il y a de fortes chances que les enseignants, les parents et les élèves eux-mêmes auraient répondu majoritairement : l'intelligence. Qu'on la désigne sous cette appellation ou sous une autre, l'intelligence, ou « facteur aptitude », suivant l'expression retenue par Landry et Robichaud (1985), se résume tout simplement, ainsi que le suggérait déjà Carroll (1963), au temps nécessaire pour apprendre. Bien que ce facteur ait perdu la place prépondérante qu'il occupait jadis, il faut reconnaître que certains apprenants continuent d'apprendre plus facilement et plus rapidement que d'autres.

C'est d'ailleurs le sens qu'il faut donner au concept de **rythme d'apprentissage,** qui est utilisé couramment et qui correspond ni plus ni moins au rapport existant entre le temps prévu ou le temps consacré par le groupe de référence et le temps nécessaire à un apprenant en particulier pour atteindre les résultats d'apprentissage prescrits. Considérons, par exemple, le cas de trois élèves de onzième année (cinquième secondaire) et imaginons un fonctionnement individualisé qui leur permette de progresser à leur propre rythme dans leur cours de biologie. Les résultats d'apprentissage de ce programme sont planifiés en fonction d'une période d'enseignement de cinq mois, soit la durée d'un semestre scolaire. L'encadré 1.2 illustre le cas d'un élève dont le rythme d'apprentissage correspond au rythme de progression prévu par les concepteurs du programme (Éric), celui d'une élève douée qui dépasse largement ce rythme (Léa) et celui d'une fille dont l'apprentissage est plus lent (Julie) et qui aurait besoin d'un peu plus de temps pour maîtriser les contenus d'apprentissage de ce cours. Notons qu'on pourrait arriver à des résultats comparables en utilisant le nombre de résultats spécifiques atteints par chaque élève à la fin du semestre.

> **Rythme d'apprentissage**
>
> Une des mesures quantitatives du facteur de l'aptitude ; correspond au rapport mathématique entre le temps prévu ou consacré par le groupe de référence et le temps nécessaire à un apprenant pour atteindre les résultats d'apprentissage prescrits.

ENCADRÉ 1.2 Le calcul du rythme d'apprentissage

$$\text{Rythme} = \frac{\text{temps prévu (ou consacré par le groupe de référence)}}{\text{temps nécessaire à l'apprenant}}$$

$$\text{Éric :} \quad \frac{\text{5 mois (temps prévu par l'école)}}{\text{5 mois (temps nécessaire à Éric)}} = 1,00$$

$$\text{Léa :} \quad \frac{\text{5 mois (temps prévu par l'école)}}{\text{2 mois (temps nécessaire à Léa)}} = 2,50$$

$$\text{Julie :} \quad \frac{\text{5 mois (temps prévu par l'école)}}{\text{6 mois (temps nécessaire à Julie)}} = 0,83$$

Le facteur de l'aptitude a surtout été associé au concept de **quotient intellectuel (QI),** qui, faut-il le rappeler, n'était à l'origine et n'est toujours qu'un indice de la capacité à apprendre. Au début, le QI correspondait au quotient de l'âge mental (AM) sur l'âge chronologique (AC) multiplié par 100 ($QI = AM/AC \times 100$). Le quotient intellectuel correspond aujourd'hui à un score normalisé qui provient de la comparaison entre le score brut obtenu à un test d'intelligence, dûment standardisé, et les scores obtenus par des milliers de sujets du même âge chronologique.

Par exemple, un apprenant âgé de 11 ans et 6 mois qui obtient un score brut de 52 à l'épreuve d'habileté mentale Otis-Lennon se verra attribuer un quotient intellectuel de 100 (intelligence dite « normale », c'est-à-dire dans la norme), son résultat étant analogue à celui qui a été obtenu auparavant au même test par une majorité d'enfants du même âge (11 ans et 6 mois). Si le même garçon avait obtenu un score de 73 à ce test, score qui se compare avantageusement aux scores habituels de ses pairs, il aurait obtenu un QI de

> **Quotient intellectuel (QI)**
>
> Autre mesure quantitative du facteur de l'aptitude ; correspond au score obtenu sur un test standardisé mesurant certaines composantes de l'intelligence humaine.

Désigne le fait, pour un apprenant, de manifester des aptitudes d'apprentissage largement supérieures à la moyenne. À l'expression « élèves doués », on préfère aujourd'hui celle d'« élèves doués et talentueux », de manière à inclure les aptitudes supérieures dans des domaines autres que les performances intellectuelles (par exemple, les talents artistiques, sportifs, etc.).

Intelligences multiples

Conception qualitative du facteur de l'aptitude (intelligence). Théorie selon laquelle il existerait plusieurs formes ou types d'intelligence, chaque personne ayant un profil qui lui est propre, à l'intérieur duquel on retrouve une ou plusieurs formes d'intelligence dominantes.

125, alors que s'il n'avait obtenu qu'un score de 14, il se serait auparavant vu rétrograder au statut d'élève ayant une déficience intellectuelle légère avec un QI de 69 (*voir la note sous la figure 1.6*). Soulignons également que les diverses définitions données à la **douance** (qualité des élèves doués et talentueux) font varier son point de départ de 115 à 150 !

La conception quantitative traditionnelle du facteur de l'aptitude (mesure du QI et calcul du rythme d'apprentissage) a cependant tendance à céder la place à une conception davantage qualitative de l'intelligence : « Ce n'est pas combien on est intelligent qui importe, mais comment on l'est » (Gardner, 1983, p. 34, traduction libre). D'une conception statique et étroite de l'intelligence, on est progressivement passé à une conception dynamique, selon laquelle l'intelligence se construit, et à une conception multiforme et élargie du concept, selon laquelle l'intelligence ne se limite pas aux seules compétences logicomathématiques et langagières traditionnellement mesurées dans les tests d'intelligence. La théorie la plus connue et la plus largement diffusée qui représente le mieux ces nouvelles conceptions de l'intelligence est la théorie des **intelligences multiples** de Howard Gardner.

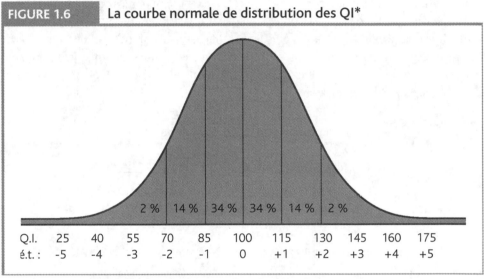

FIGURE 1.6 La courbe normale de distribution des QI*

				2 %	14 %	34 %	34 %	14 %	2 %			
Q.I.	25	40	55	70	85	100	115	130	145	160	175
é.t. :	-5	-4	-3	-2	-1	0	+1	+2	+3	+4	+5

* La valeur de l'écart type (é.t.) peut varier d'un test à l'autre ; ici, il est de 15 points.

Note : Jusqu'au début des années 1980, l'American Association on Mental Retardation (AAMR) distinguait quatre niveaux de déficience intellectuelle à partir des scores de QI suivants : de 50-55 à 70 : déficience intellectuelle légère ; de 35-40 à 50-55 : déficience intellectuelle moyenne ; de 20-25 à 35-40 : déficience intellectuelle sévère ; en dessous de 20-25 : déficience intellectuelle profonde. Aujourd'hui, l'Association canadienne pour l'intégration communautaire (ACIC) et plusieurs autres associations de défense militant pour les droits des personnes avec un handicap intellectuel préconisent plutôt de graduer les mesures de soutien à partir des besoins des personnes, et non à partir d'un score de QI.

Avant de présenter brièvement les formes d'intelligence décrites par Gardner, mentionnons que pas moins de huit conditions doivent être réunies avant qu'une forme d'intelligence ne soit dûment reconnue et intégrée dans sa théorie (Gardner, 1999). McGrath et Noble (2008) résument ainsi ces huit conditions :

- on doit être en mesure d'isoler l'intelligence en question ;

- l'histoire de l'évolution humaine devrait tendre à prouver la plausibilité de cette intelligence ;

- des stades de développement neural doivent lui être spécifiques ;

- elle doit également exister chez des populations dites particulières (par exemple, les « idiots savants ») ;

- elle doit se manifester au moyen d'opérations relativement indépendantes et être sujette à l'entraînement ;

- elle doit afficher une faible corrélation avec les autres formes d'intelligence ;

- elle doit posséder son propre système opérationnel ;

- enfin, elle doit recourir à son propre système de symboles (McGrath et Noble, 2008, p. 2-4).

De plus, il n'est pas inutile de rappeler quatre éléments clés, souvent occultés, de cette théorie des intelligences multiples, à savoir que tout le monde possède les diverses formes d'intelligence, seul leur degré variant d'un individu à l'autre ; la plupart des personnes peuvent développer chaque forme d'intelligence jusqu'à un niveau satisfaisant de compétence ; les formes d'intelligence fonctionnent en interaction constante les unes avec les autres ; enfin, il existe de nombreuses façons de manifester chaque forme d'intelligence, et non un certain nombre d'attributs déterminés (Armstrong, 1999).

Gardner propose non seulement une conception dynamique de l'intelligence, mais aussi une théorie elle-même dynamique, puisque celle-ci s'est enrichie de trois nouvelles formes d'intelligence depuis la parution de *Frames of Mind* en 1983, dont une seule, cependant, a été officiellement incluse à la typologie. En effet, dans les premières versions de sa théorie, Gardner (1983) relevait sept formes d'intelligence ; en 1998, une huitième s'ajoutait : l'intelligence naturaliste (*voir l'encadré 1.3*). Depuis, Gardner (1999) a envisagé l'ajout de nouvelles formes d'intelligence, en particulier celle d'une intelligence existentielle ou spirituelle, mais comme cette dernière ne répond pas à certains de ses critères (par exemple, des réseaux neuraux spécialisés dans cette fonction), Gardner « a l'habitude de dire qu'il existe huit intelligences et demie plutôt que de désigner l'intelligence existentielle comme une neuvième intelligence pleinement reconnue » (McGrath et Noble, 2008, p. 4).

ENCADRÉ 1.3 **Les huit formes d'intelligence actuellement admises**

- L'intelligence musicale : la sensibilité aux sons, à leurs combinaisons harmonieuses, la capacité à apprécier et à reproduire des œuvres musicales.

- L'intelligence kinesthésique : la sensibilité aux mouvements du corps, la capacité à imiter une gestuelle, à produire et à coordonner des mouvements.

- L'intelligence logicomathématique : la compréhension de symboles, la capacité à manipuler des concepts de logique et des données mathématiques.

- L'intelligence langagière : la sensibilité aux divers aspects du langage, la capacité à comprendre et à communiquer un message oral ou écrit.

- L'intelligence spatiale : la perception et l'organisation de l'espace, la capacité à visualiser, à représenter des données visuelles et à s'orienter dans l'espace.

- L'intelligence interpersonnelle : la sensibilité au vécu de l'autre, la capacité à entrer en relation avec les autres, à comprendre autrui, à faire preuve d'empathie.

- L'intelligence intrapersonnelle : la sensibilité à l'égard de son propre monde intérieur, la capacité à enrichir la connaissance introspective de soi.

- L'intelligence naturaliste : la sensibilité au monde naturel, la capacité à reconnaître et à utiliser efficacement les éléments de la nature (Gardner, 2006 et 2008).

De nombreuses autres théories concernant le concept d'intelligence mériteraient également d'être signalées, en particulier la théorie de l'intelligence émotionnelle avancée par Goleman (1998) et la théorie « triarchique » de l'intelligence proposée par Sternberg (1985). La théorie des intelligences multiples occupe néanmoins une place toute particulière dans le domaine de l'éducation, ne serait-ce qu'en raison de l'abondance des ouvrages qui sont consacrés à ses applications pédagogiques. Au sujet de ces nombreuses applications pédagogiques, nous avons déjà cité l'ouvrage de McGrath et Noble (2008), associant niveaux taxonomiques et intelligences multiples. Lazear (2008) propose une démarche similaire, alors que Gélinas et Roussel (2006) se sont penchées sur l'intégration des intelligences multiples à la maternelle et que Daudelin (2006) propose pour sa part des activités d'apprentissage variées pour exploiter les intelligences multiples en classe.

1.5.2 Les apprentissages acquis

Apprentissages acquis

Sens spécifique : apprentissages préalables.
Sens général : ensemble des connaissances, des stratégies d'apprentissage et des outils intellectuels intégrés dans la structure cognitive de l'apprenant (ou « connaissances antérieures »).

Les **apprentissages acquis,** qui constituent le deuxième facteur essentiel retenu par Landry et Robichaud (1985), correspondent dans le vocabulaire actuel aux « connaissances antérieures » de l'apprenant. On peut cependant reconnaître deux sens à ces apprentissages acquis : d'une part, un sens spécifique et limité équivalent à celui des « apprentissages préalables » (anciennement désignés comme les « prérequis »), connaissances directement nécessaires à la maîtrise d'un nouvel apprentissage ; d'autre part, un sens général et ouvert couvrant l'ensemble des connaissances, des stratégies d'apprentissage et des outils intellectuels intégrés dans la structure cognitive de l'apprenant.

Traditionnellement, le monde de l'éducation s'est davantage intéressé au premier sens qu'au second, c'est-à-dire à l'exigence pédagogique consistant à assurer la maîtrise des **apprentissages préalables** considérés comme nécessaires à la réalisation d'un nouvel apprentissage. Les exemples de la prépondérance du premier sens ne manquent pas, en particulier dans l'acquisition des compétences langagières (par exemple, le décodage des syllabes était envisagé comme un préalable à la lecture de mots entiers), en mathématique (par exemple, il faut maîtriser les opérations de soustraction et de multiplication avant d'accéder à l'algorithme de la division) et en éducation physique (par exemple, le contrôle du ballon en position arrêtée est un préalable au contrôle du ballon en déplacement).

Apprentissages préalables

Anciennement désignés comme « prérequis », correspondent aux connaissances directement nécessaires à la maîtrise d'un nouvel apprentissage (sens spécifique donné aux « apprentissages acquis »).

Bien que de nouvelles approches méthodologiques aient amené des didacticiens à contester, sinon à réfuter, la pertinence pédagogique de certains préalables (par exemple, en lecture), on continue d'admettre l'existence de connaissances préalables à d'autres. En fait, le concept d'apprentissages préalables occupe une place importante dans le modèle d'enseignement individualisé préconisé par Bloom, Carroll et autres défenseurs d'une « pédagogie de la réussite » ou « pédagogie de la maîtrise » (*mastery learning*). Nous y reviendrons au chapitre 3.

Connaissances antérieures

Ensemble des connaissances, des stratégies d'apprentissage et des outils intellectuels intégrés dans la structure cognitive de l'apprenant (sens général donné aux « apprentissages acquis »).

Le second sens attribué au facteur des apprentissages acquis gagne en importance dans le domaine de la pédagogie. Les apprentissages acquis sont non seulement des connaissances particulières jugées préalables à d'autres, mais surtout un ensemble de savoirs, de stratégies et d'outils intellectuels qui favorise tout nouvel apprentissage. Si l'on conçoit l'apprentissage comme un processus constructif et cumulatif (*voir la définition proposée à la section 1.2*), les **connaissances antérieures** de l'apprenant en constituent le matériel de construction. Pour poursuivre l'analogie, la nouvelle brique que constitue le nouveau savoir pourra plus facilement être intégrée dans l'édifice (de la connaissance) si des fondations ont été solidement établies (au moyen d'un savoir organisé, de connaissances bien structurées) et si l'on utilise un mortier (les connaissances antérieures) pour fixer la brique en question.

Les stratégies développées par l'apprenant pour apprendre plus efficacement à l'école (stratégies d'apprentissage), pour faciliter le traitement, l'emmagasinage et le rappel d'informations (stratégies cognitives) et pour effectuer la gestion mentale de toutes ces opérations (stratégies métacognitives) peuvent être considérées comme des connaissances procédurales et conditionnelles de niveau « supérieur », des connaissances-outils qui favorisent l'acquisition de nouveaux apprentissages, comme le font les connaissances antérieures des apprenants. C'est à ce titre qu'elles font partie du facteur des apprentissages acquis.

Qu'on le considère sous l'angle des connaissances préalables ou sous celui des connaissances antérieures, le facteur des apprentissages acquis est aujourd'hui perçu comme un facteur plus déterminant que le facteur de l'aptitude : « La qualité des apprentissages qu'un étudiant est en mesure d'effectuer, à un moment donné, est bien davantage fonction des savoirs qu'il possède déjà que de son aptitude » (Bégin, 1978, p. 23). Bloom estimait pour sa part que jusqu'à 50 % de la variation observée dans le rendement scolaire était le résultat de différences entre les apprentissages acquis des élèves.

1.5.3 La disposition affective

La **disposition affective** est le troisième facteur retenu par Landry et Robichaud (1985). Ceux-ci distinguent deux aspects complémentaires à la disposition affective : le désir d'apprendre, qui correspond à la conception traditionnelle de la motivation scolaire, et les attentes de succès, un aspect à dimension cognitive puisqu'il fait appel aux croyances de l'apprenant. Lafortune et St-Pierre (1994) retiennent pour leur part cinq aspects de la dimension affective de l'apprentissage : les attitudes, les émotions (incluant l'anxiété), la motivation, l'attribution et la confiance en soi.

Les attitudes, que l'on définira ici comme les dispositions intérieures acquises à l'égard de l'école ou d'une discipline d'enseignement qui incitent l'apprenant à se comporter de manière favorable ou défavorable à l'égard de celles-ci (Legendre, 2005), pourraient être incluses dans l'aspect « désir d'apprendre », tout comme les aspects « émotions » et « motivation » de Lafortune et St-Pierre (1994). Le désir d'apprendre peut en effet être considéré comme la résultante de divers facteurs, tels que les attitudes de l'apprenant (comme la disposition favorable ou non à l'égard du métier d'élève) et les émotions vécues par l'apprenant, qu'elles soient ou non attribuables à la situation d'apprentissage (comme la tristesse ressentie par l'enfant à la suite de la mort d'un animal favori).

Le troisième aspect retenu par Lafortune et St-Pierre, la motivation, correspond, comme nous l'avons déjà mentionné, à la définition même du désir d'apprendre. Ce désir d'apprendre peut être alimenté par deux sources : la motivation intrinsèque et la motivation extrinsèque (*voir le tableau 1.6 à la page suivante*). On oppose souvent ces deux formes de motivation, alors que, dans la réalité, elles se complètent (Lafortune et St-Pierre, 1994). La motivation extrinsèque, souvent décriée, peut se révéler nécessaire au début d'un nouvel apprentissage ou pour un apprentissage difficile. Elle donne des résultats immédiats et peut servir de bougie d'allumage à la motivation intrinsèque, dont les résultats sont plus profonds et durables (Dufresne-Tassé, 1981).

Disposition affective

Comprend deux aspects complémentaires : le désir d'apprendre, qui correspond à la conception traditionnelle de la motivation scolaire, et les attentes de succès, un aspect à dimension cognitive puisqu'il fait appel aux croyances de l'apprenant.

TABLEAU 1.6 — Les caractéristiques de la motivation intrinsèque et de la motivation extrinsèque

MOTIVATION INTRINSÈQUE	MOTIVATION EXTRINSÈQUE
La personne répond à ses propres besoins, retire de la satisfaction et du plaisir de ses réalisations et considère la tâche à faire comme une fin en soi.	La personne répond aux demandes des autres, est récompensée pour ses réalisations et cherche à impressionner ou à plaire.
La motivation intrinsèque n'est pas présente au même degré chez chacun ; elle est fortement souhaitable mais pas indispensable ; ses effets sont profonds et durables.	La motivation extrinsèque peut être utilisée avec chacun ; elle est nécessaire dans certaines situations ; ses effets sont immédiats mais non durables.

Qu'elle soit de source interne et fasse appel à l'autorenforcement ou qu'elle soit de source externe et recoure à des renforçateurs externes, la motivation, ou le désir d'apprendre, joue évidemment un rôle crucial dans tout effort d'apprentissage volontaire. La motivation est en quelque sorte le carburant qui alimente le moteur de l'apprentissage.

Les deux derniers aspects de la dimension affective de l'apprentissage selon Lafortune et St-Pierre (1994), soit l'attribution et la confiance en soi, peuvent être intégrés dans la seconde composante de la disposition affective : les **attentes de succès.** Ces aspects sont de nature cognitive puisqu'ils s'appuient tous deux sur des croyances : les croyances de l'apprenant à l'égard de l'origine de ses échecs et de ses réussites et de sa capacité à contrôler ceux-ci (théorie de l'attribution) et ses croyances dans sa capacité à répondre (ou non) adéquatement aux attentes de l'école (confiance en soi en tant qu'apprenant).

Les premières formulations de Rotter (1966) se limitaient à distinguer entre le locus de contrôle interne (l'apprenant se perçoit comme la « cause » de ses réussites et de ses échecs) et le locus de contrôle externe (l'apprenant attribue ses réussites et ses échecs à des sources externes, telles que la chance ou son enseignant). Dans une version plus récente de sa **théorie de l'attribution,** Weiner (1985) intègre trois composantes : l'origine du pouvoir d'action (interne ou externe), la stabilité de cette source (stable ou instable) et la possibilité de contrôle de l'apprenant (contrôlable ou incontrôlable).

Retenons que ces diverses croyances exercent une influence indéniable sur les attentes de succès d'un apprenant. Par exemple, un apprenant qui se perçoit comme ayant très peu d'aptitude pour la mathématique (cause interne-stable-incontrôlable), associée à une croyance en sa malchance habituelle dans les tests de mathématique (cause externe-instable-incontrôlable), risque d'investir moins d'efforts immédiats (cause pourtant interne-instable-contrôlable) et de recourir moins spontanément à l'aide ponctuelle de ses pairs (cause externe-instable-contrôlable). Les attentes de succès d'un tel apprenant sont influencées négativement par son système de croyances. Heureusement, l'inverse est également possible (des attentes de succès alimentées par des croyances favorables) et il revient aux enseignants d'intervenir « pour que les étudiants et les étudiantes attribuent autant leurs réussites que leurs échecs à la quantité d'efforts qu'ils ont consentis à la réalisation d'une tâche pour laquelle ils possèdent tous, par ailleurs, les aptitudes nécessaires pour réussir » (Lafortune et St-Pierre, 1994, p. 48).

Le dernier aspect de la dimension affective, la confiance en soi, peut également influer sur les attentes de succès : elle « naît de la représentation que l'individu a de lui-même par rapport à sa capacité d'accomplir la tâche » (Lafortune et St-Pierre, 1994, p. 49). La confiance en soi est un sous-produit du **concept de soi,** plus précisément de l'image que le jeune a de lui-même en tant qu'apprenant (*academic self-concept*). Cette confiance en ses capacités en tant qu'apprenant se construit au fil des expériences scolaires, d'où l'importance de vivre des situations de réussite dès l'entrée à l'école. William Glasser (1973) est de ceux qui ont mis les éducateurs en garde contre

---

Attentes de succès

Croyances personnelles de l'élève en ses capacités de réussite dans sa démarche d'apprentissage, liées à ses croyances en sa capacité de répondre ou non adéquatement aux attentes de l'école (confiance en soi en tant qu'apprenant).

Théorie de l'attribution

Croyances de l'apprenant à l'égard de l'origine de ses échecs et de ses réussites et de sa capacité à contrôler ceux-ci. Un élève ayant un locus de contrôle externe a tendance à attribuer ses réussites et ses échecs à des facteurs externes qu'il ne contrôle pas.

Concept de soi

Représentation que l'on a de soi en tant que personne. S'applique à de nombreuses facettes de la personne (par exemple, image de soi physique, intellectuelle, sociale). En éducation, la manière dont l'élève se perçoit comme apprenant exerce une influence déterminante sur sa disposition affective face à l'apprentissage, en particulier sur ses attentes de succès.

les effets dévastateurs d'expériences d'échec répétées pendant les premières années de scolarisation. Tout jeune, l'enfant peut en effet développer une «identité d'échec», peu propice à ses efforts futurs, qui risque malheureusement de perdurer tout au long de sa vie d'écolier et au-delà.

Le manque de confiance en soi peut entraîner un sentiment d'impuissance tel que certains n'hésitent pas à qualifier celui-ci de syndrome. C'est ainsi que Seligman (1975) a proposé le concept d'**impuissance apprise** (*learned helplessness*), également traduit par l'expression «résignation apprise» (Lindsay et Norman, 1980), pour désigner «les conséquences négatives d'une expérience vécue par l'individu de la non-maîtrise de son environnement» (cité par Dubois, 1987, p. 20). Ces conséquences se manifestent sur le plan motivationnel (l'apprenant n'éprouve plus le désir de contrôler la situation), sur le plan cognitif (l'apprenant n'est plus capable d'établir de liens entre ses actions et les résultats de celles-ci) et, enfin, sur le plan émotionnel (l'apprenant éprouve un fort sentiment d'échec, proche du désespoir).

Les attributions causales et la confiance en soi peuvent donc être associées aux attentes de succès de l'apprenant, de même que les trois autres aspects de la dimension affective de l'apprentissage (Lafortune et St-Pierre, 1994) furent intégrés dans le premier sous-facteur de la disposition affective, le désir d'apprendre. La disposition affective est bien davantage que ce seul désir d'apprendre, habituellement désigné par le terme «motivation». C'est d'ailleurs pour cette raison que Landry et Robichaud (1985) ont choisi l'expression «disposition affective», qui englobe tous les concepts étudiés : les attitudes, les émotions, la motivation intrinsèque et la motivation extrinsèque (les aspects du sous-facteur du désir d'apprendre) ; les attributions causales, la confiance en soi ou l'impuissance apprise (les aspects du sous-facteur des attentes de succès).

1.5.4 La disposition cognitive

Le dernier facteur essentiel de l'apprentissage retenu par Landry et Robichaud (1985) n'apparaissait pas dans la première version de leur modèle (Robichaud et Landry, 1978). Ce plus récent facteur, la **disposition cognitive,** s'est imposé pour tenir compte des nouvelles données issues de la psychologie cognitive. Le modèle du traitement de l'information (*information processing*), d'inspiration cybernétique et dont la première formulation date de la fin des années 1960 (Atkinson et Shiffrin, 1968), est devenu le modèle de référence en psychologie au cours des années 1970 (Mahoney, 1974). La question qu'il soulève en éducation est la suivante : «Existe-t-il des variables autres que les variables affectives (disposition affective), les capacités intellectuelles (facteur de l'aptitude) ou les connaissances antérieures (apprentissages acquis) qui puissent influencer l'apprentissage chez l'humain ?» L'apport de la **psychologie cognitive** nous amène aujourd'hui à répondre par l'affirmative.

Par «disposition cognitive», on entend de manière générale «les étapes du traitement de l'information […] qui sont nécessaires à un apprentissage efficace» (Landry et Robichaud, 1985, p. 311). De manière plus spécifique, ce facteur inclut toutes les variables qui influent sur la qualité, la rapidité ou l'efficacité à long terme du traitement des stimuli aux diverses étapes du modèle. Rappelons que la première de ces étapes, l'enregistrement sensoriel, repose sur un fonctionnement adéquat des récepteurs sensoriels, en particulier des organes de la vue et de l'audition. Un mauvais fonctionnement de ceux-ci (par exemple, un handicap auditif) nuira évidemment au traitement de l'information issue de l'environnement. Comme ce modèle du traitement de l'information sera présenté en détail au chapitre 4, nous nous contenterons ici d'illustrer la contribution des principales variables associées à ce facteur de la disposition cognitive avec un exemple tiré du milieu scolaire.

■ **Impuissance apprise**

Syndrome ou sentiment d'impuissance entraîné par un manque de confiance en ses capacités de maîtriser son environnement. L'apprenant n'éprouve plus le désir de contrôler sa démarche d'apprentissage, n'est plus capable d'établir de liens entre ses actions et les résultats de celles-ci et éprouve un fort sentiment d'échec, proche du désespoir.

■ **Disposition cognitive**

Facteur interne de l'apprentissage associé au facteur d'aptitude, mais qui s'en distingue. La disposition cognitive correspond aux modalités de traitement de l'information ainsi qu'au style cognitif ou au style d'apprentissage propres à chaque élève.

■ **Psychologie cognitive**

Branche de la psychologie qui s'intéresse aux processus internes de l'apprentissage et en particulier aux mécanismes du traitement de l'information.

Imaginons une scène, somme toute familière, dans une classe de troisième année. L'enseignante soumet oralement les données d'un problème de mathématique à un apprenant. Celui-ci doit tout d'abord prêter attention aux stimuli sonores (les mots prononcés par l'enseignante) et concentrer cette attention sur les données jugées pertinentes pour la résolution du problème (enregistrement sensoriel). Une fois ces données transférées dans sa mémoire de travail (mémoire à court terme), il doit les traiter en puisant dans sa banque de connaissances (mémoire à long terme) les informations qui lui permettront de choisir l'opération adéquate (connaissance conditionnelle), d'effectuer mentalement l'algorithme nécessaire (connaissance procédurale) ou, s'il le peut, d'y associer directement la réponse préalablement mémorisée (connaissance déclarative). Il lui reste enfin à formuler une réponse appropriée et à la transmettre oralement à l'enseignante.

Le facteur de la disposition cognitive inclut donc tout d'abord les variables qui entourent le traitement efficace de l'information : les processus d'attention, de codage et d'entrée en mémoire, le traitement des données dans la mémoire de travail, le rappel de l'information emmagasinée dans la mémoire à long terme, etc.

Ce facteur peut cependant être élargi de manière à inclure les variables découlant du **style cognitif** de l'apprenant. Si l'on reprend l'exemple précédent, un élève de « style visuel », c'est-à-dire dont la modalité perceptuelle dominante est la modalité visuelle, aura vraisemblablement plus de difficulté à traiter efficacement les données transmises oralement par l'enseignante. Puisque la variable « modalité perceptuelle dominante » est susceptible d'influencer l'apprentissage, qu'elle n'est pas de nature affective, qu'elle ne relève pas de l'aptitude (l'élève à dominance visuelle est aussi intelligent que l'élève à dominance auditive) et qu'elle ne fait pas partie des apprentissages acquis, on peut conclure qu'il s'agit d'une variable de la disposition cognitive de l'apprenant.

En résumé, l'ensemble des variables pouvant influencer l'apprentissage scolaire ont été regroupées en quatre facteurs essentiels : l'aptitude, les apprentissages acquis, la disposition affective et la disposition cognitive (*voir la figure 1.7*).

Le facteur de l'aptitude comprend deux sous-facteurs : un sous-facteur quantitatif, le rythme d'apprentissage, qui détermine la quantité d'apprentissages susceptibles d'être maîtrisés dans un temps donné, et un sous-facteur qualitatif, les formes d'intelligence dominantes (théorie des intelligences multiples). Rappelons que le quotient intellectuel n'est qu'une mesure ou un indice du rythme d'apprentissage.

Le facteur des apprentissages acquis comporte également deux sous-facteurs : les apprentissages préalables, qui exercent une influence directe sur la maîtrise d'apprentissages de nature séquentielle (connaissances déclaratives, procédurales et conditionnelles), et les autres connaissances antérieures, qui favorisent l'acquisition d'un nouvel apprentissage (stratégies d'apprentissage, stratégies cognitives et stratégies métacognitives).

Quant au facteur de la disposition affective, il comprend également deux sous-facteurs : le désir d'apprendre, auquel sont associées des variables telles que les attitudes, les émotions, la motivation intrinsèque et la motivation extrinsèque, et les attentes de succès, qui incluent les variables des attributions causales et de la confiance en soi.

Enfin, le facteur de la disposition cognitive comporte lui aussi deux sous-facteurs : le traitement de l'information (variables de l'attention, du codage et de l'entrée en mémoire, du rappel des informations emmagasinées dans la mémoire à long terme, etc.) et le style cognitif (variable de la modalité perceptuelle dominante).

■ **Style cognitif**

Approche personnelle, relativement stable, qui caractérise la manière distincte utilisée par une personne pour apprendre ou tout simplement pour traiter l'information (par exemple, modalité perceptuelle dominante).

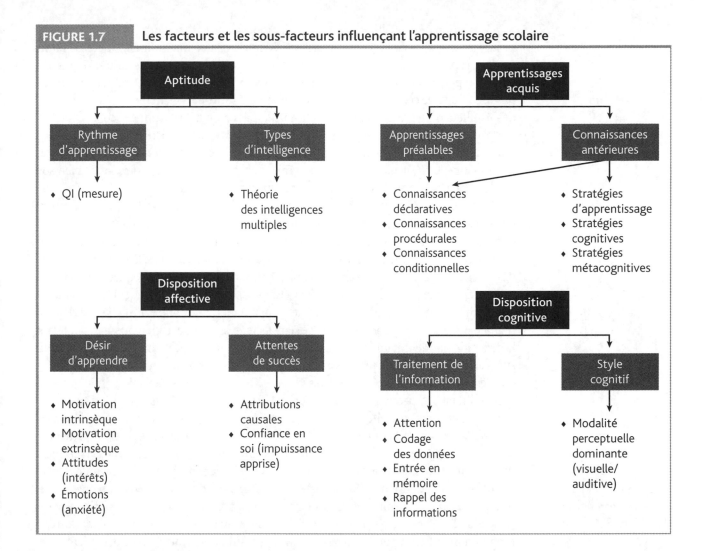

1.5.5   L'influence des facteurs essentiels sur l'apprentissage

Il nous reste à dire quelques mots sur l'influence qu'exercent ces facteurs sur l'apprentissage scolaire des apprenants. Comment la disposition cognitive de l'apprenant influence-t-elle cet apprentissage ? Qu'en est-il de l'effet des apprentissages acquis sur le rendement scolaire ? Quels sont en particulier les rapports entre le facteur de l'aptitude (l'intelligence) et l'apprentissage scolaire ? Entre la disposition affective (la motivation) et l'apprentissage à l'école ?

En ce qui concerne les rapports entre la disposition cognitive et l'apprentissage scolaire, ceux-ci sont difficiles à établir, particulièrement pour ce qui est de la dimension « traitement de l'information », pour laquelle on ne dispose pas de données comparatives. En ce qui a trait à la dimension « style cognitif », aucun profil en lui-même n'entraîne un apprentissage supérieur ; ce serait plutôt l'agencement entre style d'enseignement et style cognitif qui aurait des effets positifs sur les apprentissages réalisés (Dunn, Beaudry et Klavas, 1989).

En ce qui concerne les liens entre les apprentissages acquis et l'apprentissage scolaire, il a été mentionné qu'on estime que les apprentissages acquis sont responsables d'environ la moitié de la variation observée dans le rendement scolaire. Mais au-delà de cette estimation « généreuse », les enseignants d'expérience confirmeront que le degré de préparation de leurs élèves, c'est-à-dire leur niveau de maîtrise des contenus d'apprentissage enseignés au cours des années précédentes, exerce une influence déterminante sur leur capacité à maîtriser les nouveaux contenus qui leur seront enseignés. Une enseignante expérimentée de deuxième année nous a confié un jour qu'elle était en mesure de prédire, avec une certaine exactitude, le rendement futur de chacun de ses élèves à partir des résultats d'un prétest maison qu'elle faisait passer en début d'année scolaire, prétest portant sur les apprentissages préalables à son programme en lecture, en français et en mathématique. De fait, le meilleur prédicteur du rendement futur d'un élève n'est pas son intelligence (QI), comme certains seraient encore tentés de le croire, mais bien son rendement scolaire antérieur (indice de ses apprentissages acquis).

En ce qui concerne les rapports entre l'aptitude et l'apprentissage scolaire, ceux-ci varient évidemment suivant la conception de l'intelligence adoptée. Si l'on se réfère au sous-facteur que constituent les formes d'intelligence (dimension qualitative du facteur de l'aptitude), on peut émettre l'hypothèse que l'apprentissage sera d'autant facilité si la nature du résultat d'apprentissage attendu (par exemple, expliquer la fonction X dans une équation) et la technique d'enseignement utilisée (par exemple, l'approche logicomathématique) correspondent aux formes d'intelligence dominantes chez l'apprenant (par exemple, l'intelligence logico-mathématique). Les rapports avec l'autre sous-facteur, le rythme d'apprentissage, vont dans la direction que définit lui-même ce concept, à savoir que plus le rythme est rapide (valeur supérieure à 1,00), plus la progression des apprentissages scolaires sera rapide.

Ce dernier aspect mérite que l'on s'y arrête. On a dit et on répète aujourd'hui *ad nauseam* qu'il faut respecter le rythme d'apprentissage des apprenants. Or, qu'en est-il vraiment ? La pratique actuelle consistant à accorder un peu plus de temps, lorsque cela est possible, à certains élèves un peu plus lents ou en difficulté, pour leur permettre d'atteindre les résultats d'apprentissage prescrits par leur programme d'études, constitue évidemment un pas dans la bonne direction. Ceci dit, la seule manière de respecter continuellement le rythme de chaque élève serait d'instituer une formule de **progrès continu** ou d'écoles dites « sans grades », soit sans regroupement par classes ou années. À l'intérieur de ces écoles, les élèves auraient la possibilité de reprendre, au début de chaque année scolaire, la progression de leurs apprentissages à partir des résultats atteints l'année précédente… et ainsi de suite jusqu'à l'obtention des résultats terminaux de leur ordre d'enseignement, qui pourrait d'ailleurs survenir dans un laps de temps moindre que celui initialement prévu.

Il existe encore peu d'expériences de progrès continu à l'école, probablement en raison du fait que l'école sans grades entraîne, parmi d'autres exigences et défis, une programmation individualisée pour chaque apprenant. Notons toutefois qu'il existe des variantes de cette formule à l'école secondaire, telles que la progression par matière, qui permet un « processus de cheminement continu où l'élève franchit, matière par matière, les paliers successifs du programme » de sa discipline pour cet ordre d'enseignement (Legendre, 2005, p. 1040), ainsi que les cheminements dits « particuliers » destinés aux élèves présentant des retards de plus d'une année scolaire en langue maternelle et en mathématique.

En ce qui concerne le primaire, on constate une tendance à regrouper en cycles les années scolaires de cet ordre d'enseignement. En adoptant son programme de formation centré sur le développement de compétences, le Québec a du même coup adopté un programme pour le primaire qui fonctionne par cycles de deux ans. L'organisation de l'enseignement en trois cycles de deux ans permet à l'école de s'adapter davantage au rythme et au style d'apprentissage de chaque élève. Ainsi, l'élève qui commence sa première année disposera de deux ans pour effectuer les apprentissages prévus pour ce premier cycle. Le

■ **Progrès continu**

Formule organisationnelle qui permet aux élèves de progresser dans leurs apprentissages scolaires sans appartenir à une classe particulière. Chaque élève poursuit ses apprentissages dans chaque matière, à son propre rythme. L'enseignement-apprentissage est complètement individualisé.

fait que ce nouveau programme indique avec précision les résultats devant être atteints à la fin de chacun des cycles, et ce, pour chacune des compétences visées, permettra par ailleurs à l'enseignant, qui accompagne le même groupe d'élèves pendant deux ans, d'avoir une meilleure vue d'ensemble des progrès réalisés par chaque élève (MEQ, 2006a).

En ce qui a trait aux rapports entre la disposition affective et l'apprentissage, on aurait tendance à imaginer qu'il existe, comme pour le rythme d'apprentissage, une fonction quasi linéaire entre la motivation et le rendement scolaire (plus on est motivé, plus on apprend). Ce n'est pas tout à fait le cas. De toute évidence, une bonne dose de motivation, qu'elle soit de source intrinsèque ou extrinsèque, est indispensable à tout apprentissage volontaire (Nuttin, 1985); cependant, un excès de motivation peut causer de l'anxiété et, conséquemment, une baisse dans le rendement scolaire. Ainsi, pour toute tâche, il existerait un point optimal de motivation; plus la tâche est difficile, plus le rendement serait affecté par cet excès de motivation. Il s'agit en fait des deux propositions d'une même « loi », la **loi de Yerkes-Dodson** (Bowd, McDougall et Yewchuk, 1998). Quoi qu'il en soit, pour plusieurs, la motivation à apprendre demeure le facteur capital du rendement scolaire, alors que d'autres soutiennent que plus cette motivation est autodéterminée, plus l'apprentissage sera profond et riche (Grolnick et Ryan, 1987).

Loi de Yerkes-Dodson
Principe en psychologie de l'apprentissage qui se traduit en deux propositions : pour toute tâche, il existe un point optimal de motivation, et plus une tâche est difficile, plus le rendement sera affecté par un excès de motivation.

Résumé

Les conceptions de l'apprentissage (*section 1.1*)

- On peut distinguer trois sens au verbe « apprendre » : « apprendre que », « apprendre à » et « apprendre ».

- L'apprentissage est à la fois un processus et un produit. Ce sont les deux « moments » de l'apprentissage.

- Les conceptions de l'apprentissage varient selon les courants pédagogiques dont elles s'inspirent.

- L'apprentissage est à la fois un processus naturel (tout le monde apprend) et un processus complexe pour lequel la psychologie de l'apprentissage propose diverses définitions.

- Les critères communs aux définitions de l'apprentissage sont les suivants : l'apprentissage est un changement dans le potentiel de comportement ; ce changement est durable ; ce changement est le résultat d'une expérience et non de la simple maturation de la personne.

L'apprentissage scolaire (*section 1.2*)

- L'apprentissage scolaire est une dimension du processus global de l'apprentissage (conception large). L'apprentissage scolaire est associé au métier d'élève.

- L'apprentissage scolaire est un processus continu par lequel l'apprenant construit sa connaissance de soi et du monde ; un processus interne, non transmissible, dont la manifestation n'est pas toujours observable ; un processus constructif dans lequel l'apprenant doit s'engager cognitivement et affectivement ; un processus cumulatif, toute nouvelle connaissance venant enrichir la structure cognitive de l'apprenant ; un processus de nature culturelle, tout savoir développé s'inscrivant à l'intérieur d'une culture donnée ; et un processus multidimensionnel qui intègre le savoir, le savoir-faire, le savoir-être, le savoir-vivre ensemble, le savoir-agir et le savoir-devenir.

Les objets de l'apprentissage scolaire (*section 1.3*)

- Les trois domaines de l'apprentissage scolaire sont le domaine cognitif, le domaine socioaffectif et le domaine psychomoteur.

- La taxonomie révisée du domaine cognitif d'Anderson et Krathwohl comprend six niveaux : les niveaux « se rappeler », « comprendre » et « appliquer » (niveaux inférieurs) et les niveaux « analyser », « évaluer » et « créer » (niveaux supérieurs).

- Gagné identifie cinq types de capacités : les informations verbales, les habiletés intellectuelles, les habiletés motrices, les attitudes et les stratégies cognitives.

- Tardif distingue trois catégories de connaissances : déclaratives, procédurales et conditionnelles.

- Le programme de formation d'un ordre d'enseignement inclut divers champs d'études qui se subdivisent en disciplines, lesquelles se subdivisent à leur tour en matières scolaires, qui comprennent des contenus d'apprentissage.

L'apprentissage en termes de compétences (*section 1.4*)

- Une compétence est un savoir-agir fondé sur la mobilisation et l'utilisation efficaces d'un ensemble de ressources.

- Les compétences disciplinaires découlent directement des disciplines enseignées, alors que les compétences transversales intègrent divers types de savoirs et peuvent être déployées dans plusieurs disciplines.

- Les domaines généraux de formation constituent en quelque sorte les « méga-objectifs » du programme de formation de l'école québécoise. Ils favorisent l'intégration des apprentissages et servent de point d'ancrage au développement des compétences.

- Les compétences transversales visées pour l'ordre du préscolaire et du primaire sont de quatre ordres :

intellectuel, méthodologique, personnel et social et de communication.

- Le programme de formation de l'école québécoise pour le préscolaire et le primaire regroupe cinq domaines d'apprentissage définissant les compétences disciplinaires ou savoirs essentiels.

Les facteurs influençant l'apprentissage scolaire (*section 1.5*)

- Les facteurs externes sont des variables situées en dehors de l'apprenant, mais qui influencent de manière déterminante les facteurs internes de celui-ci.

- Les nombreuses variables internes qui influencent l'apprentissage peuvent être regroupées en quatre facteurs essentiels : l'aptitude, les apprentissages acquis, la disposition affective et la disposition cognitive.

- Le facteur de l'aptitude comprend deux sous-facteurs : le rythme d'apprentissage (aspect quantitatif) et les formes d'intelligence (aspect qualitatif).

- Le facteur des apprentissages acquis comprend deux sous-facteurs : les apprentissages préalables et toutes les connaissances antérieures.

- Le facteur de la disposition affective comprend deux sous-facteurs : le désir d'apprendre et les attentes de succès.

- Le facteur de la disposition cognitive comprend deux sous-facteurs : le traitement de l'information et le style cognitif.

Lectures recommandées

FOREHAND, M. (2010). *Bloom's taxonomy : From emerging perspectives on learning, teaching and technology* [en ligne]. [http://projects.coe.uga.edu/epltt/index.php?title=Bloom%27s_Taxonomy].

McGRATH, H. et NOBLE, T. (2008). (traduction et adaptation de G. Sirois). *Huit façons d'enseigner, d'apprendre et d'évaluer. 200 stratégies utilisant les niveaux taxonomiques des intelligences multiples*, Montréal, Chenelière Éducation.

MINISTÈRE DE L'ÉDUCATION DU QUÉBEC – MEQ (2006a). *Programme de formation de l'école québécoise (version approuvée). Éducation préscolaire.*

Enseignement primaire, Québec, Gouvernement du Québec [en ligne]. [www.meq.gouv.qc.ca/sections/programmeFormation].

RAYNAL, F. et RIEUNIER, A. (2009). *Pédagogie : dictionnaire des concepts clés. Apprentissage, formation, psychologie cognitive* (7ᵉ édition), Paris, ESF Éditeur.

RAYMOND, D. (2006). *Qu'est-ce qu'apprendre et qu'est-ce qu'enseigner ? Un tandem en piste !,* Montréal, Association québécoise de pédagogie collégiale (AQPC).

CHAPITRE 2

Les concepts de base en enseignement et les courants pédagogiques

Pistes de lecture et contenu du chapitre

Après la lecture de ce chapitre, le lecteur devrait être en mesure de répondre aux questions suivantes :

- Qu'est-ce que le processus d'enseignement-apprentissage ? Quels sont les différents contextes à l'intérieur desquels l'élève réalise des apprentissages ? Qu'est-ce qui distingue et quels liens unissent l'enseignement, la pédagogie et la didactique ? Comment définit-on les principaux termes associés au processus d'enseignement-apprentissage ?

- Que sont les styles d'enseignement ? Quelles conceptions de l'enseignement peut-on associer aux principaux courants pédagogiques contemporains ? Quels sont les principes à la base de la conception actuelle de l'enseignement ? Comment définit-on actuellement l'enseignement exercé en milieu scolaire ?

- Quelles sont les principales typologies proposées pour nommer et classer les courants pédagogiques ? Quels liens peut-on établir entre les trois grandes écoles de pensée en éducation et les courants pédagogiques ?

- Comment chacun des principaux courants pédagogiques définit-il la finalité de l'école ? Quelles sont les valeurs véhiculées par chacun ? Quelles y sont les conceptions de l'enseignement et de l'apprentissage, du rôle de l'enseignant et de celui de l'apprenant ?

- Quelles sont les principales contributions de chaque courant pédagogique dans la poursuite des compétences transversales adoptées par l'école primaire ?

Nous avions amorcé le premier chapitre en posant la question « qu'est-ce qu'apprendre »… Il serait logique et pertinent de reposer la même question au sujet de l'enseignement : qu'est-ce qu'enseigner ? Plus précisément, qu'est-ce qu'enseigner aujourd'hui, dans les premières décennies de ce nouveau millénaire ? Comme pour l'apprentissage, les conceptions de l'enseignement et du rôle de l'enseignant varient selon la personne à qui l'on s'adresse. Toutefois, contrairement au caractère universel de l'apprentissage, dont tout un chacun a déjà fait l'expérience (tout le monde apprend), l'enseignement, tout au moins dans sa dimension formelle (la profession enseignante), n'est pas une expérience communément partagée.

Ainsi, on peut émettre l'hypothèse que si l'on posait la question à un échantillon pris au hasard, constitué pour la moitié d'enseignants en exercice et, pour l'autre moitié, de représentants du public en général, les réponses à la question « qu'est-ce qu'enseigner » pourraient grosso modo se regrouper autour de deux pôles : d'une part, un pôle de réponses autour des verbes « transmettre-communiquer-montrer » et, d'autre part, un pôle de réponses autour d'actions telles que « faciliter-animer-guider ». Le premier pôle correspond à la conception traditionnelle du rôle de l'enseignant, celui de transmetteur de connaissances, alors que le second propose une conception nouvelle de ce rôle, celui de facilitateur ou de guide pour l'apprentissage. La grande majorité des répondants qui adhèrent à une conception traditionnelle de l'enseignement proviennent probablement du public en général. Cela est loin d'être surprenant. Lorsqu'on demande à un non-enseignant de définir ce rôle, il puisera vraisemblablement dans sa propre expérience d'élève pour y répondre. Or, ce rôle, à l'image de la profession enseignante, a connu une profonde mutation au cours des dernières décennies.

La transformation progressive, et certains diront non encore achevée, du rôle fondamental de l'enseignant, soit celui de « transmetteur de connaissances », vers celui d'un « facilitateur de l'apprentissage » n'est pas étrangère au projet de bâtir une « école nouvelle », de repenser l'éducation offerte aux enfants et aux jeunes dans nos écoles. Ce projet ne date pas d'hier. De fait, l'éducation est probablement l'une des activités humaines les plus sujettes à l'autoquestionnement, aux remises en question et aux chambardements de toutes sortes. Certains soutiendront cependant que rien n'a véritablement changé sous le soleil, que de réforme en réforme, de révolution pédagogique en révolution pédagogique, l'institution scolaire est restée fondamentalement la même depuis l'avènement de l'école-usine au XIXe siècle (Archambault et Richer, 2007). Et pourtant ! Si certains aspects organisationnels ont en effet peu évolué (par exemple, la journée scolaire divisée en périodes d'enseignement, les groupes-classes composés d'élèves du même âge) et si certaines expériences pédagogiques demeurent relativement marginales (par exemple, l'école « sans grades », les groupes multiâges), il n'en demeure pas moins que le vécu quotidien des élèves et de leurs enseignants s'est considérablement transformé au cours des dernières décennies. Enseigner et exercer le métier d'élève dans les années 2010 ont très peu à voir avec la profession enseignante et le statut d'élève tels que vécus dans les années 1950, 1960, voire 1970. Les lecteurs qui, comme l'auteur, ont connu cette époque dans l'un ou l'autre de ces rôles le confirmeront sans aucun doute.

Le présent chapitre sera consacré aux concepts de base en enseignement et aux courants pédagogiques à l'intérieur desquels s'inscrit la relation entre l'enseignant (premier responsable de la composante « enseignement ») et l'élève (principal artisan de la composante « apprentissage »). Toute relation pédagogique étant établie à l'intérieur du processus d'enseignement-apprentissage mis en branle par l'enseignant, il conviendra, dans un premier temps, de définir les concepts de base en pédagogie et en didactique, composantes situées au centre de la fonction de l'enseignement (*voir la section 2.1*). On abordera par la suite les conceptions de l'enseignement qui se dégagent de quelques classifications des styles d'enseignement et des courants pédagogiques, puis on présentera quelques définitions actuelles de l'enseignement en milieu scolaire (*voir la section 2.2*). Après une brève introduction aux courants pédagogiques (*voir la section 2.3*), on proposera un modèle de classification de ceux-ci, modèle qui retient six courants pédagogiques contemporains : le courant béhavioriste, le courant cognitiviste, le courant constructiviste, le courant socioconstructiviste, le courant humaniste et le courant critique et citoyen (*voir la section 2.4*). Enfin, on tentera de faire ressortir les principales contributions de chaque courant pédagogique dans la poursuite des compétences dites « transversales » (*voir la section 2.5*).

2.1 LES CONCEPTS DE BASE EN PÉDAGOGIE ET EN DIDACTIQUE

2.1.1 Le processus d'enseignement-apprentissage

En quoi l'activité d'enseignement diffère-t-elle de l'apprentissage ? Quels liens à la fois conceptuels et fonctionnels unissent ces deux composantes d'un même processus, le processus d'enseignement-apprentissage ? Tout d'abord, précisons ce que l'on entend par cette dernière expression, qui a remplacé celles de « processus d'enseignement » et de « processus d'instruction ». Un simple examen des mots choisis pour désigner autrefois le processus au centre de l'institution scolaire nous permet de constater que ces expressions mettaient l'accent sur la composante enseignement du processus, au détriment de la composante apprentissage. L'école était alors perçue comme un lieu d'enseignement, un lieu où l'on faisait l'instruction des élèves. Avec une école désormais centrée sur l'apprentissage, et non plus sur l'enseignement, un rééquilibrage s'imposait, autant dans le choix des termes que dans celui des stratégies d'enseignement-apprentissage, expression qui sera également définie plus loin.

Le processus d'enseignement-apprentissage désigne l'ensemble des activités d'enseignement et d'apprentissage vécues en milieu scolaire. Cette expression suggère une interaction dynamique entre les **résultats d'apprentissage** poursuivis par les intervenants scolaires, les activités d'apprentissage permettant d'atteindre ces résultats et les méthodes de rétroaction et de mesure servant à évaluer la réalisation de ceux-ci. En bref, et de manière imagée, on pourrait dire que le processus d'enseignement-apprentissage est la réponse à trois questions que soulève tout effort de scolarisation, quel que soit l'âge des apprenants : la réponse au « quoi ? » (qu'est-ce que les élèves doivent apprendre ?) ; la réponse au « comment ? » (comment l'enseignant va-t-il s'y prendre pour y arriver ?) et la réponse au « combien ? » (quelle est la quantité et la qualité des apprentissages réalisés ?). L'enseignant est le premier responsable de la planification, de l'implantation et de l'évaluation des résultats de ce processus d'enseignement-apprentissage.

2.1.2 Les termes associés au processus d'enseignement-apprentissage

Les définitions des principaux termes et expressions associés au processus d'enseignement-apprentissage suivront, accompagnées d'une figure illustrant les liens entre ceux-ci (*voir la figure 2.1 à la page suivante*).

Résultats d'apprentissage

Désigne les objectifs poursuivis par un programme d'études ou un programme de formation. Les résultats d'apprentissages spécifiques (RAS) sont l'équivalent des objectifs spécifiques, alors que les résultats d'apprentissage généraux (RAG) équivalent aux objectifs généraux de l'enseignement. Une troisième catégorie de résultats, les résultats d'apprentissage transdisciplinaires (RAT), correspond aux compétences transversales.

La **démarche pédagogique** désigne l'ensemble des interventions éducatives de l'enseignant qui ont pour but d'alimenter et de soutenir la démarche d'apprentissage de l'élève. La démarche pédagogique comporte trois étapes, qui se déroulent parallèlement à la démarche d'apprentissage de l'élève. Le premier temps de cette démarche est consacré à la préparation de la situation d'apprentissage. L'enseignant facilite le retour sur la situation d'apprentissage précédente, rend les résultats d'apprentissage significatifs et accessibles pour l'élève, facilite l'organisation de l'environnement pédagogique, etc. Le deuxième temps de la démarche pédagogique correspond à la réalisation de la situation d'apprentissage. L'enseignant guide alors l'élève dans la recherche de l'information ou des sources de données, fait prendre conscience à l'élève de la démarche utilisée dans la recherche de l'information, fournit des pistes de présentation des résultats, etc. Enfin, le troisième temps de la démarche pédagogique vise à l'intégration des apprentissages effectués. L'enseignant facilite le retour sur la situation d'apprentissage, guide l'élève dans l'objectivation de la situation d'apprentissage, l'aide à dégager des règles et des principes, etc. Notons la distinction qui existe entre « stratégie d'enseignement » et « démarche pédagogique », la seconde, d'ordre plus général, pouvant faire appel à diverses stratégies d'enseignement pour alimenter la démarche d'apprentissage de l'élève.

FIGURE 2.1   **Le processus d'enseignement-apprentissage**

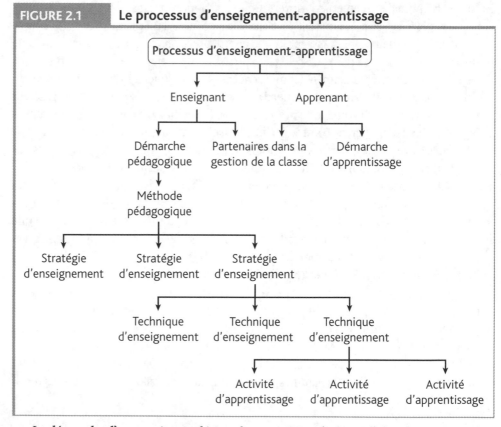

La **démarche d'apprentissage** désigne la « manière utilisée par l'élève pour apprendre, qui implique l'utilisation de ses ressources internes en interaction avec son environne-ment » (Legendre, 2005, p. 362). Il s'agit donc essentiellement d'un processus interne chez l'apprenant, alimenté par les stimuli externes offerts par l'environnement pédagogique. On reconnaît généralement trois temps dans cette démarche. Il y a tout d'abord un temps de mise en situation ou d'activation de la disposition cognitivo-affective. L'élève effectue le rappel en mémoire de ses connaissances antérieures, il formule ses propres résultats d'apprentissage ou s'approprie les résultats prescrits. Vient ensuite le temps de réalisation, pendant lequel l'apprenant effectue le traitement du contenu d'apprentissage. Il recherche et explore alors les données rattachées à la situation pédagogique, organise cette information, choisit et traite l'information nécessaire. Il y a enfin le temps d'intégration de cette nouvelle connaissance, habileté, attitude ou valeur, où l'apprenant effectue l'objectivation de l'apprentissage accompli. C'est le moment de tirer ses propres conclusions, de dégager des règles et des principes, puis de son réinvestissement affectif et cognitif. Il agrandit son répertoire d'attitudes, d'habiletés et de connaissances, prend confiance en lui-même, devient disponible pour réinvestir ses efforts dans une autre situation d'apprentissage.

Une **méthode pédagogique** peut être définie comme une « organisation codifiée de techniques et de moyens ayant pour but de faciliter l'action éducative » (Raynal et Rieunier, 2007, p. 227). On retiendra deux concepts clés de cette définition. Tout d'abord, notons l'aspect codifié, organisé de la méthode. La méthode fournit les paramètres de l'action pédagogique, elle suggère une manière d'implanter le processus d'enseignement-apprentissage. Ensuite, la méthode recourt à un ensemble de moyens et de techniques pédagogiques. Ceci dit, on doit convenir que le concept de « méthode », tel qu'il est employé en éducation, n'est pas très clair (Raynal et Rieunier, 2009). Il est d'ailleurs souvent employé comme synonyme de « stratégie d'enseignement ». Raynal et Rieunier proposent une longue liste, non exhaustive, de ces méthodes pédagogiques, également parfois désignées comme des « pédagogies ». En voici quelques-unes : les méthodes actives, les méthodes démonstratives, la méthode globale, la méthode expérimentale, les méthodes centrées sur l'élève, la pédagogie Freinet, les pédagogies libertaires, la pédagogie individualisée, etc.

La **stratégie d'enseignement-apprentissage** est un terme générique qui correspond au mode d'organisation d'une situation d'apprentissage. On utilise le plus souvent l'expression « stratégies d'enseignement » pour désigner les stratégies utilisées à l'intérieur de la démarche pédagogique de l'enseignant, bien que certains lui préfèrent l'expression « formule pédagogique » (par exemple, Chamberland, Lavoie et Marquis, 1995). À noter que le terme « stratégie » est plus précis que celui de « méthode ». Ainsi, les méthodes actives peuvent faire appel à de nombreuses stratégies d'enseignement, par exemple l'apprentissage coopératif, les groupes de discussion, les centres d'apprentissage, l'apprentissage par projets, le débat, le jeu de rôles, la recherche guidée, l'apprentissage par situations-problèmes, etc.

La **technique d'enseignement** est une composante des stratégies d'enseignement. Ainsi, une même stratégie d'enseignement peut faire appel à plusieurs techniques complémentaires. Par exemple, l'apprentissage coopératif, stratégie d'enseignement, peut inclure diverses techniques visant la formation des équipes, le développement de l'esprit d'équipe, la communication des idées entre les élèves, la consolidation des apprentissages ou l'élaboration et la schématisation des connaissances (voir Howden et Martin, 1997 ou Howden et Kopiec, 1998, pour une présentation détaillée de ces structures et techniques coopératives). D'autres techniques sont communes à plusieurs stratégies d'enseignement. C'est le cas, par exemple, de la démonstration, des techniques du questionnement, des techniques audiovisuelles, etc.

Enfin, l'**activité d'apprentissage** correspond à l'ensemble des activités de nature pédagogique réalisées par les apprenants. À noter que les expressions « situation d'enseignement-apprentissage » (Raynal et Rieunier, 2009) et « situation d'apprentissage » sont parfois utilisées comme équivalents de « activité d'apprentissage ». Voici des

Méthode pédagogique

Niveau le plus général à l'intérieur de la démarche pédagogique de l'enseignant. Une méthode pédagogique est constituée d'un ensemble de stratégies et de techniques d'enseignement partageant la même orientation (synonymes : approche pédagogique, pédagogie de…).

Stratégie d'enseignement-apprentissage

Mode d'organisation d'une situation d'apprentissage ou d'une série d'activités d'apprentissage définissant les interactions entre le sujet qui apprend (l'élève), l'objet enseigné ou la matière enseignée (les contenus d'apprentissage) et l'agent d'éducation qui sert de soutien à l'apprentissage (par exemple, l'ordinateur) ou qui guide le processus d'enseignement-apprentissage.

Technique d'enseignement

Composante des stratégies d'enseignement. Une stratégie d'enseignement peut faire appel à plusieurs techniques complémentaires. D'autres techniques sont communes à plusieurs stratégies d'enseignement (par exemple, les techniques du questionnement).

Activité d'apprentissage

Terme générique qui désigne toute activité vécue en milieu scolaire visant à l'obtention d'un résultat d'apprentissage spécifique (synonymes : situation d'apprentissage, situation d'enseignement-apprentissage).

exemples d'activités d'apprentissage : recherche au centre de ressources de l'école, projection d'une vidéo, expérience en laboratoire, recherche à l'ordinateur, exercice d'application, lecture d'un texte, révision d'un travail entre élèves, correction d'un exercice, etc.

2.1.3 Les contextes de l'apprentissage

Si la culture est ce qui nous reste lorsque l'on a tout oublié, ne pourrait-on pas dire que l'apprentissage scolaire est ce qui nous reste lorsque l'on a oublié tout ce qui nous a été enseigné ? Cette pirouette ne règle pas notre problème de définition de l'enseignement (*voir la section 2.2*), mais elle permet de mettre en lumière un vieux préjugé qui persiste en milieu scolaire, à savoir que, pour qu'il y ait apprentissage scolaire, il doit y avoir enseignement. Or, on sait qu'il n'en est rien. Bon nombre d'apprentissages de nature scolaire (les habiletés de lecture, la compréhension des nombres et des opérations, les connaissances dans le domaine des sciences sociales, les habiletés dans le domaine des technologies, etc.) ont bel et bien lieu hors de tout contexte d'apprentissage formel. Un premier constat s'impose donc : l'école n'est pas le seul lieu des apprentissages, y compris des **apprentissages formels** (*voir le tableau 2.1*). Cela dit, l'école n'en demeure pas moins un lieu privilégié pour la diversification et l'approfondissement de ces connaissances et de ces habiletés, et surtout pour favoriser l'accessibilité à celles-ci pour tous.

Apprentissages formels

Connaissances, habiletés ou compétences développées dans un contexte formel d'apprentissage, c'est-à-dire sous la supervision directe d'un enseignant (à l'école) ou de toute autre personne (hors école) à qui cette fonction est assignée (par exemple, un instructeur de hockey, une enseignante de ballet, etc.).

Curriculum caché

Désigne l'ensemble des apprentissages que l'enseignant cherche à développer chez ses élèves, bien que ceux-ci ne fassent pas partie du programme officiel (par exemple, la politesse, la ponctualité, l'autonomie, etc.).

Apprentissages informels

Connaissances, habiletés ou compétences développées dans un contexte informel d'apprentissage, c'est-à-dire sans la supervision directe d'un enseignant ou de tout autre responsable.

TABLEAU 2.1	Les contextes d'apprentissage	
	À L'ÉCOLE	HORS DE L'ÉCOLE
Apprentissages formels	• Programmes disciplinaires (mathématiques, français, etc.)	• Sports organisés • Leçons de musique • Scouts, guides, etc.
Apprentissages informels	• Respect des autres • Politesse • Ponctualité	• Comportement social • Affirmation de soi • Autonomie sociale

Le tableau 2.1 permet d'attirer l'attention sur un autre constat important : tout ce qui est appris à l'école n'est pas nécessairement enseigné, ou, à tout le moins, ne fait pas toujours partie du programme d'études officiel. On utilise l'expression **curriculum caché** (Perrenoud, 1990) pour désigner ces **apprentissages informels,** auxquels bien des enseignants accordent d'ailleurs tout autant d'importance qu'aux apprentissages formels (les programmes de formation).

Voici un autre constat : non seulement l'école n'est pas le seul lieu des apprentissages formels, mais les apprentissages formels hors de l'école (cours de musique, de danse, sports organisés, clubs d'échecs) occupent une place de plus en plus importante, et ce, pour un nombre croissant d'élèves. Les activités d'enseignement des enseignants se voient ainsi complétées (concurrencées ?) par celles d'instructeurs en tous genres et d'« enseignants hors école » (par exemple, un professeur de sports martiaux).

Enfin, et surtout, non seulement tout ce qui est appris à l'école n'a pas été enseigné, mais tout ce qui est enseigné est loin d'être appris. Il peut, en effet, « y avoir apprentissage sans enseignement formel » et « à l'inverse, tout enseignement ne se conclut pas par un apprentissage tangible » (Longhi, 2009, p. 187). Enseigner n'est pas apprendre. Pourtant, un vieux préjugé perdure auprès d'un grand nombre d'intervenants scolaires selon lequel il suffit d'enseigner de manière efficace pour que l'élève apprenne. Giordan (1998), parmi bien d'autres, rappelle les limites de cette conception d'une pédagogie à sens unique.

Loin de nous cependant l'idée de vouloir minimiser la valeur de l'acte pédagogique : mieux vaut évidemment un bon enseignement qu'un enseignement de piètre qualité… ou que pas d'enseignement du tout. Néanmoins, il faut extraire de la **culture pédagogique** la conception erronée selon laquelle une chose a été apprise parce qu'elle a été enseignée. On peut définir la démarche pédagogique de l'enseignant comme l'ensemble des interventions éducatives (de source externe) qui a pour but d'alimenter et de soutenir la démarche d'apprentissage de l'apprenant (processus interne). Répétons-le : on n'apprend pas à la place de l'élève, mais l'enseignement, dans le meilleur des cas, mène à la réalisation de ce processus interne.

2.1.4 Les liens entre l'enseignement, la pédagogie et la didactique

Si on peut définir tout simplement la **pédagogie** comme « art et science de l'éducation des enfants » (Legendre, 2005, p. 1007), ou comme « toute activité déployée par une personne pour développer des apprentissages chez autrui » (Raynal et Rieunier, 2009, p. 332), on conviendra que ce terme évoque aujourd'hui une pratique professionnelle autrement plus complexe et exigeante (Bennett et Rolheiser, 2006). Dans leur essai de définition de la pédagogie, Raynal et Rieunier soulignent l'importance de différencier la pédagogie des **sciences de l'éducation** et de la didactique. Si le pédagogue peut se définir « comme un praticien qui se préoccupe d'abord de l'efficacité de son action », la source principale de son intuition pédagogique demeure l'action et l'expérimentation. Les sciences de l'éducation quant à elles cherchent à « améliorer la connaissance que l'on peut avoir des phénomènes qui influencent plus ou moins directement l'action éducative ». Le **didacticien** (*voir la définition à la page suivante*), pour sa part, « est avant tout un spécialiste de l'enseignement de sa discipline » qui cherche à « identifier et à transformer le "savoir savant" (le savoir de référence) en "savoir à enseigner" » (2009, p. 332).

Dans son *Dictionnaire des concepts fondamentaux des didactiques*, Reuter propose une distinction similaire entre la pédagogie et les didactiques. La pédagogie y est définie comme un mode d'approche « qui ne prend pas spécifiquement en compte les contenus disciplinaires », mais s'attache plutôt « à comprendre les dimensions générales ou transversales des situations qu'elle analyse » (2007, p. 163), alors que les didactiques constituent des « disciplines de recherche qui analysent les contenus (savoirs, savoir-faire…) en tant qu'objets d'enseignement et d'apprentissage » (2007, p. 69). Ceci dit, bien que Reuter admette que les relations entre didactiques et pédagogie puissent parfois apparaître controversées, dans les faits, « les deux dimensions sont étroitement imbriquées » (2007, p. 165). En fait, les savoirs (connaissances disciplinaires) et les savoir-faire didactiques ne sont-ils pas les indispensables compléments des différents types de savoirs pédagogiques de l'enseignant efficace ? Raby et Viola résument en ces mots la complémentarité entre les deux approches : « la planification des apprentissages (la didactique) est un préalable aux interventions de l'enseignante qui consistent à guider l'élève dans ses apprentissages (la pédagogie) » (2007, p. 12).

Si on peut associer la pédagogie aux relations établies entre enseignants et apprenants (gestion de classe) et à l'organisation générale des activités d'enseignement-apprentissage (incluant l'évaluation), la didactique, elle, s'intéresse plus particulièrement aux relations qui s'établissent entre trois éléments : le contenu d'apprentissage, l'élève et l'enseignant. Ce système d'interrelations, qu'on appelle « système didactique » est souvent représenté

Culture pédagogique

Ensemble des savoirs et des savoir-faire, mais également de croyances, partagés par les membres de la profession enseignante. Tout enseignant en devenir doit s'approprier cette culture professionnelle et, surtout, participer à son évolution.

Pédagogie

Ensemble de moyens utilisés de manière délibérée pour provoquer un apprentissage chez une personne ou chez un groupe de personnes visées. La pédagogie propose des méthodes générales, ou « modèles d'intervention », des stratégies et des techniques d'enseignement, le tout se concrétisant dans la mise en place d'activités ou de situations d'apprentissage.

Sciences de l'éducation

Champs d'études comprenant plusieurs disciplines complémentaires : la pédagogie (les méthodes d'enseignement), la didactique des disciplines (les approches particulières aux disciplines d'enseignement), la psychopédagogie (l'éducation des élèves en difficulté), l'andragogie (l'éducation des adultes), la philosophie de l'éducation, la sociologie de l'éducation, etc.

sous la forme d'un triangle : le triangle didactique (Reuter, 2007). Legendre (1983) propose pour sa part un modèle, ou système, composé non pas de trois, mais de quatre sous-systèmes : le sujet qui apprend (S), l'objet ou le contenu visé par l'apprentissage (O), le milieu ou le contexte particulier à l'intérieur duquel se déroule l'enseignement-apprentissage (M) et l'agent impliqué, c'est-à-dire l'enseignant et les ressources mises à la disposition de l'élève (A). Ce modèle de planification pédagogique de Legendre (1983), dit « modèle de situation pédagogique », est couramment désigné par son acronyme SOMA.

Tout modèle de planification pédagogique doit tenir compte de la composante didactique. Si on convient de l'existence d'une didactique générale, commune à toutes les disciplines d'enseignement, il existe également des didactiques spécifiques à chaque discipline (Raby et Viola, 2007 ; Reuter, 2007). On n'abordera pas l'enseignement de certains contenus mathématiques de la même manière que l'enseignement de contenus d'apprentissage en langues ou en sciences humaines. Les contenus de chaque programme disciplinaire doivent préalablement être adaptés au groupe d'élèves auquel ils sont destinés (par exemple, à leur niveau de développement intellectuel, aux variables affectives, etc.). Reuter résume en ces mots cette nécessaire transposition didactique : « Pour pouvoir être enseignés, les savoirs doivent être rendus enseignables » (2007, p. 227).

En bref, si la pédagogie est l'art d'établir une relation pédagogique fructueuse avec un groupe d'apprenants, et que la didactique peut être définie comme l'art de rendre accessible au plus grand nombre de ceux-ci les contenus d'apprentissage prescrits, qu'en est-il de l'enseignement ? On conviendra que les fonctions actuelles de l'enseignant dépassent, tout en les intégrant, les fonctions déjà complexes de pédagogue et de didacticien. Dans un ouvrage consacré à *L'art d'enseigner*, Bordeleau et Morency (1999) énumèrent les rôles suivants associés à la tâche d'un enseignant : leader, enseignant, animateur, personne-ressource, gestionnaire, psychologue, surveillant et motivateur !

Alors, quels liens peut-on établir entre pédagogie, didactique et enseignement ? Selon plusieurs chercheurs, cités par Raby et Viola (2007), le lien opérationnel entre didactique et pédagogie se situe dans le **design pédagogique.** Bien que nous souscrivions à cette conclusion, nous proposons ici un autre type d'analyse, de nature davantage conceptuelle, soit une analyse à travers la lunette relationnelle. Cette analyse nous amène à proposer un autre lieu de rencontre entre pédagogie et didactique, soit celui de la relation d'apprentissage établie entre l'élève et le savoir à acquérir (*voir la figure 2.2*). Cette relation personnalisée de l'élève avec des contenus d'apprentissage, contenus qu'il doit assimiler et intégrer dans sa structure cognitive, est le résultat d'une mise en situation pédagogique, inspirée elle-même du savoir et du savoir-faire didactiques de l'enseignant.

La **profession enseignante,** dans toute sa complexité, peut être définie à travers une multitude de relations à établir : relations avec un ou plusieurs groupes d'élèves (incluant, idéalement, une relation individuelle avec chacun d'eux) ; relations avec des contenus à enseigner et à évaluer ; relations avec les ressources à mettre en place pour maximiser l'apprentissage de chaque élève (matériel adapté au rythme, au style et aux autres particularités de fonctionnement des élèves) ; relations avec les technologies de l'information et de la communication ; relations avec les collègues de travail, la direction d'école et tous les autres intervenants scolaires (par exemple, l'enseignant en adaptation scolaire, l'enseignant ressource) ; relations avec les autres spécialistes associés au milieu scolaire (par exemple, le psychologue scolaire, l'orthophoniste, le mentor en littératie) ; relations avec les parents ; relations avec une association professionnelle et un syndicat ; relations avec soi-même (analyse réflexive de sa démarche, objectifs de développement professionnel), etc.

Nous avons choisi le terme **enseignement** pour désigner l'ensemble des fonctions énumérées ci-dessus. La raison en est toute simple. Dans le langage courant, le mot « enseignement » est le terme qui correspond de plus près à l'exercice de la profession enseignante. On dira d'un tel, par exemple, qu'il a choisi la carrière de l'enseignement et non pas qu'il a choisi de se consacrer à la pédagogie, bien que le sens donné au mot pédagogie puisse parfois englober les mêmes fonctions (*voir la définition de Legendre, 2005, plus bas*). L'enseignement nous servira donc comme expression parapluie pour regrouper l'ensemble des fonctions exercées à l'intérieur de la profession enseignante, fonctions exprimées en termes de relations (*voir la figure 2.2*). Il est à noter que nous avons emprunté certains éléments du modèle de Sirois (1997) pour compléter cette représentation des liens entre enseignement, pédagogie et didactique.

■ **Enseignement**

Terme générique désignant l'ensemble des fonctions exercées par un enseignant, incluant (mais ne s'y limitant pas) : une composante pédagogique, une composante didactique, une composante évaluative, une composante psychopédagogique, une composante de gestion de classe, une composante gestionnaire, etc.

FIGURE 2.2   **Les liens entre enseignement, pédagogie et didactique**

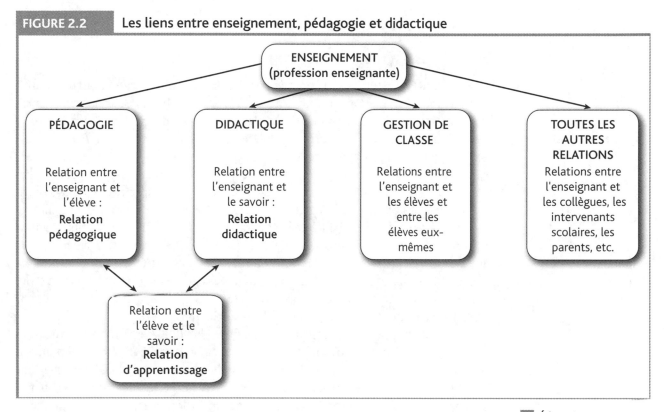

Qu'en est-il de l'éducation à l'intérieur de ce modèle relationnel établi entre enseignement, pédagogie et didactique ? On conviendra que le sens donné au mot **éducation** va bien au-delà de ceux-ci. L'éducation, en tant qu'« ensemble de valeurs, de concepts, de savoirs et de pratiques dont l'objet est le développement de l'être humain et de la société » (Legendre, 2005, p. 502), transcende, tout en l'intégrant, l'action éducative menée à l'école. Lorsque comparé, par exemple, au concept de pédagogie, « le concept d'éducation, saturé de valeurs, est plus large » (Raynal et Rieunier, 2009, p. 157). Ainsi, on peut également considérer l'enseignement « comme la part de l'éducation qui revient au système scolaire » (Legendre, 2005, p. 572). Alors, quelle est la place de l'éducation à l'école ? Si « science sans conscience est ruine de l'âme » (axiome attribué à François Rabelais, 1494-1553), nous serions tenté de comparer un enseignement sans éducation à un vaisseau sans direction. Par ses intentions éducatives, l'enseignant ne se contente pas

■ **Éducation**

Processus de transmission culturelle et sociale par lequel une génération donnée transmet à la suivante une grande variété de savoirs, de valeurs et d'attitudes visant à la fois la socialisation des nouveaux membres et l'actualisation optimale de toutes leurs potentialités. Pendant une certaine période de la vie de l'enfant et du jeune, une partie de ce processus est assumée par l'école.

d'enseigner, il aide de surcroît l'élève à grandir, il le révèle à lui-même, l'aide à trouver sa place au sein de la communauté humaine et à y apporter sa contribution.

2.2 LES CONCEPTIONS ET DÉFINITIONS DE L'ENSEIGNEMENT

De nombreuses variables peuvent influencer notre conception de l'enseignement. En premier lieu, les variables personnelles sont peut-être les plus influentes. Chaque enseignant, en s'inspirant de ses propres expériences en tant qu'élève, à travers ses expériences de formation initiale puis de perfectionnement professionnel, à travers ses lectures et ses rencontres, se construit une image de l'enseignant modèle, de l'enseignant idéal qu'il souhaiterait devenir un jour. Les valeurs et les attitudes associées à cette conception de notre rôle d'éducateur se manifestent à travers un style d'enseignement, style que l'on adopte plus ou moins consciemment.

2.2.1 Les styles d'enseignement

Enseigner : art ou science ? À la manière de Bennett et Rolheiser, on pourrait définir l'enseignement comme « un art qui s'appuie sur la science ainsi que sur nos expériences personnelles » (2006, p. 25). Au-delà des tendances et des modes pédagogiques, l'art d'enseigner s'est toujours exprimé à travers différents **styles d'enseignement.** Parfois également désignés comme « styles pédagogiques » (par exemple, Altet, 2005), ces styles sont également définis par Legendre comme un « ensemble de caractéristiques personnelles ayant trait à l'enseignement et étant représentées par des attitudes et des actions spécifiques à chaque situation pédagogique » (2005, p. 1275). On peut trouver dans la littérature spécialisée différentes grilles de lecture des styles d'enseignement, outils d'analyse qui permettent de prendre conscience de notre rapport avec l'élève et avec la personne de l'apprenant, de notre rapport avec la différence, de notre rapport avec le savoir ou de notre rapport avec la discipline d'enseignement. Toutes ces grilles ou classifications de styles d'enseignement nous rappellent en quelque sorte qu'on n'enseigne pas seulement ce que l'on sait, on enseigne aussi ce que l'on est (Jean Jaurès, 1859-1914).

Dans sa description de la pratique enseignante, Altet (2007) retient trois principales dimensions ou facettes du travail de l'enseignant : une dimension finalisée ou instrumentale qui vise l'apprentissage et la socialisation des élèves (dimension didactique), une dimension technique, correspondant aux savoir-faire et aux gestes professionnels déployés par l'enseignant (dimension pédagogique) et une dimension interactive ou relationnelle, liée aux interactions sociales et affectives avec les élèves (dimension communicationnelle). Bien qu'il puisse interagir avec les deux premières de ces dimensions, on retiendra que le style d'enseignement relève avant tout de la dimension interactive ou communicationnelle.

Il ne faut donc pas confondre « style d'enseignement » et « méthode » ou « stratégie d'enseignement » (Provencher, 1981 ; Raby et Viola, 2007). Ainsi, deux enseignants faisant appel à la même stratégie d'enseignement, par exemple l'apprentissage coopératif, pourront adopter des styles d'enseignement fort différents (par exemple, un style très autoritaire ou un style très permissif). Cela dit, on conviendra que certains styles d'enseignement, par exemple, le style « dispensateur d'information de façon directe » (Sauvé, 1992), sont plus difficilement compatibles avec certaines pratiques pédagogiques, par exemple, dans ce cas-ci, avec l'apprentissage par découverte. Un enseignant naturellement très directif (Mosston et Ashworth, 1990) ou qui a le réflexe de tout dire et de tout expliquer aux

Styles d'enseignement
Manières d'entrer en relation avec les élèves et d'animer une situation d'apprentissage. Le style d'enseignement relève donc de la dimension interactive ou communicationnelle de l'enseignement.

élèves avant même qu'une question ne soit exprimée (**style transmissif**) aura probablement davantage de difficulté à s'effacer et à accorder le premier rôle à l'apprenant et à sa démarche d'apprentissage, comme l'exigent pourtant de nombreuses stratégies d'enseignement-apprentissage préconisées aujourd'hui (par exemple, l'apprentissage par projets).

L'une des premières classifications des styles d'enseignement, et probablement parmi les plus connues, est celle attribuée à Kurt Lewin (1890-1947) qui retenait trois grands styles : autoritaire, démocratique et «laissez-faire» ou débonnaire (Lewin, Lippit et White, 1939). Parmi les classifications qui ont suivi celle-ci, le modèle de Hanson, Silver et Strong (1986) nous apparaît particulièrement utile puisqu'il permet à l'enseignant d'identifier l'orientation prioritaire de son action éducative. Ce modèle est constitué de deux axes : un axe vertical sur lequel on situe le niveau d'organisation de l'enseignant (organisé ou intuitif) et un axe horizontal relatif à l'objet sur lequel est centrée sa démarche (centrée sur l'apprentissage ou centrée sur la personne). La rencontre de ces deux axes produit quatre quadrants correspondant chacun à un style d'enseignement : orienté vers les résultats (organisé-apprentissages), orienté vers les élèves (organisé-personne), orienté vers le développement intellectuel (intuitif-apprentissages) ou orienté vers l'action (intuitif-personne). Legendre fournit une description détaillée de ces quatre styles ainsi que celle de plusieurs autres classifications (2005, p. 1275 à 1279).

La classification de Sauvé (1992), de type unidimensionnel, est basée sur un continuum de la participation de l'élève dans la situation d'apprentissage planifiée par l'enseignant : le style dispensateur d'information de façon directe (l'enseignement est magistral, la participation de l'élève est minimale) ; le style dispensateur d'information de façon indirecte (l'enseignement est médiatisé à travers les ressources mises à la disposition de l'élève) ; le style interrogateur (l'enseignant a recours au questionnement dirigé visant la pensée inductive ou au questionnement plus ouvert visant la pensée divergente des élèves) ; le style animateur (l'enseignant anime, de manière plus ou moins directive, des activités d'apprentissage à l'intérieur desquelles la participation active des élèves est sollicitée) ; le style coopératif (l'enseignant permet aux élèves de participer au choix des activités d'apprentissage) et, enfin, le style accompagnateur (l'enseignant accorde beaucoup de place aux préférences et aux intérêts personnels des élèves, la participation de l'élève y est optimale).

Une dernière classification mérite mention : celle de Mosston et Ashworth. Ce modèle, nommé **spectre des styles d'enseignement,** est relativement plus complexe et, à certains égards, présente certaines caractéristiques d'un modèle d'enseignement. En effet, plutôt que de classer les styles d'enseignement sous différentes étiquettes, Mosston et Ashworth (1990) les classent «plutôt sur un continuum en fonction de leur orientation reproductive (enseignant au centre de l'apprentissage) ou productive (élève au centre de l'apprentissage)» (Bélanger, 2008, p. 11), continuum ayant à une extrémité le style directif et à l'autre le style **autoenseignement.** Le modèle identifie en tout 11 «positions pédagogiques» (cette expression nous apparaît plus appropriée que celle de «style d'enseignement»), pouvant et devant varier selon la phase de la démarche pédagogique où l'activité se déroule (préparation à l'apprentissage, mise en œuvre ou évaluation de l'apprentissage) et selon le type de décision qui doit y être pris (les auteurs en identifient une vingtaine). En bref, à tel moment du processus d'enseignement-apprentissage, l'enseignant adoptera une position ou un style directif, à un autre moment, un style de guide (découverte convergente) ou un style d'accompagnateur. Bien qu'il puisse être appliqué à n'importe quelle discipline d'enseignement, le modèle du spectre des styles d'enseignement est particulièrement bien adapté à l'enseignement de l'éducation physique, auquel les auteurs ont d'ailleurs consacré un ouvrage (Mosston et Ashworth, 2002).

Le tableau 2.2 propose une analyse de quelques-unes des classifications présentées dans cette section, en y ajoutant la classification de Therer et Willemart (1983). Cette analyse a été effectuée à partir de trois grands regroupements ou familles de styles : les styles centrés sur l'enseignant, à l'intérieur desquels la priorité est accordée aux contenus enseignés (par exemple, le style transmissif) ; les styles centrés sur le processus d'enseignement-apprentissage (par exemple, le style incitatif et le style associatif), qui accordent la priorité à la médiation de l'apprentissage, assumée par l'enseignant ou à travers les ressources d'apprentissage mises à la disposition des élèves ; enfin, les styles centrés sur la personne de l'apprenant (par exemple, le style permissif), la priorité étant ici accordée à la démarche d'apprentissage personnelle de l'élève.

TABLEAU 2.2	Quelques classifications des styles d'enseignement		
AUTEURS	**STYLES CENTRÉS SUR L'ENSEIGNANT (PRIORITÉ AUX CONTENUS)**	**STYLES CENTRÉS SUR L'APPRENTIS-SAGE (PRIORITÉ À LA MÉDIATION)**	**STYLES CENTRÉS SUR L'APPRENANT (PRIO-RITÉ À LA DÉMARCHE PERSONNELLE)**
Hanson, Silver et Strong (1986)	Style orienté vers les résultats	Style orienté vers le développement intellectuel	Style orienté vers les élèves Style orienté vers l'action
Mosston et Ashworth (1990)	Directif Entraîneur	Superviseur Encadreur Étapiste Interrogateur	Guide (découverte) Orienté vers l'action Accompagnateur Personne-ressource Autoenseignement
Sauvé (1992)	Dispensateur d'infor-mation directe	Dispensateur d'infor-mation indirecte Interrogateur Animateur Coopératif	Accompagnateur
Therer et Willemart (1983)	Transmissif	Incitatif Associatif	Permissif

2.2.2 Les conceptions de l'enseignement et les courants pédagogiques

De la même manière que les conceptions de l'apprentissage peuvent varier selon l'orientation que l'on désire privilégier, selon l'école de pensée à laquelle on adhère, on peut également parler de conceptions béhavioriste, cognitiviste, constructiviste, socioconstructiviste, humaniste ainsi que citoyenne et critique de l'enseignement. Tel que mentionné au chapitre 1, nous reviendrons en détail sur ces courants pédagogiques dans les chapitres subséquents (*voir les chapitres 3 à 7*). Pour l'instant, contentons-nous d'exposer les diverses conceptions de l'enseignement qu'ils véhiculent (*voir le tableau 2.3*).

TABLEAU 2.3	Les conceptions de l'enseignement selon les courants pédagogiques
COURANT	**CONCEPTION**
Conception béhavioriste	• Conception très interventionniste, basée sur le contrôle des conséquences offertes par l'environnement éducatif. • Organisation d'un environnement éducatif qui vise l'acquisition de comportements observables et mesurables. • Préconise l'analyse de tâche (*task analysis*) morcelant le contenu des programmes et précisant les préalables à la réalisation des résultats d'apprentissage.
Conception cognitiviste	• Conception interventionniste, basée sur la médiation offerte par l'enseignant pour guider l'apprentissage des élèves. • Organisation d'un environnement éducatif qui vise le développement de stratégies cognitives et métacognitives. • Préconise un enseignement stratégique tenant compte des connaissances antérieures et de la motivation des élèves et qui favorise l'organisation de leurs connaissances.
Conception constructiviste	• Conception basée sur le développement des contenus et des instruments de la connaissance (développement intellectuel). • Organisation de situations d'apprentissage permettant aux élèves de construire activement leurs savoirs (on privilégie le mode action au mode réception). • Préconise les stratégies d'enseignement où l'engagement cognitif et affectif des élèves est sollicité (par exemple, l'apprentissage par découverte, les centres d'apprentissage).
Conception socioconstructiviste	• Conception basée sur le développement de compétences disciplinaires et transversales (d'ordre intellectuel, méthodologique, personnel, social et communicationnel). • Organisation de situations d'apprentissage ancrées le plus possible dans l'environnement naturel et dans la réalité sociale des élèves (par exemple, les situations problèmes). • Préconise les stratégies d'enseignement qui permettent la mise en commun et la coconstruction des savoirs (par exemple, l'apprentissage coopératif, la pédagogie du projet).
Conception humaniste	• Conception plus ou moins libertaire prônant des valeurs de liberté et le respect inconditionnel des enfants. • Organisation avec les élèves d'un environnement éducatif visant à offrir le maximum de choix et répondant aux besoins exprimés par les enfants. • Préconise le développement personnel de l'élève-individu.
Conception critique et citoyenne	• Conception basée sur la fonction socialisante de l'école, prônant des valeurs d'ouverture à l'autre, de solidarité sociale et de responsabilité citoyenne. • Organisation avec les élèves d'un environnement éducatif favorisant la conscientisation et l'engagement dans la défense de valeurs universelles (paix, respect des droits humains, etc.). • Préconise le développement de la pensée critique et de l'engagement citoyen des élèves.

2.2.3 Quelques définitions actuelles de l'enseignement

De la même manière que nous avons souligné la complexité du phénomène de l'apprentissage au chapitre précédent, il convient de dire quelques mots sur la complexité que revêt aujourd'hui la pratique de l'enseignement. En plus des dimensions pédagogique et didactique déjà évoquées, les plus étroitement associées à la composante « enseignement », l'enseignant est également responsable de la gestion du groupe-classe et de l'établissement d'un climat propice à l'apprentissage pour tous ses élèves. À cette composante gestion de classe, s'ajoute un autre type de gestion ou de coordination, soit la gestion des services éducatifs destinés aux élèves à besoins particuliers (par exemple, les services de soutien en adaptation scolaire). Les divers partenariats établis avec les organismes gouvernementaux ou avec la communauté, partenariats qui se transforment de plus en plus fréquemment en projet d'école communautaire, font également intervenir de nombreux intervenants hors école (par exemple, une équipe d'intervention précoce, des mentors pour les élèves, les parents). En effet, enseigner aujourd'hui, c'est se retrouver au cœur de tout un réseau de soutien collaboratif (Paré et Trépanier, 2010).

Cette analyse de la complexité du rôle d'enseignant nous amène à notre premier constat : enseigner, c'est collaborer ! Nous reviendrons sur ce premier de dix principes à la base de la conception actuelle de l'enseignement, mais commençons tout d'abord par présenter quelques définitions actuelles de l'enseignement en milieu scolaire (*voir l'encadré 2.1*). Celles-ci sont tirées d'ouvrages traitant de philosophie de l'éducation (Reboul, 1999), de dictionnaires des sciences de l'éducation (Legendre, 2005 ; Morandi et La Borderie, 2006 ; Raynal et Rieunier, 2009) et de traités de pédagogie (Presseau, 2004 ; Raymond, 2006). Bien qu'elles proviennent de sources diverses, ces définitions s'entendent toutes sur un point : enseigner, c'est bien davantage que transmettre des connaissances. En bref, enseigner c'est « créer, animer et gérer des situations propices à l'apprentissage » (Raymond, 2006, p. 121).

ENCADRÉ 2.1   Quelques définitions de l'enseignement

« Certains croient naïvement qu'enseigner consiste *à informer, à donner des cours* ; bien entendu, il n'est pas d'enseignement sans contenu, mais un contenu ne fait pas plus un enseignement qu'un tas de briques une maison […]. Enseigner est une activité qui vise à susciter une activité. Ceux qui réduisent l'enseignement à une transmission de savoirs le méconnaissent totalement » (Reboul, 1999, pp. 33 et 101).

L'enseignant stratégique exerce six différents rôles : « penseur, preneur de décisions, modèle, médiateur, entraîneur et motivateur. En assumant ces rôles, l'enseignant soutient l'élève dans la construction de ses connaissances et dans le développement des compétences qu'il réutilisera dans différents contextes, dans le milieu scolaire comme dans la vie de tous les jours » (Presseau, 2004, p. 2).

Du point de vue de la pédagogie, l'enseignement est un « processus de communication en vue de susciter l'apprentissage ; [l']ensemble des actes de communication et de prises de décision mis en œuvre intentionnellement par une personne ou un groupe de personnes qui interagit en tant qu'agent dans une situation pédagogique » (Legendre, 2005, p. 572).

Enseigner, c'est « communiquer un ensemble organisé d'objectifs, de savoirs, d'habiletés ou de moyens, et prendre les décisions qui favorisent au mieux l'apprentissage d'un sujet dans une situation pédagogique » (Legendre, 2005, p. 596).

Enseigner, c'est « créer, animer et gérer des situations propices à l'apprentissage, c'est-à-dire créer des situations (rôle de didacticien) où l'élève effectue lui-même toutes les opérations intellectuelles propres à assurer la construction de ses connaissances (rôle de facilitateur), dans un contexte donné (rôle d'animateur) pour assurer le développement de compétences transférables » (Raymond, 2006, p. 121).

« [E]nseigner, c'est indiquer, signaler, mettre en signes, condition nécessaire à la transmission des savoirs et, par extension, instruire. Enseigner devient synonyme de transmettre à un élève de façon qu'il comprenne et assimile certaines connaissances. Il se distingue d'éduquer qui englobe connaissances et pratiques utiles pour s'intégrer en société et d'apprendre qui inclut l'activité propre de l'élève » (Morandi et La Borderie, 2006, p. 174).

Enseigner, c'est accompagner, ce qui « suppose la reconnaissance de la dimension propre au travail de l'élève, à son expérience personnelle d'apprenant ». L'accompagnement pédagogique est lié à l'organisation des tâches effectuées par l'enseignant. Cet accompagnement « a des fonctions organisatrices (ajustements des dispositifs), cognitives (ajustements interactifs), organisationnelles (mises en situation) et métacognitives (l'intervention donnant à voir comment la tâche est réalisée) liées aux modes personnels et méthodologiques » (Morandi et La Borderie, 2006, p. 162).

« Un enfant n'apprend pas en écoutant, il apprend en faisant […]. C'est la raison pour laquelle nous adoptons la définition de Gagné : "enseigner, c'est organiser des situations d'apprentissage". Cette organisation de situations d'apprentissage doit tenir compte, bien sûr, des dimensions affectives, sociales, pédagogiques, psychologiques, didactiques..., mises en jeu dans l'acte d'enseignement-apprentissage. Enseigner, c'est proposer à l'apprenant un certain nombre de situations qui visent à provoquer l'apprentissage visé » (Raynal et Rieunier, 2009, p. 177).

Nous avons déjà évoqué le premier principe à la base de la conception actuelle de l'enseignement, principe découlant du constat de la complexité actuelle de l'enseignement, soit la nécessité de la collaboration : 1) enseigner, c'est collaborer. En voici neuf autres : 2) enseigner, c'est planifier ; 3) enseigner, c'est susciter la participation ; 4) enseigner, c'est savoir motiver ; 5) enseigner, c'est animer et communiquer ; 6) enseigner, c'est savoir adapter ; 7) enseigner, c'est agir comme médiateur ; 8) enseigner, c'est donner de la rétroaction ; 9) enseigner, c'est apprendre ; et 10) enseigner, c'est savoir se remettre en question.

1. Enseigner, c'est collaborer : Bien que le concept de « collaboration » soit employé à toutes les sauces et pour désigner toutes sortes de pratiques, plus ou moins collaboratives (Leblanc, 2010), on conviendra que la collaboration est devenue aujourd'hui une composante fondamentale de la pratique enseignante. Parmi les nombreuses facettes de cette collaboration, signalons la place de plus en plus importante accordée à l'établissement d'une **communauté d'apprentissage professionnelle** (Roberts et Pruitt, 2009). Enseigner n'est plus un acte solitaire. La collaboration ne constitue pas un luxe, mais l'une des conditions indispensables à la mise en place de conditions optimales d'apprentissage pour tous.

2. Enseigner, c'est planifier : La planification et la prise de décisions (Legendre, 2005) occupent un rôle central en enseignement. Presseau y associe deux des six rôles que doit assumer un enseignant stratégique, soit les rôles de « penseur » et de « preneur de décisions » (2004). En effet, enseigner, c'est organiser des situations d'apprentissage, c'est proposer à l'apprenant des situations qui lui permettront d'atteindre les apprentissages visés (Raynal et Rieunier, 2009). On n'improvise pas au pied levé ces situations d'apprentissage, bien que l'intuition pédagogique et la capacité d'adaptation constituent des atouts appréciables pour tout enseignant.

3. Enseigner, c'est susciter la participation : Enseigner, « vise à susciter une activité » (Reboul, 1999). L'élève n'est plus la cruche vide que l'on doit remplir de nos connaissances, mais le premier artisan de sa formation. Une école pour apprendre est une école où l'on favorise la prise en charge par l'élève de son processus d'apprentissage (Archambault et Richer, 2007). La participation dont on parle ici n'est pas simple hochement de tête (« avez-vous compris ? ») ou une main levée (« avez-vous des questions ? »). La participation doit devenir un engagement volontaire et actif dans la construction de son propre savoir.

4. Enseigner, c'est savoir motiver : Comme la participation, la motivation occupe une place prédominant dans le discours pédagogique contemporain (par exemple,

Communauté d'apprentissage professionnelle

Modèle structuré de collaboration établi par un groupe d'enseignants partageant une responsabilité commune (par exemple, les enseignantes de première année, les enseignants de mathématiques d'une école secondaire) ou par l'ensemble des intervenants d'une école en vue de partager les expériences pédagogiques vécues, le matériel d'enseignement, les ressources ainsi que les expertises développées par chacun.

Theytaz, 2007 ; Vianin, 2007). Puisque l'apprentissage scolaire constitue un acte volontaire, enseigner, c'est favoriser l'engagement affectif des élèves dans leur processus d'apprentissage. L'enseignant doit donc exercer un rôle de motivateur (Presseau, 2004).

5. Enseigner, c'est animer et communiquer : L'enseignant doit animer les situations d'apprentissage qu'il a planifiées ou tout au moins en assurer le bon déroulement. L'enseignant n'est pas seulement animateur, il doit également susciter l'animation, c'est-à-dire l'entrain et le dynamisme, au sein de son groupe-classe. Bien que l'école d'aujourd'hui mette l'accent sur le processus d'apprentissage plutôt que sur les activités d'enseignement proprement dites, l'enseignement n'en demeure pas moins un processus de communication (Legendre, 2005). L'enseignant est également appelé à exercer, à l'occasion, le rôle de modèle ou d'entraîneur (Presseau, 2004).

6. Enseigner, c'est savoir adapter : La différenciation pédagogique (Tomlinson, 2010) ou la pédagogie dite « différenciée » (Perrenoud, 1997) est aujourd'hui au cœur de l'activité d'enseignement. Enseigner, c'est savoir s'adapter aux différentes manières d'apprendre de ses élèves (styles d'apprentissage, types d'intelligence, etc.), mais c'est également adapter le processus d'enseignement-apprentissage aux besoins éducatifs particuliers des élèves en difficulté ou des élèves doués et talentueux (Vienneau, 2006). Enseigner, c'est gérer les différences, petites ou grandes, qu'on retrouve inévitablement à l'intérieur de n'importe quel groupe d'élèves.

7. Enseigner, c'est agir comme médiateur : Le courant constructiviste, et encore davantage le courant socioconstructiviste, ont mis en valeur la fonction de médiateur exercée par l'enseignant (Presseau, 2004). Enseigner, c'est également « indiquer, signaler, mettre en signes » (Morandi et La Borderie, 2006), c'est donc guider l'apprenant dans son traitement de l'information. Enseigner, c'est accompagner l'élève dans son processus d'apprentissage.

8. Enseigner, c'est donner de la rétroaction : L'évaluation, tant formative que sommative, est partie intégrante du processus d'enseignement-apprentissage. Enseigner, c'est donc fournir la rétroaction nécessaire ou faire en sorte que l'élève reçoive cette rétroaction (par exemple, par ses pairs) tout au cours de sa démarche d'apprentissage. Une école pour apprendre présuppose une évaluation au service de l'apprentissage (Archambault et Richer, 2007).

9. Enseigner, c'est apprendre : En tant que modèle pour l'élève, l'enseignant doit transmettre sa propre passion pour l'apprentissage et demeurer dans une position d'apprenant, ouvert à de nouveaux apprentissages et également ouvert à la possibilité d'apprendre de ses élèves. « Apprendre, c'est découvrir que tu sais déjà. Faire, c'est démontrer que tu le sais. Enseigner, c'est rappeler aux autres qu'ils savent aussi bien que toi. Vous êtes tous apprenants, faisants et enseignants » (Bach, 1978, p. 50).

10. Enseigner, c'est savoir se remettre en question : La fonction enseignante est tout sauf un exercice statique. L'enseignant doit être en mesure de remettre en question ses choix pédagogiques, de se questionner sur son style d'enseignement et de chercher à évaluer l'effet de son enseignement sur l'apprentissage de ses élèves. Enseigner aujourd'hui, c'est être continuellement en projet, une école pour apprendre étant enfin une école où l'on considère le perfectionnement professionnel comme indispensable (Archambault et Richer, 2007).

2.2.4 Une définition de l'enseignement

On a déjà défini la démarche pédagogique de l'enseignant comme l'ensemble des interventions éducatives (de source externe) ayant pour but d'alimenter et de soutenir la démarche d'apprentissage de l'apprenant (processus interne). L'enseignement, qui inclut la démarche pédagogique mais également d'autres facettes de la pratique enseignante (Altet, 2007), pourrait être défini comme la planification collaborative et l'animation individuelle ou en équipe d'activités d'apprentissage et de formation suscitant la participation et l'engagement d'un groupe d'apprenants, activités adaptées aux caractéristiques personnelles et aux besoins particuliers des élèves et offrant la médiation et la rétroaction nécessaires à l'apprentissage optimum de chaque élève.

2.3 | LES COURANTS PÉDAGOGIQUES : SOURCES D'INSPIRATION DU PROJET ÉDUCATIF

En tant que pratique professionnelle, l'enseignement est le résultat d'un grand nombre de choix. Évidemment, certains de ces choix professionnels découlent des orientations prises par le système éducatif à l'intérieur duquel œuvre l'enseignant. On peut mentionner par exemple l'influence déterminante du programme de formation, des domaines généraux de formation à privilégier et des compétences à développer. De plus, les autorités ministérielles, les organisations scolaires locales et les écoles elles-mêmes peuvent également choisir de privilégier certaines méthodes pédagogiques ou certaines stratégies d'enseignement.

Ces orientations pédagogiques peuvent parfois prendre des directions opposées, tantôt s'orientant vers une individualisation accrue des activités d'apprentissage (comme avec l'enseignement programmé), tantôt s'appuyant sur des objectifs de socialisation des apprenants (comme avec l'apprentissage coopératif), tantôt visant à rendre plus efficace l'enseignant qui « enseigne » (comme avec l'enseignement direct), tantôt valorisant l'élève qui apprend avec un minimum d'accompagnement de la part d'un enseignant-guide (comme avec l'apprentissage par découverte), tantôt misant sur l'enrichissement cognitif (comme avec le développement de stratégies d'apprentissage), tantôt mettant en avant la dimension affective et la gestion collaborative du processus d'enseignement-apprentissage (comme avec la pédagogie ouverte).

S'agit-il de contradictions ou de nécessaires complémentarités ? Nous optons pour la seconde interprétation. L'école d'aujourd'hui est à la fois projet d'**autonomisation** et de socialisation (Landry et Robichaud, 1985), lieu d'enseignement efficace et d'apprentissage significatif, prétexte à la mise au point d'outils cognitifs et au développement affectif des apprenants. L'école des années 2010 est tout cela, et plus encore. Comment concilier ces apparentes contradictions à l'intérieur de projets éducatifs personnels et collectifs qui tiennent compte des objectifs de la mission de l'éducation publique ainsi que des valeurs et des convictions pédagogiques qui animent chaque enseignant et chaque école ?

La première étape à franchir consiste peut-être à nommer les valeurs qui sont les nôtres et celles de notre école, à déterminer les objectifs de formation que nous désirons privilégier au-delà des résultats d'apprentissage contenus dans les programmes d'études ou des compétences visées par les programmes de formation. Il s'agit en quelque sorte de mettre à jour (actualiser) et de mettre au jour (révéler) notre « curriculum caché » (Perrenoud, 1990). Comme le rappelait si bien Paquette : « Il n'y a pas de neutralité en éducation » (1995, p. 13).

Autonomisation

Néologisme introduit pour désigner le processus visant le développement de l'autonomie chez les élèves. De la même manière que la socialisation vise le développement social de l'élève (par exemple, le savoir-vivre-ensemble), l'autonomisation vise le développement de l'autonomie affective, sociale et cognitive.

Projet éducatif

Le projet éducatif, ou « projet d'établissement », est « la démarche dynamique par laquelle une école, grâce à la volonté concertée des parents, des élèves, de la direction et du personnel, entreprend la mise en œuvre d'un plan d'action en vue d'améliorer les apprentissages, les situations pédagogiques ainsi que l'infrastructure pédagogique » (Legendre, 2005, p. 1100) (synonyme : projet scolaire).

Ce principe de non-neutralité est le principe sur lequel repose ce que Paquette (1995) désigne comme étant sa deuxième règle préparatoire au changement en éducation, celle de l'association du pourquoi avec le comment. Avant de choisir le comment, par exemple nos diverses stratégies d'enseignement, il faut connaître le pourquoi, c'est-à-dire les objectifs de formation et les valeurs qui seront privilégiées. Nous ne saurions insister suffisamment sur ce point : il n'y a pas de choix neutres en éducation. Aussi, avant de se lancer dans l'élaboration puis dans l'implantation d'un **projet éducatif**, il convient de se poser une question de fond, à savoir : Quel type d'école désirons-nous pour les élèves du primaire et du secondaire ? Cette question d'apparence anodine soulève en fait la nécessité de réfléchir à l'orientation de nos choix pédagogiques, choix qui vont « colorer » le projet éducatif d'un enseignant, d'une école, tout autant d'ailleurs que celui d'une société.

Quel type d'école désirons-nous… en vue de quel type de société ? Par exemple, l'école doit-elle avant tout servir à la transmission des valeurs culturelles et sociales dominantes ou doit-elle plutôt enseigner et promouvoir la pensée critique ? Doit-on privilégier l'autonomie intellectuelle des jeunes ou leur capacité d'expression affective ; l'habileté à travailler seul, de manière indépendante, ou l'habileté à travailler en équipe, de manière collaborative ; les habiletés de communication orale et écrite ou la maîtrise des technologies modernes ? Et si tous ces objectifs de formation sont retenus, comme ils sont susceptibles de l'être, quelle place accorderons-nous à chacun ?

Avant toute chose, il importe ici de réfléchir à la portée de nos choix pédagogiques. En effet, si l'on accepte le principe selon lequel il n'y a pas de choix neutres en éducation, il est alors de toute première importance de prendre conscience des valeurs véhiculées par telle et telle stratégie d'enseignement ou par telle et telle méthode pédagogique. C'est peut-être dans cet effort d'appropriation de notre démarche pédagogique que réside en définitive la différence entre la position où l'on se contente d'être des techniciens de l'enseignement et la position où l'on accepte de jouer pleinement notre rôle d'éducateur.

Les courants pédagogiques proposent des grilles qui peuvent s'avérer utiles pour l'analyse des choix pédagogiques d'un enseignant ou d'une école. L'éclairage fourni par ces courants pédagogiques peut également s'avérer utile pour l'analyse des orientations générales d'un système scolaire. On pourrait, par exemple, les mettre en lien avec les compétences visées pour un ordre d'enseignement donné (primaire, secondaire, collégial), et ce, dans l'une ou l'autre des régions à l'étude (Nouveau-Brunswick, Ontario, Québec, France, etc.). La section 2.3.3 exposera une analyse de ce genre, en mettant en lumière les grandes orientations que l'on peut dégager des compétences transversales du *Programme de formation de l'école québécoise* pour l'éducation préscolaire et l'enseignement primaire au Québec, des principes directeurs de l'école primaire au Nouveau-Brunswick et des domaines d'apprentissage de l'école élémentaire en France.

2.3.1   Une définition de « courant pédagogique »

Courant pédagogique

Cadre théorique et idéologique déterminant l'orientation générale donnée au processus d'enseignement-apprentissage dans un contexte d'apprentissage donné. Un courant pédagogique exerce une influence sur la finalité et les objectifs généraux de l'école, sur les moyens mis en place pour atteindre ces objectifs et sur les rôles assignés aux agents d'éducation.

Précisons tout d'abord qu'il existe plusieurs définitions de ce que nous avons choisi de nommer **courant pédagogique** et que d'autres désignent sous les termes de modèles d'enseignement (Joyce, Weil et Calhoun, 2004), de modèles pédagogiques (Legendre, 2005) ou de paradigmes éducationnels (Bertrand et Valois, 1999). Certains auteurs, surtout européens, apparentent même les modèles d'enseignement aux « méthodes pédagogiques » (Raynal et Rieunier, 2009). Vous trouverez quelques-unes de ces définitions dans l'encadré 2.2 :

Un modèle d'enseignement correspond à un plan d'ensemble dont on peut s'inspirer pour élaborer des curriculums (programmes d'études à long terme) et du matériel didactique et pour guider l'apprentissage en classe ou en tout autre milieu d'apprentissage (Joyce et Weil, 1980, p. 1, traduction libre).

Les modèles d'enseignement sont en fait des modèles d'apprentissage (Joyce et Weil, 1996, p. 7, traduction libre).

Modèle présentant de façon coordonnée certaines propriétés d'un type particulier d'enseignement et d'un type particulier d'apprentissage et constituant une représentation de la relation qui existe entre eux (Legendre, 2005, p. 904).

Un modèle d'enseignement est la représentation formelle d'un ensemble de techniques d'enseignement organisées à partir d'une vision particulière de l'homme et de ses rapports avec la société, dans le but de développer chez les élèves certaines dimensions de la personnalité humaine (Raynal et Rieunier, 2007, p. 124).

Pour notre part, nous avons opté pour la définition suivante, inspirée des travaux de Bertrand et Valois (1992, 1999) et du modèle systémique de Landry et Robichaud (1985). Notons qu'ainsi défini, un courant pédagogique peut être associé à une « approche » (Raby et Viola, 2007).

Le courant pédagogique est un terme générique qui correspond au cadre théorique (paradigme éducationnel) et idéologique (paradigme socioculturel) déterminant l'orientation générale donnée au processus d'enseignement-apprentissage dans un contexte d'apprentissage donné (par exemple, un système scolaire, une école).

Un courant pédagogique exerce une influence :

- sur la finalité et les objectifs généraux poursuivis par l'école (par exemple, l'énoncé de la mission, le choix et l'importance relative des disciplines d'enseignement, le contenu et l'orientation des programmes d'études) ;

- sur les moyens mis en place pour atteindre ces objectifs et sur la mesure de leur réalisation (par exemple, les stratégies d'enseignement, les méthodes de mesure et d'évaluation des apprentissages) ;

- sur les rôles que sont appelés à jouer les agents d'éducation du milieu scolaire (ressources humaines, ressources pour l'apprentissage, ressources physiques et environnementales, ressources administratives), y compris le rôle et les attentes de l'école à l'égard des apprenants (par exemple, les relations enseignant-élève, les relations élève-élèves, les relations élève-savoirs).

En fait, qu'on le nomme « modèle d'enseignement », « modèle pédagogique » ou « paradigme éducationnel », un courant pédagogique correspond en quelque sorte à un certain modèle de l'école, modèle général qui s'inspire d'une certaine philosophie (d'aucuns diront d'une certaine idéologie) de l'éducation. L'expression « paradigme éducationnel », utilisée par Bertrand et Valois (1999), correspond également, à quelques nuances près (voir Legendre, 2005), à celle de courant pédagogique définie précédemment. Le concept de « paradigme », d'usage de plus en plus courant en milieu scolaire, renvoie à la notion de « cadre conceptuel » (ensembles de croyances et de valeurs) qui détermine et délimite les actions accomplies et les résultats attendus (pratiques pédagogiques et attentes du système).

2.3.2 Quelques typologies des courants pédagogiques

Il existe un très grand nombre de systèmes de classification qui permettent d'inventorier les divers courants pédagogiques ou modèles d'enseignement et de les situer les uns par rapport aux autres. Deux chercheurs américains, parmi les plus influents dans ce domaine, Bruce Joyce et Marsha Weil, répertoriaient déjà pas moins d'une vingtaine de modèles d'enseignement à l'époque de la parution de leur ouvrage, *Models of teaching* (Joyce et Weil, 1972), modèles qu'ils classaient dès lors en quatre grandes familles : les modèles du traitement de l'information (cognitivistes), les modèles de la modification du comportement (béhavioristes), les modèles personnalisés (humanistes) et les modèles de l'interaction sociale (humanistes, critiques et citoyens). Depuis quelques années, une troisième auteure s'est jointe à eux : Emily Calhoun. Dans une récente réédition de leur livre, Joyce, Weil et Calhoun (2004) décrivent 17 des 80 modèles d'enseignement répertoriés au total, modèles qu'ils classent désormais en 5 familles, la cinquième famille regroupant les modèles qui tentent de prendre en compte les différences entre les élèves (par exemple, les styles d'apprentissage).

Dans la plus récente édition de leur propre ouvrage, traitant essentiellement du même sujet, Bertrand et Valois (1999) relèvent pour leur part pas moins de 18 typologies différentes – incluant la leur –, qu'ils regroupent selon le nombre de catégories utilisées par les différents auteurs (c'est-à-dire en allant des classifications à deux catégories aux classifications à cinq catégories et plus). À titre d'illustration, nous retiendrons cinq de ces typologies, représentatives de l'ensemble de celles-ci :

- les deux grandes conceptions de l'éducation du Conseil supérieur de l'éducation du Québec (1971) :
  - la conception mécaniste ;
  - la conception organique ;

- les quatre familles de modèles d'enseignement de Joyce et Weil (1996) :
  - les modèles de la famille du traitement de l'information ;
  - les modèles de la famille de la modification du comportement ;
  - les modèles de la famille du développement personnel ;
  - les modèles de la famille de l'interaction sociale ;

- les quatre courants pédagogiques de Paquette (1976, 1995) :
  - la pédagogie encyclopédique ;
  - la pédagogie fermée et formelle ;
  - la pédagogie libre ;
  - la pédagogie ouverte et informelle ;

- les cinq orientations du curriculum d'Eisner et Vallance (1974) :
  - le curriculum du rationalisme académique ;
  - le curriculum du développement des processus cognitifs ;
  - le curriculum technologique ;

- le curriculum d'autodéveloppement ;
- le curriculum de reconstruction sociale ;

- les sept catégories de théories en éducation de Bertrand (1998) :
  - les théories spiritualistes ;
  - les théories personnalistes ;
  - les théories psychocognitives ;
  - les théories technologiques ;
  - les théories sociocognitives ;
  - les théories sociales ;
  - les théories académiques.

2.3.3 Les liens entre les écoles de pensée et les courants pédagogiques

Le lecteur peut consulter Bertrand et Valois (1999, p. 61-87) pour une présentation sommaire de chacune de ces typologies. Nous nous contenterons ici de formuler quelques observations générales et de spécifier les critères ayant servi au choix de la typologie des courants pédagogiques retenue aux fins du présent ouvrage. Une caractéristique commune à ces cinq typologies est la référence explicite ou implicite aux trois grandes **écoles de pensée** en psychopédagogie, à savoir l'école béhavioriste, l'école cognitiviste et l'école humaniste (*voir la figure 2.3 à la page suivante*). Alors que certaines typologies proposent des courants correspondant essentiellement à des idéologies éducatives (par exemple, les théories en éducation de Bertrand, 1998), d'autres se fondent sur le style d'enseignement privilégié (par exemple, les courants pédagogiques de Paquette, 1995) et d'autres encore sur le contenu des programmes d'études (par exemple, les orientations du curriculum d'Eisner et Vallance, 1974). Cependant, peu importe le point de départ, ces divers systèmes de classification peuvent être interprétés en fonction des conceptions de l'apprentissage qu'ils véhiculent et de la finalité de l'éducation qui y est préconisée.

Nous avons donc opté pour une typologie basée sur ces trois grandes écoles de pensée, écoles qui ont l'avantage de recouvrir les principaux modèles d'enseignement connus et qui correspondent également aux courants pédagogiques les plus fréquemment cités dans les typologies existantes : l'école béhavioriste (le courant béhavioriste), l'école cognitiviste (le courant cognitiviste, le courant constructiviste et le courant socioconstructiviste) et l'école humaniste (le courant humaniste et le courant critique et citoyen). La typologie choisie devait également pouvoir s'adapter à la définition retenue en fournissant des indications sur la finalité de l'école, sur les modalités du processus d'enseignement-apprentissage et sur les rôles attribués aux différents agents d'éducation. Les critères qui ont présidé au choix de la typologie des courants pédagogiques proposée dans le cadre de cet ouvrage sont donc l'exhaustivité (la représentativité des principaux courants pédagogiques existants), l'accessibilité (une terminologie adaptée à la culture scolaire) et la pertinence (permettant de préciser les orientations en fonction de la finalité et des modalités éducatives).

École de pensée

Regroupement de plusieurs courants d'idées, tels les courants pédagogiques, qui partagent un objet d'intérêt commun. L'école béhavioriste s'intéresse à la sphère comportementale. L'école cognitiviste regroupe les courants centrés sur la cognition et s'intéresse aux processus internes de l'apprentissage. L'école humaniste regroupe les courants centrés sur le développement personnel et social de l'apprenant.

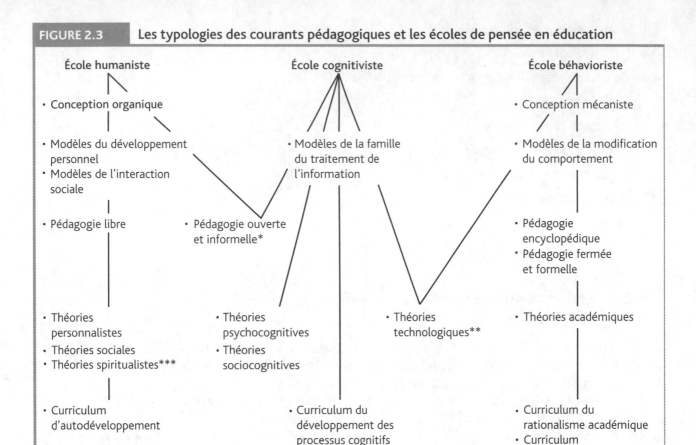

FIGURE 2.3   Les typologies des courants pédagogiques et les écoles de pensée en éducation

*   La pédagogie ouverte et informelle, telle que décrite par Paquette (1976), emprunte à la fois à l'école humaniste, vu son souci du respect de l'élève (respect de son rythme et de son style d'apprentissage, possibilité de faire des choix, actualisation de son potentiel humain) et à l'école cognitiviste, vu son approche constructiviste et la place accordée à la médiation des apprentissages.

** Les théories technologiques de Bertrand (1998) empruntent à la fois à l'école béhavioriste, en raison de leur souci de la transmission d'un savoir préétabli, et à l'école cognitiviste, par leur fonction générale d'organisation efficace de la communication et des apprentissages scolaires.

*** Les théories spiritualistes de Bertrand (1998) s'apparentent à l'éducation transpersonnelle préconisée par certains auteurs (par exemple, Steiner, 1976), éducation qui constitue en quelque sorte un prolongement des idéaux humanistes des premières vagues (Arthur Combs, Carl Rogers, etc.).

◼ Théories sociales

« Les théories sociales reposent sur le principe que l'éducation doit permettre la résolution des problèmes sociaux, culturels et environnementaux. Elles insistent sur les déterminants sociaux et environnementaux qui influent sur l'éducation et critiquent les organisations qui ne s'attaquent pas aux problèmes sociaux et écologiques » (Bertrand et Valois, 1999, p. 85).

2.4   UN MODÈLE DE CLASSIFICATION DES COURANTS PÉDAGOGIQUES

Le modèle que nous avons retenu pour la classification des courants pédagogiques est en bonne partie basé sur la typologie des cinq familles de modèles d'enseignement de Joyce, Weil et Calhoun (2004), à laquelle nous avons ajouté une sixième dimension associée aux **théories sociales** de Bertrand (1998), soit celle du courant critique et citoyen. Cette version adaptée comprend donc les six courants suivants :

- le courant béhavioriste, centré sur les produits de l'apprentissage ;

- le courant cognitiviste, centré sur le traitement de l'information par l'élève ;

- le courant constructiviste, centré sur la construction d'un savoir personnel ;
- le courant socioconstructiviste, centré sur la coconstruction des savoirs ;
- le courant humaniste, centré sur le développement personnel de l'élève ;
- le courant critique et citoyen, centré sur le développement de la pensée critique.

Avant d'examiner chacun de ces six courants pédagogiques, une mise en garde s'impose. Les brefs textes de présentation et les encadrés qui suivent n'ont nullement la prétention de fournir une description complète des diverses écoles de pensée représentées par chaque courant. Un ouvrage entier, voire quelques livres, n'y suffirait pas. Nous avons plutôt opté pour une présentation synthétique de chaque courant, en nous concentrant sur les composantes de notre définition, à savoir la finalité de l'école associée à chaque courant pédagogique, les conceptions de l'enseignement et de l'apprentissage ainsi que les valeurs qui y sont véhiculées, de même que les conceptions des rôles de l'enseignant et de l'apprenant.

2.4.1 Le courant béhavioriste

Bien qu'il ait perdu sa position prépondérante en psychologie et en éducation, le béhaviorisme occupe toujours une place importante en psychopédagogie, ne serait-ce qu'en raison de sa contribution essentielle à la compréhension de certains mécanismes de l'apprentissage humain (par exemple, le rôle du renforcement). Le courant béhavioriste se préoccupe essentiellement des aspects quantitatifs de l'apprentissage (le « combien » j'ai appris) et il propose divers moyens pour intervenir efficacement dans la gestion externe du processus d'enseignement-apprentissage. Le chapitre 3 sera consacré au courant béhavioriste en éducation.

ENCADRÉ 2.3	Le courant béhavioriste
Finalité de l'école	• Transmission d'un savoir préétabli en vue d'une participation optimale au marché du travail et de l'intégration sociale des individus.
Conception de l'enseignement	• Conception très interventionniste, basée sur le contrôle des conséquences offertes par l'environnement éducatif. • Organisation d'un environnement éducatif qui vise l'acquisition de comportements observables et mesurables. • Préconise l'analyse de tâche (*task analysis*) morcelant le contenu des programmes et précisant les préalables à la réalisation des résultats d'apprentissage.
Conception de l'apprentissage	• Conception dite « mécaniste », basée sur les associations stimulus-réponse et réponse-conséquence. • Apprentissage lié directement aux conséquences fournies par l'environnement. • Apprentissage défini en fonction de produits (bonnes réponses).
Valeurs véhiculées	• Adaptation et conformité sociales, efficacité du système d'enseignement.

Rôle de l'enseignant	• Rôle central.
	• Responsable de la planification de l'enseignement et de l'administration des conséquences aux comportements qui lui sont associées (récompenses et punitions).
Rôle de l'apprenant	• Rôle essentiellement passif.
	• Réaction aux stimuli fournis par l'environnement et par l'enseignant.
	• Motivation contrôlée par des renforçateurs de source externe.

2.4.2 Le courant cognitiviste

Le cognitivisme a détrôné le béhaviorisme dans le domaine de l'éducation vers le milieu des années 1970 en posant la question du « comment » : Comment l'être humain apprend-il ? Quels sont les processus internes de l'apprentissage ? Qu'est-ce qui se passe « entre les deux oreilles » de l'apprenant lorsqu'il traite l'information captée dans son environnement ? Le courant cognitiviste propose un modèle du traitement de l'information et diverses stratégies cognitives et métacognitives pour faciliter les processus internes de l'apprentissage. Le chapitre 4 sera consacré au courant cognitiviste en éducation.

ENCADRÉ 2.4 **Le courant cognitiviste**

Finalité de l'école	• Développement des capacités d'apprentissage de chaque apprenant (par un traitement efficace de l'information).
Conception de l'enseignement	• Conception interventionniste, basée sur la médiation des processus internes de l'apprentissage.
	• Organisation d'un environnement éducatif qui vise le développement de stratégies cognitives et métacognitives.
	• Préconise un enseignement stratégique tenant compte des connaissances antérieures et de la motivation des élèves et favorisant l'organisation de leurs connaissances.
Conception de l'apprentissage	• Conception interactive et individuelle, basée sur la capacité à décoder, à organiser et à mémoriser les stimuli offerts par l'environnement.
	• Apprentissage lié au degré de contrôle cognitif (métacognition) exercé par l'apprenant.
	• Apprentissage défini en fonction d'habiletés cognitives.
Valeurs véhiculées	• Contrôle du processus d'apprentissage par l'élève et unicité de chaque apprenant (dimension cognitive).
Rôle de l'enseignant	• Rôle très important en tant que facilitateur de l'apprentissage.
	• Responsable de la planification des situations d'apprentissage ; dans ses activités de communication (orales et écrites), il facilite l'attention sélective, le codage et l'organisation de l'information (traitement en profondeur) et cherche à développer les stratégies de compréhension et de rappel.

Rôle de l'apprenant	• Rôle essentiellement actif.
	• Développement de sa banque de connaissances et enrichissement de sa structure cognitive.
	• Interaction continuelle avec les stimuli fournis par l'environnement et par l'enseignant ; il est cognitivement engagé dans ses apprentissages.
	• Motivation contrôlée par la valeur qu'il attribue à la tâche, par le degré de contrôle qu'il croit exercer et par ses croyances.

2.4.3 Le courant constructiviste

Deux branches de la psychologie sont issues du tronc que constitue l'école cognitiviste : le traitement de l'information, ou psychologie cognitive, et le cognitivisme développemental, ou épistémologique (étude de la connaissance). Le courant constructiviste en éducation constitue en quelque sorte le prolongement pédagogique des thèses développementales, d'un cognitivisme épistémologique qui tente d'expliquer la construction des connaissances. Ce courant suggère des moyens d'appliquer diverses théories développementales (par exemple, celle de Piaget) en situation d'enseignement-apprentissage. D'un point de vue constructiviste, tout apprentissage est construit par chaque apprenant, et ce, à partir des matériaux de base que constituent ses expériences, ses connaissances et ses conceptions antérieures. Le chapitre 5 sera consacré au courant constructiviste et au courant socioconstructiviste en éducation.

ENCADRÉ 2.5 **Le courant constructiviste**

Finalité de l'école	• Développement de la capacité à apprendre, accélération de ce développement.
Conception de l'enseignement	• Enseignement conçu comme un moyen de favoriser le développement des contenus et des instruments de la connaissance (développement intellectuel).
	• Organisation de situations d'apprentissage permettant aux élèves de construire activement leurs savoirs (on privilégie le mode action au mode réception).
	• Préconise les stratégies d'enseignement où l'engagement cognitif et affectif des élèves est sollicité (par exemple, l'apprentissage par découverte, les centres d'apprentissage).
Conception de l'apprentissage	• Conception personnalisée de l'apprentissage, où tout nouveau savoir s'intègre dans la structure cognitive unique de chaque apprenant.
	• Apprentissage déterminé par le sujet qui apprend, en fonction de ses expériences et de ses connaissances antérieures.
	• Apprentissage défini comme un processus de construction personnelle de la réalité.
Valeurs véhiculées	• Autonomie cognitive, engagement personnel dans une démarche d'apprentissage.

Rôle de l'enseignant	• Rôle de médiateur dans la démarche d'apprentissage de l'élève ou du groupe.
	• Planification de situations et d'activités d'apprentissage centrées sur l'apprenant et faisant appel à ses processus cognitifs supérieurs (analyser, évaluer, créer) et de tâches faisant appel à la zone prochaine de développement (zone d'apprentissage).
Rôle de l'apprenant	• Position centrale de l'élève en tant qu'apprenant actif ; responsable de ses propres apprentissages et de son engagement dans une démarche d'apprentissage personnalisée.
	• Interaction de l'élève avec l'enseignant et avec l'environnement éducatif (ressources mises à sa disposition).
	• Apprentissage de manière essentiellement autonome.
	• Motivation essentiellement interne, alimentée par le désir d'apprendre.

2.4.4 Le courant socioconstructiviste

Le socioconstructivisme adopte le même postulat de base que le constructivisme, à savoir que tout apprentissage est construit par chaque apprenant, et ce, à partir des matériaux de base que constituent ses expériences, ses connaissances et ses conceptions antérieures. Toutefois, ce courant met également de l'avant un autre « matériau », jugé essentiel dans la construction du savoir : les interactions sociocognitives vécues avec les pairs et avec l'enseignant. Certains socioconstructivistes (comme Bruner) font également valoir l'influence déterminante qu'exerce l'environnement social et culturel sur cette entreprise de coconstruction du savoir. Le socioconstructivisme est aujourd'hui considéré par plusieurs comme le courant pédagogique prédominant. Le chapitre 5 sera consacré au courant constructiviste et au courant socioconstructiviste en éducation.

ENCADRÉ 2.6	Le courant socioconstructiviste
Finalité de l'école	• Développement de la capacité à résoudre des problèmes de manière collective.
Conception de l'enseignement	• Enseignement conçu comme un moyen de favoriser le développement de compétences disciplinaires et transversales (d'ordres intellectuel, méthodologique, personnel, social et communicationnel).
	• Organisation de situations d'apprentissage ancrées le plus possible dans l'environnement naturel et dans la réalité sociale des élèves (par exemple, les situations-problèmes).
	• Préconise les stratégies d'enseignement qui permettent la mise en commun et la coconstruction des savoirs (par exemple, l'apprentissage coopératif, la pédagogie du projet).
Conception de l'apprentissage	• Conception interactionnelle, où tout savoir est coconstruit par l'apprenant en interaction avec ses pairs et l'enseignant.
	• Apprentissage déterminé par la qualité du climat d'apprentissage et par les conflits sociocognitifs vécus par l'apprenant.
	• Apprentissage conçu comme un processus de construction collective de la réalité.

Valeurs véhiculées	• Coopération, dialogue, engagement collectif dans une démarche d'apprentissage.
Rôle de l'enseignant	• Rôle de médiateur dans la démarche d'apprentissage de l'élève ou du groupe. • Responsable de la planification de situations et d'activités d'apprentissage centrées sur l'apprenant ; favorise des tâches complexes faisant appel à la zone prochaine de développement. • Responsable de la planification de situations et d'activités d'apprentissage favorisant les « interactions cognitives » entre apprenants : favorise des tâches significatives (rattachées au vécu et aux centres d'intérêt des élèves), complexes et globales (plutôt que des activités morcelées).
Rôle de l'apprenant	• Position centrale de l'élève en tant que membre d'une communauté d'apprentissage ; construction par l'élève de ses propres savoirs et contribution à la construction des savoirs des autres élèves ; engagement dans une démarche d'apprentissage collective. • Interaction de l'élève avec l'environnement réel et avec ses pairs. • Apprentissage avec et par le groupe. • Motivation essentiellement interne, alimentée par le désir d'apprendre de même que par celui de contribuer aux apprentissages du groupe.

2.4.5   Le courant humaniste

L'humanisme en sciences humaines est apparu dans les années 1960 sous la forme d'une psychologie, la psychologie humaniste ou psychologie perceptuelle, en réaction au béhaviorisme et à la psychanalyse qui occupaient alors tout l'espace psychologique. Maslow a d'ailleurs surnommé l'humanisme « la troisième force en psychologie ». Le courant humaniste en éducation reprend à son compte plusieurs des idées de penseurs tels que Maslow, Rogers ou Neill et cherche à implanter les conditions qui favoriseront le développement personnel de chaque élève : la valorisation des relations humaines, le respect des apprenants, l'acceptation inconditionnelle de l'autre, la liberté de choix, l'expression personnelle, la créativité, etc. Le chapitre 6 sera consacré au courant humaniste en éducation.

ENCADRÉ 2.7   Le courant humaniste

Finalité de l'école	• Transmission d'un savoir-être visant la pleine actualisation de soi.
Conception de l'enseignement	• Conception plus ou moins libertaire, prônant des valeurs de liberté et de respect inconditionnel des enfants. • Organisation avec les élèves d'un environnement éducatif visant à offrir le maximum de choix et répondant aux besoins exprimés par les enfants. • Promotion du développement personnel de l'élève-individu.

Conception de l'apprentissage	• Conception dite « personnalisée », reconnaissance de la valeur subjective des connaissances. • Apprentissage déterminé par la qualité de l'engagement personnel de l'élève (l'environnement joue un rôle secondaire). • Apprentissage défini avant tout comme un processus de développement personnel.
Valeurs véhiculées	• Autonomie affective, liberté (capacité de prendre et d'assumer des choix), respect des différences individuelles.
Rôle de l'enseignant	• Rôle d'animateur, de guide pour l'apprentissage de l'élève. • Coresponsabilité (avec l'élève) de la planification des situations et des activités d'apprentissage.
Rôle de l'apprenant	• Position centrale ; engagement dans la gestion de sa classe et, à des degrés divers, dans la gestion du processus d'enseignement-apprentissage (résultats, activités et évaluation). • Interaction avec l'environnement pédagogique de la classe ; engagement du point de vue affectif dans ses apprentissages. • Motivation essentiellement interne, issue de ses besoins de développement personnel.

2.4.6 Le courant critique et citoyen

Dans la première édition de cet ouvrage (Vienneau, 2005), nous avions retenu l'expression « éducation transpersonnelle » pour désigner ce courant qui intègre, mais transcende tout à la fois, les dimensions visées par l'humanisme. Aux dimensions personnelle (humanisme) et sociale (sociohumanisme) de l'humanisme, on ajoutait alors une dimension spirituelle et une dimension citoyenne. Nous avons choisi cette fois de nous concentrer sur cette dernière dimension, la dimension citoyenne, à laquelle nous associons une indispensable composante critique, d'où l'appellation de « courant critique et citoyen ». En poursuivant l'analogie avec les adverbes, si le béhaviorisme s'intéresse au combien, le cognitivisme au comment, l'humanisme et le courant critique et citoyen se passionnent pour le pourquoi de l'apprentissage. Ce pourquoi se traduit en une quête de sens, à la fois individuelle et collective. Le chapitre 7 sera consacré au courant critique et citoyen en éducation.

ENCADRÉ 2.8	Le courant critique et citoyen
Finalité de l'école	• Développement du savoir-vivre-ensemble et du savoir-devenir (citoyenneté).
Conception de l'enseignement	• Priorité à la fonction socialisante de l'école, prônant des valeurs d'ouverture à l'autre, de solidarité sociale et de responsabilité citoyenne. • Organisation avec les élèves d'un environnement éducatif favorisant la conscientisation et l'engagement dans la défense de valeurs universelles (paix, respect des droits humains, etc.). • Promotion du développement de la pensée critique et de l'engagement citoyen des élèves.

Conception de l'apprentissage	• Conception ouverte de l'apprentissage, incluant les dimensions intrapersonnelle, interpersonnelle, sociale (engagement citoyen) et environnementale (responsabilité planétaire).
	• Apprentissage associé au développement de la pensée critique et à la capacité d'analyser des enjeux sociaux et planétaires.
	• Apprentissage défini comme un processus de développement social et de développement d'une citoyenneté responsable.
Valeurs véhiculées	• Respect de l'autre et des différences sociales et culturelles, engagement citoyen, ouverture sur le monde, conscience planétaire.
Rôle de l'enseignant	• Rôle d'accompagnateur (amène les élèves vers leur propre prise en charge).
	• Coresponsabilité avec le groupe de la planification, de la réalisation et de l'évaluation des activités d'apprentissage (gestion participative).
Rôle de l'apprenant	• Engagement de chaque élève dans sa communauté d'apprentissage (groupe-classe) et participation à la gestion de cette communauté.
	• Regard critique de l'élève sur lui-même, sur les institutions qui l'entourent (incluant l'école) et sur le fonctionnement de la société.
	• Engagement de l'élève à l'égard de la promotion de certaines causes sociales ou dans des projets à dimension communautaire, nationale ou planétaire.
	• Motivation essentiellement interne, issue du besoin de contribuer à l'édification d'un monde meilleur.

Ces six courants pédagogiques constituent autant d'éclairages différents, mais complémentaires, qui devraient aider l'enseignant à mieux « voir » l'élève, à mieux le comprendre et, éventuellement, à mieux intervenir auprès de l'« enfant total », puisque cet apprenant vient à l'école non seulement avec un cerveau, mais avec tout son être.

2.5 LES COURANTS PÉDAGOGIQUES ET LES COMPÉTENCES VISÉES PAR L'ÉCOLE

Quel est, ou plutôt, quels sont les courants pédagogiques qui définissent l'école d'aujourd'hui ? L'apprentissage y est-il toujours conçu dans une perspective béhavioriste (en fonction de « bonnes réponses ») ou en favorise-t-on une conception davantage constructiviste ? Le rôle de l'enseignant est-il perçu comme celui d'un transmetteur de connaissances ou d'un guide pour l'apprentissage ? Et quelles sont nos attentes à l'égard du rôle de l'élève ? Nous attendons-nous à ce que celui-ci se conforme aux règles préétablies d'un jeu ou à ce qu'il en invente de nouvelles avec un enseignant également apprenant ? En fait, comme on pouvait s'y attendre, l'école nord-américaine, voire l'école occidentale, est le lieu de rencontre et de cohabitation de plusieurs courants pédagogiques.

Ces courants pédagogiques sont rarement nommés dans les documents officiels des ministères de l'Éducation. Dans sa présentation du *Programme de formation de l'école québécoise* pour l'éducation préscolaire et l'enseignement primaire, le ministère de l'Éducation du Québec rappelle néanmoins la contribution de deux courants de pensée qui «ont marqué et marquent encore nos conceptions de l'apprentissage» (MEQ, 2006a, p. 5) : le béhaviorisme et le constructivisme. Qu'en est-il des autres courants pédagogiques, par exemple du courant cognitiviste (traitement de l'information), du courant humaniste et de son parent idéologique, le courant critique et citoyen ? Quelle place leur est attribuée dans le discours pédagogique contemporain ?

Pour répondre à cette question, il peut être utile d'analyser les grands objectifs de formation que se donnent les ministères de l'Éducation à l'intérieur de leurs énoncés de mission respectifs. Pour ce faire, nous avons choisi un ordre d'enseignement, le primaire (cela aurait tout aussi bien pu être le secondaire), deux provinces canadiennes qui ont en commun d'avoir un système scolaire francophone distinct, le Québec et le Nouveau-Brunswick, et un pays francophone, la France. Bien que ces objectifs de formation puissent être désignés sous diverses appellations («compétences transversales» au Québec, «principes directeurs» au Nouveau-Brunswick, «domaines disciplinaires et transversaux» en France) et que leur formulation puisse différer sensiblement, on constate, d'une part, des liens de parenté évidents entre ces grands objectifs de formation et, d'autre part, la présence, sous une forme ou une autre, de certaines valeurs et conceptions de l'apprentissage et de l'enseignement associées aux six courants pédagogiques évoqués précédemment.

Le Québec a retenu neuf compétences transversales pour l'enseignement primaire (MEQ, 2006a), alors que le Nouveau-Brunswick a opté pour six principes directeurs (MENB, 1995) devant guider la pédagogie à cet ordre d'enseignement. La France, de son côté, a dégagé, pour le cycle des apprentissages fondamentaux (grande section de l'école maternelle, cours préparatoire et première année du cours élémentaire), sept domaines d'apprentissage et, pour le cycle des approfondissements (deuxième année du cours élémentaire et les deux années du cours moyen), six domaines dont deux domaines transversaux (maîtrise du langage et éducation civique). Des similarités évidentes apparaissent, notamment, entre les compétences intellectuelles et les compétences d'ordres personnel et social avancées par ces autorités scolaires, mais également pour ce qui est de l'importance qu'elles accordent toutes trois aux habiletés de communication.

Dans le tableau 2.4, nous avons tenté d'associer les compétences transversales (Québec) avec les principes directeurs (Nouveau-Brunswick) selon notre perception des liens de parenté existant entre eux. Pour poursuivre notre analyse des compétences transversales (nous emploierons désormais cette appellation générale), en ce qui a trait à l'influence des courants pédagogiques qu'on peut y déceler, nous les avons regroupées sous quatre thèmes : le développement intellectuel, la démarche d'apprentissage, le développement personnel et social de même que les habiletés de communication.

TABLEAU 2.4	**Les compétences transversales et les principes directeurs de l'école primaire**
COMPÉTENCES TRANSVERSALES (QUÉBEC)	PRINCIPES DIRECTEURS (NOUVEAU-BRUNSWICK)
Compétences d'ordre intellectuel **1.** Exploiter l'information. **2.** Résoudre des problèmes. **3.** Exercer son jugement critique. **4.** Mettre en œuvre sa pensée créatrice.	**Compétences d'ordre intellectuel** **1.** La démarche de résolution de problèmes favorise le développement d'habiletés de niveau supérieur. **2.** Tout élève peut et veut apprendre ; chacun apprend à son rythme et selon des modalités qui lui sont propres.

COMPÉTENCES TRANSVERSALES (QUÉBEC) (SUITE)	PRINCIPES DIRECTEURS (NOUVEAU-BRUNSWICK) (SUITE)
Compétences d'ordre méthodologique **5.** Se donner des méthodes de travail efficaces. **6.** Exploiter les technologies de l'information et de la communication.	**Compétences d'ordre méthodologique** **3.** L'élève doit être amené à se responsabiliser face à ses apprentissages.
Compétences d'ordres personnel et social **7.** Structurer son identité. **8.** Coopérer.	**Compétences d'ordres personnel et social** **4.** Les situations d'apprentissage doivent viser le développement global et intégral de l'enfant. **5.** Le développement personnel et social s'effectue au contact des autres ; les interactions sociales au sein de la classe jouent un rôle de premier plan dans l'apprentissage.
Compétence de l'ordre de la communication **9.** Communiquer de façon appropriée.	**Compétence de l'ordre de la communication** **6.** L'habileté à communiquer est à la base de l'apprentissage et est essentielle pour vivre en société.

2.5.1 Le développement intellectuel et le courant constructiviste

De part et d'autre, on reconnaît que l'école doit faire davantage que transmettre des connaissances toutes faites ; elle doit surtout développer des compétences intellectuelles. Même avec les plus jeunes élèves, on doit dépasser « la mémorisation superficielle des contenus […] et viser l'acquisition de capacités supérieures » (MEQ, 2006a, p. 14), ces habiletés de niveau supérieur constituant autant d'outils intellectuels qui leur permettront d'apprendre toute leur vie durant (MENB, 1995). Le ministère de la Jeunesse, de l'Éducation nationale et de la Recherche rappelle pour sa part que si le cycle des apprentissages fondamentaux est le moment où doivent se construire les savoirs élémentaires de l'élève, le cycle des approfondissements (équivalent de la troisième à la cinquième année) « transforme ces savoirs en instruments intellectuels qui permettent de s'informer, de construire des connaissances solides, de se cultiver » (MJENR, 2002, p. 24).

Ces ministères de l'Éducation reconnaissent tous trois le rôle crucial de la compétence à résoudre des problèmes qui, dans une perspective constructiviste, correspond à l'une des principales fins de l'école. Ce courant pédagogique se préoccupe de maximiser le développement intellectuel et d'assurer un maximum d'autonomie cognitive (capacité d'apprendre à apprendre) chez tous les apprenants. À ce titre, la démarche de résolution de problèmes constitue une stratégie d'apprentissage générique favorisant le développement des habiletés d'analyse, de synthèse et d'évaluation (habiletés cognitives de niveau supérieur). Les compétences à exploiter l'information, à exercer son jugement critique et à mettre en œuvre sa pensée créatrice (MEQ, 2006a) sont également des valeurs chères au courant constructiviste appliqué à l'éducation.

Le développement de compétences d'ordre intellectuel, de savoir-faire du domaine cognitif, n'exclut pas pour autant le besoin d'assurer une certaine base de connaissances déclaratives, de savoirs. Certains apprentissages visés par l'école bénéficieront de « pratiques d'inspiration behavioriste axées, notamment, sur la mémorisation de savoirs au moyen d'exercices répétés » (MEQ, 2006a, p. 5). De plus, la reconnaissance de différents rythmes d'apprentissage chez les élèves (MENB, 1995) permet de rappeler que certaines initiatives issues du courant béhavioriste visent l'individualisation du processus d'enseignement-apprentissage (comme l'enseignement programmé) et préconisent la prise en considération des apprentissages acquis de l'élève (la pédagogie de la maîtrise). Nous reviendrons sur ces pratiques pédagogiques dans le prochain chapitre, consacré au courant béhavioriste. Pour l'instant, retenons que les compétences transversales orientées vers le développement intellectuel des élèves s'inscrivent principalement dans le courant constructiviste, alors que la transmission des apprentissages de base, « dont la réalisation constitue une condition essentielle à la réussite de parcours scolaire au-delà du primaire » (MEQ, 2006a, p. 3), peut aussi s'inspirer de pratiques issues du courant béhavioriste.

2.5.2 La démarche d'apprentissage et le courant cognitiviste

L'école vise également à ce que les élèves puissent s'approprier leur démarche d'apprentissage grâce au développement de compétences d'ordre méthodologique et « de certaines attitudes, telles que le sens des responsabilités et du travail bien fait » (MEQ, 2006a, p. 25), qui permettront à l'élève de « se prendre en charge en tant que personne en situation constante d'apprentissage » (MENB, 1995, p. 5). Bien que l'on puisse de nouveau évoquer le courant constructiviste, qui partage ce souci de responsabiliser les élèves face à leur apprentissage, c'est avant tout le courant cognitiviste qui s'est préoccupé du développement de stratégies cognitives chez l'apprenant (les stratégies de mémorisation, les stratégies de compréhension en lecture, etc.) et de ses habiletés à contrôler son propre processus d'apprentissage (les stratégies métacognitives).

Dans sa composante du traitement de l'information, la psychologie cognitive tente en effet de comprendre les processus internes de l'apprentissage et de traduire cette connaissance en diverses stratégies et méthodes de travail utiles à l'élève-apprenant. Le courant cognitiviste en éducation reconnaît également l'existence de divers styles d'apprentissage dont la connaissance peut s'avérer utile, autant à l'enseignant, qui tentera d'en tenir compte dans sa démarche d'enseignement, qu'à l'apprenant, qui pourra en tenir compte dans sa démarche d'apprentissage, par exemple dans le choix de ses méthodes d'études.

La compétence relative aux technologies de l'information et de la communication (MEQ, 2006a), compétence qui permettra à l'élève de découvrir le monde (MJENR, 2002), peut être associée à la fois au courant béhavioriste, parce que ce courant se préoccupe « de faciliter leur intégration sociale et professionnelle » (MEQ, 2006a, p. 3), et au courant cognitiviste, qui a pour fonction de faciliter le traitement efficace de l'information. Nous retiendrons pour notre part que les compétences et les principes visant la responsabilisation de l'apprenant à l'égard de sa démarche d'apprentissage s'inscrivent principalement dans le courant cognitiviste.

2.5.3 Le développement personnel et social et les courants humaniste et socioconstructiviste

Dans l'école d'aujourd'hui, on s'entend pour accorder une place importante aux domaines d'apprentissage autres que le domaine cognitif : on rappelle que « les situations d'apprentissage doivent viser le développement global et intégral de l'enfant » (MENB, 1995, p. 3), que « tous les domaines d'apprentissage contribuent à développer l'identité personnelle, sociale ou culturelle de l'élève » (MEQ, 2006a, p. 37) et que le savoir-vivre-ensemble doit permettre à l'élève de « continuer à construire sa personnalité au sein de la communauté scolaire, de se construire comme Sujet et prendre sa place dans le groupe » ainsi que de « dépasser l'horizon de l'école » en s'ouvrant au monde (MJENR, 2002, p. 15).

Les partisans de l'école humaniste ont été parmi les premiers à rappeler que l'enfant vient à l'école non seulement avec sa tête, mais avec tout son être. Qui dit « développement global et intégral » dit « école de pensée humaniste », laquelle place l'« enfant total » au centre de ses préoccupations. Les valeurs que véhicule ce courant pédagogique sont le respect de l'enfant en tant que personne (incluant ses dimensions cognitive, affective, sociale, physique, psychique et spirituelle) et la valorisation de la place centrale que cet « enfant total » occupe dans le processus d'enseignement-apprentissage.

Le courant humaniste s'est également préoccupé de la dimension sociale (rappelons, par exemple, les assemblées de classe proposées par William Glasser ou les réunions d'élèves à l'école « libre » de Summerhill). En fait, il existe un courant qu'on pourrait qualifier de sociohumaniste à l'intérieur de la grande école de pensée humaniste. Aujourd'hui, le courant socioconstructiviste a repris à son compte la compétence de coopération, en affirmant que « les interactions sociales contribuent de façon importante à la construction des savoirs » (MENB, 1995, p. 4) et que « la réalisation de certains objectifs serait beaucoup plus difficile sans la conjugaison des forces de chacun » (MEQ, 2006a, p. 34).

Les compétences d'ordres personnel et social s'inscrivent donc dans plusieurs courants pédagogiques, soit principalement les courants humaniste et socioconstructiviste, auxquels on pourrait même ajouter le courant béhavioriste qui s'est fait le champion de l'intégration sociale des élèves en difficulté au groupe-classe. Mentionnons cependant que la « structuration de l'identité » et le « développement intégral » relèvent essentiellement, mais non exclusivement, du courant humaniste, alors que le « développement personnel » et le « développement social » (la coopération) peuvent être associés à la fois au courant humaniste et au courant socioconstructiviste.

2.5.4 Les habiletés de communication et les courants socioconstructiviste, humaniste, critique et citoyen

L'importance accordée par les trois ministères de l'Éducation aux compétences de l'ordre de la communication n'est sans doute pas étrangère à la place qu'occupent le langage et les capacités d'expression orale dans le courant socioconstructiviste, courant qui domine aujourd'hui le discours pédagogique. L'habileté à communiquer est perçue comme essentielle, puisque « pour s'approprier de nouveaux concepts, l'élève doit pouvoir exprimer ce qu'il en comprend » (MENB, 1995, p. 4) et que cette compétence « permet de partager de l'information avec les autres » (MEQ, 2006a, p. 37), ces deux fonctions de la communication étant nécessaires à la construction individuelle et collective des nouveaux savoirs. La maîtrise du langage et de la langue française est même présentée comme l'objectif essentiel de l'école primaire, cette dernière étant « la base de l'accès à toutes les connaissances, qui permet d'ouvrir de multiples horizons et assure à l'enfant toute sa place de futur citoyen » (MJENR, 2002, p. 4). Ainsi, l'enseignant « qui donne la parole à ses élèves accroît leurs chances de s'approprier les concepts, de clarifier leur pensée et de la faire évoluer » (MENB, 1995, p. 4). L'impact de la compétence à communiquer est donc majeur tant sur la réussite scolaire que sur la réussite sociale et professionnelle » (MEQ, 2006a, p. 37).

Les compétences en matière de communication jouent au moins sur deux autres plans. Tout d'abord, on conviendra que l'habileté générale à communiquer, et ce, à travers divers langages (oral, écrit, plastique, musical, médiatique, gestuel et symbolique), favorise l'expression personnelle et le développement de l'élève en tant que personne (courant humaniste). Ensuite, est-il nécessaire de rappeler que la langue maternelle « est l'outil par excellence et le premier véhicule d'accès à la culture » (MEQ, 2006a, p. 38) ? Or, l'appropriation de sa propre culture constitue une condition préalable à l'accès aux autres cultures et à l'ouverture sur le monde, au développement d'une conscience planétaire (courant critique et citoyen).

Les habiletés de communication s'inscrivent donc, elles aussi, à l'intérieur de plusieurs courants pédagogiques. Signalons l'influence déterminante du courant constructiviste sur la valorisation actuelle des habiletés langagières en tant que compétence instrumentale pour le développement intellectuel (Vygostsky, 1985) ; par ailleurs, en tant que moyen d'expression et moyen d'accès à la culture du monde, les habiletés de communication s'inscrivent dans le discours des courants humaniste critique et citoyen en éducation.

Ouvrons ici une parenthèse concernant cette dernière dimension évoquée, celle de l'éducation à la citoyenneté responsable et démocratique. Les ministères de l'Éducation ont longtemps refusé d'inclure une telle dimension à leur énoncé de mission ou aux objectifs de formation poursuivis dans leurs programmes d'études. Cela ne semble plus être le cas si l'on en juge, par exemple, par cet extrait de l'énoncé de base de la mission de l'éducation publique au Nouveau-Brunswick (MENB, 1995) :

> Le but de l'éducation publique est de favoriser le développement de personnes autonomes, créatrices et épanouies, compétentes dans leur langue, fières de leur culture, sûres de leur identité et désireuses de poursuivre leur éducation toute leur vie. Elles sont ainsi prêtes à jouer leur rôle de citoyens libres et responsables, capables de coopérer avec d'autres dans la construction d'une société juste, intégrée dans un projet de paix mondiale fondée sur le respect des droits humains et de l'environnement (MENB, 1995, p. 1).

Le ministère de l'Éducation du Québec, devenu depuis le ministère de l'Éducation, du Loisir et du Sport, n'est pas en reste. Dans son *Programme de formation de l'école québécoise*, on relève cinq domaines généraux de formation qui favorisent l'intégration des savoirs et « servent de points d'ancrage au développement des compétences transversales et des compétences disciplinaires » (MEQ, 2006a, p. 42). Rappelons que ces domaines sont les suivants : santé et bien-être ; orientation et entrepreneuriat ; environnement et consommation ; médias ; vivre-ensemble et citoyenneté. Plusieurs intentions éducatives précisées dans ce document vont dans le sens d'une éducation à la citoyenneté responsable et démocratique, approche associée au courant critique et citoyen. Parmi ces intentions éducatives visant à la responsabilisation sociale, citons les trois suivantes :

> Amener l'élève à entretenir un rapport dynamique avec son milieu tout en gardant une distance critique à l'égard de l'exploitation de l'environnement, du développement technologique et des biens de consommation (MEQ, 2006a, p. 47).

> Développer chez l'élève un sens critique et éthique à l'égard des médias et lui donner des occasions de produire des documents médiatiques en respectant les droits individuels et collectifs (MEQ, 2006a, p. 49).

> Permettre à l'élève de participer à la vie démocratique de l'école ou de la classe et de développer des attitudes d'ouverture sur le monde et de respect de la diversité (MEQ, 2006a, p. 50).

Les concepts de base en pédagogie et en didactique (*section 2.1*)

- Le processus d'enseignement-apprentissage se concrétise pour l'enseignant par le choix d'une démarche pédagogique. Cette démarche fait appel à des méthodes pédagogiques, qui entraînent le choix de diverses stratégies d'enseignement, menant elles-mêmes à l'organisation d'activités ou de situations d'apprentissage.

- On distingue quatre contextes d'apprentissage : d'un côté les apprentissages formels réalisés soit à l'école (programmes de formation) soit hors de l'école (apprentissages structurés extrascolaires), et de l'autre les apprentissages informels réalisés également soit à l'école (curriculum caché) soit hors de l'école (apprentissage social en famille et dans la communauté).

- En tant qu'exercice d'une profession, l'enseignement inclut de nombreuses fonctions ou dimensions : une dimension pédagogique, une dimension didactique, une dimension de gestion de classe, etc. La pédagogie est l'art d'établir une relation d'enseignement-apprentissage fructueuse par le choix de méthodes, stratégies et techniques d'enseignement, alors que la didactique est l'art de rendre accessibles les contenus d'apprentissage enseignés.

- La démarche pédagogique peut être définie comme l'ensemble des interventions ayant pour but d'alimenter et de soutenir la démarche d'apprentissage de l'élève. Elle comporte trois étapes, qui se déroulent parallèlement à la démarche d'apprentissage de l'élève : la préparation de la situation d'apprentissage, la réalisation de cette situation et l'intégration des apprentissages effectués.

Les conceptions et définitions de l'enseignement (*section 2.2*)

- Les styles d'enseignement correspondent à la manière d'entrer en relation avec les élèves et d'animer une situation d'apprentissage. Le style d'enseignement relève donc de la dimension interactive ou communicationnelle de l'enseignement. Certains styles sont centrés sur l'enseignant (priorité aux contenus), d'autres sur le processus d'enseignement et les ressources en vue de l'apprentissage (priorité à la médiation), d'autres enfin sont centrés sur l'apprenant (priorité à la démarche personnelle de l'élève).

- Comme dans le cas de l'apprentissage, les conceptions de l'enseignement peuvent varier selon le courant pédagogique dont on s'inspire.

- Les définitions actuelles de l'enseignement s'éloignent de la conception traditionnelle du rôle de l'enseignant, soit celle de transmetteur de connaissances. L'enseignement est aujourd'hui défini en termes de collaboration, de planification, de participation (savoir la susciter), de motivation, d'animation, d'adaptation aux différences, de médiation, de rétroaction, d'apprentissage continu et de capacité à se remettre en question.

- L'enseignement pourrait être défini comme la planification collaborative et l'animation individuelle ou en équipe d'activités d'apprentissage et de formation suscitant la participation et l'engagement d'un groupe d'apprenants, activités adaptées aux caractéristiques personnelles et aux besoins particuliers des élèves et offrant la médiation et la rétroaction nécessaires à l'apprentissage optimal de chaque élève.

Les courants pédagogiques : sources d'inspiration du projet éducatif (*section 2.3*)

- Un courant pédagogique ou modèle d'enseignement est le cadre théorique et idéologique qui détermine l'orientation générale donnée au processus d'enseignement-apprentissage dans un système d'éducation ou dans tout autre contexte.

- Joyce, Weil et Calhoun (2004) classent les modèles d'enseignement en cinq grandes familles : les modèles du traitement de l'information, les modèles de la modification du comportement, les modèles personnalisés, les modèles de l'interaction sociale et les modèles qui tentent de prendre en compte les différences entre élèves.

- La plupart des courants pédagogiques, modèles d'enseignement ou paradigmes éducationnels peuvent être classés selon leur appartenance à l'une ou l'autre de trois grandes écoles de pensée : l'école béhavioriste, l'école cognitiviste et l'école humaniste.

Un modèle de classification des courants pédagogiques (*section 2.4*)

- Le modèle proposé comprend six courants pédagogiques : le courant béhavioriste, le courant cognitiviste, le courant constructiviste le courant socioconstructiviste, le courant humaniste et le courant critique et citoyen.

- Le courant béhavioriste propose divers moyens pour gérer l'apprentissage et le comportement des élèves ; ce courant se préoccupe surtout des aspects quantitatifs de l'apprentissage (combien l'élève a appris).

- Le courant cognitiviste présente un modèle du traitement de l'information ; ce courant tente d'expliquer et d'améliorer les processus internes de l'apprentissage (comment l'élève apprend).

- Le courant constructiviste repose sur les théories développementales ; ce courant s'intéresse à la construction des connaissances et au rôle de la médiation en apprentissage (en particulier la médiation offerte par l'enseignant).

- Le courant socioconstructiviste s'intéresse également à la construction des connaissances, mais met l'accent sur le rôle des interactions sociales dans cette coconstruction du savoir.

- Le courant humaniste met l'accent sur le développement personnel de chaque apprenant ; ce courant valorise les relations humaines, la liberté de choix, l'expression personnelle et la créativité des élèves.

- Le courant critique et citoyen est axé sur le développement de la pensée critique et sur l'engagement social des élèves dans leur communauté, incluant une dimension d'éducation à la citoyenneté dans une perspective planétaire.

Les courants pédagogiques et les compétences visées par l'école (*section 2.5*)

- L'orientation donnée aux compétences transversales (Québec), aux principes directeurs (Nouveau-Brunswick) et aux domaines d'apprentissage poursuivis par l'école élémentaire (France) peut être analysée en utilisant la grille des courants pédagogiques.

- Les compétences transversales relevant du développement intellectuel sont principalement associées au courant constructiviste en éducation.

- Les compétences transversales liées à la démarche d'apprentissage préconisée s'inscrivent principalement dans le courant cognitiviste.

- Les compétences transversales visant au développement personnel et social relèvent principalement des courants humaniste et socioconstructiviste.

- Les compétences transversales touchant aux habiletés de communication s'inscrivent dans les courants socioconstructiviste, humaniste et critique et citoyen.

Lectures recommandées

ALTET, M. (2005). « Styles d'enseignement, styles pédagogiques », dans J. Houssaye (Dir.), *La pédagogie : une encyclopédie pour aujourd'hui,* pp. 89-102, Issy-les-Moulineaux , ESF Éditeurs.

BERTRAND, Y. et VALOIS, P. (1998). *Fondements éducatifs pour une nouvelle société*, Montréal, Éditions Nouvelles AMS.

JOYCE, B., WEIL, M. et CALHOUN, E. (2004). *Models of Teaching*, 9e édition, Boston, Mass., Allyn & Bacon.

LEGENDRE, R. (2005). *Dictionnaire actuel de l'éducation*, 3e édition, Montréal, Guérin.

RABY, C. et VIOLA, S. (2007). *Modèles d'enseignement et théories d'apprentissage – De la pratique à la théorie*, Anjou, Les Éditions CEC.

RAYNAL, F. et RIEUNIER, A. (2009). *Pédagogie : dictionnaire des concepts clés. Apprentissage, formation, psychologie cognitive*, 7e édition, Paris, ESF éditeur.

CHAPITRE 3

Le courant béhavioriste

Pistes de lecture et contenu du chapitre

Après la lecture de ce chapitre, le lecteur devrait être en mesure de répondre aux questions suivantes :

- Quels sont les principaux fondements théoriques du béhaviorisme en tant que psychologie du comportement ?

- Quelle est la conception béhavioriste de l'apprentissage et de l'enseignement ?

- Quelles sont les principales retombées éducatives, techniques d'intervention et limites que l'on peut associer à l'approche béhavioriste ?

- Quelles sont les caractéristiques de l'enseignement direct ? Quels sont ses liens avec l'enseignement explicite, l'enseignement efficace et l'enseignement de précision ?

- Quels sont les éléments pédagogiques du modèle de la maîtrise de l'apprentissage, modèle d'enseignement issu du courant béhavioriste en éducation ?

Après la période habituelle d'échanges et de plaisanteries marquant le retour en classe après la récréation, le silence s'installe peu à peu. L'enseignante a levé bien haut la main, signal que ses élèves de cinquième année du primaire ont appris à reconnaître et à imiter. Ce sont bientôt 27 petites mains levées qui se joignent à celle de l'enseignante. Madame AuCoin sourit. Toutes ces petites techniques de gestion de classe, implantées avec patience et persévérance dès le début de l'année scolaire, en septembre, commençaient à porter fruit. C'est que madame AuCoin estime important de maximiser le temps consacré à l'apprentissage au cours de chaque journée scolaire.

« Bien », dit madame AuCoin. Elle sourit à ses élèves, exprime gestuellement sa satisfaction (pouce levé) et poursuit : « nous pouvons commencer notre leçon de mathématique. Tout d'abord, est-ce que tout le monde a bien reçu la fiche 17 ? »

Les élèves vérifient que la fiche en question, distribuée pendant la récréation, se trouve bel et bien sur leur pupitre. Cette fiche, préparée par madame AuCoin, contient un résumé clair et concis des contenus de la leçon du jour, soit la présentation qu'elle animera dans quelques instants suivie des exercices qui seront utilisés aux trois autres étapes de la leçon : trois problèmes servant à la pratique structurée, qui seront réalisés conjointement avec l'enseignante, des exercices de pratique guidée (trois séries de 10 problèmes), que les élèves effectueront par la suite en dyades et, enfin, 10 problèmes qui serviront à l'étape de pratique autonome, lorsque chaque élève devra démontrer individuellement sa maîtrise de l'apprentissage visé.

« Oui » répondent en chœur les 27 élèves.

« Aujourd'hui, nous allons nous attaquer ensemble à une nouvelle sorte de problèmes écrits en mathématique, des problèmes un peu plus difficiles que ceux de la semaine dernière… »

« Plus difficiles que les problèmes avec plusieurs opérations mathématiques ? » l'interrompt l'impétueux Martin.

Madame AuCoin sourit à Martin. Elle ne lui en veut pas de cette interruption, au contraire. Cette question lui permet justement de faire le lien avec la leçon précédente.

« Oui, Martin, peut-être un peu plus difficiles. Peux-tu nous expliquer et peut-être nous donner des exemples de ces problèmes nécessitant plus d'une opération mathématique ? »

Martin s'exécute de bonne grâce et bientôt tous les élèves s'y mettent. On explique, on raconte, on commente les difficultés rencontrées, les succès surtout, tant individuels que collectifs. Ce retour dure une bonne dizaine de minutes, mais « c'est du temps bien investi », songe madame AuCoin.

« Oui, c'est vrai, reprend madame AuCoin, vous avez vraiment tous fait du beau travail la semaine dernière. Je suis vraiment fière de vous… » La plupart des élèves affichent un large sourire. Quelques-uns se tournent vers un ami, le pouce levé à leur tour. « Même si au début, certains d'entre vous trouvaient ces problèmes un peu difficiles, je vous rappelle que tous les élèves de la classe, sans exception, ont maîtrisé cet objectif, n'est-ce pas ? C'était quoi encore la moyenne du groupe pour les 10 problèmes que vous avez effectués tout seuls, sans aucune aide ? » Madame AuCoin se tourne vers un des murs de la classe où l'on peut voir une affiche. Les bandes d'un histogramme, coloriées à tour de rôle par des élèves de la classe, illustrent les résultats collectifs du groupe-classe aux exercices individuels qui concluent chaque leçon de mathématique, incluant les exercices de révision administrés de temps à autre.

« 98 % », lancent quelques élèves. « Non, c'était 88 % », rétorquent d'autres élèves, assis plus près de l'affiche en question.

« Oui, c'est bien cela, 88 %, mais surtout, surtout, ce qui est le plus important, c'est que… Luc ? »

Madame AuCoin s'est tournée vers Luc, un des deux élèves en difficulté de sa classe. Assistée de l'orthopédagogue de l'école, elle a préparé des séries de fiches adaptées à ces élèves (indices additionnels, données numériques plus faciles à calculer, langage simplifié). « Ce n'est pas parce que je pratique l'enseignement direct en mathématique et en lecture que je vais pour autant laisser tomber mes pratiques de différenciation pédagogique » a déjà expliqué madame AuCoin à ses collègues enseignantes.

« … tous les élèves ont réussi au moins huit des 10 problèmes, parce que, parce que… » Luc cherche ses mots.

« … c'est le seuil de maîtrise qui a été fixé pour cet objectif, c'est bien cela Luc, et le seuil de maîtrise, c'est… »

« … le niveau de réussite que tout le monde doit atteindre ! » complètent en chœur les élèves de la classe. Madame AuCoin sourit à nouveau, l'air satisfait.

« … et que tout le monde PEUT atteindre ! » conclut l'enseignante, avec un air malicieux. Ses élèves semblent avoir bien intégré ce concept, « seuil de maîtrise », concept un peu nébuleux et qui charrie une idée qui leur apparaissait également un peu étrange au début de l'année scolaire (quoi ? tout le monde peut réussir ? tout le monde va réussir ?). Évidemment, ce fameux seuil n'a pas toujours été atteint du premier coup par tous les élèves. Madame AuCoin a dû s'armer de patience… et faire appel, à plusieurs reprises, à ses petits « lutins assistants » comme elle les surnomme affectueusement (il s'agit, en fait, d'élèves agissant à l'occasion à titre de tuteurs auprès de leurs pairs). Ainsi, certains élèves ont eu besoin de deux ou trois, voire jusqu'à quatre reprises avant d'atteindre le seuil de maîtrise fixé (jamais en deçà de 80 %) pour chacun des objectifs du programme.

« Aujourd'hui, comme je vous le disais tout à l'heure, nous allons nous attaquer ensemble à une nouvelle sorte de problèmes mathématiques… » Madame AuCoin laisse planer le suspense (même si l'objectif en question est clairement identifié sur la fiche distribuée aux élèves) : « les problèmes avec des données manquantes ». Tous les élèves sont attentifs. On entendrait voler une mouche. Madame AuCoin explique l'objectif de la leçon et précise le déroulement des activités à venir. Ses élèves sont prêts pour l'étape de présentation.

« En fait, certains d'entre vous ont déjà eu à résoudre ce genre de problèmes. » Quelques élèves de la classe, au rythme d'apprentissage plus rapide, avaient en effet pu goûter à des activités d'enrichissement (« fiches défis ») au cours des dernières semaines. « Julie, est-ce que tu peux nous parler d'un de ces problèmes où il manquait des données que tu devais trouver par toi-même ? »

Julie, pas timide pour deux sous, vient d'elle-même se placer à côté de l'enseignante. Elle tient tout d'abord à rassurer ses camarades : « Bien, ce n'est pas si difficile que ça, vous savez, il faut juste réfléchir un peu. Les données manquantes, ce sont souvent des choses que l'on connaît déjà. » Et Julie de poursuivre prenant comme exemple un exercice où il s'agissait de trouver le nombre d'heures par année pendant lesquelles une personne regarde la télévision à raison de 90 minutes par jour. Madame AuCoin remercie Julie et demande d'autres volontaires. Comme personne d'autre ne s'avance, elle invite les élèves de la classe à inventer par eux-mêmes des problèmes avec données manquantes (c'est toujours une activité dont ils raffolent). Là, les volontaires ne manquent pas. Une fois qu'elle s'est assurée que tous les élèves comprennent la tâche qui les attend, madame

AuCoin présente sa version adaptée d'une méthode de résolution de problèmes qu'elle utilise déjà avec ses élèves. Les étapes en sont les suivantes.

Pour résoudre un problème avec une ou plusieurs données manquantes, je me demande :

1. Qu'est-ce qu'on recherche ?

   – Je veux trouver…

2. Qu'est-ce que le problème me dit ?

   – Je sais déjà que…

3. Quelle est la donnée manquante ou quelles sont les données manquantes ?

   – Je dois tout d'abord trouver…

4. Quelle est l'opération ou quelles sont les opérations mathématiques que je dois effectuer pour trouver la réponse ?

   – Je dois maintenant…

5. Est-ce que je réponds bien à la question posée (vérifications) ?

   – Je vérifie si ma réponse semble logique et répond bien à la question posée.

Madame AuCoin passe maintenant à l'étape de pratique structurée, à l'aide de trois problèmes choisis avec soin et offrant des niveaux de difficulté gradués. Tout d'abord, un problème avec une seule donnée manquante et dont la résolution n'exige qu'une seule opération mathématique ; puis, un problème avec une donnée manquante mais deux opérations nécessaires ; enfin, un problème avec deux données manquantes et se résolvant par deux opérations ou plus. Elle entreprend de résoudre elle-même le premier problème en « pensant tout haut », pour que ses élèves puissent facilement suivre chacune des étapes de la méthode proposée, puis, pour le deuxième problème, elle pose les questions appropriées et invite les élèves à y répondre. Enfin, au troisième problème, elle laisse aux élèves le soin de formuler les questions et d'y répondre.

Les élèves sont maintenant prêts pour l'étape suivante : la pratique guidée. À cette étape, elle leur laisse habituellement le choix de travailler individuellement, en dyades ou en équipes de quatre élèves. Ce matin, elle leur demande de travailler en dyades. Elle sait que certains d'entre eux auront besoin du soutien d'un pair pour cette première période de pratique. Elle demande aux élèves d'effectuer la première série de problèmes (la série A) sur leur fiche. Elle se déplace tout au long de la vingtaine de minutes que dure l'activité, assistant ici une dyade en difficulté, répondant là-bas à une question, fournissant ici et là encouragements et renforcements. Pendant ce court laps de temps, elle réussit à vérifier la performance de chaque élève. Tout le monde semble sur la bonne voie, incluant ses deux élèves en difficulté d'apprentissage et quelques autres élèves pour lesquels cette matière scolaire représente parfois un défi. Quelques dyades ont complété la première série de problèmes qu'ils ont déjà corrigés à l'aide des fiches-réponses prévues à cet effet. Les élèves sont habitués à ce mode de fonctionnement. Madame AuCoin n'a même plus besoin de leur rappeler d'inscrire leurs résultats sur leur feuille de route individuelle.

La période de mathématique est déjà terminée. Les élèves doivent quitter leur local de classe et se rendre au gymnase pour leur cours d'éducation physique. Madame AuCoin leur rappelle qu'ils doivent compléter cette première série de problèmes d'ici le lendemain.

Trois jours plus tard…

Les élèves attendent les résultats de leur groupe-classe que leur annoncera bientôt madame AuCoin. Après avoir complété deux autres séries de problèmes du même genre (les séries B et C), exercices effectués individuellement, en dyades ou en équipes de quatre (le choix le plus populaire), les élèves ont répondu à une dernière série de 10 problèmes, cette fois de manière autonome, sans l'assistance ni de leurs pairs ni de l'enseignante. Madame AuCoin leur a promis de leur communiquer les résultats aujourd'hui, jeudi, avant la récréation du matin.

Madame AuCoin se dirige tranquillement vers l'affiche, où elle indiquera d'un trait de crayon le pourcentage de réussite du groupe-classe à cet objectif. Elle affiche un air préoccupé. « Oh ! oh ! mauvais signe », songent quelques élèves. Elle s'arrête subitement de marcher, se tourne vers ses élèves et déclare :

« Je crois qu'il y un petit problème avec votre résultat… » Les élèves semblent consternés. « Oh non, est-ce qu'on aurait fait encore plus bas que lorsqu'on avait obtenu une moyenne de 72 % ? » se demandent silencieusement quelques élèves.

« Je crois que je ne suis pas assez grande. » Madame AuCoin est de très petite taille, à peine plus grande que les plus grandes filles de sa classe. « Martin, peux-tu, s'il te plaît, m'apporter mon tabouret ? » Pendant que Martin s'exécute, madame AuCoin se dirige vers le mur, prend le tabouret que lui tend Martin, se hisse dessus et, sur la pointe des pieds, de manière triomphale, trace un grand trait de crayon sur la dernière ligne de la colonne de l'histogramme… en face du résultat le plus élevé possible, encore jamais atteint : 100 %.

La salve d'applaudissements et les cris de joie des élèves qui s'ensuivent sont entendus jusqu'à l'autre bout du corridor, dans la section où se trouve le bureau de la directrice, laquelle accourt aussitôt. Madame AuCoin, sourire aux lèvres, la reçoit avec un signal bien connu de ses élèves : avec non pas un, mais deux pouces levés !

Si l'on demandait à madame AuCoin comment elle se perçoit en tant qu'enseignante, elle répondrait sans hésitation que ce qui la caractérise avant tout, c'est son amour des enfants. Si on l'invitait à situer ses convictions vis-à-vis des courants béhavioriste, cognitiviste, constructiviste, socioconstructiviste ou humaniste, elle répondrait avec enthousiasme qu'elle « croit beaucoup dans le courant humaniste en éducation ».

Pourtant, le fait d'être une enseignante soucieuse de la réussite de tous ses élèves ne l'empêche aucunement de recourir à un modèle d'enseignement, la pédagogie de la maîtrise (*mastery learning*), hérité des théories béhavioristes ainsi qu'à différentes stratégies d'enseignement également d'inspiration béhavioriste, telles que l'enseignement direct (*direct instruction*), associé dans son cas avec l'enseignement programmé (en mathématique et en lecture) et, lorsque nécessaire, à de l'enseignement tutoriel (aide individualisée apportée par ses lutins assistants). Elle n'hésite pas non plus à recourir à des techniques béhavioristes éprouvées telles que l'analyse de tâche (*task analysis*) et la technique du modelage (*modeling*), ainsi qu'à divers programmes de renforcement, dont le recours aux renforçateurs informationnels (par exemple, l'affiche illustrant certains résultats du groupe-classe), accouplés à des renforçateurs collectifs.

Y aurait-il donc un béhaviorisme… à visage humain ?

Là-dessus, voici un slogan que proposaient jadis les béhavioristes : Tâchez de surprendre l'élève à bien faire, à répondre correctement, à progresser ! En bref, visez à RENFORCER plutôt qu'à punir !

On associe encore trop facilement le béhaviorisme avec une attitude froide, manipulatrice, voire inhumaine de la part de l'adulte « expérimentateur ». Après tout, les béhavioristes n'ont-ils pas construit leur théorie de l'apprentissage humain avec des animaux de laboratoire ? Le béhaviorisme ne vise-t-il pas uniquement à conditionner les humains, à en faire des citoyens soumis, obéissants et en tous points conformes au modèle imposé ? Ne se servent-ils pas à la fois de la carotte (les renforçateurs) et du bâton (la punition) pour arriver à leurs fins ? Ne risque-t-on pas de créer une dépendance aux récompenses chez les élèves à force de les gaver de M&M, ces bonbons chocolatés fort prisés par certains béhavioristes des années 1960 et 1970 ?

Ces interrogations résument assez bien les principales critiques qui ont été adressées et que l'on continue de formuler à l'égard de l'approche béhavioriste en éducation. Nous y reviendrons d'ailleurs dans la section 3.3.6. Toutefois, si l'on a accusé le béhaviorisme d'adopter une vision réductrice du comportement humain (critique qui, dans une certaine mesure, est justifiée), il ne faudrait pas adopter la même attitude pour juger de l'apport des théories béhavioristes dans les domaines de la psychologie et des sciences de l'éducation.

En réalité, le béhaviorisme propose un éclairage, parmi d'autres, pour nous aider à comprendre le comportement humain, incluant bien sûr le comportement et l'apprentissage des élèves. L'« éclairage béhavioriste » est-il dépassé ? Évidemment, il faut convenir que le règne du béhaviorisme comme école de référence en psychologie et en sciences de l'éducation est révolu. Les modèles cognitivistes du traitement de l'information et du constructivisme développemental lui ont succédé à ce titre. Cependant, « bien qu'il soit tentant de le renier à cause de sa centration sur le stimulus et le contrôle externe, il ne faut pas oublier que plusieurs habiletés à apprendre et à développer peuvent profiter du béhaviorisme » (Boulet, 1999, p. 16).

Notons également que l'on continue, avec raison, de lui accorder une place importante dans les ouvrages traitant d'apprentissage en milieu scolaire, comme nous le faisons dans celui-ci. En fait, comme le soulignent Joyce, Weil et Calhoun, le béhaviorisme a occupé une telle place dans l'histoire de la psychologie moderne qu'il n'est pas étonnant que « [ses] théories occupent le premier chapitre de la plupart des ouvrages d'introduction en psychopédagogie » (2009, p. 349, traduction libre). À titre d'indice de cette popularité, parmi 10 ouvrages parus ou réédités au cours de la dernière décennie (2000-2009) et consultés au hasard de nos recherches, on constate que tous les auteurs suivants accordent au moins un chapitre, voire une section entière de leur ouvrage, aux théories béhavioristes : Bohlin, Cisero Durwin et Reese-Weber (2009) ; Driscoll (2005) ; Eggen et Kauchak (2004) ; Joyce, Weil et Calhoun (2009) ; Klein (2009) ; Ormrod (2004) ; Santrock, Woloshyn, Gallagher, Di Petta et Marini (2004) ; Raby et Viola (2007) ; Slavin (2008) ; Snowman, McCown et Biehler (2009).

Il demeure donc pertinent de rappeler les fondements théoriques du béhaviorisme (*voir la section 3.1*) ainsi que la conception béhavioriste de l'apprentissage et de l'enseignement (*voir la section 3.2*). L'étude des principales implications éducatives de la théorie béhavioriste nous amènera à aborder quelques techniques de modification du comportement issues du béhaviorisme, mais également à en préciser les limites dans le contexte éducatif actuel (*voir la section 3.3*). Bien qu'on l'associe tout d'abord à la gestion de la classe, l'approche béhavioriste propose également quelques techniques d'enseignement (par exemple, l'analyse de tâche) et des stratégies d'enseignement, dont l'une, l'enseignement direct (*voir la section 3.4*), a été remise en valeur au cours des dernières années. Enfin, ce courant a inspiré un modèle d'enseignement visant rien de moins que la réussite pour tous : la pédagogie de la maîtrise ou « pédagogie de la réussite » (*voir la section 3.5*).

LES FONDEMENTS THÉORIQUES DU BÉHAVIORISME

Voyons tout d'abord l'origine et les principes de base du béhaviorisme. Le béhaviorisme, nom tiré du mot anglais behavior, également désigné comme « la psychologie du comportement », est la théorie qui fait du comportement observable l'objet même de la psychologie et dans laquelle l'environnement est l'élément clé de la détermination et de l'explication des conduites humaines (Raynal et Rieunier, 2009). Deux termes sont au centre de cette définition : comportement et environnement.

On peut faire remonter la naissance de la psychologie, en tant que science expérimentale, au milieu du XIXe siècle (Dubé, 1996), avec les travaux de Wilhelm Wundt (1832-1920) en physiologie humaine. Premier à porter le titre de psychologue, ce psychologue-physiologiste allemand est également le premier chercheur à ouvrir un laboratoire de **psychologie expérimentale** en Allemagne, en 1879. Pour Wundt, la psychologie doit être l'étude scientifique de l'expérience immédiate : « Wundt s'efforce de bâtir une science qui repose sur les faits ; or, les faits ont besoin d'être vérifiés, expérimentés, mesurés » (Dubé, 1996, p. 43). Toutefois, il ne conçoit pas encore que la méthode expérimentale puisse être suffisante en psychologie ; aussi, « il croit nécessaire d'y joindre l'introspection » (idem). Par son approche scientifique, Wundt prépare donc le terrain pour le béhaviorisme, qui deviendra quelques décennies plus tard la science du comportement, mais il s'en distingue par son recours à l'introspection, approche décriée par les psychologues béhavioristes.

Rappelons que l'introspection, cette observation méthodique de la vie intérieure effectuée par un sujet qui s'étudie lui-même, est le principal moyen d'investigation utilisé par la psychanalyse, psychologie dite « des profondeurs » qui se consacre à l'étude de la vie psychique et de l'inconscient. À la fin du XIXe siècle, on commence à remettre en question la validité scientifique de l'introspection, surtout si l'on veut faire de la psychologie une véritable science, une science objective, dans la tradition empirique. Dans une certaine mesure, on peut dire que le béhaviorisme est né en opposition aux théories analytiques, théories « non scientifiques », qui régnaient alors en psychologie. Nous reviendrons sur la naissance officielle du béhaviorisme (en 1913), mais disons d'abord quelques mots sur l'un de ses plus éminents précurseurs, le psychologue américain Edward Lee Thorndike (1874-1949).

3.1.1 Les premières lois de Thorndike

Dès la fin du XIXe siècle, Edward Lee Thorndike se consacre à l'étude du comportement animal. À partir de ses travaux, il élabore certaines lois qui régissent l'apprentissage humain. À la base de sa théorie, on trouve le lien ou l'association entre un stimulus (S) et une réponse (R). Plus spécifiquement, le **connexionnisme** thorndikien pourrait se résumer en « la connexion entre des stimuli physiques déterminés et des réactions observables données », ces liens « pouvant être soit renforcés, soit affaiblis, selon l'effet de leurs conséquences » (St-Yves, 1986, p. 14). Dans un article intitulé « Animal intelligence : An experimental study of the associative processes », publié en 1898, Thorndike présente les résultats de ses expériences avec ses célèbres « boîtes à problèmes ». La situation expérimentale est la suivante (Dubé, 1986, p. 75) :

Un chat affamé est placé dans une cage munie d'une porte qui empêche l'accès à la nourriture. Cette porte peut être ouverte par le chat s'il manipule avec la patte le système de fermeture, un levier qui commande l'ouverture de la porte. Thorndike observe que dans la cage, l'animal adopte une série de comportements : il mordille, gratte, se dresse

Psychologie expérimentale

Courant en psychologie qui préconise le recours à une méthodologie rigoureuse, basée sur l'observation et la mesure des comportements. Après avoir identifié les variables à l'étude, on élabore un protocole expérimental qui inclut habituellement un groupe témoin et un groupe expérimental. Le behaviorisme, mais également la psychologie cognitive, s'inscrit dans ce courant.

Connexionnisme

Théorie de l'apprentissage défendue dans un premier temps par Thorndike, reprise et enrichie par les béhavioristes qui lui succéderont. L'apprentissage y est perçu comme le résultat des connexions établies entre des stimuli de l'environnement et les réponses émises par un sujet.

sur ses pattes arrière, miaule… jusqu'au moment où, au hasard de cette exploration, il pèse sur le levier avec sa patte, ce qui ouvre la porte et lui donne accès à la nourriture. Si l'on replace le chat dans les mêmes conditions lors d'une séquence d'essais successifs, on constate que le temps mis par l'animal pour sortir diminue régulièrement pour arriver à la performance maximale. Celle-ci s'obtient donc au départ par essais et erreurs et s'améliore par élimination des comportements inadéquats. La courbe d'acquisition ainsi obtenue démontre qu'un comportement efficace s'acquiert progressivement lorsqu'il est récompensé par ses conséquences.

Essais et erreurs

Approche d'apprentissage non structurée pour résoudre un problème ou pour obtenir un résultat désiré. Le sujet effectue autant d'essais infructueux (erreurs) que nécessaire, avant de tomber, par hasard, sur la bonne réponse ou de réussir à effectuer la tâche désirée.

Le connexionnisme thorndikien est une théorie de l'apprentissage par **essais et erreurs** dont on retiendra deux lois majeures : la loi de l'effet et la loi de l'exercice. La loi de l'effet stipule tout simplement que « la conséquence de la réponse renforce le lien entre le stimulus et la réponse » (Forget, Otis et Leduc, 1988, p. 7). Dans une première version écrite en 1908, Thorndike la formule ainsi : « Tout comportement qui conduit à un état satisfaisant de l'organisme a tendance à se reproduire ; tout comportement qui conduit à un état insatisfaisant de l'organisme a tendance à s'éteindre » (Raynal et Rieunier, 2009, p. 447). Autrement dit, la loi de l'effet soutient qu'un comportement qui est suivi d'une conséquence agréable aura tendance à se reproduire dans une situation similaire alors qu'un comportement qui est suivi d'une conséquence désagréable tendra à diminuer. Dans l'expérience qui précède, la conséquence agréable reçue par le chat, soit l'accès à la nourriture, renforce le comportement consistant à peser sur le levier qui commande l'ouverture de la porte. Le lien entre le « levier » (S) et la « nourriture » (R) est ainsi renforcé.

Si le chat est placé plusieurs fois dans la même situation, il répétera autant de fois le comportement conditionné, à savoir appuyer sur le levier, ce qui renforce le lien conditionné entre stimulus et réponse. C'est la seconde loi de Thorndike, la loi de l'exercice, qui stipule qu'un lien S-R est renforcé par la répétition de l'association. Après que ce conditionnement a été établi, qu'arriverait-il si l'on remplaçait la conséquence agréable, c'est-à-dire la nourriture, par une conséquence désagréable, disons une décharge électrique ? Eh oui, comme on pouvait s'y attendre, le comportement consistant à peser sur le levier diminuera rapidement jusqu'à son extinction (loi de l'effet).

Ces lois de Thorndike peuvent nous paraître un peu simples aujourd'hui, voire naïves, mais il faut se reporter à l'époque où elles ont été formulées, à la fin du XIXe siècle, alors qu'elles tranchaient nettement avec la conception dominante de la psychologie. Par son approche expérimentale et son étude méthodique du comportement animal, Thorndike est sans nul doute un précurseur du béhaviorisme.

3.1.2 Pavlov et le conditionnement classique

À peu près à la même époque, mais sur un autre continent, le physiologiste russe Ivan Petrovitch Pavlov (1849-1936) poursuit ses recherches en physiologie ; il obtiendra d'ailleurs pour ses travaux le prix Nobel de physiologie ou médecine en 1904. Le nom de Pavlov est bien connu dans le monde de la psychologie et reste avant tout associé aux réflexes conditionnés et à ses fameuses expériences avec

Ivan Pavlov
(1849-1936)

« *Il ne faut pas posséder une grande imagination pour avoir une idée du nombre infini de réflexes conditionnés qui se forment continuellement dans le système le plus complet : l'homme, qui affronte non seulement la nature environnante, mais un système social spécifique* » (cité dans Bonnot, 1981, p. 31).

des chiens salivant. Sa théorie du conditionnement fut rien de moins que la première théorie moderne de l'apprentissage, d'où son nom de « classique » (Gage et Berliner, 1998). Bonnot rappelle la stature scientifique de ce grand personnage : « Ivan Petrovitch Pavlov apparaît de nos jours comme le vrai prophète de toute psychologie scientifique [...] nul n'a compris comme lui la nécessité d'une science de l'esprit, aperçu son rôle historique, défini ses méthodes » (1981, p. 21).

Le type d'apprentissage mis en lumière par Pavlov est également un apprentissage par association, comme celui de la théorie de l'apprentissage par essais et erreurs de Thorndike. Il s'agit cette fois de l'association en contiguïté, c'est-à-dire en même temps ou dans un temps très rapproché, d'un stimulus neutre avec un stimulus inconditionnel, le stimulus neutre en arrivant à avoir la même propriété de déclencher une réponse donnée après son association en contiguïté avec le stimulus inconditionnel. Le processus de **conditionnement classique** ou pavlovien comporte trois étapes : l'étape qui précède le conditionnement, l'étape pendant laquelle s'opère le conditionnement et l'étape qui suit le conditionnement.

Résumons avec l'expérience type du conditionnement classique, l'expérience par laquelle on « apprend » à un chien à saliver au son d'une cloche. À la première étape, après avoir privé un chien de nourriture, on vérifie les propriétés de deux stimuli, le son d'une cloche et la nourriture pour chien. On fait donc sonner une cloche. On constate que la cloche est un stimulus neutre (SN) qui n'entraîne aucune réponse de salivation chez le chien. Si, par contre, on présente de la nourriture au chien affamé, on observe que la nourriture, un stimulus non conditionné ou inconditionnel (SI), entraîne une réponse automatique non apprise, une réponse inconditionnelle (RI) de salivation.

On passe ensuite à la deuxième étape, le conditionnement comme tel. En même temps qu'on fait sonner la cloche (SN), l'expérimentateur présente de la nourriture (SI) au chien affamé. On remarque la même réponse de salivation du chien, qu'on continue de considérer comme une réponse inconditionnelle (RI) étant donné la présence de la nourriture (SI). On répète un certain nombre de fois cette association en contiguïté du stimulus neutre (le son de la cloche) et du stimulus inconditionnel (la nourriture) et ce, jusqu'à ce que la troisième étape soit atteinte, soit l'étape suivant le processus de conditionnement, où le seul son de la cloche, devenu maintenant un stimulus conditionné (SC), suffit à déclencher la réponse de salivation chez le chien, comportement devenu une **réponse conditionnée (RC).** La figure 3.1 résume ces trois étapes.

Conditionnement classique

Le conditionnement classique, ou conditionnement pavlovien ou conditionnement répondant (expressions synonymes), est le processus par lequel un stimulus qui était auparavant neutre en vient à provoquer la même réponse qu'un stimulus inconditionnel auquel il a été associé. Les réponses involontaires apprises par ce type de conditionnement (modèle S-R) sont généralement des réponses émotives.

Réponse conditionnée (RC)

En conditionnement classique, réponse apprise par association en contiguïté d'un stimulus inconditionnel et d'un stimulus neutre. Notons que la réponse conditionnée est essentiellement la même que la réponse inconditionnelle, à ceci près qu'elle est maintenant provoquée par un stimulus conditionné.

FIGURE 3.1 **Les trois étapes du conditionnement classique**

Première étape (avant le conditionnement)

SN (cloche) ⟶ Aucune réponse de salivation chez le chien

SI (nourriture) ⟶ RI (salivation « naturelle », non apprise)

Deuxième étape (étape pendant laquelle s'opère le conditionnement classique)

SN + SI ⟶ RI ⎫
SN + SI ⟶ RI ⎬ On répète l'association
SN + SI ⟶ RI ⎪ de la cloche (SN) et de la nourriture (SI)
(...) ⎭ plusieurs fois.

Troisième étape (étape qui suit le conditionnement classique)

SC (cloche) ⟶ RC (salivation conditionnée)

Une autre expérience célèbre illustre les principes du conditionnement classique, cette fois chez un être humain. John Broadus Watson et sa collègue Rosalie Rayner entreprennent de conditionner un petit garçon de 11 mois, Albert, à avoir peur d'un rat blanc. Voici comment ils s'y prennent. Tout d'abord, comme l'avait fait Pavlov avant eux, ils vérifient les propriétés de deux stimuli : un rat blanc et un bruit intense. Un rat de laboratoire est introduit dans la pièce où se trouve Albert, sans entraîner aucune réaction de crainte chez le petit garçon (rat = SN), alors que si l'on provoque un bruit intense, le petit Albert se met à pleurer (bruit = SI).

Un rat blanc de laboratoire est introduit de nouveau dans la pièce où se trouve Albert. Aussitôt que celui-ci tend les mains pour jouer avec le rat, l'expérimentateur placé derrière lui frappe violemment une pièce de métal avec un marteau, provoquant un bruit intense qui fait pleurer Albert. Après exactement sept couplages rat-bruit (SN + SI = RI), la seule vue de l'animal (SC) suscite la peur chez Albert (RC). Cette expérience décrite dans le *Journal of Experimental Psychology* (Watson et Rayner, 1920), citée entre autres par Goupil et Lusignan (1993), permet d'introduire deux concepts clés du conditionnement classique : la généralisation du stimulus conditionné et le recouvrement spontané d'une réponse conditionnée.

La généralisation du stimulus conditionné

Dans l'expérience avec le petit Albert, expérience qu'il serait aujourd'hui impossible de reproduire pour des raisons éthiques évidentes, la réaction de peur d'Albert, initialement provoquée par la vue d'un rat blanc, a commencé à apparaître lorsque Albert se trouvait en présence d'animaux (comme un lapin) ou d'objets (comme un col de fourrure blanche) qui présentaient une certaine similarité avec le rat blanc (*voir la figure 3.2*). On parle alors de **généralisation du stimulus conditionné** (SC). À l'opposé, imaginons qu'Albert ne réagisse qu'au seul rat blanc utilisé pendant la procédure de conditionnement, on parlerait alors de « discrimination du stimulus conditionné ».

Généralisation du stimulus conditionné

La généralisation d'un stimulus conditionné survient lorsque le sujet émet une réponse conditionnée (par exemple, les pleurs du petit Albert), non seulement en présence du stimulus conditionné initial (dans ce cas-ci, le rat), mais également en présence de stimulus similaires ou présentant certaines caractéristiques communes avec le stimulus conditionné (par exemple, lapin, objet avec de la fourrure blanche).

FIGURE 3.2   La généralisation du stimulus conditionné

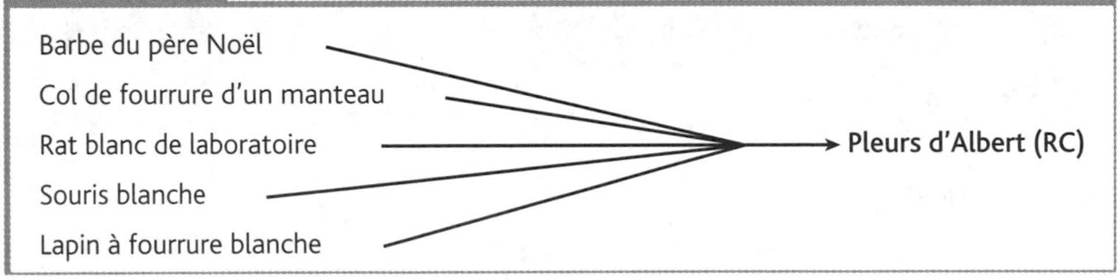

Barbe du père Noël
Col de fourrure d'un manteau
Rat blanc de laboratoire
Souris blanche
Lapin à fourrure blanche
→ Pleurs d'Albert (RC)

Le recouvrement spontané d'une réponse conditionnée

On peut, à juste titre, se demander ce qu'il est advenu du petit Albert. Dans les faits, une psychologue béhavioriste a plus tard tenté de lui « désapprendre » sa peur des lapins, à l'aide d'une technique nommée **désensibilisation systématique,** mais malheureusement sans succès. Comme le rapportent Alberto et Troutman (1986), non sans un certain humour : « Il est possible qu'Albert ait encore peur des rats blancs, ce qui peut avoir créé un certain nombre de problèmes dans sa vie, y compris celui de ne pouvoir être engagé comme psychologue béhavioriste » (cités par Goupil et Lusignan, 1993, p. 24). Pour clore l'histoire d'Albert, nous avons appris par nos lectures qu'il était

Désensibilisation systématique

Procédure ou thérapie béhavioriste pour éliminer les phobies, incluant celles produites par conditionnement classique.

effectivement devenu psychologue (nos sources ne précisent pas s'il a adopté l'approche béhavioriste), et un rapide calcul nous permet de supposer qu'il est à la retraite depuis bon nombre d'années.

Revenons à la question initiale. Qu'advient-il d'une réponse apprise par conditionnement classique ? Est-ce que les chiens de Pavlov continueront de saliver leur vie durant au son d'une cloche ? Est-ce que la réaction de crainte d'Albert à l'égard des rats et des lapins (par généralisation du stimulus conditionné) se maintiendra également toute sa vie ? En ce qui concerne la salivation des chiens, Pavlov, qui était un scientifique très rigoureux, a tout d'abord démontré qu'une réponse apprise par conditionnement classique pouvait s'éteindre d'elle-même. Une fois le conditionnement atteint, il a continué de faire sonner une cloche devant un chien affamé en comptant le nombre de gouttes de salive produites par le chien à chaque essai (Pavlov était aussi précis que méthodique). Il a constaté que le nombre de gouttes allait en diminuant, jusqu'à ce que la réponse devienne totalement éteinte (aucune salivation) après un certain nombre d'essais. Puis, surprise ! en poursuivant l'expérience, il s'est rendu compte que le chien se mettait à saliver de nouveau, mais avec moins d'intensité qu'auparavant, jusqu'à ce que la réponse conditionnée s'éteigne de nouveau. Ce phénomène du recouvrement spontané d'une réponse conditionnée demeure inexpliqué.

Mais, direz-vous, à quoi rime cette belle théorie dans la vie de tous les jours ? Quelles sont la fréquence et l'importance réelles du conditionnement classique dans le répertoire comportemental des élèves ? Quelles sont les implications éducatives des théories béhavioristes ? Nous aborderons ces questions pratiques dans les sections qui suivent mais, avant toute chose, nous compléterons notre tour d'horizon des fondements théoriques du béhaviorisme en présentant la contribution de trois autres auteurs clés : John Broadus Watson, Burrhus Frederic Skinner et Albert Bandura.

3.1.3 Watson et le manifeste du béhaviorisme

Il existe différentes manières de regrouper et de nommer les différentes générations de théoriciens du béhaviorisme (Forget, Otis et Leduc, 1988), mais à peu près tout le monde s'entend pour désigner John Broadus Watson (1878-1958) comme le père du béhaviorisme (St-Yves, 1986) ou comme le fondateur de la psychologie du comportement (Guérin, 1998). Pourquoi ce titre ?

C'est qu'il revient à John Broadus Watson, psychologue américain né au Canada, d'avoir synthétisé un certain nombre d'idées qui commençaient à poindre en psychologie au début du xxe siècle, époque dominée par la psychologie introspective. Son article, intitulé « La psychologie telle que la conçoit un béhavioriste » (traduction libre de *Psychology as the behaviorist views it*), fut publié en 1913 dans la revue *Psychological Review* et connut dès lors un succès retentissant. Notons que le mot « béhavioriste », utilisé dans le titre, est un néologisme introduit par Watson et qu'il apparaît pour la première fois dans cet article,

« *L'intérêt du béhavioriste pour le comportement humain est plus grand que celui du spectateur : il veut contrôler les réactions humaines, comme le physicien veut contrôler et manipuler un autre phénomène naturel. Le travail de la psychologie béhavioriste est de pouvoir prédire et contrôler l'activité humaine* » (cité par Calvi, 1981, p. 58).

John Watson
(1878-1958)

aujourd'hui désigné comme le manifeste du béhaviorisme. Voici en bref les idées nouvelles dont Watson se fit le porte-parole et le défenseur inconditionnel :

- La psychologie doit devenir une science objective et faire appel à des méthodes empiriques.

- La vie mentale (par exemple, la conscience) existe, mais elle ne doit pas être l'objet d'étude d'une psychologie scientifique.

- L'objet d'étude de la psychologie est le comportement observable et mesurable.

Watson fait partie de ceux qu'on surnomme les « béhavioristes radicaux ». Sa position pourrait se résumer dans son affirmation selon laquelle « l'homme se construit, il ne naît pas tel quel » (*man is built, not born*). Il croyait fermement en la possibilité de façonner l'esprit humain à l'aide du conditionnement, comme en témoigne cet extrait célèbre tiré de son livre *Behaviorism*, publié en 1924 :

> Donnez-moi une douzaine d'enfants sains, bien constitués, et l'espèce de monde qu'il me faut pour les élever, et je m'engage, en les prenant au hasard, à les former de manière à en faire un spécialiste de mon choix, médecin, commerçant, juriste et même mendiant ou voleur, indépendamment de leurs talents, penchants, tendances, aptitudes, ainsi que de la profession et de la race de leurs ancêtres (cité par Robidas, 1989, p. 66).

3.1.4 Skinner et le conditionnement opérant

Si l'on accorde à Watson le titre de père ou de fondateur du béhaviorisme, on attribuera sans peine le titre de béhavioriste émérite à Burrhus Frederic Skinner (1904-1990), sans doute le nom le plus couramment associé au béhaviorisme. Il n'est pas étonnant que les éditions Robert Laffont (1981) aient retenu son nom parmi *Les dix grands de la psychologie*, à côté, entre autres, de Pavlov et de Watson (encore eux !). Figure de proue parmi les psychologues contemporains et l'un des plus souvent cités par ses pairs, Skinner a obtenu en 1990 un prix prestigieux décerné par l'Association américaine de psychologie pour sa contribution exceptionnelle à cette science. Sur la plaque qu'on lui a remise, une semaine avant sa mort, on peut lire le témoignage ci-contre.

« *Votre analyse incisive des contingences de renforcement et la manière articulée dont vous avez présenté ses implications pour la théorie de l'évolution de l'espèce et pour la philosophie béhavioriste, vos innovations méthodologiques en recherche et l'étendue des applications pratiques de vos travaux scientifiques sont sans égales parmi les psychologues contemporains. Vous avez changé fondamentalement et à jamais notre perception de l'apprenant chez l'être humain* » (cité par Fowler, 1990, p. 1203, traduction libre).

B.F. Skinner
(1904-1990)

Quelle est donc cette contribution exceptionnelle de Skinner qui en fait « le représentant le plus célèbre et le plus important du courant néobéhavioriste aux États-Unis et dans le monde » (Raynal et Rieunier, 2009, p. 417) ? En nous inspirant du texte qui précède, nous résumerons cette contribution en trois volets : premièrement, le modèle théorique du conditionnement opérant ; deuxièmement, la perception de l'apprenant, de l'apprentissage et de l'enseignement sous l'éclairage béhavioriste ; troisièmement, les applications du béhaviorisme à l'apprentissage scolaire.

Le conditionnement opérant

Tous les comportements appris par un individu ne peuvent évidemment pas s'expliquer par le conditionnement classique. En fait, ce type de conditionnement ne correspond qu'à une très faible partie des comportements appris qui composent le répertoire comportemental d'une personne, c'est-à-dire l'ensemble de ses comportements observables et mesurables. Plus que tout autre chercheur, Skinner a mis en valeur un second type de conditionnement, le conditionnement opérant, ainsi que le rôle crucial exercé par les contingences de renforcement dans ce type de conditionnement.

Si Pavlov s'est rendu célèbre avec ses chiens, Skinner est tout aussi connu pour ses expériences avec des rats de laboratoire et pour l'invention de la « boîte de Skinner » dans laquelle il les faisait évoluer. S'inspirant des travaux de Thorndike sur les chats, Skinner a conduit plusieurs séries d'expériences dans les années 1930-1940 dont le protocole original est le suivant.

Un rat affamé est placé dans une boîte pourvue d'un petit levier (stimulus antécédent). Le rat appuie sur le levier (réponse) et une boulette de nourriture (conséquence renforçante ou renforçateur) tombe dans la mangeoire. Assez rapidement, le rat apprend à appuyer sur le levier pour se procurer de la nourriture. Le comportement consistant à appuyer sur le levier a donc été conditionné grâce à l'ajout d'une conséquence renforçante.

Skinner appelle ce type de procédure le **conditionnement opérant,** car l'organisme (ici le rat) opère un choix (celui d'appuyer ou non sur le levier), même si ce choix est en bonne partie déterminé par la conséquence que lui offre l'environnement (recevoir une boulette de nourriture alors qu'il est affamé) ! Ce dispositif scientifique, la boîte de Skinner, exercera un rôle prédominant sur l'élaboration des lois du conditionnement opérant (Snowman, McCown et Biehler, 2009). En effet, Skinner en a modifié le protocole original pour apprendre au rat, par exemple, à effectuer une discrimination du stimulus (n'appuyer sur le levier que lorsqu'un certain son se fait entendre) ou encore pour démontrer les effets d'un programme de renforcement à intervalle fixe sur le comportement (le rat attend la fin de l'intervalle avant de se remettre à appuyer sur le levier).

Certains pourront être surpris, voire scandalisés, qu'on songe ainsi à élaborer les lois de l'apprentissage humain à partir d'expériences effectuées avec des animaux de laboratoire. C'est que pour les béhavioristes de cette époque, qui adoptent à cet égard une perspective psychoéthologique (Doré, 1986), les principes et les lois régissant le comportement humain (la psychologie) et le comportement animal (l'éthologie) sont essentiellement les mêmes. Les résultats de recherches effectuées auprès d'animaux peuvent donc servir à expliquer certains aspects du comportement humain, la plupart des béhavioristes (mis à part, peut-être, Watson !) n'ayant cependant pas la prétention d'expliquer la totalité de l'expérience humaine à partir de comportements observés chez des animaux. En fait, Skinner était encore plus prudent à ce sujet, soutenant que les lois découvertes en laboratoire avec ses rats devaient, en principe, s'appliquer aux humains, mais qu'elles devraient néanmoins être testées sur des sujets humains avant d'être adoptées. Ce fut effectivement le cas pour toutes les lois du conditionnement opérant.

Le conditionnement classique, comme nous l'avons vu, met en scène des comportements involontaires : le sujet se contente de réagir, de répondre à des stimuli, d'où le nom de conditionnement répondant proposé par Skinner pour ce type de conditionnement (Richelle, 1977). Le conditionnement opérant décrit par Skinner s'intéresse à un tout autre type de comportement humain : les comportements volontaires, soit des comportements suivis de conséquences offertes par l'environnement (physique ou humain),

---

Conditionnement opérant

Le conditionnement opérant est le processus par lequel on augmente la fréquence d'émission d'une réponse en la faisant suivre d'une conséquence agréable (contingence de renforcement) ou par lequel on diminue la fréquence d'une réponse en la faisant suivre d'une conséquence désagréable (contingence punitive).

conséquences qui influenceront la probabilité d'apparition de ces comportements dans l'avenir. Le modèle du conditionnement opérant est résumé dans l'encadré 3.1 :

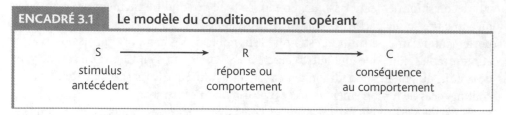

ENCADRÉ 3.1   Le modèle du conditionnement opérant

S ⟶ R ⟶ C

stimulus antécédent — réponse ou comportement — conséquence au comportement

La lettre S représente le stimulus ou la situation stimulus qui précède immédiatement ou qui fournit à l'organisme l'occasion de produire la réponse volontaire (R), comportement qui sera suivi d'une conséquence offerte par l'environnement (C). On utilise également les lettres S-R-S, le second S désignant le stimulus subséquent, expression équivalant au terme « conséquence » (Malcuit, Pomerleau et Maurice, 1995) ou encore l'acronyme ARC pour désigner cette séquence antécédent-réponse-conséquence (Théorêt, 2007). Notons enfin qu'il existe trois types de conséquences possibles pour tout comportement : des conséquences renforçantes (SR), neutres (SN) ou punitives (SP) (*voir l'encadré 3.2*).

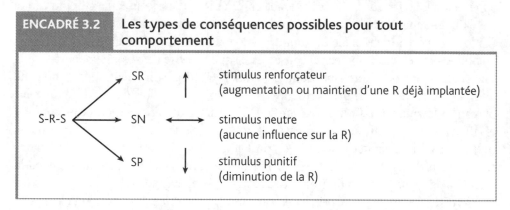

ENCADRÉ 3.2   Les types de conséquences possibles pour tout comportement

S-R-S ⟨
SR ↑ stimulus renforçateur (augmentation ou maintien d'une R déjà implantée)
SN ↔ stimulus neutre (aucune influence sur la R)
SP ↓ stimulus punitif (diminution de la R)

Les classes de contingences

On parle de contingence de renforcement ou de contingence punitive lorsque la conséquence qui suit un comportement a pour effet d'augmenter ou de diminuer l'apparition de celui-ci. Dans ce contexte, le terme « contingence » est plus ou moins synonyme de « conséquence » (Goupil et Lusignan, 1993). Les **classes de contingences** excluent donc la catégorie des stimuli neutres, qui n'exercent aucun effet sur le comportement. On distingue quatre classes de contingences en matière de conditionnement opérant : le renforcement positif (une conséquence ajoutée qui a pour effet de maintenir un comportement déjà établi ou d'augmenter la manifestation du comportement), le renforcement négatif (une conséquence soustraite qui a également pour effet de maintenir un comportement ou d'augmenter sa manifestation), la punition par addition (une conséquence ajoutée qui a pour effet de diminuer la manifestation du comportement) et la punition par soustraction (une conséquence soustraite qui a également pour effet de diminuer la manifestation du comportement).

En ce qui concerne les deux classes de contingences de renforcement, soulignons que les termes « positif » et « négatif » doivent être compris dans le sens mathématique d'addition (renforcement positif), c'est-à-dire de l'ajout d'une conséquence « agréable », et

Classes de contingences

Correspondent aux catégories de conséquences pouvant être offertes à un comportement. Les quatre classes de contingences sont le renforcement positif, le renforcement négatif, la punition par addition et la punition par soustraction.

de soustraction (renforcement négatif), c'est-à-dire du retrait d'une conséquence « désagréable ». Il ne faut pas confondre punition et **renforcement négatif**, ce que font bon nombre de personnes (Snowman, McCown et Biehler, 2009), le renforcement négatif ayant bel et bien un effet de renforcement. La seule différence que le renforcement négatif présente par rapport au **renforcement positif,** c'est qu'on procède en enlevant un stimulus aversif, ou conséquence désagréable, plutôt qu'en ajoutant un stimulus appétitif, ou conséquence agréable. L'exemple le plus simple d'un renforcement négatif en milieu scolaire est le congé de devoirs et de leçons (le retrait d'un stimulus considéré comme désagréable, du moins par la plupart des élèves). La figure 3.3 illustre ces quatre classes de contingences à l'aide d'exemples tirés du milieu scolaire.

■ **Renforcement négatif**

Retrait d'un stimulus (par exemple, suppression d'un devoir) ou d'une situation stimulus, retrait ayant pour conséquence d'augmenter le comportement visé. Le stimulus retranché est évidemment un stimulus « aversif » (quelque chose qui ne plaît pas à la personne dont on désire renforcer le comportement). Le renforcement négatif N'EST PAS une punition.

■ **Renforcement positif**

Ajout d'une conséquence matérielle, sociale ou d'autre nature (par exemple, privilège ou activité), ajout ayant pour effet d'augmenter ou de maintenir le comportement visé.

FIGURE 3.3 **Les quatre classes de contingences en matière de conditionnement opérant**

	Addition d'un stimulus (+)	Soustraction d'un stimulus (−)
Augmentation du comportement	RENFORCEMENT POSITIF (par exemple, un renforçateur verbal)	RENFORCEMENT NÉGATIF (par exemple, un congé de devoirs et de leçons)
Diminution du comportement	PUNITION PAR ADDITION (par exemple, un devoir supplémentaire)	PUNITION PAR SOUSTRACTION (par exemple, la perte d'un privilège)

3.1.5 Bandura et l'apprentissage vicariant

Un troisième type de conditionnement sera mis en lumière par les chercheurs que Dubé (1996) appelle les « modeleurs de comportement ». Ces chercheurs, tels que Bandura, Premack et Staats, se distinguent des deux premières générations de béhavioristes, celle des pionniers (Thorndike, Pavlov, Watson) et celle des béhavioristes orthodoxes (Guthrie, Hull, Tolman, Skinner, etc.), par le fait qu'ils tiennent compte de facteurs internes et personnels pour expliquer l'apprentissage de comportements humains. La réponse comportementale n'est plus aussi mécanique que dans le modèle S-R, où un stimulus donné entraîne une réponse donnée.

Albert Bandura est le principal représentant de cette troisième génération de béhavioristes (Dubé, 1996), ou des néobéhavioristes (St-Yves, 1986). Il est même qualifié de béhavioriste-cognitiviste « pour avoir redéfini le schéma S-R de l'apprentissage à partir de variables telles que l'autorégulation, l'interaction sociale et l'ensemble des processus vicariants » (Raynal et Rieunier, 2009, p. 77). En 1976, Bandura publie sa théorie du développement social dans laquelle il fait intervenir les concepts d'anticipation et de planification, processus internes davantage associés à la psychologie cognitive. Dix ans plus tard, en 1986, il propose même une théorie sociale cognitive qui tente d'expliquer les composantes de l'efficacité personnelle, c'est-à-dire les croyances

Albert Bandura (1925– …)

« *L'apprentissage s'effectue non seulement par le biais du conditionnement, mais aussi à partir de l'observation des autres. Lord Chesterfield (1694-1773) en eut le premier l'intuition : "Plus de la moitié de ce que nous sommes provient en vérité de l'imitation." […] L'apprentissage serait épouvantablement laborieux, pour ne pas dire hasardeux, si les gens devaient compter uniquement sur les effets de leurs propres actions pour les informer de ce qu'ils doivent faire* » (Bandura, 1977, cité par Myers, 1995, p. 281).

de base qui animent une personne efficace. Mais revenons à l'une de ses premières contributions : l'apprentissage vicariant.

Théoricien de l'apprentissage social (*social learning theory*), Bandura met l'accent sur un troisième type d'apprentissage : l'**apprentissage vicariant** ou l'apprentissage par imitation. Dans les deux premiers types de conditionnement, les comportements sont appris par les interactions directes du sujet avec son environnement. Dans l'apprentissage vicariant, le sujet joue le rôle d'un observateur ; il observe à la fois le comportement adopté par un « modèle » et les conséquences de ce comportement fournies par l'environnement. Selon ces conséquences (renforcement ou punition), il choisira ou non d'adopter le même comportement. Notons que, dans un tel cas, certains auteurs (par exemple, Robidas, 1989) n'hésitent pas à parler de « conditionnement » vicariant, de la même manière que l'on peut parler de conditionnement classique et de conditionnement opérant.

Voici un exemple d'un apprentissage vicariant : un élève qui n'est pas assis droit à son pupitre entend l'enseignante complimenter son voisin pour sa bonne posture ; l'élève en question se redresse immédiatement sur son siège. Cet élève aurait-il imité son voisin s'il n'avait pas observé la conséquence agréable du comportement de celui-ci ? Probablement que non. Ce qui distingue l'apprentissage vicariant de la simple imitation, c'est l'observation de la conséquence engendrée par le comportement du modèle observé.

3.1.6 Le conditionnement classique et le conditionnement opérant

Pour compléter cette présentation des fondements théoriques du béhaviorisme, nous proposons un tableau récapitulatif (*voir le tableau 3.1*) qui établit une comparaison entre le conditionnement classique et le conditionnement opérant, en incorporant certains éléments des sections qui suivent. Rappelons que le conditionnement classique, ou conditionnement pavlovien, est également connu sous le nom de conditionnement répondant, car dans ce type de conditionnement l'organisme se contente de répondre à un stimulus. Raynal et Rieunier résument ainsi la distinction entre le conditionnement répondant et le conditionnement opérant : « Pavlov conditionne un réflexe, Skinner conditionne un comportement volontaire » (2009, p. 418).

TABLEAU 3.1	Une comparaison entre le conditionnement classique et le conditionnement opérant
CONDITIONNEMENT CLASSIQUE	**CONDITIONNEMENT OPÉRANT**
• Modèle S-R	• Modèle S-R-C
• Théoricien principal : Pavlov	• Théoricien principal : Skinner
• Accent mis sur les stimuli qui précèdent (S) le comportement ou la réponse	• Accent mis sur les conséquences (C) fournies par l'environnement
• Comportements involontaires (réflexes ou réactions émotives) : la personne ne fait que répondre aux stimuli présentés (conditionnement répondant)	• Comportements volontaires (comportements de tous types) : la personne opère un choix, suivant la valeur accordée aux conséquences reçues (conditionnement opérant)
• Intervenants habituels : psychologues ou spécialistes des thérapies béhavioristes	• Intervenants habituels : enseignants et parents (mais les pairs peuvent aussi être entraînés à intervenir)
• Technique utilisée : désensibilisation systématique (pour déconditionner une phobie)	• Techniques utilisées : techniques de punition, techniques de renforcement, techniques pour implanter un nouveau comportement, etc.

Apprentissage vicariant

Type particulier d'apprentissage par imitation dans le cadre duquel le sujet qui apprend par imitation joue le rôle d'un observateur : il observe à la fois le comportement adopté par son modèle et les conséquences de ce comportement, fournies par l'environnement. Selon ces conséquences (renforcement ou punition), il choisira ou non d'adopter le même comportement.

LA CONCEPTION BÉHAVIORISTE DE L'APPRENTISSAGE ET DE L'ENSEIGNEMENT

Quelle importance le béhaviorisme a-t-il eue et, dans une certaine mesure, continue-t-il d'avoir en milieu scolaire ? Quelles conceptions de l'apprentissage et de l'enseignement se dégagent des théories du conditionnement ? Quels rôles accorderait-on à l'apprenant et à l'enseignant dans un modèle d'école d'inspiration béhavioriste ? Cette section tentera de répondre aux questions précédentes en prenant pour appui le tableau synthèse du courant béhavioriste présenté au chapitre 2 (*voir l'encadré 2.3, à la page 59*).

3.2.1 Les finalités et les valeurs de l'école de type béhavioriste

Si le béhaviorisme de Watson propose une certaine conception de l'apprentissage humain (l'homme se construit), le béhaviorisme skinnérien débouche carrément sur une philosophie béhavioriste, une interprétation de la vie qui remet en question les conceptions traditionnelles de la liberté et de la dignité humaines. C'est pourquoi les psychologues et les éducateurs humanistes, parmi d'autres groupes, se sont opposés si violemment aux thèses de Skinner, thèses défendues dans plusieurs ouvrages, en particulier dans son roman didactique *Walden Two* (1948) et dans *Par-delà la liberté et la dignité* (1972 pour la traduction française, la version originale ayant été publiée en 1971).

Empruntant à l'opérationnisme le principe méthodologique consistant à refuser le concept de « cause », s'inspirant du **positivisme** et de l'**empirisme,** Skinner en arrive à adopter la position selon laquelle toute proposition qui n'est pas vérifiée par l'observation ne peut avoir de valeur en sciences expérimentales (Dubé, 1996). Avant tout autre facteur (l'hérédité joue un rôle, mais secondaire), ce sont les contingences de l'environnement qui structurent la façon de se comporter des êtres humains. Ainsi que le résumait Dubé (1986, p. 130), « il suffit de contrôler ces contingences pour forger des conduites », comme l'expérimentateur contrôle le débit des boulettes de nourriture (stimulus appétitif) et des décharges électriques (stimulus aversif) que reçoit le rat dans sa cage pour en arriver à façonner les comportements de l'animal. Dans cette perspective, le monde devient une immense boîte de Skinner qui façonne l'individu.

Quel effet aura la philosophie béhavioriste sur la finalité que poursuit l'institution scolaire et sur les valeurs qu'adopte celle-ci ? Disons tout d'abord que Skinner s'intéressait beaucoup aux applications du conditionnement opérant, et en particulier à celles qui concernent l'éducation. Après avoir visité la classe de l'école secondaire que fréquentait l'une de ses filles, il en arrive à la conclusion que l'école gaspille l'intelligence de ses élèves : ses objectifs sont mal définis et ses méthodes d'enseignement s'avèrent inefficaces. De plus, on ne semble pas avoir appris à utiliser les contingences de renforcement pour façonner le comportement et l'apprentissage des élèves. Skinner propose alors que l'on recoure aux principes du conditionnement opérant pour améliorer l'apprentissage scolaire, comme l'explique Dubé (1996) :

> Chaque fois que l'enfant émet une bonne réponse, il faut lui donner un renforcement positif. La manière de procéder consiste donc à découvrir ce qui est connu de l'élève, puis à fractionner la matière à apprendre de manière à faire cheminer celui-ci à l'aide de questions suffisamment simples pour qu'il en trouve lui-même les bonnes réponses. Cela suppose qu'un cours de chimie, par exemple, soit complètement décortiqué en ses notions élémentaires et gradué de telle sorte que l'élève soit peu à peu conduit à l'intérieur de la discipline (p. 148).

Positivisme

Doctrine philosophique selon laquelle on ne tient pour vrai que ce qui peut être démontré scientifiquement (par la méthode expérimentale).

Empirisme

École philosophique pour laquelle la seule source de connaissance est l'expérience (Raynal et Rieunier, 2009). En tant que science du comportement, le béhaviorisme adopte dès ses débuts une approche empirique dans l'établissement de ses théories et dans l'élaboration de techniques visant la modification du comportement.

L'école d'inspiration béhavioriste est donc le lieu de transmission d'un savoir préétabli, d'un savoir que l'on décortique pour en faciliter la « digestion », lieu où l'on vise à la fois à transmettre les connaissances utiles à une participation optimale au marché du travail et à amener les élèves à adopter les comportements nécessaires à leur adaptation sociale. Il n'est pas surprenant qu'une telle école privilégie des valeurs d'adaptation et de conformité sociales, mais également d'autres valeurs chères au paradigme socioculturel industriel dont elle s'inspire (Bertrand et Valois, 1999) : la rapidité et l'efficacité du système d'enseignement-apprentissage.

3.2.2 Les conceptions de l'enseignement et de l'apprentissage

■ **Enseignement programmé**

Stratégie d'enseignement individualisée, consistant à morceler un contenu d'apprentissage quelconque en petites unités, à les présenter dans un ordre graduel de difficulté, en les accompagnant de fréquentes questions de vérification qui permettent une rétroaction continue et l'autocorrection de l'apprenant. Il existe deux types d'enseignement programmé : les programmes linéaires et les programmes ramifiés.

La machine à enseigner de Skinner

■ **Enseignement modulaire**

Forme d'enseignement programmé dont les contenus d'apprentissage sont regroupés en modules indépendants les uns des autres. Contrairement à l'enseignement programmé, l'enseignement modulaire s'appuie sur l'utilisation de plusieurs ressources d'apprentissage ou médias : ouvrages de référence, sites Web, articles de revues, photographies, films, vidéos, enregistrement audio, etc.

L'école béhavioriste n'est certes pas une école du laisser-faire ; elle propose une conception très interventionniste de l'enseignement, basée sur le contrôle des contingences de renforcement (renforçateurs) et, en cas de besoin, des contingences punitives (punitions) administrées le plus souvent par l'enseignant (l'élève peut cependant être amené à y jouer un rôle). En vue de faciliter l'apprentissage scolaire, on préconise l'emploi de l'analyse de tâche pour décortiquer les contenus d'apprentissage et pour s'assurer de la maîtrise des préalables nécessaires.

Évidemment, la conception béhavioriste de l'apprentissage scolaire a hérité des conceptions mécanistes du conditionnement opérant (telle réponse entraîne telle conséquence) et du conditionnement répondant (associations stimuli-réponses). Défini en fonction de produits, c'est-à-dire de « bonnes réponses », l'apprentissage dépendra de l'efficacité des contingences fournies par l'environnement éducatif, y compris par le matériel d'enseignement programmé que préconise Skinner : « L'enseignement est un arrangement de contingences de renforcement grâce auxquelles l'élève apprend. Skinner croyait que ce qui manqu[ait] dans la classe, c'[était] le renforcement positif » (en particulier des bonnes réponses). « Parce que les enseignants ne sont pas les instruments les plus efficaces pour contrôler les élèves, Skinner favorisait l'usage d'une machine à enseigner et l'enseignement programmé » (Pôle de l'Est, 1992, cité par Raymond, 2006, p. 20).

Skinner est en effet l'inventeur de la première « machine à enseigner », lointain ancêtre de nos ordinateurs et didacticiels actuels. Utilisant un matériel d'**enseignement programmé,** un contenu d'enseignement quelconque est inscrit sur des disques de carton. Ces disques sont placés dans une boîte en bois munie d'ouvertures (écrans) où l'élève ne peut lire qu'une partie de ce texte à la fois, information décortiquée à l'aide de l'analyse de tâche. Chaque section de texte est suivie d'une question de compréhension (stimulus). L'élève écrit alors sa réponse sur un ruban de papier (comportement ou réponse du sujet), puis fait avancer le rouleau jusqu'à ce qu'apparaisse la bonne réponse, qu'il peut immédiatement comparer avec la sienne (rétroaction immédiate et renforcement positif dans le cas d'une réponse correcte). Au courant des années 1950, le professeur Skinner expérimenta ce dispositif pour l'enseignement d'un cours de sciences naturelles à l'Université Harvard. Le lecteur curieux trouvera un lien vers la photographie de cette machine historique sur le site Web de cet ouvrage.

Avec cette machine à enseigner de Skinner, on assiste donc aux tout débuts de l'enseignement programmé, approche qui connaît par la suite de nombreux développements et est utilisée dans de nombreuses écoles américaines au cours des années 1960. Aujourd'hui, l'enseignement programmé ou sa version enrichie, l'**enseignement modulaire,** occupent une place plutôt marginale à l'intérieur de la « boîte à outils pédagogiques » des enseignants.

Même dans sa forme ramifiée, qui «fait progresser l'apprenant dans un cheminement qui laisse place à l'erreur» et «dicte la voie à suivre selon la réponse qu'il a choisie» (Marquis et Lavoie, 1998, p. 23), on lui reconnaît plusieurs limites : son aspect monotone et répétitif, sa fragmentation des contenus d'apprentissage, son matériel qui ne correspond pas toujours aux programmes actuels et, surtout, une formule qui ne convient pas à l'acquisition d'apprentissages de domaines autres que cognitif (socioaffectif et psychomoteur) ainsi qu'au développement d'habiletés intellectuelles complexes.

Ceci dit, l'enseignement programmé a probablement été la première stratégie d'enseignement à permettre une certaine individualisation des contenus enseignés et une prise en compte du rythme d'apprentissage des élèves, chacun pouvant avancer à son propre rythme lors de l'utilisation de ce matériel d'enseignement. Marquis et Lavoie identifient les conditions suivantes pour maximiser l'efficacité pédagogique d'un matériel d'enseignement programmé :

> [Ê]tre bien construit, permettre l'atteinte d'objectifs précis, répondre aux besoins d'une clientèle donnée, être révisé et corrigé périodiquement, être utilisé à bon escient, être complété par d'autres formules pédagogiques, offrir un supplément d'information [et] assurer la présence d'un enseignant capable de répondre aux besoins des apprenants (1998, p. 43).

Enfin, signalons qu'étant donné sa centration sur l'enseignant et sur la production de bonnes réponses, l'enseignement de type béhavioriste est habituellement associé à ce qu'on désigne comme l'**enseignement magistral** ou l'enseignement traditionnel : «Si le processus-enseigner [...] est axé de façon privilégiée sur la relation savoir-enseignant et la transmission de ce savoir structuré par l'enseignant, on se trouve en présence de pédagogies magistrales, pédagogies de la connaissance ou de l'enseignement» (Houssaye, 1995, cité par Altet, 1997, p. 14).

3.2.3 Les rôles de l'enseignant et de l'apprenant

Comme on vient de le souligner, l'enseignant occupe effectivement le rôle central dans une telle école. Skinner voyait d'ailleurs l'enseignant comme un genre d'ingénieur du comportement. Il est la personne responsable de la planification méticuleuse de l'enseignement et de la mise en place des contingences de renforcement associées à un apprentissage efficace. Le rôle de l'élève est essentiellement passif : il se contente de réagir aux stimuli fournis par son environnement. Sa motivation est de type extrinsèque, contrôlée par les renforçateurs externes que lui offre l'enseignant.

Dans le premier ouvrage de la collection *Formules pédagogiques* qu'ils dirigent aux Éditions PUQ, Chamberland, Lavoie et Marquis (1995) proposent une typologie permettant de classer diverses formules pédagogiques (stratégies d'enseignement) à partir des trois dimensions suivantes : le degré de contrôle exercé par l'élève dans son processus d'apprentissage (continuum magistrocentré – pédocentré) ; le type d'organisation du groupe-classe (continuum individualisé – sociocentré) et le degré de médiatisation de l'apprentissage offerte à travers différents médias ou ressources mis à la disposition de l'élève (continuum non médiatisé – médiatisé). Si on analyse l'enseignement programmé à partir de ces dimensions, on conviendra qu'il s'agit tout d'abord d'un **enseignement magistrocentré,** à l'intérieur duquel «c'est le maître ou le concepteur d'enseignement qui structure toute la situation d'apprentissage» (Marquis et Lavoie, 1998, p. 8-9). C'est également une stratégie totalement individualisée, «au sens où chaque apprenant utilise son matériel, se retire et travaille sans avoir de contacts avec le groupe-classe» (p. 9). C'est enfin

Enseignement magistral

Stratégie d'enseignement correspondant à un exposé formel effectué par l'enseignant devant un groupe-classe, sans interactions avec les élèves (communication unidirectionnelle), habituellement à l'aide de notes préparées par l'enseignant et transmises de la même manière, d'une fois à l'autre, sans effort d'adaptation de la part du «maître».

Enseignement magistrocentré

Forme d'enseignement centrée sur le «maître», c'est-à-dire sur l'enseignant qui enseigne. Formule opposée à celle d'un enseignement pédocentré, c'est-à-dire centré sur l'élève qui apprend.

Extinction

En conditionnement opérant, correspond à une technique visant à diminuer ou à éliminer un comportement jugé inapproprié (technique punitive). Elle consiste tout simplement à ignorer le comportement en question... jusqu'à ce que celui-ci s'éteigne de lui-même.

Analyse du comportement

Les étapes d'une procédure d'analyse et de modification du comportement se résument ainsi: 1) préciser le comportement cible en termes observables et mesurables; 2) déterminer les contingences environnementales (où? quand? dans quelles situations? etc.); 3) mesurer le comportement cible avant d'intervenir (niveau de base); 4) intervenir systématiquement et mesurer les effets de l'intervention; 5) évaluer l'efficacité de l'intervention et 6) viser à l'autocontrôle du comportement.

Ⓦ **L'analyse et la modification du comportement**

Ⓦ **Les techniques de modification du comportement**

Renforçateur

Conséquence administrée après un comportement ayant pour effet d'augmenter sa fréquence ou de maintenir un comportement déjà établi. On distingue cinq types de renforçateurs en milieu scolaire: les renforçateurs matériels, les renforçateurs par privilèges ou activités, les renforçateurs symboliques, les renforçateurs sociaux (les plus courants) et les renforçateurs informationnels.

une stratégie fortement médiatisée «puisqu'un média servant à véhiculer le contenu est indispensable, et ce, qu'il s'agisse d'un texte programmé et présenté sur papier ou d'une présentation sur ordinateur» (*idem*).

3.3 LES PRINCIPALES RETOMBÉES ÉDUCATIVES DU BÉHAVIORISME

Malgré la virulence des attaques et l'ampleur des critiques adressées au béhaviorisme et plus précisément à la philosophie béhavioriste (voir Richelle, 1977), il faut reconnaître que ce courant pédagogique a eu des retombées positives, somme toute considérables, dans le domaine de l'éducation. Slavin (2009) retient 10 éléments ou principes associés à l'apprentissage dans une perspective béhavioriste: le rôle des conséquences, les renforçateurs, les renforcements intrinsèques et extrinsèques, les punitions, les conséquences immédiates, le façonnement, l'extinction, les programmes de renforcement, le maintien des comportements acquis et le rôle des antécédents.

Ces éléments ou principes peuvent être regroupés en trois catégories de retombées éducatives: les principes et les programmes de renforcement (les renforçateurs, les renforcements intrinsèques et extrinsèques, les conséquences immédiates, les programmes de renforcement, le maintien des comportements acquis), l'analyse et la modification du comportement (le rôle des conséquences et le rôle des antécédents) ainsi que les techniques de modification de comportement (les punitions, le façonnement et l'**extinction**).

Étant donné leur incidence sur le processus enseignement-apprentissage, on dira tout d'abord quelques mots sur les principes du renforcement, puis sur les programmes de renforcement. La procédure d'**analyse du comportement** relevant davantage de la gestion du groupe-classe que de la démarche pédagogique proprement dite, on abordera plutôt, dans un deuxième temps, les techniques de modification du comportement visant à l'installation d'un nouvel apprentissage. Le lecteur trouvera une description détaillée de la procédure d'analyse du comportement et une description des autres techniques de modification du comportement sur le site Web de cet ouvrage.

3.3.1 Les principes du renforcement et l'emploi de renforçateurs

Nous amorcerons la présentation de ces retombées éducatives par ce que le béhaviorisme a probablement de plus «positif» à offrir au milieu scolaire: ses techniques de renforcement. Rappelons-nous le mot d'ordre des béhavioristes: tâchez de surprendre les élèves à bien faire... ou à répondre correctement et renforcez ces comportements!

On constatera l'emploi du terme «renforcer» et non celui de «récompenser». C'est que «récompenser» n'est pas synonyme de «renforcer». Plus exactement, on peut dire que la récompense qui est octroyée par l'enseignant n'a pas toujours l'effet de renforcement escompté; donc, techniquement parlant, ce n'est pas un **renforçateur.** Rappelons qu'un renforçateur (par addition ou par soustraction) se définit par le fait que cette conséquence a pour effet de maintenir ou d'augmenter la manifestation d'un comportement. Or, on sait que certaines récompenses n'ont pas cet effet. Nous y reviendrons plus loin, au cours de la présentation des six principes de base du renforcement, mais tout d'abord il convient de préciser qu'il existe deux catégories de renforçateurs: les renforçateurs primaires et les renforçateurs secondaires, ou renforçateurs conditionnés.

Les renforçateurs primaires

Le **renforçateur primaire** ou, plus exactement dans la terminologie béhavioriste, le «stimulus de renforcement primaire ou inconditionnel» est «un stimulus possédant une valeur de renforcement ou une capacité de renforcer un ou des comportements indépendamment de tout apprentissage antérieur» (Malcuit, Pomerleau et Maurice, 1995, p. 91). Ces renforçateurs primaires répondent aux besoins physiologiques de l'organisme, par exemple, le besoin de nourriture (pour quelqu'un qui a faim), le besoin de sommeil (répondant au besoin de repos), le besoin de chaleur (pour se protéger du froid). À ces besoins d'ordre physiologique, on pourrait ajouter le besoin d'affection, qui se manifeste très tôt dans la vie des humains, comme le besoin de contact physique qu'éprouve le nourrisson. Évidemment, les renforçateurs primaires ne sont pas appelés à jouer un rôle important en milieu scolaire, à moins que les enseignants n'entreprennent d'affamer leurs élèves ou de les priver de sommeil...

Les renforçateurs conditionnés

La quasi-totalité des renforçateurs se classent dans cette seconde catégorie. Les **renforçateurs conditionnés** sont des renforçateurs dont la valeur de renforcement a été «apprise» ou conditionnée. Par exemple, le clin d'œil que l'enseignant adresse à un élève sera perçu ici comme une marque d'amitié ou de complicité, alors qu'il pourrait être interprété tout autrement dans une autre culture. Un renforçateur matériel tel qu'un «autocollant» aura aujourd'hui une très grande valeur de renforcement chez de jeunes enfants, en particulier s'ils en font la collection, mais allez donc leur donner une image pieuse du genre de celles que recevaient leurs grands-parents!

On peut répertorier les renforçateurs utilisés à l'école sous cinq catégories: les renforçateurs matériels (par exemple, les petits prix offerts aux élèves du primaire, les livres offerts en récompense aux élèves du secondaire), les renforçateurs par privilège ou activité (par exemple, le privilège d'effacer le tableau pour un jeune élève, une période d'activités libres pour des élèves plus âgés), les renforçateurs symboliques (par exemple, les certificats de mérite, les noms inscrits au tableau d'honneur de l'école), les renforçateurs sociaux (par exemple, le renforçateur verbal, un signe non verbal d'approbation) et les **renforçateurs informationnels** (par exemple, un graphique qui illustre les progrès, un commentaire qui décrit les améliorations d'un élève dans un travail).

Tous ces renforçateurs sont évidemment de nature extrinsèque; cependant, certains d'entre eux se rapprochent davantage de la motivation intrinsèque. Par exemple, le renforçateur informationnel que reçoit un élève ne fait que mettre en lumière les progrès qu'il a réalisés et l'amène à s'autorenforcer: «Wow! c'est vrai que je m'améliore, je suis vraiment fier de mes progrès!» Ainsi, certains auteurs (comme Forness, 1973) ont établi une hiérarchie des renforçateurs. La figure 3.4 propose une hiérarchie de ce genre qui situe les cinq catégories de renforçateurs sur un continuum, allant des renforçateurs les plus extrinsèques (les renforçateurs matériels) aux renforçateurs se rapprochant le plus de la motivation intrinsèque (les renforçateurs informationnels).

FIGURE 3.4 **La hiérarchie des renforçateurs**

MOTIVATION EXTRINSÈQUE ← → MOTIVATION INTRINSÈQUE

| Renforçateurs matériels | Renforçateurs par privilège ou activité | Renforçateurs symboliques | Renforçateurs sociaux | Renforçateurs informationnels |

Renforçateur primaire

Stimulus qui possède un pouvoir de renforcement indépendamment de tout apprentissage antérieur, puisqu'il répond aux besoins physiologiques de l'organisme; par exemple, la nourriture répond au besoin naturel de se nourrir. Les renforçateurs primaires sont probablement les seuls renforçateurs universels, c'est-à-dire communs à tous les êtres humains.

Renforçateur conditionné

La plupart des renforçateurs, en particulier ceux utilisés en milieu scolaire, sont des renforçateurs conditionnés, leur valeur de renforcement ayant été apprise. L'environnement familial, social et culturel de l'élève exerce une influence déterminante sur la valeur accordée par celui-ci à certains de ces renforçateurs conditionnés (par exemple, un livre offert comme récompense).

Renforçateur informationnel

Renforçateur qui informe l'élève de ses progrès ou qui souligne les aspects d'une tâche qui sont bien accomplis. Étant donné l'importance accordée par les béhavioristes au fait d'offrir aux élèves un renforcement et une rétroaction aussi immédiats et fréquents que possible, le renforçateur informationnel occupe une place importante à l'intérieur des procédures de renforcement (par exemple, un histogramme illustrant les progrès, même minimes, d'un élève pendant une période de temps donnée).

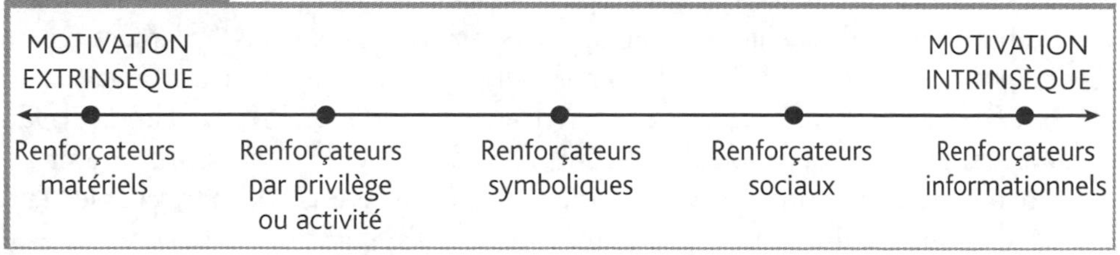

Les renforçateurs généralisés

Parmi les renforçateurs secondaires, on trouve une catégorie particulière de renforçateurs, dont la caractéristique première est de donner accès à une variété d'agents de renforcement, ce sont les renforçateurs généralisés. Dans la vie de tous les jours, l'argent constitue l'exemple le plus évident de **renforçateur généralisé** : « dans le sens que sa valeur de renforcement a été acquise dans ses nombreuses relations de contingence avec de la nourriture, des vêtements, des loisirs, etc. » (Malcuit, Pomerleau et Maurice, 1995, p. 92). Existe-t-il un équivalent d'un renforçateur généralisé en milieu scolaire ? Un agent de renforcement qui pourrait être échangé contre différents renforçateurs, essentiellement des renforçateurs matériels et des renforcements par privilège ou activité ?

De tels renforçateurs existent ; il s'agit des systèmes de jetons (sous une forme tangible) ou des systèmes de points de mérite (un simple crochet sur la fiche de l'élève), lesquels sont remis individuellement aux élèves consécutivement à des comportements spécifiques précisés à l'avance, puis sont échangés après une période déterminée (par exemple, tous les vendredis après-midi) et à un taux d'échange également préétabli (par exemple, 5 jetons ou 5 points pour tel renforçateur, 10 jetons pour tel autre). Le « menu des récompenses » (*voir la figure 3.5*) est ainsi susceptible de comprendre une grande variété de renforçateurs et de taux d'échange, certains renforçateurs pouvant nécessiter l'épargne de jetons ou de points gagnés pendant plusieurs semaines.

> **Renforçateur généralisé**
>
> Renforçateur donnant accès à une grande variété de renforçateurs. Un enseignant identifie avec ses élèves une série de comportements qui seront renforcés (récompensés) par l'obtention d'un certain nombre de points pouvant être échangés à une fréquence déterminée à l'avance (par exemple, toutes les semaines). Le renforçateur généralisé permet le renforcement immédiat (les points sont remis dès l'émission du comportement visé) et surtout l'individualisation de la procédure de renforcement (l'élève choisit son propre renforçateur, au moment désiré).

| FIGURE 3.5 | Le menu des renforçateurs utilisés avec un système de jetons au primaire |

Un petit autocollant — 1 jeton
Un grand autocollant — 2 jetons
Un fruit — 3 jetons
Un crayon de couleur — 5 jetons
Une mini-calculatrice — 25 jetons
Nourrir les poissons (une semaine) — 5 jetons
S'occuper du calendrier (une semaine) — 5 jetons
Dix minutes de musique (coin écoute) — 10 jetons
Dix minutes à l'ordinateur (jeux libres) — 15 jetons

Les chercheurs béhavioristes ont amplement démontré l'efficacité de tels systèmes, tout d'abord auprès de clientèles ayant des besoins particuliers, mais également auprès de groupes d'élèves de tous les âges, y compris au secondaire. Le principal avantage d'un système de jetons ou de points réside dans le fait qu'il permet le renforcement immédiat du comportement cible, sans qu'on ait à attendre la fin de l'activité en cours ou de la journée scolaire pour renforcer un « bon » comportement ou pour souligner un travail bien fait. Ce principe de base doit d'ailleurs être observé dans l'application d'une procédure de renforcement. Voici la formulation que l'on pourrait lui donner ainsi que quelques autres principes de base dont il faut tenir compte :

1. Le renforcement doit suivre immédiatement ou le plus tôt possible le comportement que l'on désire renforcer.

2. La valeur renforçante d'un renforçateur dépend des personnes. Il n'existe pas de renforçateur universel ; il est possible que ce qui agit comme renforçateur pour une personne ne renforce pas une autre personne, voire même que cela agisse comme une « punition ».

3. Tout renforçateur autre que social doit être accompagné d'un renforcement social ; un renforçateur informationnel, par exemple, aura beaucoup plus d'effet s'il est accompagné d'un renforçateur verbal approprié.

4. Un renforçateur trop souvent utilisé, tel que le même renforçateur verbal (par exemple, « C'est bien ! »), peut perdre sa valeur renforçante.

5. Le principe de Premack (1959), du nom de son auteur, David Premack, a avantage à être appliqué lorsque cela s'avère possible. Il s'agit tout simplement d'utiliser une activité préférée de l'élève (par exemple, dessiner) comme renforçateur pour une activité moins aimée (par exemple, un exercice de mathématique). L'efficacité de ce principe a été démontrée auprès de tous les groupes d'âge (Bohlin, Cisero Durwin et Reese-Weber, 2009).

6. À long terme, on doit viser à l'autocontrôle des élèves, en choisissant des renforçateurs qui s'approchent de plus en plus de la motivation intrinsèque et en diminuant progressivement la quantité ou la fréquence des renforçateurs externes donnés par l'enseignant.

L'autocontrôle et l'autogestion des comportements

L'**autocontrôle** est effectivement l'objectif ultime recherché par de nombreux béhavioristes, dont certains ont préconisé très tôt le recours aux techniques d'autorenforcement, l'élève déterminant lui-même le nombre de réponses requises pour s'octroyer un renforcement (Glynn, 1970) ou s'appliquant lui-même ses propres renforçateurs. Les autres composantes comportementales à prendre en considération dans les techniques d'autocontrôle (Seron, Lambert et Van der Linden, 1977) sont les suivantes : le choix du comportement cible (la participation à la détermination des comportements qui seront renforcés), l'enregistrement (l'automesure du comportement cible) et l'autoévaluation (par exemple, poser soi-même ou avec l'adulte un jugement sur la pertinence de modifier ou d'apprendre tel ou tel comportement).

Du point de vue béhavioriste, l'autocontrôle survient donc lorsque l'individu « agit, contrôle et module ses conduites sans qu'il y ait apparemment de conséquences ou d'événements externes immédiats qui les déterminent » (Malcuit, Pomerleau et Maurice, 1995, p. 161). Aujourd'hui, l'objectif de l'autocontrôle a tendance à être remplacé par celui, plus englobant, de l'autogestion du comportement, c'est-à-dire la capacité d'une personne « à gérer, à moduler ou à diriger son propre comportement, sans que des conséquences externes ou immédiates le déterminent » (Archambault et Chouinard, 2003, p. 281). Par exemple, un élève pourra choisir d'étudier avant de regarder la télévision (accepter un délai dans la gratification) ou d'aménager l'environnement de sa chambre pour favoriser son comportement d'étude. Cette forme d'autogestion du comportement s'apparente au

> ■ **Autocontrôle**
>
> Pour le béhavioriste, l'autocontrôle correspond à la capacité de l'élève à identifier de lui-même les comportements qu'il doit modifier ou améliorer (incluant ses apprentissages scolaires), puis à appliquer de manière autonome toutes les étapes d'une procédure de modification du comportement (incluant l'automesure et l'autorenforcement des comportements cibles).

 La pédagogie de la maîtrise des apprentissages : une invitation au dépassement de soi concept d'autorégulation (voir également Landry et Richard, 2002). Le pédagogue et philosophe américain John Dewey (1859-1952) soutenait pour sa part que «l'idéal qu'on se doit de poursuivre en éducation est le développement de l'autocontrôle» (Dewey, 1938, p. 12, traduction libre).

3.3.2 Les programmes de renforcement

Le dernier principe évoqué concernant les procédures de renforcement, à savoir viser à long terme l'autocontrôle et le développement de la motivation intrinsèque, nous amène à aborder les divers programmes de renforcement existants. Là encore, on peut diviser ces programmes en deux catégories: les programmes continus et les programmes intermittents. Le programme continu est un programme par lequel on renforce un comportement cible chaque fois que celui-ci est observé (ratio de 1/1). On suggère d'utiliser un programme continu dans le cas d'un apprentissage difficile pour l'élève ou au début d'un apprentissage nouveau. Par exemple, on pourra choisir de renforcer un enfant de la maternelle très timide chaque fois qu'il s'adresse à une compagne ou à un compagnon de classe ou à son enseignante. Dès que cela est possible, il est recommandé de passer à une forme ou l'autre de programme intermittent.

> **Programmes intermittents**
>
> Programmes de renforcement dans lesquels les renforçateurs sont administrés de manière intermittente (à certaines occasions seulement), suivant deux catégories de critères: un critère temporel (les programmes à intervalles, fixes ou variables) et un critère quantitatif (les programmes à proportions, fixes ou variables).

Les **programmes intermittents** varient selon deux facteurs. Ils peuvent varier, en premier lieu, selon qu'ils sont donnés en fonction d'un critère de temps (les programmes à intervalle) ou encore d'un critère de quantité de comportements mesurés (les programmes à proportion) et, en second lieu, selon que cet intervalle ou cette proportion reste le même (les programmes fixes) ou change d'un renforçateur à l'autre (les programmes variables). Le croisement de ces deux variables produit quatre types de programmes de renforcement intermittents, comme l'indique le tableau 3.2.

TABLEAU 3.2	Les quatre types de programmes de renforcement intermittents	
	FIXE	**VARIABLE**
Programme à proportion	Proportion fixe: un renforçateur pour X comportements: par exemple, un point de mérite est attribué chaque fois qu'un élève a terminé trois fiches de lecture.	Proportion variable: un renforçateur est donné après un nombre de comportements qui varie, mais autour d'une moyenne: un élève est félicité après avoir terminé quatre fiches de lecture, puis après avoir terminé deux fiches de lecture (moyenne = 3).
Programme à intervalle	Intervalle fixe: le comportement appliqué du groupe-classe est renforcé toutes les semaines, par exemple, le vendredi après-midi.	Intervalle variable: le comportement d'un élève au travail est renforcé après un intervalle variant de 10 à 20 minutes (moyenne de 15 minutes).

3.3.3 Les techniques servant à implanter un nouvel apprentissage

En plus des techniques et des programmes de renforcement, le vaste répertoire de techniques de modification du comportement comprend également des techniques visant la diminution ou l'extinction de comportements jugés inappropriés (techniques punitives) et des techniques visant l'installation d'un nouveau comportement. Ces dernières techniques, qui touchent directement au processus d'apprentissage des élèves, méritent que l'on s'y arrête. Par exemple, on pourra utiliser une technique nommée «façonnement» dans l'apprentissage de la calligraphie (Goupil et Lusignan, 1993). Qui n'a pas en mémoire ces cahiers d'écriture dans lesquels de belles lettres, quasi toutes tracées, n'attendaient qu'un trait de crayon pour être complétées ? Puis, l'espace entre les parties déjà tracées de la lettre augmentait, jusqu'à ce que seuls des points soient fournis comme indices de l'endroit où devait débuter chaque trait de crayon. Quel enseignant n'a pas déjà eu recours au modelage, par exemple, en demandant à l'un de ses élèves d'agir comme modèle dans l'exécution d'une tâche quelconque (comme la démonstration d'un service au badminton) ? De même, l'incitation verbale et l'estompage peuvent s'avérer fort utiles dans l'entraî-nement à certaines compétences disciplinaires (comme la maîtrise de l'algorithme de la multiplication).

Voici donc une brève présentation de quelques-unes de ces techniques visant l'instal-lation d'un nouveau comportement ou d'un nouvel apprentissage scolaire.

1. Le **façonnement** (*shaping*) ou renforcement des approximations successives est pro-bablement la technique béhavioriste la plus célèbre, celle qui a permis à Skinner d'apprendre à des pigeons à jouer au ping-pong. Cette technique consiste à décom-poser un comportement cible en plusieurs étapes et à renforcer systématiquement la réalisation de chacune de ces étapes. On renforce ainsi les « approximations suc-cessives » menant au comportement visé.

2. Le **modelage** ou apprentissage par modèle (*modeling*) est à la base du développement psychosocial des enfants (Bandura, 1976). Krumboltz et Brandhorst-Krumboltz rap-pellent que « les modèles, bons ou mauvais, peuvent influencer plusieurs comporte-ments variés » (1975, p. 41). En tant que technique béhavioriste, le modelage consiste donc à enseigner un nouveau comportement en effectuant une démonstration de ce comportement (ou en attirant l'attention de l'élève sur un pair qui présente le com-portement désiré). Bien que l'apprentissage par modèle soit utilisé principalement pour l'acquisition de nouveaux comportements moteurs, il peut également favoriser l'acquisition de comportements sociaux (par exemple, un comportement à adopter au cours d'une entrevue) et même de « comportements » cognitifs (par exemple, une démarche de résolution de problèmes). Soulignons que le modelage est souvent utilisé de pair avec l'estompage.

3. L'**estompage** ou atténuation des stimuli (*fading*) consiste à diminuer progressivement l'assistance apportée à l'élève dans la création du comportement désiré ou à atténuer graduellement les stimuli qui servent d'indices ou de support au comportement. On emploie souvent l'estompage de pair avec le modelage (par exemple, l'enseignant amorce une démonstration et laisse l'élève poursuivre ce comportement) et comme complément à une technique d'incitation (par exemple, l'enseignant utilise l'incita-tion physique pour apprendre à une jeune élève à tenir correctement son crayon, puis il diminue progressivement son assistance jusqu'à ce que l'élève puisse reproduire le comportement de manière autonome).

4. L'**incitation** (*prompting*) correspond à un soutien direct donné à l'élève en vue de permettre l'émission de la réponse ou l'adoption du comportement désiré. On distingue trois types d'incitation : l'incitation physique, par laquelle l'enseignant assiste physiquement l'élève dans l'exécution d'un comportement moteur (comme la posture correcte de la main pour la prise de la raquette au badminton), l'inci-tation verbale, par laquelle il procure des indices verbaux de la réponse attendue (par exemple, « La capitale du Canada est Otta… »), et l'incitation gestuelle, par

Estompage

Technique béhavioriste, également désignée comme l'« atténuation des stimuli » (*fading*). Elle consiste à diminuer progressivement l'assis-tance apportée à l'élève dans la création du com-portement désiré ou à atténuer graduellement les stimuli qui servent d'indices ou de support au comportement.

laquelle il fournit un indice ou effectue un rappel à l'aide d'un geste (comme un signe de la main indiquant la direction d'un déplacement pendant une partie de soccer).

3.3.4 La technique de l'analyse de tâche

■ **Analyse de tâche**

Analyse de tâche
Consiste à analyser un apprentissage scolaire complexe en ses diverses composantes ou en une série d'étapes qui mèneront à sa réalisation. Cette importante habileté pédagogique repose sur une connaissance pédagogique des contenus d'apprentissage (connaissance didactique). L'analyse de tâche peut être utilisée avec n'importe quel contenu d'apprentissage et avec des élèves de tous les âges et de tous les niveaux d'habileté.

Il nous reste à examiner une retombée pédagogique considérable du courant béhavioriste, soit l'**analyse de tâche.** Il s'agit d'une technique par laquelle on dissèque une tâche ou un contenu d'apprentissage afin de déterminer ses différentes composantes ou les étapes de son exécution et d'en faciliter l'apprentissage chez les élèves ou son évaluation par l'enseignant. Cette manière structurée et graduée d'aborder des contenus d'apprentissage peut être associée à au moins deux stratégies d'enseignement d'inspiration béhavioriste : l'enseignement programmé et l'enseignement direct, auquel madame AuCoin nous a initiés dans l'introduction à ce chapitre.

Il est à noter que l'analyse de tâche est également connue sous les noms de « hiérarchie d'apprentissage » ou de « description de tâche » (*task description*). Les deux fonctions complémentaires de l'analyse de tâche sont les suivantes : déterminer les préalables qui sont nécessaires à une tâche scolaire quelconque et identifier les étapes qui permettront d'arriver à l'habileté terminale visée. Dans leur lexique de termes et de concepts en psychologie de l'apprentissage, Malcuit, Pomerleau et Maurice en donnent la définition suivante :

> L'analyse de tâche est une opération qui consiste à scinder en ses composantes essentielles une tâche ou une habileté complexe qui pourrait difficilement être apprise d'un seul coup. Les parties séquentielles de l'activité à réaliser, de même que les sous-routines à acquérir au préalable, sont décrites en termes opérationnels en spécifiant bien tous les événements qui auront des fonctions de stimuli discriminatifs. L'analyse de tâche permet donc la conception de chaînes complexes de comportements (1995, p. 221-222).

L'analyse de tâche constitue une habileté fondamentale pour l'enseignant soucieux d'intervenir efficacement, en particulier auprès d'élèves en difficulté d'apprentissage. Par exemple, en présence d'un élève incapable d'accorder les participes passés dans une production écrite, l'enseignant vérifiera tout d'abord si l'élève est en mesure de reconnaître les participes passés dans un texte et s'il maîtrise les règles de mise au pluriel et de mise au féminin qui lui seront nécessaires ; en effet, il n'est pas impossible qu'un élève puisse avoir un blocage déjà à cette étape. Ensuite, il s'assurera que l'élève connaît les diverses règles associées aux différents cas d'accord des participes passés (avec l'auxiliaire avoir, avec l'auxiliaire être et sans auxiliaire). Une fois cette étape franchie, il reste à développer l'habileté à distinguer entre ces trois cas, toujours à l'intérieur d'un texte. Au terme de toutes ces étapes, l'enseignant pourra s'attaquer à l'habileté terminale visée, consistant à appliquer la règle appropriée, dans le contexte d'une production écrite. L'enseignant ne devra pas hésiter à « reculer » d'autant de « pas » qu'il s'avérera nécessaire pour rejoindre l'élève à l'étape où il se trouve et le guider systématiquement vers l'apprentissage visé.

L'analyse de tâche pose une question valable pour tout élève, et pour tout apprentissage le moindrement complexe : quelles étapes mènent à la maîtrise de cette habileté (savoir-faire) ou, pour formuler la question autrement, qu'est-ce que l'élève doit être en mesure de faire et de comprendre pour arriver à ce résultat final, à l'apprentissage visé ? Les béhavioristes sont devenus les champions de l'analyse de tâche et, ce faisant, ils ont contribué à améliorer l'apprentissage de nombreux élèves. Signalons en particulier leur apport déterminant à l'amélioration des apprentissages réalisés par les élèves ayant une déficience intellectuelle ; il est d'ailleurs étonnant de constater le nombre d'étapes nécessaires à des apprentissages d'apparence aussi simples que se brosser les dents ou faire un appel téléphonique.

Étant donné son approche analytique, qui peut paraître incompatible avec la pédagogie de situation ou pédagogie par problème actuellement préconisée (Scallon, 2000), l'analyse de tâche est relativement absente des ouvrages récents de psychopédagogie. Gagné (1968, 1977) a été parmi les premiers chercheurs à proposer des hiérarchies d'apprentissage, notamment pour l'enseignement des habiletés de décodage en lecture ou d'algorithmes mathématiques (Bower et Hilgard, 1981 ; Good et Brophy, 1986). Alors que Goetz, Alexander et Ash (1992) rappellent les deux fonctions principales de l'analyse de tâche, soit définir les apprentissages préalables à un nouvel apprentissage et déterminer les étapes qui mèneront à celui-ci, Dembo (1994) illustre une troisième fonction : l'analyse des erreurs de l'élève (*voir le tableau 3.3*).

TABLEAU 3.3	L'analyse d'erreurs en mathématique à l'aide de l'analyse de tâche	
ERREURS	**CAUSE POSSIBLE**	**INTERVENTIONS**
$1/2 \div 1/2 = 1/4$	L'élève n'a pas inversé le diviseur avant de multiplier.	Vérifier si l'élève comprend le sens des termes « inverser » et « diviseur ».
$1/4 \div 3/8 = 1\ 1/2$	L'élève a inversé le dividende.	Vérifier si l'élève comprend ce qu'est le diviseur.
$5/8 \div 2/3 = 15/18$	L'élève a fait une multiplication incorrecte (erreur de calcul).	Inviter l'élève à réviser son travail.
$7/8 \div 1/8 = 3/4$	L'élève a fait une soustraction plutôt qu'une multiplication.	Vérifier si l'élève connaît le sens du symbole indiquant une division.

3.3.5 Les autres contributions du béhaviorisme en éducation

Parmi les principales contributions des pédagogues béhavioristes, Théorêt (2007) retient l'enseignement programmé, le tutorat systématique, l'enseignement de précision, l'enseignement personnalisé et la pédagogie de la maîtrise et, de manière plus particulière, l'enseignement direct, auquel elle consacre son chapitre (Raby et Viola, 2007). Nous avons déjà dit quelques mots de l'enseignement programmé et nous reviendrons sur l'enseignement direct, que nous distinguerons par ailleurs de l'enseignement de précision et de l'enseignement explicite (*voir la section 3.4*) alors que la pédagogie de la maîtrise sera abordée dans la dernière section de ce chapitre (*voir la section 3.5*). Il nous reste donc à dire quelques mots sur le tutorat systématique ou enseignement tutoriel. Par la suite, on abordera brièvement un autre champ d'application privilégié du béhaviorisme, soit celui des techniques de rétroaction.

L'enseignement tutoriel
On pourrait croire que la formule par laquelle un élève en aide un autre est aussi ancienne que le sont les efforts de scolarisation publique. Il convient donc tout d'abord de distinguer entre le tutorat informel, soit l'aide accordée ponctuellement par un élève à un autre

élève plus jeune ou en difficulté (qui existe pour ainsi dire depuis toujours), et le système de tutorat, ou tutorat systématique, mis en place par un enseignant ou par un orthopédagogue. À noter que l'expression « enseignement par les pairs » est également utilisée pour désigner ce « jumelage d'un apprenant (tuteur) à un ou quelques autres apprenants (tuteurés) » (Chamberland, Lavoie et Marquis, 1995, p. 97).

L'efficacité de cette « stratégie d'enseignement » n'est plus à démontrer tant, par exemple, celle d'un tutorat exercé par des tuteurs adultes auprès d'élèves du primaire éprouvant des difficultés d'apprentissage en lecture (Elbaum, Vaughn, Hughes et Moody, 2000) que l'efficacité d'un tutorat exercé par des pairs dans le développement des habiletés sociales chez des élèves tuteurés (Bolich, 2001). En fait, il existe de nombreuses formules et de nombreux domaines d'application de l'**enseignement tutoriel** en lecture (par exemple, conscience phonologique, décodage, compréhension en lecture), en mathématique (par exemple, numération et opérations, résolution de problèmes, algèbre et géométrie), en vocabulaire, en orthographe, en modélisation de stratégies, etc.

Bien que certaines approches fassent appel à des enseignants tuteurs ayant reçu un entraînement spécialisé, comme c'est le cas pour le programme *Reading Recovery* (Wilson et Daviss, 1994), la plupart des systèmes d'enseignement tutoriel implantés dans les écoles font plutôt appel à des élèves tuteurs, formule évidemment plus économique et davantage accessible, d'autant plus que la recherche démontre des effets positifs sur le rendement scolaire non seulement des élèves désignés comme les élèves « tutorés » (Raynal et Rieunier, 2009), mais également chez les élèves tuteurs, y compris chez des élèves en difficulté agissant comme tuteurs auprès d'élèves plus jeunes (Bolich, 2001).

En fait, parmi les avantages reconnus au tutorat exercé par des pairs, Raynal et Rieunier (2009) relèvent entre autres les bénéfices potentiels suivants : le **tutorat** « valorise celui qui devient tuteur, il permet au tuteur de mieux comprendre les contenus qu'il enseigne », car on sait « que si l'on veut apprendre quelque chose, le moyen le plus efficace est encore d'avoir besoin de l'enseigner » ; ils notent également que le tutorat « permet à celui qui apprend de bénéficier d'un type d'explication éventuellement plus simple ou plus adapté à son niveau de langue que celui qui serait donné par l'enseignant », l'élève tutoré étant également porté à poser plus facilement des questions à un autre élève qu'à un adulte ; enfin, ils observent l'influence déterminante qu'un élève plus âgé peut exercer sur un plus jeune, l'élève tuteur âgé de deux ou trois ans de plus que son protégé ayant, d'après ces auteurs, « une aura, un pouvoir de persuasion, généralement bien supérieur à celui de l'enseignant » (Raynal et Rieunier, 2009, p. 458).

En ce qui concerne précisément les diverses formes d'enseignement tutoriel, mentionnons les suivantes : le tutorat généralisé à l'ensemble de la classe (regroupement des élèves en dyades) ; le tutorat exercé par un élève auprès d'un petit groupe de ses pairs ; le tutorat individuel entre deux élèves du même âge, issus du même groupe-classe ou de groupes différents ; le tutorat exercé par un élève plus âgé et le tutorat exercé par un bénévole. À part le tutorat de groupe (*classwide peer tutoring*), souvent utilisé de manière informelle, tel qu'il est d'ailleurs utilisé par madame AuCoin (*voir l'introduction à ce chapitre*), ces diverses formules revêtent un aspect systématique : rencontres sur une base régulière (par exemple, toutes les semaines), à un moment prévu de la journée scolaire, pour une durée délimitée (par exemple, pendant 30 minutes) et visant des objectifs ou des résultats d'apprentissage spécifiques, habituellement identifiés par l'intervenant scolaire responsable de ces interventions. Notons enfin que plusieurs écoles exigent un entraînement initial et assurent un suivi auprès des élèves tuteurs.

Enseignement tutoriel

Stratégie d'enseignement consistant à faire appel à des tuteurs (des élèves du même âge ou plus âgés) pour offrir un programme d'intervention auprès d'élèves nécessitant une aide ponctuelle ou auprès d'élèves éprouvant des difficultés d'apprentissage. Il s'agit d'une approche systématique impliquant des rencontres régulières entre tuteurs et tutorés et visant des objectifs ou des résultats d'apprentissage spécifiques.

Tutorat

Formule d'intervention individualisée par laquelle une personne (le tuteur) en assiste une autre (le tutoré) pour favoriser l'atteinte de certains objectifs ou résultats d'apprentissage par ce dernier. On distingue le tutorat informel (par exemple, le regroupement spontané des élèves en dyades, dans lesquelles chaque élève peut jouer le rôle de tuteur, à tour de rôle) du tutorat formel (rencontres planifiées entre un tuteur et un élève tutoré).

Les techniques de rétroaction

Étant donné l'importance qu'il accorde au renforcement immédiat des bonnes réponses et à l'emploi de renforçateurs informationnels, le courant béhavioriste aura sans aucun doute contribué à valoriser l'évaluation formative offerte en cours d'apprentissage, en préconisant plus particulièrement le recours à une rétroaction systématique. Bien qu'elle reconnaisse que les premières études et théories sur la **rétroaction** (*feedback*) soient effectivement issues du béhaviorisme, Brookhart rappelle cependant qu'on s'est depuis éloigné du schéma stimulus-réponse pour expliquer l'apprentissage et que « des études plus récentes reconnaissent le rôle des élèves dans le processus de rétroaction » (2010, p. 2), celle-ci étant entre autres filtrée par les perceptions de l'élève (variables internes). Brookhart (2010) distingue par ailleurs la rétroaction externe, offerte par l'enseignant, de la rétroaction interne, celle que s'administre à lui-même l'élève apprenant (par exemple, l'autoévaluation). Les deux formes de rétroaction sont toutefois nécessaires et se révèlent complémentaires dans les efforts de l'enseignant pour amener les élèves à gérer leur processus d'apprentissage, par exemple, en identifiant les prochains résultats d'apprentissage qui seront poursuivis et en développant avec l'enseignant les moyens et les stratégies pour les atteindre (Brookhart, 2010).

Tel que démontré pour l'enseignement tutoriel, les recherches évaluant les effets de l'utilisation systématique de la rétroaction par les enseignants permettent de conclure à son efficacité. Par exemple, les résultats d'une méta-analyse menée par Kluger et DeNisi (1996), étude citée par Brookhart (2010), concluent que le rendement de groupes d'élèves recevant une telle rétroaction était significativement supérieur à celui de groupes témoins (66e centile, comparé au 50e centile). Cela dit, certains types de rétroaction se révèlent être plus efficaces que d'autres. Dans leur modèle de rétroaction à quatre niveaux, Hattie et Timberley (2007) identifient les formes de rétroaction suivantes : la rétroaction portant sur les résultats à une tâche (par exemple, l'exactitude des réponses fournies) ; la rétroaction portant sur la manière dont la tâche a été accomplie (par exemple, la stratégie qui a été ou aurait pu être utilisée) ; la rétroaction portant sur la gestion du processus d'apprentissage (par exemple, la réaction à une autoévaluation effectuée par l'élève) et la rétroaction portant sur l'élève en tant que personne (par exemple, un compliment de l'enseignant). On comprendra que l'effet de la rétroaction sur le processus d'apprentissage variera sensiblement suivant le niveau de celle-ci, une rétroaction portant sur la démarche ou sur les stratégies de résolution utilisées par l'élève étant autrement plus efficace qu'un seul compliment du genre : « Beau travail ! bravo ! »

En fait, il convient ici de distinguer entre renforcement et rétroaction. Les béhavioristes ne s'opposent évidemment pas à l'emploi régulier de renforçateurs sociaux et d'autres types de renforçateurs, bien au contraire. Toutefois, à l'exception du renforçateur informationnel, les techniques de renforcement ne fournissent pas aux élèves d'indices utiles pour améliorer leur apprentissage alors que la rétroaction « fournit l'information dont ils ont besoin pour savoir où ils en sont dans leur apprentissage » et ce qu'ils doivent faire pour continuer de progresser. Toujours d'après Brookhart, la rétroaction serait même « essentielle pour maintenir ou accroître leur niveau de compétence » (2010, p. 1).

Brookhart (2010) propose ainsi de nombreuses recommandations relatives aux stratégies de rétroaction à utiliser selon le contexte particulier (le moment et la fréquence, l'ampleur du travail, la démarche utilisée et les destinataires de la rétroaction) ainsi que selon le contenu même de la rétroaction (par exemple, le sujet abordé). Nous avons choisi

Rétroaction

Information communiquée par l'enseignant, à l'oral ou à l'écrit, soit à un élève en particulier (rétroaction individuelle) ou à tout le groupe-classe (rétroaction collective) et qui porte sur la performance à une tâche (exactitude ou qualité de la réponse émise) ou sur la démarche d'apprentissage de l'élève (par exemple, la stratégie utilisée). La rétroaction s'inscrit dans une démarche d'évaluation formative.

pour notre part d'effectuer une synthèse de ces recommandations issues de la recherche, se traduisant en cinq grands principes. Le tableau 3.4 présente ces principes pour une rétroaction efficace, accompagnés lorsque nécessaire d'extraits ou d'exemples tirés des tableaux 1.1 et 1.2 de Brookhart (2010, p. 4-5).

TABLEAU 3.4	Les principes d'une rétroaction efficace
PRINCIPES	**REMARQUES**
1. La rétroaction, comme le renforcement, doit être aussi immédiate et fréquente que possible.	**1.1** Il peut cependant parfois être utile de différer un peu la rétroaction et de laisser l'élève poursuivre son travail de manière à « comprendre le raisonnement de l'élève et la démarche qu'il utilise ». **1.2** On doit fournir une rétroaction régulière lorsque les élèves entreprennent des travaux d'envergure (par exemple, un projet réalisé en équipe).
2. La rétroaction peut porter sur différents aspects de la tâche scolaire et utiliser différentes normes de comparaisons.	**2.1** La rétroaction peut porter sur des critères associés à la qualité du travail effectué (exactitude des réponses, rapidité d'exécution, caractère complet de la réponse, etc.). **2.2** La rétroaction peut porter sur la performance de l'élève comparée à une norme de rendement préétablie (par exemple, au seuil de maîtrise) ou comparée à ses performances précédentes (améliorations).
3. La rétroaction peut prendre diverses formes (orale, écrite, visuelle, modélisation, etc.).	**3.1** La rétroaction revêt habituellement la même forme que la production de l'élève (par exemple, une rétroaction écrite pour un travail écrit). **3.2** On doit cependant tenir compte du niveau de développement de l'élève et du degré de spécificité de la rétroaction (une rétroaction détaillée est plus facilement offerte à l'oral) ; parfois une illustration visuelle ou un modèle proposé par l'enseignant constituera la rétroaction la plus efficace. **3.3** La rétroaction interactive (discussion avec l'élève) « est la démarche à privilégier dans la mesure du possible ».
4. La rétroaction la plus efficace est celle offerte directement par l'enseignant.	**4.1** En tant qu'expert des contenus d'apprentissage (connaissance didactique), l'enseignant est la personne la mieux placée pour offrir la rétroaction qui s'impose ; toutefois, une rétroaction peut également être offerte par les pairs. **4.2** Pour offrir une rétroaction rapide et du même coup augmenter les situations de rétroaction, l'enseignant peut faire appel à des fiches de correction ou à des moyens technologiques pour offrir cette rétroaction.

»

PRINCIPES (SUITE)	REMARQUES (SUITE)	
5. La rétroaction individuelle doit être privilégiée.	**5.1** La rétroaction individuelle permet d'adapter la rétroaction aux besoins particuliers de chacun ; elle montre également que « l'enseignant accorde de l'importance à l'apprentissage de chaque élève ».	
	5.2 La rétroaction peut également s'adresser à un groupe d'élèves ou au groupe-classe, en particulier lorsque la plupart des élèves éprouvent une difficulté commune ou ont besoin de réviser des contenus déjà abordés.	

Source : Brookhart (2010, p. 4-5).

3.3.6 Les limites de l'approche béhavioriste en pédagogie

Rappelons tout d'abord qu'en ce qui a trait à la gestion de la classe, on admet aujourd'hui qu'elle doit être une entreprise réalisée conjointement par l'enseignant et les élèves (Archambault et Chouinard, 2003 ; Caron, 1994 ; Nault et Fijalkow, 1999). Ces derniers doivent pouvoir s'exprimer sur les règles qui seront celles de leur milieu de vie à l'école. L'enseignant à l'écoute de ses élèves et respectueux des besoins qu'ils expriment n'emploiera pas les techniques de modification du comportement pour répondre à son besoin de contrôle des élèves, mais il mettra plutôt celles-ci au service de ses élèves pour les amener graduellement vers un autocontrôle accru. De fait, lorsque les techniques de modification du comportement sont utilisées sans intention éducative autre que celle qui consiste à faire cesser un comportement jugé inapproprié, elles conduisent dans une certaine mesure à la déresponsabilisation des apprenants, ce qui va à l'encontre d'une **pédagogie de la participation et de l'autonomie** (Gravel et Vienneau, 2002).

En ce qui concerne le processus enseignement-apprentissage, les techniques du façonnement, du modelage, de l'estompage et de l'incitation s'avèrent efficaces uniquement pour certains types d'apprentissages, par exemple, pour mémoriser des connaissances déclaratives (apprendre les tables de multiplication, les capitales des pays européens, les éléments chimiques du tableau périodique, etc.) ou encore pour maîtriser certaines connaissances procédurales (exécuter des algorithmes mathématiques, appliquer des règles grammaticales, résoudre une équation algébrique, etc.). Ces techniques peuvent difficilement prétendre au développement de compétences disciplinaires plus complexes (par exemple, analyser des textes littéraires) et encore moins au développement de compétences transversales (par exemple, mettre en œuvre sa pensée créatrice). Toutefois, cette limite dans la portée pédagogique des techniques béhavioristes ne devrait pas empêcher l'enseignant d'avoir recours à elles, ne serait-ce qu'en vue de développer les connaissances nécessaires à l'émergence de ces compétences disciplinaires et transversales plus complexes. En outre, les techniques visant la création d'un nouveau comportement pourront être fort utiles auprès d'élèves en difficulté, lesquels nécessitent un soutien plus actif dans leur processus d'apprentissage.

3.4 UNE STRATÉGIE D'ENSEIGNEMENT ÉPROUVÉE : L'ENSEIGNEMENT DIRECT

Comme toutes les techniques et stratégies d'enseignement issues du paradigme éducationnel béhavioriste, l'**enseignement direct** (*direct instruction*) a été l'objet de nombreuses

Pédagogie de la participation et de l'autonomie

Un des volets de la pédagogie actualisante (projet éducatif) qui vise à la participation optimale des apprenants dans leur processus d'apprentissage et dans la gestion du groupe-classe, de même qu'au développement de l'autonomie personnelle (affective et cognitive) et de l'autonomie sociale des apprenants.

 Au carrefour de l'actualisation de soi et de l'humanisation de la société : plaidoyer pour une pédagogie de la participation et de l'autonomie

Enseignement direct
Stratégie d'enseignement d'inspiration béhavioriste dont les principales caractéristiques sont le recours à des objectifs d'apprentissage très précis (parfois désignés comme des « microobjectifs »), une approche soigneusement planifiée et structurée de l'enseignement, une modélisation explicite de la tâche ou de l'habileté présentée par l'enseignant, une période de pratique guidée et une période de pratique indépendante pendant laquelle l'élève doit démontrer sa maîtrise de l'apprentissage visé.

recherches pour mesurer ses effets et évaluer son efficacité. Le modèle initial d'enseignement direct, introduit aux États-Unis à la fin des années 1960 par Sigfried Engelmann, était l'un des neuf programmes évalués dans une recherche américaine d'envergure nationale cherchant à mesurer les effets de ces programmes sur des élèves à risque du primaire (Watkins, 1988). Trois aspects ont été évalués : la maîtrise des habiletés de base (*basic skills*), la contribution au développement intellectuel et les effets d'ordre affectif. L'enseignement direct a obtenu les meilleurs résultats dans chacun de ces trois aspects. De plus, on a constaté assez rapidement que ce qui s'avérait être une stratégie efficace auprès des élèves à risque l'était tout autant avec les autres élèves, incluant les élèves doués et talentueux (Fredrick et Hummel, 2004).

Plus récemment, une recension d'écrits portant sur une dizaine d'années de recherche (1999-2007) et ayant pour objectif d'identifier les stratégies d'enseignement favorisant l'apprentissage de la lecture, de l'écriture et de la mathématique auprès d'élèves en difficulté du primaire, a permis d'identifier deux formules pédagogiques particulièrement efficaces : l'enseignement direct et l'**enseignement réciproque** (Bissonnette, Richard, Gauthier et Bouchard, 2010).

3.4.1 Les principes de base et la définition de l'enseignement direct

Les racines méthodologiques de l'enseignement direct sont indéniablement béhavioristes (Moran et Malott, 2004). Ce courant a marqué de son empreinte le design pédagogique adopté par l'enseignement direct (Joyce, Weil et Calhoun, 2009), design caractérisé d'une part par une définition précise des objets de l'apprentissage, c'est-à-dire des contenus enseignés (*task definition*) et, d'autre part, par une analyse détaillée des composantes ou des étapes menant à l'apprentissage visé (*task analysis*).

Il existe de nombreux modèles d'enseignement direct, qui partagent généralement les caractéristiques suivantes : des objectifs ou des résultats d'apprentissage très précis, une approche soigneusement planifiée et structurée de l'enseignement, une **modélisation** explicite de la tâche ou de l'habileté dont la démonstration sera effectuée par l'enseignant, une période de pratique guidée et une période de pratique indépendante pendant laquelle l'élève devra démontrer sa maîtrise de l'apprentissage visé. En s'inspirant de Lignugaris-Kraft (2004), Théorêt en retient les étapes suivantes :

1. une initiation aux contenus qui fournit aux élèves de nombreuses occasions de donner des réponses actives et permet de réduire le nombre d'erreurs qu'ils feront ;

2. la présentation de nombreux exemples ou de cas généraux avec une pratique guidée par l'enseignant ;

3. une pratique indépendante individuelle, sans l'aide de l'enseignant, qui mène à la fluidité et à la maîtrise de connaissances (2007, p. 210).

Bien qu'il soit également utilisé au secondaire, par exemple, pour certains cours de mathématique ou de sciences, et même à l'intérieur de certains programmes de formation postsecondaire (note : s'il était encore vivant, Skinner l'aurait probablement adopté pour ses cours de sciences naturelles à l'Université Harvard), l'enseignement direct est essentiellement associé à l'ordre du primaire. On n'insistera jamais assez sur la dimension planifiée, exagérément planifiée diront certains, de l'enseignement direct. Il existe

Enseignement réciproque

Formule d'apprentissage coopératif visant au développement de quatre stratégies de compréhension en lecture : le résumé, l'autoquestionnement, la clarification et la prédiction. Les élèves sont regroupés en équipes à l'intérieur desquelles chaque élève joue, à tour de rôle, le rôle d'animateur ou de leader dans un « dialogue pédagogique » modélisé par l'enseignant.

Modélisation

Deux sens peuvent être associés à ce terme. Le premier et le plus courant consiste à effectuer une démonstration du savoir ou du savoir-faire que l'on désire enseigner en demandant par la suite à l'élève d'imiter le modèle, c'est la technique du modelage. La modélisation peut également correspondre à la construction d'un modèle (représentation visuelle), préférablement effectuée en collaboration avec l'apprenant, pour faciliter chez lui la compréhension d'un contenu d'apprentissage complexe.

dans les faits un certain nombre de programmes d'études, encore une fois surtout au primaire, dont les contenus ont été analysés et transposés en **scénarios d'apprentissage** pour un enseignement direct (par exemple, Engelmann et Carnine, 1975). Ces scénarios proposent même des « scripts » destinés aux enseignants, c'est-à-dire le contenu verbal exact de leurs interventions, dialogues faisant intervenir des réponses chorales de la part des élèves (les élèves répondent à l'unisson à une question précise posée par l'enseignant). Le tableau 3.5 fournit, à titre d'exemple, la première partie de l'un de ces scénarios maison (*teacher-made scripted lessons*) reportés par Hummel, Venn et Gunter (2004, p. 103), librement traduite et adaptée par l'auteur.

TABLEAU 3.5	Un scénario pour l'enseignement direct d'un contenu d'apprentissage en langue écrite

UNE LEÇON POUR L'ENSEIGNEMENT DIRECT DE L'EMPLOI DE L'APOSTROPHE DANS UN COURS D'ANGLAIS	
Étape :	**Script :**
1	« L'apostrophe est un signe de ponctuation. L'apostrophe, comme la virgule et le point, est un signe de quoi ? » (Après chaque question, donner un signal gestuel ou auditif pour inviter les élèves à répondre à l'unisson.) « Oui, l'apostrophe est un signe de ponctuation. »
2	« L'apostrophe ressemble à la virgule, mais au lieu d'être placée en bas de la dernière lettre d'un mot, où l'on place la virgule, elle est placée tout en haut des lettres. À quel signe de ponctuation l'apostrophe ressemble-t-elle ? » (Réponse chorale) « Oui, à une virgule. » (Sur le tableau, illustrer et identifier clairement une virgule et une apostrophe.)
3	« Comme c'est le cas pour tous les signes de ponctuation, on ne les prononce pas lorsque l'on parle, mais il faut les inscrire à l'écrit. Dans quel type de communication utilise-t-on l'apostrophe ? » (Réponse chorale) « Oui, seulement lorsqu'on écrit. On ne prononce pas les signes de ponctuation lorsque l'on parle. »
4	« L'apostrophe est utilisée dans deux genres d'occasions lorsqu'on écrit. Dans combien d'occasions différentes utilise-t-on l'apostrophe à l'écrit ? » (Réponse chorale) « C'est bien ça, dans deux genres d'occasions. »
5	« La première manière dont on utilise l'apostrophe en écrivant, c'est lorsqu'on met deux mots ensemble pour n'en former qu'un seul. Ce mot s'appelle une contraction. Lorsqu'on forme un mot à partir de deux mots qu'on met ensemble, comment cela s'appelle-t-il ? » (Réponse chorale) « Oui, cela s'appelle une contraction. »

»

	UNE LEÇON POUR L'ENSEIGNEMENT DIRECT DE L'EMPLOI DE L'APOSTROPHE DANS UN COURS D'ANGLAIS (SUITE)
6	« Lorsqu'on combine deux mots ensemble, on enlève habituellement une lettre, parfois deux et jusqu'à trois lettres du deuxième mot qui compose la contraction et on remplace ces lettres par une apostrophe. Qu'est-ce que l'apostrophe remplace dans une contraction ? » (Réponse chorale) « Bien ! Oui, l'apostrophe remplace les lettres qu'on a enlevées. La contraction de deux mots s'écrit comme un seul mot, mais ce mot contient une apostrophe. »
7	« Voici quelques exemples de paires de mots dont on peut faire des contractions. Premièrement, on enlève une ou plusieurs lettres du second mot ; deuxièmement, on remplace ces lettres par une apostrophe dans le nouveau mot (écrire la liste au tableau) : *I am = I'm* *do not = don't* *she is = she's* *they will = they'll* *let us = let's* *should not = should'nt* »
8	« Maintenant, en utilisant ces paires de mots, formez des contractions. N'oubliez pas de mettre l'apostrophe au bon endroit dans votre contraction. » *I will* *can not* *we have* *it is* *you are* « Bon, vérifions votre travail. Regardez attentivement au tableau pendant que j'écris correctement les contractions à côté de chaque paire de mots. Beau travail tout le monde ! » (La leçon se poursuit...)

Source : Hummel, Venn et Gunter, tiré de Moran et Malott (2004, p. 103).

3.4.2 L'enseignement direct et l'enseignement explicite

Enseignement explicite

Stratégie d'enseignement apparentée à l'enseignement direct et dont la caractéristique fondamentale est de rendre explicite les objets de l'apprentissage, c'est-à-dire les connaissances, les habiletés ou les stratégies qui seront enseignées et qui devront être maîtrisées par l'élève. Ces objectifs ou résultats d'apprentissage sont clairement établis à l'avance et sont communiqués à l'élève.

Certains lecteurs seront probablement rebutés à l'idée d'utiliser un scénario tel que celui illustré au tableau 3.5, scénario qui semble réduire l'art d'enseigner à celui d'un lecteur de scripts, même lorsque l'enseignant en est lui-même l'auteur. Nous avons voulu illustrer ici le degré extrême de l'enseignement direct, ce que certains auteurs anglophones (par exemple, Hummel, Venn et Gunter, 2004) désignent d'ailleurs comme un **enseignement explicite** (*explicit instruction*). Notons toutefois que cette même expression peut désigner tout autre chose lorsqu'elle est employée en français. On parlera, par exemple, de l'« enseignement explicite de la compréhension en lecture » (Boyer, 1993), de l'« enseignement explicite et systématique des composantes du développement de la littératie » (Réseau canadien de recherche sur le langage et l'alphabétisation, 2009) ou de l'« enseignement explicite de stratégies de lecture » (Théorêt et Dumais, 2004). Ayant pour objectif de construire des automatismes de compréhension en lecture, Zwiers propose par exemple, d'offrir des minileçons, soit des « leçons courtes et ciblées, utilisées au besoin pour traiter d'un aspect particulier de la lecture » (2008, p. 17). Les étapes de ces minileçons d'enseignement explicite sont très similaires à celles des étapes de l'enseignement direct :

1. **Introduction**: communiquez aux élèves le sujet de la leçon. Faites un lien entre ce que les élèves s'apprêtent à apprendre et leurs connaissances antérieures […].

2. **Modelage par l'enseignant**: montrez aux élèves comment utiliser l'automatisme; pour ce faire, les techniques de réflexion à haute voix sont particulièrement efficaces.

3. **Modelage par l'élève et pratique graduée**: soutenez les premiers essais des élèves, puis amenez-les graduellement à utiliser la stratégie seuls.

4. **Pratique autonome**: donnez aux élèves des occasions d'utiliser l'automatisme dans des situations inédites, puis discutez des résultats obtenus (Zwiers, 2008, p. 17).

Bien que l'on y conserve l'aspect planifié et structuré de la stratégie, les scénarios d'apprentissage adoptés par tous ces auteurs sont beaucoup moins rigides et n'ont pas l'apparence de performances d'enseignement robotisées. Rappelons au passage que la leçon de mathématique animée par madame AuCoin (*voir l'introduction à ce chapitre*) est un exemple d'une stratégie d'enseignement direct qu'on pourrait qualifier de « personnalisée », en ce qu'elle est adaptée au style d'enseignement et aux objectifs de formation poursuivis par cette enseignante. Toujours à titre d'exemple, et pour donner une idée plus complète des applications possibles de cette stratégie d'enseignement éprouvée, le tableau 3.6 fournit un scénario pour l'enseignement explicite d'une stratégie de lecture, soit l'habileté à reconnaître l'idée principale d'un texte, tel que présenté par Théorêt et Dumais (2004, p. 124-125) dans un texte consacré aux modèles et pratiques d'enseignement efficaces en lecture.

TABLEAU 3.6	Un scénario pour l'enseignement explicite d'une stratégie de lecture

	ENSEIGNEMENT EXPLICITE DE L'HABILETÉ À IDENTIFIER L'IDÉE PRINCIPALE À L'AIDE D'UN TEXTE INFORMATIF DANS LE CADRE D'UN COURS DE SCIENCES HUMAINES
1	« L'enseignant explique d'abord aux élèves qu'ils auront à découvrir l'idée principale dans un passage d'un texte informatif: "Nous allons lire les trois premiers paragraphes de *La vie de château* dans un texte sur la féodalité pour en découvrir l'idée principale. On devrait pouvoir la rapporter en une phrase". Il lit le passage à voix haute: "Construit pour la défense et pour exprimer l'autorité du maître dans son domaine, le château fort était aussi une résidence. Le maître vivait avec sa famille dans le donjon. Dominant le château, cette grosse tour abritait aussi des chevaliers amis du seigneur. Les artisans, les domestiques et les populations réfugiées logeaient dans la cour intérieure. Le château servait aussi de réserves de vivres et d'entrepôt d'armes; il abritait des ateliers, des bâtiments pour les bêtes (écuries, étables, etc.) et toujours, une chapelle. "
2	L'enseignant continue en disant à voix haute ce qui se passe dans sa tête. "Quelle est la chose la plus importante que l'auteur veut nous dire dans ces trois paragraphes?" (Il donne d'abord un exemple (c.-à-d. la réponse exacte): "Allons voir la première phrase du texte, qui donne généralement l'idée principale. Je l'ai repérée. Elle se lit comme suit: [L'enseignant relit la phrase à voix haute.] En d'autres mots, le château fort est un endroit pour se loger et se défendre." Puis il fait ressortir un contraste, à l'aide d'un contre-exemple (c.-à-d. réponse inexacte): Ou serait-ce plutôt 'Le château servait aussi de réserves de vivres et d'entrepôt d'armes?' Il discute de la réponse à voix haute: "Non, ce n'est pas l'idée principale parce que c'est un détail de la première phrase."

»

	ENSEIGNEMENT EXPLICITE DE L'HABILETÉ À IDENTIFIER L'IDÉE PRINCIPALE À L'AIDE D'UN TEXTE INFORMATIF DANS LE CADRE D'UN COURS DE SCIENCES HUMAINES (SUITE)
3	Ensuite, l'enseignant explique aux élèves que la découverte de l'idée importante d'un passage de texte est utile parce qu'elle permet de mieux saisir ce que l'auteur considère [comme] essentiel dans le texte. "Quand vous repérez l'idée principale, vous comprenez mieux le fil conducteur du texte et vous apprenez à organiser les éléments du texte de façon personnelle." Il ajoute: "En lisant ces lignes, nous pouvons comprendre ce que l'auteur considère [comme] important dans la vie de château au Moyen-Âge." Il alloue un moment de discussion entre les élèves ou en groupe […].
4	Il offre de l'aide aux élèves qui persistent dans l'utilisation d'une stratégie inappropriée. Il dira, par exemple: "Attention, *l'idée principale*, c'est la chose la plus importante que l'auteur veut nous dire dans ce passage du texte. Ce n'est pas la même chose que le *sujet* du texte, qu'on peut trouver en répondant à la question: 'De quoi parle […] ce passage du texte'?" (Réponse: la vie dans un château fort médiéval.)
5	L'enseignant encourage les élèves à appliquer la stratégie de l'idée principale dans leurs lectures personnelles de textes descriptifs. Par exemple, il peut dire: "Je vous suggère de trouver les idées principales d'un texte quand vous voudrez le comprendre et retenir les éléments importants sur un sujet." »

Source: Théorêt et Dumais (2004, p. 124-125).

3.4.3   L'enseignement direct et l'enseignement efficace

Tout d'abord, signalons que les expressions «enseignement direct» et «enseignement explicite» n'apparaissent pas dans le dictionnaire de Legendre (2005). L'expression qui se rapproche le plus de ces stratégies d'enseignement est celle d'«enseignement systématique», pour laquelle Legendre (2005) propose une définition beaucoup plus générale, englobant par exemple, des dimensions telles que l'identification des besoins du sujet (à l'étape de la planification) et l'autoévaluation de son enseignement (après une période d'enseignement-apprentissage). Dans la définition proposée pour «enseignant efficace», on retrouve par ailleurs une référence à l'**enseignement efficace,** dont les caractéristiques ressemblent étrangement aux étapes de l'enseignement direct… ou de l'enseignement explicite: «le rappel des connaissances et des habiletés préalables; la communication claire des objectifs d'apprentissage; la présentation du contenu selon une séquence logique et par étapes successives; la vérification de la compréhension des élèves; les pratiques dirigées; les travaux individuels et la rétroaction sur les progrès d'apprentissage» (Legendre, 2005, p. 571).

En fait, les liens de parenté évidents entre l'enseignement direct et l'enseignement efficace n'ont rien d'étonnant lorsque l'on sait que les principes de l'enseignement direct et de ses formules dérivées (dont l'enseignement de précision, sur lequel nous reviendrons) sont précisément issus des études qui tentaient de déterminer les caractéristiques d'un enseignement efficace (Joyce, Weil et Calhoun, 2009). On n'a, pour s'en convaincre, qu'à comparer les caractéristiques d'un modèle d'enseignement efficace développé en France par Postic et De Ketele (1988) avec le modèle général d'enseignement direct qu'on retrouve dans l'ouvrage de Joyce, Weil et Calhoun (2009), ouvrage qui, rappelons-le, est probablement la principale référence américaine dans le domaine des modèles d'enseignement. Le tableau 3.7 propose cette comparaison entre l'enseignement direct et l'enseignement efficace. La description complète du modèle des six fonctions principales de l'enseignement proposé par Postic et De Ketele (1988) est reprise dans le dictionnaire de Raynal et

Enseignement efficace

À la fois domaine de recherche en sciences de l'éducation (enseignement, enseignants et écoles efficaces) et modèle d'enseignement, proprement dit, qui partage plusieurs caractéristiques avec les modèles d'enseignement direct ou explicite. Toutefois, l'enseignement efficace, en tant que pratique, ne se limite pas à un modèle d'enseignement en particulier.

Rieunier (2009, p. 171-172), alors que le sommaire des étapes de l'enseignement direct de Joyce, Weil et Calhoun (2009, p. 375-376) a été traduit et adapté par l'auteur pour les besoins de ce tableau comparatif.

TABLEAU 3.7 Une comparaison entre l'enseignement direct et l'enseignement efficace

MODÈLE D'ENSEIGNEMENT DIRECT (Joyce, Weil et Calhoun, 2009)	MODÈLE D'ENSEIGNEMENT EFFICACE (Postic et De Ketele, 1988)
1re phase : Mise en situation (*orientation*) : • l'enseignant présente le contenu de la leçon ; • l'enseignant revoit le contenu des leçons précédentes ; • l'enseignant présente les objectifs de la leçon ; • l'enseignant présente le déroulement de la leçon.	**1. La révision journalière et le contrôle des devoirs :** • corriger ou faire corriger les devoirs journaliers ; • réenseigner si nécessaire ; • revoir l'apprentissage antérieur ; • revoir les capacités prérequises.
2e phase : Présentation de la leçon (*presentation*) : • l'enseignant explique le nouveau concept ou effectue une démonstration de l'habileté nouvelle ; • l'enseignant fournit une représentation visuelle de la tâche ; • l'enseignant vérifie la compréhension de ses élèves.	**2. La présentation :** • communiquer brièvement les objectifs ; • présenter des synthèses et structurer les acquis antérieurs ; • procéder par petites étapes à un rythme rapide ; • accompagner la présentation de questions visant à contrôler la compréhension ; • souligner les aspects les plus importants ; • fournir suffisamment d'illustrations et d'exemples concrets ; • fournir des démonstrations et des modèles ; • fournir au besoin des consignes ainsi que des exemples détaillés et redondants.
3e phase : Démonstration (*structured practice*) : • l'enseignant guide les élèves dans une démonstration graduelle du nouveau contenu ; • les élèves répondent aux questions de l'enseignant ; • l'enseignant fournit une évaluation formative (*corrective feedback*) et renforce les réponses correctes.	**3. La pratique guidée :** • guider les élèves dans les premières applications ; • poser de nombreuses questions et donner des exercices ouverts ; • contrôler la compréhension en évaluant les réponses fournies par l'élève ; • pendant les contrôles de compréhension [...], fournir [une rétroaction] et répéter l'explication si nécessaire ; • s'assurer de la participation de tous les élèves ; • continuer la pratique guidée jusqu'au moment où l'élève peut travailler indépendamment, avec suffisamment d'assurance et un taux de réussite d'au moins 80 %.

»

MODÈLE D'ENSEIGNEMENT DIRECT (Joyce, Weil et Calhoun, 2009) (SUITE)	MODÈLE D'ENSEIGNEMENT EFFICACE (Postic et De Ketele, 1988) (SUITE)
4e phase: Pratique guidée (*guided practice*): • les élèves effectuent des exercices de manière semi-indépendante (par exemple, avec l'aide d'un pair), exercices qui visent la maîtrise de l'apprentissage visé; • l'enseignant circule dans la classe, contrôlant de près la pratique des élèves; • l'enseignant fournit une rétroaction à tous les élèves, en utilisant l'incitation et le renforcement nécessaires.	**4. La correction et la rétroaction:** • des réponses rapides, fermes et correctes peuvent être suivies d'une autre question ou d'une brève reconnaissance du caractère correct de la réponse (par exemple, « c'est juste »); • des réponses correctes mais hésitantes doivent être suivies d'un processus de rétroaction (par exemple, « oui, c'est juste, parce que ... »); • les corrections données aux élèves peuvent inclure une procédure de soutien (par exemple, simplifier la question); • la pratique guidée et les corrections doivent être continuées jusqu'au moment où toute la classe maîtrise les objectifs de la leçon.
5e phase: Pratique indépendante (*independent practice*): • les élèves pratiquent l'apprentissage visé de manière indépendante (autonome) en classe et à la maison; • la rétroaction peut être différée (n'a plus à être immédiate); • de nombreuses occasions, réparties sur une longue période, sont fournies aux élèves pour pratiquer le nouvel apprentissage de manière autonome.	**5. La pratique indépendante:** • programmer un nombre suffisant d'exercices à effectuer individuellement; • la pratique indépendante doit être étroitement liée au contenu ou aux objectifs enseignés; • poursuivre les exercices individuels jusqu'à l'obtention de réponses rapides, fermes et automatiques; • programmer des exercices de consolidation; • les exercices d'application doivent fournir au moins 95 % de réponses correctes.
	6. La révision hebdomadaire ou mensuelle: • revoir systématiquement ce qui a été appris; • prévoir les travaux de révision; • programmer des tests fréquents; • réenseigner les contenus non maîtrisés dans les tests.

Sources: Raynal et Rieunier (2009, p. 171-172) et Joyce, Weil et Calhoun (2009, p. 375-376).

3.4.4 L'enseignement direct et l'enseignement de précision

Il nous reste à aborder les liens entre l'enseignement direct et l'enseignement dit « de précision » (*precision teaching*). Notons qu'on retrouve très peu d'écrits, voire même de références, en langue française portant sur cette approche d'inspiration béhavioriste, développée par l'Américain Ogden Lindsley vers la fin des années 1960. L'**enseignement de précision** n'est pas tant un modèle d'enseignement qu'un modèle d'évaluation, susceptible d'être employé conjointement avec différents modèles ou stratégies d'enseignement

Enseignement de précision

Bien que d'inspiration béhavioriste, ce modèle d'évaluation et de gestion des apprentissages scolaires peut être employé conjointement avec différents modèles ou stratégies d'enseignement. Les élèves y pratiquent chaque jour un apprentissage poursuivi dans chacune de leurs matières scolaires, mesurent leur performance et l'inscrivent sur une charte personnelle prévue à cet effet.

(Fredrick et Hummel, 2004). Il exige cependant que des objectifs ou des résultats d'apprentissage spécifiques soient identifiés pour chaque contenu d'apprentissage abordé par l'enseignant, quelle que soit la méthode d'enseignement utilisée. Chaque élève doit régulièrement (généralement chaque jour) pratiquer un des apprentissages visés dans chacune de ses matières scolaires, mesurer sa performance et l'inscrire sur une charte personnelle prévue à cet effet.

Ce sont le recours systématique à cette rétroaction journalière et, surtout, l'utilisation pédagogique de cette charte qui définissent l'enseignement de précision. Dans les cercles d'initiés, cette charte de type semi-logarithmique est désignée sous le nom de *Standard Celeration Chart* (aucune traduction française n'est disponible). Elle permet d'établir le taux de réponse (*rate of responding*) de chaque élève. Cette charte est régulièrement examinée par l'enseignant ; si le taux de réponse diminue ou se révèle insuffisant, des modifications au processus d'enseignement sont immédiatement apportées. Comme c'est le cas pour l'enseignement direct et l'enseignement explicite, l'enseignement de précision a connu et connaît toujours beaucoup de succès, surtout aux États-Unis, où il existe même des écoles privées dont c'est la « marque de commerce ». Au lecteur désireux d'en connaître un peu plus sur cette stratégie d'évaluation et de gestion des apprentissages, on suggère la lecture de la section du livre de Moran et Malott (2004) qui lui est consacrée (deux chapitres), au côté d'ailleurs de la section consacrée à l'enseignement direct (trois chapitres), ou encore de visiter le site de la revue en ligne, *Journal of precision teaching and celeration* (note aux personnes allergiques aux nombres et aux statistiques : prière de s'abstenir) !

 *Journal of precision teaching*

3.4.5 Les avantages et les limites de l'enseignement direct

Comme nous l'avons vu précédemment, l'enseignement direct, ou « enseignement explicite », est peut-être une autre manière de désigner l'enseignement efficace (*effective teaching*), modèle avec lequel il partage de nombreuses caractéristiques. L'enseignement direct est particulièrement efficace auprès des élèves à risque et des élèves éprouvant déjà des difficultés d'apprentissage. Son approche structurée (étapes bien définies), graduelle (tâche bien analysée) et axée sur la maîtrise de l'apprentissage (critères élevés) convient particulièrement bien à l'enseignement systématique de connaissances déclaratives (savoirs) et de connaissances procédurales (savoir-faire) dont on veut assurer la maîtrise chez tous les élèves ou pour lesquelles on vise des automatismes (Zwiers, 2008).

Certaines limites pédagogiques ont déjà été évoquées… L'enseignement direct ne convient pas nécessairement à toutes les matières scolaires ni même à tous les contenus d'apprentissage à l'intérieur d'un programme d'étude donné. Il ne convient peut-être pas non plus à certains styles d'enseignement, de type créatif ou davantage spontané que structuré, quoique madame AuCoin, enseignante se proclamant d'inspiration humaniste, a su y trouver son compte… et surtout en faire bénéficier ses élèves. Comme pour toute stratégie d'enseignement, c'est avant tout une question de dosage, comme le rappellent Joyce, Weil et Calhoun : « l'enseignement direct joue un rôle limité mais néanmoins important dans un programme de formation équilibré. Ses détracteurs nous mettent en garde de ne pas l'utiliser tout le temps, pour tous les objectifs d'apprentissage ou pour tous les élèves » (2009, p. 368, traduction libre). À part peut-être la dernière restriction (pas pour tous les élèves ?), nous partageons ce sage avis.

UN MODÈLE D'ENSEIGNEMENT D'INSPIRATION BÉHAVIORISTE : LA PÉDAGOGIE DE LA MAÎTRISE

En plus des principes et des programmes de renforcement (*voir les sections 3.3.1 et 3.3.2*), des techniques servant à implanter un nouvel apprentissage (*voir la section 3.3.3*), des techniques de l'analyse de tâche (*voir la section 3.3.4*) et d'autres contributions du béhaviorisme en éducation, soit l'enseignement tutoriel et les techniques de rétroaction (*voir la section 3.3.5*), nous avons exploré une stratégie d'enseignement découlant directement du courant béhavioriste dans le domaine de l'éducation, soit l'enseignement direct (*voir la section 3.4.1*) ainsi que sa variante, l'enseignement explicite (*voir la section 3.4.2*) et un modèle qui lui est apparenté, l'enseignement efficace (*voir la section 3.4.3*) pour conclure avec une stratégie d'évaluation et de gestion des apprentissages qui, dans certains cas, lui est complémentaire ; l'enseignement de précision (*voir la section 3.4.4*). Il nous reste maintenant à aborder l'étude d'un modèle d'enseignement qui offre une synthèse particulièrement éloquente de l'application des thèses béhavioristes en pédagogie : le modèle de la maîtrise de l'apprentissage (*mastery learning*).

Pédagogie de la maîtrise

Modèle d'enseignement d'inspiration béhavioriste dont la croyance de base est que la très grande majorité des élèves peut effectivement maîtriser les contenus qui leur sont enseignés. Ses cinq composantes pédagogiques sont les suivantes : définition de l'apprentissage visé, spécification d'un seuil de maîtrise, recours à une évaluation formative à base critériée, activités correctives ou d'enrichissement, accès à la reprise des évaluations sommatives.

3.5.1 L'hypothèse de base du modèle de la maîtrise de l'apprentissage

La **pédagogie de la maîtrise** (Legendre, 2005) se fonde sur les résultats des recherches effectuées par Benjamin Bloom et ses collègues (voir Anderson, 1995), recherches qui tendent à démontrer que « le facteur le plus déterminant des apprentissages futurs n'est pas l'intelligence ou la motivation, mais le degré de maîtrise des apprentissages préalables » (Landry et Richard, 2002, p. 2). Parmi les deux autres variables retenues par Bloom (1973), soit la motivation de l'élève et la qualité de l'enseignement offert, notons que cette dernière variable fait également partie de l'environnement pédagogique de l'élève, ce qui rapproche Bloom de la position environnementaliste des béhavioristes (Rieben, 1988).

En bref, l'hypothèse de la pédagogie de la maîtrise, qui « est assez radicale et optimiste », postule que « dans des conditions appropriées d'enseignement, presque tous les élèves (95 %) peuvent maîtriser la matière enseignée, et ceci jusqu'à la fin de la scolarité obligatoire » (Huberman, 1988, p. 13). C'est pourquoi il importe d'assurer la maîtrise des apprentissages préalables et d'offrir un enseignement d'excellente qualité.

Modèle d'enseignement

Appellation correspondant le plus souvent à celle de courant pédagogique, mais qui désigne ici un modèle d'intervention basé sur un certain nombre de pratiques pédagogiques ayant une visée commune, dans ce cas-ci, l'atteinte de la maîtrise de l'apprentissage par tous les élèves (la réussite scolaire pour tous). En tant que modèle d'intervention, la pédagogie de la maîtrise est compatible avec tous les courants pédagogiques ou modèles d'enseignement.

3.5.2 Les éléments nécessaires à la mise en œuvre d'une pédagogie de la maîtrise

Précisons que la pédagogie de la maîtrise n'est pas une stratégie d'enseignement, mais plutôt un **modèle d'enseignement** qui peut intégrer « une multitude d'approches à l'apprentissage » (Landry et Richard, 2002, p. 2). De plus, malgré leurs origines béhavioristes, les thèses véhiculées par ce modèle ne sont pas totalement incompatibles avec une perspective constructiviste (Rieben, 1988) ou avec la prise en considération de variables telles que le style cognitif des élèves (Beauchamp, 1981). Landry et Richard (2002) retiennent cinq éléments pédagogiques normalement présents dans la mise en œuvre de la pédagogie de la maîtrise, éléments que nous résumons ci-après.

1. La définition de l'apprentissage visé. D'après Landry et Richard, «il est impossible d'implanter des pratiques conformes à la pédagogie de la maîtrise sans avoir une vision claire des apprentissages que visent ces pratiques» (2002, p. 11). En cela, ils rejoignent Richelle, pour qui «définir des objectifs en termes de conduite est une exigence *sine qua non* d'une pédagogie scientifique» (1977, p. 158). Bien que cette définition de l'apprentissage visé se soit tout d'abord exprimée sur le mode béhavioriste, alors que l'on a plutôt tendance aujourd'hui à l'exprimer en fonction de résultats d'apprentissage ou de compétences, il n'en reste pas moins qu'enseignants et élèves «devraient avoir clairement à l'esprit le potentiel de comportement que vise l'activité d'apprentissage» (Landry et Richard, 2002, p. 12). Brandt et Perkins rappellent d'ailleurs que la pratique consistant à définir un résultat d'apprentissage en fonction de comportements ne va pas nécessairement de pair avec un enseignement de type béhavioriste : «Les deux sont historiquement liés mais ne désignent pas la même chose» (2000, p. 162, traduction libre).

2. La spécification d'un seuil de maîtrise. Dans sa stratégie d'enseignement programmé, Skinner souhaitait pour ainsi dire supprimer l'erreur de l'élève. Bloom préfère pour sa part un système scolaire autocorrectif, c'est-à-dire un système d'éducation à erreur minimale (Rieben, 1988). La pédagogie de la maîtrise tire précisément son nom de l'objectif consistant à assurer à chaque élève une véritable maîtrise des résultats d'apprentissage poursuivis (et non pas la seule note de passage), d'autant plus «qu'un haut degré d'apprentissage est un meilleur garant de l'apprentissage subséquent qu'un apprentissage incomplet ou partiel» (Bloom, 1976, cité par Landry et Richard, 2002, p. 13). Concrètement, les seuils de rendement visés par la pédagogie de la maîtrise se situent entre 80 % et 90 %, le seuil typique étant de l'ordre de 85 %.

3. Le recours à une évaluation formative à base critériée. La pédagogie de la maîtrise accorde une place prépondérante à l'**évaluation formative,** tant à sa fonction de régulation qu'à sa fonction de rétroaction, deux fonctions nécessaires pour guider enseignants et élèves (Scallon, 2000). On peut encore une fois faire un rapprochement avec l'enseignement programmé, qui visait à fournir une rétroaction et un renforcement immédiats. L'évaluation formative préconisée par la pédagogie de la maîtrise va cependant beaucoup plus loin et exige non seulement que la rétroaction soit offerte le plus tôt possible, mais aussi que les informations reçues par l'élève au sujet de sa performance soient «explicatives et parfois même prescriptives» (Landry et Richard, 2002, p. 13). En plus d'apprendre qu'il n'a pas réussi ou qu'il a fait une erreur, l'élève doit être informé des aspects de sa performance qu'il doit améliorer pour atteindre les critères de maîtrise spécifiés.

4. Des activités correctives ou d'enrichissement. Quelle que soit la qualité de l'enseignement mis en place, certains élèves n'atteindront pas le **seuil de maîtrise** visé à la première évaluation. En adoptant la conception du facteur de l'aptitude proposée par Carroll (1963), qui le définissait comme une variation dans le temps nécessaire pour apprendre, les tenants de la pédagogie de la maîtrise ont également adopté son corollaire pédagogique, à savoir que si l'on désire accroître le degré d'apprentissage des élèves plus lents, il faut leur accorder le temps qui leur est nécessaire. Les activités correctives s'imposent donc d'elles-mêmes dans un tel modèle et, idéalement, ces

Évaluation formative

Évaluation offerte tout au long du processus d'enseignement-apprentissage. L'évaluation formative est à la fois au service de l'élève, puisqu'elle lui permet d'identifier les aspects non maîtrisés d'une tâche ou d'un objectif d'apprentissage (fonction de rétroaction), et au service de l'enseignant, puisqu'elle lui fournit l'information nécessaire pour ajuster ses interventions pédagogiques (fonction de régulation). L'évaluation formative est également dite «critériée» lorsque le résultat de l'élève est comparé à un critère spécifié à l'avance.

Seuil de maîtrise

Niveau de rendement correspondant à ce que l'on considère être un indice fiable de l'atteinte de la maîtrise d'un apprentissage. Les seuils de maîtrise pour chacun des objectifs ou des résultats d'apprentissage mesurés sont fixés par les intervenants scolaires et varient habituellement entre 80 % de réussite (jugé le seuil minimal pour une maîtrise de l'apprentissage) et 100 % (seuil souvent utilisé lorsqu'on vise un automatisme).

occasions supplémentaires devraient être «différentes des conditions initiales d'apprentissage et adaptées aux particularités et aux besoins de chaque élève» (Landry et Richard, 2002, p. 14). Les élèves qui ont un rythme d'apprentissage supérieur au rythme moyen du groupe ne doivent pas être en reste ; on doit leur offrir les activités d'enrichissement auxquelles ils ont aussi droit.

5. **L'accès à la reprise des évaluations sommatives.** Enfin, malgré une évaluation formative régulière et les activités correctives prévues, certains élèves ne pourront sans doute pas atteindre les mêmes seuils de réussite dans l'**évaluation sommative** des apprentissages, d'où la nécessité de prévoir une ou plusieurs reprises de cette évaluation à l'aide d'épreuves équivalentes (Landry et Richard, 2002).

> ■ **Évaluation sommative**
> Évaluation qui survient à la fin d'une séquence d'enseignement et qui porte habituellement sur une tranche des contenus d'apprentissage composant une matière scolaire. L'évaluation sommative, qui évalue une «somme» et l'intégration de plusieurs connaissances ou compétences disciplinaires, sert également à déterminer les résultats scolaires des élèves et leur réussite ou non, selon le seuil de rendement minimal fixé par l'institution scolaire.

La pédagogie de la maîtrise permet de mettre en lumière certaines incohérences de nos systèmes éducatifs et fournit l'occasion de dénoncer certains mythes relatifs à l'apprentissage scolaire (Landry et Richard, 2002). Elle nous rappelle également au moins trois principes pédagogiques de base que n'aurait probablement pas désavoués Skinner lui-même : premièrement, la nécessité de formuler clairement les résultats d'apprentissage attendus (et ce, peu importe l'approche pédagogique privilégiée) ; deuxièmement, l'importance d'offrir une rétroaction immédiate et de mettre en œuvre une évaluation formative tout au long de l'apprentissage ; troisièmement, la reconnaissance du rôle déterminant que jouent les apprentissages préalables dans la maîtrise d'apprentissages subséquents.

Vu la réaffirmation de ces principes fondamentaux, vu la profession de foi des concepteurs de ce modèle qui soutenaient que la grande majorité des élèves sont en mesure de maîtriser les résultats d'apprentissage attendus, pour toutes ces raisons et d'autres encore, la pédagogie de la maîtrise nous apparaît comme l'un des joyaux de l'héritage béhavioriste.

Pour conclure, nous croyons à l'utilité et à la pertinence de l'éclairage béhavioriste quant à la compréhension du phénomène de l'apprentissage scolaire. Bien que l'approche béhavioriste comporte des limites évidentes dans le contexte scolaire actuel et que le béhaviorisme ne soit plus LA référence en sciences de l'éducation, il ne faudrait pas pour autant «jeter le bébé avec l'eau du bain» et tomber dans le piège du réductionnisme idéologique (par exemple, «les béhavioristes sont inhumains») ou dans celui de la pensée dichotomique, ce que Lieberman et Miller (2000) qualifient de mentalité du «soit ceci/soit cela».

Parmi la longue liste des travaux théoriques et pratiques à l'actif du courant béhavioriste, il importe de retenir ceux qui permettront de répondre aux besoins particuliers de chacun des élèves et d'implanter les conditions d'une pédagogie actualisante pour tous (Landry, Ferrer et Vienneau, 2002). Parmi cette liste, citons les principes du conditionnement opérant, les programmes et les techniques de renforcement, l'analyse de tâche, l'enseignement direct de même que la pédagogie de la maîtrise.

Les fondements théoriques du béhaviorisme (*section 3.1*)

- Le béhaviorisme ou «psychologie du comportement» a pour objet d'étude et d'intervention les comportements observables et mesurables des individus.

- Thorndike est un précurseur du béhaviorisme. En 1898, il établit la loi de l'effet selon laquelle un comportement suivi d'une conséquence agréable aura tendance à se reproduire dans une situation similaire.

- En 1907, Pavlov établit les lois du conditionnement classique ou répondant (modèle S-R) avec ses expériences portant sur la salivation des chiens : un stimulus neutre, associé en contiguïté avec un stimulus inconditionnel, finit par provoquer la même réponse que celui-ci ; le stimulus neutre est devenu un stimulus conditionné, provoquant une réponse, elle-même devenue conditionnée.

- Watson est le fondateur du béhaviorisme. En 1913, il publie un article qui propose les fondements d'une nouvelle école en psychologie, le béhaviorisme.

- Skinner a établi les bases du conditionnement opérant (modèle S-R-C). La probabilité de manifester un comportement dépend des conséquences offertes à ce comportement : une conséquence qui augmente ou maintient un comportement déjà établi est un renforcement ; une conséquence qui le diminue est dite «punitive».

- Les quatre classes de contingences dans le conditionnement opérant sont le renforcement positif, le renforcement négatif, la punition par addition et la punition par soustraction. Il ne faut pas confondre «renforcement négatif» et «punition».

- L'apprentissage vicariant survient lorsque l'on imite le comportement d'un modèle, comportement qui a précédemment été renforcé par son environnement.

La conception béhavioriste de l'apprentissage et de l'enseignement (*section 3.2*)

- L'école d'inspiration béhavioriste est avant tout un lieu de transmission d'un savoir préétabli.

- La philosophie béhavioriste élaborée par Skinner propose une conception de la liberté et de la dignité humaines qui a été fortement critiquée.

- Le courant béhavioriste suggère une conception très interventionniste du rôle de l'enseignant (rôle central) et une conception mécaniste de l'apprentissage.

- Skinner est l'inventeur de la première machine à enseigner et le concepteur des tout premiers programmes d'enseignement programmé.

- Les méthodes et les stratégies d'enseignement issues du béhaviorisme peuvent être qualifiées de magistrocentrées.

Les principales retombées éducatives du béhaviorisme (*section 3.3*)

- On distingue deux catégories de renforçateurs : les renforçateurs primaires et les renforçateurs secondaires ou «conditionnés». Par ailleurs, on trouve cinq types de renforçateurs conditionnés : les renforçateurs matériels, par privilège ou activité, symboliques, sociaux et informationnels.

- La valeur d'un renforcement dépend de la personne. Un renforcement social doit accompagner tout autre type de renforçateur. Un renforçateur peut perdre sa valeur renforçante s'il est trop souvent utilisé.

- On distingue deux catégories de programmes de renforcement : les programmes continus (chaque comportement est renforcé) et quatre types de programmes intermittents : à proportion fixe, à proportion variable, à intervalle fixe et à intervalle variable.

- Les principales techniques visant l'implantation d'un nouvel apprentissage sont le façonnement, le modelage, l'estompage et l'incitation.

- L'analyse de tâche consiste à décortiquer un apprentissage scolaire en déterminant, d'une part, les préalables qui lui sont nécessaires et, d'autre part, les étapes qui permettront d'arriver à l'habileté terminale visée.

- Parmi les autres contributions du béhaviorisme à l'éducation, on relève l'enseignement tutoriel et les techniques de rétroaction.

- Bien qu'encore très utile, l'approche béhavioriste présente certaines limites pédagogiques dans le contexte scolaire actuel.

Une stratégie d'enseignement éprouvée : l'enseignement direct (*section 3.4*)

- L'enseignement direct est une stratégie d'enseignement dont les principales caractéristiques sont le recours à des objectifs d'apprentissage très précis, à une approche soigneusement planifiée et structurée de l'enseignement, à une modélisation de l'enseignant, à une période de pratique guidée et à une période de pratique indépendante.

- L'enseignement explicite est une stratégie d'enseignement apparentée à l'enseignement direct et dont la caractéristique fondamentale est de rendre explicites les objets de l'apprentissage, c'est-à-dire, les connaissances, les habiletés ou les stratégies qui seront enseignées et qui devront être maîtrisées par l'élève.

- L'enseignement efficace est un modèle d'enseignement qui partage plusieurs caractéristiques avec les modèles d'enseignement direct ou explicite.

- L'enseignement de précision est un modèle d'évaluation et de gestion des apprentissages scolaires qui peut être employé conjointement avec différents modèles ou stratégies d'enseignement.

- L'enseignement direct présente de nombreux avantages, dont son efficacité pédagogique, mais son emploi peut difficilement être généralisé à toutes les matières scolaires.

Un modèle d'enseignement d'inspiration béhavioriste : la pédagogie de la maîtrise (*section 3.5*)

- La pédagogie de la maîtrise postule que, dans des conditions appropriées d'enseignement, la presque totalité des élèves peut maîtriser les contenus enseignés dans les programmes d'études.

- Les cinq éléments nécessaires à la mise en œuvre d'une pédagogie de la maîtrise sont la définition de l'apprentissage visé, la spécification d'un seuil de maîtrise, le recours à une évaluation formative à base critériée, des activités correctives ou d'enrichissement et, enfin, un accès à la reprise de l'évaluation.

Lectures recommandées

DUBÉ, L. (1996). *Psychologie de l'apprentissage*, 3e édition, Québec, Presses de l'Université du Québec.

JOYCE, B., WEIL, M. et CALHOUN, E. (2009). *Models of Teaching*, 8e édition, Boston, Pearson.

LANDRY, R. et RICHARD, J.-F. (2002). « La pédagogie de la maîtrise des apprentissages : une invitation au dépassement de soi », *Éducation et francophonie*, vol. xxx, no 2, [en ligne]. [www.acelf.ca/revue/30-2/articles/06-richard. html]

MALCUIT, G., POMERLEAU, A. et MAURICE, P. (1995). *Psychologie de l'apprentissage : termes et concepts*, Saint-Hyacinthe, Édisem.

MARQUIS, D. et LAVOIE, L. (1998). *Enseignement programmé. Enseignement modulaire*, Québec, Presses de l'Université du Québec.

MORAN, D. J. et MALOTT, R. W. (2004). *Evidence-based educational methods*, San Diego, Elsevier Academic Press.

CHAPITRE 4

Le courant cognitiviste

Pistes de lecture et contenu du chapitre

Après la lecture de ce chapitre, le lecteur devrait être en mesure de répondre aux questions suivantes :

- Quels sont les principaux fondements théoriques du cognitivisme ?

- Quelle est la conception cognitiviste de l'apprentissage et de l'enseignement ?

- Quelles sont les principales implications éducatives du modèle cognitiviste du traitement de l'information ?

- Pourquoi les thèmes de la métacognition et du transfert des apprentissages sont-ils importants d'un point de vue cognitiviste ?

- Quelles stratégies et quels modèles d'enseignement correspondent le mieux aux conceptions cognitivistes de l'enseignement-apprentissage ?

Monsieur Rousseau enseigne à une classe de cinquième année depuis plus de 20 ans. Une question l'a toujours intrigué : que se passe-t-il dans la tête de ses élèves lorsqu'ils tentent de comprendre un problème de mathématique ou de se rappeler une règle de grammaire ? Son intuition, qui s'est confirmée avec les années, est qu'une meilleure compréhension des processus internes de l'apprentissage ne peut que contribuer à faire de lui un meilleur enseignant, un enseignant stratégique, comme il aime bien se qualifier. Son premier cheval de bataille fut celui de l'attention. Il s'agissait d'amener les élèves non seulement à prêter attention à ses explications ou au contenu de leurs lectures, mais surtout à concentrer cette attention sur les concepts importants, les mots clés, les indices nécessaires à la résolution d'un problème. Il lui semblait que cette condition se révélait essentielle pour que ses élèves puissent devenir des apprenants stratégiques.

Dès ses premières années d'enseignement, monsieur Rousseau a institué la règle très simple des « 15 secondes pour réfléchir ». Lorsqu'une question posée requiert un minimum de réflexion, il introduit la formulation du problème en suggérant « Réfléchissons », puis il poursuit l'interrogation, qui peut s'adresser à toute la classe ou à un élève en particulier. À ce signal, tout le monde sait qu'on doit penser avant de répondre. On doit faire une pause-réflexion de 15 secondes. Même les élèves les plus rapides de la classe doivent se prêter au jeu. Cette petite technique se révèle particulièrement efficace auprès de certains élèves impulsifs et de quelques autres pour lesquels la rapidité est le critère absolu de rendement.

« Réfléchissons. » Monsieur Rousseau prend le ton un peu mystérieux que ses élèves aiment tant. « Un matin d'hiver, vous vous levez pour aller à l'école. Il fait encore très sombre dans votre chambre. Vous vous étirez pour faire de la lumière. Tiens, pas de lumière ! Il doit y avoir une panne… ou l'ampoule est grillée. Enfin, peu importe. Tout endormi, vous vous dirigez vers la commode et vous ouvrez le tiroir dans lequel se trouvent vos chaussettes. Vos chaussettes ne sont pas assemblées en paires. C'est l'une de vos tâches, mais vous avez oublié de le faire. Oups ! Comment s'y prendre pour retirer deux chaussettes de la même couleur de votre tiroir ? Vous savez que vous avez seulement deux couleurs de chaussettes, des rouges et des bleues. De plus, votre père vient de faire le lavage. Il devrait donc y avoir exactement 24 chaussettes non assemblées dans votre tiroir, la moitié de chaussettes rouges, l'autre moitié de chaussettes bleues. Dans l'obscurité de votre chambre, vous vous demandez soudainement combien de chaussettes vous devez retirer du tiroir pour être absolument certain d'avoir une paire de chaussettes appareillées, c'est-à-dire deux chaussettes de la même couleur. Pensez-y bien. Quel est le plus petit nombre de chaussettes que vous devez sortir du tiroir pour vous assurer d'avoir deux chaussettes de la même couleur ? »

Les 15 secondes sont écoulées. Plusieurs mains levées s'agitent frénétiquement.

« Oui, Robert. » Robert est un élève plutôt intelligent, mais encore un peu trop impulsif ; il a un problème d'attention sélective, d'après monsieur Rousseau.

« La réponse est 13, Monsieur. Exactement 13 chaussettes. »

« Parce que… » l'invite à poursuivre monsieur Rousseau.

« … parce que 24 chaussettes, ça fait 12 paires : 12 chaussettes rouges et 12 chaussettes bleues. Si les 12 premières sont de la même couleur, la 13e sera nécessairement de l'autre couleur. Donc la réponse est 12 + 1 = 13. »

Monsieur Rousseau voit plusieurs élèves approuver de la tête.

« Et quelle était la question au juste, Robert ? » demande monsieur Rousseau, qui songe qu'il devra revenir sur cette étape de la résolution d'un problème, qui consiste à s'assurer qu'on a bien compris la question. En effet, beaucoup d'élèves se sont laissés prendre au piège et ont utilisé une donnée inutile, le nombre total de chaussettes…

« La question était… » Devant l'expression de Robert, monsieur Rousseau constate que l'élève vient de comprendre sa méprise.

Monsieur Rousseau poursuit l'activité en demandant à un autre élève de répondre à la question et d'illustrer sa réponse au tableau. Puis, pour s'assurer de la compréhension de tous, l'enseignant sort une boîte contenant X chaussettes rouges et Y chaussettes bleues, et demande à la classe de faire ses prédictions. Tout fier de lui, Robert en arrive le premier à la conclusion que le nombre total de chaussettes est une donnée inutile pour la résolution de ce problème. Puis, un autre élève suggère que le nombre de paires de chaussettes rouges et de chaussettes bleues n'a pas à être identique (la réponse demeure 3). Monsieur Rousseau continue la leçon avec un autre problème du même genre. Cette fois, il est sûr que Robert et tous ses camarades de classe ne tomberont pas dans le piège. Leur attention est aiguisée à souhait, leurs connaissances antérieures sur la résolution de problèmes ont été activées…

Monsieur Rousseau est conscient que l'apprentissage de ses élèves va bien au-delà des réponses qu'ils produisent. Ce qui l'intéresse avant tout, comme guide de leur apprentissage, ce n'est pas tant le produit final (la bonne réponse) que la démarche utilisée par ses élèves pour en arriver à cette réponse. C'est pourquoi il insiste auprès d'eux pour qu'ils expliquent leurs réponses ou justifient leurs solutions. Ainsi, quelles questions se sont-ils posées pour choisir d'accorder ce participe passé ? Quel raisonnement ont-ils fait pour en arriver à cette conclusion en sciences ? Quelles étapes ont-ils suivies pour parvenir à ce résultat en mathématiques ?

Dans sa conception de l'enseignement, monsieur Rousseau accorde beaucoup d'importance à l'activité des élèves. Sa classe de cinquième année pourrait être décrite comme une véritable petite ruche où s'activent une trentaine d'abeilles, butinant sans répit les fleurs de la connaissance et partageant entre elles ce nectar, à partir duquel elles fabriquent chacune leur propre miel, leur propre savoir, grâce à un procédé qui leur est propre. En un mot, il y a beaucoup de mouvement dans la classe de monsieur Rousseau, mais pas nécessairement au point de vue de l'activité physique. En effet, à certains moments, ses 30 élèves sont concentrés dans une activité d'écoute, comme lorsque monsieur Rousseau leur soumet oralement des problèmes à résoudre. À d'autres moments, ils sont absorbés dans un travail individuel ou dans une tâche à réaliser en équipe. Comme on le voit, l'activité que vise en tout temps monsieur Rousseau est de nature intellectuelle. Il recherche le brassage des idées entre élèves, la réflexion, le questionnement, voire le doute. En d'autres termes, il faut que ses élèves soient actifs « entre les deux oreilles », comme il aime le répéter à sa classe.

Il existe bien d'autres ingrédients dans la recette pédagogique de cet enseignant : le rappel constant des connaissances antérieures (« Ce que tu sais déjà peut te servir de briques dans la construction de nouveaux savoirs »), les techniques pour aider les élèves à structurer les contenus d'apprentissage (« Un livre mal rangé dans ta mémoire-bibliothèque, c'est un livre perdu ») ou l'acquisition de nouvelles stratégies d'apprentissage (« Apprendre… ça s'apprend »). Dernièrement, monsieur Rousseau a même intégré de nouvelles activités qui tentent de tenir compte des différents types d'intelligence de ses élèves (« Il y a plus d'une façon d'être intelligent et d'apprendre »). Ce n'est pas seulement entre les deux oreilles de ses élèves qu'il y a du mouvement ! Monsieur Rousseau est perpétuellement à la recherche de nouveaux moyens, techniques ou stratégies qui aideront ses élèves à actualiser leur plein potentiel d'apprentissage et qui les amèneront à devenir des **apprenants stratégiques.**

Bien que cet enseignant ait retenu certaines pratiques d'inspiration béhavioriste, telles que les programmes de renforcement, l'analyse de tâche et l'apprentissage par modèle, on conviendra que son approche s'en distingue sur un point capital, à savoir sur le fait qu'il se préoccupe davantage d'enrichir la structure cognitive de ses élèves-apprenants que de leur apprendre les «bonnes réponses». La figure 4.1 présente les différences fondamentales entre les écoles béhavioriste, cognitiviste et humaniste en éducation.

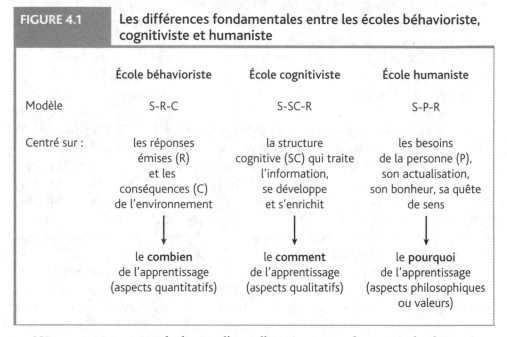

FIGURE 4.1 — **Les différences fondamentales entre les écoles béhavioriste, cognitiviste et humaniste**

	École béhavioriste	École cognitiviste	École humaniste
Modèle	S-R-C	S-SC-R	S-P-R
Centré sur :	les réponses émises (R) et les conséquences (C) de l'environnement	la structure cognitive (SC) qui traite l'information, se développe et s'enrichit	les besoins de la personne (P), son actualisation, son bonheur, sa quête de sens
	↓	↓	↓
	le **combien** de l'apprentissage (aspects quantitatifs)	le **comment** de l'apprentissage (aspects qualitatifs)	le **pourquoi** de l'apprentissage (aspects philosophiques ou valeurs)

Nous sommes conscient des limites d'une telle catégorisation des trois écoles de pensée en psychopédagogie. Bien qu'elles puissent rendre compte de l'esprit qui anime chaque école, les étiquettes «combien», «comment» et «pourquoi» associées respectivement aux écoles béhavioriste, cognitiviste et humaniste comportent certaines ambiguïtés. On pourrait, par exemple, faire valoir que l'école cognitiviste se préoccupe également du pourquoi de l'apprentissage (le développement de l'autonomie cognitive) ou que l'école humaniste n'est pas indifférente aux aspects qualitatifs de l'apprentissage. Dans les faits, ces deux écoles ne sont pas si éloignées l'une de l'autre, particulièrement en raison de la composante constructiviste de l'école cognitiviste qui «consolide la position de l'élève comme un constructeur actif de signification, ce qui amène à reconsidérer l'enseignement comme un processus de facilitation de l'apprentissage (vision humaniste) dans lequel l'élève joue le rôle d'acteur principal» (Boulet, 1999, p. 15).

Le présent chapitre sera consacré à l'un des trois courants pédagogiques issus de l'école cognitiviste en psychologie et en sciences de l'éducation : le courant cognitiviste, courant associé au modèle du traitement de l'information. Les deux autres courants pédagogiques qui s'intéressent à la cognition, soit le courant constructiviste et le courant socioconstructiviste, prolongements pédagogiques des théories développementales, seront abordés au prochain chapitre.

La présentation des fondements théoriques du courant cognitiviste (*voir la section 4.1*) nous introduira aux deux modèles théoriques qui sont au centre de ce courant pédagogique : le modèle des «trois mémoires» et le modèle du traitement de l'information. Nous examinerons ensuite la manière dont cette vision cognitiviste influence les conceptions actuelles de l'apprentissage et de l'enseignement (*voir la section 4.2*), puis nous aborderons les principales implications éducatives du modèle du traitement de l'information; nous verrons ainsi comment on peut favoriser l'enregistrement sensoriel, la mémoire à court terme et la rétention et comment on peut contrer le phénomène de l'oubli (*voir la section 4.3*). Dans la section suivante, nous nous pencherons sur deux thèmes chers aux cognitivistes en éducation: la métacognition et le transfert de l'apprentissage (*voir la section 4.4*). La dernière section du chapitre sera consacrée à la présentation sommaire d'une stratégie d'enseignement (l'exposé interactif) et d'un modèle (le modèle de l'enseignement stratégique) pouvant s'adapter à la conception cognitiviste de l'enseignement-apprentissage (*voir la section 4.5*).

4.1 LES FONDEMENTS THÉORIQUES DU COGNITIVISME

L'école cognitiviste, comme son nom l'indique, s'intéresse à la **cognition**, c'est-à-dire à l'ensemble des processus «au moyen desquels les entrées sensorielles sont transformées, codées, élaborées, stockées, retrouvées et utilisées» (Neisser, 1967, cité par Huteau, 1985, p. 172). La cognition recouvre donc l'ensemble des activités qui concourent à la connaissance chez l'être humain (Le Ny, 1992), mais elle est aussi le résultat de cette activité interne (connaissances, représentations, savoir-faire, etc.): «La perception, l'action finalisée, l'organisation conceptuelle, le raisonnement, l'apprentissage, la communication et le langage sont autant d'aspects que recouvre le concept de cognition» (Andler, 2004, p. 54).

L'expression la plus souvent utilisée pour désigner ces contenus de la cognition, expression que nous adopterons, est celle de «structure cognitive», qui correspond à l'organisation des contenus de la cognition dans le cerveau humain (Raynal et Rieunier, 2009). En nous inspirant de Smith (1979), qui parle d'un système de catégories, d'ensembles de règles et de réseaux de relations, nous proposons la définition suivante de la structure cognitive, définition d'orientation davantage pédagogique que psychologique. La **structure cognitive** est l'ensemble des connaissances déclaratives, procédurales et conditionnelles emmagasinées et organisées à l'intérieur de la mémoire à long terme. Elle correspond donc à l'ensemble de ce que l'apprenant sait déjà, incluant les règles et les stratégies utilisées pour le traitement initial, le stockage et l'utilisation de l'information.

4.1.1 Le modèle S-SC-R et l'étude des processus internes de l'apprentissage

Rappelons que les béhavioristes, par choix méthodologique, faisaient abstraction de la fameuse «boîte noire», c'est-à-dire de tout phénomène non observable qui pouvait avoir lieu entre la perception des stimuli et la réponse émise par l'organisme (ce qui pouvait se passer entre les lettres S et R). Au cours des années 1950, un nombre croissant de psychologues et de théoriciens dans le domaine de l'éducation, dont d'ailleurs un certain nombre de néobéhavioristes (comme Tolman) et de béhavioristes-cognitivistes (comme Bandura et Gagné), ont introduit des variables internes pour expliquer le comportement humain et l'apprentissage. Entre les stimuli de l'environnement et le comportement observable de l'individu, il y a une personne pensante, une structure cognitive agissante (*voir l'encadré 4.1 à la page suivante*). On désignera souvent ces variables internes par

Cognition

La cognition recouvre à la fois l'ensemble des activités de traitement de l'information, c'est-à-dire tous les processus internes de l'apprentissage et les contenus de cette activité intellectuelle (les connaissances, les représentations, les savoir-faire, etc.). En langage courant, on pourrait dire que la cognition correspond à la fois à l'action de penser et au résultat qui en découle, soit l'ensemble des savoirs.

Structure cognitive

Expression utilisée pour désigner l'organisation des contenus de la cognition dans le cerveau humain.

la lettre O, pour « organisme », mais nous lui préférons les lettres SC pour « structure cognitive ». Le modèle S-R devient donc :

> **ENCADRÉ 4.1 Le modèle opérationnel du cognitivisme**
>
> S ⟶ SC ⟶ R
>
> stimuli   organisme ou   réponse ou
> de l'environnement   structure cognitive (SC)   comportement

Intelligence artificielle

Domaine de recherche qui associe principalement l'ingénierie informatique et les sciences cognitives et qui vise à simuler le comportement intelligent de l'humain par l'intermédiaire de programmes informatiques. C'est grâce à l'intelligence artificielle que l'ordinateur *Deep Blue* a réussi à battre Garry Kasparov, champion du monde aux échecs, lors d'un tournoi à Londres, en 1997.

Insight

Apprentissage qui a lieu sans expérience ou sans exercice préalable, ce qui est contraire aux théories béhavioristes. L'*insight* est la découverte brusque qui permet de comprendre une situation. On doit à Koehler (1927) l'expérience classique qui illustre le mieux ce phénomène. Un chimpanzé est enfermé dans une cage. Une banane est posée sur le sol à l'extérieur de la cage, de telle sorte que le singe ne puisse l'atteindre. On pose un bâton à l'intérieur de la cage. Le singe essaie d'attraper la banane avec le bras, n'y arrive pas, renonce et s'assoit dans un coin de la cage. Tout à coup, il se lève, se saisit du bâton et l'utilise pour déplacer la banane vers la cage, de telle sorte qu'il puisse s'en saisir.

Contrairement au béhaviorisme, né officiellement en 1913 avec la publication d'un manifeste, le cognitivisme ne dispose pas de date officielle de naissance. Il n'y a pas eu non plus de rupture radicale avec le paradigme dominant ; en effet, « la transition d'une vision béhavioriste de l'apprentissage à une vision plutôt cognitiviste s'est faite graduellement et sans incident majeur » (Boulet, 1999, p. 18). On s'entend cependant pour désigner la décennie 1950 comme un tournant, et si une année en particulier devait être retenue, ce serait 1956, qui a vu la publication de trois écrits déterminants, cités par Glover et Bruning (1987) dans leur rappel des repères historiques dans le développement de la psychologie cognitive. En 1956, le psychologue américain Jerome Bruner et ses collègues publient *A Study of Thinking* (Bruner, Goodnow et Austin, 1956). La même année, le linguiste américain Noam Chomsky publie un article intitulé *Three models for the description of language*, ce qui constitue la première théorie cognitiviste du développement du langage. Enfin, toujours en 1956, Allen Newell et Herbert Simon publient un article intitulé *The logic theory machine : A complex information processing system*, travaux précurseurs dans le domaine de l'**intelligence artificielle.**

Ces trois repères historiques sont d'ores et déjà représentatifs de ce qui deviendra par la suite les trois courants pédagogiques issus de l'école cognitiviste. Ainsi, le courant pédagogique cognitiviste retiendra l'ordinateur comme métaphore pour le traitement de l'information chez les humains (Newell et Simon, 1956) ; le courant pédagogique constructiviste tentera de comprendre comment se construisent les connaissances au cours de l'évolution des modes de pensée de l'enfant (Bruner, Goodnow et Austin, 1956), alors que le courant pédagogique socioconstructiviste accordera une place importante au développement du langage (Chomsky, 1956) et à son rôle déterminant dans les situations d'apprentissage.

Notons qu'on n'a pas attendu 1956 ni même 1950 pour s'intéresser aux processus internes de l'apprentissage, ni pour remettre en question certaines lois béhavioristes, telles que la loi de l'exercice de Thorndike. Ainsi, dès les années 1920, on soutiendra que « des apprentissages peuvent être réalisés en un seul essai, sans exercice » (Cordier et Gaonac'h, 2007, p. 25). Ces apprentissages consistent à établir de nouveaux liens entre stimuli, à structurer une situation, cette relation nouvelle ne s'établissant pas « par renforcements progressifs de connexions, mais par découverte soudaine, ce que les gestaltistes appellent l'*insight* » (p. 25). On s'entend pour désigner la **psychologie de la forme** (*voir la définition à la page suivante*), ou « gestalt », comme courant précurseur du modèle du traitement de l'information (Goupil et Lusignan, 1993). Du côté des constructivistes, les théories de Piaget datant des années 1930-1940 tentaient déjà d'expliquer le fonctionnement cognitif des enfants. Elles seront d'ailleurs « reprises par les psychologues des années 60 pour renouer avec une psychologie des variables internes et de la cognition » (Raynal et Rieunier, 2009, p. 350).

Ces derniers commentaires nous amènent à établir une première distinction entre les deux courants distincts, mais complémentaires issus des « sciences cognitives » : la psychologie génétique, ou cognitivisme développemental, et le cognitivisme du type traitement de l'information, ou psychologie cognitive. Ces «deux approches sont complémentaires et appartiennent, à l'évidence, à la même famille» (Raynal et Rieunier, 2009, p. 285).

Le **cognitivisme développemental** s'intéresse au développement des structures de l'intelligence (ou des instruments cognitifs de la connaissance) et au développement des contenus de cette connaissance. De ces considérations théoriques relatives au développement de la connaissance, ou épistémologie, naîtront le courant constructiviste et le courant socioconstructiviste en éducation. Bien que les origines de ces courants pédagogiques soient relativement lointaines (1930-1940), leurs applications au milieu de l'éducation sont relativement plus récentes, datant des années 1990. Nous reviendrons sur les fondements théoriques du constructivisme et du socioconstructivisme au chapitre qui leur est consacré (*voir le chapitre 5*).

La **psychologie cognitive** (*voir la définition à la page suivante*), elle, s'intéresse à la manière dont toute personne, indépendamment de son âge et de son niveau de développement, traite l'information issue de son environnement. S'inspirant de l'ordinateur, les théoriciens cognitivistes proposèrent un modèle du traitement de l'information duquel est né le courant cognitiviste en éducation. Bien que les origines de ce courant pédagogique soient relativement récentes (1960-1970), ses applications dans le domaine de l'éducation sont relativement plus anciennes que celles associées au constructivisme et au socioconstructivisme; on peut les situer au milieu des années 1970. Voyons maintenant les bases de ce modèle du traitement de l'information issu de la psychologie cognitive.

4.1.2 Le modèle des « trois mémoires »

La psychologie cognitive est donc apparue dans les années 1950, avec les travaux de Bruner et de ses collègues (1956), de Broadbent (1958), *Perception and communication*, et de Sperling (1960), *The information available in brief visual presentation*, pour ne nommer que ceux-là.

Toutefois, comme le fait remarquer Dubé, ces premiers cognitivistes «ont l'air de prédicateurs dans le désert, tant les travaux qu'ils produisent sont loin des idées mises en relief à l'avant-scène» (1996, p. 308). Cette avant-scène est évidemment occupée par le béhaviorisme, qui connaît alors ses années de gloire.

Sous l'effet conjugué des travaux en cybernétique (science consacrée à l'étude des communications et de la régulation dans le fonctionnement des machines), des recherches sur l'intelligence artificielle et des premiers programmes de simulation sur ordinateur, apparaît un nouveau paradigme en psychologie: le modèle du traitement de l'information (*information processing*). La publication

« *Si le système de mémorisation est regardé sous l'aspect d'un ordinateur dont le travail est dirigé d'une console à distance par un opérateur, l'appareillage de l'ordinateur et la programmation particulière fixée dans le système ne peuvent être modifiés par le programmeur et sont analogues aux caractéristiques structurales* (computer hardware). *Par ailleurs, les programmes et les instructions séquentielles que le programmeur peut écrire à sa console et qui déterminent les opérations de l'ordinateur sont analogues aux processus* (computer software) » (Atkinson et Shiffrin, 1968, cités par Dubé, 1996, p. 322-324).

Richard C. Atkinson (1929-) Richard M. Shiffrin (1942-)

Psychologie de la forme

Branche de la psychologie, née en Europe au début du XXᵉ siècle, également désignée sous le nom de *gestalt* (mot allemand qui signifie «structure»). La gestalt est surtout connue pour ses travaux sur la perception chez l'être humain. La perception serait avant tout une activité d'organisation, de mise en relation des éléments, de structuration de l'information. Ainsi pour les gestaltistes, le résultat de la perception, le tout, est plus grand que la somme de ses parties.

Cognitivisme développemental

Branche de la psychologie, également connue sous le nom de psychologie génétique, qui étudie les stades et les étapes du développement intellectuel, de la naissance à l'âge adulte. Le cognitivisme développemental cherche à expliquer comment se développent l'intelligence et les instruments de la connaissance pendant toute la période de développement de l'individu.

d'un article signé par Richard C. Atkinson et Richard M. Shiffrin (1968), *Human memory: A proposed system and its control processes*, en constituera un tournant : ces deux chercheurs y proposent « un cadre théorique général de la mémoire humaine et donnent une signification cohérente à de nombreux travaux élaborés antérieurement » (Dubé, 1996, p. 322).

Les diverses variantes du modèle du traitement de l'information (Gagné, 1974 ; Glover et Bruning, 1987 ; Eggen et Kauchak, 2009 ; Klatzky, 1984) sont toutes fondées sur ce modèle publié par Atkinson et Shiffrin, il y a plus de 40 ans (1968), dans le second volume de la publication en série *The psychology of learning and motivation*. C'est dans le cadre d'un programme de recherche financé par la National Aeronautics and Space Administration (NASA) que Richard Atkinson, professeur à l'Université Stanford, et son étudiant d'alors, Richard Shiffrin, proposeront leur modèle théorique du fonctionnement de la mémoire, aujourd'hui reconnu comme l'un des modèles théoriques ayant le plus marqué l'évolution de la psychologie cognitive (Doré et Mercier, 1992).

Pour Atkinson et Shiffrin, comme pour l'ensemble des théoriciens cognitivistes, le traitement de l'information chez l'être humain se fait d'une manière analogue à celui qu'effectue un ordinateur (*voir la figure 4.2*). L'apprenant est perçu comme un « processeur d'informations » (Boulet, 1999), qui dispose d'un appareillage cognitif, d'une structure « physique » (l'aspect matériel, ou *hardware* dans l'analogie avec l'ordinateur) et de processus de traitement qu'il contrôle (l'aspect logiciel, ou *software*). Poussant plus loin l'analogie, Atkinson et Shiffrin (1968) précisent que tous les humains sont dotés du même programme permanent, fixé à l'avance par le système d'opération de la mémoire (la composante mémoire fixe, ou ROM pour *read only memory*).

| FIGURE 4.2 | Le modèle d'Atkinson et Shiffrin |

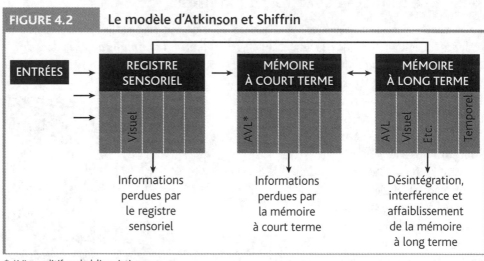

* AVL : auditif-verbal-linguistique
Source : Atkinson et Shiffrin (1968, p. 93).

Nous avons tenté de reproduire le plus fidèlement possible ce modèle fondateur de la psychologie cognitive. Notons tout d'abord que ce sont ses auteurs eux-mêmes qui proposent l'analogie avec l'ordinateur. Dans l'exemple illustrant les caractéristiques structurales de leur **système mnémonique,** un stimulus est enregistré sous une forme visuelle (la composante du registre sensoriel), puis il accède à la composante suivante, la mémoire à court terme (MCT), où il est encodé sous une forme verbale (cet « espace » de la MCT est désigné par les lettres AVL dans la figure pour « auditif-verbal-linguistique »), enfin il accède à la mémoire à long terme (MLT), où il est emmagasiné sous la même forme. Les informations enregistrées et traitées dans les deux premières composantes du système sont rapidement effacées, alors que l'information qui accède à la MLT serait « relativement permanente », selon les mots d'Atkinson et Shiffrin, bien qu'ils évoquent la possibilité qu'elle soit modifiée ou rendue temporairement inaccessible.

4.1.3 Le modèle du traitement de l'information

On se réfère très souvent au modèle d'Atkinson et Shiffrin (1968) comme étant LE modèle du traitement de l'information (Glover et Bruning, 1987). Il est vrai que ce premier modèle, bien qu'il se limite à la structure du système de mémoires, fournit d'ores et déjà les trois composantes de base du système : le registre sensoriel, la MCT et la MLT. Le modèle s'est cependant enrichi des travaux de chercheurs et de théoriciens cognitivistes pour devenir un modèle global du système du traitement de l'information par l'humain, allant de la réception des stimuli à l'émission d'une réponse. Robert M. Gagné (1974) a été parmi les premiers à proposer un tel modèle, adopté intégralement par plusieurs (par exemple, Gagné, 1985 ; Lindsay et Norman, 1977) et quelque peu modifié ou adapté par d'autres (par exemple, Eggen et Kauchak, 2009 ; Gredler, 2004 ; Snowman, McCown et Biehler, 2008 ; Tardif, 1992).

« *Gagné fut réellement un géant dans le domaine de l'*instructional design. *Ses théories relatives aux conditions d'apprentissage et aux principes dérivés des théories du traitement de l'information sont encore utilisées aujourd'hui dans un très grand nombre de modèles relatifs à la conception de l'enseignement* » (extrait de la préface de la 5ᵉ édition de *Principles of Instructional Design*, Gagné, Wager, Golas et Keller, 2005 ; cités par Raynal et Rieunier, 2009, p. 211).

Robert Mills Gagné (1916-2002)

Le modèle du **traitement de l'information** deviendra la théorie dominante au milieu des années 1970 (Slavin, 2009), remplaçant le paradigme béhavioriste de l'apprentissage. D'autres observateurs situent ce changement de paradigme dans les écoles au début des années 1980 (comme Tessmer et Jonassen, 1988). Toutefois, l'abondance et l'importance des publications d'orientation cognitiviste qui ont précédé les années 1980 nous font opter pour la seconde moitié des années 1970 comme date d'entrée en action des théories cognitivistes en éducation, bien qu'on puisse s'interroger sur l'étendue qu'avaient alors ces premières applications du modèle cognitiviste.

La psychologie cognitive propose ainsi un modèle théorique décrivant le traitement de l'information chez l'humain (*voir la figure 4.3 à la page suivante*). Son objectif est de décrire les étapes successives ou quasi simultanées du traitement des stimuli sensoriels reçus de l'environnement, jusqu'à l'émission d'une réponse (ce qui se passe entre les lettres S et R, c'est-à-dire entre les stimuli captés et la réponse déployée par l'organisme). Ce modèle est dit d'inspiration **cybernétique,** le fonctionnement du cerveau humain y étant décrit comme celui d'une machine. Évidemment, le fonctionnement du cerveau humain est autrement plus complexe que ce que peuvent laisser entrevoir une série de boîtes et de flèches. Cependant, le modèle suggéré a l'avantage d'aider à démystifier le fonctionnement de ce que les béhavioristes nommaient la « boîte noire », le cerveau humain, à la fois siège de la pensée et de l'inconscient.

Traitement de l'information

Désigne à la fois un ensemble de théories et le modèle qui en est issu, le modèle du traitement de l'information. Ce modèle tente d'expliquer, étape par étape, comment les stimuli perçus par les récepteurs sensoriels sont enregistrés, codés, mémorisés puis utilisés pour générer une réponse quelconque.

Cybernétique

À ses débuts (1940-1960), la cybernétique était une discipline scientifique cherchant à établir un modèle cohérent du fonctionnement de systèmes artificiels (par exemple, les machines) et de systèmes naturels (par exemple, les êtres humains). Aujourd'hui, la cybernétique englobe de nombreux champs d'application, dont l'intelligence artificielle la télématique et la robotique.

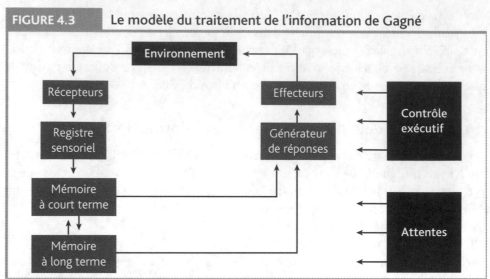

FIGURE 4.3   Le modèle du traitement de l'information de Gagné

Source : Adaptée de Gagné (1974, cité par Gagné, 1985, p. 9).

4.1.4 Les composantes du modèle du traitement de l'information

La première composante du modèle du traitement de l'information est l'environnement, source de provenance de tous les stimuli qui seront traités. En milieu scolaire, il correspond à l'environnement pédagogique, incluant tous les acteurs du groupe-classe. Par exemple, imaginons que l'enseignante, composante centrale de l'environnement de ses élèves, pose le problème suivant à l'un de ceux-ci, Julien : « Si le père d'un garçon de ton âge est quatre fois plus âgé que son fils, quel âge a cet homme » ?

Les **récepteurs** sont les organes des cinq sens (ouïe, vue, odorat, toucher et goût) qui permettent de capter les stimuli en provenance de l'environnement. Les récepteurs les plus sollicités à l'école sont évidemment ceux de l'ouïe et de la vue. Julien capte la demande verbale de l'enseignante à l'aide de ses récepteurs auditifs.

Le **registre sensoriel** est parfois surnommé la « première mémoire ». Des dizaines, voire des centaines de stimuli peuvent être enregistrés par plusieurs sens au même moment. Ils sont très rapidement effacés (250 millisecondes pour les stimuli visuels) pour être remplacés par des nouveaux. Seuls les stimuli auxquels on choisit de prêter attention accéderont à la mémoire suivante. L'attention sélective a permis à Julien de se concentrer sur les mots prononcés par l'enseignante (et de ne pas prêter attention, par exemple, aux chuchotements de son voisin, parmi bien d'autres stimuli enregistrés).

La **mémoire à court terme** a été surnommée la « mémoire de travail » (Case, 1978). Ses capacités, plus limitées que celles du registre sensoriel, sont de 7 ± 2 items d'information. Concrètement, cela signifie qu'on peut traiter consciemment de cinq à neuf items ou groupes de stimuli simultanément (par exemple, les trois premiers chiffres d'un numéro de téléphone peuvent être codés comme un seul item). La durée de vie de l'information dans cette mémoire est de 15 à 30 secondes, ce qui veut dire qu'une information qui cesse d'être activée, par exemple en se la répétant mentalement, sera oubliée après cette durée (c'est le temps dont on dispose pour composer le numéro de téléphone qu'on vient de lire dans le bottin avant de l'oublier, à moins de continuer à se le répéter). Julien a codé

Récepteurs

Organes sensoriels qui permettent de capter les stimuli en provenance de l'environnement. Aucun traitement de l'information proprement dit n'est effectué par les organes sensoriels, qui se contentent de capter l'information.

Registre sensoriel

Surnommé la « première mémoire », le registre sensoriel correspond à la première étape du traitement de l'information en faisant intervenir les phénomènes de la perception et, surtout, de l'attention sélective. La capacité du registre sensoriel est très grande (des centaines de stimuli) et son activité est très rapide (calculée en millisecondes).

Mémoire à court terme

Surnommée la « mémoire de travail », la mémoire à court terme pourrait être décrite comme la centrale du traitement de l'information. C'est à cette étape cruciale que les stimuli sont décodés ou réorganisés avant d'être acheminés, si besoin est, vers la MLT. Ses capacités de traitement sont limitées (cinq à neuf items) et sa durée est d'environ 15 à 30 secondes.

« garçon de mon âge » comme étant « neuf ans », information récupérée très rapidement de sa MLT ; il a codé « quatre fois plus âgé » comme une phrase mathématique de multiplication (4 × 9), qu'il se répète pour ne pas l'oublier.

La **mémoire à long terme** correspond à l'entrepôt dans lequel sont stockées toutes nos connaissances. Selon la théorie de la mémoire permanente (Byrnes, 1996), la durée de vie des informations stockées dans cette mémoire serait également infinie, ce qui n'empêche évidemment pas les problèmes d'accessibilité à cette information. Ainsi, il sera plus difficile d'accéder à une information mémorisée n'ayant pas été utilisée pendant plusieurs années. Il existe un va-et-vient constant entre la MLT et la MCT, où cette dernière puise les informations nécessaires pour décoder (comprendre) et coder (mémoriser) l'information traitée.

Le **générateur de réponses** constitue en quelque sorte un prolongement du travail de traitement effectué dans la MCT. Il n'est donc pas un « endroit » particulier dans ce système du traitement de l'information, mais plutôt une étape des opérations effectuées dans la mémoire de travail. Plus précisément, il s'agit de la dernière étape, qui consiste à produire une réponse, comme une génératrice produit de l'électricité, en puisant dans l'information traitée dans la MCT et, au besoin, en allant chercher le supplément d'informations nécessaires parmi celles qui sont entreposées dans la MLT. Dans l'exemple choisi, Julien est maintenant prêt à générer une réponse. Il a décodé les stimuli auditifs enregistrés, les a traités en utilisant les connaissances procédurales emmagasinées dans sa MLT (par exemple, la démarche de résolution de problèmes avec une donnée manquante), puis, à l'étape ultime de la production d'une réponse, il y a puisé de nouveau la donnée manquante nécessaire, le produit de 4 × 9.

Les **effecteurs** sont les organes qui permettent l'émission d'une réponse. Les principaux effecteurs utilisés en milieu scolaire sont les organes nécessaires à une réponse verbale (les organes de la phonation) et les organes nécessaires à une réponse écrite (la main avec tous les muscles en cause). La réponse peut également être produite à l'aide d'un signe (comme une main qui se lève). Julien est maintenant en mesure de produire une réponse verbale. Ainsi, il répond : « Le père de ce garçon a 36 ans, madame ». L'enseignante (l'environnement) reçoit la réponse de Julien et le félicite.

Les attentes et le contrôle exécutif, deux composantes placées en périphérie du modèle, exercent une influence déterminante à chacune des étapes du traitement de l'information. Les **attentes** constituent la composante affective du système. Les cognitivistes, comme Gagné, sont conscients de l'importance de cette variable dans toute démarche d'apprentissage volontaire. La disposition affective, aussi bien sous son aspect « désir d'apprendre » que sous son aspect « attentes de succès », influence la disposition cognitive de l'apprenant (la qualité de son attention, les efforts cognitifs qui seront investis, etc.). L'autre composante périphérique du système, le **contrôle exécutif** (*voir la définition à la page suivante*), correspond au contrôle exercé consciemment sur l'ensemble des opérations effectuées lors du traitement des données. Cette composante métacognitive permet à l'apprenant de choisir la stratégie de résolution appropriée, d'apporter les modifications qui s'imposent à une stratégie établie et, enfin, de gérer l'ensemble du processus de traitement (Gagné, 1985).

Il y aurait encore beaucoup à dire sur les diverses composantes de ce modèle du traitement de l'information. Nous y reviendrons d'ailleurs dans la section 4.3, où nous tenterons d'en déterminer les principales implications éducatives : comment favoriser l'attention sélective, le traitement efficace de la MCT, la mémorisation et le rappel de l'information de la MLT. Pour le moment, nous présentons une synthèse des « trois mémoires », soit

Mémoire à long terme

Correspond à l'entrepôt dans lequel sont entreposés toutes nos connaissances (mémoire sémantique et mémoire procédurale) et tous nos souvenirs (mémoire épisodique). Les capacités de stockage de la MLT sont inconnues, présumées illimitées. La durée de vie de l'information mémorisée est également présumée permanente.

Générateur de réponses

Dernière étape active du traitement de l'information pendant laquelle une réponse est générée à partir de l'information en cours de traitement dans la mémoire de travail et de l'information qui a été puisée et réactivée de la MLT.

Effecteurs

Organes (par exemple, les organes phonateurs) ou systèmes (par exemple, le système musculaire) qui permettent l'émission d'une réponse. Les récepteurs sont à la réception des stimuli (captés de l'environnement) ce que les effecteurs sont à l'émission de la réponse (retour à l'environnement).

Attentes

Les attentes constituent la composante affective à l'intérieur du modèle du traitement de l'information. Cette composante est l'une des deux composantes situées en périphérie du modèle, car les attentes ou la motivation exercent une influence continue à toutes les étapes du traitement de l'information.

les composantes qui sont au centre du modèle du traitement de l'information (*voir le tableau 4.1*). Le deuxième encadré de ce chapitre vous propose également un jeu de rôles un peu particulier où nous nous sommes amusé à personnifier chacune des composantes du modèle de traitement de l'information (*voir l'encadré 4.2*).

TABLEAU 4.1 Les caractéristiques des trois mémoires

MÉMOIRE	CAPACITÉ	DURÉE ET FONCTIONNEMENT
Registre sensoriel	Des centaines de stimuli sont enregistrés simultanément par les cinq sens.	Une fraction de seconde (250 millisecondes); les stimuli auxquels on prête attention sont acheminés à la mémoire de travail.
Mémoire à court terme (MCT)	7 ± 2 items (de 5 à 9 items) ou groupes de stimuli peuvent être traités en même temps.	De 15 à 30 secondes; plus longtemps l'information est activée (répétée, traitée en profondeur), plus elle a de chances d'accéder à la MLT.
Mémoire à long terme (MLT)	Des milliards de données (∞) sont enregistrées; on ne connaît pas de limites à la MLT (elle contiendrait toute l'information emmagasinée depuis la naissance).	Pendant toute la vie (hypothèse de la permanence de l'information stockée dans la MLT); l'accessibilité à cette information dépend de la qualité de son organisation et de la fréquence de son rappel.

Contrôle exécutif

Le contrôle exécutif ou la métacognition est l'une des deux composantes situées en périphérie du modèle du traitement de l'information. Cette composante métacognitive effectue le monitorage (*monitoring*) de l'ensemble du processus de traitement de l'information.

ENCADRÉ 4.2 Les composantes du modèle du traitement de l'information en action

Environnement pédagogique: Moi, l'environnement pédagogique de l'élève (dans ce cas précis, je suis l'enseignante de mathématiques de neuvième année), je pose la question suivante à un élève: « Au Nouveau-Brunswick, les plaques d'immatriculation des voitures sont formées de trois lettres suivies de trois chiffres. Bien que la majorité des numéros de plaques débutent aujourd'hui par les lettres B ou G, il existe un très grand nombre de combinaisons possibles pour l'avenir. En fait, COMBIEN de combinaisons différentes sont possibles au TOTAL, en incluant les 26 lettres et les 10 chiffres de 0 à 9?

Récepteurs: Nous, les récepteurs auditifs, on a capté l'information 10 sur 10; réception confirmée. On envoie ça immédiatement à la première mémoire, le registre sensoriel.

Registre sensoriel: Bien, ça fait pas mal d'informations tout ça, mais il n'y a aucun problème. Je peux enregistrer un grand nombre de stimuli en même temps, du moment que je les trie avant de les transmettre à la mémoire suivante. Ce que j'envoie tout de suite à la mémoire de travail, ce sont les données importantes. Oublions les bruits et toutes les autres données non pertinentes. Concentrons-nous sur les données essentielles. Mémoire de travail, voici ce dont tu as besoin: trois lettres et trois chiffres; combinaisons possibles, je répète, on recherche TOUTES les combinaisons possibles.

Contrôle exécutif: Ici le contrôle exécutif. Beau travail, Registre sensoriel!

Attentes: Ah! Moi, la composante affective du modèle du traitement de l'information, je suis tout à fait confiante en chacun de mes partenaires cognitifs. Lâchez-pas, l'équipe! J'ai confiance en vous!

MCT: Ici, dans la mémoire de travail, il y peu d'espace pour travailler. On est un peu à l'étroit. Si je commence avec les lettres, Mémoire à long terme, c'est combien encore?

MLT: Ben voyons, 26 lettres dans l'alphabet. Faut-il que je te les nomme en plus?!?

Contrôle exécutif: Ne vous disputez pas, tous les deux. Vous êtes mes deux principaux collaborateurs. Mémoire à long terme, tu sais que tu es la gardienne de tout ce que cette personne a appris dans sa vie, alors ne t'étonne pas de ce que ta collègue à court terme fasse fréquemment appel à tes services, d'autant plus qu'elle te remet immédiatement les ressources empruntées.

»

MCT : D'accord. Vingt-six lettres différentes suivies de vingt-six lettres, suivies encore de vingt-six lettres. Mémoire à long terme, qu'en penses-tu ?

MLT : Bon, ça commence à ressembler au calcul de probabilités. Tu sais, une chance sur 26, multipliée par une chance sur 26, multipliée par une chance sur 26...

MCT : Oui, oui, c'est ça, comme lorsqu'on a calculé la probabilité d'obtenir les six numéros de la LOTO 6-49 ; 1 fois 49, fois 1 fois 48, fois 1 fois 47, etc. Attends, attends, sauf que cette fois, les lettres peuvent être utilisées plus d'une fois... Donc 1 fois 26 (première lettre de la plaque), fois 1 fois 26 (deuxième lettre) et encore 1 fois 26 (troisième lettre). Ça fait combien, tout ça, Mémoire à long terme ?

MLT : Es-tu folle ? Pour qui tu me prends ? Penses-tu vraiment que j'ai pris la peine d'enregistrer la table de 26 ? D'ailleurs, tu ne m'as jamais demandé de le faire. Par contre, j'ai enregistré l'algorithme de la multiplication des nombres à deux chiffres. Alors, vas-y toi-même, Mémoire de travail. Demande aux Effecteurs de faire aller le crayon du patron ou de « pitonner » sur la calculatrice.

Contrôle exécutif : Évidemment, évidemment. On utilise la calculatrice. C'est la stratégie la plus simple, la plus rapide et la plus efficace.

MCT : C'est bon, on y va. 26 × 26 × 26, ça donne 1-7-5-7-6, dix-sept mille cinq cent soixante-seize, 1-7-5-7-6 (je dois m'en rappeler !) : 17-576. Bien. Je n'ai plus qu'à multiplier 3 fois ce produit par 10 pour les 3 chiffres de la plaque d'immatriculation.

MLT : Eh bien, ça c'est facile. Tu as appris ça en cinquième ou en sixième année, la multiplication par 10. Tu ajoutes un zéro à ta réponse pour chaque zéro que contient ton multiplicateur, 10 × 10 × 10 = 1 000 = trois zéros.

Contrôle exécutif : Parfait, on continue comme ça. Le contrôle exécutif donne son ok.

Attentes : Oui, oui, je sens qu'on y arrive, restons concentrées...

MCT : 17-576, 17-576 + 3 zéros, ça fait...

Générateur de réponses : Le générateur de réponses est prêt à passer à l'action. Nous avons donc le nombre 17 576 suivi de trois zéros. Je regroupe les trois zéros à la fin du nombre. Au milieu, je place les chiffres 576 que la Mémoire à court terme n'arrête pas de répéter pour ne pas les oublier, puis, au-devant, je place les deux premiers chiffres, ce qui fait...

Effecteurs : Les organes phonateurs sont prêts à retourner l'information demandée à l'environnement. On demande l'autorisation au Contrôle exécutif.

Contrôle exécutif : Permission accordée. Mais prends ton temps, Générateur de réponses, tu sais que des fois, tu veux aller un peu trop vite et tu t'embrouilles !

Générateur de réponses : Un million, non, dix-sept millions, 7-5-6, sept cent cinquante mille combinaisons possibles, Madame l'enseignante, alias mon Environnement pédagogique !

Attentes : Bravo ! Je suis fière de nous tous ! Nous attendons déjà le prochain défi !

4.2 LA CONCEPTION COGNITIVISTE DE L'APPRENTISSAGE ET DE L'ENSEIGNEMENT

D'un point de vue cognitiviste, il est essentiel de comprendre comment l'élève apprend si l'on veut être en mesure de guider son apprentissage. L'enseignant ne peut tout simplement pas se passer de cet éclairage, la connaissance des processus internes de l'apprentissage et leur compréhension étant jugées essentielles à la pratique de l'enseignement. Si les facteurs qui agissent le plus sur l'apprentissage sont la quantité, la clarté et l'organisation des connaissances dont l'élève dispose (Ausubel et Robinson, 1969), le facteur le plus déterminant influençant la qualité de l'enseignement serait, du point de vue de l'école cognitiviste, la capacité de l'enseignant à transposer cette connaissance des théories cognitives en actes pédagogiques cohérents et soutenus.

D'après Marzano (2000), les deux piliers du développement qu'on peut envisager pour les sciences de l'éducation au cours de ce siècle sont la psychologie cognitive et les recherches sur le fonctionnement du cerveau. Il est donc à peu près certain que l'école cognitiviste continuera à influencer les conceptions de l'apprentissage et de l'enseignement pendant plusieurs décennies.

4.2.1 La reconnaissance de l'unicité de l'apprenant

Comme nous l'avons vu au chapitre 3, le béhaviorisme skinnérien a débouché sur une philosophie béhavioriste qui redéfinissait des concepts tels que la liberté et la dignité humaines. Il n'existe pas de « philosophie cognitiviste » à proprement parler. Cependant, comme dans tout courant pédagogique, certaines valeurs sont mises de l'avant, valeurs qui ne peuvent qu'influencer la conception de la finalité attribuée à l'école. Or, quelles sont ces valeurs ? Nous en relèverons deux : la reconnaissance du caractère unique de l'élève en tant qu'apprenant (la diversité parmi les styles cognitifs et les styles d'apprentissage) et la poursuite de l'autonomie cognitive de l'apprenant (le développement des stratégies d'apprentissage).

L'école cognitiviste en éducation reconnaît le caractère unique de chaque apprenant. Dans une perspective cognitiviste, cette unicité s'exprime principalement par la reconnaissance du principe selon lequel tous les apprenants n'apprennent pas de la même manière. De nombreux auteurs ont proposé diverses classifications de ces styles cognitifs (voir, par exemple, De La Garanderie, 1980 ; Kagan, 1966 ; Witkin, 1978) ou de ces styles d'apprentissage (voir, par exemple, Dunn et Dunn, 1978 ; Kolb, 1985 ; Myers Briggs, 1962).

Mais d'abord, les concepts de « style cognitif » et de « style d'apprentissage » sont-ils synonymes ou distincts ? On s'entend généralement pour définir le **style cognitif** comme une approche personnelle, relativement stable, servant à appréhender, à emmagasiner, à transformer et à utiliser l'information (Legendre, 2005), alors que le **style d'apprentissage** correspondrait plutôt à un « mode préférentiel modifiable via lequel le sujet aime maîtriser un apprentissage, résoudre un problème, penser ou tout simplement réagir dans une situation pédagogique » (Legendre, 2005, p. 1273). Les deux mots clés de ces définitions sont « stable » et « préférentiel ». En bref, le style cognitif serait inné et relativement permanent (par exemple, la modalité perceptuelle dominante visuelle ou auditive), alors que le style d'apprentissage relèverait du domaine de l'acquis et correspondrait à une préférence susceptible de se transformer avec le temps (par exemple, une préférence pour l'apprentissage en équipe plutôt qu'en situation de grand groupe). Le Laboratoire d'enseignement multimédia (LEM) de l'Université de Liège résume ainsi cette distinction :

> Le style d'apprentissage et le style cognitif sont des concepts distincts, même s'ils sont souvent confondus. Pour les puristes, le style cognitif est inné et stable, tandis que le style d'apprentissage résulte de l'inné et de l'acquis et peut donc évoluer par l'expérience (document en ligne, consulté le 6 octobre 2010, www.lmg.ulg.ac.be/competences/chantier/eleves/lem_art2.html).

Avant de présenter un tableau synthèse de ces deux manières d'aborder l'unicité de l'apprenant dans une perspective cognitiviste, soit par leur style cognitif ou par leur style d'apprentissage, deux constats s'imposent. Premièrement, bien qu'elles mettent en valeur des aspects dichotomiques, les dimensions mesurées par les styles correspondent dans les faits à une position sur un continuum : « Il s'agit moins de catégories disjointes et

---

■ Style cognitif

Approche relativement stable découlant de caractéristiques personnelles innées qui influencent la manière dont la personne enregistre, décode, transforme ou utilise l'information reçue de l'environnement. Exemple : style visuel *versus* style auditif.

■ Style d'apprentissage

Manière personnelle, sujette à modification, d'aborder certaines situations d'apprentissage ou d'y réagir. Le style d'apprentissage correspond habituellement à des modalités préférentielles. Exemple : élève préférant apprendre seul et élève préférant apprendre en compagnie de pairs.

exclusives, que de la position de chacun le long d'un gradient » (Astolfi, 1987, p. 14). Ainsi, dans la mesure du style cognitif « impulsivité-réflexivité » (Kagan, 1966), un apprenant peut être évalué comme étant très impulsif, c'est-à-dire près de la position extrême de ce pôle (*voir l'élève A dans la figure 4.4*), alors qu'un autre peut se révéler davantage impulsif que réflexif, se situant, par exemple, à mi-chemin entre la position extrême et la médiane pour son groupe de référence (*voir l'élève B dans la figure 4.4*).

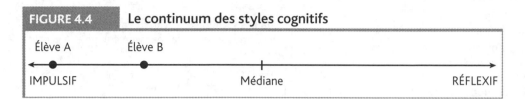

FIGURE 4.4　Le continuum des styles cognitifs

Élève A　　Élève B

IMPULSIF　　　　　　　Médiane　　　　　　RÉFLEXIF

Deuxièmement, on peut difficilement hiérarchiser les styles d'apprentissage. Ainsi, dans le modèle de Kolb (1985), le **style divergent** (un élève qui manifeste une plus grande disposition pour l'expérience concrète et l'observation réflexive) n'est pas intrinsèquement supérieur au **style convergent** (un élève qui manifeste une plus grande disposition pour la conceptualisation et l'expérimentation active). Toutefois, notons que dans l'exemple portant sur le style cognitif « impulsivité-réflexivité », une tendance trop marquée vers l'impulsivité, se manifestant à l'école par l'émission de la première réponse qui vient à l'esprit de l'élève, peut nuire au rendement de cet élève, mais il est tout aussi vrai qu'un excès de réflexivité peut également nuire au rendement de l'élève, comme dans certaines situations d'évaluation (par exemple, un élève qui coupe les cheveux en quatre à l'égard des réponses suggérées dans un test à choix multiples).

Le tableau 4.2 propose une synthèse des principales caractéristiques découlant d'une analyse comparative entre styles cognitifs et styles d'apprentissage, accompagnée de quelques exemples des classifications employées par chacun. Pour ce faire, nous nous sommes inspiré des définitions et présentations de ces concepts proposées par Raynal et Rieunier (2009) et par Legendre (2005), en incluant certaines propositions pédagogiques tirées d'un avis publié par le Conseil supérieur de l'éducation du Québec (CSÉ, 1999) portant sur la réussite scolaire. À noter que les propositions visant la prise en compte des différences entre les styles cognitifs et les styles d'apprentissage des élèves d'un même groupe-classe demeurent sensiblement les mêmes pour l'enseignant, à savoir varier ses méthodes et ses stratégies d'enseignement et les activités d'apprentissage proposées à ses élèves.

Style divergent

Élève qu'on pourrait qualifier d'« imaginatif », dont les principales ressources sont l'intuition et l'imagination, qui lui permettent d'analyser les situations selon différentes perspectives. Il excelle dans les remue-méninges et démontre une grande capacité de synthèse. Il s'intéresse aux personnes et est réceptif au monde des valeurs et des sentiments.

Style convergent

Élève qu'on pourrait qualifier de pratique, qui préfère travailler seul. Sa plus grande ressource est l'application de notions théoriques à la résolution de problèmes, plus particulièrement les problèmes dont la solution peut être trouvée par déduction. L'élève pratique préfère les tâches techniques aux discussions philosophiques.

TABLEAU 4.2	Les styles cognitifs et les styles d'apprentissage	
	STYLES COGNITIFS (à partir des années 1950)	STYLES D'APPRENTISSAGE (années 1965-1980)
L'élève...	apprend différemment en raison de traits de personnalité qui sont propres à chaque individu ; ces différences sont innées et relativement stables.	apprend différemment en raison d'habitudes d'apprentissage installées par conditionnement ; ces différences correspondent à des modes préférentiels (peuvent évoluer).
L'enseignant...	présente les contenus d'apprentissage de façon variée (par exemple, visuelle ou orale) ou en utilisant ces modes de manière complémentaire ; il varie ses méthodes et ses stratégies d'enseignement ; etc.	propose à l'élève un choix varié de situations d'apprentissage ; il varie le mode de regroupement de ses élèves, etc.

	STYLES COGNITIFS (SUITE)	STYLES D'APPRENTISSAGE (SUITE)
Exemples	Style global et style analytique (Dunn et Dunn, 1998)	Inventaire des styles d'apprentissage* (Dunn et Dunn, 1998)
	Cerveau gauche et cerveau droit (McCarthy, 1986)	Variables environnementales (bruit, lumière, température et aménagement du lieu d'étude)
	Visuels et auditifs (De La Garanderie, 1980)	Variables émotionnelles (motivation, persistance, responsabilité, besoin de structure)
	Dépendance et indépendance à l'égard du champ (Witkin, 1978)	Variables sociologiques (préférence pour apprendre seul, en dyade, avec des pairs, en équipe ou avec un adulte)
	Réflexivité et impulsivité (Kagan, 1966)	Variables physiologiques (modalité perceptuelle préférée, nourriture ou boisson, temps de la journée, besoin de mobilité)
	Style accommodateur (élève dynamique), style divergent (élève imaginatif), style assimilateur (élève analytique), style convergent (élève pratique) (Kolb, 1985 ; Savard, 1999)	

* L'inventaire des styles d'apprentissage de Rita Dunn et Kenneth Dunn (1998) regroupe pas moins de 21 éléments en cinq catégories de variables, dont des variables dites «psychologiques», incluant trois dimensions habituellement associées aux styles cognitifs : le style global *versus* le style analytique ; la latéralisation hémisphérique, ou l'hémisphère gauche *versus* l'hémisphère droit et le style impulsivité-réflexivité. Un autre élément, cette fois classé comme variable physiologique, touche à une dimension relevant davantage du style cognitif, à savoir une caractéristique considérée comme innée et relativement stable, même si elle est capable d'adaptation : il s'agit de la modalité perceptuelle dominante (les auteurs parlent plutôt de «modalité préférentielle»), variable qui permet de distinguer les élèves à dominance visuelle, auditive, tactile ou kinesthésique.

Il y aurait encore beaucoup à dire au sujet des styles cognitifs et des styles d'apprentissage et sur les différentes classifications qui en sont proposées. Retenons pour l'instant que le courant cognitiviste reconnaît une différence dans la manière d'apprendre des apprenants et qu'elle préconise des moyens pour essayer de tenir compte de ce fait. Évidemment, cette prise en compte des manières d'apprendre des élèves passe tout d'abord par l'identification de leur profil cognitif, bien que celui-ci ne puisse prétendre fournir un portrait complet de l'apprenant, car comme le rappelle si bien Astolfi, «il est impossible, à partir de ces (seules) données, de reconstituer l'ensemble d'une personnalité d'élève» (1987, p. 14). De plus, toujours dans la même logique, l'enseignant doit se rappeler qu'il a lui-même son propre style, qui influence à la fois sa manière d'apprendre… et sa manière d'enseigner (ne dit-on pas que l'on enseigne comme on souhaiterait soi-même être enseigné ?). Enfin, une troisième observation s'impose concernant le recours aux styles d'apprentissage pour guider la démarche pédagogique de l'enseignant. Contrairement à une pensée courante, l'enseignant ne doit pas viser un appariement constant et exclusif entre son style d'enseignement et le style d'apprentissage de chaque apprenant. À long terme, cela est impossible et risque de nuire à l'élève : «il faut garder à l'esprit la double contrainte qui s'impose : veiller à ce que l'enseignement ne pénalise pas les élèves dont le style d'apprentissage est éloigné de celui de l'enseignant, mais en même temps éviter d'enfermer chacun dans son propre système» (Astolfi, 1987, p. 14). Astolfi rappelle à cet effet qu'il y a deux manières d'empêcher un élève d'apprendre et d'évoluer, «soit lui proposer quelque chose qui soit trop sur mesure et ne le tire pas vers l'avant, soit lui présenter un but tellement distant de ses possibilités immédiates que cela ne le dissuade d'entreprendre [cet apprentissage]» (Astolfi, 1987, p. 14).

Avant de passer à la seconde valeur véhiculée par ce courant pédagogique, l'autonomie cognitive, signalons qu'il existe de nombreux sites Internet donnant accès à des questionnaires (gratuits) et aux clés permettant de s'autoévaluer et d'identifier son style dominant. Sur le site Web de cet ouvrage, vous trouverez des liens vers quelques-uns de ces sites.

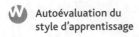
Autoévaluation du style d'apprentissage

4.2.2 Le développement de l'autonomie cognitive

L'expression « apprendre à apprendre » ne date pas d'hier (Faure, 1972). Le courant cognitiviste en éducation lui a cependant donné une nouvelle impulsion, en faisant valoir que l'**autonomie cognitive** pouvait être développée au moyen d'un entraînement systématique à l'emploi de stratégies d'apprentissage. Ce troisième concept s'est donc imposé au cours des dernières décennies, au point de mettre légèrement en retrait les concepts de « style cognitif » et de « style d'apprentissage ». Raynal et Rieunier résument ainsi cette transition : « Sur le plan historique, l'intérêt pour ces concepts s'est déplacé, au fil des années, du style cognitif vers les stratégies d'apprentissage, donc d'un apprenant gouverné par ses attitudes innées à un apprenant de plus en plus autonome » (2009, p. 431).

Certains auteurs (par exemple, Legendre, 2005) proposent une distinction entre la « stratégie d'apprentissage », associée aux ressources et aux opérations mises en place par l'apprenant pour atteindre un résultat d'apprentissage donné, et la « stratégie cognitive », décrite comme une « technique ou procédure intellectuelle choisie par une personne comme étant la plus propice à la résolution d'un problème » (Legendre, 2005, p. 1261). Ainsi, les stratégies d'étude mises en œuvre par un élève seront habituellement désignées comme des stratégies d'apprentissage (par exemple, la planification de périodes régulières pour la révision des contenus d'une matière scolaire), bien que dans les faits, elles fassent aussi appel à un certain nombre de **stratégies cognitives** (par exemple, les stratégies de mémorisation).

À l'instar de plusieurs auteurs (par exemple, Boulet, Savoie-Zajc et Chevrier, 1996), nous ne retiendrons pas cette distinction entre « stratégies d'apprentissage » et « stratégies cognitives ». Nous avons plutôt opté pour une définition large du concept des **stratégies d'apprentissage,** en le faisant correspondre aux « opérations effectuées par l'apprenant afin de l'aider à acquérir, à entreposer, à se rappeler et à utiliser de l'information, que cette information soit de nature cognitive, affective, sensorielle ou motrice », incluant toutes les actions spécifiques « entreprises par l'apprenant afin de rendre son propre apprentissage plus facile, plus rapide, plus plaisant, plus autodéterminé, plus efficace et plus facilement transférable à de nouvelles situations » (Boulet, 2007, p. 4-5).

Comme pour les styles cognitifs et les styles d'apprentissage, il existe différents systèmes de classification des stratégies d'apprentissage ou des stratégies cognitives. Par exemple, dans leur programme d'Actualisation du potentiel intellectuel, ou API, Audy, Ruph et Richard (1993) relèvent pas moins de 83 stratégies, dont 4 stratégies métacognitives, 19 stratégies d'observation, 18 stratégies de recherche de solution, 10 stratégies de réponse, 7 stratégies de mémorisation, etc. Bien qu'ils présentent leur typologie comme étant une classification des stratégies d'apprentissage, Boulet, Savoie-Zajc et Chevrier (1996) désignent pour leur part deux catégories de stratégies cognitives parmi les quatre catégories retenues : les stratégies cognitives (répétition, élaboration, organisation, généralisation, discrimination et compilation de connaissances) ; les **stratégies métacognitives** (*voir la définition à la page suivante*) (planification, contrôle et régulation) ; les stratégies affectives (maintien de sa motivation, maintien de sa concentration et contrôle de son anxiété) et les stratégies de gestion des ressources humaines (ressources temporelles, ressources matérielles et ressources humaines). Enfin, notons que dans leur modèle de rééducation cognitive, destiné plus particulièrement aux élèves en difficulté, Gagné, Leblanc et Rousseau (2009) proposent une série d'activités visant le développement de six fonctions

Autonomie cognitive

Composante du concept d'« autonomie personnelle », l'autonomie cognitive se réfère à la capacité de définir par soi-même les résultats d'apprentissage poursuivis (ou en faire une intégration personnelle), à établir les moyens d'y parvenir puis à évaluer les résultats atteints. Le développement de l'autonomie cognitive est un processus évolutif qui mène progressivement l'apprenant vers la prise en charge de sa démarche d'apprentissage.

Stratégies cognitives

Techniques et moyens personnels utilisés consciemment par l'apprenant pour améliorer son traitement de l'information à toutes les étapes de celui-ci : de la réception et enregistrement des stimuli (stratégies liées à l'attention et à l'activation), au décodage (stratégies de compréhension, de planification, de flexibilité cognitive) à la mémorisation et au rappel de l'information (stratégies de mémorisation, stratégies de rappel).

Stratégies d'apprentissage

Techniques et moyens personnels utilisés consciemment par l'apprenant pour faciliter l'apprentissage ou l'étude, incluant les stratégies motivationnelles (stratégies affectives) et les stratégies de gestion des ressources (par exemple, les stratégies de recherche de l'information). Une définition élargie des stratégies d'apprentissage inclut les stratégies cognitives, les stratégies affectives et les stratégies organisationnelles.

exécutives : les stratégies d'activation (par exemple, saisir le problème) ; les stratégies d'inhibition de l'impulsivité (par exemple, réfléchir avant d'agir, s'imposer des délais) ; les stratégies associées à la flexibilité cognitive (par exemple, se parler à soi-même) ; les stratégies de planification (par exemple, ordonner ses connaissances) ; les stratégies associées à la mémoire de travail (par exemple, se répéter l'information) et les stratégies de régulation des émotions (par exemple, nommer ses émotions).

Cette brève étude de deux des principales valeurs mises de l'avant par le courant cognitiviste nous amène à conclure que l'école doit reconnaître le caractère unique de chaque apprenant et viser au développement optimal de ses capacités d'apprentissage, en prenant en considération ses caractéristiques cognitives personnelles (les dimensions de son style cognitif) et ses modalités d'apprentissage préférées (les dimensions de son style d'apprentissage). En outre, et de manière complémentaire, l'école doit valoriser l'autonomie cognitive qui permettra à l'apprenant de développer sa capacité à résoudre des problèmes de manière autonome et responsable.

4.2.3 La conception des rôles de l'enseignant et de l'apprenant

Le rôle de l'enseignant à l'intérieur du courant cognitiviste n'est pas un rôle effacé ; au contraire, c'est un rôle très actif, qui repose sur la conviction que « l'enseignement peut avoir un effet bénéfique sur l'apprentissage des élèves » (Presseau, 2004, p. 4). En fait, le modèle d'enseignement stratégique (Tardif, 1992), que l'on associe le plus couramment au courant cognitiviste en éducation, pourrait être défini comme un ensemble de savoirs et de savoir-faire pédagogiques fondés sur les données de la psychologie cognitive et ayant pour but d'améliorer la composante « enseignement » à l'intérieur du processus d'enseignement-apprentissage. En effet :

> En comprenant mieux comment les élèves apprennent, comment ils traitent les informations dans leur mémoire, comment ils arrivent à les récupérer au moment voulu, l'enseignant qui pratique l'enseignement stratégique est en mesure de mener plusieurs actions pédagogiques qui favorisent les apprentissages et leur transfert (Presseau, 2004, p. 2).

L'un des auteurs les plus souvent cités, à juste titre, en ce qui concerne l'apport de la psychologie cognitive en éducation est Jacques Tardif, professeur à l'Université de Sherbrooke. Dans son modèle d'enseignement stratégique, Tardif (1992) attribue six rôles complémentaires à l'**enseignant stratégique** : ceux de penseur, preneur de décisions, de motivateur, de modèle, de médiateur et d'entraîneur.

Premièrement, en tant que penseur, l'enseignant stratégique se distingue de l'enseignant qui se contenterait de maîtriser les contenus enseignés, car en plus d'être un expert dans sa discipline d'enseignement, il s'interroge « d'une part, sur la pertinence des activités au regard des connaissances antérieures de l'élève et des objectifs des curriculums, et, d'autre part, sur les exigences des tâches demandées à l'élève et sur l'adéquation du matériel qu'il met à sa disposition » (Tardif, 1992, p. 304). Deuxièmement, l'enseignant stratégique est un preneur de décisions, ces décisions touchant aussi bien à la séquence optimale des contenus et des activités d'apprentissage qu'au type d'encadrement à offrir à l'intérieur de chacun d'eux. Troisièmement, il exerce un rôle de motivateur, en favorisant activement « l'engagement, la participation et la persistance de l'élève dans la tâche » (p. 306). Quatrièmement, il joue un rôle considéré comme extrêmement important dans l'enseignement stratégique (Tardif, 1992), celui de modèle, ce « modelage cognitif » pouvant s'effectuer aussi bien dans l'apprentissage d'une tâche complexe que dans l'acquisition de stratégies cognitives et métacognitives. Cinquièmement, un autre rôle jugé essentiel est celui de médiateur ; ce rôle permet d'assurer « le passage de l'élève de la dépendance à la pratique guidée, de la pratique guidée à l'indépendance dans l'apprentissage » (p. 309). Sixièmement, l'enseignant stratégique est un entraîneur, rôle associé de près à la fonction d'**entraînement cognitif** (*cognitive apprenticeship*) proposée par Resnick et Klopfer (1989).

Si le rôle de l'enseignant est d'intervenir de manière stratégique, le rôle attendu de l'élève consiste à s'engager activement dans un processus d'autonomisation, incluant mais ne se limitant pas à son autonomie cognitive (développement de ses habiletés métacognitives et de ses capacités de transfert de ses apprentissages). Cet objectif d'autonomisation s'accompagne de celui d'une responsabilisation à l'égard de ses apprentissages et de son métier d'élève. En bref, le rôle de l'élève, dans un modèle d'enseignement cognitiviste, c'est de devenir lui-même un apprenant stratégique !

4.3 LES IMPLICATIONS ÉDUCATIVES DU MODÈLE DU TRAITEMENT DE L'INFORMATION

Cette section sera consacrée aux principales implications éducatives du courant cognitiviste en éducation. Le modèle du traitement de l'information s'est en effet révélé particulièrement fructueux lorsqu'il s'agissait de déterminer certaines techniques d'enseignement visant à faciliter l'enregistrement sensoriel, le travail de la MCT ainsi que la mémorisation et le rappel de l'information entreposée dans la MLT.

4.3.1 Faciliter l'enregistrement sensoriel

Rappelons que des centaines de stimuli visuels, auditifs et autres peuvent être enregistrés simultanément par nos sens. La plupart de ces stimuli sont rapidement effacés (en un quart de seconde), à l'exception des stimuli auxquels nous choisissons de prêter attention. L'attention est donc la condition initiale nécessaire à tout apprentissage volontaire. Elle est cependant une ressource limitée. Pour illustrer ce principe, Kinchla (1992) utilise l'analogie avec l'argent, qui constitue également une ressource limitée pour la plupart d'entre nous. En anglais, les expressions *pay me attention* (accorde-moi ton attention) et *lend me your ear* (prête-moi l'oreille) sont révélatrices. Comme l'argent, l'attention ne doit pas être « gaspillée » ; elle doit être dirigée vers les stimuli importants. Tel est le rôle de l'**attention sélective**.

L'attention sélective

Le traitement de l'information peut être grandement facilité si l'on attire l'attention de l'apprenant sur les idées principales d'un texte, sur les concepts importants ou sur certains mots clés. Il existe de nombreuses techniques, connues de l'enseignant expérimenté, permettant de canaliser l'attention des élèves (*voir le tableau 4.3 à la page suivante*).

Les techniques que l'on emploie pour attirer l'attention devront évidemment s'adapter à l'âge des élèves ainsi qu'à la personnalité des enseignants. Il importe de retenir le principe selon lequel l'attention des apprenants doit être sollicitée et dirigée, quel que soit le moyen qu'on utilise pour y parvenir. Ainsi, certains enseignants n'hésiteront pas à recourir à des mises en scène ou à des costumes pour attirer l'attention de leurs élèves. Par exemple, une enseignante du primaire se présentera un jour en classe munie d'un

Entraînement cognitif

Approche consistant à enseigner certaines stratégies cognitives ou stratégies d'apprentissage ou à effectuer une rééducation de certaines fonctions cognitives auprès d'élèves en difficulté. On distingue deux grandes approches à l'entraînement cognitif : une approche par infusion (les stratégies sont enseignées à l'intérieur des matières scolaires visées) et une approche directe, selon laquelle l'entraînement aux stratégies ou la rééducation cognitive (*voir la définition de ce terme à la page 152*) est effectué séparément de l'enseignement.

Attention sélective

Processus cognitif mis en branle à l'étape de l'enregistrement sensoriel, l'attention sélective consiste à diriger consciemment son attention vers les stimuli pertinents à la réalisation d'une tâche ou vers les aspects importants de l'information transmise (par exemple, mots clés, idées principales, etc.). L'attention sélective peut être amorcée par l'apprenant ou être sollicitée et dirigée par l'enseignant à l'aide de différentes techniques.

« sac des pluriels » (un simple sac en papier, bien décoré, contenant toutes les terminaisons du pluriel à l'étude). Un enseignant d'histoire du secondaire se déguisera en colon du XVIIᵉ siècle pour amorcer une leçon sur la fondation de la Nouvelle-France. L'acte d'enseigner n'est pas sans rappeler la performance d'un acteur (Slavin, 2009) ou d'un comédien (Runtz-Christan, 2000). Aussi, certaines qualités recherchées chez un artiste de la scène, telles que la conviction, l'enthousiasme et l'expressivité, sont susceptibles d'augmenter l'efficacité de la communication pédagogique (Timpson et Tobin, 1982).

TABLEAU 4.3	Quelques techniques pour attirer l'attention des élèves	
GESTES OU SIGNAUX	**À L'ORAL**	**À L'ÉCRIT (INCLUANT AU TABLEAU)**
Ouvrir et fermer l'interrupteur.	Utiliser le ton de sa voix (parler plus fort).	Écrire en MAJUSCULES.
Frapper dans ses mains (geste parfois repris par les élèves).	Parler avec emphase (avec beaucoup de gestes).	Utiliser des caractères différents (par exemple, des **caractères gras**).
Utiliser un pointeur.	Répéter l'information.	Souligner certains passages.
Lever la main pour demander le silence.	Annoncer : « Cela est important. Cela va faire partie du test. »	Placer dans un encadré.
Montrer ses yeux ou ses oreilles (ou tout geste appelant l'attention).	Interroger les élèves à propos de l'information sur laquelle vous désirez attirer leur attention.	Utiliser une couleur différente ou de plus gros caractères.

De nombreuses études ont démontré que l'humour a des effets bénéfiques sur l'apprentissage (Ziv, 1979) en contribuant à capter l'attention des élèves. Une autre technique favorisant l'attention consiste à diminuer le nombre de stimuli concurrents, en demandant, par exemple, aux élèves de fermer les yeux pour pouvoir se concentrer plus facilement sur un texte lu. À l'inverse, on pourra avoir recours à des entrées sensorielles multiples, en s'assurant, par exemple, que l'information présentée oralement soit accompagnée d'un support visuel (présentations assistées par ordinateur, notes au tableau, affiches, résumé écrit remis aux élèves, etc.). Ainsi, la variété des moyens de communication utilisés, l'activité de l'apprenant de même que l'humour de l'enseignant sont autant de moyens qui facilitent le maintien de l'attention (Slavin, 2009).

La durée de l'attention

En plus de favoriser l'attention sélective, l'enseignant devra prendre en considération la **capacité d'attention** des apprenants. On ne dispose pas de données précises en la matière, mais tout intervenant ayant déjà œuvré auprès de jeunes enfants connaît les limites de leur attention quant à la durée. Ces limites peuvent être de 10 ou 15 minutes environ. Par exemple, quelle devrait être la durée maximale d'une activité d'écoute pour les enfants du primaire ? Cela dépend évidemment de la nature de l'activité. Écouter l'enseignant lire une histoire n'exige pas la même qualité de concentration que faire une leçon orale de mathématiques. Le meilleur guide pour déterminer la durée de l'attention demeure l'attention que prête l'enseignant aux signes de décrochage cognitif des apprenants, comme des regards rêveurs, des bâillements ou un début d'agitation.

Rappelons-nous que le traitement de l'information, qui plus est d'une information complexe nécessitant une concentration soutenue, constitue une activité exigeante qui cause de la fatigue, comme toute autre activité de l'organisme. On a d'ailleurs tendance

■ Capacité d'attention

La capacité d'attention revêt à la fois un aspect quantitatif, soit la durée pendant laquelle un apprenant peut demeurer attentif, et un aspect davantage qualitatif, soit la profondeur ou l'intensité de l'attention offerte, qu'on associe également à la capacité de concentration de l'apprenant.

à surestimer la capacité d'attention des enfants plus âgés et des adolescents, voire des adultes… Qui d'entre nous n'a pas déjà décroché au cours d'une conférence, même intéressante, après seulement quelques minutes d'écoute attentive ? Ainsi, il demeure préférable de minimiser la durée des exposés oraux, en les parsemant de questions, de temps de réflexion, d'activités d'application et d'exercices divers, y compris d'exercices physiques. Après tout, le cerveau a besoin d'oxygène pour fonctionner !

La perception au cours de l'enregistrement

Reprenons la distinction entre la **perception** et l'enregistrement sensoriel. Lorsque les stimuli enregistrés par les sens se présentent à la mémoire de travail, ils ont déjà été l'objet d'un premier traitement (inconscient) de la part du système du traitement de l'information. En effet, la perception consiste en l'interprétation que l'on donne aux stimuli enregistrés. Notre perception est influencée par notre état mental (fatigue, nervosité, etc.), nos expériences et nos connaissances antérieures. L'exemple classique demeure celui des fameuses taches d'encre qu'on présente dans le test projectif de Rorschach. Tout le monde enregistre les mêmes stimuli visuels, les mêmes taches d'encre, mais la perception de ces stimuli, l'interprétation qui leur est attribuée, varie d'une personne à l'autre.

Perception

Comme l'attention, la perception est un processus mis en branle à l'étape de l'enregistrement sensoriel et constitue la première étape de traitement (inconscient et automatique) des stimuli captés de l'environnement. Elle consiste en l'interprétation que l'on donne aux stimuli enregistrés. La perception est influencée, entre autres facteurs, par nos expériences et nos connaissances antérieures.

4.3.2 Faciliter le travail de la mémoire à court terme

Comme nous l'avons vu, la capacité de traitement de la MCT est limitée à environ sept items ou, selon la formule de Miller (1956), à 7 ± 2 items (cinq à neuf items). Un exemple pris dans le milieu scolaire permet d'illustrer cette capacité de la mémoire de travail. Il s'agit d'une activité qui consiste à copier un texte, par exemple un texte noté au tableau. Le nombre de mots mémorisés chaque fois qu'on lève la tête pour enregistrer le texte à copier sera d'environ sept mots (vous pouvez tenter l'expérience pour vérifier cela). Toutefois, il est possible d'augmenter le nombre d'éléments traités simultanément en les regroupant. Dans l'exemple déjà cité des sept chiffres d'un numéro de téléphone à mémoriser (comme 7-8-3-2-1-6-6), il sera utile de regrouper les trois premiers chiffres (783) et les quatre suivants en couples de deux chiffres (21-66). Ce regroupement en tronçons d'information (*chunks*) permet de maximiser le potentiel de traitement de la MCT.

Voici un petit exercice de mémorisation. Vous disposez de trois minutes pour mémoriser la liste de 30 mots présentée dans l'encadré 4.3. Une fois le temps écoulé, écrivez tous les mots dont vous vous souvenez, dans l'ordre de votre choix (il s'agit d'un rappel libre).

ENCADRÉ 4.3	Un premier exercice de mémoire

cahier	tempête	lapin	facilement	crayon
lentement	cheval	nuage	calculatrice	violet
chien	doucement	vert	hamster	agrafeuse
rapidement	bleu	pluie	tortue	soleil
rouge	brusquement	règle	vent	chat
patiemment	noir	neige	stylo	jaune

Les stratégies organisationnelles

Quel est votre résultat à l'exercice de mémorisation précédent ? Mais surtout, comment vous y êtes-vous pris ? Vous aurez probablement utilisé ce que Weinstein et Mayer (1986) désignent comme une **stratégie organisationnelle** de base, stratégie qui repose « sur la sélection de l'information [et] son organisation en fonction de points principaux et secondaires et des diverses catégories qu'elle forme » (Goupil et Lusignan, 1993, p. 97). Plusieurs d'entre vous auront ainsi choisi de regrouper ces 30 mots sous 5 catégories : les articles scolaires (cahier, crayon, calculatrice, agrafeuse, règle, stylo), les termes associés au temps qu'il fait (tempête, nuage, pluie, soleil, vent, neige), les animaux domestiques (lapin, cheval, chien, hamster, tortue, chat), les couleurs (violet, vert, bleu, rouge, noir, jaune) et les adverbes de manière (facilement, lentement, doucement, rapidement, brusquement, patiemment). Le regroupement sémantique, qui constitue une stratégie organisationnelle de base, favorise donc le traitement de l'information dans la MCT.

Non seulement le regroupement par catégories facilite le codage de l'information à mémoriser, mais il en favorise également le rappel. Dans l'exemple qui précède, vous pouviez recourir aux cinq catégories pour tenter de vous rappeler certains mots étudiés (par exemple, « Je sais qu'il y avait plusieurs noms de couleur ; oui, je crois bien que la couleur rouge y était »). L'un des exemples que l'on utilise souvent pour illustrer la technique du regroupement est la liste d'épicerie. Ainsi, Slavin (2009) propose 24 noms d'aliments à mémoriser. Après avoir examiné cette liste, on se rend compte qu'il est possible de regrouper ces items selon leur association aux trois repas d'une journée (aliments surtout associés au déjeuner, au dîner et au souper).

Les stratégies d'élaboration ou d'association

Les **stratégies d'élaboration** ou d'association représentent une autre catégorie de stratégies particulièrement efficaces pour ce qui est du codage de l'information dans la MCT (Weinstein et Mayer, 1986). Comment, jadis, avez-vous appris le nom des capitales des provinces canadiennes ? En répétant *ad nauseam* les noms formant chacun des couples (par exemple, « Alberta-Edmonton, Alberta-Edmonton... », etc.) ? Ou peut-être avez-vous eu recours à une stratégie d'élaboration qui consiste à établir des liens entre les informations à mémoriser. Notons que la meilleure élaboration reste celle que l'on conçoit soi-même. Pour être vraiment efficace, toute stratégie de mémorisation doit signifier quelque chose pour nous.

L'élaboration peut aussi prendre la forme d'une histoire inventée dans laquelle sont réunis les éléments à mémoriser. Pour apprendre le nom des principaux cours d'eau du Canada, un élève pourra s'inventer une histoire dans laquelle on trouvera le nom de chaque cours d'eau à mémoriser, suivant un trajet qu'il aura établi : « Un jour que j'étais parti à la chasse à l'ours (Grand lac de l'Ours), j'ai rencontré un groupe d'esclaves (Grand lac des Esclaves) qui descendaient vers la Saskatchewan (rivière Saskatchewan) pour chasser le caribou (lac du Caribou) ». Et ainsi de suite.

Une autre stratégie d'élaboration mentionnée par Lindsay et Norman (1977) est la méthode des lieux, également appelée « méthode des loci » (« lieu » en grec), car on dit qu'elle était déjà utilisée par les Grecs de l'Antiquité. Il s'agit cette fois d'associer l'objet à mémoriser avec un lieu connu. Les auteurs donnent l'exemple du trajet les menant à leur lieu de travail, trajet au long duquel ils ont placé les éléments de leur liste d'épicerie. En refaisant mentalement un trajet qu'ils connaissent par cœur, ils peuvent « voir » les différents objets qu'ils désirent mémoriser : un immense pain bloque la porte d'entrée de leur maison ; sur la plage que longe la route qu'ils empruntent, un voilier est rempli d'œufs ; etc. Comme le mentionnent Lindsay et Norman (1977), ce sont souvent les images les plus saugrenues qui restent gravées dans notre mémoire. Une variante de la méthode des lieux appliquée au même exercice de mémorisation consisterait à visiter mentalement les pièces de la maison pour lesquelles des articles doivent être achetés. De nombreuses personnes ayant oublié à la maison leur liste d'achats à effectuer ont recours à cette technique éprouvée.

Une stratégie d'élaboration employée très souvent dans l'apprentissage d'une langue seconde est la méthode de l'imagerie (Slavin, 2009), également nommée la méthode des mots clés : « Cette méthode consiste à associer un mot clé au mot à apprendre […] ; la première association s'opère à l'aide de liens acoustiques et la seconde, au moyen d'une image mentale » (Goupil et Lusignan, 1993, p. 97). Slavin donne l'exemple du mot anglais *fencing* dont le terme français correspondant est « l'escrime » (« le *scream* »). L'élève anglophone pourra mémoriser cette association en imaginant un escrimeur qui pousse un cri (« le *scream* ») tandis qu'il attaque son adversaire à l'épée. Goupil et Lusignan (1993) donnent pour leur part l'exemple du mot anglais *pushy* que doit apprendre un élève francophone. Celui-ci peut associer du point de vue auditif *pushy* avec « pousser » ; il se forme alors « l'image mentale d'une personne arrogante en train de pousser une autre personne et relie *pushy* à arrogant » (p. 97).

Les procédés mnémotechniques

Les **procédés mnémotechniques** consistent à utiliser la première lettre d'une série de mots à apprendre pour créer un acronyme (Robillard, Gravel et Robitaille, 1998) ou une phrase qui sera plus facile à mémoriser. Slavin (2009) les désigne d'ailleurs comme les stratégies des lettres initiales (*initial-letter strategies*). La formule ainsi créée, qu'il s'agisse d'un mot ou d'une phrase, devient une formule mnémonique, qui facilite l'apprentissage de divers contenus. Il existe de très nombreuses formules mnémoniques dans toutes les disciplines d'enseignement, par exemple : « Adam part pour Anvers avec deux cents sous » (principales prépositions : à, dans, par, pour, en, vers, avec, de, sans, sous) ; « PEDMAS » (ordre d'exécution des opérations mathématiques : parenthèse, exposant, division, multiplication, addition, soustraction) ; « CASMO » (nom et location de cinq provinces canadiennes, situées d'ouest en est : Colombie-Britannique, Alberta, Saskatchewan, Manitoba et Ontario).

Les formules mnémoniques correspondent à une catégorie particulière des stratégies d'élaboration. Cette fois, ce n'est plus l'apprenant qui crée l'association, l'histoire ou l'image servant de support à son activité de codage ; cette formule lui est plutôt fournie par l'enseignant. Il doit donc l'emmagasiner dans sa MLT, de manière à pouvoir l'utiliser lorsque l'occasion se présentera. Malgré l'efficacité démontrée des formules mnémoniques (Hattie, Bibbs et Purdie, 1996), notamment auprès d'élèves en difficulté d'apprentissage (Scruggs et Mastropieri, 1992), l'arsenal de stratégies de mémorisation de l'apprenant devrait être complété par des associations, des élaborations et d'autres procédés mnémotechniques que l'apprenant développera lui-même et que les élèves pourront par la suite partager entre eux.

Les stratégies organisationnelles et les diverses stratégies d'élaboration que nous venons d'évoquer (les associations, l'histoire inventée, la méthode des lieux, l'imagerie mentale et les procédés mnémotechniques) constituent autant de moyens pour coder une information verbale en vue de sa mémorisation, de son passage à la mémoire suivante, soit la MLT.

La répétition

Cependant, la stratégie la plus utilisée par la mémoire de travail demeure la répétition (Cordier et Gaonac'h, 2007). La répétition d'une information verbale maintient celle-ci

Procédés mnémotechniques

Stratégies de mémorisation consistant à utiliser la première lettre d'une série de mots à apprendre pour créer une formule mnémonique (un acronyme ou une phrase) qui sera plus facile à mémoriser.

active dans la MCT, sinon, comme nous l'avons mentionné, elle s'efface d'elle-même après une période de 15 à 30 secondes. La répétition est sans aucun doute la stratégie de mémorisation la plus naturelle chez l'humain, celle que le jeune enfant emploie spontanément dès ses premiers apprentissages verbaux. L'importance de la répétition tient au fait que plus longtemps une information séjourne dans la MCT, plus elle a de chances d'être transférée dans la MLT (Slavin, 2009). L'information que l'on se répète mentalement demeure active dans la MCT, ce qui constitue une façon de la maintenir « vivante ».

Alors, pourquoi la répétition a-t-elle si mauvaise presse dans le milieu de l'éducation ? Tout simplement parce que mémoriser n'est pas comprendre. La répétition peut suffire pour mémoriser une connaissance déclarative (le produit de 4×9 ou la définition du triangle équilatéral), mais elle n'assure en rien la compréhension de ce que désigne la phrase mathématique $4 \times 9 = 36$ ou de ce qu'est un triangle équilatéral. Rappelons les deux fonctions complémentaires, tout aussi importantes l'une que l'autre, qu'exerce la MCT (Bowd, McDougall et Yewchuk, 1998) : le décodage de l'information (interpréter les stimuli, leur attribuer un sens) et le codage de l'information (assurer leur stockage dans la MLT). À elle seule, la répétition ne permet que d'emmagasiner de l'information dans la MLT, sans opération de codage proprement dite.

Les niveaux de traitement

Les limites de la répétition tiennent au fait qu'elle n'exige aucun traitement en profondeur de l'information, puisqu'on se contente de répéter l'information telle qu'elle nous a été transmise. L'une des théories complémentaires au modèle du traitement de l'information concerne les **niveaux de traitement** (*levels of processing theory*) et stipule que la rétention à long terme d'une information dépendrait du niveau de traitement que reçoit cette information (Craik et Lockhart, 1972). Plus le traitement est superficiel (se contenter d'enregistrer un stimulus), moins son transfert sera efficace dans la MLT. À l'opposé, plus un traitement en profondeur est effectué (faire le lien entre ce stimulus et ses connaissances ou ses expériences antérieures), plus cette information sera susceptible d'être mémorisée. Voici un autre exercice de mémorisation. Il s'agit de retenir, dans l'ordre que vous désirez, les 40 lettres présentées ci-dessous (*voir l'encadré 4.4*). Une minute devrait suffire à la tâche.

Niveaux de traitement

Théorie complémentaire au modèle du traitement de l'information qui stipule que la rétention à long terme d'une information dépendrait du niveau de traitement que reçoit cette information. Plus le traitement est superficiel, moins son transfert sera efficace dans la MLT. À l'opposé, plus un traitement en profondeur est effectué (par exemple, faire le lien entre ce stimulus et ses connaissances antérieures), plus cette information sera susceptible d'être mémorisée.

ENCADRÉ 4.4	**Un deuxième exercice de mémoire**

c	t	e	s	n	m	a	p	l	d
r	e	o	e	r	é	l	e	a	e
p	i	l	o	m	e	l	s	l	t
u	o	t	e	e	r	i	e	m	s

Quelle stratégie de mémorisation avez-vous utilisée, cette fois ? Vous avez peut-être opté pour une stratégie d'énumération cumulative (Weinstein et Mayer, 1986) consistant à répéter une suite d'items à mémoriser en y ajoutant chaque fois un item ou plusieurs items (c-t, c-t-e, c-t-e-s, etc.). Bien que cette stratégie puisse être amplement suffisante pour un jeune élève apprenant les lettres de l'alphabet ou les jours de la semaine, elle correspond ici à un niveau de traitement insuffisant. Il y a gros à parier que vous aurez tenté de lire ces lettres, c'est-à-dire de former des unités de sens, quitte à inventer des mots nouveaux, par exemple « crup » ou « pruc » avec les quatre lettres de la première colonne, « toie » avec les quatre lettres suivantes, et ainsi de suite. Recommençons cet exercice (*voir l'encadré 4.5*), avec les 40 mêmes lettres, mais disposées autrement.

ENCADRÉ 4.5	Un troisième exercice de mémoire								
r	a	p	p	e	l	l	e	t	o	i
l	e	s	e	n	s	c	e	s	t	
l	e	m	o	t	e	u	r	d	e	
l	a	m	é	m	o	i	r	e		

Vous n'aurez sans doute pas eu besoin de 60 secondes, cette fois, pour mémoriser ces 40 lettres, formant le message « Rappelle-toi : le sens, c'est le moteur de la mémoire ». C'est que, justement, l'information à laquelle on peut attribuer un sens, comme l'information que l'on peut greffer sur un réseau d'information préexistant, sera plus facilement mémorisée qu'une information dépourvue de signification. Le recours aux connaissances antérieures revêt ici toute son importance.

Le rappel des connaissances antérieures

Prenons l'exemple d'un contenu d'apprentissage mentionné précédemment, à savoir la définition du triangle équilatéral. Une enseignante du primaire désire introduire cette autre sorte de triangle. Avant même de proposer une activité qui amènera ses élèves à découvrir les caractéristiques de cette nouvelle figure géométrique, elle s'assurera d'activer les connaissances antérieures de ses élèves dans ce domaine, soit la définition générale d'un triangle, les types de triangles déjà connus ainsi que leurs caractéristiques (le nombre de côtés d'égale longueur et la mesure des angles). Le rappel de ces connaissances antérieures permettra un traitement beaucoup plus efficace des nouvelles données, en facilitant à la fois le décodage de l'information nouvelle (la compréhension) et son codage en vue de sa mémorisation à long terme.

4.3.3 Maximiser la mémorisation et le rappel de la mémoire à long terme

Le rôle essentiel des connaissances antérieures nous conduit à aborder le contenu de la MLT, l'entrepôt dans lequel sont stockées toutes ces connaissances. Dans la réalité, le travail qui s'effectue dans la MCT fait constamment appel au contenu de la MLT. Par exemple, lorsque l'on rencontre une personne à laquelle on a été présenté récemment, on puise très rapidement l'information emmagasinée dans notre MLT à son sujet, de manière à pouvoir réagir adéquatement à la situation. Peut-être son nom nous échappe-t-il pour l'instant, comme nous n'avons pas encore réussi à retracer le chemin qui nous mène à cette donnée. Toutefois, au fil de la conversation, ce nom nous revient, car nous utilisons en tant que repère l'information disponible relative aux fonctions qu'exerce cette personne et aux circonstances de notre rencontre. C'est ainsi que l'on retrouve l'information « oubliée », en remontant la filière de ce souvenir. Plus la rencontre de cette personne

Double mode d'enregistrement

Théorie selon laquelle toute information serait enregistrée dans la mémoire à long terme, soit en images, sous une forme visuelle (mémoire épisodique), soit en propositions, sous une forme verbale (mémoire sémantique). Cette théorie prédit qu'une information présentée sous ces deux modes est plus facilement mémorisée que si elle n'est présentée que de manière visuelle ou verbale.

Mémoire épisodique

Système de la mémoire à long terme dans lequel sont enregistrés les épisodes de notre vie, c'est-à-dire notre mémoire d'événements personnels ou mémoire autobiographique. Ces épisodes, des plus simples aux plus élaborés, sont emmagasinés avec leur charge émotionnelle. Plus la charge émotionnelle associée à un épisode de vie est forte (par exemple, un échec scolaire), plus son souvenir sera enraciné. La mémoire émotionnelle est donc liée de très près à la mémoire épisodique, composante du système mnémonique.

Mémoire procédurale

Système de la mémoire à long terme dans lequel sont enregistrés tous les apprentissages d'ordre psychomoteur, du plus simple au plus complexe (par exemple, comment tenir un crayon, écrire, dactylographier, se tenir debout, pratiquer un sport, etc.). La mémoire procédurale est donc la mémoire des actions automatisées ou quasi automatisées. À ce titre, la mémoire procédurale est l'une des composantes de notre système mnémonique.

aura été marquante pour nous, plus nous aurons effectué un traitement en profondeur de l'information reçue à son sujet (par exemple, en essayant d'associer son prénom à celui d'une personne connue), et plus cet exercice de rappel sera par la suite facilité.

La mémoire épisodique, la mémoire sémantique et la mémoire procédurale

Nous avons déjà signalé l'importance du niveau de traitement effectué lors du passage de l'information dans la MCT et l'effet de la durée du séjour de cette information, c'est-à-dire la période pendant laquelle cette information demeure activée dans la mémoire de travail. À ces deux variables s'ajoute celle du **double mode d'enregistrement** (*dual code theory of memory*), selon laquelle toute information serait enregistrée dans la MLT, soit en images, sous une forme visuelle (mémoire épisodique), soit en propositions, sous une forme verbale (mémoire sémantique). Cette théorie prédit qu'une information présentée sous ces deux modes est plus facilement mémorisée que si elle n'est présentée que de manière visuelle ou verbale (Clark et Paivio, 1991 ; Mayer et Moreno, 1998).

Si l'on reprend l'exemple précédent, la rencontre avec cette personne a d'abord été enregistrée dans notre mémoire épisodique, sous une forme visuelle. La mémoire épisodique correspond à la mémoire des événements vécus ; elle est en quelque sorte le film de notre vie. Nous avons de plus été présentés, des propos ont été échangés, ce qui alimente notre mémoire sémantique. La mémoire sémantique consiste dans la mémoire des connaissances, qu'elles soient déclaratives, procédurales ou conditionnelles. Dans ce cas-ci, nous avons appris le nom de cette personne, les fonctions qu'elle exerce, etc. Ces connaissances déclaratives ont probablement été enregistrées sous forme de propositions (par exemple, « Madame X est directrice de l'école Y »). Ce double enregistrement (le visage et les échanges verbaux) devrait éventuellement faciliter le rappel de son nom.

Suivant les effets cumulatifs de ces deux types de mémoire, l'expérience vécue par l'élève, qui est enregistrée dans sa **mémoire épisodique,** contribuerait à renforcer la mémorisation des contenus d'apprentissage qui, eux, sont enregistrés dans la mémoire sémantique. Même si rien ne prouve cette hypothèse (Crahay, 1999), les bienfaits cognitifs et affectifs de l'activité de l'apprenant sont suffisamment nombreux pour la justifier. D'autre part, un contenu présenté de manière à la fois visuelle et verbale a davantage de chances d'être retenu dans la mémoire sémantique que s'il n'a été que vu (par exemple, un texte lu par l'élève) ou entendu (par exemple, un exposé de l'enseignant). C'est pourquoi on recommande aux enseignants de faire appel au plus grand nombre de sens possible dans les activités d'apprentissage qu'ils proposent aux élèves (Dunn et Dunn, 1998).

Bien que les modes visuel et auditif soient encore les modes de communication privilégiés à l'école, il ne faudrait pas négliger d'autres modes de présentation, comme le mode moteur. Une situation d'apprentissage qui inclurait une composante motrice, par exemple une action mimée par les élèves, aurait probablement pour effet d'augmenter la probabilité de rappel des contenus présentés, d'autant plus que de nombreux auteurs s'entendent pour distinguer non pas deux mais trois types de MLT (Tulvig, 1993) : la mémoire épisodique, la mémoire sémantique et la mémoire procédurale (qu'il ne faut pas confondre avec les connaissances procédurales). La **mémoire procédurale,** c'est la mémoire motrice, la mémoire du « savoir-comment » (Solso, 1998) : comment conduire une bicyclette, comment taper à la machine, comment écrire, etc. D'après des études effectuées récemment sur le fonctionnement du cerveau, les opérations découlant de ces trois types de mémoire auraient lieu dans des parties différentes du cerveau (Byrnes et Fox, 1998). La figure 4.5 illustre les composantes de la mémoire à long terme.

FIGURE 4.5 **Les composantes de la mémoire à long terme**

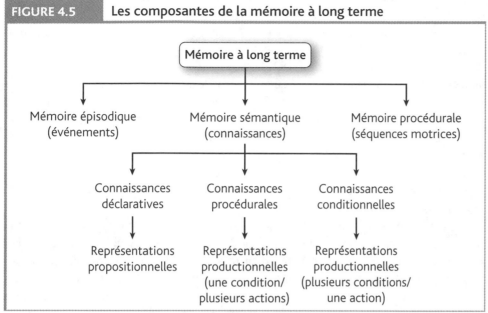

Source : Adaptée de Tardif (1992, p.187).

La **mémoire sémantique** regroupe la très grande majorité des apprentissages scolaires puisqu'elle inclut les connaissances déclaratives (les connaissances de faits, de principes, de règles, etc.), les connaissances procédurales (la résolution de problèmes, l'application des règles, etc.) et les connaissances conditionnelles (les connaissances qui permettent le transfert des apprentissages). La mémorisation et le rappel des contenus de la mémoire sémantique dépendent dans une large mesure de la qualité de leur organisation dans la mémoire à long terme.

L'organisation de l'information dans la mémoire à long terme

Plusieurs théoriciens de la mémoire considèrent que l'information accumulée dans la mémoire à long terme ne s'en efface jamais (Byrnes, 1996). Comme l'indique Slavin (2009), ce qui est perdu, ce n'est pas l'information entreposée dans la MLT, c'est le chemin qui mène à cette information. Le problème de l'oubli devrait donc être interprété comme un problème de rappel. Comme Lieury (1998), nous utiliserons l'analogie de la bibliothèque pour illustrer l'importance de l'organisation de l'information dans la MLT.

Considérons la mémoire à long terme comme une immense bibliothèque dans laquelle seraient rangés une infinité de stimuli et d'informations de toutes sortes, soit des milliards de données puisque la capacité de la MLT n'a aucune limite connue. Si, en tant que bibliothécaire, on se contente de jeter pêle-mêle les nouveaux livres reçus dans une allée de la bibliothèque ou de les placer sur une étagère choisie au hasard, sans effort de classement, il est fort à parier qu'on aura beaucoup de difficulté à retrouver ces nouveaux documents lorsqu'on en aura besoin. Rappelez-vous ce que monsieur Rousseau disait à ses élèves à ce propos : « Un livre mal rangé dans ta mémoire-bibliothèque, c'est un livre perdu ». La conviction de monsieur Rousseau s'appuie sur celle de nombreux auteurs qui affirment que l'organisation de l'information entreposée dans la MLT est effectivement LA clé d'un rappel efficace (Bowd, McDougall et Yewchuk, 1998).

■ **Mémoire sémantique**
Système de la mémoire à long terme dans lequel est enregistré le sens accordé à un mot ou à un énoncé. La mémoire sémantique est organisée en catégories de concepts (par exemple, le canari est un oiseau, un oiseau est un animal; etc.) et d'attributs (le canari est jaune, il est petit, il chante). La mémoire sémantique d'un mot est complétée par un niveau lexical (ou « mémoire lexicale »), soit l'aspect graphique et morphologique du mot. La mémoire sémantique est une composante du système mnémonique.

Les représentations en schéma

Représentation en schéma

Forme de représentation graphique de connaissances déclaratives, procédurales ou conditionnelles qui établit des liens hiérarchiques ou tout autre type de relations (par exemple, en opposition à..., dépend de..., est un exemple de..., etc.) entre différents concepts ou éléments d'information qu'on désire comprendre ou mémoriser.

Il existe différentes manières de concevoir l'organisation de l'information dans la mémoire, par exemple sous forme de cadres, de scripts, de réseaux ou de hiérarchies de concepts. Toutefois, selon Tardif, la **représentation en schéma** est la plus souvent retenue par les chercheurs (*voir la figure 4.6*), car elle offre « la représentation la plus vraisemblable de l'organisation et de la hiérarchisation qui existent dans le système de traitement de l'information » (1992, p. 202). Le schéma peut regrouper des connaissances déclaratives, procédurales et conditionnelles. Il peut également servir à représenter une connaissance procédurale sous forme de représentation productionnelle (Tardif, 1992), c'est-à-dire indiquer les actions qu'il faudra entreprendre pour produire une réponse à partir d'une condition donnée (une condition/plusieurs actions). De la même manière, il est possible d'illustrer une connaissance conditionnelle sous forme de représentation productionnelle, où il s'agit cette fois de déterminer l'action ou la réponse à produire à partir d'un certain nombre de conditions données (plusieurs conditions/une action).

Le schéma présenté dans la figure 4.6 illustre une partie de l'information relative aux deux courants pédagogiques que nous avons abordés jusqu'ici, en incluant une brève présentation du courant qui sera l'objet du prochain chapitre, le courant constructiviste. Le schéma précise les contenus découlant du courant actuellement à l'étude, le courant cognitiviste. Évidemment, ce schéma pourrait s'étendre presque indéfiniment, et ce, dans de multiples directions. Ainsi, on pourrait ajouter les trois courants pédagogiques manquants, établir des liens entre eux, intégrer des détails complémentaires aux courants inclus dans le schéma (les cinq sens servant à l'enregistrement sensoriel, les différentes stratégies d'élaboration, etc.). De plus, les connaissances exposées dans la figure 4.6 sont essentiellement de nature déclarative, soit des idées représentées sous une forme propositionnelle courte (un mot ou un groupe de mots) ou sous une forme propositionnelle un peu plus élaborée (des propositions). On aurait pu y adjoindre des connaissances conditionnelles, telles que les conditions dans lesquelles une stratégie organisationnelle est préférable à une stratégie d'élaboration.

Les représentations productionnelles

Représentation productionnelle

Forme de représentation d'une connaissance procédurale à partir de brefs énoncés indiquant les actions qu'il faut entreprendre pour produire une réponse à partir d'une condition donnée (une condition/plusieurs actions). On peut également illustrer de cette manière une connaissance conditionnelle en déterminant l'action ou la réponse à produire à partir d'un certain nombre de conditions données (plusieurs conditions/une action).

Les encadrés 4.6 et 4.7, à la page 146, offrent des exemples de **représentations productionnelles** d'une connaissance procédurale (une condition/plusieurs actions) et d'une connaissance conditionnelle (plusieurs conditions/une action). Ces deux exemples sont tirés de Tardif (1992), qui consacre d'ailleurs un chapitre entier à la mémoire et à la représentation des connaissances dans son ouvrage. Signalons que la représentation productionnelle de l'opération mathématique de la division (*voir l'encadré 4.6 à la page 146*) est également citée par Crahay (1999).

Selon plusieurs chercheurs, outre la quantité des connaissances préalables dont l'apprenant dispose pour un nouvel apprentissage (Bloom, 1984), le facteur qui influence le plus l'apprentissage scolaire serait la qualité de l'organisation des connaissances entreposées dans la mémoire à long terme (Raynal et Rieunier, 2009). La figure 4.6 évoquait les deux principales implications éducatives de cette dernière proposition : pour l'enseignant, présenter les contenus d'apprentissage de manière structurée et, pour les apprenants, apprendre à structurer l'information issue des activités d'enseignement et des ressources consultées. Comme on s'en doute, les apprenants ne font pas tous cet effort de structuration et d'organisation des connaissances. Il n'est donc pas surprenant qu'un grand nombre de livres-connaissances soient égarés dans leur mémoire-bibliothèque !

FIGURE 4.6   **Un exemple d'une représentation de connaissances en schéma**

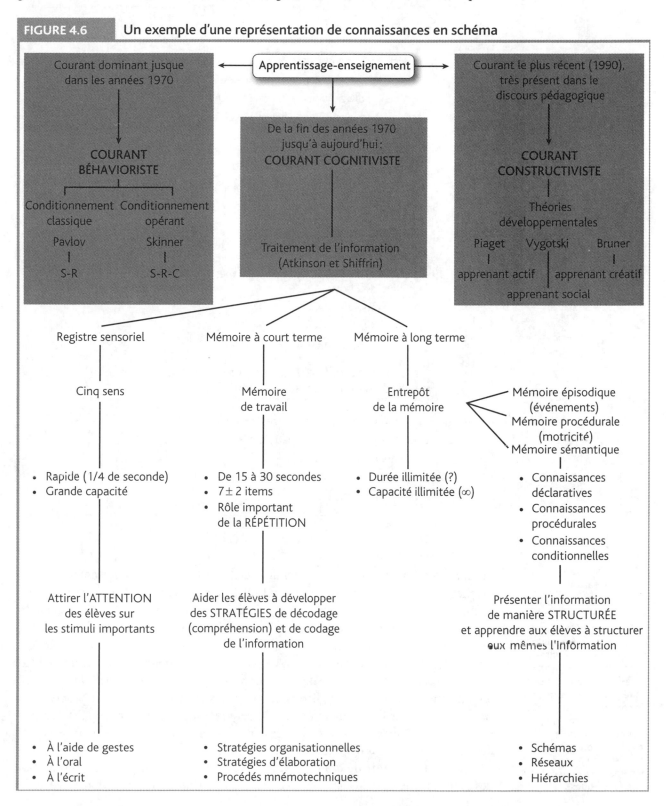

Un exemple d'une représentation productionnelle d'une connaissance procédurale

Si   je dois effectuer une division

Alors

1. je décide quel nombre doit être divisé par l'autre et
2. je place les deux nombres sur une même ligne horizontale et
3. je sépare le dividende en autant de tranches que le permet le diviseur et
4. je détermine le nombre de fois que le diviseur est compris dans la première tranche et
5. je multiplie le diviseur par ce nombre de fois et
6. je place le produit sous la tranche considérée et
7. je soustrais le deuxième nombre du premier et
8. j'associe au résultat de cette soustraction le chiffre immédiatement à droite de la tranche considérée et
9. je répète les opérations 4 à 8 jusqu'à ce qu'il n'y ait plus de chiffres dans le dividende et
10. je considère le résultat de la dernière soustraction comme un reste s'il est différent de zéro et
11. j'écris la réponse.

Source : Tardif (1992, p. 191).

Un exemple d'une représentation productionnelle d'une connaissance conditionnelle

Reconnaissance d'un carré parmi d'autres figures géométriques

Si   une figure géométrique a quatre côtés et

Si   les quatre côtés sont égaux et

Si   tous les angles de la figure sont des angles droits,

Alors   il s'agit d'un carré.

Source : Tardif (1992, p. 201).

Les représentations en réseaux

Représentation en réseaux

Forme de représentation de connaissances particulièrement bien adaptée à la représentation de connaissances déclaratives. Les deux principaux types de représentations en réseaux sont le réseau de concepts (aucun ordre particulier entre les éléments du réseau) et le réseau de concepts hiérarchisés (d'un concept général à des concepts plus spécifiques).

Le rappel des connaissances antérieures des élèves constitue pour l'enseignant un moment privilégié pour recourir à une forme ou l'autre de **représentations en réseaux** de ces connaissances. Par exemple, un enseignant du secondaire qui s'apprête à entreprendre une unité d'enseignement portant sur la Seconde Guerre mondiale et ses liens avec l'histoire pourra animer une activité de mise en commun de toutes les connaissances que ses élèves ont accumulées sur ce sujet. Ces connaissances pourront être structurées au tableau sous forme d'un réseau de concepts fourni par l'enseignant (*voir la figure 4.7*) où, une fois ces connaissances listées, il pourra demander aux élèves de proposer des titres sous lesquels l'information recueillie sera regroupée. Dans chaque cas, le rappel et l'organisation des connaissances antérieures des élèves favoriseront l'ancrage cognitif des nouveaux contenus d'apprentissage qui viendront s'y greffer.

Que faut-il retenir de ces diverses formes d'organisation et de représentation des connaissances ? Tout d'abord, qu'elles favorisent la mémorisation et surtout le rappel des

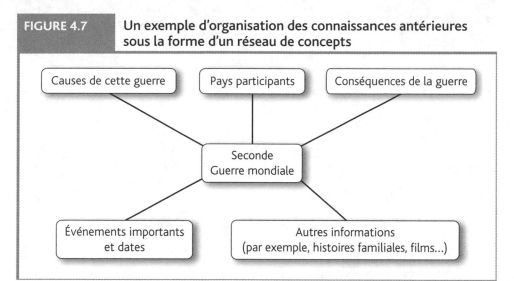

FIGURE 4.7 Un exemple d'organisation des connaissances antérieures sous la forme d'un réseau de concepts

Source : Slavin (1988, p. 210, traduction libre). Adaptée avec la permission de Pearson Education Inc., Upper Saddle River, NJ.

connaissances entreposées dans la mémoire à long terme. De plus, l'enseignant peut les utiliser pour structurer les contenus d'apprentissage enseignés, et ce, aussi bien à l'étape du rappel des connaissances antérieures qu'à celle de la présentation de nouvelles informations ou à celle de l'objectivation et de la synthèse des apprentissages réalisés. Enfin, les apprenants de tout âge peuvent être entraînés à produire leurs propres modèles d'organisation de leurs connaissances (schémas, organisateurs graphiques, réseaux, hiérarchies, cartes conceptuelles, etc.) dans toutes les disciplines d'enseignement. On suggère même l'emploi de cartes d'organisation des idées (Margulies), composées « d'une image centrale, de mots clés, de couleurs variées, de codes et de symboles » (2005, p. vi), technique appelée, d'après cette auteure, à remplacer la prise de notes traditionnelles ou le surlignage dans un texte, en particulier chez les élèves particulièrement créatifs. Pour conclure cette section, nous présenterons deux autres exemples de modèles d'organisation des connaissances, le premier emprunté à l'enseignement musical (*voir la figure 4.8*) et le second, à l'enseignement de la langue maternelle (*voir la figure 4.9 à la page suivante*), discipline souvent oubliée dans l'illustration de cette approche.

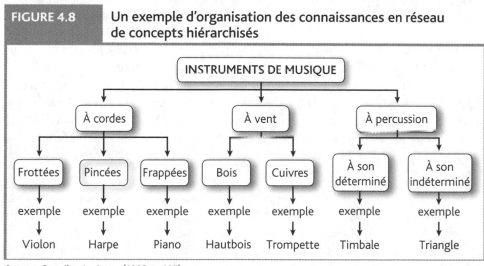

FIGURE 4.8 Un exemple d'organisation des connaissances en réseau de concepts hiérarchisés

Source : Goupil et Lusignan (1993, p. 105).

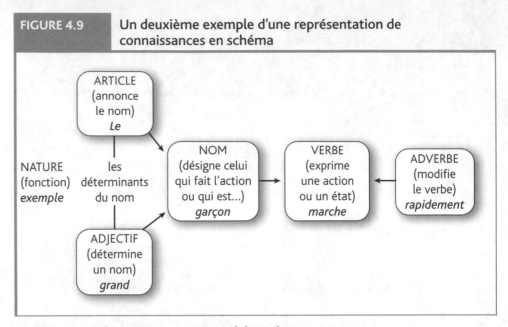

4.3.4 Les facteurs susceptibles de causer ou de contrer l'oubli

Qui n'a pas un jour oublié une information qu'il croyait pourtant avoir mémorisée ? Quel élève n'a pas déjà été pris au dépourvu dans une situation d'évaluation, ayant un trou de mémoire qui, dans le pire des scénarios, peut prendre l'allure d'un gouffre ? Qu'on l'interprète comme une incapacité de rappel momentanée ou comme une information à jamais effacée de la mémoire, il faut admettre que l'oubli fait partie de notre vie. Nous étudierons maintenant le phénomène de l'oubli et relèverons les facteurs susceptibles d'entraîner l'oubli d'une information apprise à l'école.

Bowd, McDougall et Yewchuk (1998) relèvent quatre facteurs ou causes de l'oubli : le manque d'organisation de l'information mémorisée (*cue-dependent forgetting*), le non-usage d'une information mémorisée (qu'on peut associer au passage du temps), la répression ou la suppression d'un souvenir, ainsi que l'interférence proactive ou rétroactive. À ces quatre facteurs, on pourrait en ajouter un cinquième, les problèmes d'ancrage, c'est-à-dire l'absence de liens entre les apprentissages déjà réalisés et le nouvel apprentissage. La première cause précisée par Bowd, McDougall et Yewchuk (1998), le manque d'organisation de l'information, a largement été traitée dans la section précédente.

Nous retiendrons pour notre part pas moins de six facteurs pouvant influencer le rappel d'une information apprise ou d'une expérience vécue : le passage du temps, le non-usage de l'information mémorisée, la suppression (volontaire) ou la répression (involontaire), l'interférence rétroactive ou proactive, l'ordre de présentation des données apprises et, enfin, la manière dont l'information a été étudiée (pratique distribuée *versus* pratique intensive).

1. Le passage du temps. L'oubli est un phénomène naturel, dont on doit tenir compte dans le processus d'apprentissage scolaire. Le simple passage du temps semblerait suffisant pour provoquer le phénomène de l'oubli (Cordier et Gaonac'h, 2007). Des expériences menées à la fin du XIXᵉ siècle par le pionnier de la recherche sur la mémoire verbale, Hermann Ebbinghaus (1850-1909), recherches portant sur la mémorisation de syllabes

sans signification, l'ont amené à proposer en 1885 sa fameuse courbe de l'oubli. De nombreuses recherches ont par la suite confirmé le principe établi par cette courbe : « L'oubli est très rapide initialement, puis sa pente s'atténue avec le temps » (Myers, 1995, p. 301). Ce principe est probablement à l'origine du célèbre mot de l'écrivain français Émile Henriot (1889-1961) : « La culture, c'est ce qui demeure dans l'homme lorsqu'il a tout oublié. »

2. **Le non-usage de l'information mémorisée.** Une information dûment mémorisée risque de ne plus être accessible ou même d'être carrément « oubliée » si l'on cesse de l'utiliser. L'exemple suivant illustrera ce facteur. À peu près tout le monde a mémorisé ses tables de multiplication pendant ses premières années de scolarité. En fait, dans la plupart des cas, on pourrait parler de **surapprentissage,** c'est-à-dire d'une pratique de l'habileté qui s'est poursuivie après que la maîtrise de cet apprentissage a été atteinte. Le surapprentissage est d'ailleurs fort utile à l'acquisition d'automatismes, comme ceux que visent les activités de calcul mathématique ou l'orthographe des mots courants. Imaginons une personne âgée de 40 ans qui n'a, pour ainsi dire, eu aucune occasion d'utiliser de nouveau cet apprentissage qu'elle maîtrisait pourtant si bien quelques décennies plus tôt. Elle aurait sans doute beaucoup de difficulté à dire combien font 8×7 ou 6×9 si on lui posait la question à brûle-pourpoint. Les connaissances dont on continue de faire usage et qu'on puise fréquemment dans la mémoire à long terme ont davantage de chances d'être rappelées. Par contre, les connaissances non utilisées courent le risque d'être oubliées, un peu comme si la trace ou le chemin menant à ces informations avait été effacé, bien que les informations, elles, puissent demeurer disponibles.

3. **La suppression et la répression.** Il s'agit ici d'un facteur affectif ayant une incidence cognitive. D'après Searleman et Herrmann (1994), un apprenant pourrait choisir d'oublier un apprentissage qu'il a réalisé précédemment ou une expérience qu'il a vécue ; ainsi, il pourrait décider d'oublier un échec ou une mauvaise performance à un test. On parle alors de suppression ou d'oubli volontaire. Quant à la répression, elle relève plutôt d'un mécanisme inconscient (le refoulement) par lequel une personne efface de sa mémoire des événements vécus, voire des apprentissages associés à des expériences traumatisantes.

4. **L'interférence rétroactive ou proactive.** L'interférence pourrait expliquer une part importante des connaissances qui ont été oubliées. L'interférence rétroactive survient lorsqu'un nouvel apprentissage interfère avec un apprentissage similaire qui a été réalisé auparavant. Par exemple, une élève qui vient d'apprendre l'algorithme de l'extraction d'une racine carrée éprouve maintenant de la difficulté à se rappeler l'algorithme d'une longue division, le nouvel apprentissage interférant rétroactivement avec un apprentissage plus ancien (Bowd, McDougall et Yewchuk, 1998). D'après certains psychologues et chercheurs cognitivistes (Ausubel, 1967), l'interférence proactive serait une cause de l'oubli encore plus importante. Elle se produit lorsque le nouvel apprentissage est confondu avec un apprentissage plus ancien. Cette fois, c'est l'apprentissage déjà réalisé qui interfère de façon proactive avec l'apprentissage en cours. Pour contrer l'interférence proactive, Bruner (1966) suggère l'emploi des contrastes, technique qui consiste à faire ressortir les différences entre des contenus d'apprentissage similaires, par exemple les différences entre « un triangle rectangle et le triangle équilatéral » (Goupil et Lusignan, 1993, p. 55).

Surapprentissage

Pratique intensive suivant l'acquisition d'un apprentissage en vue de favoriser sa rétention (mémorisation à long terme). Le surapprentissage consiste donc à fournir aux élèves de nombreuses occasions de revoir ou de pratiquer, dans des contextes variés, un apprentissage déjà maîtrisé, de manière à favoriser le développement d'automatismes et de faciliter le transfert de cet apprentissage pour la construction d'un apprentissage plus complexe.

Nous avons évoqué quelques causes possibles de l'oubli. Par ailleurs, nous savons désormais que le rappel des connaissances antérieures peut favoriser l'ancrage des nouvelles connaissances et que l'organisation de l'information entreposée dans la mémoire à long terme en facilite le rappel. L'utilisation régulière d'une information mémorisée constitue également une condition facilitant le rappel. Il existe au moins deux autres pratiques ou conditions qui influent sur le rappel d'une connaissance mémorisée : l'ordre de présentation de l'information et la manière d'organiser le temps d'étude ou de révision de contenus que l'on désire mémoriser (pratique distribuée *versus* pratique intensive).

5. **L'ordre de présentation.** Le phénomène de l'effet de position sérielle (Myers, 1995) a été démontré au cours d'expériences consistant à apprendre une série de mots, de noms ou de dates, suivis d'un rappel libre immédiat. Les premiers items (effet de primauté) et les derniers items présentés (effet de récence) sont les mieux mémorisés. L'effet de récence s'explique facilement : les derniers mots étudiés sont encore « frais en mémoire ». En ce qui concerne l'**effet de primauté,** il serait attribuable au fait qu'on accorderait davantage d'attention aux premiers items (Lindsay et Norman, 1977) ; soulignons d'ailleurs qu'à long terme, on se souvient mieux des items qui ont été présentés au début d'une séance d'apprentissage. Ce constat amène Slavin (2009) et d'autres chercheurs à recommander que l'information importante d'une leçon soit présentée au début d'une période d'enseignement, de manière à bénéficier de cet effet de primauté.

6. **La pratique distribuée ou la pratique intensive.** Supposons qu'un élève décide de consacrer cinq heures de son temps à la préparation d'un test important. Est-il préférable pour lui de concentrer ces cinq heures d'étude la veille même de son test (pratique intensive) ou de les répartir également les cinq jours précédant le test, soit une heure par soir (**pratique distribuée**) ? Évidemment, son enseignant lui recommanderait de répartir son temps d'étude, mais aurait-il raison de le faire ? Oui… et non. En fait, le « bourrage de crâne » de dernière minute peut se révéler relativement efficace à court terme, mais uniquement pour une performance mesurant des apprentissages liés à des connaissances dites factuelles (Fishman, Keller et Atkinson, 1968, cités par Bowd, McDougall et Yewchuk, 1998). Il en va tout autrement pour une performance nécessitant une compréhension approfondie ou faisant appel aux processus cognitifs supérieurs (par exemple, la capacité à analyser des contenus, à en faire une synthèse). De plus, la pratique intensive ne favorise pas la mémorisation à long terme, les contenus étudiés dans de telles conditions risquant d'être rapidement oubliés… peut-être même dès le lendemain du test.

C'est un fait scientifiquement établi : on retient mieux l'information lorsqu'elle est distribuée dans le temps (Myers, 1995). Ce phénomène, également connu sous le nom d'« effet d'espacement » (Dempster, 1988), plaide à la fois pour une distribution du temps d'apprentissage et des périodes consacrées à l'étude. Déjà, au Ier siècle de notre ère, le philosophe romain Sénèque soutenait que « l'esprit met du temps à oublier ce qu'il a mis du temps à apprendre » (cité par Myers, 1995, p. 292).

4.4 LA MÉTACOGNITION ET LE TRANSFERT DES APPRENTISSAGES

Nous venons de survoler quelques-unes des implications éducatives du fonctionnement des trois types de mémoire. Ainsi, nous avons vu comment on peut faciliter un enregistrement

---

■ Effet de primauté

Effet sur l'apprentissage associé à la position des contenus présentés (effet de position sérielle), les premiers items présentés étant parmi les mieux mémorisés.

■ Pratique distribuée

Distribution, dans une période relativement longue, des séances consacrées à la pratique d'un apprentissage quelconque ou à son étude. La pratique distribuée est plus efficace que la pratique intensive (pratique concentrée dans une seule ou quelques rares séances). Ce phénomène est également connu sous le nom d'« effet d'espacement » et plaide à la fois pour une distribution du temps d'apprentissage et des périodes consacrées à l'étude.

sensoriel efficace (par exemple, en attirant l'attention sélective des apprenants), comment on peut stimuler le travail de la MCT (par exemple, en entraînant les apprenants aux techniques de mémorisation) et comment on peut maximiser la mémorisation de même que le rappel de la mémoire à long terme (par exemple, en structurant l'information présentée et en amenant les apprenants à concevoir leurs propres modèles de représentation des connaissances). Enfin, nous avons évoqué quelques facteurs et conditions qui aident à contrer les effets de l'oubli (par exemple, en évitant les situations d'interférence et en favorisant une pratique distribuée du temps d'apprentissage). Cette section sera consacrée à deux des thèmes les plus chers aux cognitivistes : le développement de la métacognition et le transfert des apprentissages.

4.4.1 L'enseignement et le développement de la métacognition

Pour certains chercheurs, la MLT est essentiellement constituée de deux types de mémoire (Crahay, 1999 ; Tardif, 1992), soit la mémoire sémantique et la mémoire épisodique. D'autres chercheurs y incluent la mémoire procédurale (Solso, 1998 ; Tulvig, 1993). D'autres, enfin, désignent le savoir-faire comme étant un troisième lieu d'entreposage des connaissances procédurales et stratégiques (Morissette et Voynaud, 2002). Toutefois, au-delà de ces différences de classification, tous s'entendront pour affirmer que la MLT emmagasine non seulement des connaissances déclaratives et des savoirs, mais aussi des stratégies cognitives et des stratégies métacognitives. C'est d'ailleurs pourquoi certains la surnomment « mémoire de travail à long terme » (Slavin, 2009). Indépendamment des distinctions qu'on peut établir entre stratégies cognitives et stratégies métacognitives, on s'entendra également sur le fait que ces stratégies s'apprennent et peuvent donc être enseignées.

De l'emploi de stratégies cognitives à la métacognition

Raynal et Rieunier (2009) définissent les stratégies cognitives comme des stratégies personnelles de traitement de l'information : « Le cerveau d'un individu efficace (un apprenant autorégulé) pilote consciemment et volontairement ses processus de pensée pour en faire des stratégies cognitives (stratégies personnelles de traitement de l'information) en vue de résoudre les problèmes que lui pose l'existence » (p. 426). S'il est possible d'entraîner les apprenants à l'emploi de diverses stratégies cognitives (Weinstein et Mayer, 1986), le défi principal de l'enseignant consisterait cependant à amener l'apprenant à développer des stratégies métacognitives qui lui permettront de choisir une stratégie plutôt qu'une autre, d'adapter une stratégie à un contenu d'apprentissage donné, de transférer un savoir-faire acquis à une nouvelle situation d'apprentissage, etc. Cette capacité générale à gérer son propre processus d'apprentissage, à exercer un contrôle conscient sur les étapes de son propre traitement de l'information, est désignée par le terme **métacognition** : « La métacognition se rapporte à la connaissance qu'on a de ses propres processus cognitifs, de leurs produits et de tout ce qui y touche, par exemple, les propriétés pertinentes pour l'apprentissage d'informations ou de données » (Flavell, 1977, cité par Noël, 1997, p. 8). Depuis les travaux fondateurs de Flavell (1979) et de ses collègues (par exemple, Flavell et Wellman, 1977), « l'univers théorique de la métacognition s'est enrichi et complexifié » au point qu'on en distingue aujourd'hui les trois grands aspects suivants : les connaissances et croyances métacognitives, les jugements et sentiments métacognitifs et le contrôle cognitif (Crahay, Dutrévis et Marcoux, 2010, p. 31).

Métacognition

La métacognition pourrait être définie comme le degré de contrôle que l'apprenant exerce consciemment sur son processus d'apprentissage, au moyen de diverses stratégies métacognitives. Dans une perspective cognitiviste, le développement de la métacognition est au cœur même de l'intervention éducative.

C'est à ce dernier aspect de la métacognition, le contrôle exécutif, que nous nous intéressons plus particulièrement. Le lecteur se souviendra peut-être que « contrôle exécutif » est précisément le nom attribué à la composante métacognitive du modèle de traitement de l'information étudié précédemment (*voir la section 4.1.3*). Ce contrôle exécutif de la métacognition s'exerce à l'aide de stratégies, les stratégies métacognitives, qui permettent la gestion et la régulation de ses stratégies d'apprentissage (par exemple, les stratégies d'étude) et de ses propres stratégies cognitives (par exemple, les stratégies de mémorisation, de compréhension ou de résolution de problèmes). Dans une perspective cognitiviste, le développement des habiletés métacognitives des apprenants est au cœur même de l'intervention éducative.

De nombreuses approches ont été mises au point au cours des dernières décennies en vue d'amener les élèves à « apprendre à apprendre ». On peut classer ces approches en deux grands courants : les programmes généraux d'entraînement cognitif, dont les objectifs sont la **rééducation cognitive** ou l'entraînement à certaines stratégies cognitives, et les interventions éducatives propres à certaines disciplines scolaires. La distinction fondamentale entre ces deux approches est que, dans le premier cas, l'entraînement est offert à l'intérieur de leçons distinctes, alors que, dans le second cas, cet entraînement est directement intégré dans l'enseignement de contenus disciplinaires. Étant donné la surcharge des programmes d'études et les difficultés inhérentes au transfert des stratégies apprises hors contexte, on favorise aujourd'hui les approches intégrées dans les disciplines.

Cinq interventions pour développer la métacognition

Ces diverses approches ont en commun l'objectif de permettre aux élèves de développer des stratégies cognitives et métacognitives. Que peut-on en retenir en ce qui a trait à ces techniques d'enseignement ? À la suite d'un projet de collaboration intéressant entre l'université et les milieux scolaires, Lafortune, Jacob et Hébert (2000) précisent un certain nombre de caractéristiques d'un apprenant métacognitif et d'un enseignant-guide de la métacognition. Quelques années plus tôt, Tardif (1992) établissait également certaines caractéristiques et pratiques d'un enseignement stratégique. Pour notre part, nous proposons une synthèse de ces diverses propositions incluant celles d'auteurs de divers programmes visant le développement de la métacognition (Audy, Ruph et Richard, 1993 ; De Bono, 1975 ; Feuerstein, 1980 ; Gianesin, 2001 ; Pressley, 1990 ; Robillard, Gravel et Robitaille, 1998). Cette synthèse porte sur cinq interventions pédagogiques complémentaires : la médiation des stratégies, la verbalisation et la discussion des stratégies, le modelage des stratégies absentes, l'évaluation des stratégies utilisées et l'affichage des stratégies.

1. Offrir une médiation des stratégies. La première intervention consiste à assurer une médiation active et continue des stratégies cognitives et métacognitives. L'enseignant stratégique doit être à l'affût de toutes les occasions qui lui permettront de nommer, d'expliquer et de commenter les stratégies employées par les élèves ; il doit « être capable de reconnaître les déclics métacognitifs de ses élèves et de susciter chez eux une prise de conscience » (Lafortune, Jacob et Hébert, 2000, p. 53). L'erreur de l'élève peut constituer un excellent point de départ d'une réflexion métacognitive (voir Astolfi, 1997). Rappelez-vous le problème portant sur le nombre de chaussettes qui a été présenté dans l'introduction de ce chapitre. Robert avait alors répondu trop rapidement, faisant preuve d'impulsivité et négligeant de s'assurer de sa compréhension

---

■ **Rééducation cognitive**

Rééducation de certaines fonctions cognitives (par exemple, les capacités d'abstraction et d'analyse) ou entraînement cognitif visant le développement des habiletés liées aux six fonctions exécutives : activation, inhibition, flexibilité, planification, mémoire de travail et régulation des émotions. La rééducation cognitive repose sur l'hypothèse générale de l'éducabilité cognitive, c'est-à-dire sur la possibilité d'éduquer l'intelligence.

de la question posée par son enseignant. Monsieur Rousseau en avait alors profité pour rappeler les étapes prescrites dans la résolution d'un problème mathématique et pour relever, avec Robert, sa lacune stratégique. De la même manière, un enseignant pourra choisir de valoriser et de renforcer les stratégies de résolution utilisées par ses élèves, même lorsque celles-ci ne mènent pas exactement à la bonne réponse (dans le cas, par exemple, d'une erreur de calcul).

2. Amener les élèves à verbaliser les stratégies et à en discuter. Une part importante de la métacognition est la capacité à « mettre en mots des savoirs implicites » (Vermersch, 1994, cité par Raynal et Rieunier, 2009, p. 227), d'où la nécessité de susciter des moments de verbalisation des démarches mentales (Lafortune, Jacob et Hébert, 2000). L'enseignant stratégique incite donc ses élèves à verbaliser et à comparer leurs stratégies (« Comment t'y es-tu pris pour arriver à cette solution ? Quelqu'un a-t-il procédé d'une autre façon ? », etc.). Le plus tôt possible, on amènera même les élèves à nommer leurs stratégies et à développer un vocabulaire métacognitif.

3. Modeler les stratégies absentes. Certains élèves, en particulier les élèves en difficulté d'apprentissage, auront besoin d'un entraînement direct pour développer des stratégies qui ne figurent pas encore dans leur répertoire comportemental. L'enseignant stratégique doit donc « aider ces enfants en panne à acquérir les compétences cognitives indispensables à un apprentissage efficient » (Gagné, 1999, p. 1). Cet entraînement cognitif, qui peut s'effectuer suivant la technique béhavioriste du modelage, comprend les étapes suivantes. L'enseignant ou un élève expert effectue une démonstration complète de la stratégie visée. L'instructeur répète sa démonstration, mais il laisse cette fois l'élève effectuer la dernière étape de la stratégie. Puis il reprend la démonstration en demandant à l'élève d'accomplir les deux ou trois dernières étapes, jusqu'à ce que l'élève soit en mesure de faire seul, sans assistance, la démonstration complète de l'emploi de cette stratégie en l'appliquant à un contenu original (différent de celui qui a été utilisé pour les séances d'entraînement). Notons que les tâches réalisées en équipe peuvent offrir les conditions naturelles pour ce modelage cognitif entre pairs.

4. Évaluer les stratégies utilisées. Il faut reconnaître que, suivant les conditions, certaines stratégies sont plus efficaces que d'autres, la métacognition ayant précisément trait, entre autres choses, à « l'évaluation active, à la régulation et à l'organisation de ces processus en fonction des objets cognitifs ou des données sur lesquelles ils portent » (Flavell, 1977, cité par Noël, 1997, p. 8). L'enseignant stratégique incite donc ses élèves à évaluer la pertinence et l'efficacité cognitive de leurs stratégies et des stratégies utilisées par leurs pairs, sans évidemment dévaloriser les élèves moins « stratégiques » ; il s'agit ici d'un apprentissage collectif auquel chacun contribue et dont chacun peut profiter.

5. Afficher les stratégies. La dernière intervention consiste à afficher, bien en vue dans la classe, les stratégies enseignées ou adoptées par les élèves. L'enseignant stratégique offre donc un rappel visuel des stratégies dont il a discuté avec ses élèves et revient fréquemment à l'information affichée. Notons que plusieurs ouvrages offrent de telles affiches. Par exemple, dans son livre intitulé *Pour apprendre à mieux penser. Trucs et astuces pour aider les élèves à gérer leur processus d'apprentissage*, Gagné (1999) inclut un grand nombre d'affiches, dont les affiches associées à son modèle Réflecto et illustrant les personnages de la métaphore qui l'accompagne : le détective, le bibliothécaire,

l'architecte, l'explorateur, le contrôleur, le menuisier et l'arbitre. On aura compris que chacun de ces personnages correspond à une stratégie, ressources qui viendront enrichir la boîte à outils cognitifs de l'apprenant.

4.4.2   L'enseignement et le transfert des apprentissages

■ Transfert

Utilisation d'une connaissance ou d'une habileté déjà maîtrisée dans un nouveau contexte, soit à un niveau de complexité comparable (transfert horizontal) ou dans la maîtrise d'une connaissance ou d'une habileté plus complexe (transfert vertical).

Le **transfert** des apprentissages est un autre thème central du discours cognitiviste en éducation. Selon certains, il s'agit du «phénomène le plus important et le plus mal connu du processus d'apprentissage» (Raynal et Rieunier, 2009, p. 452) alors que pour d'autres, il est l'une des conditions d'un apprentissage dit de qualité: «Les trois principaux paramètres par lesquels on évalue la qualité d'un apprentissage, qu'il soit scolaire ou non, sont l'acquisition, la rétention et le transfert des apprentissages» (Péladeau, Forget et Gagné, 2010, p. 51). Pourquoi accorde-t-on une telle importance au transfert des apprentissages? C'est que la capacité à «apprendre à apprendre» et l'autonomie cognitive s'accompagnent inévitablement de la capacité à transférer une connaissance ou une habileté acquise à un nouvel apprentissage ou à une nouvelle situation d'apprentissage. Pour l'apprenant, le transfert est la condition *sine qua non* d'un apprentissage scolaire autonome et responsable; pour l'enseignant, c'est l'enjeu véritable de toute situation pédagogique proposée aux élèves (Morissette et Voynaud, 2002).

Une fois établie l'importance de ce concept, on se doit toutefois de préciser que les conceptualisations du transfert peuvent varier considérablement d'un auteur à l'autre, suivant la perspective théorique de ces derniers (Péladeau, Forget et Gagné, 2010). Ainsi, selon une conception constructiviste, le transfert, et plus précisément le transfert vertical (qualifié de transfert «haut de gamme») correspond à l'application d'une connaissance ou d'une habileté à un contexte nouveau. Cette conception constructiviste du transfert attribue à ce dernier l'exigence d'un environnement pédagogique particulier: le transfert des apprentissages nécessite des situations pédagogiques ouvertes, dynamiques et axées sur la résolution de problèmes signifiants pour l'élève (Vienneau, 2005).

Des travaux récents accordent une plus grande étendue au phénomène du transfert et mettent en lumière son rôle déterminant dans l'acquisition d'habiletés complexes, le transfert y étant simplement défini comme «toute influence, positive ou négative, que peut avoir l'apprentissage ou la pratique d'une tâche sur les apprentissages ou les performances subséquentes» (Péladeau, Forget et Gagné, 2010, p. 49). Ainsi défini, le transfert correspond au réinvestissement cognitif d'une connaissance dans une habileté plus complexe et permet de réintroduire la notion de hiérarchie d'apprentissage, «omniprésente non seulement dans les théories béhavioristes de l'apprentissage mais aussi en psychologie cognitive» (Péladeau, Forget et Gagné, 2010, p. 55). Nous souscrivons à cette définition élargie du concept de transfert, conforme à la tradition américaine et au **devis expérimental** dans le domaine.

■ Devis expérimental

Modèle utilisé dans la recherche expérimentale. Le devis expérimental classique de la recherche sur le transfert des apprentissages est le suivant: un groupe expérimental est soumis à l'apprentissage d'une tâche A (appelée «tâche source»), puis à l'apprentissage d'une seconde tâche B (tâche cible). Le groupe de contrôle est directement exposé à la situation d'apprentissage de la tâche B, sans apprentissage préalable de la tâche A. Si la performance du groupe expérimental sur la tâche B est significativement supérieure à celle du groupe de contrôle, on peut conclure qu'il y a eu transfert positif de la tâche A vers la tâche B.

Le transfert horizontal et le transfert vertical

Il existe de nombreuses formes de transfert (vertical ou latéral, spontané ou assisté, proximal ou distal) et différents contextes d'application, tels les apprentissages verbaux, les tâches motrices, les apprentissages scolaires et les situations de résolution de problèmes (Péladeau, Forget et Gagné, 2010). Cependant, quel que soit le contexte d'application, le transfert des apprentissages correspond à l'utilisation d'une connaissance ou d'une habileté déjà maîtrisée dans un nouveau contexte, soit à un niveau de complexité comparable (transfert horizontal) ou dans la maîtrise d'une connaissance ou d'une habileté plus complexe (transfert vertical).

Un transfert horizontal consiste en l'application d'une connaissance, habituellement procédurale, à une situation très proche de la situation initiale (par exemple, calculer le montant de la taxe de vente après avoir appris à calculer le montant d'un rabais exprimé en pourcentage). Le transfert vertical correspond pour sa part à l'utilisation d'une connaissance ou d'une habileté déjà maîtrisée dans un contexte d'utilisation tout à fait nouveau ou dans le développement d'une connaissance ou d'une habileté plus complexe. Par exemple, chez les petits, le concept d'« égalité » pourra être réinvesti dans l'acquisition des notions de « plus petit que » et de « plus grand que ».

Quelques propositions relatives au transfert des apprentissages

Il y aurait encore beaucoup à dire sur le transfert des apprentissages. Des livres entiers lui ont été consacrés (Meirieu et Develay, 1996 ; Tardif, 1999), sans pour autant prétendre faire le tour de la question. Nous nous contenterons, pour notre part, d'en résumer les principales caractéristiques et implications du point de vue pédagogique en utilisant comme cadre de référence les conceptions proposées par Morissette et Voynaud (2002), conceptions qu'elles qualifient de vraisemblables et qu'elles opposent aux conceptions « erronées » qui prévalent encore trop souvent dans le milieu scolaire au sujet du transfert. Nous avons retenu quelques-unes de ces propositions de Morissette et Voynaud (2002), que nous formulerons comme suit.

1. **Le transfert est accessible à la majorité des apprenants.** Bien que la déficience intellectuelle puisse être associée, entre autres lacunes, à des problèmes de généralisation des apprentissages (l'intelligence a déjà été définie comme la capacité d'adaptation des individus), il ne faut pas en déduire pour autant que les habiletés de transfert soient limitées aux élèves intellectuellement doués ou aux élèves les plus performants à l'école. Tardif (1999) met en doute la relation entre l'intelligence et la capacité de transfert des individus, alors que Morissette (2002) va jusqu'à affirmer qu'« il n'y a pas de liens étroits » entre ces deux phénomènes.

2. **Le transfert se produit tout au long du processus d'apprentissage.** Le transfert est souvent perçu comme étant l'étape finale du processus d'apprentissage. Une fois un savoir maîtrisé, on peut enfin travailler à son transfert. Dans son modèle d'instruction d'inspiration cognitiviste, Gagné (1977) ne fait intervenir le processus de transfert qu'à la phase de généralisation, qui précède tout juste la phase de performance par l'élève. Or, le transfert est un phénomène enchevêtré à toutes les phases du processus d'apprentissage et devrait être sans cesse sollicité et encouragé.

3. **Il ne faut pas confondre transfert et application.** Si l'on se rappelle la taxonomie révisée du domaine cognitif (Anderson et Krathwohl, 2001), « appliquer » est le prolongement des niveaux « se rappeler » et « comprendre » et consiste tout simplement à appliquer une connaissance sue et comprise à un contexte qui est familier à l'élève. Ainsi, un élève qui conjugue correctement ses verbes dans un exercice donné ne « transfère » pas sa connaissance théorique des règles de conjugaison, il ne fait que les appliquer. Par contre, le même élève qui établirait par lui-même des liens entre les informations acquises sur la conjugaison des verbes en français pour faciliter son apprentissage des verbes en anglais ferait preuve d'un transfert de connaissances.

4. Le transfert va du spécifique au général. On pourrait croire que, pour favoriser le transfert, on doive partir du général pour aller au spécifique : « outiller les élèves d'un ensemble de connaissances et de stratégies générales », puis leur demander « d'en faire le transfert dans des situations particulières » (Morissette et Voynaud, 2002, p. 39). Il n'en est rien. Vygotski plaidait déjà pour le développement d'habiletés cognitives spécifiques, arguant que « quelqu'un qui sait évaluer des poids ne sait pas nécessairement évaluer des longueurs [ou que] mémoriser une carte de géographie et mémoriser du vocabulaire anglais, cela n'a rien à voir » (cité par Meirieu, 1996, p. 30-31). Dans la même ligne de pensée, Tardif signale que c'est à partir de connaissances spécifiques que l'enseignant « rend explicites les connaissances générales et qu'il augmente leurs possibilités de transfert » (1992, p. 80). Par exemple, une stratégie de résolution de problèmes n'aura de sens pour l'élève que si elle lui permet de résoudre un « vrai problème », par exemple en mathématiques. C'est ce que Morissette et Voynaud (2002) désignent comme un « contexte d'utilisation signifiant pour les élèves » (p. 39).

5. Le transfert est un processus conscient et volontaire. Le transfert ne se fait pas automatiquement, de manière quasi inconsciente. Il s'agit au contraire d'un effort intellectuel que l'élève doit déployer par lui-même, encouragé et guidé par son enseignant : « On a besoin d'être accompagné par un guide averti, qui sait choisir les situations utiles et qui aide l'apprenant à voir ce qu'il n'est pas seul capable de voir » (Barth, 1993, p. 19).

4.5 LES STRATÉGIES ET LES MODÈLES D'ENSEIGNEMENT COGNITIVISTES

Comme nous l'avons vu précédemment (*voir la section 4.3*), le courant cognitiviste en éducation, dont les fondements reposent sur le modèle théorique du traitement de l'information, a donné naissance à de nombreuses techniques d'enseignement visant à rendre plus efficace l'exposé de l'enseignant : les techniques pour susciter et maintenir l'attention sélective, le recours aux connaissances antérieures des élèves, les techniques pour organiser et représenter les connaissances enseignées, etc. En bref, non seulement le courant cognitiviste offre une meilleure compréhension des processus internes de l'apprentissage, mais il fournit à l'enseignant de nombreuses pistes d'intervention pour aider ses élèves à devenir de meilleurs « processeurs d'information » (Boulet, 1999). L'encadré 4.8 vous propose un résumé de ces principales pistes d'intervention et techniques d'enseignement issues du courant cognitiviste.

ENCADRÉ 4.8 | **Quelques pistes d'intervention et techniques d'enseignement issues du courant cognitiviste**

1. Activer les connaissances antérieures des élèves, les entraîner à relier l'information nouvelle aux connaissances déjà emmagasinées dans leur mémoire à long terme.

2. Utiliser diverses techniques pour susciter et maintenir l'attention sélective des élèves.

3. Structurer ou, mieux encore, amener les élèves à structurer l'information apprise ou à apprendre (organisateurs graphiques, schémas, réseaux de concepts, etc.).

4. Fournir des représentations productionnelles ou amener les élèves à concevoir leurs propres représentations productionnelles de connaissances procédurales ou conditionnelles.

5. Amener les élèves à élaborer de nouvelles stratégies cognitives (par exemple, des stratégies de mémorisation ou des stratégies de compréhension en lecture) en leur permettant de les communiquer à leurs pairs et, au besoin, en enseignant ces stratégies.

6. Varier les modes de présentation de l'information, en s'assurant d'offrir en tout temps un support visuel (notes écrites, tableau, transparents, affiches, etc.).

7. Tenir compte des facteurs qui permettent de contrer l'oubli (faire de fréquents rappels, éviter les situations d'interférence et favoriser une pratique distribuée).

8. Développer la métacognition chez les élèves (faire la médiation des stratégies, amener les élèves à verbaliser les stratégies utilisées et à en discuter, modeler les stratégies absentes, évaluer les stratégies utilisées et les afficher).

9. Viser à la fois le transfert horizontal (capacité à appliquer une connaissance ou une habileté à des contextes variés) et le transfert vertical (utiliser une connaissance ou une habileté pour résoudre un problème dans un contexte nouveau).

4.5.1 L'exposé interactif

La connaissance des processus internes de l'apprentissage a modifié en profondeur la manière de présenter des contenus et d'articuler les activités d'apprentissage à l'intérieur d'un modèle d'enseignement direct faisant appel à l'exposé (Chamberland, Lavoie et Marquis, 1995), à l'exposé magistral (Legendre, 2005) ou à l'exposé oral en enseignement (Bujold, 1997). L'**exposé interactif,** qui est plus ou moins synonyme des expressions précédentes, a donc encore sa place en éducation, mais à la condition que l'on y intègre les données des recherches qui ont été effectuées ces dernières décennies dans le domaine de la cognition, recherches qui nous ont mené à nous rendre compte qu'apprendre, comme le résume Martineau, « c'est transformer un savoir existant à l'aide de l'information provenant de l'environnement, c'est modifier la structure cognitive constituée de l'ensemble des savoirs acquis depuis sa naissance, c'est mieux organiser ses connaissances pour les utiliser plus facilement au besoin ». Apprendre, c'est également « relier des éléments nouveaux à ce qu'on sait déjà, à ce qu'on croit, à ce qu'on est ; c'est donner soi-même du sens à la nouveauté ; c'est donc modifier son équipement mental » ; enfin, « apprendre, c'est traiter de l'information » (1998, p. 24).

De façon générale, l'exposé est une « présentation orale d'informations avec ou sans l'intervention des apprenants et avec ou sans l'utilisation de moyens audio-scripto-visuels » (Chamberland, Lavoie et Marquis, 1995, p. 37). L'**exposé formel** ou magistral, qui constitue un « discours oral, sans interruption, d'un professeur à un groupe d'étudiants » (Tournier, 1981, p. 25), est pratiquement disparu du milieu scolaire (enseignement primaire et secondaire) pour être remplacé par l'exposé informel ou exposé interactif, qui accorde une place importante à la participation des élèves et intègre divers supports audiovisuels (comme les transparents) ou informatiques (comme les présentations assistées par ordinateur).

Les conditions d'une communication pédagogique efficace

On peut difficilement éliminer l'exposé du répertoire de stratégies ou de la « boîte à outils pédagogiques » dont dispose l'enseignant ; on n'aurait d'ailleurs aucune raison valable de le faire. L'exposé, en particulier dans sa forme la plus dynamique et stratégique, se révèle encore utile à l'apprentissage de connaissances déclaratives et de certaines connaissances

■ Exposé interactif
L'exposé interactif, ou exposé informel, correspond à une présentation orale d'informations effectuée à un groupe-classe par l'enseignant, qui accorde cependant une place importante à la participation des élèves et intègre divers supports audiovisuels ou informatiques. La qualité d'un exposé interactif dépend de l'efficacité de la communication pédagogique mise en place par l'enseignant.

■ Exposé formel
Présentation orale d'informations à un groupe-classe par l'enseignant. L'exposé formel est généralement unidirectionnel, c'est-à-dire qu'il comporte peu d'interactions, voire aucune, entre l'enseignant et son « auditoire ». Ainsi défini, l'exposé formel correspond à un exposé ou à un enseignement dit magistral (stratégie d'enseignement totalement centrée sur l'enseignant).

procédurales, savoirs et savoir-faire directement accessibles à l'apprenant par une simple « exposition ». De plus, un exposé qui intègre, sous une forme ou une autre, les neuf techniques énumérées précédemment tient davantage de la communication pédagogique que de l'exposé formel ou magistral, c'est-à-dire unidirectionnel, qui prévalait à une certaine époque.

À quelles conditions l'exposé interactif peut-il correspondre à la conception cognitiviste de l'apprentissage et de l'enseignement ? Bujold (1997) regroupe les conditions d'une communication pédagogique efficace sous trois catégories. Les conditions les plus nombreuses, celles qui ont vraisemblablement le plus d'effet, sont les conditions liées à l'enseignant (les attitudes et les techniques favorisant la communication), auxquelles s'ajoutent les conditions liées à l'apprenant (le désir d'apprendre et l'effort intellectuel) et les conditions qui relèvent de l'environnement physique (l'éclairage, la sonorisation et la climatisation) et pédagogique (les médias d'enseignement).

Chamberland, Lavoie et Marquis (1995) soulignent que l'exposé « doit être planifié soigneusement et tenir compte le plus possible des besoins, des intérêts et des capacités des apprenants » ; il doit également « être structuré de manière à favoriser la compréhension et la rétention de l'information » (p. 41). En outre, les auteurs rappellent qu'il faut éviter de surcharger l'exposé (trop de contenus en trop peu de temps) et qu'il faut fournir des notes de cours ou tout autre document d'accompagnement (comme des copies des transparents qu'utilise l'enseignant) afin que l'écoute des apprenants ne soit pas perturbée par la prise de notes. Pour notre part, nous favorisons l'emploi de notes à compléter (des mots clés manquants, des exemples que l'apprenant doit apporter, etc.), ce qui permet une participation un peu plus active et facilite la révision des contenus présentés. Parmi les propositions pédagogiques qui se sont révélées les plus fructueuses pour améliorer la qualité de l'exposé interactif, citons celles de David Ausubel, et en particulier l'emploi d'ordonnateurs supérieurs qu'il préconise.

Ausubel et les ordonnateurs supérieurs

David Ausubel est certainement parmi les grands théoriciens contemporains de l'apprentissage. Ses recherches et ses écrits ont contribué à faire évoluer la psychologie cognitive, mais également les sciences de l'éducation. C'est d'ailleurs pour sa contribution exceptionnelle aux sciences de l'éducation que l'Association américaine de psychologie lui a décerné un prix d'excellence en 1976, le prix Thorndike.

> Le facteur le plus important influençant l'apprentissage est la quantité, la clarté et l'organisation des connaissances dont l'élève dispose déjà (Ausubel et Robinson, 1969, cités par Meirieu, 1988, p. 129).

Comme de nombreux auteurs le soutiennent encore aujourd'hui (Bujold, 1997 ; Chamberland, Lavoie et Marquis, 1995 ; Sternberg et Williams, 2002), Ausubel (1967, 1968) affirmait déjà dans les années 1960 que la caractéristique fondamentale d'un exposé efficace était la qualité de son organisation. Il estimait que la méthode expositive, c'est-à-dire l'exposé de l'enseignant, constituait la meilleure méthode d'enseignement, mais à certaines conditions (Ausubel et Robinson, 1969). Ausubel soutenait également que les disciplines d'enseignement « sont structurées en un ensemble de concepts et de principes organisés verticalement, du général au particulier (hiérarchisés), et qu'il faut enseigner en partant du haut, c'est-à-dire à partir des concepts ou principes les plus généraux » (cité par Raynal et Rieunier, 2009, p. 23).

Ces concepts ou principes généraux peuvent être traduits en **ordonnateurs supérieurs** (*advance organizers*) ou indices préalables d'organisation. Ces ordonnateurs, qui sont fournis à l'apprenant au début d'une leçon, devront lui servir d'ancrage pour les nouvelles informations que transmettra l'enseignant. Selon Ausubel, un apprentissage ne devient significatif pour l'apprenant que lorsque celui-ci est en mesure de l'intégrer à sa structure cognitive (Ausubel a été parmi les premiers à utiliser cette expression). Toujours d'après cet auteur, ce qui importe avant tout, ce n'est pas la manière dont l'information est apprise (par exposé ou par découverte), mais la manière dont elle est assimilée par l'apprenant : par apprentissage mécanique (sans lien avec ses connaissances antérieures) ou par **apprentissage significatif** (information intégrée à sa structure cognitive).

Ausubel accorde ainsi une très grande importance aux connaissances antérieures des élèves et, en particulier, à l'organisation de ces connaissances dans leur structure cognitive, autrement dit dans la MLT. Les ordonnateurs supérieurs favoriseraient cette structuration des connaissances. Notons que les suggestions d'Ausubel, qui datent de plus de 40 ans, rejoignent celles des chercheurs actuels en psychologie cognitive (Raynal et Rieunier, 2009), bien que de nombreuses autres formes de représentation puissent aujourd'hui être utilisées dans le même but (par exemple, les schémas). En fait, les ordonnateurs, conçus sous la forme de propositions, ne constituent pas toujours le support le plus efficace pour l'assimilation de certains types ou contenus d'apprentissage. À titre d'illustration, considérez les mêmes contenus présentés sous forme d'ordonnateurs (*voir l'encadré 4.9*) et sous la forme de schéma (*voir la figure 4.10 à la page suivante*). Quelle forme vous prépare le mieux, sur le plan cognitif, à un exposé sur les théories d'Ausubel ?

L'exposé oral de l'enseignant doit également tenir compte d'un certain nombre de facteurs associés à la communication et de facteurs environnementaux s'il aspire à l'effet cognitif escompté (Bujold, 1997 ; Chamberland, Lavoie et Marquis, 1995 ; Noyé et Piveteau, 1985 ; Slavin, 2009). Les conditions d'un exposé oral réussi sont résumées au tableau 4.4, à la page 161. En plus du critère de l'organisation de l'information présentée, à l'aide d'ordonnateurs supérieurs ou de tout autre mode de représentation des connaissances, l'aspect interactif constitue une autre des conditions cruciales qui permettent de caractériser un exposé d'inspiration cognitiviste. Le questionnement, tant celui de l'enseignant que celui des élèves, occupe en effet une place prépondérante dans l'exposé interactif.

Ordonnateurs supérieurs

Courts énoncés servant d'éléments d'ancrage aux informations nouvelles que l'enseignant s'apprête à aborder avec ses élèves. Concept et approche proposés par Ausubel, ces idées générales organisatrices de l'information sont également désignées sous l'appellation d'« indices préalables d'organisation ».

Apprentissage significatif

Employée par Ausubel, l'expression « apprentissage significatif » ou « apprentissage signifiant » (*significative learning*) désigne un apprentissage véritablement intégré à la structure cognitive de l'individu, en opposition avec un apprentissage dit mécanique, sans lien établi avec les connaissances antérieures.

ENCADRÉ 4.9   **Les concepts d'apprentissage mécanique et d'apprentissage significatif présentés sous la forme d'ordonnateurs supérieurs**

Ordonnateurs supérieurs

1. Ausubel et Robinson (1969) distinguent :
   - la manière dont la connaissance est transmise (par réception ou par découverte) et
   - la manière dont la connaissance est assimilée par l'apprenant (apprentissage significatif ou mécanique).

2. Mode de transmission :
   - Méthode expositive (exposé de l'enseignant) = par réception
   - Méthode par découverte (activités de l'apprenant) = par découverte

3. Mode d'assimilation :
   - L'apprenant relie la connaissance = apprentissage significatif
   - L'apprenant ne fait aucun lien = apprentissage mécanique

4. Donc, il peut y avoir :
   - un apprentissage significatif par réception ou par découverte (l'apprenant fait des liens)
   - un apprentissage mécanique par réception ou par découverte (l'apprenant ne fait pas de liens)

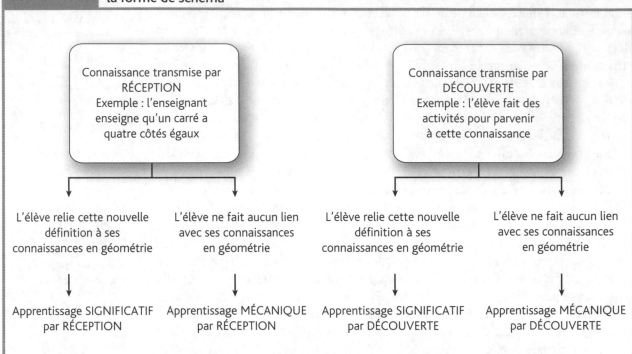

Le questionnement de l'enseignant

La recherche de l'interactivité constitue une condition incontournable d'un exposé efficace sur le plan cognitif. Les questions de l'enseignant permettent non seulement de vérifier la compréhension de l'apprenant quant à l'information présentée, mais aussi de guider ce dernier dans son processus de traitement de l'information. Par son questionnement, l'enseignant pourra s'assurer que les élèves établissent les liens nécessaires avec les contenus déjà présentés, reconnaissent les idées principales ou les concepts clés, illustrent ou concrétisent les connaissances présentées à l'aide d'exemples appropriés, etc. En fait, le questionnement « socratique » de l'enseignant (Chamberland, Lavoie et Marquis, 1995) permet une certaine médiation de l'apprentissage au cours de l'exposé. Bujold rappelle également la valeur du silence comme élément d'une communication pédagogique : « Le silence favorise la réflexion, stimule la participation et donne aux apprenants le temps de s'approprier les connaissances » (1997, p. 84), bien qu'il ne faille pas non plus en abuser.

Les **techniques de questionnement** peuvent prendre diverses formes. Il peut s'agir de questions adressées aux élèves volontaires (ce type de questionnement ne devant cependant pas être surexploité, car les élèves incapables de répondre seront vite démotivés), de questions posées à toute la classe, de questions posées à un sous-groupe d'élèves (comme les membres d'une équipe) ou de questions posées à un élève en particulier (les élèves étant choisis à tour de rôle ou au hasard). L'avantage de ce dernier mode d'interrogation est que la formulation de la question peut s'adapter aux caractéristiques personnelles de l'apprenant ; ainsi, même un élève en grande difficulté d'apprentissage pourra répondre à une question si celle-ci est formulée de manière appropriée. Une question de type fermé, comme une question à laquelle on peut répondre par oui ou par non, peut à l'occasion

Techniques de questionnement

Intègrent les diverses formes de questions (par exemple, les questions de type fermé, de type ouvert, de type socratique) et les différents types de questionnement utilisés par l'enseignant à l'intérieur de son « dialogue pédagogique » avec ses élèves : les questions adressées aux élèves volontaires, les questions posées à toute la classe ou à un sous-groupe d'élèves, les questions posées à un élève en particulier (les élèves étant choisis à tour de rôle ou au hasard), etc.

constituer un choix valable, surtout lorsqu'elle permet à un élève en difficulté ou à un élève ayant peu confiance en lui-même de participer aux échanges avec l'enseignant. Évidemment, il faut accéder le plus tôt possible aux questions de type ouvert, aux questions suscitant la réflexion et un traitement en profondeur de l'information présentée.

TABLEAU 4.4	Les conditions d'un exposé oral réussi	
FACTEURS ORGANISATIONNELS	**FACTEURS DE COMMUNICATION**	**FACTEURS ENVIRONNEMENTAUX**
• Contenu bien structuré • Durée appropriée (les exposés les plus efficaces sont souvent les plus courts); on recommande 15 à 20 minutes, suivies d'une pause ou d'une autre activité (comme une discussion) • Notes de cours ou document d'accompagnement	• Contenus bien maîtrisés • Enthousiasme de l'enseignant • Articulation, prononciation et ton de voix appropriés • Débit ni trop rapide ni trop lent • Renforcements verbaux et non verbaux (sourires, regards, signes de tête, etc.) • Déplacements pendant l'exposé • Communication des résultats poursuivis à l'aide de la « règle de trois »: annoncer ce dont on va parler, le dire et résumer ce qu'on vient de dire • Utilisation d'un questionnement approprié et réponse aux questions de manière à susciter la réflexion	• Conditions environnementales favorables (éclairage, température et sonorisation) • Environnement pédagogique (tableau, affiches, cartes, transparents, etc.)

Le questionnement des élèves

L'enseignant doit chercher à établir un climat de confiance, propice au questionnement des élèves, Chamberland, Lavoie et Marquis (1995) qualifiant ces questions de « démocratiques ». Sternberg (1994) distingue pas moins de sept niveaux d'interaction entre l'enseignant et ses élèves à partir des questions provenant de ces derniers. En tant que médiateur, l'enseignant doit constamment viser aux niveaux les plus élevés de ces interactions, tout en tenant compte du temps et des ressources disponibles ainsi que du degré de développement de ses élèves (Sternberg et Williams, 2002). L'exemple utilisé pour illustrer ces sept niveaux d'interaction (*voir l'encadré 4.10 à la page suivante*) consiste en une question que pose un élève pendant un cours de sciences sociales : « Pourquoi les Hollandais sont-ils aussi grands ? » On retiendra surtout qu'il faut éviter les interactions aux trois premiers niveaux, qui rejettent carrément le problème posé ou esquivent la question soulevée par l'élève.

En tant que stratégie d'enseignement, l'exposé interactif peut s'intégrer à l'intérieur d'un modèle plus général d'enseignement stratégique, un modèle d'enseignement répondant aux principes pédagogiques d'inspiration cognitiviste. Robert Gagné, dont nous avons parlé à plusieurs reprises dans ce chapitre et dans les chapitres précédents, compte sans doute parmi les auteurs qui ont le plus contribué à traduire les découvertes de la psychologie cognitive en un modèle pédagogique cohérent. En plus d'avoir réalisé une classification des types de capacités ou d'apprentissage présentée au chapitre 1, Gagné est également l'auteur d'un modèle d'instruction (Gagné, 1974, 1976) qui intègre certains éléments des théories béhavioristes (tels que le concept de « renforcement ») et qui accorde surtout une place prépondérante aux processus internes de l'apprentissage. Son modèle d'enseignement direct en huit phases, qui s'intègre à son tour dans un modèle de *design* pédagogique (Brien, 1992), peut se révéler très utile pour la planification d'une séquence d'enseignement-apprentissage débutant par un exposé interactif.

ENCADRÉ 4.10 **Les sept niveaux d'interaction entre l'enseignant et les élèves**

Question d'un élève : « Pourquoi les Hollandais sont-ils aussi grands ? »

Niveau 1 : L'enseignant rejette la question : « Ne pose pas tant de questions ! Tu parles d'une question stupide ! »

Niveau 2 : L'enseignant répond à la question en la reformulant : « Parce que les Hollandais sont généralement des personnes de grande taille. »

Niveau 3 : L'enseignant admet son ignorance ou fournit une réponse toute faite : « Je ne sais pas » ou « Parce que... » (suivi d'une réponse plausible, par exemple, « c'est génétique »).

Niveau 4 : L'enseignant encourage la recherche d'une réponse : « C'est une excellente question ! Il va falloir chercher la réponse dans une encyclopédie ou dans Internet. »

Niveau 5 : L'enseignant considère plusieurs possibilités avec l'élève : « C'est une question remplie de mystère ! Je crois que cela pourrait être dû au régime alimentaire des Hollandais ou à leur bagage génétique. Est-il possible que le climat ou d'autres conditions environnementales exercent une influence sur la taille des habitants des Pays-Bas ? Crois-tu que l'exercice physique pourrait être un facteur explicatif ? Vois-tu d'autres explications possibles ? »

Niveau 6 : L'enseignant évalue avec l'élève la validité des possibilités évoquées : « Comment pourrait-on déterminer si le facteur de l'alimentation est une réponse valable ? Les Hollandais ont-ils un régime alimentaire distinct de celui des autres habitants de cette région du monde ? Si ce n'est pas le cas, les habitants des pays environnants, tels que les Belges ou les Allemands, devraient également être des personnes de grande taille. Est-ce le cas ? » Et ainsi de suite.

Niveau 7 : L'enseignant vérifie avec l'élève la validité des réponses retenues : « Tâchons de trouver ensemble toutes les informations nécessaires pour choisir la réponse la plus exacte parmi celles que nous avons retenues. »

Source : Adapté de Sternberg et Williams (2002, p. 437).

Par-delà l'importance qu'a eue ce modèle d'enseignement d'inspiration cognitivo-béhavioriste au cours des années 1970 et 1980, c'est à un modèle d'enseignement plus récent, illustrant de manière éloquente l'apport de la psychologie cognitive, que reviendra la tâche d'illustrer le courant cognitiviste en éducation : le modèle d'enseignement stratégique (Tardif, 1992).

4.5.2   Le modèle d'enseignement stratégique

Tardif (1992) propose un modèle d'enseignement qui intègre les travaux les plus récents de la psychologie cognitive, en particulier en ce qui concerne les composantes cognitives de la motivation scolaire (par exemple, la perception entretenue par l'élève au sujet de la contrôlabilité d'une tâche), le rôle déterminant qu'exercent la mémoire et la représentation des connaissances, et les fonctions de la résolution de problèmes et du transfert dans la construction du savoir par l'élève. Il consacre d'ailleurs un chapitre à chacun de ces trois thèmes dans l'ouvrage présenté précédemment (*voir la section 4.2.3*).

Nous tenterons de résumer l'essentiel de cet ouvrage en nous concentrant sur les principales caractéristiques et pratiques de l'enseignement stratégique (le chapitre 5 dans l'ouvrage de Tardif) : les zones d'intervention privilégiées par ce modèle d'enseignement et les phases de l'implantation de ce modèle pédagogique.

Les zones d'intervention privilégiées

Le modèle de l'enseignement stratégique découle principalement du modèle théorique du traitement de l'information proposé par la psychologie cognitive, tout en intégrant certains concepts clés du constructivisme (par exemple, la construction du savoir par chaque apprenant) et certaines pratiques pédagogiques que suggèrent les constructivistes (par exemple, la résolution de problèmes « réels »).

D'après Tardif (1992), en premier lieu, l'enseignement stratégique doit accorder une place importante aux stratégies cognitives et métacognitives, lesquelles contribueront au développement de l'autonomie des élèves. En deuxième lieu, dans le contexte de l'enseignement stratégique, les stratégies de l'enseignant doivent s'adapter aux diverses catégories de connaissances visées ; ainsi, on n'enseigne pas des connaissances déclaratives de la même manière qu'on enseigne des connaissances procédurales ou conditionnelles. En troisième lieu, ce modèle d'enseignement préconise l'intégration des matières en vue de l'acquisition de connaissances et de stratégies générales (compétences transversales) par l'enseignement de connaissances et de stratégies spécifiques (compétences disciplinaires). En dernier lieu, le modèle de l'enseignement stratégique reconnaît l'influence importante qu'exercent les variables affectives dans le processus d'apprentissage des élèves.

Les phases de l'implantation de l'enseignement stratégique

À l'instar de Jones, Palincsar, Ogle et Carr (1987), Tardif (1992) retient trois phases dans l'implantation de l'enseignement stratégique : une phase de préparation à l'apprentissage, une phase de présentation du contenu et une phase d'application et de transfert des connaissances, cette dernière phase étant également connue sous le nom d'« application et intégration des connaissances » (Jones *et al.*, 1987). Comme le précise Tardif (1992), la contribution de Jones et de ses collègues ne réside pas tant dans la détermination des phases de préparation, de présentation et d'application, somme toute communes à toute forme d'enseignement, stratégique ou non, que dans les étapes et les stratégies préconisées à l'intérieur de chacune de ces phases (*voir l'encadré 4.11*).

ENCADRÉ 4.11 **Les phases d'implantation de l'enseignement stratégique**

Préparation à l'apprentissage	1. Discussion des objectifs poursuivis
	2. Survol du matériel et des ressources utilisées
	3. Activation des connaissances antérieures
	4. Direction de l'attention et de l'intérêt
Présentation du contenu	1. Traitement des informations
	2. Intégration des connaissances
	3. Assimilation des connaissances
Application et transfert des connaissances	1. Évaluation formative et sommative
	2. Organisation des connaissances
	3. Transfert et extension des connaissances

1. **La phase de préparation à l'apprentissage.** C'est probablement à l'intérieur de la phase préparatoire à l'apprentissage que l'on peut reconnaître certaines influences parmi les plus importantes du courant cognitiviste en éducation. Tout d'abord, pour préparer les élèves au nouvel apprentissage, on amorcera avec eux une discussion portant sur les objectifs de la tâche, par exemple, les résultats d'apprentissage spécifiques qui sont poursuivis ou la compétence qui est visée, les retombées potentielles ou la signification actuelle ou future de la tâche pour l'élève, ou encore les critères précis qui seront utilisés dans l'évaluation de la tâche. La deuxième étape consiste en un survol des ressources qui seront mises à la disposition des élèves. La troisième étape, qui est « extrêmement importante » (Tardif, 1992) d'un point de vue cognitif, est celle de l'activation des connaissances antérieures ; l'enseignant pourra alors soit animer une discussion de groupe concernant les connaissances associées au thème de la leçon, soit proposer un exercice, individuel ou en équipe, qui permettra aux élèves d'effectuer ce rappel par écrit. Suivant la nature des connaissances, il verra à structurer sous une forme appropriée (schémas, réseaux, représentations productionnelles, etc.) l'information recueillie. La quatrième étape de la phase de préparation à l'apprentissage vise à diriger l'attention des élèves et à susciter leur intérêt. L'enseignant cherchera à créer chez les élèves une disposition affective favorable à l'apprentissage. Pour ce faire, il tâchera de leur communiquer des attentes positives ; il pourra ainsi témoigner de sa confiance dans la capacité des élèves à maîtriser les apprentissages visés. De même, il suscitera leur désir d'apprendre, notamment en leur expliquant l'importance des contenus disciplinaires ou de la compétence en question et en établissant des liens avec la vie des élèves à l'extérieur du cadre scolaire.

   Bien que les six rôles de l'enseignant stratégique que nous avons vus soient exécutés tout au long du processus d'enseignement-apprentissage, on se rend compte que les rôles de penseur (expert en contenu et en enseignement stratégique), de preneur de décisions (planification des activités et choix des ressources pour l'apprentissage) et de motivateur (susciter le désir d'apprendre et communiquer des attentes positives) ont une influence déterminante pendant cette première phase de préparation à l'apprentissage.

2. **La phase de présentation du contenu.** Pendant la deuxième phase de l'implantation de l'enseignement stratégique, l'élève est appelé à traiter efficacement l'information présentée, ce qui facilitera sa compréhension (décodage) et sa mémorisation (stockage dans la mémoire à long terme). La première étape de cette phase correspond au traitement de l'information. L'enseignant pourra éventuellement recourir à son rôle de modèle pour illustrer l'habileté ou la compétence visée. Au cours de cette étape, l'enseignant intervient auprès de l'élève pour l'accompagner dans sa démarche d'application de stratégies cognitives ou métacognitives (rôle d'entraîneur). À l'étape suivante se produit l'intégration des connaissances. L'enseignant stratégique verra alors à attirer l'attention de l'élève sur les contenus importants (rôle de médiateur) pour en favoriser l'intégration. Puis, à l'étape de l'assimilation des connaissances, il s'assurera de rendre explicites « les changements intervenus dans la base de connaissances de l'élève » (Tardif, 1992, p. 330).

3. **La phase d'application et de transfert des connaissances.** Cette phase, qui est essentielle à l'ancrage des nouvelles connaissances dans la structure cognitive de l'apprenant, recourt, entre autres, au rôle d'entraîneur de l'enseignant stratégique. Celui-ci

doit prévoir une ou plusieurs activités d'application, qu'il s'agisse d'exercices individuels, en dyades ou en équipes. Ces activités permettront aux élèves d'approfondir leur compréhension des contenus enseignés (connaissances déclaratives) ou de développer leur expertise dans l'emploi d'une nouvelle habileté (connaissances procédurales ou conditionnelles). À l'étape de l'évaluation formative et sommative des apprentissages, l'enseignant offrira aux élèves une rétroaction individuelle sur le degré de maîtrise atteint et des activités complémentaires permettant de corriger les difficultés éprouvées ou d'enrichir les apprentissages réalisés. À l'étape suivante, celle de l'organisation des connaissances en schémas, l'enseignant interviendra pour guider l'élève dans l'intégration des nouvelles connaissances aux connaissances antérieures portant sur le même objet. Enfin, l'étape du transfert et de l'extension des connaissances amènera l'enseignant stratégique à prévoir en compagnie de l'élève « les contextes de transférabilité de ces connaissances ainsi que les conditions de leur transférabilité » (Tardif, 1992, p. 332).

Résumé

Les fondements théoriques du cognitivisme (*section 4.1*)

- Trois courants pédagogiques sont issus de l'école cognitiviste : le courant cognitiviste, le courant constructiviste et le courant socioconstructiviste. Le courant cognitiviste repose sur les théories de la psychologie cognitive, et plus particulièrement sur son modèle du traitement de l'information.

- Le modèle du traitement de l'information tente d'expliquer comment l' humain traite les stimuli reçus de son environnement. Ce modèle est basé sur le modèle explicatif de la mémoire d'Atkinson et Shiffrin (1968).

- Le modèle du traitement de l'information comprend les éléments suivants : les stimuli de l'environnement sont captés par les récepteurs ; plusieurs centaines de stimuli sont rapidement enregistrés par le registre sensoriel ; les stimuli auxquels on prête attention sont acheminés à la MCT ; la répétition et le travail cognitif effectué sur cette information permettent le stockage de celle-ci dans la MLT ; lorsque vient le moment de produire une réponse, le générateur de réponses puise les éléments nécessaires dans la MCT et dans la MLT ; la réponse est retransmise à l'environnement grâce aux effecteurs. Le contrôle exécutif est la composante du modèle qui gère l'ensemble du processus de traitement alors que les attentes en constituent la composante affective.

La conception cognitiviste de l'apprentissage et de l'enseignement (*section 4.2*)

- D'un point de vue cognitiviste, il est crucial de comprendre comment l'élève apprend si l'on veut être en mesure de guider son apprentissage.

- La finalité de l'école cognitiviste et les valeurs qu'elle véhicule sont la reconnaissance du caractère unique de chaque apprenant (tous les élèves n'apprennent pas de la même manière) et le développement de l'autonomie cognitive (apprendre à apprendre).

- Le rôle de l'enseignant est celui d'un enseignant stratégique, soit un rôle de penseur, de preneur de décisions, de motivateur, de modèle, de médiateur et d'entraîneur. Le rôle attendu de l'élève est celui d'être un apprenant stratégique.

Les implications éducatives du modèle du traitement de l'information (*section 4.3*)

- L'enregistrement sensoriel peut être favorisé par diverses techniques servant à attirer l'attention sélective et à maximiser la durée de cette attention.

- Les capacités de la mémoire à court terme étant limitées (7 ± 2 items), le regroupement de l'information en facilite le traitement. Les diverses stratégies de mémorisation peuvent également favoriser le passage de l'information traitée à la mémoire suivante, ainsi que le font la répétition, le niveau de traitement accordé et l'établissement de liens avec les connaissances antérieures.

- La qualité de l'organisation de l'information entreposée dans la mémoire à long terme constitue un facteur déterminant pour son rappel ultérieur. Ces connaissances peuvent être organisées sous la forme de schémas ou de réseaux de concepts (connaissances déclaratives) ou de représentations productionnelles (connaissances procédurales ou conditionnelles).

- Parmi les facteurs pouvant influencer l'oubli, mentionnons le passage du temps et le non-usage d'une information mémorisée, la suppression volontaire et la répression involontaire, l'interférence rétroactive ou l'interférence proactive, l'ordre de présentation des informations apprises et le recours à une pratique distribuée ou à une pratique intensive.

La métacognition et le transfert des apprentissages (*section 4.4*)

- La métacognition, qui consiste en la connaissance de nos stratégies cognitives et de nos stratégies d'apprentissage ainsi qu'en un contrôle qu'on exerce consciemment sur elles, peut être développée à travers cinq interventions : la médiation des stratégies par l'enseignant ; la verbalisation des stratégies et la discussion à leur sujet entre élèves ; la modélisation des stratégies par l'enseignant ou par un élève expert ; l'évaluation des stratégies utilisées par les élèves ; l'affichage des stratégies.

- Il existe différentes conceptions du transfert des apprentissages. D'un point de vue cognitiviste, le transfert correspond à l'utilisation d'une connaissance ou d'une habileté déjà maîtrisée dans un nouveau contexte, soit à un niveau de complexité comparable (transfert horizontal) ou dans la maîtrise d'une connaissance ou d'une habileté plus complexe (transfert vertical).

Les stratégies et les modèles d'enseignement cognitivistes (*section 4.5*)

- À certaines conditions, l'exposé oral peut répondre aux exigences du courant cognitiviste en éducation, en particulier s'il intègre les techniques issues du modèle du traitement de l'information, s'il est bien structuré et s'il accorde une place importante au questionnement de l'enseignant et des élèves (exposé interactif).

- Le modèle de l'enseignement stratégique intègre les travaux du courant cognitiviste et répond à certaines exigences du courant constructiviste. Il comporte une phase de préparation à l'apprentissage, une phase de présentation du contenu et une phase d'application et de transfert des connaissances.

Lectures recommandées

BOULET, A. (2007). *Enseigner les stratégies d'apprentissage au primaire et au secondaire*, Montréal, Éditions Saint-Martin.

BUJOLD, N. (1997). *L'exposé oral en enseignement*, Québec, Presses de l'Université du Québec.

CORDIER, F. et GAONAC'H, D. (2007). *Apprentissage et mémoire*, Paris, Armand Colin.

CRAHAY, M. et DUTRÉVIS, M. (2010) (direction). *Psychologie des apprentissages scolaires*, Bruxelles, De Bœck Université (note : en particulier les chapitres 1 et 2, cités dans ce chapitre).

PRESSEAU, A. (2004) (direction). *Intégrer l'enseignement stratégique dans sa classe*, Montréal, Chenelière McGraw-Hill.

ROBILLARD, C., GRAVEL, A. et ROBITAILLE, S. (1998). *Le métaguide. Un outil et des stratégies pour apprendre à apprendre*, Laval, Groupe Beauchemin.

TARDIF, J. (1992). *Pour un enseignement stratégique. L'apport de la psychologie cognitive*, Montréal, Les Éditions Logiques.

Les courants constructiviste et socioconstructiviste

Pistes de lecture et contenu du chapitre

Après la lecture de ce chapitre, le lecteur devrait être en mesure de répondre aux questions suivantes :

- Quels sont les principaux fondements théoriques du constructivisme dans le domaine de l'éducation ? Quelles sont les contributions respectives de Piaget, Vygotsky et de Bruner à l'établissement de ces fondements ?

- Quelle est la conception constructiviste de l'apprentissage et de l'enseignement ? Quels sont les trois niveaux du constructivisme en éducation et les rôles de l'apprenant qui leur sont associés ? Quelles en sont les principales répercussions sur les conceptions de l'enseignement ?

- Quelles sont les principales implications éducatives des courants constructiviste et socioconstructiviste en éducation ? Quelles sont les caractéristiques d'une classe constructiviste ?

- Pourquoi la résolution de problèmes occupe-t-elle une place privilégiée parmi les approches pédagogiques préconisées par le socioconstructivisme ? Qu'est-ce qui distingue une situation d'exécution d'une situation-problème ?

- Quelles stratégies et quels modèles d'enseignement répondent le mieux aux conceptions constructivistes et socioconstructivistes de l'enseignement-apprentissage ? Quels sont les principes de base de l'apprentissage par projets et de l'apprentissage par découverte ?

Monsieur Thériault apparaît préoccupé lorsqu'il entre dans la classe ce matin. Il tient, comme à son habitude, une copie de son journal quotidien sous le bras, sa pile de livres sous l'autre. Une fois le silence venu, quelques élèves l'interrogent sur ce qui le préoccupe. Monsieur Thériault ne se fait pas prier et, comme il le fait souvent dans son cours de géographie, il partage avec ses élèves la manchette de ce jour.

« L'aide du Canada permet d'arrêter 155 immigrants illégaux sri lankais. » Monsieur Thériault fait une courte pause.

« Ça, c'est le titre de l'article. » Et il poursuit avec la lecture intégrale de cet article en première page. Les élèves écoutent attentivement. Certains se souviennent vaguement de la nouvelle qui a fait la manchette quelques mois plus tôt, quelques semaines à peine avant la rentrée scolaire, lorsque près de 500 immigrants tamouls ont accosté dans un port de la Colombie-Britannique. L'événement a été abondamment couvert par les médias et a suscité de très fortes réactions. Après avoir rappelé le débat soulevé concernant le sort réservé à ces réfugiés et avoir échangé avec ses élèves diverses informations relatives à l'affaire, par exemple, la distinction entre immigration légale et immigration clandestine, monsieur Thériault pose LA question qu'il sait à l'avance devoir provoquer un autre débat, cette fois au sein de sa classe :

« Et vous, qu'en pensez-vous ? Quelle devrait être la réaction du Canada au phénomène de l'immigration clandestine ? »

Plusieurs mains se lèvent, certaines s'agitant déjà frénétiquement. Les élèves sont habitués à ces échanges en classe avec monsieur Thériault. Les discussions animées, les débats d'idées, les confrontations de points de vue font partie de leur vécu quotidien dans cette classe. Monsieur Thériault accorde le premier droit de parole à Sébastien, un élève qui n'a pas la langue dans sa poche.

« Moi, je ne comprends pas pourquoi on les a mis en prison à leur arrivée. C'est terrible ça, Monsieur ! Il y avait des femmes et des jeunes enfants à bord de ce bateau. Ils n'ont rien fait de mal. Pourquoi on ne les laisse pas venir s'installer ici, moi je ne comprends pas ! »

Monsieur Thériault n'est pas surpris de cette réaction. Il se doute bien que plusieurs élèves partagent cet avis, les signes de tête approbateurs qu'il voit autour de Sébastien en témoignent. Plusieurs élèves d'origine sri lankaise fréquentent leur école et même si aucun ne fait partie de ce groupe-classe, il sait que ses élèves ont des connaissances sinon des amis parmi ceux-ci. Il tient cependant à rectifier le premier commentaire de Sébastien concernant les centres de détention pour immigrants illégaux. Il rappelle également que toute l'opération s'est déroulée suivant les lois canadiennes et que ces personnes ont été « hébergées » en attendant de pouvoir déposer leur demande d'immigration. Le mot « hébergées », volontairement accentué par monsieur Thériault, en fait sourciller plus d'un.

« Eh bien, rétorque Sébastien, si ce sont nos lois qui nous permettent d'agir de manière si inhumaine, ce sont nos lois qu'il faut changer ! »

La discussion se poursuit de façon enflammée. On n'a pas le droit d'empêcher les gens de chercher à améliorer leur sort. Peut-être sont-ils persécutés dans leur pays ? Peut-être n'ont-ils rien à manger ? Peut-être cherchent-ils simplement à assurer un meilleur avenir à leurs enfants ? Qui peut les en blâmer ? Un élève ajoute même, le plus sérieusement du monde, qu'à son goût à lui, il n'y aura jamais trop de restaurants de cuisine asiatique dans sa ville. Tous les arguments vont dans la même direction. Pour une fois, ce sera à monsieur Thériault de jouer l'avocat du diable.

« Vous faites preuve de beaucoup de générosité et je vous en félicite, mais… »

Les élèves ne sont pas surpris par ce « mais » venant de la part de monsieur Thériault. Ils savent que leur enseignant, fidèle à ses principes, les amènera inévitablement à étudier toutes les facettes du problème, à examiner en profondeur le sujet de discussion à partir de différentes perspectives. « Avoir une opinion, c'est bien, a tendance à dire monsieur Thériault, mais avoir une opinion éclairée, c'est encore mieux ! »

« Pourrait-il y avoir des raisons légitimes pour un pays comme le nôtre d'établir une politique d'immigration ? »

« C'est vrai que…, commence Ying, une élève au ton toujours posé, c'est vrai que ce n'est peut-être pas réaliste de penser qu'en ouvrant toutes grandes nos frontières, on va régler tous les problèmes du monde, et puis… »

« Et puis ? » l'encourage monsieur Thériault à continuer.

« … et puis, est-ce qu'on est vraiment capable de les accueillir correctement, je veux dire, c'est une chose de les laisser venir s'installer dans notre pays, mais est-ce qu'on a des emplois à leur offrir ? »

Les échanges reprennent de plus belle. Comme l'espérait monsieur Thériault, les élèves se mettent à s'interroger entre eux sur les enjeux soulevés par l'immigration massive de réfugiés économiques ou politiques (la distinction vient d'être apportée par Xavier, élève passionné de politique internationale). Après une dizaine de minutes de discussion animée, monsieur Thériault sent le besoin de faire le point.

« Alors, pour nous résumer, de quelles informations avons-nous besoin pour répondre à toutes les questions que vous venez de soulever ? » Puis, se tournant vers un élève, il ajoute : « Julien, peux-tu, s'il te plaît, prendre tout ça en note pour nous ? » Julien, élève qui jusqu'alors a très peu participé aux échanges, mais qui n'en est pas moins intéressé par la discussion en cours, accepte de jouer le rôle de secrétaire.

Assez rapidement, on s'entend sur les trois questions de recherche émergeant de la discussion, questions que monsieur Thériault aide les élèves à formuler ainsi : « Quelles raisons peuvent amener des gens à risquer leur vie pour tenter de s'établir dans un autre pays ? », « Quelle est la politique d'immigration de notre pays et quelle est l'importance du phénomène de l'immigration illégale ? » et enfin, « Quels sont les enjeux pour les pays d'accueil ? ».

Monsieur Thériault, qui connaît sur le bout des doigts son programme de géographie et les visées du domaine de formation à l'intérieur duquel il s'insère, l'univers social, considère que le projet qu'il s'apprête à amorcer avec ses élèves contribuera, à différents degrés, au développement des trois compétences disciplinaires visées : lire l'organisation d'un territoire, interpréter un enjeu territorial et construire sa conscience citoyenne à l'échelle planétaire. La recherche des informations nécessaires pour répondre aux trois questions soulevées par la classe amènera les élèves, entre autres choses, à « recourir au langage cartographique » (consultation de cartes, densité de la population, revenu annuel moyen, niveau de scolarisation, etc.), à « cerner la complexité de l'enjeu territorial » (accès au territoire agricole et aux ressources naturelles nationales, problèmes d'aménagement du territoire urbain, etc.) et à « évaluer des solutions à des questions d'ordre planétaire » (problèmes d'inégalités entre les pays, inégalités sociales et économiques à l'intérieur même des pays), etc.

Il n'y a aucun doute dans l'esprit de monsieur Thériault : ce projet de recherche permettra d'atteindre plusieurs objectifs disciplinaires et d'enrichir l'univers social des élèves. Il reste évidemment à préciser avec les élèves les moyens qui seront utilisés pour sa réalisation, à fixer un échéancier et à en déterminer ensemble les modalités d'évaluation. Monsieur Thériault relance la discussion.

« Alors, qui fait quoi ? Comment procède-t-on ? »

On suggère de diviser la classe (qui compte 28 élèves) en trois grands groupes qui choisiront entre eux une personne responsable de l'animation et de certaines autres fonctions jugées nécessaires au bon fonctionnement du groupe (par exemple, gardien du temps, gardien de l'écrit, etc.). Chaque groupe devra répondre à l'une des trois questions de recherche adoptées par la classe, ces trois groupes pouvant se subdiviser au besoin en plus petites équipes pour réaliser certaines tâches. Durée de ce projet : quatre semaines. Une période d'environ 15 minutes, au début de chaque rencontre, sera consacrée à une mise en commun du travail effectué.

La question de l'évaluation, comme toujours, est un peu plus difficile à régler. On s'entend au départ sur quelques productions possibles : une présentation orale de chaque groupe au reste de la classe (ou à une plus grande échelle) ; la production d'affiches illustrant la situation des pays ou des territoires étudiés (monsieur Thériault en suggère quatre, dont le Québec) ; l'organisation d'un débat sur le thème de l'immigration ; la rédaction d'une lettre concernant la politique d'immigration canadienne et son application, lettre qui sera adressée au député fédéral et publiée dans l'opinion du lecteur, etc. Monsieur Thériault propose enfin une rencontre avec chaque groupe, dès le commencement des travaux, afin de fixer les modalités d'évaluation pour chacun des projets.

Le tout s'est conclu pendant cette période de géographie, amorcée par la lecture d'un article de journal. Monsieur Thériault se doutait bien qu'il en serait ainsi. Il connaît l'engouement de ses élèves pour les questions de justice sociale et se doutait bien qu'ils étaient « mûrs » pour ce genre de projet, ce qui ne l'avait cependant pas empêché de planifier d'autres activités d'apprentissage pour cette période d'enseignement (« on n'est jamais trop préparé ! » aime-t-il rappeler à ses élèves).

Monsieur Thériault propose à l'occasion des projets individuels à ses élèves, mais cette fois, le recours à l'apprentissage coopératif permettra de développer certaines compétences transversales qu'il a particulièrement à cœur en tant qu'éducateur auprès de jeunes adolescents, soit celles qui consistent à apprendre à coopérer et à communiquer de façon appropriée. Évidemment, toutes les autres compétences transversales seront également mises à contribution, en particulier celles relatives à l'exploitation des technologies de l'information et de la communication (TIC), au développement de méthodes de travail efficaces, à l'exploitation d'une grande somme d'informations (possiblement contradictoires) et à l'exercice de son jugement critique.

En fait, ce que monsieur Thériault apprécie par-dessus tout dans la pédagogie par projets, à laquelle il fait régulièrement appel, c'est qu'elle permet d'établir des situations d'apprentissage et d'évaluation signifiantes, ouvertes et complexes (MEQ, 2006b). En tant qu'enseignant « constructiviste », il se perçoit comme un guide et un médiateur de l'apprentissage, offrant un environnement riche et stimulant à des élèves motivés et résolument actifs.

La présentation des fondements théoriques du constructivisme (*voir la section 5.1*) nous permettra de faire la connaissance de ses trois principaux théoriciens : Piaget, Vygotski et Bruner, et nous amènera à préciser les liens étroits qui unissent les courants constructiviste et socioconstructiviste, qui font tous deux l'objet de ce chapitre. L'étude de la conception constructiviste de l'apprentissage et de l'enseignement (*voir la section 5.2*) nous permettra quant à elle de préciser les différentes significations accordées au terme « constructivisme », soit les trois niveaux ou tendances constructivistes en éducation. Puis, nous aborderons les principales implications éducatives du socioconstructivisme en éducation (*voir la section 5.3*) avant de nous pencher sur une pratique pédagogique particulièrement appréciée des constructivistes et des socioconstructivistes, soit la résolution de problèmes et la formule pédagogique qui en découle, l'apprentissage par problèmes (*voir la section 5.4*). Enfin, la dernière section du chapitre (*voir la section 5.5*) sera consacrée à la présentation sommaire d'une stratégie d'enseignement, l'apprentissage par projets, et d'un modèle d'enseignement, le modèle d'apprentissage par découverte, tous deux d'inspiration constructiviste.

5.1 LES FONDEMENTS THÉORIQUES DU CONSTRUCTIVISME

Les principaux fondements théoriques du constructivisme ont été établis dès les années 1930-1940 avec les travaux de Piaget et de Vygotski. Cependant, leur implantation en milieu scolaire sera beaucoup plus tardive. En fait, le terme « constructivisme » n'est apparu dans le domaine de l'éducation qu'au tournant des années 1990 (voir, par exemple, Brooks et Brooks, 1993), et bien qu'il occupe une place considérable dans le discours pédagogique actuel, il convient de rappeler que le constructivisme ne constitue qu'une parcelle de la révolution cognitive en éducation (Brandt et Perkins, 2000 ; Bruning, Schraw et Norby, 2011 ; Joyce, Weil et Calhoun, 2009).

5.1.1 Piaget et la construction des connaissances

Le principal représentant du cognitivisme développemental est Jean Piaget (1896-1980), psychologue suisse, biologiste de formation et épistémologue de profession (parmi bien d'autres occupations, dont celles de logicien et de philosophe des sciences). Piaget fait partie de ces grandes figures de la psychologie, à côté des Pavlov, Watson, Skinner, Binet, Köhler, Montessori et quelques autres. Mousseau rappelle que le premier article « scientifique » de Piaget, une page d'observation sur un oiseau semi-albinos, a été publié alors qu'il n'avait que 10 ans et qu'à la fin de son adolescence, il avait déjà plus de 20 titres à son actif, « dont certains traitent de sujets aussi austères qu'*Esquisse d'un néo-pragmatisme* ou *Réalisme et nominalisme dans les sciences de la vie* » (1981, p. 191). À la fin de sa vie, sa production aussi variée que féconde ne comptait pas moins de 450 ouvrages, articles et communications scientifiques.

> « *Il est clair que l'épistémologie, si elle ne veut pas se borner à de la spéculation pure, doit se donner [...] pour objet l'analyse des étapes de la pensée scientifique et l'explication des mécanismes intellectuels utilisés par la science en ses diverses variétés dans la conquête du réel. La théorie de la connaissance est donc essentiellement une théorie de l'adaptation de la pensée à la réalité* » (Piaget, 1970, cité par Mousseau, 1981, p. 196).

Jean Piaget (1896-1980)

Quand on prononce le nom de Piaget, à peu près tout le monde, y compris les étudiants en éducation et les enseignants, songe aussitôt aux fameux stades du développement intellectuel qu'il a décrits : le stade sensorimoteur (de 0 à 18 mois), le **stade préopératoire** (de 18 mois à 7 ou 8 ans), le **stade des opérations concrètes** (de 7 à 11 ou 12 ans) et le **stade des opérations formelles** (de 11 à 15 ou 16 ans). On ignore souvent qu'un des effets les plus importants de cette théorie des stades, théorie qui affirme que le développement permet l'apprentissage, sera de fixer l'âge de l'entrée à l'école à six ans, âge auquel les

Stade préopératoire

Stade du développement intellectuel (18 mois à 7-8 ans) dont les dernières années correspondent au début de la scolarisation. Durant ce stade, l'enfant apprend à utiliser des symboles (par exemple, le langage et les nombres). Ce stade est caractérisé par une pensée égocentrique, l'enfant appréhendant la réalité à partir de sa perception.

Stade des opérations concrètes

Stade du développement intellectuel (7-8 ans à 11-12 ans) correspondant grosso modo à l'école primaire et au début de l'école secondaire. Durant ce stade, l'enfant apprend à effectuer diverses opérations avec du matériel concret, directement manipulable, ou sur des contenus facilement accessibles en pensée.

Stade des opérations formelles

Dernier stade du développement intellectuel (11-12 ans à 15-16 ans), qui correspond à l'école secondaire. Durant ce stade, l'adolescent apprend à construire des raisonnements basés sur des hypothèses ou des propositions abstraites (par exemple, les syllogismes). Il est maintenant capable de pensée abstraite.

enfants sont prêts, sur le plan cognitif, à l'apprentissage de la lecture. L'influence de cette théorie sera également déterminante dans l'élaboration de certains programmes d'études, en particulier en sciences et en mathématique. La théorie des stades du développement intellectuel met en lumière le fait que certains contenus d'apprentissage ne peuvent être « assimilés » (au sens piagétien du terme) qu'à un certain stade du développement ou, comme le résume Piaget lui-même, que « toute nourriture intellectuelle n'est pas bonne à tout âge » (Piaget, 1979, p. 19).

La théorie des stades du développement intellectuel est une composante importante des théories piagétiennes, mais elle est loin d'être la seule. En fait, Piaget s'est intéressé, d'une part, au développement des structures de l'intelligence à divers stades du développement (on parle alors d'**épistémologie génétique**) et, d'autre part, aux invariants fonctionnels du développement (Legendre-Bergeron, 1980), mécanismes qui sont à l'œuvre à tous les stades du développement. Quels sont ces invariants fonctionnels qui agissent tout au long du développement de l'individu ? Ce sont les processus de l'assimilation et de l'accommodation, qui exercent des rôles complémentaires menant à l'équilibration.

L'assimilation consiste en l'action du sujet sur les choses, sur les objets de la connaissance. Par exemple, un jeune enfant de quatre ans a comme schème d'assimilation le fait qu'un objet vivant et volant se nomme « oiseau ». Or, à la vue d'un papillon, il le montre du doigt à sa maman et dit « oiseau », tentant d'intégrer une nouvelle expérience, cet objet perçu dans son environnement, dans une structure préexistante, son concept d'oiseau.

Quant à l'accommodation, elle est le résultat des modifications que le milieu impose à l'activité des schèmes pour les adapter selon les besoins. Si l'on reprend le même exemple, la maman (le milieu) corrigera l'enfant en précisant qu'il s'agit ici d'un papillon, amenant l'enfant à modifier son schème d'assimilation existant, à le nuancer de telle manière qu'il existera maintenant deux catégories d'objets vivants et volants, les oiseaux et les papillons.

Après un instant de déséquilibre cognitif, l'équilibration se produit et l'enfant retrouve un nouvel équilibre (jusqu'au prochain déséquilibre qui sera provoqué par une nouvelle expérience perturbatrice de ses schèmes). L'équilibration représente le processus qui « fait correspondre à un certain degré d'élaboration du savoir, certaines structures de l'intelligence » (Legendre-Bergeron, 1980, p. 9).

Le même procédé dynamique survient dans les schèmes et mènera alors à une nouvelle organisation de ceux-ci (*voir la figure 5.1*). Ainsi, l'assimilation du schème opératoire-concret au schème symbolique et intuitif existant (par exemple, la quantité de liquide transvasée dans un récipient d'une forme différente du premier augmente si la hauteur atteinte par le liquide est plus élevée dans ce second récipient) sera suivie de l'accommodation de ce nouveau schème : la quantité demeure la même pour autant que l'on n'ait opéré aucune transformation des contenus. C'est ce que l'on désigne comme la « conservation des quantités », schème atteint vers l'âge de huit ans, au stade des opérations concrètes.

On sera peut-être surpris du peu d'espace accordé ici à la théorie des stades du développement intellectuel de Piaget. C'est que les fondements théoriques du constructivisme reposent davantage sur la dynamique **assimilation-accommodation**, présente à tous les stades du développement, que sur le seul passage d'un stade à un autre, bien que les deux phénomènes soient intimement liés, comme l'illustre la figure 5.1. Ainsi, il faut avant tout retenir des théories piagétiennes que les connaissances ne sont ni le résultat d'associations entre stimuli et réponses (théorie béhavioriste), ni la transmission par quelqu'un qui

Épistémologie génétique

L'épistémologie étant l'étude de la connaissance, l'épistémologie génétique est la science qui étudie les relations entre le développement chronologique et physiologique de l'individu et le développement de sa pensée. En d'autres mots, l'épistémologue généticien tente de décrire comment se construisent les connaissances chez un individu pendant toute la durée de son développement.

Assimilation-accommodation

Dans un contexte piagétien, désigne le double processus par lequel un individu intègre un nouvel objet de connaissance (assimilation) à sa structure cognitive en modifiant un schème mental (accommodation), menant à une nouvelle équilibration. L'assimilation et l'accommodation sont les deux processus à la base de l'adaptation cognitive de l'individu à son environnement.

sait à quelqu'un qui ne sait pas, « elles sont construites par l'individu par l'intermédiaire des actions qu'il accomplit sur les objets. Ces actions sont intériorisées et constituent les schèmes. Ceux-ci s'inscrivent dans le cerveau, s'organisent en structures opératoires et permettent à l'individu de répondre de façon satisfaisante à une situation » (Raynal et Rieunier, 2009, p. 349-350).

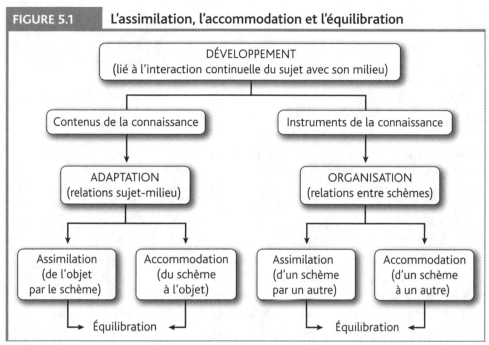

FIGURE 5.1   L'assimilation, l'accommodation et l'équilibration

Source : Adaptée des figures I et III de Legendre-Bergeron (1980, p. 5 et 10).

Piaget est donc résolument constructiviste dans son approche de l'apprentissage. Celui-ci ne se transmet pas de cerveau à cerveau, mais il se construit chez l'apprenant. Trois facteurs exercent une influence déterminante sur ce développement : la maturation biologique et neuropsychique de l'organisme, l'expérience logicomathématique ou empirique de l'apprenant de même que les interactions avec l'environnement social. Si le premier de ces facteurs échappe aux interventions éducatives, il en va tout autrement pour les deux autres. L'enseignant peut favoriser le développement intellectuel de ses élèves en leur fournissant des occasions de vivre des expériences directes avec leur environnement (par des manipulations, des expérimentations) et en suscitant les interactions sociales entre eux par des échanges et des discussions (rappelez-vous les discussions animées qui ont lieu fréquemment dans la classe de monsieur Thériault). Nous reviendrons sur ces aspects importants dans la section 5.2 portant sur la conception de l'enseignement et de l'apprentissage véhiculée par le courant constructiviste en éducation.

Parmi les grands architectes de l'intellect (Fogarty, 1999), au moins deux autres théoriciens méritent une mention pour leur contribution originale aux fondements théoriques du constructivisme : Lev Semionovitch Vygotski et Jerome Bruner. Ces deux auteurs figurent également parmi les plus cités pour leur apport aux théories constructivistes, soit dans des ouvrages de psychopédagogie (voir, par exemple, Slavin, 2009 ; Snowman, McCown et Biehler, 2009), soit dans des ouvrages portant sur les théories de l'apprentissage appliquées à l'éducation (voir, par exemple, Crahay et Dutrévis, 2010).

5.1.2 Vygotski et la médiation de l'apprentissage

Lev Semionovitch Vygotski (1896-1934), psychologue russe et marxiste convaincu, avait plusieurs points communs avec Jean Piaget. Né la même année que ce dernier, le philosophe-pédagogue-sémiologue-critique d'art se passionne également pour le développement de l'enfant, et en particulier pour la construction de sa pensée par le langage. Ses écrits, peu populaires dans l'Union soviétique de l'époque, demeurèrent pratiquement inconnus du monde occidental jusqu'à ce qu'une traduction anglaise de son ouvrage principal, *Pensée et langage* (1934), soit publiée en 1962 aux États-Unis et en permette une rapide diffusion. On devra cependant attendre jusqu'en 1985 une première traduction française de ce livre.

Pour Vygotski, le développement de l'enfant est imprégné des racines sociohistoriques de l'homme (Guérin, 1998). L'enfant est d'abord et avant tout un être social ; aussi, la théorie du développement de Vygotski sera celle d'un interactionnisme social : « Le développement de sa pensée, de son langage, de toutes ses fonctions psychiques est le fruit d'une interaction permanente avec le monde des adultes, ce monde qui maîtrise si bien ces "systèmes de signes" que sont le langage et les codes sociaux » (Raynal et Rieunier, 2009, p. 469). On comprendra ainsi l'importance accordée par Vygotski à la famille et à l'école, lieux privilégiés pour la rencontre d'adultes signifiants, détenteurs des clés permettant d'ouvrir les portes de la culture aux enfants.

Vygotski partage la conception du développement par stades de Piaget, mais là où il s'en éloigne de manière notable, c'est que, pour lui, l'apprentissage accélère le développement, alors que, pour Piaget, c'est le développement qui permet l'apprentissage. Il existe quelques autres points de désaccord entre les deux hommes, par exemple, en ce qui concerne l'interprétation du stade du langage égocentrique chez l'enfant. Piaget n'a cependant jamais été en mesure d'en discuter avec Vygotski. Une réédition plus récente de l'ouvrage de Vygotski (1997) inclut un *Commentaire sur les remarques critiques de Vygotski* […], signé par Jean Piaget, dans lequel il avoue : « Ce n'est pas sans tristesse qu'un auteur découvre, vingt-cinq ans après sa parution, l'ouvrage d'un autre auteur qui a disparu entre-temps, lorsque cet ouvrage contient tant de vues l'intéressant directement qu'il eût fallu discuter de plus près et par contact personnel » (Piaget, 1997, p. 501). Piaget avait été mis au courant par son ami Alexandre Luria, psychologue soviétique, de la position à la fois « sympathique et critique » de Vygotsy à l'égard de certaines de ses thèses, mais il n'avait jamais eu l'occasion de le lire ni de le rencontrer, ce qu'il dit (1962) regretter profondément, « car nous aurions pu nous entendre sur de nombreux points » (Piaget, 1997, p. 501).

Deux concepts clés découlent de la position particulière défendue par Vygotski au sujet du développement : le développement cognitif des enfants peut être accéléré grâce à la médiation de l'adulte, et une médiation efficace doit tenir compte de la zone prochaine de développement, ou zone proximale de développement, de l'apprenant.

Lev Vygotski (1896-1934)

« *De même que le jardinier qui veut évaluer l'état de son jardin aurait tort d'en juger d'après les seuls pommiers ayant atteint leur complet développement et porté des fruits, mais doit tenir compte aussi des arbres encore en pleine croissance, de même le psychologue doit nécessairement, pour déterminer l'état de développement, prendre en considération non seulement les fonctions venues à maturité, mais aussi celles qui sont au stade de la maturation, non seulement le niveau présent, mais aussi la zone prochaine de développement* » (Vygotski, 1997, p. 351).

La médiation de l'adulte sera définie ici comme l'ensemble des interventions éducatives qui guident un apprenant dans son processus de développement. La médiation consiste en l'action ou la parole par laquelle l'adulte aide l'apprenant à filtrer l'information en provenance de son environnement, en attirant son attention sur les stimuli importants. Elle constitue l'intervention qui permettra à l'apprenant d'interpréter un stimulus nouveau ou une expérience nouvelle, soit le modelage cognitif ou comportemental offert par l'adulte. Elle représente enfin toutes les actions entreprises et toutes les paroles formulées par l'adulte pour rendre plus accessible un savoir quelconque (Raynal et Rieunier, 2009).

Le psychologue israélien Reuven Feuerstein est un autre de ces architectes de l'intellect qui accordent une place prépondérante à l'expérience d'apprentissage médiatisé (*voir la figure 5.2*). En tant que facilitateur de l'apprentissage, le **médiateur** ne se contente pas de décrire le contenu explicite de l'information issue de l'environnement, il «favorise la transmission d'une signification non inhérente au stimulus brut ou à l'information sensorielle captée» (Feuerstein *et al.*, 1981, p. 18, traduction libre). L'encadré 5.1 illustre ce concept clé à l'aide d'un exemple simple tiré de la relation mère-enfant, relation qui fourmille d'expériences d'apprentissage médiatisé:

> [La] mère (ou le substitut maternel) établit des rapports de temps entre les événements, fournit les concepts permettant de situer les objets les uns par rapport aux autres, fait ressortir les liens de cause à effet, etc., d'où l'apprentissage des relations temporelles, spatiales, causales et autres qui constituent un prolongement cognitif des perceptions et actions de l'enfant (Vienneau, 1987, p. 17).

Médiateur

Personne qui fournit une médiation de l'apprentissage. Dans le sens large du terme, une ressource non humaine (par exemple, un didacticiel) peut offrir une certaine forme de médiation. Dans une perspective constructiviste, l'enseignant est le principal médiateur de l'apprentissage de ses élèves, alors que le socioconstructivisme mise sur la médiation effectuée entre eux par les pairs.

FIGURE 5.2 Le modèle de l'expérience d'apprentissage médiatisé

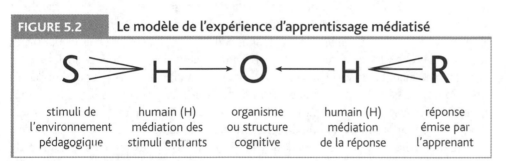

S	H	O	H	R
stimuli de l'environnement pédagogique	humain (H) médiation des stimuli entrants	organisme ou structure cognitive	humain (H) médiation de la réponse	réponse émise par l'apprenant

Vygotski, Bruner et Feuerstein auront donc permis de revaloriser le rôle crucial de médiateur de l'apprentissage exercé par l'enseignant. Aujourd'hui, des ouvrages entiers sont consacrés à cette pratique (Cardinet, 1995; Noiseux, 1997; Six, 1990) et l'on parle même de pédagogies de la médiation (Raynal et Rieunier, 2009). Bien que la **médiation pédagogique** puisse s'étendre à l'ensemble de l'environnement et des situations d'apprentissage fournies aux apprenants, elle se traduit avant tout « par un dialogue pédagogique que nous établissons avec l'élève pour l'aider à porter un regard réflexif sur sa façon d'apprendre et de comprendre et sur la manière dont il interagit avec les autres et avec son environnement » (Arpin et Capra, 2001, p. 16).

Médiation pédagogique

Médiation exercée par l'enseignant dans un contexte d'enseignement-apprentissage. Ce dialogue pédagogique entre enseignant et apprenant, à base de questionnement, permet de guider l'élève dans son processus d'apprentissage. La médiation pédagogique peut être apparentée avec la maïeutique de Socrate, soit l'art d'aider à l'accouchement des idées.

ENCADRÉ 5.1 La médiation en action

« [À] la vue d'une première neige, la mère, en plus d'identifier le nouveau stimulus, en profitera vraisemblablement pour interpréter cette réalité en expliquant, par exemple, à son jeune enfant ce que la venue de la neige signifie en termes de changement de température, d'habillement extérieur, de loisirs, d'événements à venir et autres. Plus tard, elle pourra faire ressortir les similitudes et les différences entre la pluie et la neige, l'ordre séquentiel des saisons et la place de l'hiver à l'intérieur de ce cycle, les différences de climat à l'échelle terrestre, etc. La maman pourra également être tentée de raconter à son jeune enfant les hivers qu'elle a elle-même connus lorsqu'elle avait son âge, puis amener son enfant à faire une projection dans l'avenir en l'invitant à imaginer ce que seront ses hivers plus tard, quand il sera grand, voire comment seront vécus les hivers de ses propres enfants » (Vienneau, 1987, p. 17).

Établissant un lien entre les générations, la mère fournit ainsi une connaissance du passé et permet une anticipation de l'avenir, opérations qui « constituent des exigences culturelles qui permettent à l'organisme humain de s'adapter en invoquant des processus représentatifs, le rendant capable de se projeter au-delà de l'univers immédiat de l'observation et de l'action directe » (Feuerstein et al., 1981, cité par Vienneau, 1987, p. 17).

Et tout cela à partir de quelques flocons de neige…

Bien sûr, cette avalanche d'observations, de commentaires, de questionnements et d'échanges affectifs ne devra pas être concentrée dans une seule et même expérience d'apprentissage médiatisé, sinon l'enfant regrettera rapidement d'avoir tout bonnement demandé à sa mère « C'est quoi, ça, maman ? » en pointant le doigt vers quelques flocons. Cet exemple tiré de la vie quotidienne permet néanmoins de rappeler que la médiation de l'adulte constitue probablement la « ressource » la plus importante pour le développement d'un enfant, plus puissante que n'importe quel didacticiel (puisqu'elle intègre la dimension affective) et plus efficace que n'importe quelle autre ressource matérielle (livre, jeu éducatif, vidéo, émission éducative).

Zone prochaine de développement (ou zone proximale de développement)

Concept proposé par Vygotski pour désigner la zone cognitive à l'intérieur de laquelle des apprentissages difficiles deviennent possibles grâce à la médiation efficace d'un adulte ou d'un pair exerçant le rôle de guide.

La **zone prochaine de développement,** ou zone proximale de développement, est le second concept clé que nous retiendrons des théories de Vygotski. On se souviendra que, pour Piaget, le développement de l'enfant s'effectue progressivement, au rythme de sa maturation biologique et neuropsychique. Tel que mentionné précédemment, Piaget et la plupart des psychologues du développement de son époque soutenaient que la quantité et la qualité des expériences directes avec l'environnement et les interactions sociales avec les pairs pouvaient favoriser le processus développemental, mais sans pour autant l'accélérer. Pour Vygotski, il en va tout autrement. Cette accélération est possible puisque tout apprenant disposerait d'une « marge de manœuvre cognitive », d'une zone à l'intérieur de laquelle des apprentissages non directement accessibles deviennent possibles grâce à la médiation efficace d'un adulte ou d'un pair exerçant le rôle d'expert (*voir la figure 5.3*).

| FIGURE 5.3 | La zone prochaine de développement |

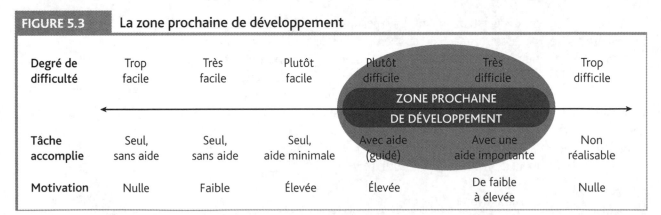

Degré de difficulté	Trop facile	Très facile	Plutôt facile	Plutôt difficile	Très difficile	Trop difficile
				ZONE PROCHAINE DE DÉVELOPPEMENT		
Tâche accomplie	Seul, sans aide	Seul, sans aide	Seul, aide minimale	Avec aide (guidé)	Avec une aide importante	Non réalisable
Motivation	Nulle	Faible	Élevée	Élevée	De faible à élevée	Nulle

Cette zone correspond à la zone prochaine de développement, dont l'étendue varie d'un apprenant à l'autre. En termes pédagogiques, on pourrait la définir comme la zone des apprentissages difficiles mais accessibles avec le soutien d'un médiateur. Vygotski la présente ainsi :

Admettons que nous ayons déterminé chez deux enfants un âge mental équivalent à huit ans. Si l'on va plus loin et qu'on essaie de voir comment les deux enfants résolvent les problèmes destinés aux âges suivants lorsqu'on leur vient en aide en leur montrant, en leur posant une question qui les met sur la voie, en leur donnant le début de la solution, etc., il apparaîtra qu'avec de l'aide, en collaboration avec un adulte, en suivant ses indications, l'un d'eux résout jusqu'à des problèmes correspondant à l'âge de douze ans et l'autre, des problèmes correspondant à l'âge de neuf ans.

Cette disparité entre l'âge mental, ou niveau de développement présent, qui est déterminée à l'aide des problèmes résolus de manière autonome, et le niveau qu'atteint l'enfant lorsqu'il résout des problèmes, non plus tout seul mais en collaboration, détermine précisément la zone prochaine de développement. Dans notre exemple, pour le premier enfant, cette zone est exprimée par le chiffre 4, pour l'autre, par le chiffre 1.

Pouvons-nous considérer que les deux enfants ont un niveau identique de développement mental, que l'état de l'un coïncide avec celui de l'autre ? Évidemment non. Chez ces enfants, comme le montre la recherche, les différences conditionnées par la disparité de leurs zones prochaines de développement respectives se révéleront beaucoup plus grandes à l'école que la ressemblance due à un niveau identique de développement présent. Cela se manifestera avant tout par la dynamique de leur développement intellectuel et par leur réussite relative au cours de l'apprentissage scolaire.

La recherche montre que la zone prochaine de développement a une signification plus directe pour la dynamique du développement intellectuel et la réussite de l'apprentissage que le niveau présent de leur développement (Vygotski, 1997, p. 351-352).

Le concept de « zone prochaine de développement » va évidemment de pair avec celui de « médiateur de l'apprentissage », le premier demeurant inutile sans l'intervention du second. Il réaffirme l'importance fondamentale des fonctions de médiation chez l'enseignant et « donc du pédagogue dans l'apprentissage ». Vygotski nous invite à « anticiper positivement les compétences de l'enfant en lui proposant au bon moment des stimulations appropriées » (Raynal et Rieunier, 2009, p. 476).

5.1.3   Bruner et la recherche de signification

Le psychologue et chercheur américain Jerome S. Bruner (1915-) est le troisième membre de notre « triumvirat » constructiviste. Coauteur d'un des premiers ouvrages consacrés aux sciences cognitives (Bruner, Goodnow et Austin, 1956), auteur quelques années plus tard d'un ouvrage qui exercera une influence déterminante sur les réformes pédagogiques des années 1960 aux États-Unis (Bruner, 1960), et enfin cofondateur, avec George A. Miller, du Centre d'études cognitives de l'Université Harvard (1960), Bruner est sans nul doute l'une des figures contemporaines qui ont le plus marqué les sciences de l'éducation.

Psychologue cognitiviste (en raison, notamment, de ses travaux sur la perception), il adopte très tôt les thèses constructivistes de Piaget, avec qui il collaborera à diverses reprises. Il s'inspire de son principe d'équilibration pour proposer un modèle d'acquisition des connaissances en spirale qui suggère que, « par accommodations successives et sous l'influence directe du langage […], l'enfant parviendra à élaborer des systèmes conceptuels performants et à accéder aux modes de représentations symboliques » (Raynal et Rieunier, 2009, p. 88). Ainsi, dès la petite enfance, les notions que l'on désire enseigner doivent être « verbalisées correctement et adaptées à la structure cognitive de l'enfant » (p. 88).

Bruner s'écartera cependant peu à peu des positions piagétiennes sur le développement pour adopter les thèses de Vygotski, au sujet desquelles il écrira d'ailleurs une préface enthousiaste dans la première édition anglaise de *Thought and language* (1962). Tout en tenant compte du stade de développement atteint par l'enfant, Bruner est convaincu, comme Vygotski, qu'on peut l'inciter à aller plus loin grâce à la médiation, qu'il désigne comme une interaction de tutelle.

À la limite, tout contenu d'apprentissage peut être présenté à n'importe quel enfant si l'on adopte la bonne manière (Guérin, 1998) ou, suivant les termes de Bruner, si son mode de présentation est en accord avec le niveau de développement atteint par l'apprenant. On voit ici combien on s'éloigne de l'idée de base des stades de développement, qui avance que c'est le développement qui permet l'apprentissage! Bruner (1966) distingue trois de ces modes de présentation dans son modèle d'acquisition de concepts: un mode actif et concret faisant intervenir la manipulation d'objets, un mode iconique faisant appel à une représentation visuelle (illustration, diagramme, etc.) et un mode symbolique recourant aux symboles du langage, incluant le langage mathématique (les mots désignant des concepts, les nombres, etc.).

Dans le domaine de l'éducation, le nom de Bruner est d'abord associé au concept de « médiation », emprunté à Vygotski, concept qu'il élaborera pour le transformer en un véritable dispositif de soutien de l'apprentissage, l'étayage, auquel il ajoute une forme de « modelage cognitif » (modélisation vicariante) et d'estompage (désétayage), éléments adaptés tous deux des pratiques béhavioristes.

La seconde contribution de Bruner qu'il convient de souligner consiste en la pédagogie par découverte, pratique chère à de nombreux éducateurs constructivistes. En effet, bien que Bruner accorde une importance capitale aux activités de médiation offertes par l'enseignant, il préconise également le recours à des situations d'**autoapprentissage,** situations qui amènent les apprenants à découvrir par eux-mêmes les règles et les concepts enseignés, d'autant plus que découverte et médiation ne sont pas incompatibles, le médiateur pouvant « aider l'enfant à dépasser ses découvertes spontanées [et à] faire un pas de plus vers la prise de conscience, facteur décisif de l'apprentissage » (Raynal et Rieunier, 2009, p. 60).

Toutefois, malgré l'apport important de Bruner à la pédagogie, nous retiendrons la thèse centrale de sa « psychologie culturelle », la construction de **signification,** comme autre fondement théorique du courant constructiviste en éducation.

Pour Bruner, le développement des enfants et des jeunes est influencé par leur environnement culturel et par leur héritage historique personnel et collectif. En cela, il rejoint la position marxiste de Vygotski, mais il va plus loin. L'apprentissage humain, et même la vie tout entière, est construction de sens. Son ambition, comme il la qualifie lui-même, est radicale :

Jerome Bruner (1915-)

« *Que signifiait pour nous cette révolution des années cinquante ? C'était un effort acharné pour mettre la signification au centre de la psychologie. Ni le couple stimulus/réponse, ni les comportements observables, ni les déterminants biologiques et leurs transformations : la signification. Il ne s'agissait donc pas d'une révolte antibéhavioriste, qui se serait limitée à transformer le béhaviorisme en lui adjoignant une dose de mentalisme* » (Bruner, 1991, p. 270).

Nous voulions découvrir et décrire formellement les significations que l'être humain crée au contact du monde, et émettre des hypothèses sur les processus à l'œuvre dans cette création. Nous voulions étudier les activités symboliques que l'homme utilise pour construire et donner du sens au monde qui l'entoure et à sa propre existence (Bruner, 1991, p. 23).

Cette centration sur l'élève-apprenant et sur sa quête de sens n'est pas sans rappeler la conception de l'apprentissage véhiculée par le courant humaniste en éducation. De plus, cette perpétuelle reconstruction du monde par les significations qu'on lui attribue accorde une certaine valeur subjective à la connaissance (Bruner reconnaît que la perception de phénomènes « objectifs » peut varier en fonction des valeurs individuelles), position qui fait probablement de Bruner le plus humaniste des constructivistes. Nous verrons dans la prochaine section comment cette position radicale peut être associée à l'un des trois niveaux du constructivisme en éducation, soit le constructivisme épistémologique.

Nous résumerons pour l'instant de la façon suivante les fondements théoriques de ces deux courants pédagogiques : pour les théoriciens constructivistes et socioconstructivistes, la construction des connaissances est favorisée par l'expérience directe de l'apprenant et par les interactions sociales avec ses pairs (Piaget). La médiation d'un adulte qui utilise judicieusement la zone prochaine de développement de l'apprenant peut également favoriser la construction des savoirs (Vygotski). Enfin, cette construction de sens, cette quête de signification de l'apprenant, se réalise dans un cadre culturel donné (Bruner). La prochaine section de ce chapitre (*voir la section 5.2*) traitera des influences que ces idées ont exercées sur les conceptions de l'apprentissage et de l'enseignement, mais avant toute chose, quelques précisions s'imposent sur l'emploi qui est fait en éducation des termes « constructivisme » et « socioconstructivisme ».

5.1.4   Le constructivisme et le socioconstructivisme

Une précision s'impose en effet concernant l'emploi même des termes « constructivisme » et « socioconstructivisme ». Comme on vient de le voir, on peut faire correspondre le socioconstructivisme à l'un des niveaux du constructivisme, courant qui met en valeur la composante des interactions sociales dans la construction des savoirs. Toutefois, il convient de préciser que l'emploi de ce second terme est d'usage beaucoup plus courant au Québec et au Canada francophone qu'il ne l'est en Europe.

Cette différence apparaît déjà dans les deux principaux dictionnaires auxquels nous nous sommes déjà fréquemment référé, soit le *Dictionnaire actuel de l'éducation* de Legendre (2005), ouvrage québécois, et *Pédagogie, dictionnaire des concepts clés* de Raynal et Rieunier (2009), publié en France. Dans le premier, on trouve deux définitions distinctes pour « constructivisme » et « socioconstructivisme » (Legendre, 2005, p. 288-290 et p. 1245-1246), alors qu'aucune entrée n'apparaît sous « socioconstructivisme » dans Raynal et Rieunier (2009), qui présente toutefois une entrée consacrée au constructivisme (p. 124). À l'inverse, dans un ouvrage québécois traitant de *Modèles d'enseignement et théories d'apprentissage*, collectif dirigé par Raby et Viola (2007), on présente bien le constructivisme comme le courant dont est issu le socioconstructivisme, mais sans pour autant y consacrer une section ou un chapitre distinct.

Le même constat peut être établi avec les ouvrages américains, qui privilégient l'emploi du terme constructivisme (*constructivism*). Dans certains cas, la définition du constructivisme y est inclusive et couvre sa dimension sociale, par exemple, chez Slavin (2009). Chez d'autres auteurs (par exemple, Snowman, McCown et Biehler, 2009), on fait explicitement référence à un constructivisme social (*social constructivism*), bien que la plus grande part du texte soit consacrée au constructivisme. Bruning, Schraw et Norby (2011) définissent pour leur part « constructivisme » comme un terme générique couvrant à la fois la dimension individuelle et sociale de l'apprentissage, tout en traitant de manière distincte du **constructivisme dialectique** de Vygotski, qu'on peut associer ici au socioconstructivisme (*voir la section 5.1.2*).

Nous avons, pour notre part, choisi de distinguer, lorsque nous avons jugé cette distinction nécessaire, entre ces deux courants ; sinon, nous avons opté pour l'emploi du terme

> **Constructivisme dialectique**
>
> Approche constructiviste que l'on associe principalement à Vygotski, basée sur un dialogue pédagogique dirigé par l'enseignant. Par le questionnement qu'elle suscite, la médiation de l'enseignant favorise le développement des capacités de raisonnement de l'apprenant (argumentation, réfutation, etc.).

« constructivisme » et de l'expression « courant constructiviste » pour désigner, de manière inclusive, les théories et les pratiques associées à ces deux variantes d'un même modèle.

5.2 LA CONCEPTION CONSTRUCTIVISTE DE L'APPRENTISSAGE ET DE L'ENSEIGNEMENT

Si l'on demandait aujourd'hui à trois enseignants de définir ce qu'est le constructivisme en éducation, il y a gros à parier que l'on recevrait trois interprétations différentes de ce courant pédagogique, peut-être même divergentes quant aux conceptions de l'enseignement et de l'apprentissage qui y seraient proposées. Cette confusion s'explique par le fait qu'il existe diverses conceptions du constructivisme et, qui plus est, diverses façons de les désigner. Bref, il y a constructivisme et… constructivisme ! Perkins (1992) a été parmi les premiers auteurs à distinguer des divergences d'orientation entre certains groupes de partisans constructivistes. L'un de ces groupes, qu'il désigne par le sigle WIG (*Without-the-Information-Given*), avance l'idée que, pour qu'il y ait un apprentissage véritable, l'apprenant doit construire toute connaissance par lui-même, avec un soutien minimal. Un second groupe, désigné par le sigle BIG (*Beyond-the-Information-Given*), ne s'oppose pas au fait qu'on puisse fournir directement l'information aux apprenants, pour autant que ceux-ci soient en mesure de l'utiliser de manière active et créative, et donc de faire la démonstration qu'ils ont véritablement « appris ». Ces différences de perspectives entre les partisans d'un constructivisme radical (les WIG) et les partisans d'un constructivisme modéré (les BIG) se manifestent principalement par les rôles que l'on attribue aux apprenants dans le cadre de chacun de ces niveaux du constructivisme.

5.2.1 Les trois niveaux du constructivisme et les rôles de l'apprenant

Le philosophe D.C. Phillips (1995) a exploré les nombreuses facettes du constructivisme ; ses aspects positifs comme ses aspects négatifs. Son article s'intitule d'ailleurs *The good, the bad and the ugly : The many faces of constructivism,* qu'on pourrait traduire par « Le bon, la bête et le truand : les nombreux visages du constructivisme ». Tout d'abord, il dénonce l'aspect sectaire du mouvement, le comparant même à une religion. La diversité des auteurs de toutes les époques reprenant les conceptions constructivistes dans des domaines aussi variés que la psychologie, l'épistémologie, la sociologie, l'éducation, l'histoire et même les études féministes ajoute à la confusion et contribue à la complexité du courant. Pour aider à clarifier le tout, Phillips propose trois axes, correspondant chacun à une question clé du constructivisme. Ces trois dimensions permettent de situer les positions de chaque auteur autour de l'un ou l'autre des deux pôles ou quelque part entre les deux extrêmes de chaque continuum.

Le premier axe porte sur l'objet d'étude du constructivisme : est-ce l'étude de la genèse des connaissances chez l'individu-apprenant ou l'étude de la genèse des connaissances disciplinaires (comment se construisent les connaissances à l'intérieur des disciplines du savoir humain) ? Le deuxième axe, le plus important et le plus complexe, s'interroge sur l'origine de la connaissance : l'humain est-il le « créateur » de cette connaissance ou la nature en est-elle l'« instructeur » (la connaissance est-elle créée ou découverte) ? Enfin, le troisième axe soulève la question de la nature même du processus de construction des connaissances : s'agit-il d'une activité cognitive individuelle ou d'un processus de nature sociale ?

À l'aide de ces trois dimensions, on peut repérer trois tendances dans le constructivisme en éducation (Brandt et Perkins, 2000) : un constructivisme qui privilégie le rôle actif de l'apprenant-penseur, un constructivisme qui privilégie la dimension sociale dans la coconstruction des connaissances et un constructivisme qui privilégie le rôle créatif de l'apprenant dans la construction de tout savoir. Perkins (1999) traduit ces trois tendances en fonction de rôles, soit les rôles de l'**apprenant actif** (*active learner*), de l'**apprenant social** (*social learner*) et de l'**apprenant créatif** (*creative learner*). La confusion qui règne autour du constructivisme en éducation provient probablement de la coexistence de ces trois niveaux de constructivisme (*voir le tableau 5.1*), tant sur le plan théorique qu'en ce qui a trait aux pratiques éducatives (Perkins, 1999).

TABLEAU 5.1	Les trois niveaux du constructivisme en éducation	
NIVEAU DE CONSTRUCTIVISME	**PRINCIPAL AUTEUR ASSOCIÉ**	**RÔLE DE L'APPRENANT**
Constructivisme pédagogique (niveau de base)	Piaget (importance du facteur de l'activité)	Apprenant actif
Socioconstructivisme (niveau modéré)	Vygotski (importance de la médiation de l'adulte)	Apprenant social
Constructivisme épistémologique (niveau radical)	Bruner (importance du contexte socioculturel dans la création de la connaissance)	Apprenant créatif

L'apprenant actif

L'élève n'est pas spectateur de sa connaissance, mais acteur de celle-ci (Dewey, 1916). Tous les constructivistes s'entendront vraisemblablement sur ce premier niveau, que nous associerons principalement aux fondements théoriques issus des travaux de Piaget. Comme Dewey (*learning by doing*), Piaget insiste sur l'importance de l'activité significative et des contacts directs avec l'environnement : l'apprenant doit construire activement ses connaissances par des manipulations, des mises en situation, des expériences diverses dans l'environnement scolaire et dans son milieu de vie. Cette conception de l'apprentissage a des conséquences pédagogiques évidentes, d'où l'expression suggérée de **constructivisme pédagogique** (*voir la définition à la page suivante*). C'est en quelque sorte le « niveau de base » du constructivisme.

L'apprenant social

Le sujet qui apprend n'est pas qu'un individu, c'est aussi une collectivité en soi (Vygotski, cité par Guérin, 1998, p. 334). Le deuxième niveau du constructivisme fait un pas de plus : non seulement l'apprentissage est un processus actif qui nécessite l'engagement cognitif de l'apprenant, mais c'est également une coconstruction. Les interactions sociales entre pairs (Piaget) ainsi que la médiation de l'adulte ou celle d'un apprenant servant de guide (Vygotski) contribuent à cette dimension sociale de l'apprentissage. Là encore, la plupart des constructivistes s'entendront sur le caractère interactionnel de la construction des connaissances, que nous désignerons ici par le terme **socioconstructivisme** (*voir la définition à la page suivante*) (bien que ce terme serve parfois à désigner aussi le troisième niveau du constructivisme, soit le constructivisme radical).

■ **Apprenant actif**

Rôle de l'apprenant associé au constructivisme pédagogique qui cherche à mettre l'élève aux commandes de sa démarche d'apprentissage. L'apprenant actif est engagé, tant cognitivement qu'affectivement, dans la construction de ses connaissances par des expériences de manipulation, des mises en situation et diverses expériences vécues dans son environnement scolaire et dans son milieu de vie.

■ **Apprenant social**

Rôle de l'apprenant associé au socioconstructivisme, fondé sur les interactions sociales vécues entre des apprenants en situation d'apprentissage. L'apprenant social est engagé, tant sur le plan cognitif que sur les plans affectif et social, dans la coconstruction de ses connaissances par les discussions et les échanges vécus avec ses pairs et à l'intérieur d'activités d'apprentissage accordant une place importante à la coopération.

■ **Apprenant créatif**

Rôle de l'apprenant associé au constructivisme épistémologique. Ce rôle repose sur deux convictions de base :
- l'élève doit reconstruire tout savoir ;
- ce savoir est culturellement déterminé, et donc provisoire, puisqu'il dépend des connaissances du moment, qui changent continuellement.

Constructivisme pédagogique

Niveau de base du constructivisme qui accorde un rôle prépondérant à l'activité de l'élève dans la construction de tout savoir et donc au rôle de l'élève en tant qu'apprenant actif.

Socioconstructivisme

Niveau du constructivisme qui accorde un rôle prépondérant aux interactions sociales dans la coconstruction de tout savoir et donc au rôle de l'élève en tant qu'apprenant social. Le socioconstructivisme est un constructivisme socialement déterminé. En éducation, ce terme correspond également à un courant pédagogique.

Constructivisme épistémologique (ou radical)

Niveau du constructivisme qui accorde un rôle prépondérant à la reconstruction de tout savoir par l'élève qui apprend et donc au rôle de l'élève en tant qu'apprenant créatif.

Viabilité

Terme associé au constructivisme épistémologique qui désigne la relation suggérée entre la connaissance et la réalité pour remplacer le concept de « vérités » (connaissances objectives). Une connaissance construite par l'apprenant, voire la théorie scientifique présentée par l'enseignant, est jugée « viable » (vraie) tant et aussi longtemps qu'elle demeure compatible avec les modèles existants.

L'apprenant créatif

Ce troisième niveau du constructivisme, que nous appellerons **constructivisme épistémologique,** quoique tout constructivisme soit par nature épistémologique, constitue la conception la plus radicale du constructivisme. Il repose sur deux positions de base : tout d'abord, l'élève doit reconstruire tout savoir ; ensuite, ce savoir est culturellement déterminé, et donc provisoire, puisqu'il dépend des connaissances du moment, qui changent continuellement.

Examinons la première de ces deux positions, celle concernant la nécessité pour l'apprenant de recréer en lui toute connaissance qu'il désire s'approprier. D'après Perkins (1999), cette exigence peut prendre chez certains l'allure d'une idéologie : « Les arguments avancés pour défendre les thèses constructivistes apparaissent souvent d'ordre idéologique ; ainsi, si les apprenants ne redécouvrent pas par eux-mêmes la philosophie grecque ou les lois de Newton, ils n'en auront jamais une véritable compréhension » (p. 11, traduction libre). En fait, d'après Raynal et Rieunier (2009), cette affirmation selon laquelle toute connaissance doit être reconstruite est souvent mal interprétée (comme le ferait ici Perkins) : « des faiseurs d'opinion […] ont affirmé que les pédagogues constructivistes voulaient que les élèves redécouvrent seuls toutes les connaissances acquises par l'humanité depuis l'aube des temps », ce à quoi Raynal et Rieunier s'empressent de conclure : « cette affirmation est stupide » (p. 124). En fait, ce que les constructivistes rappellent ici, c'est que quelles que soient les stratégies et les techniques d'enseignement utilisées, l'élève doit reconstruire tout savoir pour le faire sien, « car c'est ainsi qu'il apprend » (p. 124).

Examinons maintenant la seconde position du constructivisme épistémologique, celle concernant le caractère transitoire du savoir appris par l'élève. L'un des plus ardents défenseurs de ce constructivisme radical est Ernst Von Glasersfeld, professeur à l'Université du Massachusetts. Pour Von Glasersfeld (1994), le constructivisme entraîne nécessairement une remise en question de l'épistémologie traditionnelle, approche qui prétend que la connaissance est une représentation plus ou moins vraie d'une réalité objective. À la place de cette conception figée de la connaissance, il propose l'établissement d'une nouvelle relation entre connaissance et réalité, relation qu'il nomme **viabilité.** Ainsi, une action, une opération mentale, une structure conceptuelle construite par l'apprenant, voire la théorie scientifique suggérée par l'enseignant, seront jugées « viables » tant et aussi longtemps « qu'elles servent à l'accomplissement d'une tâche ou encore à l'atteinte du but que l'on a choisi » (Von Glasersfeld, 1994, p. 22). Au lieu de parler de « vérités », le constructivisme épistémologique ou radical préfère parler de « viabilité » ou et de « compatibilité » avec les modèles déjà construits (Von Glasersfeld, 1994).

Jerome S. Bruner (1996), qu'on peut associer au constructivisme épistémologique, se défend en ces termes de tomber dans le piège du relativisme :

> [Nous] sommes bien placés pour savoir que ce qui est connu n'est ni une vérité venue de Dieu, ni quelque chose d'écrit dans le grand Livre de la Nature. Vu ainsi, le savoir est toujours susceptible d'être révisé. Mais cette faculté à être révisé ne doit pas être confondue avec un relativisme qui autoriserait n'importe quoi, qui consisterait à dire que, puisque aucune théorie n'est la vérité ultime, toutes les théories, comme tous les peuples, se valent (p. 81).

Cette seconde position du constructivisme radical peut en effet nous entraîner vers une forme de relativisme qu'on résumerait par la formule caricaturale suivante : toute connaissance étant construction de l'apprenant, il n'existe pas à proprement parler de connaissance objective à enseigner… et encore moins à évaluer, chez les élèves !

Phillips (1995) nous met en garde contre cette possible dérive du constructivisme, également dénoncée au Québec par Baillargeon (2001) : « La montée de l'insignifiance a trouvé dans le monde de l'éducation un terrain privilégié [où] fleurit une doctrine pompeusement baptisée constructivisme ou socioconstructivisme qui assure, dans sa version la plus exacerbée, que la science n'est qu'un discours socialement construit parmi d'autres » (p. 32). Plus récemment, Baillargeon (2008) a fourni une analyse critique et détaillée des positions du socioconstructivisme radical, positions qu'il qualifie de polémiques et contestables. Sa critique, qui s'articule autour de sept « péchés capitaux », tend à démontrer les fragiles assises scientifiques de ce courant.

Cette version exacerbée du constructivisme est donc loin de faire l'unanimité. On conviendra néanmoins que le constructivisme épistémologique propose une réflexion intéressante sur la nature même de l'apprentissage et sur la genèse de la connaissance. Comme Baillargeon (2008) et d'autres (Comeau et Lavallée, 2008), on peut toutefois s'interroger sur la pertinence pédagogique de ce constructivisme radical dans le contexte éducatif actuel. Toutefois, le constructivisme dit « pédagogique », qui correspond ici au courant constructiviste, ainsi que le courant socioconstructiviste (son niveau modéré) conservent selon nous toute leur pertinence. En fait, ces deux courants pédagogiques, ou ces deux niveaux du constructivisme, ont contribué à transformer radicalement les conceptions de l'enseignement.

5.2.2   Les conceptions de l'enseignement

La conception de l'apprentissage et, par ricochet, le rôle attribué à l'apprenant peuvent donc varier selon le niveau de constructivisme auquel on se réfère. Les conceptions de l'enseignement diffèrent-elles entre les tenants du constructivisme pédagogique (niveau de base) et du socioconstructivisme (niveau modéré) ? En fait, ces conceptions sont essentiellement les mêmes. Dans chaque cas, on adhère à une conception dynamique et interactive de l'enseignement-apprentissage. Les constructivistes misent avant tout sur une participation active et concrète des apprenants à leur démarche personnelle d'apprentissage (l'importance de l'activité chez l'élève-apprenant), alors que les socioconstructivistes mettent davantage l'accent sur les interactions sociales (la coopération dans l'apprentissage). Snowman, McCown et Biehler (2009) résument ainsi ces deux perspectives complémentaires d'un enseignement constructiviste : le constructivisme (*cognitive constructivism*) met l'accent sur les composantes cognitives personnelles qui contribuent à la construction individuelle du savoir, alors que le socioconstructivisme (*social constructivism*) met plutôt l'accent sur la composante sociale (par exemple, une argumentation entre les élèves, une confrontation de points de vue, etc.) dans un processus de coconstruction du savoir. Ces deux positions ne sont évidemment pas incompatibles, bien au contraire, puisque « l'apprentissage est à la fois un acte d'interprétation personnelle de la réalité et le fruit de la confrontation de ses idées avec celles d'autres individus » (Windschitl, 2002, p. 142, traduction libre). Toutes tendances confondues, le constructivisme repose donc sur deux valeurs d'égale importance : l'activité personnelle de l'apprenant et la coopération entre apprenants, mises toutes deux au service de l'apprentissage.

L'engagement de l'élève

Le rôle exercé par l'apprenant découlera évidemment de la conception constructiviste du processus enseignement-apprentissage. On s'attend désormais à ce que les apprenants soient engagés sur les plans cognitif et affectif dans la construction de leurs savoirs. Notons d'ailleurs que le terme **engagement** possède une connotation plus forte que le mot « participation ». Il ne suffit pas, en effet, que l'élève réponde distraitement aux questions de l'enseignant, qu'il participe avec nonchalance aux discussions de classe ou qu'il effectue passivement les tâches assignées dans un travail en équipe ; il doit idéalement s'investir tout entier dans sa démarche d'apprentissage, avec la même énergie, la même intensité et le même enthousiasme que ceux manifestés par le jeune enfant lorsqu'il s'investit dans le jeu. La motivation de l'élève sera donc essentiellement de source intrinsèque, alimentée par son désir d'apprendre, sa curiosité naturelle et son besoin d'appartenance à une **communauté d'apprenants.** Par ailleurs, en plus d'être responsable de son propre apprentissage, l'apprenant est appelé à contribuer à la construction du savoir de ses pairs.

La coopération au service de l'apprentissage

On connaît l'importance que les employeurs accordent aujourd'hui à la capacité à travailler en équipe (Conseil économique du Canada, 1992). En fait, « l'une des principales attentes de la société à l'égard de l'école est, à l'heure actuelle, de former des individus qui puissent travailler en équipe et s'adapter à l'évolution des rôles » (Guilbert et Ouellet, 2004, p. 16). Le courant socioconstructiviste valorise la coopération entre apprenants, non seulement parce qu'elle contribue à leur développement personnel et affectif, mais surtout parce qu'elle favorise la construction des savoirs. Les interactions sociales entre pairs sont une source de stimulations pour leur développement cognitif. Le travail en coopération offre de surcroît l'occasion aux apprenants de vérifier et d'approfondir leur compréhension, de confronter leurs perceptions et de développer leur pensée critique.

Le rôle de l'enseignant n'est donc plus tant de transmettre des connaissances (courant béhavioriste), même dans le contexte d'un enseignement pouvant être qualifié de « stratégique » (courant cognitiviste). Ce rôle se résume plutôt à planifier les situations les plus propices à l'apprentissage des apprenants. Or, étant donné que l'apprentissage est un processus actif et interactif, l'enseignant verra désormais à proposer des activités faisant appel à la participation des apprenants, activités qui accorderont également une place importante aux interactions sociales, aux exercices de communication et aux tâches réalisées en équipe. L'enseignant est moins souvent en situation de « transmission des connaissances » qu'en situation de soutien de la démarche d'apprentissage des apprenants (par exemple, la rencontre avec un petit groupe d'élèves pour faire le point sur un projet réalisé en équipe). Cette transformation du rôle traditionnel de l'enseignant a amené certains à dire qu'il fallait désormais enseigner moins pour que les élèves apprennent davantage ! Il serait plus prudent de dire qu'il faut intervenir différemment et ne plus se fier uniquement aux exposés formels comme stratégie pouvant assurer un apprentissage de qualité à tous les élèves.

5.3 LES IMPLICATIONS ÉDUCATIVES DU CONSTRUCTIVISME EN ÉDUCATION

Comme on vient de le voir, le courant constructiviste et le courant socioconstructiviste partagent essentiellement la même vision du processus enseignement-apprentissage. Cependant, étant donné la place prépondérante occupée par le socioconstructivisme dans le discours pédagogique francophone nord-américain, nous avons choisi de consacrer cette section à quelques idées clés véhiculées par le socioconstructivisme, bien que plusieurs de ces idées fondatrices (par exemple, le recours à la médiation et au *modeling* cognitif) puissent également être revendiquées par les tenants d'un constructivisme pédagogique.

Plusieurs ouvrages proposent des « portraits de classes constructivistes » dans lesquels on établit les principales implications éducatives ou les principes pédagogiques découlant du socioconstructivisme. Dans un ouvrage consacré à deux formules pédagogiques, l'étude de cas et l'apprentissage par problèmes, Guilbert et Ouellet (2004) ont réalisé le même exercice et proposent les sept finalités suivantes à l'approche socioconstructiviste :

1. encourager le développement d'une approche réflexive des problèmes ;

2. favoriser la prise de conscience du caractère construit d'un problème ;

3. permettre aux apprenants de s'initier à l'analyse et à l'action dans des situations complexes ;

4. favoriser l'intégration et le transfert des apprentissages ;

5. favoriser l'engagement des apprenants et une prise de conscience de leurs attitudes ;

6. favoriser le développement d'habiletés interpersonnelles ;

7. favoriser la création d'une communauté d'apprenants.

Charron et Raby (2007) retiennent pour leur part trois grands principes découlant du courant socioconstructiviste : l'apprenant construit ses apprentissages, l'apprenant est actif dans son apprentissage et l'apprenant apprend en interaction avec les autres et son environnement. Dans leur synthèse sur le socioconstructivisme, elles accordent par ailleurs une place importante à trois concepts ou pratiques socioconstructivistes : le développement par imitation (*modeling* cognitif), la zone prochaine de développement et le conflit sociocognitif.

Enfin, Bruning, Schraw et Norby (2011) proposent le portrait d'une « classe réflexive » articulé autour de huit principes pédagogiques, alors que Snowman, McCown et Biehler (2009) y voient neuf caractéristiques d'une « classe constructiviste » (*constructivist classroom*), portrait esquissé lui-même à partir de différentes sources. Le tableau 5.2 présente en parallèle ces deux portraits de classes constructivistes.

> **Modeling cognitif**
>
> Processus par lequel les apprenants apprennent à imiter des habiletés intellectuelles, des stratégies cognitives ou des stratégies d'apprentissage observées chez des pairs ou chez leur enseignant. Il comprend trois phases : la démonstration par l'« expert », l'imitation assistée (avec une diminution graduelle de l'assistance fournie) et, enfin, l'imitation autonome à l'aide d'un problème nouveau ou une application nouvelle.

TABLEAU 5.2   Deux portraits de classes constructivistes

OBJECTIFS D'UNE CLASSE RÉFLEXIVE (Bruning, Schraw et Norby, 2011)	CARACTÉRISTIQUES D'UNE CLASSE CONSTRUCTIVISTE (Snowman, McCown et Biehler, 2009)
1. Adopter une vision élargie de l'apprentissage, qui inclut le développement de la métacognition et l'autorégulation.	1. L'enseignement et l'apprentissage doivent avoir comme point de départ les connaissances antérieures des élèves
2. Développer les habiletés de recherche de l'information (TIC).	2. L'enseignant propose des expériences d'apprentissage qui amèneront les élèves à enrichir et à structurer leurs connaissances.
3. Organiser les situations d'enseignement-apprentissage de manière à ce qu'elles favorisent la construction des savoirs.	3. Les élèves participent à la résolution de problèmes significatifs et complexes dont les contenus et les objectifs ont été négociés avec l'enseignant.
4. Créer une « classe pensante ».	
5. Encourager les discussions de classe qui incitent à l'analyse réflexive.	

OBJECTIFS D'UNE CLASSE RÉFLEXIVE (SUITE)	CARACTÉRISTIQUES D'UNE CLASSE CONSTRUCTIVISTE (SUITE)
6. Utiliser la médiation et le *modeling* cognitif pour approfondir la compréhension des élèves. 7. Favoriser à l'occasion les discussions en petits groupes. 8. Établir le respect comme règle de base des échanges en classe.	4. Les élèves ont de fréquentes occasions de débattre et de discuter ensemble de problématiques importantes. 5. L'un des principaux buts de l'enseignement est d'amener les élèves à penser par eux-mêmes. 6. Les élèves font appel à leurs processus cognitifs supérieurs pour interpréter des textes, construire une argumentation fondée sur des faits, etc. 7. En plus d'évaluer les connaissances à l'aide d'examens, l'enseignant évalue d'autres types de production (rapports de recherche, présentations orales, construction de maquettes, etc.). 8. Les progrès de l'élève sont évalués périodiquement. 9. Les contenus des programmes disciplinaires sont perçus comme étant en constante évolution.

Sources : Bruning, Schraw et Norby (2011, p. 211-212) ; Snowman, McCown et Biehler (2009, p. 329).

Bien que Slavin (2009) ne propose pas de liste à proprement parler, on peut néanmoins déceler cinq pratiques pédagogiques définissant un enseignement socioconstructiviste dans son chapitre consacré à ce courant. Tout d'abord, le socioconstructivisme préconise une **approche descendante** (*top down*) de l'enseignement. Deuxièmement, le socioconstructivisme fait appel à une forme ou l'autre d'apprentissage coopératif. Troisièmement, le socioconstructivisme accorde une place de choix à l'apprentissage par découverte. À ce propos, Slavin rappelle d'ailleurs la position défendue par Bruner selon laquelle « la connaissance est un processus, pas un produit » (Bruner, 1966, cité dans Slavin, 2009, p. 233, traduction libre). Quatrièmement, le socioconstructivisme vise à former des élèves capables d'exercer une autorégulation de leur apprentissage (*self-regulated learning*). Notons que cet objectif rejoint celui d'un apprenant métacognitif également visé par les cognitivistes. Enfin, la cinquième pratique retenue par Slavin (2009) concerne l'apprentissage médiatisé et le recours au *modeling* cognitif (*scaffolding*).

Slavin (2009) reproduit également la liste des 12 principes pour un enseignement centré sur l'élève (*learner-centered*) proposés par l'Association américaine de psychologie (APA, 1997). Cette synthèse des facteurs cognitifs et métacognitifs de l'apprentissage, facteurs associés principalement aux courants cognitiviste, constructiviste et socioconstructiviste, peut être consultée en ligne. Vous trouverez le lien sur le site Web de cet ouvrage.

Quelles sont donc les principales implications éducatives du courant socioconstructiviste en éducation ? En nous basant sur les auteurs cités précédemment, nous proposons les cinq caractéristiques suivantes d'une « classe constructiviste » :

1. C'est un milieu d'apprentissage qui incite à la réflexion et à l'analyse.

2. C'est un milieu d'apprentissage qui favorise la médiation et le *modeling* cognitif.

3. C'est un milieu d'apprentissage qui favorise la coopération entre élèves et l'établissement d'une communauté d'apprenants.

4. C'est un milieu d'apprentissage qui contribue au développement de la métacognition et à l'autorégulation de l'apprentissage.

5. C'est un milieu d'apprentissage qui fournit des occasions de résoudre des problèmes complexes et de répondre à des questions significatives pour les apprenants.

Approche descendante (ou *top down*)

En pédagogie, désigne l'approche consistant à proposer des problèmes complexes à résoudre, à partir desquels les élèves sont progressivement amenés à déduire ou à découvrir, à l'aide de leur enseignant, certaines règles ou certains des contenus d'apprentissage que l'on désire enseigner.

 Synthèse des facteurs cognitifs et métacognitifs de l'apprentissage de l'APA

Ces cinq implications éducatives du socioconstructivisme seront brièvement présentées et illustrées dans les sections qui suivent.

5.3.1 Le développement de la réflexion et de l'analyse

Une classe constructiviste est un milieu d'apprentissage qui incite à la réflexion et à l'analyse. La classe constructiviste peut, de fait, être qualifiée de « classe pensante » (Bruning, Schraw et Norby, 2011, p. 211). Elle est un milieu qui incite au développement d'une approche réflexive à l'égard des problèmes et des sujets abordés en classe (Guilbert et Ouellet, 2004). Une classe constructiviste adopte également une attitude positive à l'égard des erreurs commises par les élèves. Pour l'enseignant socioconstructiviste, l'erreur des apprenants n'est pas à proscrire ; elle doit plutôt devenir le point de départ d'un nouvel apprentissage. Dans certains cas, elle peut entraîner une réorganisation des concepts ou un ajustement de ceux-ci. De plus, c'est un milieu d'apprentissage dans lequel on n'hésite pas à placer les élèves en situation de déséquilibre… cognitif. Certains problèmes peuvent se révéler impossibles à résoudre (par exemple, lorsque des données sont manquantes) ; parfois, la solution se trouve à l'intérieur d'un autre cadre de référence (par exemple, lorsqu'un enseignant affirme en classe que $1 + 1 = 10$, ce qui est tout à fait exact dans la base numérique de deux).

Toutefois, ce qui caractérise peut-être le mieux la classe constructiviste en tant que classe pensante, c'est l'importance qu'y occupent les discussions entre les élèves. Les discussions de classe et celles vécues au sein de petits groupes (Bruning, Schraw et Norby, 2011) ainsi que les activités d'apprentissage initiées par l'enseignant y font appel aux processus cognitifs supérieurs des élèves (Snowman, McCown et Biehler, 2009).

Si les discussions de classe revêtent habituellement un caractère informel, il convient de souligner que les **groupes de discussion** constituent en soi une formule pédagogique à plein titre (Chamberland, Lavoie et Marquis, 1995). Les types de groupes de discussion peuvent varier selon l'objectif poursuivi par l'enseignant : exploration d'un thème nouveau, analyse approfondie d'un sujet abordé précédemment en classe, résolution d'un problème, etc. Martineau et Simard (2001) voient dans la formule des groupes de discussion un puissant outil de développement intellectuel et personnel ainsi qu'un outil d'éducation éthique et d'éducation à la citoyenneté. Parmi les designs de groupes suggérés par Martineau et Simard, le **débat** occupe une place privilégiée.

On se rappellera comment monsieur Thériault est intervenu pour amener ses élèves à aller au-delà de la simple réaction de sympathie à l'égard des immigrants clandestins pour accéder avec eux à une réflexion approfondie autour de ce phénomène social et à une analyse des enjeux citoyens qui en découlent. Le développement de la réflexion et de l'analyse chez les élèves ne se limite cependant pas au seul domaine des problématiques sociales et aux questions d'ordre philosophique ou éthique (par exemple, l'euthanasie). Ce développement réflexif s'inscrit aussi tout naturellement dans une démarche de résolution de problèmes (*voir la section 5.4*) ou dans une démarche expérimentale animée par l'enseignant.

5.3.2 La médiation de l'apprentissage et le *modeling* cognitif

Une classe constructiviste est un milieu d'apprentissage qui favorise la médiation et le *modeling* cognitif. Une bonne part des apprentissages humains sont réalisés par imitation, cet apprentissage par modèle ou modelage (*voir le chapitre 3*) ne se limitant évidemment pas au développement moteur et au développement social (Charron et Raby, 2007). Le *modeling* cognitif est le processus par lequel les apprenants apprennent à imiter des habiletés

---

Groupes de discussion

Stratégie ou technique d'enseignement (selon l'emploi qui en est fait) dont le design et le fonctionnement peuvent varier suivant sa fréquence d'utilisation, la taille du groupe, le degré de structure de l'activité et les objectifs poursuivis par l'enseignant. Les groupes de discussion visent à développer une compréhension approfondie d'un thème donné et à développer la compétence à résoudre collectivement un problème (Martineau et Simard, 2001).

Débat

Stratégie d'enseignement dans laquelle deux groupes d'élèves sont amenés à confronter des positions opposées, en faisant appel à une argumentation qui aura nécessité une recherche préalable et en utilisant leurs talents oratoires pour réfuter systématiquement les arguments adverses. Les positions défendues par chaque groupe peuvent être choisies par les débatteurs ou assignées au hasard par l'enseignant.

intellectuelles, des stratégies cognitives ou des stratégies d'apprentissage observées chez des pairs ou chez leur enseignant. De manière subtile, monsieur Thériault utilise cette forme de *modeling* cognitivo-affectif lorsqu'il adopte une attitude réflexive face au sujet discuté, attitude qui sera par la suite imitée par l'ensemble de ses élèves.

De manière plus générale et comme on l'a vu précédemment, la médiation correspond à l'ensemble des interventions effectuées par une personne (le médiateur) pour guider l'apprentissage d'un apprenant. Vygotski (1997) insistait sur le rôle crucial de l'enseignant, particulièrement habileté à exploiter la zone prochaine de développement, pour offrir une médiation efficace, l'intensité de cette aide diminuant au fur et à mesure que l'élève maîtrise la nouvelle tâche (c'est ce que désigne le terme anglais *scaffolding*). La médiation experte de l'enseignant (Slavin, 2009), accompagnée du *modeling* cognitif, permet aux élèves d'approfondir leur compréhension des sujets étudiés (Bruning, Schraw et Norby, 2011). En bref, le *modeling* cognitif et la médiation sont au cœur du modèle pédagogique socioconstructiviste.

L'enseignement réciproque est un modèle d'intervention en lecture, développé dans les années 1980 par Anne-Marie Palincsar et Ann Brown (1984). Initialement destiné aux élèves en difficulté de lecture, ce modèle vise l'entraînement explicite, en équipe, de quatre stratégies de compréhension en lecture : la stratégie de prédiction, la stratégie de clarification, la stratégie du questionnement et la stratégie du résumé. Dans un premier temps, l'enseignant effectue une démonstration de chaque stratégie (*modeling* cognitif), puis amène progressivement les élèves du groupe de lecture à faire de même en devenant à tour de rôle l'animateur de la leçon, d'où l'appellation d'« enseignement réciproque ». Ce *modeling* cognitif, pratiqué par les élèves eux-mêmes, constitue d'ailleurs le caractère original de ce modèle. Évidemment, l'enseignante assure la médiation nécessaire, en veillant cependant à diminuer progressivement ce soutien (estompage ou *scaffolding*) jusqu'à ce que les élèves soient en mesure d'exercer ces stratégies de manière autonome (niveau métacognitif).

Nous avons choisi d'illustrer l'emploi du *modeling* cognitif et de la médiation à l'aide d'un exemple d'application de ce modèle d'intervention (*voir l'encadré 5.2*), modèle par ailleurs fréquemment cité comme l'une des pratiques exemplaires du socioconstructivisme (Bruning, Schraw et Norby, 2011 ; Joyce, Weil et Calhoun, 2009 ; Slavin, 2009 ; Snowman, McCown et Biehler, 2009) et ayant, de plus, fait la démonstration de son efficacité pédagogique (Bissonnette, Richard, Gauthier et Bouchard, 2010).

ENCADRÉ 5.2   **Une leçon de lecture utilisant l'enseignement réciproque**

Enseignante : Bon, le titre du texte que nous allons lire aujourd'hui est *Transports en commun*. Je vais commencer l'animation de cette lecture en demandant à quelqu'un de formuler une prédiction sur le contenu de ce texte. Alors, de quoi y parle-t-on d'après vous ?

Julien : Des moyens de transport en commun...

Enseignante : Oui, c'est juste Julien, mais peux-tu nous en dire davantage ?

Julien : Euh... On va probablement parler des autobus, pas des autobus scolaires pour les enfants, je veux dire, je veux dire des autobus qui servent au transport de tout le monde.

Enseignante : C'est une très bonne hypothèse, Julien. L'autobus est en effet l'un des moyens de transport en commun les plus répandus. Quelqu'un d'autre ?

France : Je sais qu'il existe aussi des métros, pas ici bien sûr, notre ville est trop petite pour cela, mais j'ai déjà pris le métro à Montréal. On va peut-être aussi parler du métro dans ce texte.

Enseignante : C'est aussi une très bonne hypothèse, France. Le métro est également un moyen de transport en commun important, plus particulièrement dans les grandes villes, comme

»

tu viens de le préciser. France et Julien nous ont donné deux bons exemples de moyens de transport en commun. Il y a de fortes chances qu'on apprenne des choses à leur sujet dans ce texte. Mais, je me demande, est-ce que vous croyez qu'on va parler des automobiles dans ce texte sur les transports en commun ?

Johanne (après quelques instants de silence) : Non, je ne crois pas, Madame, parce que...

Enseignante : Parce que... ?

Johanne : Eh bien, l'automobile, ce n'est pas un transport où tout le monde voyage ensemble. C'est juste pour une personne, une famille ou un petit groupe de personnes qui se connaissent.

Enseignante : Très juste, Johanne ! Tu as tout à fait raison. L'automobile, c'est un moyen de transport, mais ce n'est pas un transport en...

Plusieurs élèves : ... commun !

Enseignante : Bravo tout le monde ! Je vous laisse lire le paragraphe d'introduction sous le titre, celui qui est en gros caractères. Julien, veux-tu prendre ma place et animer la prochaine partie ?

Les élèves lisent silencieusement.

Julien : Est-ce que quelqu'un peut résumer ce paragraphe ?

Enseignante : C'est peut-être un peu trop tôt pour demander un résumé, Julien. Ce court paragraphe d'introduction ne nous fournit encore aucun détail que l'on pourrait résumer. Pourrais-tu formuler une autre question, s'il te plaît ?

Julien : Je comprends ! On a besoin d'une clarification. Au début, on parle des transports en commun dans les agglomérations urbaines. Est-ce qu'il y a quelqu'un qui peut expliquer ce que veulent dire ces mots ?

Jimmy : Je crois que ce sont d'autres mots pour dire « villes ». C'est ça, Madame ?

Enseignante : Qu'en penses-tu Julien ?

Julien : Oui, je crois bien que ça doit être cela. Vous avez vu, il y a deux mots dans la deuxième phrase qui sont utilisés comme des synonymes : « municipalités » et « villes ». Comme on parle seulement des villes dans ce paragraphe, alors l'expression « agglomérations urbaines » doit vouloir dire la même chose...

Enseignante : Bravo Julien ! C'est une excellente déduction. Je remarque avec plaisir que tu as utilisé l'information de la phrase suivante pour en arriver à déduire le sens de ces mots inconnus. Jimmy et toi avez raison. Une agglomération urbaine, c'est l'ensemble formé par une ville et sa banlieue. Tu peux continuer, Julien.

Julien : Quels sont les atouts des transports en commun ?

France : C'est facile. Les atouts des transports en commun sont la sécurité (moins de danger d'accidents), le confort, le faible coût (ça veut dire que cela coûte moins cher que d'utiliser son auto ou un taxi), la pollution réduite (moins de pollution), la fi-a-fia...

Julien : Fiabilité.

France : ... oui, c'est ça, la fiabilité des horaires et la grande capacité d'occupation.

Julien : Très bien, France. Ces atouts, ce sont les bons côtés ou les mauvais côtés du transport en commun ?

France : Oh ! Je crois bien que ce sont les bons côtés. Des atouts, je crois que c'est comme des avantages...

France tourne la tête vers l'enseignante, qui se tourne à son tour vers Julien.

Julien : Oui, c'est tout à fait cela, France. Est-ce que tout le monde est d'accord ?

Les élèves et l'enseignante acquiescent de la tête.

Julien : Ce texte va donc nous parler des avantages des transports en commun. Alors, on continue. Nous avions raison avec nos prédictions. Le prochain paragraphe a pour titre *L'autobus*. Johanne, veux-tu t'occuper d'animer la prochaine partie ?

Source (texte sur les transports en commun) : Hagene, B. (1999) (direction). *FLEURUS, La grande encyclopédie des sciences*, Paris, Groupe Fleurus-Marne.

5.3.3 La coopération à l'intérieur d'une communauté d'apprenants

Une classe constructiviste est un milieu d'apprentissage qui favorise la coopération entre élèves et l'établissement d'une communauté d'apprenants. On ne sera pas surpris d'apprendre que l'approche socioconstructiviste vise également le développement des habiletés interpersonnelles chez les élèves (Guilbert et Ouellet, 2004), ayant adopté comme principe fondamental que l'élève apprend en interaction avec les autres et son environnement (Charron et Raby, 2007). Dans une classe socioconstructiviste, les élèves auront donc de fréquentes occasions de débattre et de discuter ensemble de problématiques importantes à leurs yeux (Snowman, McCown et Biehler, 2009) ou d'échanger en plus petits groupes (Bruning, Schraw et Norby, 2001), car ce courant accorde une place centrale à une pédagogie de la coopération (Gamble, 2002). Évidemment, le respect des opinions divergentes et des positions ou convictions exprimées devra être la règle de base durant tous ces échanges (Bruning, Schraw et Norby, 2001), d'autant plus qu'un tel climat permet une saine confrontation des idées et l'émergence de **conflits sociocognitifs,** sources de nouveaux apprentissages (Charron et Raby, 2007).

Il y aurait beaucoup à dire sur la coopération et sur les diverses formes que celle-ci peut prendre en milieu scolaire : enseignement tutoriel (*voir le chapitre 3*) ; enseignement par les pairs, travail en dyade, travail en équipe, enseignement réciproque, groupes de discussion, recherche ou projet mené en équipe, ateliers d'apprentissage réalisés en dyade ou en équipe (Lemay et Bourassa, 2004), etc. L'expression **apprentissage coopératif** embrasse plusieurs de ces formes de coopération. Il existe, en fait, plusieurs modèles d'apprentissage coopératif. Les deux modèles les plus connus sont ceux initiés par David W. et Roger T. Johnson, de l'Université du Minnesota (par exemple, Johnson et Johnson, 1999), et celui de Robert E. Slavin de l'Université John Hopkins (par exemple, Slavin, 1995). Le tableau 5.3 présente quelques-unes des techniques coopératives développées à l'intérieur de l'un ou l'autre de ces modèles théoriques.

Quels que soient le modèle de référence, les techniques coopératives (Proulx, 1999) et les méthodes d'apprentissage coopératif utilisés (Marion, 2007), le choix de cette stratégie d'enseignement amènera l'enseignant socioconstructiviste à prendre un certain nombre de décisions concernant :

- la formation, la composition et la durée de vie des équipes : nombre optimum d'élèves par équipe, équipes à composition homogène ou à composition hétérogène, équipes déterminées à l'avance par l'enseignant ou formation laissée au choix des élèves, équipes permanentes (équipes de base) ou équipes formées pour une durée de temps limitée, etc. ;

- la nature de la tâche et les objectifs poursuivis : exercices d'application des connaissances, correction d'un travail effectué auparavant, projets plus ou moins structurés à l'avance par l'enseignant, activités de recherche libre, mêmes tâches effectuées par toutes les équipes (travail en parallèle) ou tâches complémentaires ; alternance entre des périodes de travail en équipe et d'autres formules (travail individuel, animation de l'enseignant), etc. ;

- le mode d'évaluation, s'il y a lieu, de la production réalisée en équipe : évaluation individuelle ou de groupe ; composantes d'autoévaluation, d'évaluation par les pairs et d'évaluation par l'enseignante ; prise en compte du fonctionnement de l'équipe dans l'évaluation de la production réalisée, etc.

Conflits sociocognitifs

Conflit de nature cognitive (par exemple, divergences entre les interprétations d'un problème à résoudre, entre les stratégies préconisées, entre les solutions trouvées, etc.) qui survient entre des élèves qui travaillent de manière coopérative. Le conflit sociocognitif incite à la confrontation des idées et sert souvent de bougie d'allumage pour un nouvel apprentissage.

Apprentissage coopératif

Stratégie d'enseignement par laquelle un certain nombre d'élèves sont regroupés pour réaliser une tâche scolaire dans un climat d'interdépendance positive et de responsabilité individuelle et collective à l'égard des apprentissages effectués par chaque membre de l'équipe. L'apprentissage coopératif se définit avant toute chose comme un processus plutôt que comme un produit (production réalisée en équipe).

TABLEAU 5.3	Quelques techniques d'apprentissage coopératif	
TECHNIQUE	FONCTIONNEMENT	AUTEURS PRINCIPAUX
Groupes parallèles (*learning together*)	Des équipes hétérogènes de 4 à 5 élèves sont formées par l'enseignant. Toutes les équipes effectuent la même tâche, pour laquelle ils reçoivent la même note (interdépendance sur le plan de l'évaluation).	Johnson et Johnson (1999)
Dyades d'étude (*cooperative scripting*)	Les élèves forment des dyades pour réviser une section d'une matière scolaire à l'étude. À tour de rôle, chaque élève résume une partie des contenus, et son partenaire complète ou rectifie au besoin par la suite ; puis on inverse les rôles.	Dansereau (1985)
Travaux d'équipe/examens individuels (*student teams-achievement divisions* ou STAD)	Après la présentation d'un contenu quelconque par l'enseignant, celui-ci forme des équipes hétérogènes composées de quatre élèves. Les élèves doivent travailler ensemble pour maîtriser les contenus enseignés. Les tests ou examens sont passés individuellement. Des points sont décernés si chaque élève de l'équipe obtient un score équivalent ou dépassant sa moyenne. Les performances de l'équipe (points accumulés) sont récompensées.	Slavin (1994)
Tournois en équipe (*teams-games-tournaments* ou TGT)	Même fonctionnement que le STAD, mais cette fois, des points peuvent être gagnés par les équipes lors de tournois amicaux, compétitions en équipe adaptées à n'importe quelle matière scolaire.	Slavin (1995)
Découpage (*jigsaw*)	Technique en deux étapes : • d'abord, un membre de chacune des équipes de base se joint à une équipe d'experts qui sera chargée de maîtriser une partie d'un contenu (par exemple, une partie d'un chapitre) ; • puis chaque expert retourne dans son équipe de base et partage les contenus étudiés dans son équipe d'experts.	Slavin (1994)

Indépendamment des choix découlant des réponses apportées aux questions qui précèdent, trois grandes conditions doivent être présentes pour pouvoir qualifier le travail en équipe de véritable « apprentissage coopératif ». La première de ces conditions est la création d'un climat d'interdépendance positive qui fait en sorte que les élèves ont le sentiment qu'ils réussiront ensemble là où ils auraient probablement échoué seuls. Johnson et Johnson utilisent la formule suivante pour illustrer cette condition : « on nage ensemble ou l'on coule ensemble » (*we swim together or we sink together*) (1999, p. 36). La deuxième condition découle directement de la première et concerne la responsabilité à la fois individuelle (je suis le premier responsable de mon propre apprentissage) et collective (je suis également responsable de l'apprentissage réalisé par tous les autres membres de mon équipe). La troisième condition, qui peut être formulée comme l'acquisition d'habiletés cognitives et sociales (Marion, 2007), concerne la nécessité d'une formation explicite à la coopération et d'un monitorage continu du fonctionnement des équipes. En effet, il ne s'agit pas de placer ensemble trois ou quatre élèves et de leur attribuer une tâche quelconque pour que ces élèves se mettent aussitôt à coopérer vers l'atteinte d'un but commun.

C'est pourquoi plusieurs auteurs recommandent l'emploi de techniques pour former ou préparer les élèves à la collaboration. De telles activités visent une meilleure connaissance de soi et des autres, le développement de l'esprit d'équipe, le sentiment d'appartenance au groupe-classe (Kagan, 1992) et, bien entendu, le développement des habiletés sociales nécessaires au fonctionnement optimal des équipes. D'autres auteurs (par exemple, Howden et Martin, 1997) recommandent l'attribution de rôles pour faciliter le bon fonctionnement des équipes. Ces rôles pourront être exercés à tour de rôle par chaque membre de l'équipe, par exemple : le facilitateur ou l'animateur d'équipe, le vérificateur ou gardien de la tâche, le gardien du temps, le gardien du matériel, l'harmonisateur ou gardien de l'harmonie au sein de l'équipe, etc. En plus de partager et d'approfondir ensemble des connaissances de tout genre, les élèves se serviront réciproquement de modèles pour développer de nouvelles stratégies cognitives et stratégies d'apprentissage.

5.3.4 La métacognition et l'autorégulation de l'apprentissage

Une classe constructiviste est un milieu qui contribue au développement de la métacognition et à l'autorégulation de l'apprentissage. Le socioconstructivisme amène les enseignants à adopter une vision élargie de l'apprentissage (Bruning, Schraw et Norby, 2011). L'un des principaux buts de l'enseignement devient alors d'amener les élèves à penser par eux-mêmes (Snowman, McCown et Biehler, 2009). Le thème de la métacognition, abordé au chapitre précédent, est un objectif de formation également cher aux cognitivistes (*voir le chapitre 4, section 4.4*). Mais qu'en est-il de l'objectif de former les élèves à l'**autorégulation** de leur apprentissage (Slavin, 2009) ?

Notons tout d'abord que le terme « autorégulation » est parfois utilisé comme synonyme d'« autocontrôle » (*voir le chapitre 3*) et désigne alors le contrôle exercé consciemment par une personne sur l'émission de certains de ses comportements (par exemple, dans le contexte d'une thérapie béhaviorale). Aujourd'hui, les stratégies d'autorégulation font plutôt référence à l'apprentissage autorégulé et « sont des stratégies cognitives que l'élève utilise consciemment, systématiquement et constamment lorsqu'il assume la responsabilité de son apprentissage » (Viau, 1994, p. 83). Ainsi définie, l'autorégulation n'est pas sans lien avec la métacognition. Concept complexe, elle est « considérée comme une composante de la métacognition par certains auteurs et comme un concept incluant la métacognition par d'autres » (Raynal et Rieunier, 2009, p. 74).

À l'instar de Zimmerman, Bonner et Kovach (2002), nous optons pour la seconde de ces positions, car dans une perspective socioconstructiviste, le concept d'« autorégulation » inclut à la fois une composante cognitive (stratégies métacognitives), une composante comportementale (stratégies de gestion) et une composante affective (stratégies motivationnelles). Ces stratégies motivationnelles peuvent consister, par exemple, à se fixer des objectifs à court terme et en évaluer soi-même l'atteinte, à utiliser le langage intérieur pour commenter ce que l'on fait et pour s'inciter à faire preuve de persévérance, à faire le point sur son degré d'avancement dans la réalisation d'une tâche, à s'autorenforcer quand les objectifs sont atteints, etc. (Raynal et Rieunier, 2009).

5.3.5 Des problèmes complexes et des questions significatives

Une classe constructiviste est un milieu d'apprentissage qui fournit des occasions de résoudre des problèmes complexes et de répondre à des questions qui sont significatives pour les apprenants. La classe constructiviste doit permettre aux élèves de s'initier

---

Autorégulation

La conception socioconstructiviste de l'autorégulation couvre l'ensemble des stratégies cognitives et métacognitives, des stratégies de gestion des apprentissages et des stratégies motivationnelles utilisées consciemment et de manière régulière par un apprenant qui assume la responsabilité de sa démarche d'apprentissage, soit un apprentissage qu'on pourrait qualifier d'autorégulé.

à l'analyse et à l'action dans des situations complexes (Guilbert et Ouellet, 2004); elle doit, de plus, favoriser le développement de leurs habiletés à rechercher de l'information, incluant évidemment un emploi judicieux et critique des TIC (Bruning, Schraw et Norby, 2011). Aussi fréquemment que possible, les élèves participeront à la résolution de problèmes significatifs dont les contenus auront préalablement été négociés avec l'enseignant (Snowman, McCown et Biehler, 2009). Rappelons à ce propos les discussions qui ont précédé le choix des trois questions de recherche adoptées par les élèves de la classe de monsieur Thériault (*voir l'introduction à ce chapitre*).

En fait, ce qui résume peut-être le mieux le recours à des situations complexes par les socioconstructivistes est l'expression «approche descendante», utilisée entre autres par Slavin (2009). Cette expression se définit comme l'approche par laquelle on propose tout d'abord des problèmes complexes à résoudre, à partir desquels les élèves seront progressivement amenés à déduire ou à découvrir, avec l'aide de leur enseignant, certaines règles ou certains des contenus d'apprentissage que l'on désire enseigner. L'apprentissage par problèmes, approche ayant comme ingrédients de base des questions significatives et des problèmes complexes, convient particulièrement bien à cette approche descendante.

5.4 LA RÉSOLUTION DE PROBLÈMES ET L'APPRENTISSAGE PAR PROBLÈMES (APP)

La «résolution de problèmes», concept clé du socioconstructivisme en éducation, offre en tant que pratique un terreau fertile à l'éclosion de la métacognition et aux situations complexes nécessaires au transfert des apprentissages. De fait, la «métacognition» et le «transfert» sont probablement les deux autres candidats les plus plausibles au titre de «concepts clés du socioconstructivisme». Les problèmes complexes et significatifs proposés par l'enseignant ou par les élèves, problèmes dont la résolution nécessitera une médiation active de l'enseignant-guide et la coopération entre apprenants, favorisent de surcroît le développement des capacités de réflexion et d'analyse des élèves et l'autorégulation de leur apprentissage.

La **résolution de problèmes** est une approche générique en pédagogie; elle peut s'insérer à l'intérieur de plusieurs stratégies d'enseignement, dont l'exposé interactif de l'enseignant. Nous amorcerons notre étude avec cette approche qui a donné naissance à diverses procédures générales de résolution de problèmes et dont nous verrons trois variantes. La résolution de problèmes peut également prendre la forme d'une stratégie d'enseignement, l'apprentissage par problèmes (APP), une stratégie d'enseignement d'inspiration résolument socioconstructiviste (Cody et Gagnon, 2009; Guilbert et Ouellet, 2004; Ménard, 2007). La section 5.4.2 y sera d'ailleurs consacrée.

5.4.1 L'enseignement et la résolution de problèmes

La résolution de problèmes fait appel aux processus cognitifs supérieurs (analyser, évaluer, créer) et est même «considérée par bon nombre d'auteurs comme le niveau le plus complexe des activités cognitives parce qu'elle mobilise toutes les facultés intellectuelles de l'individu» (Raynal et Rieunier, 2009, p. 365). Toutefois, l'expression peut désigner autre chose que cette activité intellectuelle supérieure. Par exemple, au primaire, on parlera couramment de «résolution de problèmes» pour désigner l'habileté consistant à trouver la solution à un problème écrit en mathématique. Il s'agit, en fait, d'une procédure de résolution de problèmes ou, plus précisément, d'une situation d'exécution dans laquelle «les procédures de résolution sont connues de l'individu et applicables directement»

 Résolution de problèmes

La résolution de problèmes est une activité intellectuelle supérieure qui mobilise toutes les facultés intellectuelles et affectives de l'apprenant: la mémoire, la perception, le raisonnement, la conceptualisation, le langage, la motivation, la confiance en soi, la capacité à maîtriser une situation, etc. L'apprenant est placé dans une situation de résolution de problèmes lorsqu'il fait face à une situation qu'il n'a jamais rencontrée auparavant et qu'il cherche à maîtriser.

(Richard, 1990, p. 365). Pallascio (2005) insiste également sur cette distinction entre **situation d'application** (ou «problème d'application») et les véritables situations-problèmes.

Les situations-problèmes

Un simple problème écrit en mathématique peut se transformer en **situation-problème** lorsqu'il place l'apprenant dans une situation pour laquelle il ne dispose pas déjà de procédures de résolution ou lorsque les procédures qu'il connaît se révèlent insuffisantes. Par exemple, imaginons un jeune élève qui est placé pour la première fois devant un problème écrit nécessitant une ou plusieurs données à inférer. Sa procédure habituelle (*voir l'encadré 5.3*) ne peut lui permettre de résoudre son problème. À la troisième étape, il devra se poser la question différemment : «De quelles données ai-je besoin pour répondre à la question posée ? Ces données sont-elles toutes présentes dans l'énoncé ? »

ENCADRÉ 5.3 — **La procédure de résolution d'un problème écrit en mathématique**

1. Je lis attentivement le problème et j'essaie de le comprendre. Si je n'ai pas compris le problème la première fois, je le relis.
2. Je cherche à comprendre ce que le problème demande. Quelle est la question posée par le problème, à laquelle je dois répondre ?
3. Je cherche dans le problème les données nécessaires pour répondre à la question.
4. Je cherche à transcrire les données nécessaires dans une phrase mathématique.
5. Je trouve la solution en faisant les calculs nécessaires et j'écris une phrase qui répond à la question posée.

Exemple d'un problème pour lequel la procédure connue par l'élève est suffisante :

a) Ton papa a 30 ans de plus que toi. Toi, tu viens d'avoir 8 ans. Quel âge a ton papa ?

Exemples de problèmes pour lesquels la procédure se révèle insuffisante (données à inférer) :

b) Quand tu es né, ton papa avait 30 ans. Quel âge a-t-il maintenant ?
c) En 2003, ton papa avait 28 ans. Quel âge a-t-il cette année ?
d) Quand tu es né, ta maman avait 28 ans. Elle est plus jeune que ton papa de 2 ans. Quel âge a ton papa aujourd'hui ?

La situation-problème représente donc moins la tâche proposée que la situation à laquelle fait face l'apprenant : «Certaines tâches sont des problèmes pour certains sujets et sont des situations d'exécution pour d'autres» (Richard, 1990, p. 230). Dans l'exemple du problème écrit avec une donnée manquante à inférer, une fois que l'élève est devenu familier avec la situation-problème, celle-ci devient une situation d'exécution, et ce, jusqu'à ce qu'une nouvelle situation-problème surgisse (telle qu'un problème écrit nécessitant cette fois plus d'une opération mathématique, comme l'exemple fourni dans l'encadré 5.4, à la page 196).

La résolution de problèmes intégrée à l'enseignement

La résolution de problèmes peut être enseignée et donc être apprise par les élèves (Slavin, 2009). Comme le rappellent Bruning et ses collègues (2011), on s'entend généralement sur les cinq étapes séquentielles suivantes dans une procédure de résolution de problèmes :

l'identification du problème ; la représentation du problème ; le choix d'une stratégie appropriée ; l'application de la stratégie et l'évaluation de la solution. Snowman et ses collègues (2009) proposent une version légèrement différente de cette procédure générale de résolution de problèmes, procédure qui met davantage l'accent sur les premières phases de la démarche (*voir le tableau 5.4*). Parmi les modèles les plus souvent cités, par exemple, par Slavin, 2009, nous avons également retenu la méthode IDEAL de Bransford (Bransford et Stein, 1993), méthode dont l'acronyme est composé des premières lettres en anglais des cinq stratégies qui la définissent (*voir le tableau 5.4*). Notons que Slavin retient pour sa part deux habiletés essentielles à la résolution d'un problème donné : la capacité d'en extraire les données pertinentes et la capacité à se représenter le problème. Nous y reviendrons.

TABLEAU 5.4   Trois procédures de résolution d'un problème

BRUNING, SCHRAW ET NORBY (2011)	SNOWMAN, McCOWN ET BIEHLER (2009)	BRANSFORD ET STEIN (1993) : IDEAL
1. Identifier le problème.	**1.** Réaliser l'existence du problème.	**1.** Identifier le problème (*Identify*).
2. Représenter le problème.	**2.** Comprendre la nature du problème.	**2.** Définir et représenter le problème avec précision (*Define*).
3. Choisir une stratégie.	**3.** Ressortir l'information pertinente.	**3.** Explorer les stratégies possibles (*Explore*).
4. Appliquer la stratégie.	**4.** Choisir et appliquer une stratégie.	**4.** Appliquer les stratégies choisies (*Act*).
5. Évaluer la solution.	**5.** Évaluer la solution.	**5.** Examiner les résultats de l'application des stratégies (*Look at the effects*).

Sources : Traductions libres de Bruning, Schraw et Norby (2011, p.162) ; Snowman, McCown et Biehler (2009, p. 339) ; Bransford et Stein (1993, cités dans Slavin, 2009, p. 250).

La première de ces étapes, l'identification du problème, pourrait sembler aller de soi, alors qu'elle exige en réalité un certain degré de compréhension du problème. C'est pourquoi Snowman et ses collègues (2009) insistent sur l'exigence de « réaliser l'existence d'un problème », étape à laquelle ils en ajoutent d'ailleurs une seconde, qui lui est étroitement associée, soit « comprendre la nature du problème ». Quelle que soit la manière dont on les nomme, toutes les étapes relatives à l'identification du problème (Bruning, Schraw et Norby), à la réalisation et à la compréhension du problème (Snowman, McCown et Biehler) ou à l'identification, la définition et la représentation du problème (Bransford et Stein) sont considérées comme cruciales. À cette étape, certains élèves se contenteront de lire et relire le problème, en attendant que le déclic se produise par magie. D'autres élèves tenteront d'assimiler les données du problème en se le représentant. Cette représentation peut prendre différentes formes, suivant la nature du problème et le style cognitif de l'élève, par exemple celles d'un dessin ou d'une illustration, d'une représentation par graphique ou schéma, de courts énoncés écrits, d'un diagramme, etc. Cette étape est d'autant plus importante que l'exploration des stratégies doit pouvoir s'appuyer sur une représentation juste et complète des données du problème à résoudre (*voir le problème n° 2 de l'encadré 5.4 à la page suivante*).

Snowman et ses collègues insèrent ici une étape avant de passer à l'exploration des stratégies, soit l'étape consistant à extraire l'information réellement pertinente à la résolution du problème. La résolution du problème n° 1 (*voir l'encadré 5.4 à la page suivante*)

illustre ce nécessaire « ménage » qu'on doit parfois effectuer dans les données fournies. Les deux étapes suivantes, soit le choix d'une stratégie et son application, peuvent à l'occasion exiger de l'élève qu'il sorte des sentiers battus pour aborder différemment certains problèmes. Cette capacité à exercer une **pensée divergente** serait étroitement associée à la capacité de résolution de problèmes (Bruning, Schraw et Norby, 2011). Certains élèves éprouvent en effet de la difficulté à sortir de leurs schèmes habituels pour la résolution d'un problème nouveau, utilisant encore et encore une stratégie qui s'est pourtant révélée inefficace. La résolution du problème n° 3 (*voir l'encadré 5.4*) illustre bien l'importance de faire preuve de souplesse cognitive pour la résolution d'un problème inédit.

Enfin, de même que pour l'étape d'identification d'un problème, l'étape d'évaluation de la solution est plus exigeante qu'elle n'apparaît à première vue et ses répercussions sont importantes pour la résolution des problèmes à venir : « les élèves qui ne sont en mesure d'évaluer correctement ni la solution trouvée ni le processus de résolution utilisé manquent une excellente occasion de développer leurs habiletés à résoudre des problèmes » (Bruning *et al.*, 2011, p. 168, traduction libre).

■ **Pensée divergente**

Capacité à produire des formes nouvelles, à conjuguer des éléments indépendants ou disparates (Legendre 2005). Associée à la créativité, la pensée divergente est caractérisée par sa fluidité, son originalité et sa flexibilité.

ENCADRÉ 5.4   La résolution de problèmes à l'œuvre : quelques exemples

Problème n° 1 (primaire). Monsieur Turcotte est chauffeur d'autobus scolaire dans son village depuis 15 ans. Chaque matin, il quitte son domicile à 7 h 10 précisément, au volant de son autobus jaune. Son premier arrêt se trouve à 5,2 km de chez lui. C'est l'arrêt où le plus grand nombre d'élèves montent dans son autobus, soit les 17 élèves habitant le centre du village. Le second arrêt se trouve à 3,5 km plus loin, où seulement 5 nouveaux élèves montent dans l'autobus. Les deux autres arrêts sont plus rapprochés. Ensemble, ils totalisent 1,9 km. Monsieur Turcotte y fait monter 10 et 12 élèves à bord de son autobus. Après le dernier arrêt, monsieur Turcotte roule un autre kilomètre avant d'arriver à l'école vers 7 h 50. À la fin de chaque journée, il refait le même trajet, dans le sens opposé, mais doit cependant effectuer un petit détour de 1 500 m pour déposer trois élèves qui ne voyagent pas avec lui le matin. Il les amène à une autre école, où un second autobus passe les chercher pour les ramener à la maison. Ce petit trajet additionnel fait en sorte que son trajet total de l'après-midi dure 10 minutes de plus que son trajet du matin. Combien de temps, pendant une semaine scolaire ordinaire, monsieur Turcotte passe-t-il à conduire son autobus ?

Problème n° 2 (secondaire). Un moine bouddhiste désire effectuer un pèlerinage dans un temple situé au sommet d'une montagne. L'étroit sentier en spirale qui mène au temple tourne plusieurs fois autour de la montagne. Le moine entreprend sa montée de la montagne au lever du jour. Il marche toute la journée durant et arrive au temple au coucher du soleil. Il y fait ses prières et y demeure toute la nuit. Le lendemain matin, il reprend sa marche au lever du jour et redescend la montagne par le même sentier. Cela lui prend, cette fois, beaucoup moins de temps et il arrive au bas de la montagne un peu après midi. La question est la suivante : lorsqu'il descendait de la montagne, y a-t-il un endroit sur le sentier où le moine est passé exactement à la même heure du jour que lorsqu'il effectuait sa montée, la veille ?

Problème n° 3 (primaire ou secondaire). Les neuf points de Maier. Consigne : Relier les neuf points ci-dessous par quatre segments de droite sans jamais lever le crayon.

> • • •
> • • •
> • • •

Solutions :

Le problème n° 1 est l'exemple typique d'un problème dont l'élève doit extraire les données pertinentes sans se laisser distraire par les nombreuses données inutiles (par exemple, la longueur des trajets parcourus et le nombre d'élèves qui montent dans l'autobus le matin). La

»

solution devient alors relativement simple : 40 min (7 h 50 – 7 h 10) × 5 jours (une semaine scolaire ordinaire) = 200 min (durée totale des trajets le matin) + 50 min (40 min + 10 min de plus) × 5 jours = 250 min (durée totale des trajets d'après-midi) ; donc 200 + 250 = 450 min ou 7,5 h.

Le problème n° 2 est une création d'Adams (1974). Ce problème est un « classique » du genre (voir, par exemple, Slavin, 2009, p. 251) et sert à illustrer l'importance d'une représentation correcte des données du problème. La manière le plus simple de le résoudre est de s'imaginer deux moines au lieu d'un seul, dont l'un entreprend de monter la montagne et l'autre de la redescendre au même moment, soit au lever du soleil. Est-ce que les deux moines vont se rencontrer à un endroit donné du sentier ? La réponse est évidemment « oui ». On trouve une autre piste de solution pour le même problème dans l'ouvrage de Bruning et de ses collaborateurs (2011), soit une représentation graphique des deux trajectoires du moine qui se croisent effectivement à un certain point du graphique (p. 165).

Le problème n° 3, les neuf points de Maier, est un autre classique du genre, cité cette fois par Raynal et Rieunier (2009, p. 365). Nous l'avons choisi pour illustrer le besoin de « penser différemment » (pensée divergente). En effet, la plupart des personnes qui tentent de résoudre ce problème se bornent à relier ensemble les points situés sur une même ligne (horizontale, verticale ou croisée), de façon à relier le plus de points possible avec un seul des quatre traits permis. Or, pour résoudre le problème, il faut sortir du carré de points et se servir d'un des traits pour relier 2 points non naturellement enlignés. Si l'on numérote de 1 à 9 les points formant le carré, la solution est donc de relier les points 7, 8 et 9 (premier trait qu'on prolonge) ; puis les points 6 et 2 (deuxième trait qu'on prolonge) ; puis les points 1, 4 et 7 (troisième trait) et enfin les points 7, 5 et 3 (quatrième et dernier trait). Notons que plusieurs autres solutions similaires sont possibles. Lesquelles ?

Parmi les approches visant l'intégration de la résolution de problèmes à l'apprentissage scolaire, signalons les recherches de D'Hainault et Michez (1979) consistant à demander à des élèves du primaire d'inventer des problèmes écrits en mathématique. Les auteurs notent que les premiers problèmes inventés sont relativement simples, plus près, en quelque sorte, d'une situation d'exécution que d'une situation-problème. Par contre, tandis que progressent les élèves, leurs problèmes deviennent de plus en plus complexes : « C'est ainsi que l'élève se familiarise avec les structures d'énoncés de plus en plus complexes qu'il invente et construit progressivement lui-même » (D'Hainault et Michez, 1979, p. 173). L'approche comporte de nombreux avantages, tant sur le plan cognitif que sur le plan affectif (D'Hainaut, 1988). Enfin, comme le concluent Raynal et Rieunier : « Lorsqu'on est capable de créer un problème, on est généralement capable de le résoudre » (2009, p. 306).

La résolution de problèmes peut également être associée à plusieurs stratégies d'enseignement ou à plusieurs modèles pédagogiques. Par exemple, il est possible d'établir des liens entre la résolution de problèmes et l'apprentissage par projets : « L'apprentissage par projets place régulièrement l'élève face de vrais problèmes » (Arpin et Capra, 2001, p. 32), problèmes pour lesquels ni l'enseignant ni l'élève n'ont de réponses toutes faites. L'étude de cas, stratégie particulièrement propice au développement de cette habileté, a « comme caractéristique principale de présenter à l'étudiant des apprentissages qui relèvent de la résolution de problèmes, de la prise de décision et d'une association étroite avec des situations vécues, réelles ou encore plausibles » (Proulx, 1994, p. 108). Le modèle d'apprentissage par la découverte met l'apprenant en situation de résoudre un problème par la formulation d'hypothèses, la recherche d'informations et la construction d'une réponse. Enfin, il existe une approche pédagogique de plus en plus utilisée en milieu scolaire, soit l'approche par problèmes (Morissette et Voynaud, 2002) ou l'APP (Guilbert et Ouellet, 1997), qui vise à placer la résolution de problèmes au cœur même de la démarche d'apprentissage des apprenants et où les situations-problèmes constituent l'élément clé des tâches proposées.

5.4.2 L'enseignement et l'apprentissage par problèmes (APP)

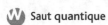
De manière générale, l'**apprentissage par problèmes** ou APP pourrait être défini comme une « méthode de formation basée sur l'acquisition de compétences par la résolution de problèmes réels en situation avec l'aide de collègues impliqués dans la même formation et de mentors » (Raynal et Rieunier, 2009, p. 45). Cette méthode de formation, à laquelle on associe couramment l'**étude de cas,** place les étudiants en face de problèmes réels (ou tout au moins plausibles) susceptibles d'être rencontrés dans l'exercice de leur profession. L'APP mise « sur la contextualisation des apprentissages, la participation active de l'élève, autant que sur le partage des points de vue pour ancrer les savoirs dans la mémoire en un réseau sémantique structuré qui se construit progressivement sur la base des connaissances antérieures » (Larue et Cossette, 2005).

L'APP, d'abord implanté dans certains programmes de formation professionnelle (par exemple, en médecine et en sciences infirmières), a récemment fait son entrée en milieu scolaire sous l'impulsion du courant socioconstructiviste en éducation (Ménard, 2007). Bien que l'APP compte de plus en plus d'adeptes en milieu scolaire, sa progression semble encore plus rapide dans les milieux d'enseignement postsecondaire. Un ouvrage collectif dirigé par Nadia Cody et Renaud Gagnon (2009) témoigne de ces avancées dans le cadre de programmes de formation initiale à l'enseignement, de programmes universitaires en informatique, en sciences de la santé, en biologie et en génie.

Le réseau des collèges d'enseignement général et d'enseignement professionnel (cégep) du Québec est particulièrement actif dans le développement de situations-problèmes en APP, comme en témoigne son Centre d'innovation pédagogique en sciences au collégial, le Saut quantique.

Est-il possible d'implanter une telle approche en milieu scolaire ? Assurément. Comment ? Après avoir rappelé la place centrale qu'occupent les situations-problèmes dans le nouveau programme de mathématique au Québec, Pallascio (2005) suggère à cet effet une démarche simple en cinq étapes (*voir le tableau 5.5*). La dernière de ces étapes, désignée par certains comme l'« effet miroir » (Antoine, 1999), correspond à la synthèse que doit effectuer l'enseignant afin d'établir des liens entre les nouvelles acquisitions des élèves et le programme de formation officiel, d'où l'expression **institutionnalisation des savoirs.**

TABLEAU 5.5	**Les étapes du déroulement d'une situation-problème en APP**
ÉTAPES	**CARACTÉRISTIQUES**
1. Les consignes de l'enseignant	• conditions de travail • énoncé de la situation-problème • produit attendu
2. Le travail en équipe	• au centre de l'activité d'apprentissage dans une situation problème
3. La communication	• présentation par les différentes équipes des productions réalisées et du cheminement poursuivi
4. La synthèse des élèves	• consignation des acquisitions conceptuelles et procédurales
5. La synthèse de l'enseignant	• institutionnalisation des savoirs

Source : Pallascio (2005, p. 34).

En ce qui concerne la durée de déroulement d'un APP, Guilbert et Ouellet mentionnent qu'on peut faire appel à des microproblèmes, c'est-à-dire à un APP « s'effectuant à petite échelle à l'intérieur d'une seule période de cours […], la recherche d'informations se fait alors sur place : dans les ouvrages disponibles, par expérimentation, par le recours aux pairs, aux expériences antérieures ou au raisonnement logique » (2004, p. 67).

C'est probablement d'ailleurs sous cette forme qu'on retrouve la plupart des scénarios d'APP proposés pour le milieu scolaire (*voir l'encadré 5.5 pour quelques exemples*). À ce titre, Guilbert et Ouellet rappellent également qu'il n'est pas nécessaire d'inventer ou de construire par soi-même toutes les situations-problèmes que l'on désire présenter aux apprenants et « qu'il existe de nombreux ouvrages ou guides pédagogiques qui proposent de tels problèmes » (2004, p. 63). Le puissant moteur de recherche de Carrefour Éducation peut se révéler fort utile pour dénicher des sites offrant des scénarios d'APP. On suggère au lecteur d'y faire une recherche avancée par niveau et discipline d'enseignement en inscrivant « apprentissage par problèmes » ou « situations-problèmes » comme mots clés.

 Carrefour Éducation

Parmi les sites particulièrement bien construits et les plus complets, soulignons le site PISTES, Projets interdisciplinaires : sciences, technologie, environnement, société, réalisé par le Centre de services et de ressources en technopédagogie de l'Université Laval. Ce site propose une grande variété de situations d'apprentissage-évaluation suivant diverses approches pédagogiques, dont l'APP, l'étude de cas et l'apprentissage coopératif, et ce, pour tous les ordres d'enseignement, incluant l'éducation préscolaire.

 PISTES

 CAMI

Parmi les ressources destinées au primaire, mentionnons également le site CAMI, Communauté d'apprentissages multidisciplinaires interactifs, qui propose chaque semaine des questions et des problèmes à résoudre en mathématique, en sciences, en littératie, en sciences humaines et aux échecs.

Enfin, et pour conclure, il convient aussi de souligner que l'une des difficultés rencontrées dans l'implantation généralisée de cette approche pédagogique, pourtant pleine de promesses d'un point de vue socioconstructiviste, tient peut-être à la confusion autour de l'expression « situation-problème ». Dans un article consacré à la « pédagogie par situations-problèmes », une appellation européenne de l'APP, Partoune (2002) rappelle à ce sujet que la situation-problème, ce n'est pas une problématique, ce n'est pas nécessairement un problème réel et, la plupart du temps, il s'agit tout simplement d'une tâche concrète adaptée aux élèves pour qu'ils apprennent quelque chose (!). Voici la définition qu'elle en propose :

> La situation-problème est une tâche concrète à accomplir dans certaines conditions qui supposent que les personnes franchissent un certain nombre d'obstacles incontournables pour y arriver. La situation-problème est toujours une fiction sous contrôle. La situation-problème fait partie des outils d'une pédagogie fondée sur l'autoconstruction des savoirs (Partoune, 2002, p. 6).

ENCADRÉ 5.5 **Quelques exemples de situations-problèmes pour le milieu scolaire**

Mathématique (primaire). Une enseignante a reproduit le plan du théâtre de la ville, sans la numérotation des sièges. Chaque équipe reçoit une copie de ce plan ainsi qu'une paire de billets correspondant à des sièges situés côte à côte, tels que J17 et J19, L18 et L20, etc. Les élèves doivent trouver en équipe le système de numérotation des sièges ainsi que la place de leurs sièges sur le plan[*].

Mathématique (fin du primaire). Un enseignant remet un jour des tablettes à écrire à ses élèves, dont les pages ont été divisées en trois colonnes. Il leur explique que pendant les trois semaines à venir, ils auront pour mission de trouver, à la maison ou à l'école, des objets de forme circulaire, de toutes les grandeurs possibles, puis de mesurer la distance entre le centre de l'objet et l'extrémité du cercle ainsi que la grandeur totale autour du cercle. À cette étape, il a choisi de ne pas parler de « rayon » et de « circonférence ». La première de ces mesures doit être inscrite dans la première colonne et la seconde mesure, dans la deuxième colonne : aucune mention n'est faite de la fonction de la troisième colonne. Pendant les trois semaines qui suivent, les élèves mesurent toutes sortes d'objets de forme circulaire (pièces de monnaie, assiette, pneu de bicyclette, etc.) et notent les mesures demandées par l'enseignant. Lorsque cette période de trois semaines se termine enfin, les enfants sont surpris et déçus que leur enseignant ne veuille toujours pas leur fournir d'explication. Il invite plutôt les élèves à examiner attentivement les deux colonnes de chiffres alignés sur leur tablette : « Maintenant, dites-moi ce que vous voyez d'intéressant à propos de ces deux colonnes de chiffres ?[**] »

Mathématique (début du secondaire). Une enseignante commence l'activité en rappelant aux élèves deux choses importantes apprises la semaine précédente : le calcul de la circonférence d'un cercle et le volume d'un cube. La tâche d'aujourd'hui : découvrir comment on calcule le volume d'un cylindre. À chaque station du laboratoire, elle a placé cinq cylindres non gradués de différentes grandeurs. Les élèves ont à leur disposition une règle à mesurer et une calculatrice. Ils peuvent également utiliser l'eau du robinet[***].

[*] Source : Pallascio (2005, p. 34).
[**] Source : Snowman, McCown et Biehler (2009 ; scénario complet, p. 331-332).
[***] Source : Slavin (2009 ; scénario complet, p. 229-230).

5.5 LES STRATÉGIES ET LES MODÈLES D'ENSEIGNEMENT CONSTRUCTIVISTES

De nombreuses stratégies d'enseignement correspondent aujourd'hui à la conception constructiviste ou socioconstructiviste de l'apprentissage et de l'enseignement : l'APP, l'apprentissage coopératif, les centres d'apprentissage, les études de cas et l'apprentissage par projets, pour ne citer que celles-là. Certains modèles d'enseignement ou approches pédagogiques favorisent également la coconstruction et l'intégration des savoirs : le modèle de l'apprentissage par découverte, l'approche expérimentale, l'approche interdisciplinaire, etc. Nous avons pour notre part choisi une stratégie d'enseignement, l'apprentissage par projets, et un modèle pédagogique, l'apprentissage par découverte, pour compléter notre illustration des applications pédagogiques des courants constructiviste et socioconstructiviste en éducation amorcée aux sections précédentes (*voir les sections 5.3 et 5.4*).

5.5.1 L'apprentissage par projets

Apprentissage par projets

Stratégie d'enseignement d'inspiration constructiviste (projets individuels) ou socioconstructiviste (projets réalisés en équipe) selon laquelle les élèves participent à la planification d'un projet qui leur permettra de développer à la fois des compétences disciplinaires et des compétences transversales. Les projets proposés par l'enseignant ou par les élèves peuvent varier suivant le nombre d'élèves par équipe, la durée du projet, la nature des apprentissages poursuivis et les modes de communication et d'évaluation des résultats.

Quelle que soit la manière dont on le désigne, le « travail en projet » (Francœur Bellavance, 1997), la « démarche du projet » (Perrenoud, 1999) ou la « pédagogie du projet » (Bru et Not, 1987), l'apprentissage par projet ou par projets (Proulx, 2004 ; Raby, 2007) est probablement LA stratégie d'enseignement qui répond au plus grand nombre de critères constructivistes et socioconstructivistes. Selon Arpin et Capra (2001), l'**apprentissage par projets** constitue une approche unificatrice dans le domaine de l'éducation. Ces auteurs établissent des liens entre le projet et l'enseignement stratégique, l'apprentissage coopératif, le modèle de gestion mentale, la résolution de problèmes et les TIC. À cette liste pourrait s'ajouter l'apprentissage par découverte, qui peut prendre une place importante dans certains projets réalisés par les élèves.

L'apprentissage par projets fait partie de ces méthodes et stratégies d'enseignement dites « centrées sur l'apprenant » (*student-centered*) préconisées, entre autres, par le courant constructiviste. Précisons dès à présent que l'apprentissage par projets, ainsi d'ailleurs que c'était le cas de l'APP dont nous avons traité précédemment, peut être pratiqué sur une base individuelle avec les élèves. Cependant, bien que les projets individuels aient aussi leur utilité en pédagogie (Brut et Not, 1987), Proulx souligne que leur usage est soumis à plusieurs contraintes (par exemple, le nombre de projets à superviser pour un seul enseignant) et « qu'ils se révèlent plus appropriés pour des activités d'apprentissage réduites et à court terme » (2004, p. 47-48). C'est pourquoi nous avons choisi de mettre l'accent sur les projets réalisés en équipe, de façon coopérative.

On retiendra donc que « l'apprentissage par projets est une approche pédagogique qui permet à l'élève de s'engager pleinement dans la construction de ses savoirs en interaction avec ses pairs et son environnement et qui invite [l'enseignant] à agir en tant que médiateur pédagogique privilégié entre l'élève et les objets de connaissance que sont les savoirs à acquérir » (Arpin et Capra, 2001, p. 7). Tout projet comprend une phase de planification, une phase de réalisation et une phase de communication. D'après Arpin et Capra (2001), le projet doit également présenter les cinq caractéristiques suivantes :

1. permettre des situations d'apprentissage signifiantes et complexes ;

2. demeurer une formule ouverte, qui s'ajuste au cheminement des élèves ;

3. conduire à une réalisation concrète et créative ;

4. favoriser le développement sociorelationnel des élèves ;

5. favoriser le développement intégral de la personne.

En général, un projet bien conçu et habilement animé par un enseignant exerçant les rôles complémentaires de médiateur et d'accompagnateur stimule à la fois l'engagement cognitif et l'engagement affectif des apprenants, et ce, à tous les ordres d'enseignement (primaire, secondaire, collégial et universitaire). Raby (2007) fournit une excellente synthèse des principes généralement admis dans la littérature spécialisée servant à définir l'essence de cette stratégie d'enseignement, devenue aujourd'hui indispensable dans toute boîte à outils pédagogiques (*voir l'encadré 5.6*).

ENCADRÉ 5.6 | **Les principes pédagogiques de l'apprentissage par projets**

1. Signifiance pour l'élève : L'élève doit pouvoir manifester ses intérêts et exercer des choix, de façon à ce que le projet soit cognitivement et affectivement signifiant pour lui.

2. Participation active et responsable de l'élève : La planification et la réalisation du projet doivent permettre la participation et la responsabilisation optimales de chaque élève.

3. Démarche ouverte : Le projet est une démarche qui s'inscrit dans le temps et qui nécessite des phases de planification, de réalisation et d'évaluation.

4. Collaboration et coopération : Le projet se réalise grâce à la collaboration et à la coopération active entre les élèves dans un climat de communauté d'apprentissage.

5. Réalisation concrète : Le projet conduit à la présentation d'une réalisation concrète et créative ou à un produit fini tangible qui est présenté à l'ensemble de la classe.

6. Développement intégral : Le projet favorise le développement intégral de l'élève, c'est-à-dire l'acquisition et la construction de savoirs essentiels et de stratégies cognitives ainsi que le développement de compétences disciplinaires autant que transversales.

Source : Raby (2007, p. 43-44).

Les projets proposés par les enseignants ou par les élèves peuvent varier sur de nombreux plans : le nombre de participants, leur degré de participation, la durée du projet, la nature des apprentissages poursuivis et les modes de communication et d'évaluation des résultats.

Le nombre de participants

Comme il a été mentionné précédemment, l'apprentissage par projets est avant tout une démarche collective, c'est le projet d'un groupe-classe, d'une communauté d'apprenants, communauté dont l'enseignant fait évidemment partie. Il faut toutefois distinguer entre la phase de planification, pendant laquelle le projet de classe est élaboré collectivement, et la phase de réalisation. Lors de la phase de planification, on peut envisager des projets réalisés individuellement, en dyades ou en équipes de trois à cinq membres. Les équipes hétérogènes de trois membres nous paraissent être la meilleure formule. Arpin et Capra (2001) recommandent quant à elles des projets personnels, par lesquels chaque apprenant est appelé à explorer un sujet qui l'intéresse plus particulièrement, et qui demeure lié au thème intégrateur du projet collectif. On encouragera cependant les élèves à former des équipes en fonction de leurs centres d'intérêt et à travailler ensemble à la réalisation des projets personnels.

Le degré de participation

L'engagement cognitif et affectif qui caractérise habituellement l'apprentissage par projets dépend en grande partie du degré de participation des apprenants. À une extrémité de ce continuum, on pourrait, par exemple, imaginer un projet dont le thème général serait déterminé par l'enseignant, dont les sujets d'étude seraient assignés aux équipes et dont même la démarche de réalisation serait dans une large mesure prescrite à l'avance. Il serait alors plus approprié de parler d'un projet de l'enseignant dans lequel les élèves jouent le rôle de figurants. Bien entendu, une véritable pédagogie du projet suppose une tout autre forme de participation que l'on peut situer à l'autre extrémité du continuum du degré de participation. Ainsi, la participation doit intervenir dès la phase de planification du projet, pendant laquelle l'élève collabore à l'élaboration du projet collectif, en explorant le champ d'études, en déterminant le thème intégrateur et les sujets qui en découlent, et en précisant avec l'enseignant les questions auxquelles le projet permettra d'apporter une réponse (Arpin et Capra, 2001). Cette participation intense se poursuit évidemment aux phases de réalisation du projet et de communication des apprentissages réalisés.

La durée du projet

L'apprentissage par projets est une démarche qui s'inscrit dans le temps. Il serait difficile de concevoir un projet dont la planification, la réalisation et la communication des résultats puissent se faire en quelques jours seulement. Il faudrait plutôt compter des semaines, voire des mois. Dans l'ouvrage d'Arpin et Capra (2001), Lucie Arpin raconte la mise en œuvre d'un projet collectif de longue durée réalisé avec ses élèves de cinquième année, projet qui s'est réparti sur toute l'année scolaire. Un tel projet intégrateur implique nécessairement une approche interdisciplinaire.

La nature des apprentissages poursuivis

Une autre caractéristique fondamentale du projet est son aspect interdisciplinaire (Francœur Bellavance, 1997). En tant que pratique éducative, le projet fait effectivement appel à plus d'une perspective disciplinaire (Klein, 1998). Parmi les principaux apprentissages pouvant s'intégrer dans cette démarche, mentionnons les habiletés de communication orale et écrite, l'habileté à exploiter l'information et à exercer un jugement critique, l'habileté à résoudre des problèmes en tout genre, l'habileté à exploiter les TIC et la mise au point de méthodes de travail efficace. Comme on le constate, cette énumération comprend certaines compétences transversales d'ordre intellectuel, méthodologique, personnel et social et de l'ordre de la communication dont nous avons discuté au chapitre 2 (MEQ, 2006a, 2006b ; MELS, 2008).

L'apprentissage par projets favorise donc à la fois le développement de compétences disciplinaires (français, mathématique, sciences humaines, arts, etc.) et de compétences transversales (Morissette et Voynaud, 2002 ; Raby, 2007). De plus, il constitue un terrain particulièrement propice à l'acquisition par les élèves de stratégies cognitives et métacognitives (Arpin et Capra, 2001 ; Francœur Bellavance, 1997 ; Morissette et Voynaud, 2002 ; Proulx, 2004). Enfin, l'intégration des matières facilite l'intégration des apprentissages (Legendre, 2005), processus par lequel l'apprenant fait véritablement « siens les objets d'apprentissage qui deviennent fiables, durables et transférables » (Lowe, 2002, p. 15).

La communication et l'évaluation des résultats

Une dernière caractéristique qui contribue à la richesse de l'apprentissage par projets est celle du partage des apprentissages réalisés individuellement ou en équipe, lequel permet « de passer de la connaissance individuelle au savoir partagé » (Arpin et Capra, 2001, p. 89). Cette communication publique des projets prend souvent la forme d'une présentation orale au groupe-classe, parfois à l'aide de matériel fabriqué par les élèves (maquettes, affiches, etc.) ou de productions audiovisuelles qu'ils auront réalisées (comme une vidéo ou encore un montage réalisé à l'aide d'outils technologiques). La présentation devient un objet d'évaluation pour l'enseignant. Cet exercice peut d'ailleurs comporter une composante d'autoévaluation ainsi qu'une évaluation par les pairs.

Selon Arpin et Capra (2001), la phase de communication comporte trois étapes. La première étape consiste en une présentation des découvertes et des apprentissages, qui s'effectue tout au long de la réalisation du projet ; ce projet est autoévalué et coévalué à l'aide d'un portfolio. La deuxième étape est l'enrichissement du projet collectif ; l'élève établit alors des liens entre les apprentissages réalisés et le thème intégrateur, démarche qui peut déboucher sur un nouveau projet. La troisième étape consiste en la réalisation d'une œuvre collective, soit une œuvre de synthèse qui est destinée à un public autre que la classe et qui peut prendre la forme d'une exposition des travaux exécutés, d'une pièce de théâtre, d'une soirée d'information, d'une murale, etc. Cette œuvre collective est une « activité d'intégration des apprentissages [qui] permet aux élèves de prendre conscience du projet dans sa globalité » (Arpin et Capra, 2001, p. 93).

5.5.2   L'apprentissage par découverte

De la même manière que l'apprentissage par projets, associé à une démarche réalisée en équipe, est l'exemple typique d'une stratégie d'enseignement centrée sur l'apprenant, stratégie conforme aux conceptions socioconstructivistes de l'enseignement et de l'apprentissage, l'**apprentissage par découverte** constitue un modèle d'enseignement particulièrement propice à la construction des savoirs de l'apprenant. Selon Brooks et Brooks (1993), l'essence même du courant constructiviste réside dans la conviction que chaque apprenant doit découvrir par lui-même ses nouvelles connaissances, puis transformer cette information complexe de façon à en arriver à intégrer véritablement ces nouveaux savoirs. Le rôle de

> **Apprentissage par découverte**
>
> Modèle d'enseignement d'inspiration constructiviste par lequel les apprenants sont appelés à découvrir par eux-mêmes certaines règles ou certains contenus d'apprentissage à la suite du questionnement ouvert de leur enseignant (découverte avec assistance minimale) ou à travers les activités ou les mises en situation qu'il aura soigneusement planifiées (découverte guidée).

l'enseignant consiste alors à fournir les scénarios d'apprentissage qui permettront cette découverte et cette intégration des savoirs. Suivant les termes de Slavin (2009), l'enseignant peut fournir l'échelle qui permet d'atteindre un niveau de compréhension élevé, mais chaque apprenant doit gravir par lui-même les barreaux de cette échelle.

Le degré de guidage de l'élève-apprenant

L'apprentissage par découverte soulève la question du degré de guidage fourni à l'apprenant dans son processus d'apprentissage (Snowman, McCown et Biehler, 2009). On distingue habituellement trois modes de guidage : la découverte pure, où l'on fournit un problème à résoudre et où l'assistance de l'enseignant est minimale, la découverte guidée, qui suppose une médiation plus active de la part de l'enseignant et la méthode expositive, centrée, comme nous l'avons vu auparavant, sur l'enseignant et correspondant au modèle d'enseignement direct. On s'entend généralement sur le fait que la découverte guidée offre de meilleurs résultats que la découverte pure (Mayer, 1987) et qu'elle constitue une approche mieux adaptée au contexte scolaire (Slavin, 2009). Comme l'indiquent Goupil et Lusignan :

> L'apprentissage par la découverte est un terme générique qui recouvre plusieurs réalités. Il suppose une situation problématique, une enquête menée au sujet du problème en vue de trouver de l'information, un esprit créatif pour émettre des hypothèses ou envisager diverses solutions, un esprit analytique et critique pour choisir l'information pertinente, un esprit de synthèse pour l'assortir aux solutions envisagées et des habiletés d'évaluation pour tirer la meilleure conclusion possible (1993, p. 201-202).

Les quatre étapes retenues dans la plupart des modèles de l'apprentissage par découverte (par exemple, Jacobsen, Eggen et Kauchak, 1989) sont les suivantes :

1. la définition du problème ou la présentation d'une situation problématique ;

2. la formulation des hypothèses ;

3. la recherche de l'information ou la vérification des hypothèses ;

4. l'analyse de l'information recueillie et la formulation d'une conclusion.

La découverte guidée

Comme son nom l'indique, la découverte guidée accorde une place importante à la médiation de l'enseignant. Cette médiation a cours aux quatre étapes de ce modèle d'enseignement. Les activités de guidage par l'enseignant varieront, tant en intensité que dans leur forme, selon l'âge des apprenants et les contenus d'apprentissage visés. Par exemple, une enseignante du primaire peut aider ses élèves à découvrir par eux-mêmes les propriétés des différents types de triangles en leur faisant manipuler du matériel, en leur proposant des activités de classification de figures triangulaires, en les amenant progressivement à reconnaître les critères de mesure qui définissent chaque type de triangle. Au secondaire, l'enseignant se fera un peu plus discret dans ses interventions. Dans l'exemple cité par Goupil et Lusignan pour illustrer un modèle d'apprentissage par découverte, seule la question initiale est fournie aux élèves, après la projection d'un film sur la Nouvelle-France : « Pourquoi Champlain a-t-il construit l'Abitation à Québec ? » (1993, p. 205). L'enseignant se contentera par la suite d'apporter aux apprenants le soutien nécessaire à chacune des étapes subséquentes, car qui dit « découverte guidée » dit « enseignant-guide ».

Un enseignant-guide

Le modèle d'apprentissage par découverte, qui recouvre de nombreuses approches pédagogiques, incluant l'approche qu'on désigne par l'expression **démarche expérimentale** (Cariou, 2007), correspond essentiellement à une attitude de l'enseignant concernant la meilleure manière d'accompagner ses élèves dans leurs apprentissages scolaires. Un enseignant qui adhère à un tel modèle se perçoit davantage comme un guide que comme un instructeur. Ainsi, à toutes les occasions qui lui seront données, cet enseignant tentera de faire découvrir plutôt que de dire, de stimuler la curiosité plutôt que de fournir des réponses toutes faites, de proposer des contextes d'apprentissage significatifs, le plus près possible du vécu des élèves, plutôt que de faire mémoriser des lois, des principes, des règles et des définitions tirés de manuels scolaires.

Ainsi défini, l'apprentissage par découverte peut s'intégrer dans plusieurs stratégies d'enseignement : dans la pédagogie du projet, évidemment, mais aussi dans l'apprentissage coopératif, dans les centres d'apprentissage, dans les études de cas, dans les jeux de rôle, et même dans l'exposé interactif de l'enseignant. Toutefois, l'apprentissage par découverte s'exprime le mieux dans une démarche de résolution de problèmes, avec toute l'intensité et la fébrilité que comporte cette démarche lorsqu'elle est vécue par des apprenants « faiseurs de sens » (Mayer, 1996).

> **Démarche expérimentale** (ou démarche scientifique)
>
> En milieu scolaire, approche associée principalement, mais non exclusivement, à l'enseignement des sciences. La démarche expérimentale désigne tout cheminement intellectuel qui passe par le recours à une expérience, c'est-à-dire à une action directe sur la nature ou sur un objet pour observer ce qui se passe sous certaines conditions (Cariou, 2007).

Résumé

Les fondements théoriques du constructivisme (*section 5.1*)

- L'épistémologie génétique de Piaget, soit l'étude du développement des instruments de la connaissance chez l'humain, propose les concepts d'assimilation, d'accommodation et d'équilibration pour expliquer le processus de construction des connaissances, processus qui s'effectue par les actions que l'individu exerce sur son environnement.

- Vygotski soutient que l'apprentissage accélère le développement et que cet apprentissage doit être médiatisé par un adulte agissant dans la zone prochaine de développement de l'apprenant.

- Bruner met l'accent sur la construction de signification et sur les influences culturelles dans le processus d'apprentissage d'un apprenant qui tente avant tout de donner du sens au monde qui l'entoure et à sa propre existence.

- Le constructivisme met en lumière les dimensions personnelles du processus de construction du savoir, alors que le socioconstructivisme met l'accent sur les dimensions sociales d'un processus de coconstruction du savoir.

La conception constructiviste de l'apprentissage et de l'enseignement (*section 5.2*)

- On reconnaît trois niveaux dans le constructivisme en éducation, tendances qui s'expriment par les trois rôles que l'on attribue à l'élève : l'apprenant actif ou « constructivisme pédagogique », l'apprenant social ou « socioconstructivisme » et l'apprenant créatif ou « constructivisme épistémologique » (position radicale).

- Le constructivisme et le socioconstructivisme reposent sur deux valeurs complémentaires et d'égale importance : l'activité personnelle de l'apprenant et la coopération entre apprenants, mises toutes deux au service de l'apprentissage.

Les implications éducatives du constructivisme en éducation (*section 5.3*)

- Les caractéristiques d'un enseignement et d'une classe constructivistes sont un milieu d'apprentissage où l'on favorise le développement de la réflexion et de l'analyse, une médiation de l'apprentissage et un *modeling* cognitif offerts par l'enseignant et par les pairs, un milieu mettant l'accent sur la coopération entre les élèves à l'intérieur d'une communauté d'apprenants, un milieu qui encourage activement le développement de la métacognition et l'autorégulation de l'apprentissage des élèves et un milieu d'apprentissage qui propose des problèmes complexes et des questions significatives aux élèves.

La résolution de problèmes et l'apprentissage par problèmes (APP) (*section 5.4*)

- La résolution de problèmes est une activité intellectuelle supérieure qui mobilise toutes les facultés intellectuelles et affectives de l'apprenant. L'apprenant est placé dans une situation de résolution de problèmes lorsqu'il fait face à une situation qu'il n'a jamais rencontrée auparavant et qu'il cherche à maîtriser.

- On distingue entre une situation d'exécution pour la résolution d'un problème (procédure connue) et une situation-problème (procédure de résolution non connue). L'apprentissage par problèmes (ou « APP ») repose sur des situations-problèmes, situations d'apprentissage ou problèmes complexes constituant des questions significatives pour les élèves.

Les stratégies et les modèles d'enseignement constructivistes (*section 5.5*)

- L'apprentissage par projets est une stratégie d'enseignement qui répond à un grand nombre de critères constructivistes : l'engagement cognitif et affectif de l'apprenant, l'apprentissage significatif, le développement de compétences transversales et de la métacognition, les possibilités de transfert, etc.

- En tant qu'approche intégrée dans diverses stratégies d'enseignement et en tant que modèle d'enseignement, l'apprentissage par découverte favorise les rôles d'apprenant actif, social et créatif (création de son propre savoir).

Lectures recommandées

CARIOU, J.-Y. (2007). *Un projet pour... faire vivre des démarches expérimentales*, Paris, Delagrave Éditions.

GUILBERT, L. et OUELLET, L. (2004). *Étude de cas – Apprentissage par problèmes*, Québec, Presses de l'Université du Québec.

MARTINEAU, S. et SIMARD, D. (2001). *Les groupes de discussion*, Sainte-Foy, Presses de l'Université du Québec.

PROULX, J. (1999). *Le travail en équipe*, Sainte-Foy, Presses de l'Université du Québec.

PROULX, J. (2004). *Apprentissage par projet*, Sainte-Foy, Presses de l'Université du Québec.

SLAVIN, R. E. (2009). *Educational Psychology. Theory and Practice*, 9e édition, Upper Saddle River, Pearson.

SNOWMAN, J., McCOWN, R. P. et BIEHLER, R. (2009). *Psychology Applied to Teaching*, 12e édition, Boston, Houghton Miffin Company.

CHAPITRE 6

Le courant humaniste

Pistes de lecture et contenu du chapitre

Après la lecture de ce chapitre, le lecteur devrait être en mesure de répondre aux questions suivantes :

- Quels sont les principaux fondements théoriques du courant humaniste en éducation ? Quelles sont les deux composantes les plus étroitement associées à ce courant et quelles y sont les contributions respectives de Maslow et de Rogers ?

- Quelles sont les conceptions humanistes de l'apprentissage et de l'enseignement ? De quelle manière ces conceptions se distinguent-elles de celles véhiculées par les autres courants pédagogiques ? Quelles sont les finalités et les valeurs du courant humaniste ? Quels en sont les principes de base ? Quels rôles sont attribués respectivement à l'enseignant et à l'élève à l'intérieur de ce courant ?

- Quelles sont les principales implications éducatives des théories humanistes ? Comment peut-on répondre aux besoins de sécurité, d'appartenance, de pouvoir, de liberté et de plaisir des élèves ?

- En quoi la pédagogie ouverte constitue-t-elle l'un des modèles d'enseignement qui reflètent le mieux l'idéal humaniste en éducation ? Quelles composantes humanistes peut-on retrouver dans les projets éducatifs des écoles alternatives ?

« J'aimerais tout d'abord remercier mes élèves, ces milliers de jeunes avec qui j'ai eu la chance d'apprendre, d'apprendre mon métier d'enseignante, d'apprendre à donner et à recevoir, d'apprendre… tout court. »

Madame Doiron se tait durant quelques secondes. On la sent émue. Après 35 années d'enseignement au secondaire, 35 années bien comptées, elle prend une retraite méritée. Méritée, mais non rêvée. Le rêve avait été ce temps qui s'était écoulé entre la première journée de sa première année d'enseignement et aujourd'hui, sa dernière journée de classe. Elle rencontrait pour la dernière fois les collègues enseignants de son école. Le directeur de la polyvalente lui avait demandé de prononcer quelques mots pour cette occasion, de partager certains de ses souvenirs, de témoigner de ses convictions éducatives. Le directeur était sensible à la passion de cette femme pour l'enseignement, à son amour des jeunes. C'est le genre de message dont son équipe avait besoin en cette fin d'année scolaire épuisante.

« Vous savez, on dit souvent : j'ai beaucoup appris de mes élèves. Dans mon cas, c'est plus qu'une formule de courtoisie à l'égard des jeunes que je côtoie à longueur d'année, que j'ai côtoyés à longueur de vie. C'est la vérité toute simple. Je vais vous raconter une anecdote qui m'est arrivée il y a bien longtemps, bien avant qu'on vienne s'installer dans cette belle polyvalente, bien avant que la plupart d'entre vous, chers collègues et amis, ayez même commencé à enseigner. »

Les enseignants retiennent leur souffle. Madame Doiron n'a pas l'habitude de raconter ses expériences personnelles. Il faut toujours lui tirer un peu les vers du nez pour qu'elle consente à raconter ses « bons coups ».

« Je crois que c'est arrivé lors de ma quatrième ou cinquième année d'enseignement. J'enseignais alors le français en troisième année du secondaire. Un de mes groupes de cette année-là était particulièrement difficile ; les jeunes étaient turbulents, mais surtout durs, agressifs entre eux. Vous savez combien me rebute la violence sous toutes ses formes. Eh bien, laissez-moi vous dire que j'étais servie avec cette classe-là ; il y avait beaucoup de violence verbale, d'intimidation, de menaces même. Vous savez, les années 2010 n'ont rien à envier aux années 1980.

« Il y avait un élève en particulier qui exerçait une forte influence sur le climat de la classe. Je n'arrivais tout simplement pas à le rejoindre. Après deux appels à la maison, j'avais compris que je ne pourrais pas faire équipe avec ses parents, comme je cherchais déjà à le faire à cette époque. En effet, je n'avais aucun soutien à espérer d'eux. Avec Robert, je vais lui donner ce nom fictif, j'avais tout essayé. Je l'avais rencontré plusieurs fois après la classe. J'avais mis en pratique mon écoute à la Rogers… »

Quelques enseignants sourient en entendant madame Doiron évoquer Carl Rogers. Elle est connue comme une ardente partisane de l'approche non directive en éducation.

« Je lui avais répété je ne sais combien de fois que c'était ses comportements que je désapprouvais, comme le fait de bousculer les élèves, de les insulter, de les menacer, de les frapper ; d'ailleurs, je l'avais surpris un jour dans le corridor en train de tabasser un élève plus jeune. J'avais beau faire preuve d'une compréhension empathique, adopter une attitude positive et manifester mon acceptation inconditionnelle de Robert en tant que personne, il n'y avait rien à faire. Il m'écoutait passivement, faisait signe que oui, mais je sentais que mon discours, mes arguments concernant le respect de soi et des autres, l'entraide et le partage, que tout cela ne le touchait pas vraiment.

« Ah ! Aujourd'hui, si c'était à refaire, je m'y prendrais autrement. Je me sentirais plus outillée, surtout grâce aux ateliers sur la théorie du choix de William Glasser. Par exemple, je serais davantage consciente du besoin de pouvoir d'un élève comme Robert ; j'essaierais de l'amener à satisfaire ce besoin de manière positive pour lui et pour les autres au lieu de l'exprimer de manière destructrice. Mais que voulez-vous ! À cette époque-là, j'étais plutôt démunie. À part mes petits trucs empruntés à Rogers, je n'avais que mes valeurs et mes convictions humanistes. Vous savez comme moi qu'il ne suffit pas de dire à un élève qu'on l'aime pour le transformer du jour au lendemain. »

Quelques enseignants hochent la tête. Oh ! Combien elle a raison ! Comme il peut parfois être frustrant de vouloir aider certains élèves, sans jamais réussir à percer leur cuirasse, sans arriver à les toucher d'aucune façon. Les enseignants sont quelque peu surpris d'apprendre que même une enseignante humaniste émérite comme madame Doiron a déjà échoué dans cette entreprise.

« Puis, un beau jour, reprend madame Doiron, après deux mois d'efforts, il y a eu un déclic. On était au début du mois de novembre. J'avais demandé à Robert, encore une fois, de rester quelques minutes après mon cours de français. Cette journée-là, il avait dépassé les bornes ; il avait, entre autres, fait pleurer une élève pendant la pause du matin. Je me suis assise à côté de lui, au pupitre d'un élève, en me demandant quel argument nouveau je pourrais bien lui servir pour l'inciter à changer d'attitude. Alors, j'ai eu un flash. Je me suis rendu compte que, pendant ces deux derniers mois, j'avais tenté de convaincre Robert, de l'amener à partager mes valeurs, de le rendre en quelque sorte semblable à moi. Je ne m'étais pas préoccupée de ce que lui pensait, de ce qu'il était fondamentalement comme personne. Un dur à cuire. J'ai décidé de tenter un grand coup.

« Je lui ai ainsi demandé : "J'ai entendu dire que tu faisais du conditionnement physique ?" Surpris par ma question, il a répondu qu'il faisait effectivement des poids et haltères. C'était une chose dont presque toute l'école était au courant.

« J'ai ajouté : "Tu es plutôt costaud pour ton âge." C'était aussi une chose évidente qu'il était bien bâti pour un jeune de 14 ans. Avec un sourire en coin, il m'a fait un signe approbateur de la tête. Il se demandait visiblement où je voulais en venir.

« "Est-ce qu'il t'arrive de tirer du poignet ?" Il a répondu oui. Cette fois, il souriait vraiment. Je crois qu'il était étonné de la tournure prise par la conversation.

« Je lui ai alors dit : "J'ai une proposition à te faire. J'ai essayé pendant deux mois de te convaincre d'être plus respectueux envers les autres élèves, de fournir davantage d'efforts dans ton travail scolaire, de te comporter autrement en classe, mais on ne peut pas dire que cela a été un grand succès, n'est-ce pas ?" Un peu gêné, il a secoué la tête en signe de négation.

« "Alors voilà. Je te propose de tirer du poignet avec moi. Si je gagne, tu dois t'engager à faire toutes les choses que je te demande de faire depuis le début de l'année scolaire. Si tu gagnes, j'abandonne, je te laisse tranquille. Plus de rencontres après la classe, plus d'appels à tes parents." »

Madame Doiron aperçoit la réaction de surprise peinte sur le visage de plusieurs de ses collègues.

« Oui, je sais, lui aussi était très surpris par ma proposition. Dans une certaine mesure, je vous avouerai que je me suis plutôt surprise moi-même. Ce que je lui disais allait contre tous mes principes. Je lui promettais d'abandonner. Mais je crois que j'ai agi beaucoup plus par intuition qu'avec ma raison… Et non, je n'en avais pas parlé avec la directrice de mon école de l'époque, ajouta madame Doiron, en adressant un sourire à son directeur actuel, assis au premier rang.

« Enfin, après quelques objections du genre "Voyons, Madame, je peux pas faire ça ; je pourrais vous faire mal." et quelques taquineries de ma part "Eh bien, qu'est-ce qui se passe, jeune homme ? Monsieur aurait-il peur d'une dame ?", il a finalement consenti à cette épreuve de force avec moi. »

Les enseignants sont maintenant suspendus aux lèvres de madame Doiron. Ils ont hâte de connaître la conclusion de l'histoire.

« J'espère que vous ne pensez pas que j'avais une chance de gagner ou que j'y croyais. Bien sûr, j'ai offert ma meilleure performance. Je pense que j'ai pu lutter une quinzaine de secondes, peut-être parce qu'il voulait me ménager, mais après une résistance héroïque, l'inévitable est survenu. J'étais vaincue. Il m'a regardée d'un drôle d'air, du genre "Vous l'avez voulu, Madame", et on s'est quittés dans les meilleurs termes.

« Dès le lendemain, j'ai remarqué une petite différence. En entrant dans ma classe, Robert m'a fait un petit sourire. C'est tout. Puis, jour après jour, les signes se sont multipliés. Il jouait encore les durs, mais je le voyais parler avec les autres élèves ; je l'ai même entendu rire à quelques reprises. Avec moi, il était toujours poli, mais réservé. Vous savez, je me suis souvent demandé ce qui avait pu déclencher ce changement d'attitude chez Robert, changement qui s'est d'ailleurs maintenu tout au long de l'année scolaire. Aujourd'hui, je crois comprendre un peu mieux ce qui s'est produit. C'est probablement parce que j'avais accepté de le rencontrer sur son terrain, j'avais fait une incursion dans son monde à lui, où la force physique était une valeur importante, peut-être la plus importante à ce moment de sa vie. »

Après une brève pause, madame Doiron reprend.

« Vous savez, pour moi, enseigner, c'est un peu comme jardiner. Un jardinier plante ses graines au printemps, il en prend soin, il les arrose, il les protège des mauvaises herbes. Il sait bien que toutes les graines qu'il a plantées ne se transformeront pas en fleurs, mais il s'occupe néanmoins de chacune. Pourquoi ? Tout simplement parce que c'est là son travail de jardinier. Parfois, avec un peu de chance, on voit s'épanouir un enfant, un jeune, avant l'arrivée de l'été. Parfois, c'est un autre collègue qui verra les fruits de ce qu'on a planté quelques années auparavant. Mais soyez assurés d'une chose, chers collègues enseignants, il n'y a pas une graine plantée par vous qui, un jour ou l'autre, ne finisse par germer et donner ses fruits. Enseigner, éduquer c'est une affaire de patience.

« Avec Robert, j'ai été chanceuse. J'ai pu assister à sa transformation, à son éclosion comme personne. Cela n'a pas toujours été le cas avec d'autres élèves, auprès desquels j'avais pourtant mis autant d'efforts, sinon davantage, qu'avec lui. Je ne sais pas ce qu'il est advenu de lui, puisque ses parents ont déménagé peu de temps après la fin de l'année scolaire. Mais je suis certaine d'une chose. C'est que chaque minute passée avec lui, chaque parole prononcée, chaque sourire complice, chaque encouragement, chaque commentaire positif sur ses travaux, tout ça n'a pas été en vain.

« Voilà ce que je voulais vous dire avant de partir pour la retraite. J'ai peut-être utilisé un nom fictif pour vous parler de Robert, d'un élève parmi tant d'autres qui ont marqué ma carrière d'enseignante et qui ont enrichi mon expérience de vie, mais l'histoire de Robert et sa quête d'identité, elles, étaient bien réelles. Ses besoins de sécurité, d'appartenance, de pouvoir, de plaisir et de liberté étaient aussi bien réels, comme ils le sont chez tous les élèves avec qui on partage un petit bout de notre vie. On peut choisir d'ignorer ces besoins, choisir de regarder ailleurs. Se concentrer sur les programmes d'études plutôt que sur les personnes. Mais si on choisit les personnes, si on choisit de prendre soin du jardin qui nous est confié, avec tout l'amour et la patience dont on est capable, eh bien, je crois sincèrement qu'on peut faire une petite différence dans la vie des enfants et des jeunes. Continuez d'arroser vos plantes. Prenez bien soin de chacune d'elles. Chaque plante est unique comme la rose du Petit Prince. Continuez aussi de cultiver vos talents de jardiniers. On n'a jamais fini d'apprendre. Merci de votre attention et de votre écoute. »

La soixantaine de personnes présentes dans la salle se lèvent spontanément, comme mues par le même ressort. L'ovation dure plusieurs minutes, puis, peu à peu, les enseignantes et les enseignants retournent dans leur salle de classe préparer la prochaine moisson. Madame Doiron allait quitter l'auditorium de l'école lorsqu'elle voit s'approcher d'elle un inconnu. Il s'agit d'un homme de forte stature, dans la jeune quarantaine. « Un nouvel enseignant à notre école, se dit-elle. Peut-être même mon remplaçant », songe-t-elle avec un pincement au cœur.

« Bonjour, Madame Doiron. Je voulais vous remercier à mon tour pour votre très beau témoignage. »

« Merci beaucoup, monsieur… ? »

« Je suis moi-même enseignant, voyez-vous, enseignant d'éducation physique, depuis une vingtaine d'années. Instructeur de l'équipe de lutte olympique de mon école. Je tenais à vous dire combien je partage vos convictions, combien j'ai été touché par ce que vous avez dit… »

Madame Doiron écoute distraitement. Ce sourire, cette voix légèrement rocailleuse… Cette stature imposante…

L'homme poursuit : « J'enseigne à Montréal, mais je suis natif de la région. J'avais demandé au directeur de l'école la permission d'assister à votre présentation. »

Comme l'homme ne s'est pas encore présenté, madame Doiron se permet d'insister : « Et vous êtes monsieur… ? »

« Pierre, Pierre Roy, mais vous pouvez continuer de m'appeler Robert », ajoute l'homme avec un petit sourire en coin.

Qu'est-ce qui, au juste, faisait de madame Doiron, aux yeux de ses collègues enseignants et de ses élèves, une « enseignante humaniste » ? Son amour des élèves ? Peut-être, mais ce ne serait certes pas une condition suffisante en soi, l'affection à l'égard des jeunes n'étant évidemment pas la chasse gardée des enseignants humanistes. Bien sûr, elle nourrissait des convictions humanistes, qui s'exprimaient, par exemple, par la relation qu'elle cherchait à établir avec les jeunes à l'école, soit des rapports beaucoup plus égalitaires que ceux qui prévalent habituellement entre un enseignant et ses élèves. Elle souhaitait établir une véritable relation entre personnes plutôt qu'un rapport de force entre des rôles. Elle cherchait à exercer une **autorité** naturelle, inspirée par le respect mutuel, plutôt qu'une autorité officielle, s'exerçant au moyen d'un pouvoir délégué.

Un autre sujet de préoccupation de madame Doiron concernait les besoins des jeunes. Elle était sensible à leur vécu, à leur univers affectif, consciente que le besoin de savoir des élèves pouvait difficilement être comblé s'ils n'avaient pas la possibilité de satisfaire des besoins prioritaires, tels que le besoin de se sentir en sécurité (théorie d'Abraham Maslow). Par la suite, elle avait adopté la classification des besoins fondamentaux proposée par William Glasser, théorie plus complète à ses yeux et surtout plus utile quant à ses applications, besoins auxquels elle se réfère d'ailleurs dans sa présentation (vous les aurez peut-être reconnus).

Si vous aviez posé la question aux élèves de madame Doiron, ils auraient pu vous parler des nombreuses techniques qu'elle utilisait pour faire de sa classe un milieu d'apprentissage stimulant, un milieu de vie accueillant, où chacun trouvait sa place, où chacun se sentait apprécié et valorisé. Dès les débuts de sa carrière, madame Doiron avait institué les assemblées de classe mensuelles qui, par la suite, s'étaient transformées en conseil de

Autorité

Capacité à influencer d'autres personnes ou à se faire obéir par celles-ci. En éducation, on distingue l'« autorité naturelle », celle exercée grâce au respect que l'enseignant inspire à ses élèves, de l'« autorité déléguée », soit l'exercice du pouvoir transmis par l'institution. L'enseignant humaniste privilégie l'exercice d'une autorité naturelle (le pouvoir d'influencer) plutôt qu'une autorité qui s'exprime par une démonstration de force (par exemple, le pouvoir de punir).

coopération. Les élèves aimaient particulièrement une technique de gestion consistant en la possibilité d'inscrire son nom au tableau, une journée par semaine, pour signaler qu'on fonctionnait « au ralenti » cette journée-là. Madame Doiron avait expliqué à ses élèves qu'il était normal et « correct » de ne pas toujours se sentir en grande forme, et que cela lui arrivait également. Un de ses groupes d'élèves avait d'ailleurs été surpris de voir un jour le nom de madame Doiron inscrit au tableau sous la rubrique « Prière de ne pas déranger aujourd'hui », ce qui avait eu pour résultat une période de classe au silence quasi religieux.

L'approche humaniste dans le milieu de l'éducation ne se limite pas, toutefois, au domaine de la gestion de la classe. Si vous aviez posé la question à madame Doiron, elle aurait pu mentionner quelques-unes des techniques d'enseignement auxquelles elle faisait appel : des moyens mis en place pour répondre au besoin de liberté des jeunes en leur permettant, par exemple, de choisir leurs travaux scolaires parmi un certain nombre de tâches proposées ; des contrats d'apprentissage hebdomadaires signés avec ses élèves, en vertu desquels les élèves établissaient eux-mêmes leur horaire de travail pour la semaine ; des efforts constants pour intégrer une composante affective dans les apprentissages du domaine cognitif, en les reliant au vécu et aux **intérêts** des jeunes, et ainsi de suite.

Qui n'a pas déjà rencontré une madame Doiron ou un monsieur Roy au moins une fois dans sa vie d'écolier ? Les enseignants humanistes, qui choisissent les personnes avant les programmes d'études, existent aujourd'hui comme ils existaient hier. En fait, ils ont vraisemblablement été présents dès les débuts de l'école en tant qu'institution. Qu'est-ce qu'un enseignant humaniste ? Chacun pourra suggérer sa définition, en grande partie fondée sur sa propre expérience avec des enseignants que l'on qualifierait d'humanistes. Toutefois, on s'entendra probablement pour dire qu'être humaniste en éducation, c'est accorder la priorité absolue à la personne de l'apprenant et à son développement intégral.

Quelle place occupe le courant humaniste dans le discours pédagogique actuel ? Si l'on en juge par la place qui lui est accordée dans les ouvrages contemporains de psychopédagogie, il faut convenir que l'importance de ce courant ne fait pas l'unanimité. Ainsi, parmi les dix mêmes ouvrages consultés pour évaluer la place qui est aujourd'hui accordée au courant béhavioriste (*voir le chapitre 3*), seuls trois ouvrages accordent une place importante à l'humanisme. Raby et Viola (2007) consacrent une section entière à ce courant, Joyce, Weil et Calhoun (2009) présentent une section dédiée aux modèles d'enseignement de la famille personnelle et dans Snowman, McCown et Biehler (2009), une partie d'un chapitre est destinée aux approches humanistes en enseignement. Trois autres ouvrages abordent directement la perspective humaniste, mais à l'intérieur de chapitres consacrés à l'étude de la motivation (Bohlin, Cisero Durwin et Reese-Weber, 2009 ; Eggen et Kauchak, 2004 ; Ormrod, 2004). À titre de comparaison, la totalité de ces ouvrages traitent des théories et des approches béhavioristes ainsi que des théories cognitivistes, constructivistes ou socioconstructivistes. Alors, pourquoi accorder un chapitre à ce courant dans le présent ouvrage ? Parce que, comme madame Doiron, nous croyons que la dimension humaine est la dimension la plus importante en éducation, celle-là même qui donne un sens aux dimensions comportementale et cognitive de l'apprentissage.

Ce chapitre abordera donc l'école humaniste en éducation, école de pensée qui comprend de nombreux courants pédagogiques, regroupés pour les besoins de cet ouvrage en deux courants complémentaires : le courant humaniste, qui inclut les composantes personnelles et sociales, et le courant critique et citoyen, qui inclut les composantes de pensée critique et d'éducation à la citoyenneté. Le présent chapitre sera consacré au

---

■ Intérêts

Sentiment positif que l'on accorde à quelque chose, à un sujet ou à un domaine quelconque ou que l'on ressent à l'égard de quelqu'un. Agrément que l'on en retire. En éducation, particulièrement à l'intérieur des courants humaniste et socioconstructiviste, on accorde une place de plus en plus importante aux intérêts personnels des élèves, intérêts qui permettent d'activer leur motivation intrinsèque (*voir la définition de ce terme à la page 216*).

premier de ces deux courants complémentaires, le courant humaniste, alors que le chapitre 7 abordera le courant critique et citoyen en éducation.

La présentation des fondements théoriques de l'humanisme (*voir la section 6.1*) nous amènera à distinguer les diverses dimensions couvertes par le courant humaniste en éducation, dont les composantes personnelle et sociale seront décrites à travers les travaux d'Abraham Maslow et de Carl Rogers. La section suivante donnera lieu à une discussion autour de la conception humaniste de l'apprentissage et de l'enseignement (*voir la section 6.2*), puis à une présentation des principales implications éducatives de ce courant pédagogique du point de vue des besoins fondamentaux de sécurité, d'appartenance, de pouvoir, de liberté et de plaisir (*voir la section 6.3*). La dernière section du chapitre (*voir la section 6.4*) présentera un modèle d'enseignement qui personnalise le courant humaniste en éducation, la pédagogie ouverte, et explorera les projets éducatifs des écoles alternatives du Québec pour en déceler les composantes humanistes.

6.1 LES FONDEMENTS THÉORIQUES DE L'HUMANISME

La conception humaniste de l'éducation n'est pas sans lien avec d'autres théories et mouvements qualifiés d'humanistes. Mentionnons tout d'abord que le terme « humanisme » désigne également le mouvement littéraire et philosophique de la Renaissance, période de l'histoire européenne (xvᵉ et xvɪᵉ siècles) pendant laquelle on assiste à la naissance d'un monde « qui se détache de l'ancien » et à la « mutation décisive d'une culture à la recherche de valeurs et de conduites nouvelles pour un âge nouveau » (Simard, 2005, p. 61). Ce sera dans l'Antiquité gréco-romaine qu'on ira puiser les modèles et les valeurs pour cet homme qui se découvre enfin libre. L'humanisme de la Renaissance fait la promotion de l'individu et « appelle la tolérance et la construction d'un monde de plus en plus différencié » (p. 61). Ce mouvement culturel associé à la Renaissance est qualifié d'humanisme classique.

D'un point de vue philosophique, l'humanisme moderne peut également être défini comme une « doctrine et attitude faisant de la personne, de sa dignité et de son épanouissement la valeur suprême » (Legendre, 2005. p. 741). Tardif (2007) définit en ces termes cet humanisme philosophique, dont l'origine peut être retracée dans le modèle de culture hérité de la Grèce ancienne : « l'être humain n'est pas une chose, un objet, un être déterminé une fois pour toutes, un animal dressé et conditionné à tout jamais par ses gènes ou par son milieu » ; au contraire, le penseur humaniste « considère l'être humain comme un être ouvert » (p. 19), un être capable d'autodétermination grâce à ses forces intérieures et à sa liberté.

À ces deux définitions officielles de l'humanisme, on pourrait ajouter celle qui prévaut en psychologie, la psychologie humaniste se proposant comme une solution de remplacement aux théories béhavioristes et à la psychanalyse. En effet, le psychologue humaniste « voit le côté diurne de la personnalité, plutôt que sa face nocturne ou celle sur laquelle les freudiens ont davantage insisté, [et] il considère aussi que chaque individu est capable de se contrôler, de devenir maître de lui-même, au lieu d'être ballotté par les forces extérieures comme le pensent les béhavioristes » (Papalia et Olds, 1988, p. 527). Nous reviendrons sur cette psychologie fondamentalement « optimiste » en tant que fondement du courant humaniste en éducation.

Dans le domaine de l'éducation, l'humanisme recouvre un très large éventail de conceptions et de pratiques éducatives. Cette réalité complexe et multiforme sera désignée sous les appellations de « courant humaniste » et de « courant critique et citoyen », ces deux courants intégrant eux-mêmes diverses théories et approches pédagogiques.

6.1.1 Les dimensions de l'humanisme en éducation

Dans son ouvrage intitulé *Théories contemporaines de l'éducation*, Bertrand (1998) relève sept courants en éducation, qu'il regroupe autour de quatre pôles :

1. les théories centrées sur le pôle du sujet ou sur la personne de l'apprenant, en l'occurrence les théories spiritualistes et personnalistes ;

2. les théories centrées sur le pôle des contenus ou sur les disciplines d'enseignement, nommées les théories académiques ;

3. les théories centrées sur la société ou sur les dimensions sociale, environnementale et planétaire, qu'il désigne comme les théories sociales ;

4. enfin, les théories basées sur les interactions pédagogiques des trois pôles précédents (le sujet, les contenus et la société), pôle qui comprend les théories psychocognitives, technologiques et sociocognitives.

Deux de ces théories contemporaines peuvent être associées au courant humaniste, soit les théories personnalistes et les théories spiritualistes. Les théories personnalistes, également appelées « humanistes », « libertaires », « non directives » et « organiques » par Bertrand (1998), mettent l'accent sur la dimension personnelle de l'apprenant : le développement affectif, le besoin de liberté et d'expression de soi (la créativité), la prise en considération des intérêts personnels (la motivation intrinsèque), l'autonomie et la prise en charge de sa vie, incluant évidemment la responsabilisation à l'égard de l'apprentissage scolaire. Les théories personnalistes visent au développement personnel de l'apprenant en tant qu'individu unique et capable d'**autoactualisation.**

Les théories spiritualistes, que Bertrand (1998) désigne aussi sous le terme de « courant métaphysique » ou « transcendantal », se concentrent sur la dimension spirituelle de l'apprenant : le sens de la vie personnelle et collective, les relations entre soi et l'univers (l'unité), le développement des capacités psychiques et l'accroissement de la conscience (la méditation), l'accès à la vie intérieure et la maîtrise de soi, etc. Le **courant spiritualiste** vise le développement spirituel de l'apprenant en tant qu'être capable de transcendance et de sagesse.

Suivant notre propre synthèse et notre interprétation personnelle des divers courants d'inspiration humaniste en éducation, nous retiendrons quatre composantes complémentaires pour décrire ceux-ci (*voir la figure 6.1*). Trois de ces composantes peuvent être associées au modèle de Bertrand (notons que les théories spiritualistes, abordées à l'intérieur du courant d'éducation transpersonnelle dans l'édition précédente de cet ouvrage, ne seront pas traitées dans la présente édition). Ainsi, des théories personnalistes de Bertrand (1998), nous avons retenu la composante du développement personnel, qui sera abordée ici à l'intérieur du courant humaniste, alors que des théories sociales, on retiendra deux composantes développementales, soit celles de la pensée critique et celle de la citoyenneté responsable, qui seront toutes deux développées dans le cadre de la présentation du courant critique et citoyen (*voir le chapitre 7*).

En ce qui concerne la quatrième composante retenue dans notre modèle illustrant les deux courants issus de l'école humaniste (*voir la figure 6.1*), soit le développement social de l'élève, celle-ci aurait pu tout aussi bien être intégrée dans le courant humaniste que

Autoactualisation ou actualisation de soi

Processus continu d'actualisation de son potentiel humain, associé de près au besoin d'autoactualisation ou découlant de celui-ci. Trois conditions permettent à l'élève-apprenant de s'engager dans un processus d'actualisation de soi : une attitude d'ouverture envers son expérience personnelle, une attitude de responsabilisation et de prise en charge de son développement de même qu'un engagement actif dans une démarche de développement personnel, qui se traduit en actions.

Courant spiritualiste

En éducation, courant pédagogique qui tente de répondre au besoin de transcendance, en évitant toute forme d'endoctrinement religieux ou autre. Le courant spiritualiste pose avant tout la question de la relation entre l'humain et l'univers, relation qui l'amène à s'interroger sur lui-même et sur le sens ultime de sa vie.

dans le courant critique et citoyen. Nous avons choisi de l'associer au courant humaniste, dont il nous apparaissait très difficile de la soustraire, d'autant que «la plupart des théoriciens de l'éducation qui, par exemple, insistent sur le développement de l'autonomie de l'enfant ont aussi à cœur une bonne insertion de l'élève dans la société» (Bertrand, 1998, p. 12). De plus, qui dit «courant humaniste» dit **développement intégral** de l'apprenant, et ce développement intégral comprend bien entendu la dimension sociale. Enfin, il faut admettre que ce qui nourrit la dimension personnelle fait également croître la dimension sociale. Carl Rogers affirmait, par exemple, «qu'une société ne peut progresser que si les individus qui la composent évoluent sur un plan personnel» (Bertrand, 1998, p. 12).

La présentation des fondements théoriques du courant humaniste s'articulera autour des deux premières de ces quatre composantes complémentaires : le développement personnel et le développement social. Bien que, pour les besoins de cet ouvrage, ces quatre dimensions soient décrites séparément (*voir également la section 7.1*), soulignons que, dans la réalité, elles sont indissociables et s'imbriquent les unes dans les autres, comme l'indique la figure 6.1. De plus, certains travaux des auteurs choisis pour illustrer chacune de ces dimensions auraient pu tout aussi bien servir à étayer les fondements d'une autre de ces dimensions complémentaires. Cela dit, nous avons retenu les théories de Maslow et de Rogers comme principaux fondements des dimensions personnelle et sociale du courant humaniste.

> **Développement intégral**
>
> Développement équilibré et harmonieux de toutes les dimensions qui s'expriment chez l'être humain: développement intellectuel et cognitif, développement social et affectif, développement moteur, développement artistique, développement moral, développement psychique et spirituel, etc. Le développement intégral de l'élève fait partie du credo humaniste en éducation.

| FIGURE 6.1 | Les principales dimensions du courant humaniste et du courant critique et citoyen |

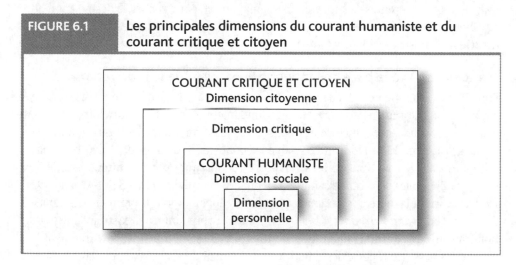

6.1.2 Maslow et la théorie humaniste de la motivation

Abraham Harold Maslow (1908-1970), psychologue américain, cofondateur de la revue *Journal of Humanistic Psychology* (Journal de la psychologie humaniste), est l'une des figures marquantes de l'humanisme en éducation, aux côtés de Carl Rogers et d'Arthur Combs. Maslow est considéré par plusieurs comme «le père de la troisième force en psychologie», la **psychologie humaniste** (Bouchard et Gingras, 2007). La psychologie humaniste, l'une des principales sources d'influence du courant humaniste en éducation (Barlow, 1985), a vu le jour aux États-Unis à la fin des années 1950. Pour être plus précis, Bowd, McDougall et Yewchuk (1998) indiquent que l'expression «psychologie humaniste» serait apparue pour la première fois en 1958.

Pour de nombreuses générations d'enseignants, le nom de Maslow est associé à la théorie humaniste de la motivation, représentée sous la forme de sa pyramide des besoins (*voir la figure 6.2 à la page 217*). Cependant, il faut savoir que Maslow a été béhavioriste

> **Psychologie humaniste**
>
> Branche de la psychologie également connue sous le nom de «psychologie perceptuelle» consacrée à l'étude de la personne (science de la personne). La psychologie humaniste repose sur deux postulats ou croyances: la tendance naturelle à l'actualisation, présente chez tout être humain, et la subjectivité de l'expérience humaine.

Abraham Maslow
(1908-1970)

« *Notre premier bébé m'a changé en tant que psychologue ; grâce à lui, le béhaviorisme, pour lequel j'avais été si enthousiaste, m'est apparu tellement fou que je ne pus le supporter davantage. C'était impossible. Je regardais cette chose mystérieuse et délicate et je me sentais tellement stupide. J'étais renversé par le mystère et par le sentiment d'une absence de contrôle* » (Maslow, 1968, cité par Saint-Arnaud, 1974, p. 193).

durant ses premières années de recherche à l'Université Columbia, pendant lesquelles il a d'ailleurs collaboré avec Edward Thorndike (*voir le chapitre 3*). La naissance de son premier enfant l'aurait amené à adopter une perspective plus humaniste de l'éducation (Bertrand, 1998). Maslow s'opposera par la suite à la conception béhavioriste de l'apprentissage et deviendra un virulent critique de la conception utilitaire de l'école, à laquelle il reproche de se soucier davantage des intérêts de la société industrielle que des besoins des personnes qui la fréquentent.

■ Motivation

Force intérieure qui provoque ou qui soutient un comportement dirigé vers un but. En éducation, composante fondamentale de la disposition affective de l'apprenant à l'égard de l'apprentissage scolaire, correspondant au désir d'apprendre. On distingue deux types de motivation, selon leur source : la motivation intrinsèque (favorisée, par exemple, par les humanistes) et la motivation extrinsèque (utilisée par les béhavioristes).

■ Besoins

État de manque, de déséquilibre ressenti par l'être humain. Cette sensation déclenche un comportement compensateur visant à rétablir l'équilibre (Raynal et Rieunier, 2009). On distingue les besoins primaires, d'ordre physiologique (par exemple, le sommeil et la faim) et les besoins secondaires, d'ordre psychologique (par exemple, la sécurité et l'accomplissement). Il ne faut pas confondre besoins et intérêts.

■ Besoins physiologiques

Besoins primaires et première catégorie de besoins-déficiences (théorie de Maslow) dont la satisfaction est nécessaire à la survie de l'espèce.

On se souviendra que, pour les béhavioristes, la **motivation** d'un élève, par exemple à l'égard d'une discipline d'enseignement telle que la mathématique, est essentiellement déterminée par les conséquences que fournit l'environnement scolaire de cet élève. Ainsi, les expériences de succès ou d'échecs vécues dans cette discipline ainsi que les renforçateurs ou punitions reçus des enseignants de mathématique sont autant d'événements qui influenceront les attentes de succès en mathématique et, par ricochet, le désir d'apprendre de l'élève. La motivation est donc contrôlée par des facteurs externes à l'élève. Dans la théorie humaniste de la motivation, il en va tout autrement.

Les convictions à la base de la théorie humaniste de la motivation

Pour Maslow comme pour tous les autres humanistes, à la base de cette théorie se trouve la conviction que toute personne est un être fondamentalement bon, qui aspire à son plein épanouissement. Cette croyance humaniste n'est pas sans rappeler la position de Jean-Jacques Rousseau (1712-1768), qui croyait en la bonté fondamentale de la nature humaine (« l'homme naît bon »). Nous reviendrons plus en détail sur ce postulat humaniste, désigné par les psychologues perceptuels comme la « tendance à l'actualisation » (Saint-Arnaud, 1974).

La théorie de la motivation élaborée par Maslow apparaît pour la première fois dans son livre *Motivation and Personality* (1954) dont, chose surprenante, il n'existe aucune traduction française à ce jour (la plupart de ses autres ouvrages ont cependant été traduits). Cela n'empêcha pas cette théorie de connaître énormément de succès partout dans le monde et d'être largement diffusée, y compris dans les pays francophones. La théorie de Maslow accorde une place centrale à la satisfaction de **besoins** inscrits dans l'espèce humaine. Ces besoins constitueraient la source de toute motivation, qui elle-même se traduit en comportements. Manifestant son héritage béhavioriste, Maslow attribue un certain poids aux forces de l'environnement, mais fait valoir que l'histoire personnelle et la subjectivité de la personne sont encore plus déterminantes pour expliquer un comportement donné. Le plus important, ce n'est pas la conséquence objective en tant que telle qui est obtenue de l'environnement, mais l'interprétation personnelle qu'on en fait, la valeur qu'on lui accorde.

La théorie de Maslow (1954) repose sur trois postulats relatifs à la motivation humaine : premièrement, les gens sont motivés par le désir de satisfaire certains besoins ; deuxièmement, ces besoins sont hiérarchisés ; troisièmement, les besoins de niveau inférieur d'une personne doivent être satisfaits, au moins partiellement, avant que celle-ci puisse accéder aux besoins de niveau supérieur. Ainsi, les **besoins physiologiques** de base d'une personne, tels que les besoins de sommeil et de nourriture, doivent être satisfaits avant que celle-ci ne cherche à répondre aux besoins du niveau suivant, les **besoins de sécurité**, puis éventuellement aux besoins de connaître et de comprendre. Pour s'en convaincre, il suffit de songer à des dictons populaires tels que «ventre affamé n'a pas d'oreilles» et «la nourriture est reine au pays des affamés».

Signalons que, faute de traduction officielle, de nombreux termes ont été utilisés pour traduire en français les cinq besoins originaux de la pyramide de Maslow (les besoins cognitifs et les besoins esthétiques y ont été ajoutés dans une version ultérieure de la théorie). Ainsi, pour le **besoin d'autoactualisation** (*need for self-actualization*), on emploie également des expressions telles que le «besoin de réalisation», le «besoin d'actualisation», le «besoin d'épanouissement», le «besoin d'accomplissement personnel» ou le «besoin d'autoaccomplissement». Pour notre part, nous avons opté pour une traduction qui colle le plus possible aux termes anglais utilisés par Maslow (1954).

L'illustration sous forme de pyramide (*voir la figure 6.2*) convient parfaitement à la théorie de Maslow, chaque étage de la pyramide servant de fondation à l'étage suivant. Maslow regroupe ces besoins en deux catégories: les besoins de niveau inférieur, qui tendent à corriger une déficience (*deprivation needs*), baptisés les «besoins D», et les besoins de niveau supérieur, qui incitent à la recherche du bien-être (*being needs*), les «besoins B», également appelés «besoins E», pour «besoins d'être» (Bouchard et Gingras, 2007), ou besoins de développement (Legendre, 2005). Les **besoins-déficiences** perdent de leur intensité lorsqu'ils sont satisfaits, alors qu'au contraire, plus un **besoin de croissance** est satisfait, plus il augmente en intensité: plus nous sommes, plus nous aspirons à être!

| FIGURE 6.2 | La pyramide des besoins de Maslow |

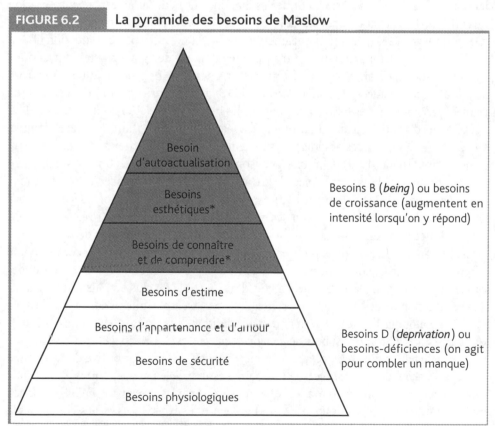

* Ces besoins n'étaient pas présents dans la version originale datant de 1954.
Source: Maslow (1954, 1968).

Besoins de sécurité

Catégorie de besoins psychologiques ou besoins-déficiences (théorie de Maslow) qui repose sur la satisfaction préalable des besoins physiologiques. Les besoins de sécurité englobent le besoin de se sentir en sécurité, de se sentir protégé, de même que les besoins d'ordre et de structure.

Besoin d'autoactualisation

Ultime besoin de croissance dans la théorie de la motivation de Maslow, le besoin d'autoactualisation ou d'actualisation de soi est le besoin de développer de manière optimum l'ensemble de ses potentialités humaines (intellectuelles, sociales, affectives, créatrices, etc.) et le besoin d'exprimer son caractère unique. D'un point de vue humaniste, l'autoactualisation correspond à la finalité même du processus d'éducation.

Besoins-déficiences

Besoins qui poussent l'humain à agir pour combler un manque (théorie de Maslow). Comprennent les besoins physiologiques (besoins primaires) et trois catégories de besoins psychologiques: sécurité, appartenance et amour, estime.

Besoins de croissance

Comprennent trois catégories de besoins qui permettent la pleine actualisation du potentiel humain: les besoins de connaître et de comprendre, les besoins esthétiques et le besoin d'autoactualisation. Les besoins de croissance reposent sur la satisfaction préalable des besoins-déficiences (théorie de Maslow) et ne sont jamais pleinement satisfaits (augmentent en intensité lorsqu'on y répond).

Nous décrirons maintenant chacun de ces types de besoins, en mettant l'accent sur la manière dont ils s'expriment en milieu scolaire. Ces mêmes besoins se manifesteraient évidemment d'une autre façon pour un adulte sur le marché du travail, pour un parent au foyer ou pour un tout jeune enfant.

Les besoins-déficiences

Les besoins-déficiences comprennent les besoins physiologiques, les besoins de sécurité, les **besoins d'appartenance** et d'amour ainsi que les **besoins d'estime.** Les besoins physiologiques regroupent les besoins à combler pour se maintenir en vie : la faim, la soif, le sommeil, la respiration, la protection contre le froid, etc. En principe, on devrait supposer que les enfants et les jeunes qui fréquentent les écoles ont satisfait ces besoins de base. Malheureusement, les enseignants savent bien que ce n'est pas toujours le cas. En effet, certains élèves ont faim, d'autres manquent de sommeil, et ainsi de suite.

Les besoins de sécurité englobent, comme leur nom l'indique, le besoin de se sentir en sécurité, de se sentir protégé, de même que les besoins d'ordre et de structure. On associe parfois à tort l'humanisme avec l'absence de structure. Or, Maslow (1954) rappelle que les enfants ont besoin d'un monde organisé, prévisible, d'un environnement stable, voire de gestes routiniers, pour combler leurs besoins de sécurité. À l'école, les besoins de sécurité se traduiront, entre autres, par le besoin des élèves de se sentir à l'aise dans leur environnement physique et de connaître à l'avance les règles de fonctionnement de l'école et de la classe. Maslow soutient que l'apprentissage peut jouer un rôle dans la satisfaction des besoins de sécurité : « L'une des fonctions de l'éducation est la neutralisation de certains dangers apparents par la connaissance ; par exemple, je ne suis plus effrayé par le tonnerre, car j'en connais quelque chose » (Maslow, 1954, p. 85, traduction libre).

Les besoins d'appartenance et d'amour, également désignés par les expressions « besoins sociaux » ou « besoins d'intégration sociale » (Legendre, 2005), pourront se manifester lorsque les besoins physiologiques et de sécurité auront été comblés de manière acceptable. Ces besoins regroupent les besoins de relations interpersonnelles, de relations d'amitié et d'amour, le besoin d'appartenance à une famille ou à un groupe, etc. Certains désignent ces besoins tout simplement comme l'expérience d'aimer et d'être aimé (Saint-Arnaud, 1974). À l'école, les besoins d'appartenance et d'amour s'expriment sur de nombreux plans : sur le plan des relations entre élèves et enseignants, relations qui ont amené certains humanistes à dire qu'on n'apprend pas d'un prof qu'on n'aime pas (Aspy et Roebuck, 1990) ; sur le plan des relations interpersonnelles entre élèves, sachant l'importance pour un jeune d'avoir au moins un ami parmi les élèves de son groupe-classe ; enfin, sur le plan de l'appartenance à un groupe d'amis ou à une communauté d'apprenants, car le jeune a besoin de se sentir accepté au sein de l'école et du groupe-classe, d'y trouver sa place. L'école d'aujourd'hui accorde de plus en plus d'importance à la satisfaction de ces besoins, en privilégiant, par exemple, une pédagogie de la coopération plutôt que l'approche individualiste traditionnelle (Johnson et Johnson, 1987).

Les besoins d'estime se subdivisent en deux catégories : le besoin d'estime de soi, de se sentir intelligent, compétent, ce qui, à l'école, entraîne une image positive de soi comme apprenant (*academic self concept*), et le besoin d'estime de la part des autres, de se sentir reconnu, respecté, apprécié, voire admiré par ses pairs et par les enseignants. William Glasser est l'un de ceux qui ont beaucoup insisté sur l'influence des expériences vécues à l'école sur la construction d'une identité de réussite ou d'une identité d'échec chez les élèves, identité qui prend racine très tôt, dès les premières années de scolarité. Dans son livre *Schools without*

■ Besoins d'apparte-nance (et d'amour)

Catégorie de besoins psychologiques ou besoins-déficiences (théorie de Maslow) qui repose sur la satisfaction préalable des besoins de sécurité et des besoins physiologiques. Les besoins d'appartenance et d'amour sont des besoins sociaux qui regroupent les besoins de relations interpersonnelles, de relations d'amitié et d'amour, le besoin d'appartenance à une famille ou à un groupe, etc.

■ Besoins d'estime

Catégorie de besoins psychologiques ou besoins-déficiences (théorie de Maslow) qui repose sur la satisfaction préalable des besoins de sécurité, des besoins d'appartenance et des besoins physiologiques. Les besoins d'estime comprennent le besoin d'estime de soi (se sentir intelligent, compétent) et le besoin de ressentir de l'estime de la part des autres (se sentir reconnu, respecté, apprécié, valorisé).

Failure (1969), traduit par *Des écoles sans déchets* (1973), Glasser plaide pour l'abolition pure et simple de l'échec scolaire, ce à quoi Maslow ne se serait probablement pas opposé.

L'estime de la part des autres à notre égard est également un besoin auquel de nombreuses écoles tentent de répondre de façons diverses. Certains enseignants du primaire établiront, par exemple, une pratique consistant à nommer chacun de leurs élèves, à tour de rôle, l'« élève de la semaine », mettant tantôt sous les projecteurs une performance scolaire ou l'amélioration de résultats, tantôt un exploit sportif, tantôt la participation au concert de l'école, etc. Au secondaire, certaines écoles ont remplacé le traditionnel tableau d'honneur, qui reposait exclusivement sur les résultats scolaires, par un tableau d'appréciation, qui souligne notamment la contribution des élèves au fonctionnement des comités étudiants de l'école, l'aide apportée aux pairs ou les performances dans le domaine parascolaire.

Les besoins de croissance

En plus des cinq types de besoins qui composent la hiérarchie de base (Maslow, 1954), Maslow (1968) a par la suite identifié deux autres types de besoins fondamentaux : les besoins de croissance, qui comprennent les besoins de connaître et de comprendre, qui sont des besoins de nature cognitive, de même que les besoins esthétiques, c'est-à-dire le besoin d'ordre, le besoin de symétrie et le besoin d'harmonie. De nombreux auteurs (comme Slavin, 2009) prennent comme nous la liberté d'intégrer ces deux autres types de besoins à la version originale. Notons que la reconnaissance d'un besoin inné de connaître et de comprendre, associée avec la croyance que « tout individu naît avec des possibilités d'apprentissage infinies » (Saint-Arnaud, 1982, p. 168), représente une des positions centrales du courant humaniste. Le besoin d'autoactualisation ou d'actualisation de soi va encore plus loin :

> [Même] lorsque tous les besoins qui précèdent seront satisfaits, on sentira souvent, sinon toujours, un nouvel inconfort, une nouvelle insatisfaction émerger jusqu'à ce que la personne comprenne ce à quoi elle était destinée. Un musicien doit faire de la musique, un artiste peintre doit peindre, un poète doit écrire sa poésie, si chacun de ceux-ci aspire à être en paix avec lui-même. Ce qu'une personne peut être, elle doit l'être. Ce besoin, nous l'appellerons autoactualisation (Maslow, 1954, p. 91, traduction libre).

C'est de cette façon que Maslow définissait cet ultime besoin d'autoactualisation, un besoin de réalisation de soi qui s'exprime dans « l'accomplissement du potentiel inné qui permet à l'individu de devenir pleinement à la fois ce qu'il peut être et ce qu'il veut être et ainsi de vivre en harmonie avec lui-même » (Bouchard et Gingras, 2007, p. 218), et ce, indépendamment de la forme que prendra cette réalisation de soi, qu'il s'agisse de la maternité, d'un métier, d'une profession, de la création artistique, d'un rôle social, etc.

À la lecture de ce qui précède, on pourrait être porté à croire que l'actualisation de soi est une affaire d'adulte. Il n'en est rien. Premièrement, l'autoactualisation est le processus de toute une vie et n'est donc jamais complètement atteinte. Comme nous l'avons déjà mentionné, plus on se réalise, plus on ressent le besoin de s'actualiser encore davantage. Deuxièmement, le seul critère qui prévaut d'après Maslow, si l'on veut accéder à la satisfaction de besoins de niveau supérieur, est la satisfaction au moins partielle des besoins de niveau inférieur. Alors, qu'est-ce qui empêcherait un enfant d'accéder au besoin d'autoactualisation si tous les besoins qui le précèdent dans la hiérarchie ont été comblés ? Cela dit, certains auteurs (Mishara et Riedel, 1985) ont proposé un ordre chronologique dans lequel on répondrait à ces besoins, faisant ainsi correspondre les besoins de survie aux besoins prioritaires des petits de 0 à 2 ans, les besoins de sécurité aux besoins principaux des enfants de 3 à 5 ans, les besoins d'appartenance et d'amour aux besoins dominants chez les enfants de 5 à 10 ans, les besoins d'estime aux besoins prédominants chez les adolescents et, enfin, le besoin d'autoactualisation au besoin prépondérant chez la population adulte (même si Maslow estimait à environ 10 % seulement la proportion d'adultes en assez bonne santé psychologique pour accéder au besoin d'autoactualisation).

À leur propre manière, plusieurs enfants sont en quête d'accomplissement à l'école (par leur participation à des concours scientifiques, à un club d'échecs, au journal étudiant, au comité de théâtre, etc.) ou cherchent à se dépasser dans les activités de toutes sortes exécutées en dehors du cadre de l'école (dans des sports organisés, des cours de musique, les arts martiaux, etc.). Bien que l'école ait déployé des efforts considérables pour proposer aux élèves des moyens d'actualisation autres que l'apprentissage scolaire formel, il faut convenir que de nombreux élèves y trouvent encore très peu d'occasions d'exploiter leur plein potentiel, y compris leur potentiel d'apprentissage.

Il est intéressant de mentionner que Maslow a continué d'enrichir sa théorie de la motivation pour y inclure un certain nombre de « métabesoins », qu'il désigne comme des « valeurs de l'être » ou valeurs E (Maslow, 1972), valeurs qui traduisent la tendance à l'actualisation chez tout être humain. Ces valeurs ou vérités fondamentales ne peuvent être appréhendées que par l'expérience transcendante qui, elle, requiert l'élargissement de la conscience individuelle. La vérité, la beauté, la bonté et l'unicité sont quelques-unes de ces valeurs. Ainsi, dans les dernières années de sa vie, Maslow se consacrera à une psychologie de la transcendance : « Je suis freudien, béhavioriste, humaniste et je développe une quatrième psychologie plus englobante : celle de la transcendance » (Maslow, 1970, cité par Bertrand, 1998, p. 34). Les travaux plus récents de Maslow (1968, 1970, 1972), qui sont proches du courant spiritualiste, sont beaucoup moins connus que ses travaux entourant sa théorie de la motivation.

6.1.3 Rogers et l'approche non directive en éducation

Carl Rogers (1902-1987), psychothérapeute et théoricien de l'éducation, est un autre personnage clé du courant humaniste en éducation. On pourrait dire de Rogers qu'il est à l'humanisme ce que Skinner est au béhaviorisme : une figure de proue et le penseur le plus influent de son école de pensée. Avec Maslow (1954), Rogers (1959) fait partie des premiers psychologues à adopter des positions humanistes, tant dans le domaine de la psychologie que dans celui de l'éducation.

Après des études d'agronomie et de théologie, il s'initie à la **pédagogie active** de Dewey, sous la tutelle de William Kilpatrick, pour finalement se tourner vers la psychologie clinique. Il exerce la profession de thérapeute pour enfants pendant 12 ans à la Rochester Child Guidance Clinic, où il publie un livre sur le traitement clinique des enfants en difficulté (1939). Sa carrière universitaire débute en 1940, à l'Université d'État de l'Ohio, où il rédige *La relation d'aide et la psychothérapie* (1942, traduction française en 1970). Sa carrière se poursuit à l'Université de Chicago (1945-1957), époque pendant laquelle il publie l'un de ses ouvrages majeurs, *Client-centered therapy* (1951). Après un passage à l'Université du Wisconsin, il devient en 1963 chercheur au Western Behavioral Sciences Institute, puis fonde le Center for the Studies of the Person à La Jolla, en Californie, où il travaillera jusqu'à son décès survenu en 1987.

La portée des théories « rogériennes » est très étendue : « J'ai trouvé dans l'expérience de la psychothérapie des implications significatives et parfois profondes pour l'éducation, pour les communications interpersonnelles, pour la vie en famille, pour le processus de création » (Rogers, 1976, p. 193). Rogers exercera une influence considérable dans les domaines de la psychologie clinique, du counselling et de l'éducation. Son **approche non directive,** centrée sur la personne, tranche avec l'approche traditionnelle en psychologie clinique : « L'originalité de Rogers consiste à abandonner les règles traditionnelles et stéréotypées, de type magico-paternaliste, pour établir un rapport profondément personnel et subjectif avec le client » (Guérin, 1998, p. 275). Très tôt, Rogers s'intéressera aux applications de son approche non directive en éducation (Joyce, Weil et Calhoun, 2009), approche qu'il intègre d'ailleurs à son enseignement universitaire : « Rogers […] enseigne à l'université en laissant ses étudiants conclure avec lui des contrats d'apprentissage qu'ils ont eux-mêmes formulés ; il les laisse s'évaluer eux-mêmes et répond seulement à leurs demandes » (Raynal et Rieunier, 2009, p. 398).

Parmi les écrits de Rogers les plus connus et les plus largement diffusés, *Le développement de la personne* (1961 et 1976 pour la traduction française) traite de l'**apprentissage authentique** en thérapie et en pédagogie, et *Liberté pour apprendre* (1969 et 1971 pour la traduction française) s'attaque à la conception mécaniste et déterministe de l'apprentissage que proposent les béhavioristes. Carl Rogers s'y fait le défenseur du concept de liberté inhérente à l'être humain et d'une vision optimiste de l'éducation, fondée sur le postulat humaniste d'une tendance actualisante présente chez toute personne, incluant chez l'apprenant : « L'élève a des motivations et des enthousiasmes qu'il appartient à l'enseignant de libérer et de favoriser » (Zimring, 1994, p. 1).

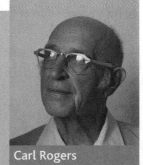

« *[La mise en place d'un apprentissage authentique] ne dépend pas des qualités pédagogiques du formateur, pas plus que de son savoir dans un domaine particulier et pas davantage de l'agencement du programme d'études qu'il a mis au point. Elle ne dépend ni de sa façon d'utiliser des auxiliaires audiovisuels, ni de son recours à l'enseignement programmé, ni de la qualité de ses cours et pas davantage du nombre de livres utilisés, bien que ces différents éléments puissent, à un moment ou un autre, s'avérer utiles. Non : un véritable apprentissage est conditionné par la présence d'un certain nombre d'attitudes positives dans la relation personnelle qui s'instaure entre celui qui facilite l'apprentissage et celui qui apprend* » (Rogers, 1983, cité par Zimring, 1994, p. 4).

Carl Rogers (1902-1987)

On l'aura compris, Rogers accorde une importance primordiale à la qualité de la relation entre l'enseignant et les élèves, relation qui éclipse tous les autres facteurs susceptibles d'influencer l'apprentissage scolaire. Cette relation personnelle entre l'enseignant facilitateur de l'apprentissage et l'élève-apprenant repose sur trois attitudes positives ou conditions essentielles : l'authenticité, l'acceptation inconditionnelle et l'empathie.

Les trois conditions essentielles pour un enseignement humaniste

L'**authenticité** (*voir la définition à la page suivante*), d'après Rogers (1983), est la plus importante de ces trois conditions. L'enseignant doit être authentique, il doit y avoir de la cohérence entre ce qu'il vit intérieurement (ses sentiments et ses émotions) et ce qu'il exprime extérieurement (ses paroles et son expression non verbale). Selon Rogers, le formateur doit être vrai en tout temps dans sa relation avec ses élèves et accepter le fait qu'il puisse « faire preuve d'enthousiasme, de lassitude, s'intéresser à eux, se mettre en colère, se montrer compréhensif et bienveillant » (Rogers, 1983, p. 106, traduction libre). Il est à noter que Rogers était conscient des difficultés que soulève l'acquisition d'une telle attitude d'authenticité, dont la première est que « si l'on veut être authentique, honnête ou vrai, il faut d'abord l'être face à soi-même » (p. 113, traduction libre).

L'**acceptation inconditionnelle** de l'autre (*voir la définition à la page suivante*), qui est la deuxième condition essentielle, s'accompagne d'une valorisation des différences individuelles et d'une confiance en les capacités de l'élève à se prendre en charge :

Apprentissage authentique

Expression employée par Rogers pour désigner le genre d'apprentissage visé par les humanistes, un apprentissage réel et signifiant pour l'élève, qui s'inscrit à l'intérieur d'un processus d'actualisation de soi. L'apprentissage authentique nécessite d'une part un enseignant-facilitateur faisant preuve d'authenticité, d'acceptation inconditionnelle et d'empathie et, d'autre part, un élève-apprenant faisant preuve d'ouverture, de responsabilité personnelle et de cohérence dans ses actions.

[Il] s'agit selon moi de valoriser celui qui apprend, ses sentiments, ses opinions, sa personne. Il s'agit de lui témoigner une attention bienveillante sans que celle-ci soit possessive. Il s'agit d'accepter l'autre en tant que personne distincte dotée de qualités propres. Cela constitue une véritable confiance, la conviction intime que cette autre personne est digne de confiance (Rogers, 1983, p. 109, traduction libre).

Madame Doiron, l'enseignante que nous avons présentée dans l'introduction à ce chapitre, aurait dit que cette attitude revient à accepter inconditionnellement la personne de l'apprenant, mais sans pour autant accepter tous ses comportements.

L'**empathie**, la troisième condition essentielle, est la capacité à se mettre à la place d'une autre personne, à adopter, ne serait-ce qu'un instant, le champ perceptuel de l'élève en tentant de comprendre son point de vue de l'intérieur : « Lorsque l'enseignant est capable de comprendre les réactions de l'étudiant de l'intérieur, de percevoir la façon dont celui-ci ressent le processus pédagogique, là encore la probabilité d'un apprentissage authentique s'en trouve accrue » (Rogers, 1983, p. 111, traduction libre). Rogers admet qu'il n'est pas toujours facile de se mettre à la place de l'élève, de voir le monde à travers ses yeux, et qu'une telle attitude « est plus que rare chez les enseignants » (p. 112, traduction libre) ; pourtant, soutient-il, son effet déclencheur dans une relation est extraordinaire.

Pour Rogers, un processus d'apprentissage authentique est indissociable d'un processus plus global d'actualisation de soi. En cela, il rejoint Maslow, qui considérait l'autoactualisation comme étant le but ultime de l'éducation. D'après Bouchard et Gingras (2007), trois conditions principales permettent à toute personne, incluant l'apprenant, de s'engager dans un processus d'actualisation : une attitude d'ouverture envers son expérience personnelle, une attitude de responsabilisation et de prise en charge de son développement de même qu'un engagement actif, qui se traduit en actions. L'ouverture est le fait de reconnaître et d'accepter sa propre subjectivité, et de privilégier « sa propre expérience plutôt que toute explication rationnelle ou tout jugement venant de l'extérieur » (p. 211). La prise en charge représente l'attitude par laquelle l'apprenant reconnaît qu'il est responsable de lui-même et qu'il est aux commandes des décisions relatives à ses comportements. Enfin, ces deux attitudes ne mèneraient nulle part si elles ne se traduisaient pas en actions, actions cohérentes par rapport aux besoins ressentis et inscrites dans une démarche de développement personnel. La figure 6.3 illustre les attitudes positives de l'enseignant (Rogers, 1983) et les conditions d'engagement dans un processus d'actualisation (Bouchard et Gingras, 2007) conduisant les unes et les autres à un apprentissage authentique.

FIGURE 6.3 Les attitudes et les conditions nécessaires à un apprentissage authentique

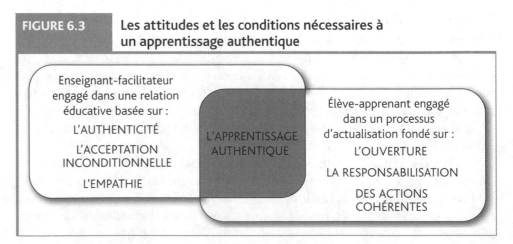

Enseignant-facilitateur engagé dans une relation éducative basée sur :
L'AUTHENTICITÉ
L'ACCEPTATION INCONDITIONNELLE
L'EMPATHIE

L'APPRENTISSAGE AUTHENTIQUE

Élève-apprenant engagé dans un processus d'actualisation fondé sur :
L'OUVERTURE
LA RESPONSABILISATION
DES ACTIONS COHÉRENTES

La psychologie humaniste et la tendance à l'actualisation

Carl Rogers aura contribué de manière importante à l'élaboration d'une psychologie humaniste, aussi désignée sous le nom de «psychologie perceptuelle». Celle-ci propose un modèle descriptif de la personne qui comprend trois dimensions : le comportement, l'énergie organismique et le champ perceptuel (Saint-Arnaud, 1974). La dimension comportementale n'a plus besoin de présentation, car elle a été longuement décrite dans le chapitre 3, consacré au courant béhavioriste.

L'énergie organismique, elle, est au cœur de ce modèle de la personne. Bien que cette énergie puisse être perçue comme étant de nature chimique, produit de la transformation des aliments, le psychologue humaniste la fait correspondre à une **tendance actualisante** ou tendance à l'actualisation (tandis que pour les psychanalystes freudiens, elle correspond plutôt à une énergie psychique qui prendrait la forme de pulsions ou d'instincts). Au centre de chaque personne (*voir la figure 6.4*) se trouverait donc une énergie ou force positive qui la pousse à s'actualiser en tant qu'être humain. Cette tendance naturelle à l'actualisation de soi est le premier postulat des psychologues humanistes.

Le second postulat de la psychologie perceptuelle détermine la perspective qui sera privilégiée pour l'étude de la personne et pour l'intervention : ce sera le champ perceptuel de la personne elle-même, d'où la primauté de la **subjectivité.** Les perceptions, nécessairement subjectives, de la personne constitueront donc le matériel de base du psychologue humaniste (comment la personne a perçu tel ou tel événement, comment elle a ressenti telle ou telle expérience, etc.).

La figure 6.4 illustre les différentes composantes issues des théories de Maslow et de Rogers. Au centre de chaque personne se trouve une énergie positive, la tendance à l'actualisation, qui s'exprime à travers une hiérarchie de besoins menant progressivement à l'autoactualisation. Le champ perceptuel, la manière dont la personne interprète la réalité, influencera le choix de ses comportements.

> **Tendance actualisante** (ou tendance à l'actualisation)
>
> Postulat de la psychologie humaniste qui reconnaît l'existence, chez tout être humain, d'une force ou d'une énergie positive au centre de la personne, qui pousse chacun à s'actualiser en tant qu'être humain. Pour l'enseignant humaniste, le but est de libérer, lorsque nécessaire, cette force positive pour permettre à l'apprenant de s'actualiser.

> **Subjectivité**
>
> Caractère de ce qui est subjectif, de ce qui est susceptible de varier selon les perceptions individuelles. La primauté accordée à la subjectivité, aux perceptions individuelles (comment la personne a perçu tel ou tel événement, comment elle a ressenti telle ou telle expérience, etc.) correspond au second postulat de la psychologie humaniste. Cette position détermine la perspective qui sera privilégiée pour l'intervention, soit le champ perceptuel du client en psychologie clinique ou celui de l'élève en éducation.

| FIGURE 6.4 | Le modèle humaniste de la personne |

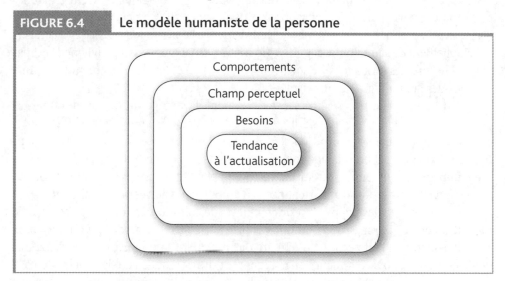

6.2 LA CONCEPTION HUMANISTE DE L'APPRENTISSAGE ET DE L'ENSEIGNEMENT

Nous venons de présenter les principaux fondements théoriques des dimensions personnelle et sociale du courant humaniste par l'entremise des travaux de Maslow et de Rogers, psychologues humanistes. Le courant humaniste en éducation constitue le prolongement pédagogique de la psychologie humaniste et soutient « que la finalité de l'éducation est le développement intégral de la personne et qu'à ce titre, l'éducateur est un facilitateur ou une personne ressource visant l'actualisation du potentiel de l'élève, principal agent de son développement » (Legendre, 2005, p. 740-741).

6.2.1 Le courant humaniste et les autres courants pédagogiques

En quoi au juste cette conception humaniste de l'éducation se distingue-t-elle des conceptions véhiculées par les courants béhavioriste, cognitiviste, constructiviste ou socioconstructiviste ? Entre le béhaviorisme et l'humanisme, les différences sont claires et évidentes : il y a, d'une part, un courant qui met l'accent sur le comportement observable et mesurable de même que sur les moyens de le contrôler à travers les conséquences offertes par l'environnement et, d'autre part, un courant qui insiste sur le développement personnel et l'affectivité, qui valorise l'empathie et le respect inconditionnel de l'apprenant et qui conçoit la personne comme étant fondamentalement libre et capable d'autoactualisation. Entre l'humanisme et le constructivisme ou le socioconstructivisme, les distinctions sont moins évidentes. En fait, il existe d'incontestables liens de parenté entre le courant humaniste et le courant socioconstructiviste en éducation.

Ainsi, les tenants du courant humaniste ne devraient pas avoir beaucoup de difficulté à s'entendre avec les partisans de ces deux courants en ce qui a trait aux approches pédagogiques à privilégier : une pédagogie de la participation et de l'autonomie, une pédagogie faisant ressortir le caractère unique de chaque apprenant, etc. Sur le plan des stratégies d'enseignement, il en va de même. Les humanistes et les socioconstructivistes s'accorderont sans peine à reconnaître la valeur pédagogique de stratégies telles que l'apprentissage par projets et l'apprentissage coopératif. On peut donc parler d'une certaine concordance sur le plan des moyens à mettre en place pour favoriser à la fois le développement de l'autonomie cognitive (le cognitivisme et le constructivisme), la capacité à résoudre des problèmes (le socioconstructivisme) et le développement personnel et social des apprenants (l'humanisme).

Les différences entre ces courants se situeraient davantage sur le plan des finalités poursuivies. Toutefois, même ces différences s'estompent à l'examen, voire s'effacent. En effet, on peut fort bien concevoir que les humanistes et les socioconstructivistes adoptent, par exemple, l'apprentissage coopératif, les uns parce que cette stratégie correctement implantée peut servir de tremplin au développement social des apprenants, tout en répondant à leurs besoins d'appartenance et d'amour, et les autres parce que cette même stratégie favorise le développement des habiletés de communication et les activités de médiation entre apprenants, médiation propice à la construction des savoirs. Rien ne devrait évidemment empêcher l'enseignant de poursuivre simultanément ces deux fins, ou de poursuivre consciemment l'une, d'ignorer l'autre… tout en atteignant les deux !

Les distinctions réelles entre le courant humaniste et les courants constructiviste et socioconstructiviste se situent plutôt sur le plan des priorités adoptées par les enseignants et par l'école. Un jour, madame Doiron, l'enseignante humaniste qui a été présentée en introduction, a fait une intervention très remarquée au cours d'une rencontre de perfectionnement professionnel. En substance, son message était le suivant : « Aujourd'hui, dans le discours pédagogique officiel et dans nos formations, on parle beaucoup du fonctionnement de la mémoire et du traitement de l'information, des styles et des stratégies d'apprentissage, de la métacognition et du transfert, de la résolution de problèmes et de l'apprentissage par découverte, et tout cela est effectivement très important. La révolution cognitiviste et constructiviste aura probablement été l'une des meilleures choses qui puissent nous arriver en éducation, mais… à quoi sert de devenir un processeur d'information aussi efficace que le dernier modèle d'ordinateur si la personne qu'est l'apprenant est mal dans sa peau ? À quoi servent toutes les stratégies cognitives et métacognitives du monde si la personne n'a pas trouvé les moyens d'entrer en relation avec elle-même et avec les autres ? À quoi sert de pouvoir résoudre les problèmes les plus complexes si je n'ai pas trouvé de réponse à la question du sens de ma vie ? Et à moi, enseignante, à quoi me sert de connaître le style d'apprentissage de mes élèves si je ne connais même pas leur nom et encore moins les rêves qui les habitent ? »

Les arguments de madame Doiron ne visent pas à diminuer la valeur des thèses cognitivistes, constructivistes et socioconstructivistes en éducation. La plupart des humanistes pourraient sans doute affirmer avec elle que la « révolution cognitiviste et constructiviste aura probablement été l'une des meilleures choses qui puissent nous arriver en éducation », mais cette révolution pédagogique n'est pas suffisante en soi. En bref, on pourrait dire que les humanistes rappellent et soutiennent la prédominance de l'affectif sur le cognitif, alors que les tenants du courant critique et citoyen accordent la prépondérance au développement de la pensée critique et de la responsabilité citoyenne sur toute autre dimension.

6.2.2 La finalité de l'éducation humaniste et les valeurs véhiculées

Quelle est la finalité de l'école dans une perspective humaniste ? Parenté oblige, on adoptera les valeurs mises en avant par les courants cognitiviste et socioconstructiviste, c'est-à-dire la reconnaissance de l'unicité de l'apprenant, le développement de l'autonomie et les valeurs de la coopération et de l'entraide. À celles-ci, nous ajouterons le développement personnel et social ainsi que l'ouverture sur la dimension spirituelle.

1. L'**unicité** de l'apprenant : Le caractère unique de chaque apprenant s'exprime non seulement dans sa manière d'apprendre (son style et ses stratégies d'apprentissage), mais aussi dans sa manière d'exprimer ses besoins de sécurité, d'appartenance, de pouvoir, de plaisir et de liberté. Nous reviendrons sur cette nouvelle classification des besoins fondamentaux (Glasser, 1984) et sur ses implications éducatives. Pour l'instant, retenons que l'approche humaniste reconnaît le caractère unique du vécu de l'apprenant, de ses centres d'intérêt, de ses désirs et de ses aspirations.

2. Le développement de l'**autonomie** : L'autonomie recherchée n'appartient pas uniquement au domaine cognitif (apprendre à apprendre), elle relève également du domaine affectif, par exemple du développement de l'**intelligence émotionnelle** (Goleman, 1998) et de l'émancipation de toute dépendance affective, y compris de la dépendance à l'endroit de l'enseignant. Elle relève, enfin, du domaine social ; l'élève doit apprendre à s'affirmer en tant qu'individu, prendre en charge tous les aspects de sa vie, notamment de son métier d'écolier.

3. Les valeurs de la coopération et de l'entraide : En tant que valeur humaniste, la coopération se justifie en elle-même et non comme un contexte d'interactions sociales

Unicité

Caractère de ce qui est propre à chaque personne. L'unicité de l'apprenant s'exprime dans divers domaines : dans sa manière d'apprendre et de traiter l'information issue de son environnement éducatif (styles d'apprentissage, styles cognitifs), dans sa manière de communiquer et d'interagir avec ses pairs, dans ses dispositions naturelles envers l'apprentissage, ainsi que dans une multitude d'aspects qui le définissent en tant que personne (expériences de vie, intérêts et passions, attitudes et croyances, etc.).

Autonomie

Capacité, à partir de sa motivation intrinsèque, d'agir et de conserver le contrôle de son action en toute liberté (REPAQ, 2008). On distingue trois sphères d'autonomie : l'autonomie personnelle et affective (composante intrapersonnelle), l'autonomie sociale (composante interpersonnelle) et l'autonomie cognitive.

Intelligence émotionnelle

Capacité à comprendre et à nommer les émotions vécues par soi-même et par les autres, capacité à exprimer soi-même ses émotions et à adapter ses comportements aux émotions vécues par les personnes avec lesquelles on interagit. On peut associer le concept d'intelligence émotionnelle avec celui d'intelligence sociale (compréhension des êtres humains et facilité à s'entendre avec eux) ou avec les intelligences dites intrapersonnelle et interpersonnelle (Gardner, 1983).

favorisant la médiation entre apprenants. D'un point de vue humaniste, la coopération s'inspire de l'**altruisme,** soit du souci d'aider l'autre à s'actualiser et du besoin de grandir en sa compagnie. Elle se conjugue ici avec la solidarité humaine et avec un sentiment d'unité avec l'autre et avec l'univers.

4. Le développement personnel et social : La finalité de l'éducation consiste à favoriser le développement personnel et social de chaque apprenant, à permettre l'affirmation de son caractère unique en tant que personne, unicité qui se construit par sa rencontre et son dialogue avec l'autre. L'école doit inciter à la connaissance de soi et de l'autre qui mène à l'autoactualisation.

5. L'ouverture sur la dimension spirituelle : Puisque l'école préconise le développement intégral de chaque apprenant, elle doit faire preuve de cohérence et répondre au **besoin de transcendance** des apprenants en s'ouvrant à la dimension spirituelle. Toutefois, cela doit se faire en respectant la diversité des croyances individuelles et en évitant toute forme d'endoctrinement.

6.2.3 Les principes de base de l'éducation humaniste

Comme on l'a vu précédemment, la conception du processus enseignement-apprentissage véhiculée par le courant humaniste n'est pas étrangère aux principes qui sont à la base de la psychologie humaniste. Shaffer (1978, cité par Bowd *et al.*, 1998) relève cinq principes qui exercent une influence directe sur la manière de concevoir l'apprentissage et l'enseignement : un accent placé sur la personne entière soit une **approche holistique,** une orientation mettant en valeur l'expérience individuelle, une présomption en faveur de la liberté humaine et la capacité à exercer des choix, une perspective non réductionniste (par exemple, l'apprentissage perçu comme un phénomène multidimensionnel) et, enfin, la croyance en un potentiel humain sans limites… connues.

Arthur Combs est l'un des auteurs les plus influents du courant humaniste en éducation. Animateur d'un groupe de travail sur l'éducation humaniste pour l'Association for Supervision and Curriculum Development, Combs (1979) s'est préoccupé des moyens d'implanter cette approche dans les écoles américaines. Selon lui, « l'éducation humaniste touche à tous les aspects du processus enseignement-apprentissage et met principalement l'accent sur la liberté, la dignité, l'intégrité et la valeur inhérente à chaque personne » (Combs, 1981, p. 446, traduction libre). Plus spécifiquement, l'éducation humaniste possède les caractéristiques suivantes :

- Elle prend en considération les besoins et les centres d'intérêt de chaque apprenant dans le but de créer des programmes et des situations d'apprentissage répondant au potentiel unique de chacun.

- Elle favorise l'autoactualisation de chaque apprenant et cherche à développer chez chacun un sentiment de compétence personnelle.

- Elle met l'accent sur l'acquisition du savoir-vivre-ensemble nécessaire à la vie dans une société multiculturelle, multiethnique ou multiraciale.

- Elle personnalise les décisions et les pratiques éducatives et, dans ce but, favorise la participation démocratique des apprenants à toutes les étapes du processus.

- Elle reconnaît la primauté de l'affectif et tient compte des valeurs et des perceptions des apprenants comme facteurs de l'apprentissage.

- Elle établit une atmosphère d'acceptation et de soutien ainsi qu'un climat d'apprentissage stimulant, non menaçant, qui incite au dépassement de soi.

- Elle nourrit le souci de l'autre, préconise le respect de la valeur intrinsèque de chaque personne et développe les habiletés nécessaires à la résolution de conflits.

Une éducation centrée sur l'élève et un apprentissage autodirigé

L'éducation humaniste est donc une éducation centrée sur la personne de l'apprenant. Comme plusieurs humanistes en éducation (par exemple, Neill, 1975), Carl Rogers accorde relativement peu d'importance à la composante « enseignement » du processus enseignement-apprentissage. Rogers (1983) était persuadé que le respect de certains principes d'apprentissage devrait suffire pour instaurer un processus d'éducation centré sur l'élève (*learner-centered education*), propice à un **apprentissage autodirigé** (*self-directed learning*). Les cinq principes d'apprentissage en question, cités entre autres par Dembo (1994), sont les suivants : reconnaître et alimenter le désir d'apprendre, qui est inné chez l'élève ; favoriser un apprentissage signifiant, répondant aux besoins et aux intérêts de l'apprenant ; créer un climat d'apprentissage non menaçant ; favoriser un apprentissage qui intègre l'affectivité, dans lequel toutes les dimensions de la personne sont engagées (*whole-person learning*) ; finalement, favoriser un apprentissage qui prépare l'apprenant au changement et qui le conduit à l'autonomie cognitive. Ce dernier principe, ajouté par Rogers dans les années 1980, ne déplairait pas aux tenants de l'école cognitiviste, Rogers allant jusqu'à affirmer que l'un des apprentissages les plus utiles à l'apprenant d'aujourd'hui consiste à apprendre au sujet de l'apprentissage (*learning about learning*) !

Une éducation humaniste aux limites du possible

Dans son livre intitulé *Les enfants du Verseau : pour un nouveau paradigme*, Marilyn Ferguson (1981) établit un parallèle intéressant entre les conceptions de l'ancien paradigme en éducation et celles d'un nouveau paradigme qui serait en émergence et qu'elle nomme l'**éducation transpersonnelle** (*voir le tableau 6.1 à la page suivante*). Selon elle, ce nouveau paradigme va beaucoup plus loin que le courant humaniste des années 1960, qui se contentait d'humaniser l'environnement éducatif, car « l'expérience transpersonnelle aspire à un nouveau type d'étudiant et à un nouveau type de société » (Ferguson, 1981, p. 214). Cette éducation incite à l'autotranscendance : « On encourage l'étudiant à être éveillé et autonome, à questionner, à explorer tous les coins et recoins de l'expérience consciente, à chercher du sens, à tester les limites externes, à contrôler les frontières et les profondeurs du soi » (p. 214). L'éducation transpersonnelle serait à la fois plus humaniste que l'éducation traditionnelle et plus rigoureuse sur le plan scientifique, puisqu'elle est « profondément enracinée dans la science » (p. 215).

Lorsque Ferguson a publié *Les enfants du Verseau : pour un nouveau paradigme* (en 1980 pour l'édition originale anglaise), les travaux sur le cerveau et l'apprentissage en étaient encore à leurs balbutiements. De plus récentes données, rapportées par Jensen (2001), viennent confirmer à la fois les thèses constructivistes sur la nécessaire construction de sens (Jensen parle d'une biologie du sens) et les positions humanistes sur le rôle crucial des émotions dans l'apprentissage humain (Hooper et Teresi, 1986). Caine et Caine (1997), auteurs d'un livre portant sur l'enseignement et le cerveau humain (1991), ont proposé par la suite une interprétation holistique de ces recherches, interprétation qui mène *L'éducation aux limites du possible*, suivant le titre de leur livre. Les thèses défendues

---

Apprentissage autodirigé

Conception humaniste du processus d'apprentissage dont la direction est assumée presque entièrement par l'apprenant (l'enseignant y joue un rôle secondaire de facilitateur). L'apprentissage autodirigé est un concept plus vaste que celui d'autorégulation, associé au socioconstructivisme, car il englobe l'ensemble des activités habituellement couvertes par le processus enseignement-apprentissage, incluant le choix des objectifs d'apprentissage qui seront poursuivis.

Éducation transpersonnelle

Courant pédagogique qui tente de répondre au besoin de transcendance des élèves en les amenant à se questionner sans cesse, à explorer tous les recoins de leur expérience consciente, à entreprendre une quête de sens, à explorer les frontières et les profondeurs du soi. Sous certains aspects, l'éducation transpersonnelle se rapproche du courant spiritualiste en éducation, mais elle se veut plus scientifique dans sa démarche.

dans cet ouvrage, par ailleurs dédié à l'humaniste Arthur Combs, rejoignent celles de l'éducation humaniste qualifiée de « transpersonnelle » : la connexion cerveau-corps-esprit ; la complexité et la plasticité du cerveau qui rendent possibles des apprentissages et des réalisations dont on rêvait à peine hier ; la nécessité d'accorder aux apprenants la liberté et l'occasion d'explorer les questions ultimes du sens de la vie et d'autres questions fondamentales et ainsi de suite. Leur conception de l'apprentissage, de l'humain possible en nous, intègre et transcende les postulats de l'éducation humaniste.

TABLEAU 6.1	Une comparaison entre l'ancien paradigme en éducation et l'éducation transpersonnelle	
CONCEPTIONS DE L'ANCIEN PARADIGME	**CONCEPTIONS DU NOUVEAU PARADIGME**	
Accent sur le contenu, sur l'acquisition d'un ensemble de connaissances « correctes », une fois pour toutes	Accent sur le fait d'apprendre à apprendre, à poser les bonnes questions, à être attentif aux choses pertinentes, à trouver l'information, à être ouvert aux nouveaux concepts et à les évaluer. Importance du contexte	
Apprendre est vu comme un produit, une destination	Apprendre est vu comme un processus, un voyage	
Priorité accordée à la performance	Priorité accordée à l'image de soi comme génératrice de la performance	
Orientation vers le monde extérieur	Sont encouragés : l'imagerie, l'imagination, la tenue de son journal de rêves, les exercices de « centration » et l'exploration des sentiments	
Expérience intérieure souvent considérée comme inopportune dans le cadre scolaire	Expérience intérieure considérée comme le contexte pour l'apprentissage	
Hypothèses et pensées divergentes non encouragées	Hypothèses et pensées divergentes encouragées comme faisant partie du processus créatif	
Mode de pensée analytique, linéaire, par le cerveau gauche	Effort pour une éducation de tout le cerveau ; augmentation de la rationalité du cerveau gauche au moyen de stratégies holistes, non linéaires et intuitives	

Source : Adapté de Ferguson (1981, p. 216-218).

6.2.4 La conception humaniste des rôles de l'enseignant et de l'apprenant

L'apprentissage, d'un point de vue humaniste, est conçu comme un processus de développement personnel qui amène l'apprenant à mieux se connaître et à s'autoactualiser en tant que personne unique. L'apprentissage scolaire est centré sur la personne de l'apprenant et met l'accent sur sa dimension affective. Pour être signifiant, il doit tenir compte des besoins et des centres d'intérêt de chacun (dimension personnelle). L'apprentissage scolaire consiste également à apprendre le vivre-ensemble, le respect et l'acceptation des différences, l'empathie et le souci de l'autre, la coopération et l'entraide, le dialogue et la résolution pacifique des conflits (dimension sociale). L'enseignement, d'un point de vue humaniste, est avant tout un accompagnement. Il s'agit, en effet, d'accompagner l'apprenant dans son processus d'apprentissage, de le guider sans le diriger, de proposer sans imposer. Enseigner, c'est répondre aux besoins exprimés et aux besoins non exprimés ; c'est être à l'affût des désirs et des passions de chaque apprenant (dimension personnelle). Enseigner, c'est également favoriser la rencontre et la connaissance de l'autre ; c'est éliminer les barrières interpersonnelles et les conflits qui entravent l'apprentissage du groupe (dimension sociale).

Un enseignant facilitateur d'apprentissage

La conception des rôles de l'enseignant et de l'apprenant découle tout naturellement de la conception du processus enseignement-apprentissage véhiculée par le courant humaniste. Raymond (2006) utilise une analogie imagée permettant d'illustrer les rôles respectifs de l'enseignant et de l'élève, soit celle d'un tandem, qui représente les processus d'enseignement et d'apprentissage, conduit par deux cyclistes. L'auteure se demande, par exemple, où seraient respectivement assis l'enseignant et l'élève sur un vélo béhavioriste, cognitiviste, constructiviste, socioconstructiviste ou humaniste. On retiendra surtout ici le contraste entre le tandem béhavioriste et le tandem humaniste. Du côté béhavioriste, on peut imaginer « un mode dans lequel l'enseignant est, dans la grande majorité des cas, sinon toujours, assis devant » ; l'enseignant, conducteur à la tête du vélo, « décrit à l'élève, assis derrière, tout ce qui se déroule en ce qui a trait au relief de la route ou au paysage et il l'invite à regarder là où il le faut » (Raymond, 2006, p. 17). Évidemment, il en va autrement sur le vélo humaniste, « avec l'élève qui, assis devant, avance à son rythme sur la piste, explore ce qu'il découvre au fil de son cheminement », alors que l'enseignant « plutôt accompagnateur, assiste aux découvertes de l'apprenant » (p. 22).

Le courant humaniste préconise donc un rôle d'accompagnateur pour l'enseignant, d'autres utilisant les termes de « guide » ou de « facilitateur ». Rogers (1976, 1983) s'est pour sa part penché sur le rôle de l'enseignant en tant que facilitateur d'apprentissage. Selon la présentation détaillée qu'en fait Bertrand (1998, p. 56-57), les principales caractéristiques de cet **enseignant facilitateur** sont les suivantes :

- Il mise avant tout sur l'établissement d'un climat propice à l'apprentissage, faisant confiance au groupe et à chaque apprenant.
- Il amène les apprenants à choisir et à clarifier leurs objectifs d'apprentissage personnels ainsi que ceux du groupe.
- Il aide l'apprenant à transformer son désir d'apprendre en énergie motivationnelle en lui permettant de réaliser des projets ayant une signification personnelle.
- Il assure l'accès au plus large éventail possible de ressources pour l'apprentissage : des documents écrits et audiovisuels, du matériel varié, des ressources informatiques (didacticiels, réseau Internet, etc.), des ressources humaines et communautaires (invités, mentors, visites éducatives, etc.).
- Il accueille le vécu affectif des apprenants (sentiments, émotions, attitudes) et favorise l'expression de celui-ci ; il demeure attentif à cette dimension affective qui s'exprime sur les plans individuel et collectif (dynamique de groupe).
- Il fait preuve d'authenticité, n'hésitant pas à communiquer à ses élèves ses propres sentiments et émotions, à manifester ses angoisses, ses colères et ses peurs.
- Il est également apprenant et participe au processus collectif d'apprentissage.

Un élève « s'éduquant »

Pour ce qui est du rôle de l'élève, on peut le résumer par l'expression « s'éduquant », qui a été introduite au cours des années 1970 pour indiquer le caractère personnel et

> **Enseignant facilitateur**
>
> Conception humaniste du rôle de l'enseignant qui cherche à établir les conditions environnementales (par exemple, un climat de classe où règnent la confiance et le respect), les conditions interpersonnelles (par exemple, des relations marquées par l'authenticité et qui accordent une place au vécu affectif) et les conditions motivationnelles (par exemple, des activités répondant aux intérêts personnels) permettant de mener ses élèves à un apprentissage authentique.

autodirigé de l'apprentissage. C'est la personne même qui s'éduque, car elle est aux commandes de son processus d'apprentissage, qu'elle dirige de manière à répondre à son besoin inné de connaître, de comprendre et de s'autoactualiser. Pour terminer cette section, l'encadré 6.1 propose quelques citations à saveur humaniste sur le thème « enseigner et apprendre ».

ENCADRÉ 6.1   **Enseigner et apprendre : quelques citations à saveur humaniste**

« Tu enseignes le mieux ce que tu as le plus besoin d'apprendre » (Richard Bach).

« Je rêve d'une école où la punition serait d'être privé d'assister aux cours » (Sacha Guitry).

« C'est ce que nous pensons déjà connaître qui nous empêche souvent d'apprendre » (Claude Bernard).

« Prends garde à ce petit être ; il est bien grand, il contient Dieu.

Les enfants sont, avant de naître, des lumières dans le ciel bleu » (Victor Hugo)*.

« Éduquer la jeunesse, c'est prendre soin de l'esprit dans la matière, de demain dans aujourd'hui, de l'être spirituel dans la vie terrestre » (Rudolf Steiner)*.

« Nous n'accordons pas autant d'importance à l'esprit des enfants qu'à leurs pieds ; ils ont en effet des chaussures de formes et de grandeurs diverses, à la mesure de leurs pieds... Quand aurons-nous une école sur mesure ? » (Édouard Clarapède).

« Comprendre est aussi important pour chacun d'entre nous qu'aimer. C'est une activité qui ne se délègue pas. Nous ne laissons pas à Casanova le soin d'aimer à notre place. Ne laissons pas le scientifique comprendre à notre place » (Albert Jacquard).

« [Il faut] que le désir de connaître s'applique à quelque chose qui mérite qu'on y consacre son existence, et que cette "sagesse" conduise les chercheurs à faire d'eux-mêmes et d'autrui de meilleurs êtres humains. Sinon, de quelle sagesse s'agit-il ? » (Matthieu Ricard).

« Enseignant, c'est un métier un peu difficile, surtout si l'on pratique la relation en-saignant/ en-saigné... c'est toujours une relation très douloureuse ! » (Jacques Salomé)*.

« Le monde entier l'intéresse et lui appartient. Il suffit de lui dire les mots des choses du monde entier pour que ce monde entier il l'ait en lui. C'est cela qui est merveilleux et c'est cela, éduquer un être humain » (Françoise Dolto)*.

« Que l'on ne s'y trompe pas : l'adage de McLuhan "le médium est le message" s'applique particulièrement en éducation où la méthode d'enseignement c'est l'enseignant lui-même. Autrement dit, l'enseignant transmet ce qu'il est avant de transmettre ce qu'il sait. La matière passe après lui puisqu'elle passe à travers lui. C'est la connaissance de l'instrument – de soi – qui compte » (Placide Gaboury).

« L'Enfant du Possible, c'est une porte par où s'infiltre l'avenir ; moi, fidèle à mon poste, je me tiens sur le seuil, prête à l'accueillir. Je vois, je repère, j'observe afin de déceler, peut-être, l'inestimable, l'inattendu, le don. Faire qu'il vienne éclore, précieux, si humble soit-il – semant la joie sous les pas de ceux qui marquent de cailloux blancs, de siècle en siècle, le trajet de l'avancée humaine » (Micheline Flak)*.

---

*Citations tirées de Smedt (1991, p. 13, 17, 76, 82 et 145).

6.3 LES IMPLICATIONS ÉDUCATIVES DES THÉORIES HUMANISTES

Après avoir présenté la vision de la vie, au centre de laquelle est placé l'être humain en devenir, et avoir expliqué la philosophie éducative du courant humaniste, il nous reste à voir les manières dont ces principes, conceptions, croyances et valeurs humanistes se traduisent concrètement dans la salle de classe. Ce sera l'objectif des deux prochaines sections de ce chapitre. Tout d'abord, nous explorerons les principales implications éducatives de ces courants en ce qui a trait aux techniques d'enseignement et aux pratiques pédagogiques, techniques et pratiques applicables sans une transformation radicale du processus enseignement-apprentissage.

6.3.1 La théorie du choix de Glasser

On l'a dit et répété, les humanistes accordent beaucoup d'importance au fait de reconnaître les besoins des jeunes et de répondre à ces besoins. L'étude des fondements théoriques du courant humaniste a d'ailleurs été amorcée avec la présentation de la théorie humaniste de la motivation et de la pyramide des besoins de Maslow. Bien que les principes de cette théorie demeurent toujours aussi pertinents, par exemple celui qui soutient qu'un besoin de niveau supérieur ne peut être comblé que si les besoins de niveau inférieur qui le précèdent dans la hiérarchie ont été comblés de façon satisfaisante, cette théorie

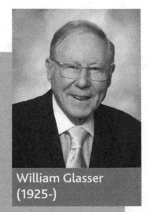

William Glasser
(1925-)

« *Pour comprendre ce qu'est vraiment la motivation, il est nécessaire de comprendre d'abord ce que prétend la théorie du contrôle. Selon cette théorie, tous les êtres humains naissent avec cinq besoins fondamentaux inscrits dans leurs gènes : la survie, l'amour, le pouvoir, le plaisir et la liberté. Toute notre vie, nous nous efforçons de vivre de façon à satisfaire un ou plusieurs de ces besoins* » (Glasser, 1996, p.70).

est aujourd'hui de plus en plus souvent remplacée, ou complétée, par celle de William Glasser (1984, 1996). Madame Doiron y faisait d'ailleurs allusion dans son plaidoyer humaniste dans l'introduction de ce chapitre.

Cette théorie du contrôle (*control theory*) ou théorie du système directionnel (Bélair, 1996), plus couramment connue aujourd'hui sous le nom de « théorie du choix » (Bélair, 2003) affirme, tout comme le faisait la théorie de Maslow, que les besoins fondamentaux de l'être humain sont de puissantes forces qui le poussent à agir (Glasser, 1984). Toutefois, toujours d'après Glasser, l'être humain, même lorsque très jeune ou en grande difficulté d'adaptation sociale, conserve sa capacité à exercer des choix dans sa manière de répondre aux puissantes forces que constituent ces besoins, d'où l'appellation de « théorie du choix ». D'après Glasser, ces cinq besoins fondamentaux sont le besoin de survie et de reproduction ; le besoin d'appartenance, de partage et de coopération ; le besoin de pouvoir ; le besoin de liberté et le besoin de plaisir (*voir la figure 6.5 à la page suivante*). Contrairement à Maslow, Glasser ne présente pas ces besoins sous forme de hiérarchie, tous les besoins ayant une égale importance. De plus, sa théorie s'accompagne d'une démarche d'intervention, la thérapie de la réalité, qui « aide les gens à se responsabiliser et à s'autodiscipliner » (Bélair, 1996, p. 3).

Signalons que les théories de Glasser ont connu un développement important au cours des récentes années, particulièrement au Québec où Francine Bélair s'en est faite l'une des porte-parole les plus éloquentes. Cette approche, profondément humaniste, cherche à responsabiliser les intervenants scolaires face au changement à apporter en milieu scolaire (Bélair, 2006), mais fournit également un grand nombre d'outils pratiques pour une gestion de classe inspirée de la théorie du choix, et ce, tant pour l'école primaire (Bélair, 2007) que pour l'école secondaire (Bélair, 2009).

FIGURE 6.5   **Les besoins fondamentaux selon Glasser**

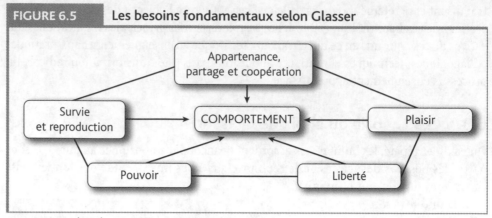

Source : Glasser (1984).

Étant donné l'importance que les humanistes accordent à la satisfaction des besoins des apprenants, nous exposerons les implications éducatives de ces théories en fonction des cinq besoins déterminés par Glasser (1984). Parmi ces besoins, l'auteur relève quatre besoins d'ordre psychologique, les besoins d'appartenance, de pouvoir, de liberté et de plaisir, alors que le besoin de survie correspond pour l'essentiel aux besoins physiologiques de Maslow (1954). Dans la présentation qu'elle fait de ce dernier besoin, Bélair (1996) intègre toutefois une dimension de sécurité, la survie dans les sociétés industrialisées contemporaines prenant souvent la forme d'un besoin de sécurité économique (le besoin d'occuper un emploi rémunéré), de sécurité physique (le besoin de se protéger contre d'éventuelles agressions) ou de sécurité psychologique. C'est ce dernier sens que nous attribuerons au besoin de survie proposé par Glasser, qui rejoint d'ailleurs l'interprétation générale du besoin de sécurité défini par Maslow (*voir la section 6.1.2*).

6.3.2   Répondre au besoin de sécurité

Dans certains milieux scolaires, il n'est pas exagéré de parler du besoin de sécurité ou de survie, l'école pouvant représenter une véritable menace pour la sécurité physique de certains élèves (coups, intimidation, harcèlement, etc.). Nous ne nous attarderons pas sur le phénomène de la violence ou du taxage, qui dépasse le propos de ce livre, mais nous rappellerons que pour les apprenants victimes de ces diverses formes de violence, l'école ne représente assurément pas un milieu propice à l'autoactualisation.

Les humanistes utilisent souvent l'expression « non menaçant » pour désigner le milieu d'apprentissage qu'ils cherchent à implanter dans les écoles (Combs, 1981 ; Rogers, 1976). Un milieu qui répond au besoin de sécurité psychologique est un milieu dont sont exclues la peur de l'erreur et de l'échec, la peur d'être ridiculisé, la peur d'être réprimandé si l'on ne fournit pas la bonne réponse, etc. L'idéal consisterait à éliminer tout simplement l'échec de l'école (Glasser, 1973), mais à défaut d'une mesure aussi draconienne – nous avons promis de nous en tenir à des pratiques applicables sans transformation radicale –, l'enseignant peut favoriser l'établissement d'un milieu sécuritaire, d'un milieu d'apprentissage ressenti comme non menaçant par les apprenants, en adoptant les attitudes et les pratiques suivantes.

1. Éviter les sarcasmes et les moqueries : La première attitude, qui s'impose d'elle-même consiste, d'une part, à accorder une place à l'erreur dans le processus

d'apprentissage et, d'autre part, à éviter toute remarque désobligeante à l'égard des apprenants qui se trompent. Certains enseignants n'hésitent pas à simuler des erreurs pour montrer aux élèves qu'eux aussi sont « humains », mais il s'agit avant tout ici d'implanter une atmosphère de respect à l'égard de soi-même, en désapprouvant chez l'élève l'autodénigrement (l'élève qui se moque de lui-même), et de respect à l'égard des autres apprenants, par exemple en favorisant l'entraide plutôt que la compétition.

2. Renforcer l'effort plutôt que le rendement : Une autre pratique toute simple consiste à renforcer, par des renforçateurs verbaux ou tout autre renforçateur (comme le renforçateur informationnel), l'effort déployé ou les progrès accomplis par les élèves plutôt que leur seul rendement. Certains enseignants emprunteront ainsi les techniques de rétroaction des béhavioristes pour afficher non pas les résultats que leurs élèves ont obtenus, par exemple à un test hebdomadaire d'orthographe, mais les progrès qu'ils ont enregistrés dans la réalisation d'objectifs personnalisés. D'un point de vue humaniste, il faut renforcer davantage la qualité de l'engagement de l'apprenant dans son processus d'apprentissage que son seul rendement scolaire.

3. Adopter ensemble un code de vie pour la classe : L'une des sources possibles d'anxiété pour les élèves se trouve dans le fait de ne pas connaître à l'avance les règles de fonctionnement de la minisociété que constitue leur groupe-classe. La plupart des enseignants, tant au primaire qu'au secondaire, communiquent leurs attentes dans ce sens à leurs élèves dès le début de l'année scolaire. Dans le meilleur des cas, ce code de vie est élaboré conjointement avec les élèves et peut prendre la forme d'une charte des droits et des responsabilités (Ferrer, Gamble et LeBlanc-Rainville, 1997) (voir le tableau 6.2). Signalons que cette manière de procéder répond non seulement au besoin de sécurité, mais contribue aussi à satisfaire le besoin de pouvoir et de participation des élèves, en particulier les élèves plus âgés du secondaire.

TABLEAU 6.2   Un exemple pouvant servir à l'élaboration d'une liste de droits et de responsabilités

ARTICLE	CE QU'ON A LE DROIT DE FAIRE	CE QU'ON A LA RESPONSABILITÉ DE FAIRE
1.	Exprimer son opinion.	Exprimer son opinion dans le respect d'autrui. Écouter et respecter l'opinion d'autrui.
2.	Exprimer ses émotions.	Exprimer ses émotions dans le respect d'autrui. Respecter les autres dans l'expression de leurs émotions.
3.	Participer aux discussions.	Écouter quand quelqu'un parle.
4.	Bouger de temps à autre.	Respecter la concentration d'autrui.
5.	Parler durant une période de travail.	Faire le travail demandé.
6.	Participer aux décisions du groupe.	Respecter les décisions du groupe.
7.	Chercher de l'aide au besoin.	Assumer la responsabilité d'agir de façon autonome.
8.	Recevoir de l'aide au besoin.	Apporter de l'aide au besoin.

Source : Ferrer, Gamble et LeBlanc-Rainville (1997, p. 21).

6.3.3 Répondre au besoin d'appartenance

Lorsqu'on tente de répondre au besoin d'appartenance, on contribue également à répondre au besoin de sécurité psychologique des élèves. Une pédagogie de l'accueil et de l'appartenance (Michaud, 2002) est une pédagogie qui non seulement accueille la différence, mais qui la célèbre. Cette pédagogie accorde une place d'égale importance à tous les apprenants, indépendamment de leurs capacités d'apprentissage, des particularités de leur fonctionnement (élèves en difficulté, élèves avec handicaps, etc.) ou de toute autre source de différence (race ou ethnie, classe sociale, religion ou croyances, etc.). C'est en établissant une véritable communauté d'apprenants que l'on pourra le mieux répondre au besoin d'appartenance de chaque élève. Rappelons que la communauté est définie ici comme un « groupe qui a appris à transcender ses différences individuelles » (Peck, 1993, p. 73) et à les intégrer dans la fibre du tissu communautaire (Vienneau, 2002). Parmi les pratiques qui permettent de répondre au besoin d'appartenance des élèves, nous retiendrons les suivantes.

1. Établir une relation personnelle avec chaque élève : Cette première pratique, simple en apparence, est peut-être la plus exigeante quant à son application. Tous les enseignants le confirmeront : certains élèves prennent plus de place que les autres et accaparent l'attention. L'enseignant doit alors relever le défi que représente le fait d'établir une véritable relation personnelle avec chaque élève. Pour ne pas oublier les élèves silencieux, qui ne se démarquent ni par leur rendement scolaire, ni par leur comportement en classe, madame Doiron, enseignante au secondaire, avait élaboré la technique présentée dans l'encadré 6.2.

ENCADRÉ 6.2 | **Une technique visant à établir une relation personnelle avec chaque élève**

Chaque jour, madame Doiron s'assurait d'avoir un échange personnel avec au moins cinq ou six élèves différents dans chacun de ses groupes-classes, par exemple en prenant des nouvelles de l'élève, en le complimentant pour un vêtement qu'il portait ou en lui parlant de sports ou de tout autre sujet d'intérêt pour lui. Cela pouvait se faire à l'entrée des élèves dans la classe, pendant une période de travail individuel, à la sortie de la classe, voire lorsqu'elle croisait ces élèves dans le corridor. Cette enseignante notait chaque jour le prénom des élèves avec lesquels elle avait eu un échange personnel. Ainsi, à la fin de la semaine, elle était assurée d'avoir eu au moins un contact personnalisé avec chacun d'entre eux. Ce qui, au début, pouvait avoir l'allure d'une activité contraignante devint si naturel après quelques mois qu'elle ne ressentit plus le besoin de noter le nom des élèves. De plus, certains des élèves dits anonymes avaient perdu leur caractère d'anonymat ; c'étaient maintenant ceux-ci qui amorçaient les échanges.

---

2. Valoriser tous les domaines de réalisation : Comme nous l'avons mentionné, l'école en tant qu'institution attribue de plus en plus d'importance aux moyens d'actualisation autres que l'apprentissage scolaire formel, comme les activités sportives, la musique, les arts visuels ou le théâtre. Cependant, il revient à l'enseignant de valoriser tous les domaines de réalisation des élèves à l'intérieur même de sa classe. Nous avons signalé la technique consistant à nommer chaque élève, à tour de rôle, « élève de la semaine », en faisant ressortir une réalisation scolaire ou toute autre performance exécutée à l'extérieur de l'école. Cette technique, qui peut être utilisée tant au primaire qu'au

secondaire, exige de l'enseignant qu'il demeure à l'affût de ce que vivent ses élèves, tant dans sa classe qu'à l'extérieur de la classe. Une autre technique, davantage adaptée au primaire, consiste à demander aux élèves de trouver une qualité, une habileté ou un talent à chacun des trois camarades de classe qui lui auront été assignés au hasard. Les résultats de ce « projet de recherche » un peu spécial sont par la suite communiqués à l'ensemble de la classe. À l'aide de ces techniques et bien d'autres, l'enseignant cherche à répondre au besoin d'appartenance de chaque apprenant en mettant en valeur les connaissances et les habiletés de toutes sortes, les talents et les centres d'intérêt de chacun.

3. Pratiquer une pédagogie de la coopération : La troisième pratique visant à répondre au besoin d'appartenance mériterait à elle seule un ouvrage entier. Il s'agit de la péda- gogie de la coopération (Gamble, 2002), qui est largement répandue sous l'appella- tion d'apprentissage coopératif et est implantée tant au primaire qu'au secondaire (Howden et Kopiec, 1998). L'apprentissage coopératif est souvent cité comme étant l'une des stratégies d'enseignement les plus propices à l'implantation d'une approche humaniste (Snowman, McCown et Biehler, 2009). On s'entend généralement pour affirmer qu'elle a des effets positifs sur la motivation (par exemple, l'image de soi comme apprenant), sur le rendement scolaire et sur la qualité des relations interper- sonnelles à l'intérieur de la classe.

S'inspirant de Spencer Kagan (1992), chercheur prolifique et auteur influent dans ce domaine, plusieurs enseignants intègrent dans leur approche coopérative des activités visant l'acquisition non pas d'apprentissages formels, mais d'habiletés sociales et le déve- loppement de l'esprit d'équipe. Ces « structures coopératives » (voir Howden et Martin, 1997) permettent aux élèves de mieux se connaître entre eux, d'acquérir des attitudes et des habiletés de collaboration et d'entraide et, surtout, un sentiment d'appartenance à l'équipe et au groupe, soit un esprit de classe.

6.3.4 Répondre au besoin de pouvoir

Si la préoccupation de répondre au besoin de sécurité des élèves peut facilement être géné- ralisée aux trois grandes écoles de pensée en psychopédagogie (qui pourrait s'y opposer ?), celle de répondre au besoin d'appartenance relève tout autant du socioconstructivisme que du courant humaniste en éducation, alors que les trois derniers besoins précisés par Glasser (1984), à savoir les besoins de pouvoir, de liberté et de plaisir, touchent à des pré- occupations plus spécifiquement humanistes. Comment peut-on répondre au besoin de pouvoir des élèves ? Bélair (1996) retient trois lieux de pouvoir : le pouvoir sur son corps, le pouvoir sur son environnement et le pouvoir sur soi et les autres. Le besoin de pouvoir sur son propre corps se manifeste aujourd'hui de manière assez voyante (par exemple, des cheveux aux couleurs inhabituelles), voire provocante (le phénomène du perçage ou *body piercing*). Les enseignants trouveront probablement plus facile de répondre au besoin de pouvoir sur l'environnement, par exemple en invitant les élèves à participer à la décoration de leur salle de classe, ce qui est une pratique courante au primaire, ou en attribuant aux élèves du secondaire un ou plusieurs coins qu'ils pourront utiliser libre- ment pour afficher des nouvelles de leurs chanteurs préférés, des poèmes, des dessins, etc. Toutefois, le principal lieu de pouvoir s'exerce sur soi-même et sur les autres. Comment peut-on arriver à un partage du pouvoir entre enseignants et élèves à l'école ? Voici trois suggestions, parmi plusieurs pistes possibles.

1. **Pratiquer l'écoute active**: La première pratique proposée est étroitement liée à l'un des postulats de la psychologie humaniste : le primat de la subjectivité. Par l'entremise de ses interventions, l'enseignant humaniste cherchera à connaître et à comprendre le point de vue de l'élève (empathie) au lieu d'imposer ses perceptions et ses solutions, et ce, tout en exprimant honnêtement ses positions (authenticité). L'écoute active et le « message Je » sont quelques-unes des techniques de communication interpersonnelle que l'on préconise pour établir la résolution d'un conflit de type « gagnant-gagnant » (*voir l'encadré 6.3*).

ENCADRÉ 6.3   L'écoute active et le « message Je »

L'enseignante : Roland, le fait que tu arrives en retard à mon cours me fait perdre beaucoup de temps, car je dois répéter mes directives pour toi. Je trouve cela très frustrant et cela me rend de mauvaise humeur (message Je et attitude authentique).

Roland : Ce n'est pas ma faute, Madame Doiron. J'ai un exercice de basketball tous les matins et mon entraîneur ne nous laisse pas partir avant la fin.

L'enseignante : Je comprends. Tu sens que tu dois rester à cet exercice jusqu'à la dernière minute, sinon tu risques d'avoir des ennuis avec ton entraîneur (écoute active et attitude empathique).

Roland : Oui, c'est exactement ça.

L'enseignante : Cela t'aiderait peut-être si j'en parlais à ton entraîneur.

Roland : Non, je ne crois pas. D'autres élèves ont essayé et cela n'a rien donné. Si on veut jouer avec l'équipe, on doit participer aux exercices et rester jusqu'à la fin. Comprenez-moi, Madame, je trouve votre cours important, mais je veux aussi continuer à faire partie de l'équipe de basketball.

L'enseignante : Alors, je crois que nous avons un problème. J'ai besoin que tu sois présent au début de mes cours, il n'y a aucun doute là-dessus. As-tu des suggestions à faire pour qu'on soit tous les deux gagnants dans cette situation ?

Roland : Eh bien... Peut-être que je pourrais demander à mon ami Étienne de prendre en note les directives et de me les montrer lorsque j'arrive en classe. De cette façon, je ne dérangerais personne et vous n'auriez pas besoin de tout répéter pour moi.

L'enseignante : Cela me semble raisonnable. Je m'occuperai de rappeler à Étienne de noter les choses importantes que tu aurais manquées. Évidemment, c'est d'abord à toi de lui demander s'il accepte de te rendre ce service.

Roland : Bien sûr. Merci, Madame Doiron. Je vous jure que je vais faire tout ce que je peux pour manquer le moins de temps possible de votre cours.

L'enseignante (*en riant*) : Sans courir dans les corridors de l'école ?

Roland (*riant également*) : Non, c'est promis. Je me contenterai de la marche olympique.

Source : Adapté de Dembo (1994, p. 326-327), d'après la méthode de Gordan (1974).

---

2. **Pratiquer une pédagogie de la participation**: Une deuxième pratique visant à répondre au besoin de pouvoir des élèves sur leur vie d'étudiant consiste à partager avec eux la gestion du processus enseignement-apprentissage. Gravel et Vienneau relèvent quatre niveaux ou formes de participation, allant de l'élève-exécutant (participation passive) à l'élève-gestionnaire, forme à l'intérieur de laquelle « l'élève participe, en étroite collaboration avec ses pairs et avec l'enseignant, à la gestion de l'ensemble du processus » (2002, p. 4). Par exemple, l'enseignant pourra inviter les apprenants à préciser leurs propres objectifs d'apprentissage, à établir leur démarche individuelle

d'apprentissage ou celle de leur équipe, et même à choisir les modalités à partir desquelles leurs apprentissages seront évalués (incluant l'autoévaluation). On devine qu'une telle forme de participation constitue un objectif pédagogique à long terme, mais elle est aussi le moyen ultime de placer les apprenants aux commandes de leur apprentissage.

3. **Pratiquer une gestion participative**: La troisième pratique suggérée pour répondre au besoin de pouvoir des apprenants est probablement la pratique dont l'implantation a connu le progrès le plus important au cours des 20 dernières années: la participation des élèves à la gestion de la classe ou gestion de classe dite «participative» (Caron, 1994, 1997). Bien que le terme «gestion de classe» englobe les aspects liés à l'apprentissage (par exemple, l'organisation du temps et de l'environnement pédagogique) ainsi que les aspects associés à la motivation et à la discipline (Legendre, 2005), nous nous référerons surtout à cette dernière composante de la gestion de classe. Le but de la gestion de classe est d'établir un climat propice à l'apprentissage; or, l'une des conditions essentielles pour créer ce climat est la qualité des relations interpersonnelles vécues entre élèves et entre élèves et enseignant. Glasser (1969) a été parmi les premiers auteurs à proposer la tenue régulière d'assemblées de classe. Il distinguait alors trois types d'assemblées, dont un type devant servir à la résolution de problèmes sociaux (par exemple, déterminer des moyens de résoudre un conflit entre élèves). Aujourd'hui, des formules telles que le **conseil de coopération** ont pris le relais.

6.3.5 Répondre au besoin de liberté

Pour la majorité des élèves, sinon pour la totalité des enfants et des jeunes d'âge scolaire, l'école est synonyme d'une importante perte de liberté. Aussi, il n'est pas surprenant que l'arrivée des vacances scolaires soit habituellement accueillie par un immense cri de soulagement: «Enfin libres!» Alexander Sutherland Neill (1883-1973), auteur du livre *Libres enfants de Summerhill* et héraut de la pédagogie libertaire (Gauthier, 2005), s'est avant toute chose porté à la défense des besoins des enfants: «Lorsque nous avons ouvert l'école [Summerhill], nous avions une vision fondamentale: celle d'une école qui serve les besoins de l'enfant, plutôt que l'inverse» (Neill, 1975, p. 22). Summerhill, école autogérée fondée en 1921 et établie en Angleterre en 1924, se voulait un lieu «où tous les enfants sont guéris de ce mal de l'âme et où, mieux encore, ils sont élevés dans la joie de vivre» (p. 18). Pour Neill, la liberté jouait un rôle fondamental dans cet apprentissage du bonheur, «non pas seulement comme procédé pédagogique, mais comme condition nécessaire de l'éducation» (Hemmings, 1981, p. 243). La principale caractéristique de cette école, dont l'exemple sera suivi un peu partout dans le monde, est que la présence des élèves aux cours n'est pas obligatoire: «les élèves peuvent les suivre ou ne pas les suivre, selon leur bon vouloir, et cela pour aussi longtemps qu'ils le désirent» (Neill, 1975, p. 22). Comment répondre au besoin de liberté des élèves sans verser dans des mesures aussi draconiennes? Voici, encore une fois, trois pistes d'intervention, parmi bien d'autres possibles.

1. **Permettre les déplacements**: La première pratique suggérée consiste à permettre aux élèves de se déplacer dans la salle de classe. En effet, il n'est pas inutile de rappeler combien une activité aussi simple que le fait de se déplacer devient à l'école une activité réglementée à l'extrême, lorsqu'elle n'est pas carrément interdite pendant les heures dites d'enseignement. Comment répondre à ce besoin de se déplacer, somme toute naturel, en particulier chez les jeunes enfants, tout en conservant un climat

Conseil de coopération

Formule de gestion de classe participative par laquelle les élèves sont amenés à discuter de manière périodique, par exemple, toutes les semaines, des difficultés rencontrées dans la vie de leur groupe-classe. Le conseil de coopération est également l'occasion de souligner publiquement les réalisations des élèves et de mettre en valeur des comportements d'entraide et de coopération au sein du groupe.

propice à l'apprentissage ? Comment accorder « le droit de bouger de temps à autre » en l'associant à « la responsabilité de respecter la concentration d'autrui » (Ferrer, Gamble et LeBlanc-Rainville, 1997) ?

La solution la plus évidente consiste à faire régulièrement appel à des modèles ou à des stratégies d'enseignement, comme la pédagogie de la découverte ou l'apprentissage par projets, qui incluent une bonne part d'activité physique ou qui permettent aux élèves de circuler d'un centre et d'une activité d'apprentissage à l'autre (formule des centres d'apprentissage). En plus de ces solutions pédagogiques, on peut imaginer diverses pratiques relevant de la gestion de classe (*voir l'encadré 6.4*) qui favoriseraient également un sentiment de liberté chez les élèves, sentiment venant contrecarrer l'impression d'être enfermé de longues heures durant dans un carcan de bois et de métal.

ENCADRÉ 6.4 | **Une technique visant à répondre au besoin de liberté des élèves**

Madame Lirette, enseignante de deuxième année, a toujours souhaité accorder un maximum de liberté à ses jeunes élèves. Parmi les moyens choisis, elle a décidé de modifier sa gestion des permissions d'aller aux toilettes, et ce, de manière à remettre un peu plus de liberté et de responsabilités entre les mains de ses élèves. Au début de l'année scolaire, ses élèves ont reçu un petit carton sur lequel chacun a écrit son nom. Ces cartons, qui ont par la suite été plastifiés, sont de deux couleurs : verts pour les garçons et rouges pour les filles. Lorsqu'un enfant a besoin d'aller aux toilettes ou désire aller boire de l'eau à la fontaine du corridor, il prend son carton, le place sur le crochet approprié (un crochet pour les garçons, un autre pour les filles) et le tour est joué ! Il n'y a aucune permission à demander à l'enseignante. Les règles aussi sont simples : pas plus d'un garçon et d'une fille à la fois. En tout temps, l'enseignante n'a qu'à jeter un coup d'œil sur les crochets pour connaître le nombre et l'identité des enfants qui sont sortis de la classe.

---

2. **Permettre des choix :** La deuxième pratique visant à répondre au besoin de liberté des apprenants consiste à introduire un certain nombre de choix dans leur vécu scolaire. Du côté pédagogique, la reconnaissance du fait que les élèves n'apprennent pas tous de la même manière (différents styles d'apprentissage) ou ne traitent pas l'information de la même façon (différents styles cognitifs) a entraîné un certain nombre d'auteurs, tels que Dunn et Dunn (1998), à suggérer des activités ou des ressources complémentaires pour répondre aux différents profils cognitifs et motivationnels des élèves. En plus d'avoir recours à des ressources diversifiées et de permettre aux élèves de choisir entre celles-ci (le résultat d'apprentissage poursuivi l'emporte sur le moyen utilisé pour l'atteindre), l'enseignant peut introduire des choix qui respecteront les intérêts des élèves : le choix d'un thème de rédaction, d'un roman à résumer, d'un sujet de recherche, etc. Enfin, on peut à l'occasion autoriser des choix dans la forme que prendra la démarche d'apprentissage ou la démarche évaluative : le choix entre un travail individuel et un travail d'équipe, entre un travail présenté oralement et un travail présenté par écrit, entre une évaluation effectuée conjointement par les pairs et l'enseignant et une évaluation effectuée par l'enseignant seul, etc.

3. **Permettre la dissidence :** La dernière pratique correspond à l'attitude à adopter face à la critique et aux remises en question des apprenants, en particulier celles, plus fréquentes et plus radicales, des adolescents. L'élève doit se sentir libre d'exprimer sa

différence, c'est-à-dire d'exprimer des points de vue différents de ceux de la majorité des élèves et de ceux de l'enseignant. Répondre au besoin de liberté peut aussi vouloir dire « l'accueil dans la classe du doute, de la suspicion, de la critique, du débat, de la controverse, du conflit » (Michaud, 2002, p. 8). Répondre au besoin de liberté, c'est permettre la liberté d'être de soi et la liberté d'être de l'autre.

6.3.6   Répondre au besoin de plaisir

Est-il possible d'imaginer une école où rayonne la joie de vivre, une école qui soit un milieu de vie, où le verbe apprendre se conjugue avec l'auxiliaire « plaisir », une école qui soit un milieu d'apprentissage où l'effort intellectuel est alimenté par un puissant désir de connaître et de comprendre ? Si certains élèves et enseignants bénéficient d'ores et déjà d'un tel environnement, il faut admettre que ce genre de milieu d'apprentissage est encore loin d'être généralisé à toutes les écoles et à toutes les classes. Les humanistes se sont faits les champions de la cause du bonheur des enfants, pas d'un lointain bonheur à venir après qu'ils auront « fait leurs classes », mais du bonheur d'apprendre ici et maintenant, à l'école. Comment répondre au cinquième besoin fondamental retenu par Glasser (1984), soit le besoin de plaisir des élèves ? Trois dernières pistes sont suggérées.

1. Intégrer le plaisir dans sa pédagogie : La première pratique suggérée est en fait davantage un constat qu'une pratique éducative qu'un enseignant serait en mesure d'implanter du jour au lendemain, bien que les qualités et les habiletés dont nous traiterons puissent s'acquérir. Quelles sont les qualités personnelles et les habiletés professionnelles qui contribuent au plaisir d'apprendre chez les élèves ? Si l'on accepte le principe selon lequel on enseigne avant tout ce que l'on est, on conviendra qu'un enseignant qui éprouve manifestement beaucoup de plaisir à enseigner à ses élèves et à apprendre en leur compagnie enseigne ce plaisir d'apprendre, qu'un enseignant passionné par la découverte et la nouveauté dans sa discipline d'enseignement enseigne la passion de cette discipline, qu'un enseignant débordant de joie de vivre et d'humour enseigne la joie de vivre et l'humour, et ainsi de suite.

   Dans son ouvrage, Stronge (2002) propose une synthèse des recherches portant sur les qualités personnelles et les habiletés professionnelles des enseignants dits « efficaces ». Malgré les difficultés inhérentes à la définition du concept d'efficacité, l'auteur rappelle que, parmi toutes les variables découlant du milieu scolaire, la variable « enseignant » est celle qui exerce l'influence la plus déterminante sur la réussite des élèves. Il répertorie cinq catégories de facteurs de cette « méta-variable » : la formation, la gestion, la planification, l'enseignement et l'enseignant en tant que personne. Cette dernière catégorie inclut des qualités telles que le fait de se préoccuper de l'élève comme d'une personne (*caring*), qualité qui se manifeste par des attitudes d'écoute, de compréhension et une connaissance personnelle de l'élève. Les autres qualités répertoriées sont le sens de la justice et le respect des élèves, l'enthousiasme et la motivation de l'enseignant, l'attitude positive à l'égard de la profession enseignante, la capacité à s'autoévaluer et la qualité des interactions sociales avec les élèves. Parmi les conclusions auxquelles arrive Stronge (2002), les enseignants efficaces sont ceux qui ont du plaisir en classe et qui démontrent leur désir de partager ce plaisir avec leurs élèves. De plus, ils ont un bon sens de l'humour et aiment échanger des blagues avec leurs élèves (*voir l'encadré 6.5 à la page suivante*).

« Je voulais juste vous écrire un petit mot de remerciement pour tout ce que vous avez fait pour moi au cours des deux dernières années. J'ai beaucoup appris et j'ai eu beaucoup de plaisir à apprendre avec vous pendant ces deux ans. J'ai aimé les laboratoires et pratiquement tout ce que nous avons fait dans votre classe parce que vous le rendiez plaisant. Nous avons appris sans même nous en rendre compte, mais lorsque venait le temps de montrer ce qu'on savait, alors on se disait : "Wow ! j'ai vraiment appris un tas de choses !" Non seulement vous nous avez appris beaucoup au sujet des sciences, mais vous nous avez aussi fait vivre de vraies expériences qui nous préparent pour le collège et même pour l'université. Mais par-dessus tout, vous étiez comme une amie pour moi. [...] J'espère que je vous ressemblerai un peu lorsque je serai devenue adulte. J'ai le sentiment que vous vous préoccupez vraiment de vos élèves et que vous aimez sincèrement votre travail d'enseignante. Merci d'avoir été une superbe enseignante et amie. Vous avez rendu ces années vraiment "*super le fun*". Merci. Merci mille fois. »

Source : Stronge (2002, p. 13, traduction libre).

2. **Intégrer le jeu dans sa pédagogie** : Une deuxième pratique permettant de répondre au besoin de plaisir des élèves... et des enseignants consiste à introduire le jeu en classe (De Grandmont, 1995). Une pédagogie qui intègre l'activité ludique répond du même coup à un besoin naturel chez l'enfant : le désir et le plaisir de jouer. Cette pratique mise donc sur cet intérêt inné chez les enfants de tout âge en leur proposant à l'occasion des activités purement ludiques, soit le jeu pour le plaisir de jouer, des jeux qui leur permettront d'acquérir de nouvelles connaissances (les jeux éducatifs) ou d'approfondir des concepts déjà appris (les jeux pédagogiques). Il est possible de présenter aux élèves divers types de jeux, allant des jeux que l'on trouve dans le commerce aux jeux inventés par l'enseignant... ou par les élèves. Tout en répondant au besoin de plaisir, le jeu permet le développement d'habiletés intellectuelles (comme la résolution de problèmes), psychomotrices et sociales. Il convient tout aussi bien à la réalisation d'objectifs du programme régulier qu'à celle d'objectifs répondant aux besoins particuliers des élèves. On peut jouer à des jeux de manière individuelle, en dyade, en équipe ou de manière collective. Enfin, bien que plusieurs jeux fassent appel à la compétition, on reconnaît de plus en plus de valeur aux jeux coopératifs dont le but est de permettre à plusieurs enfants d'atteindre ensemble un certain résultat.

3. **Intégrer la créativité dans sa pédagogie** : La troisième et dernière pratique suggérée en vue de répondre au besoin fondamental du plaisir pourrait donner lieu à un long plaidoyer pour une pédagogie active et créative (Amegan, 1987). Nous nous contenterons ici de présenter la créativité comme l'un des moyens privilégiés de répondre au besoin de plaisir des élèves, puisque, comme le disait si bien l'écrivain français Georges Duhamel (1884-1966) : « Créer, en définitive, est la seule joie digne de l'homme. » Créer est également une source de joie accessible à tous. Maslow a d'ailleurs fait le constat suivant : « un excellent potage démontre plus de créativité qu'une mauvaise peinture » (cité par Landry, 1992, p. 24), ce qui amène Landry (1992) à préciser que la créativité n'est pas qu'une affaire d'artistes. En fait, d'après Carl Rogers, créer serait l'une des conditions menant à l'autoactualisation, l'acquis recherché par l'éducation étant « l'autonomie, l'apprentissage autodéterminé et responsable, la libération de la créativité, une certaine tendance à devenir de plus en plus une personne » (cité par Landry, 1992, p. 15). La profonde satisfaction, l'intense plaisir ressenti par l'apprenant

à qui l'on permet d'exprimer sa créativité tient probablement au fait que créer, c'est se créer (Landry, 1992) ou, comme l'exprime Hubert Reeves, « s'il faut être pour créer, il faut aussi créer pour être, c'est-à-dire s'épanouir et développer encore plus loin sa propre créativité » (cité dans Poliquin, 1998, p. VIII).

Rachael Kessler (2000) désigne de son côté sept portes d'entrée menant à l'âme de l'éducation (*soul of education*), définie comme la dimension la plus profonde de l'expérience humaine. Cette dimension se traduit par la quête incessante, de la part de l'apprenant, d'une vie intérieure plus riche, transcendant son existence quotidienne et matérielle. L'une de ces portes ou l'un de ces chemins d'entrée est le pouvoir de la créativité, le moyen le plus familier de nourrir l'âme à l'école : « Que ce soit en développant une nouvelle idée, une œuvre d'art, en vivant une découverte scientifique ou en découvrant tout autre nouvel horizon, les élèves peuvent ressentir tout le mystère de la création » (Kessler, 2000, p. 17, traduction libre). En plus des quatre phases du processus créatif (préparation, incubation, inspiration et vérification), Kessler retient quatre principes permettant d'instiller la créativité dans le processus enseignement-apprentissage : rester ouvert à l'inconnu et à l'imprévu ; établir des ponts entre les différentes cultures, croyances et manières d'apprendre ; chercher l'équilibre entre les exigences de la forme et la liberté d'expression ; chercher l'équilibre entre le sentiment de sécurité et la prise de risques.

Au moins une autre de ces portes touche directement au besoin de plaisir des élèves : la soif naturelle de joie : « Cette soif de joie peut être satisfaite à travers des expériences toutes simples telles que le jeu ou la fête » (Kessler, 2000, p. 17, traduction libre). En analysant les sept portes d'entrée décrites par l'auteure (*voir la figure 6.6*), on constate que ces moyens proposés en vue d'enrichir la vie intérieure des élèves peuvent être associés, de près ou de loin, à l'un ou l'autre des cinq besoins fondamentaux relevés par Glasser (1984).

FIGURE 6.6	Les portes d'entrée de la vie intérieure des élèves selon Kessler

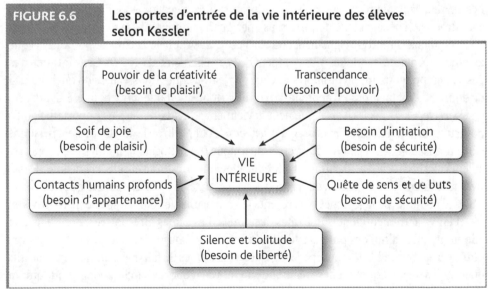

Source : Adaptée de Kessler (2002, p. 17).

Maintenant que nous avons énuméré pas moins de 15 pistes pour implanter les théories humanistes en salle de classe, à raison de trois implications éducatives par besoin (*voir tableau 6.3 à la page suivante*), nous présenterons le modèle d'enseignement qui reflète le mieux l'idéal humaniste en éducation : la pédagogie ouverte.

TABLEAU 6.3	Quelques pistes d'intervention pour répondre aux besoins fondamentaux des élèves
BESOINS	**PISTES D'INTERVENTION**
1. Répondre au besoin de sécurité.	1. Éviter les sarcasmes et les moqueries. 2. Renforcer l'effort plutôt que le rendement. 3. Adopter ensemble un code de vie pour la classe.
2. Répondre au besoin d'appartenance.	1. Établir une relation personnelle avec chaque élève. 2. Valoriser tous les domaines de réalisation. 3. Pratiquer une pédagogie de la coopération.
3. Répondre au besoin de pouvoir.	1. Pratiquer l'écoute active. 2. Pratiquer une pédagogie de la participation. 3. Pratiquer une gestion participative.
4. Répondre au besoin de liberté.	1. Permettre les déplacements. 2. Permettre des choix. 3. Permettre la dissidence.
5. Répondre au besoin de plaisir.	1. Intégrer le plaisir dans sa pédagogie. 2. Intégrer le jeu dans sa pédagogie. 3. Intégrer la créativité dans sa pédagogie.

6.4 LA PÉDAGOGIE OUVERTE ET LES ÉCOLES ALTERNATIVES

Écoles alternatives

Écoles proposant un projet éducatif particulier. Dans un sens large, on peut qualifier d'« alternative » toute école offrant une orientation qui la distingue des autres écoles (par exemple, les programmes sport-étude et musique-étude) ou qui s'inspire d'une philosophie éducative particulière (par exemple, les écoles Steiner et les écoles Montessori). Dans un sens plus restrictif, les écoles alternatives désignent au Québec les écoles publiques, constituées en réseau, adhérant à une vision commune de l'éducation. Notons qu'il existe également des écoles alternatives dans le secteur privé.

Les tenants d'une approche humaniste en éducation n'accordent pas tous la même importance à la dimension pédagogique du processus enseignement-apprentissage. Par exemple, Neill (1975) soutenait que « l'enseignement donné à l'école n'a vraiment aucune importance [et que] les enfants, comme les adultes, n'apprennent que ce qu'ils veulent » (p. 39). Cette attitude n'est pas sans rappeler une autre position soutenue par Jean-Jacques Rousseau, selon qui il suffisait de donner à l'enfant le désir d'apprendre et qu'alors toute méthode serait bonne. Suivant cette perspective, les stratégies d'enseignement deviennent secondaires, le plus important étant la poursuite du bonheur et l'apprentissage de la liberté (pour Neill) ou le développement personnel et l'actualisation de soi en tant que personne unique (pour Rogers). En tant que groupe, par ailleurs fort hétéroclite, les partisans d'une éducation humaniste ont effectivement accordé relativement moins d'importance aux méthodes et aux stratégies d'enseignement que ne le feront d'autres courants pédagogiques plus récents (en particulier le courant socioconstructiviste).

Il en va autrement depuis quelques décennies. Les **écoles alternatives,** dont plusieurs adoptent aujourd'hui des projets éducatifs d'inspiration humaniste, accordent en fait une grande importance à leurs choix pédagogiques, conscientes du fait que leurs idéaux éducatifs, quels qu'ils soient, ne pourront se réaliser qu'au moyen d'une démarche pédagogique qui soit cohérente avec les valeurs prônées. Ainsi, telle ou telle école accordera une place prépondérante à la pédagogie de la coopération, consciente qu'une telle approche permettra entre autres de répondre au besoin d'appartenance des élèves ; telle autre fera une place importante à la pédagogie du projet, cherchant à établir les conditions qui permettront de répondre aux besoins de pouvoir et de liberté de ses élèves ; telle autre, enfin, fera le choix d'une pédagogie du jeu de manière à répondre au besoin de plaisir des élèves. Nous reviendrons sur le phénomène des écoles alternatives (*voir la section 6.4.2*), mais pour l'instant, posons-nous la question suivante : existe-t-il une stratégie ou un modèle d'enseignement susceptible de répondre à l'ensemble des besoins des élèves décrits par Glasser (1984), c'est-à-dire de répondre à la fois à leurs besoins de sécurité, d'appartenance, de pouvoir, de liberté et de plaisir ? Un tel modèle d'enseignement semble bel et bien exister. Il s'agit de la pédagogie ouverte.

6.4.1 Un modèle d'enseignement humaniste : la pédagogie ouverte

La pédagogie ouverte (*open education*) est également désignée sous l'expression de « pédagogie ouverte et interactive » (Paquette, 1992a, 1992b). Dès les années 1970, Claude Paquette (1976) s'est fait l'un des chantres au Québec de ce « courant pédagogique » d'inspiration humaniste (voir également Paré, 1977). Suivant la terminologie que nous avons retenue, la pédagogie ouverte constitue en fait un modèle d'enseignement, puisqu'elle intègre de manière coordonnée un ensemble de stratégies d'enseignement (l'apprentissage coopératif, l'apprentissage par découverte, etc.) et de pratiques éducatives (le tableau de programmation, l'organisation physique de la salle de classe en différents coins de travail ou de rencontre, etc.).

Une pédagogie centrée sur l'interaction

D'après Paquette, la pédagogie ouverte est avant toute chose une pédagogie centrée sur l'interaction, à savoir sur les interactions éducatives entre l'intervenant scolaire (l'enseignant) et les « commettants » (les apprenants) et sur les interactions entre les apprenants et leur environnement éducatif :

> Dans la salle de classe, l'utilisation d'un tableau de programmation permettra à l'élève de planifier sa journée de travail selon trois grandes catégories d'activités : celles qu'il réalisera seul, celles qu'il réalisera en petite équipe et, finalement, celles qui seront réalisées en collectif. Ce choix s'effectue donc à partir du tableau de programmation. Ce dernier a été élaboré à partir de propositions de l'intervenant et des élèves. Durant la réalisation des activités, l'intervenant soutient la démarche de l'élève. Il formule des pistes de travail. Il provoque et confronte l'élève dans sa démarche. De plus, il observe le déroulement des activités pour obtenir des données qui serviront au processus évaluatif. L'aménagement physique de la classe est en relation directe avec les activités retenues (Paquette, 1992a, p. 41-42).

On constatera la place importante accordée à la médiation (*voir le chapitre 5*) dans ce modèle d'enseignement d'inspiration humaniste, qu'il s'agisse d'une médiation ayant une forte composante affective de la part de l'enseignant qui guide les élèves dans leur processus d'apprentissage, d'une médiation par les pairs ou d'une médiation par l'entremise des interactions avec l'environnement éducatif. Cette médiation active de l'apprentissage distingue ce modèle d'enseignement d'une pédagogie dite « libertaire », une pédagogie du laisser-faire, centrée sur l'« apprenant-roi » et visant à la satisfaction immédiate de ses désirs, ce que certains pourraient qualifier de pédagogie du « tentage » : « Cela te tente mon bonhomme, de faire des mathématiques, ce matin ? Cela te tente de faire du français ? » (Brossard et Marsolais, 1999, p. 43). Comme le rappelle avec beaucoup d'à propos Catalina Ferrer, dans une entrevue rapportée dans ce collectif, la pédagogie ouverte nécessite un véritable encadrement pédagogique, c'est une pédagogie qui fait appel au sens des responsabilités « à l'égard de soi et des autres » (p. 43).

La classe comme milieu de vie propice aux activités ouvertes

La pédagogie ouverte repose sur des convictions éducatives qui la distinguent des trois autres types de pédagogie relevés par Paquette (1976, 1992a, 1995), soit la pédagogie libre, centrée sur l'apprenant ; la pédagogie encyclopédique, centrée sur l'enseignant transmetteur d'informations et la pédagogie fermée et formelle, centrée sur le contenu des programmes (*voir l'encadré 6.6*). La pédagogie ouverte accorde ainsi une importance particulière à l'environnement éducatif, qu'elle « transforme en milieu de vie », et « utilise les événements de la classe et ceux de la vie comme des occasions d'apprentissage » (Beaudry, 2007, p. 189). C'est une pédagogie active, qui soutient l'élève et assure « le respect de ses intérêts et de son besoin d'explorer, d'expérimenter et de découvrir son environnement » (p. 189).

ENCADRÉ 6.6   **Les convictions éducatives à la base de la pédagogie ouverte**

Quant au but général de l'éducation
- Éduquer, c'est promouvoir un développement intégré.
- Le développement s'effectue selon un rythme et un style propres à la personne.
- La transformation de l'apprenant s'effectue en interaction avec un environnement pertinent.

Quant aux valeurs à privilégier
- L'autonomie et l'interdépendance.
- La liberté et la responsabilisation.
- La participation et la démocratie.

Quant à la conception de l'apprentissage
- La pédagogie doit faire appel aux habiletés et aux expériences personnelles de l'apprenant.
- Elle doit favoriser l'établissement de liens significatifs entre l'apprenant et son environnement.
- Elle doit stimuler l'interrogation, le questionnement et la créativité de l'apprenant.
- Elle doit mettre en relation les perceptions de l'apprenant et la rétroaction reçue de l'environnement.
- Elle doit favoriser la prise de conscience menant à un apprentissage authentique.

Source : Adapté de Paquette (1992a, p. 59-79).

La distinction essentielle entre ces divers types de pédagogie se situe toutefois sur le plan des activités d'apprentissage qui sont mises en place : « Dans une pédagogie ouverte et interactive, l'activité d'apprentissage fait appel aux talents multiples de l'apprenant. Elle est ouverte parce qu'elle n'anticipe pas les résultats, parce qu'elle laisse une place à l'imprévisible » (Paquette, 1992a, p. 84). Les principales caractéristiques d'une activité d'apprentissage ouverte sont présentées dans l'encadré 6.7. Notons que ces activités font largement appel à la créativité des élèves et recourent à des situations propices à la résolution de problèmes. Dans un second tome consacré aux *Démarches et outils*, Paquette (1992b) propose également un grand nombre d'activités ouvertes sur les thèmes des valeurs, de l'autonomie et de l'interdépendance, de la liberté et de la responsabilisation ainsi que de la démocratie participative.

L'activité d'apprentissage ouverte est l'une des principales composantes de la mosaïque des éléments d'une pédagogie ouverte (Paquette, 1992a), les deux autres composantes étant l'aménagement (de l'espace, du temps et du groupe) et les interventions-relations (incluant les éléments de gestion, d'analyse éducative, du processus d'apprentissage et des interactions). Au primaire, l'activité d'apprentissage ouverte peut comprendre les éléments précisant quelle sera l'activité réalisée par l'élève, par l'enseignant, conjointement par l'enseignant et l'élève, de même que les activités accomplies à l'extérieur de l'école. Dans une monographie publiée pour le ministère de l'Éducation du Nouveau-Brunswick,

Les principales caractéristiques d'une activité d'apprentissage ouverte

1. L'activité ouverte est complète par elle-même.
2. L'activité ouverte favorise l'intégration des différents champs disciplinaires (matières).
3. L'activité ouverte est propice à l'utilisation simultanée de plusieurs processus de pensée (divergente, évaluative, convergente).
4. L'activité ouverte ne prédétermine pas les apprentissages à réaliser ni les performances à atteindre. Elle met en branle des processus à partir de situations ou de problèmes significatifs.
5. La situation ou le problème posé dans une activité ouverte peut provenir d'un intérêt ou d'une préoccupation de l'élève, ou de l'intervenant, ou d'une entente conjointe des deux.
6. Une activité ouverte est au choix parmi d'autres activités ouvertes. Le tableau de programmation est un outil de gestion privilégié dans une pédagogie ouverte et interactive.
7. Une activité ouverte est propice à une démarche d'apprentissage continu.

Source: Paquette (1992a, p. 85-86).

ENCADRÉ 6.8 **Les faits illustrant une pédagogie ouverte et informelle**

Dans une pédagogie ouverte et informelle (ou interactive):
- les élèves choisissent des activités d'apprentissage;
- les activités d'apprentissage font simultanément appel à plusieurs talents;
- les élèves planifient leur horaire de travail;
- les élèves apportent du travail à la maison selon leur initiative ou après concertation avec l'enseignant;
- des espaces sont aménagés pour rendre l'environnement éducatif stimulant: salon de lecture, coin d'exploration, coin d'expression, etc.;
- l'aménagement de la classe est réalisé conjointement par les élèves et l'enseignant;
- les règlements de la classe sont décidés conjointement par les élèves et l'enseignant;
- les activités d'apprentissage permettent une intégration des matières.

Source: Paquette (1995, p. 65).

Paquette (1995) énumère des faits illustrant une pédagogie ouverte et informelle (*voir l'encadré 6.8*). Cette énumération résume les principaux éléments d'une pédagogie ouverte et interactive.

On peut évidemment remettre en question certains aspects de la pédagogie ouverte (Daignault *et al.*, 1984), en particulier l'accent placé sur des situations d'apprentissage choisies et préparées par le groupe-classe, ce qui peut même se faire au détriment des résultats d'apprentissage prescrits par les programmes d'études. L'application d'une pédagogie ouverte soulève en effet la question « que faut-il apprendre ? », à laquelle Paquette (1992a) répond, entre autres choses, qu'« un programme ne doit pas entraver la liberté de progresser vers l'apprentissage » (p. 241) et qu'« un programme doit favoriser l'apprentissage par une intégration des différentes disciplines scolaires » (p. 246).

Ces deux propositions, tirées des cinq principes recommandés par Paquette (1992a), méritent qu'on s'y arrête. Tout d'abord, les contenus d'apprentissage que prévoient les programmes officiels sont de plus en plus conçus comme des « plates-formes » pour l'acquisition d'habiletés cognitives supérieures et de compétences transversales (compétences d'ordre intellectuel, d'ordre méthodologique, d'ordre personnel et social et de l'ordre de la communication). En cela, les tenants de la pédagogie ouverte ont peut-être devancé les concepteurs des programmes actuels en optant dès les années 1970 pour des activités d'apprentissage globales, non morcelées, favorisant à la fois l'intégration des disciplines et l'acquisition de compétences variées, telles que les compétences à exploiter l'information, à résoudre des problèmes, à exercer son jugement critique, à mettre en œuvre sa pensée créatrice, à se donner des méthodes de travail efficaces, à coopérer ou à communiquer de façon appropriée.

Une autre critique qu'on adresse souvent à la pédagogie ouverte concerne le manque apparent de rigueur dans la démarche évaluative qui y est préconisée. Là encore, les adeptes de cette pédagogie progressiste ont fait preuve d'avant-gardisme en prônant en quelque sorte une « évaluation authentique » avant l'heure, démarche évaluative faisant appel entre autres à l'observation de l'intervenant, à l'entrevue individuelle, à l'autoévaluation de l'apprenant, au journal de bord et à la rétroaction des pairs. On y ajoutera aujourd'hui la tenue d'un portfolio d'apprentissage (Farr et Tone, 2002), le tout devant mener à une évaluation ouverte et interactive (Paquette, 1992a).

Comme nous l'avons mentionné au début de cette section, la pédagogie ouverte nous apparaît comme le modèle d'enseignement le plus susceptible de répondre à l'ensemble des besoins relevés par Glasser (1994). Avec l'accent qui est mis sur la vie du groupe-classe et sur le travail réalisé en équipe, la pédagogie ouverte répond tout d'abord au besoin d'appartenance des élèves. Ensuite, le fait de participer activement au choix des activités d'apprentissage ainsi qu'au processus d'évaluation contribue à répondre au besoin de pouvoir des jeunes. De plus, la nature même des activités proposées, qui permettent des initiatives de toutes sortes, favorise un sentiment de liberté chez les apprenants. L'engagement tant cognitif qu'affectif associé à des activités choisies librement ainsi que la place importante accordée à la créativité permettent à leur tour de répondre au besoin de plaisir. Enfin, le soutien affectif d'un enseignant facilitateur ainsi que des pairs, perçus non pas comme des concurrents, mais comme des collaborateurs dans leur démarche d'apprentissage, devrait favoriser un sentiment de sécurité chez les élèves.

6.4.2 Des projets éducatifs d'inspiration humaniste : les écoles alternatives

En 2001, le Réseau des écoles publiques alternatives du Québec était officiellement fondé, succédant à l'association Goéland, un regroupement d'écoles alternatives initié dans la foulée des premières écoles alternatives de cette province, dont l'école Jonathan, la toute première du genre au Québec (ouverture en 1974). Aujourd'hui, le REPAQ compte pas moins de 31 écoles, soit 28 écoles primaires et 3 écoles secondaires. Dans son *Référentiel*, accessible en ligne, on y précise la mission de l'école publique alternative :

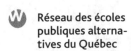

Réseau des écoles publiques alternatives du Québec

> Dans un esprit d'ouverture à l'innovation et en s'inspirant de plusieurs courants en éducation, l'école publique alternative a pour mission d'offrir au jeune un environnement adapté à ses besoins et à ses intérêts. Une équipe éducative composée d'élèves, de parents, du personnel enseignant et non enseignant l'accompagne, pour un développement global, dans la définition de son identité par le choix de ses propres objectifs d'apprentissage afin de lui permettre de réussir sa vie et de contribuer à la collectivité (REPAQ, 2008, p. 2).

Bien qu'il affirme s'inspirer de plusieurs courants pédagogiques, on conviendra que l'énoncé de la mission de ce réseau d'écoles emprunte un discours d'inspiration fortement humaniste (primauté des besoins et intérêts des élèves, développement global, etc.). De fait, la lecture des différents projets éducatifs de ces écoles permet de dégager au moins deux constantes : des valeurs empruntées pour une bonne part au courant humaniste et des orientations pédagogiques puisant principalement dans les courants constructiviste et socioconstructiviste. Les valeurs communes de ces écoles alternatives sont précisées dans le *Référentiel* du REPAQ (2008). Ce sont la responsabilité, la coopération, l'autonomie, le respect, l'engagement, la démocratie et l'innovation. En ce qui concerne les orientations pédagogiques privilégiées, le *Référentiel* définit cinq balises pour le choix de ces stratégies : le respect du rythme d'apprentissage de l'élève, la priorité au projet personnel de l'élève, le développement de l'autodétermination de l'élève, la définition particulière de la réussite de l'élève (sur le plan du développement optimal des compétences de chaque élève en fonction de son propre potentiel et non d'une norme externe à l'élève) et enfin, la coéducation de l'élève. La redéfinition proposée des quatre éléments du modèle systémique de la situation pédagogique (Legendre, 1983) résume ces orientations pédagogiques (*voir la figure 6.7*).

FIGURE 6.7   **Le modèle de la situation pédagogique (SOMA) des écoles alternatives du Québec**

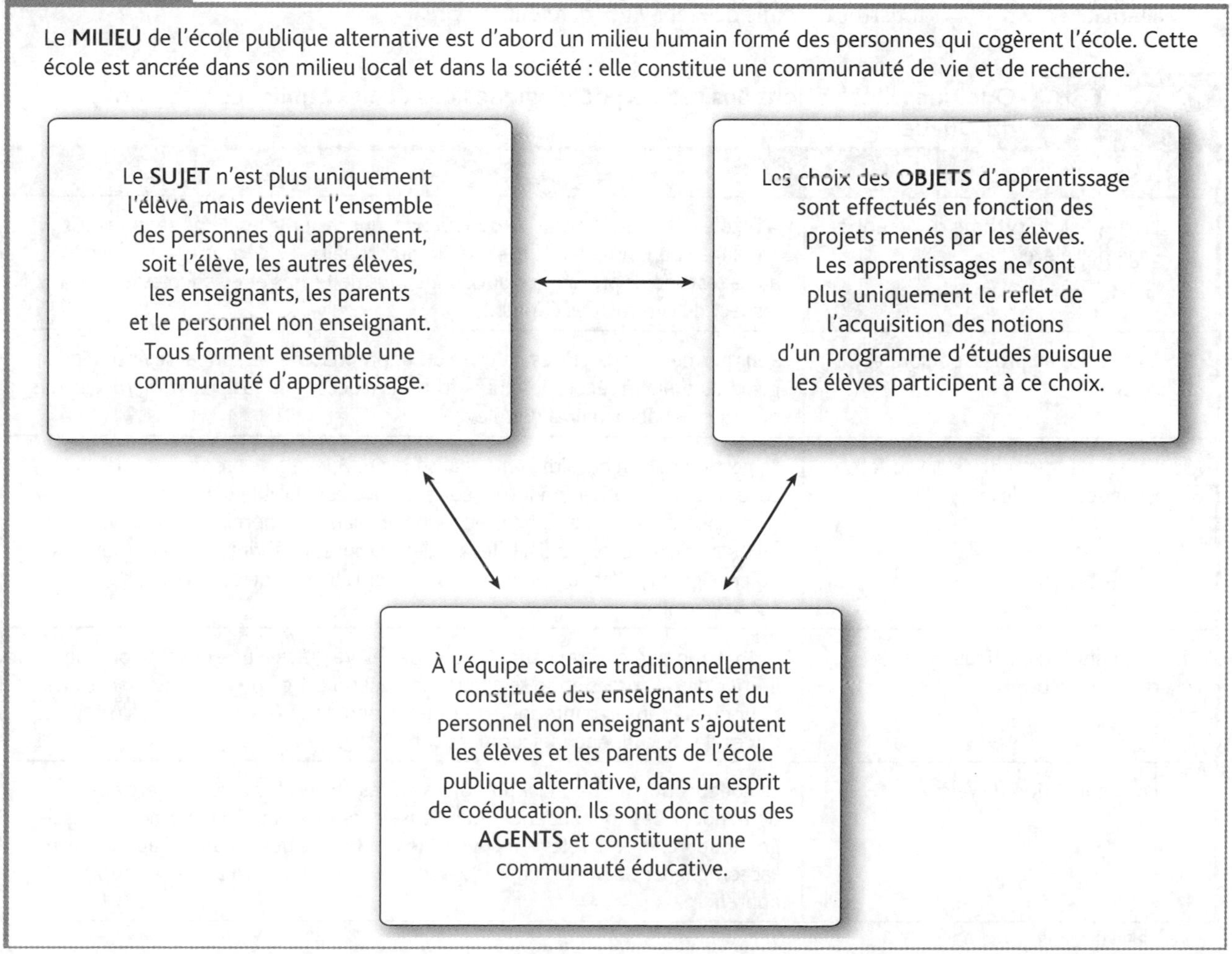

Le **MILIEU** de l'école publique alternative est d'abord un milieu humain formé des personnes qui cogèrent l'école. Cette école est ancrée dans son milieu local et dans la société : elle constitue une communauté de vie et de recherche.

Le **SUJET** n'est plus uniquement l'élève, mais devient l'ensemble des personnes qui apprennent, soit l'élève, les autres élèves, les enseignants, les parents et le personnel non enseignant. Tous forment ensemble une communauté d'apprentissage.

Les choix des **OBJETS** d'apprentissage sont effectués en fonction des projets menés par les élèves. Les apprentissages ne sont plus uniquement le reflet de l'acquisition des notions d'un programme d'études puisque les élèves participent à ce choix.

À l'équipe scolaire traditionnellement constituée des enseignants et du personnel non enseignant s'ajoutent les élèves et les parents de l'école publique alternative, dans un esprit de coéducation. Ils sont donc tous des **AGENTS** et constituent une communauté éducative.

Tel qu'il est précisé dans la page d'accueil du Réseau des écoles publiques alternatives du Québec, le *Référentiel* propose avant tout une vision commune de l'éducation alternative au Québec. Il est à la fois contraignant et souple : « contraignant puisqu'il présente une mission unique, des valeurs non négociables et des balises d'encadrement » pour les choix pédagogiques, mais suffisamment souple « afin que chacune des écoles qui y adhèrent puisse mettre en œuvre une éducation alternative à sa couleur » (REPAQ, consulté le 17 novembre 2010, p. 1). C'est en effet le constat que nous avons pu faire. Que ce soit au moyen d'une pédagogie ouverte (par exemple, l'école Atelier), d'une pédagogie Freinet (par exemple, l'école alternative L'Envol), d'une pédagogie du projet (par exemple, l'école Étoile filante), d'une pédagogie d'autoformation assistée (école secondaire Le Vitrail) ou qu'on choisisse de mettre l'accent sur le développement intégral (école Arc-en-ciel) ou sur la dimension communautaire (école alternative Jonathan), toutes ces écoles ont en commun un même esprit, le respect de la personne de l'apprenant, d'élèves « tous différents, [mais] pas indifférents » (c'est le très joli slogan de l'école alternative Tourterelle) !

Comme il est impossible de présenter ici les projets de chacune de ces 31 écoles, nous avons plutôt choisi de compléter cette trop brève introduction aux écoles publiques alternatives du Québec par quelques-uns des exemples employés dans le *Référentiel* du REPAQ (2008) pour illustrer chacune des cinq balises pédagogiques de ces écoles (*voir le tableau 6.4*). Notons que des exemples sont également inclus dans le *Référentiel* pour illustrer chacune des sept valeurs retenues.

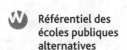
Référentiel des
écoles publiques
alternatives

TABLEAU 6.4	Quelques illustrations des balises pédagogiques des écoles publiques alternatives du Québec
BALISES PÉDAGOGIQUES	**ILLUSTRATIONS**
1. Le respect du rythme d'apprentissage de l'élève	À l'école publique alternative du Québec, une vision globale de sept ans est envisagée pour amener l'élève à la fin du primaire. Le découpage année par année est moins présent, ce qui donne plus de temps et de souplesse pour le respect du rythme des élèves.
2. La priorité au projet personnel de l'élève	Pour permettre aux élèves de vivre un apprentissage personnalisé et une pédagogie du projet à l'école, les cours formels n'occupent pas plus de la moitié des périodes hebdomadaires de l'élève.
3. Le développement de l'autodétermination de l'élève	La gestion de son horaire personnalisé incite l'élève à se prendre en main et constitue une motivation intrinsèque. L'élève est stimulé par les tâches qu'il doit réaliser. Il se fixe aussi des échéanciers dans son horaire personnel. Parce qu'il s'est fixé des objectifs, l'élève a des comptes à rendre à l'adulte (parents ou enseignant) : c'est un moyen de stimuler l'élève et de développer son autodétermination.
4. La définition particulière de la réussite de l'élève	Un bulletin non chiffré assure le suivi de l'élève grâce à une description qualitative de ses forces et de ses défis. Ce bulletin offre une latitude importante pour que les enseignants soulignent les progrès des élèves afin de valoriser les forces de chacun. Aucune comparaison n'est faite entre les élèves.
5. La coéducation de l'élève	La coéducation permet d'apprendre avec les élèves. Il y a des projets qui demandent des connaissances que l'enseignant n'a pas. À ce moment, l'enseignant apprend avec l'élève, il devient le modèle de quelqu'un qui apprend. En l'accompagnant dans ses apprentissages, il enseigne aussi à l'élève comment apprendre.

Source : REPAQ (2008, p. 8-10).

Les fondements théoriques de l'humanisme (*section 6.1*)

- Deux courants pédagogiques complémentaires sont issus de l'école humaniste : le courant humaniste proprement dit, comprenant les dimensions personnelle et sociale, et le courant critique et citoyen, comprenant les dimensions de la pensée critique et de l'éducation citoyenne.

- Le courant humaniste vise le développement personnel et social des apprenants. Ses principaux théoriciens sont Abraham Maslow et Carl Rogers.

- Maslow, le père de la troisième force en psychologie, a proposé une théorie humaniste de la motivation selon laquelle les êtres humains seraient motivés par le désir de satisfaire certains besoins hiérarchisés, les besoins de niveau inférieur devant être au moins partiellement satisfaits avant que l'on soit en mesure de satisfaire les besoins de niveau supérieur. La pyramide des besoins comprend quatre besoins-déficiences (les besoins physiologiques, les besoins de sécurité, les besoins d'appartenance et d'amour et les besoins d'estime) et trois besoins de croissance (les besoins de connaître et de comprendre, les besoins esthétiques et le besoin d'autoactualisation).

- Rogers préconise une approche non directive en éducation. Il identifie trois attitudes nécessaires à une relation éducative efficace, c'est-à-dire à une relation menant à un apprentissage authentique entre un enseignant facilitateur de l'apprentissage et les apprenants : l'authenticité, l'acceptation inconditionnelle et l'empathie.

- D'après Bouchard et Gingras (2007), trois conditions principales permettent à toute personne, incluant l'apprenant, de s'engager dans un processus d'actualisation : une attitude d'ouverture envers son expérience personnelle, une attitude de responsabilisation et de prise en charge de son développement de même qu'un engagement actif, qui se traduit en actions.

La conception humaniste de l'apprentissage et de l'enseignement (*section 6.2*)

- La conception de l'apprentissage et de l'enseignement de l'école humaniste s'apparente à celle des courants constructiviste et socioconstructiviste en éducation ; cependant, le courant humaniste soutient la prédominance de l'affectif sur le cognitif.

- La finalité et les valeurs véhiculées par le courant humaniste sont la reconnaissance de l'unicité de chaque apprenant, le développement de l'autonomie, les valeurs de la coopération et de l'entraide, le développement personnel et social ainsi que l'ouverture sur la dimension spirituelle.

- L'apprentissage, d'un point de vue humaniste, est conçu comme un processus de développement personnel et social menant à l'autoactualisation, alors que l'enseignement est un processus centré sur l'apprenant et autodirigé par celui-ci. D'après Combs, l'éducation humaniste met l'accent sur la liberté, la dignité, l'intégrité et la valeur inhérente à chaque personne.

- Le rôle de l'enseignant est d'accompagner l'élève dans son processus de croissance ; selon Rogers, il s'agit d'un rôle de facilitateur d'apprentissage. Le terme « s'éduquant » résume le rôle attendu de la part de l'élève.

Les implications éducatives des théories humanistes (*section 6.3*)

- Les interventions éducatives découlant des théories humanistes permettent de répondre aux besoins relevés par Glasser : les besoins de sécurité, d'appartenance, de pouvoir, de liberté et de plaisir.

- On peut répondre au besoin de sécurité des élèves en évitant les sarcasmes et les moqueries, en renforçant l'effort plutôt que le rendement et en établissant avec les élèves un code de vie pour la classe.

- On peut répondre au besoin d'appartenance des élèves en établissant une relation personnelle avec chaque élève, en valorisant tous les domaines de réalisation et en pratiquant une pédagogie de la coopération.

- On peut répondre au besoin de pouvoir des élèves en pratiquant l'écoute active (chercher à connaître et à comprendre le point de vue de l'élève), en pratiquant une pédagogie de la participation et en adoptant une gestion participative (par exemple, à l'aide d'un conseil de coopération).

- On peut répondre au besoin de liberté des élèves en permettant les déplacements dans la salle de classe, en proposant des choix aux élèves et en tolérant une certaine forme de dissidence.

- On peut répondre au besoin de plaisir des élèves en intégrant le plaisir dans la pédagogie (montrer son plaisir d'apprendre et sa joie de vivre, son sens de l'humour, son enthousiasme pour sa discipline, etc.), en intégrant le jeu dans la pédagogie et en favorisant l'expression de la créativité des élèves.

La pédagogie ouverte et les écoles alternatives (*section 6.4*)

- La pédagogie ouverte est un modèle d'enseignement qui intègre différentes stratégies d'inspiration humaniste et socioconstructiviste, telles que l'apprentissage coopératif et l'apprentissage par projets, et des outils de gestion, tels que le tableau de programmation.

- La pédagogie ouverte et interactive préconisée par Paquette met l'accent sur les interactions éducatives entre l'enseignant et les apprenants et entre les apprenants et leur environnement éducatif.

- L'activité d'apprentissage ouverte, choisie librement par les apprenants, fait appel à la créativité et à la résolution de problèmes et favorise l'intégration des matières.

- Les écoles alternatives publiques du Québec partagent des valeurs communes, dont plusieurs valeurs humanistes, ainsi que certaines balises guidant le choix de leurs stratégies pédagogiques.

Lectures recommandées

BEAUDRY, N. (2007). « L'humanisme (section 3) », dans C. Raby et S. Viola, *Modèles d'enseignement et théories d'apprentissage – de la pratique à la théorie*, Anjou (Qc), Les Éditions CEC, p. 187-205.

BOUCHARD, S. et GINGRAS, M. (2007). « Le paradigme humaniste et existentiel (chapitre 6) », dans *Introduction aux théories de la personnalité*, 3e édition, Montréal, Gaëtan Morin Éditeur, p. 195-232.

GAUTHIER, C. (2005). « Alexander S. Neill et la pédagogie libertaire », dans C. Gauthier et M. Tardif (direction), *La pédagogie – Théories et pratiques de l'Antiquité à nos jours*, 2e édition, Montréal, Gaëtan Morin Éditeur, p. 175-194.

PAQUETTE, C. (1992a). *Une pédagogie ouverte et interactive. Tome 1 : L'approche*, Montréal, Québec/Amérique.

PAQUETTE, C. (1992b). *Une pédagogie ouverte et interactive. Tome 2 : Démarches et outils*, Montréal, Québec/Amérique.

SIMARD, D. (2005). « Carl Rogers et la pédagogie ouverte », dans C. Gauthier et M. Tardif : *La pédagogie - Théories et pratiques de l'Antiquité à nos jours*, 2e édition, Montréal, Gaëtan Morin Éditeur, p. 209-235.

CHAPITRE 7

Le courant critique et citoyen

Pistes de lecture et contenu du chapitre

Après la lecture de ce chapitre, le lecteur devrait être en mesure de répondre aux questions suivantes :

- Quels sont les principaux fondements sociologiques et théoriques du courant critique et citoyen ? Comment la pensée critique et l'engagement citoyen peuvent-ils être mis à contribution dans une éducation à la citoyenneté et dans un nouveau projet de société ?

- Quelle est la conception critique et citoyenne de l'apprentissage et de l'enseignement ? Comment cette conception est-elle liée aux idéaux humanistes et comment s'en distingue-t-elle ?

- Quelles sont les principales implications éducatives du courant critique et citoyen dans le contexte scolaire actuel ? Comment peut-on intégrer les communautés de recherche, la formation à la pensée critique et la pédagogie de la conscientisation dans une démarche pédagogique ?

- Comment l'éducation à la citoyenneté dans une perspective planétaire permet-elle de répondre à la fois à la dimension critique et à la dimension citoyenne de ce courant pédagogique ?

« C'est pas juste, madame ! »

Le commentaire de François a fusé spontanément et a surpris madame Rainville. Ce n'est pourtant pas la première séance de travail en équipe avec ce groupe-classe, dans son cours de mathématique de huitième année (secondaire 2), mais, songe-t-elle aussitôt, c'est bel et bien la première expérience de François, un nouvel élève qui vient tout juste de se joindre à sa classe à la suite d'un déménagement. Ses 28 élèves, regroupés en équipes de quatre, doivent résoudre individuellement, tout en s'entraidant, un certain nombre d'équations du premier degré à une inconnue se ramenant à la forme $2x + b = cx + d$ (exemple $8x + 2 = 3x + 12$). Madame Rainville a préparé cet exercice d'application des connaissances avec beaucoup de soin. La plupart des élèves ont reçu la même fiche d'exercice, composée des mêmes 20 problèmes, dont le niveau de difficulté va croissant. Toutefois, certains élèves en ont reçu une version différente, contenant moins de problèmes à résoudre ou contenant des problèmes d'un niveau de difficulté différent, incluant quelques problèmes plus difficiles (une activité d'enrichissement pour quelques élèves particulièrement doués en mathématique). Cette différenciation pédagogique, pratiquée sur une base régulière par madame Rainville, ne soulève plus aucune contestation ou remise en question chez ses élèves du secondaire, qui ont compris qu'un traitement identique n'est pas synonyme d'un traitement équitable. Sauf apparemment par François, son nouvel élève. Celui-ci vient de découvrir que son voisin, Justin, a reçu une fiche ne contenant que 10 équations à résoudre, problèmes qui, de plus, sont beaucoup plus faciles que les siens et que ceux des deux autres membres de son équipe. D'où la réaction spontanée, qui a fusé de sa part : « C'est pas juste, madame ! »

Madame Rainville a déjà eu une discussion à ce sujet avec ses élèves, au tout début de l'année scolaire, discussion animée portant précisément sur le thème de l'égalité des chances. Pour ce faire, elle s'est inspirée d'un guide, *L'éducation aux droits de la personne*, publié par la Fondation d'éducation des provinces atlantiques (Ferrer, Gamble et LeBlanc-Rainville, 1997). Les auteures y proposent de nombreuses activités pour toutes les classes, de la maternelle à la fin du secondaire, activités regroupées en deux grandes catégories : les droits de la personne et les droits des peuples, ainsi que les droits de solidarité. L'activité en question, *Le respect des différences*, fait partie des activités proposées dans la section du guide portant sur les droits et responsabilités relatifs au développement de la personne. Madame Rainville a également puisé dans la section des droits et responsabilités relatifs à la participation de la personne pour élaborer avec ses élèves une *Charte des droits et des responsabilités*. Ladite Charte, fièrement déployée dans le local de la classe et personnellement signée par ses 29 auteurs, présente les droits et responsabilités de chacun, démocratiquement établis par l'ensemble de leur communauté d'apprentissage. Madame Rainville réalise alors que bien qu'elle ait remis à François une copie de la charte dès son arrivée en classe, elle n'a pas encore eu l'occasion de lui expliquer le sens et la portée de certains des droits adoptés, dont celui du droit de recevoir un enseignement adapté à ses besoins éducatifs.

Madame Rainville songe qu'il est peut-être temps de revenir sur ce droit à la différence, d'autant plus que lors de cette première activité, ce thème a surtout été abordé par l'exploration des concepts associés à la discrimation raciale et sexiste, sujets qui avaient soulevé des élans passionnés chez ses élèves de 13 ans. Pourtant, parmi tous les motifs de discrimation invoqués par la *Charte canadienne des droits et libertés*, l'article 15 précise bien que toutes les personnes ont droit à la même protection et aux mêmes bénéfices, indépendamment, entre autres, de la présence de déficience intellectuelle ou de handicap physique. Sans afficher de déficience intellectuelle à proprement parler, Justin n'en éprouve pas moins des difficultés d'apprentissage considérables, abondamment documentées dans son dossier scolaire. Ne pas tenir compte de ces difficultés et maintenir pour lui les mêmes résultats d'apprentissage spécifiques prescrits par le programme d'études aurait été une forme de discrimination, une atteinte à l'égalité de ses chances… à son apprentissage scolaire.

Après avoir complété la distribution des fiches, madame Rainville s'attarde auprès de l'équipe de François et de Justin. Celui-ci, tête baissée, joue avec son crayon. Les deux autres élèves ont eux aussi entendu le commentaire de François et semblent en être gênés. Ils connaissent très bien les difficultés de Justin en mathématique et ont eu l'occasion de l'assister de nombreuses fois, non seulement lors d'activités réalisées en équipe ou en dyade, mais également lors d'activités individuelles. Lors de la rédaction de leur charte, les élèves de la classe ont en effet adopté le droit de demander et de recevoir de l'aide, les responsabilités correspondantes étant celles, d'une part, de consacrer tous les efforts nécessaires en agissant de manière responsable et, d'autre part, d'apporter de l'aide à leurs camarades de classe qui en ont besoin. Jusqu'alors, les élèves s'acquittaient fort bien de cette double responsabilité.

« Que veux-tu dire, François ? Qu'est-ce qui n'est pas juste ? Pourrais-tu reformuler ceci autrement ? Peut-être y a-t-il quelque chose que tu ne comprends pas. On t'écoute… »

François regarde madame Rainville d'un air surpris. Il ne s'attendait pas à un tel questionnement. Les deux autres membres de l'équipe échangent un bref sourire. « Bienvenue, dans notre classe pensante », songe l'un d'entre eux. C'est ainsi que les élèves désignent familièrement leur « communauté de recherche philosophique ».

« Eh bien, je ne comprends pas… commence François d'un ton hésitant et plus calme, je ne comprends pas qu'il ait moins de problèmes à faire que nous, poursuit-il en désignant Justin d'un mouvement de tête. C'est ça qui n'est pas juste, Madame », reprend-il avec un peu plus d'assurance.

Madame Rainville se tourne discrètement en direction de Justin qui lui signale son approbation d'un petit signe de tête. Elle entreprend alors d'expliquer à François les droits et les responsabilités associés au droit à la différence adopté par la classe, avant de conclure avec les raisons pour lesquelles Justin a moins de problèmes à résoudre, compte tenu de ses difficultés en mathématique. Au fur et à mesure que se déroulent les explications de madame Rainville, commentées et complétées par les deux autres membres de l'équipe, c'est au tour de Justin de se sentir un peu mal à l'aise. Après un bref moment de silence, il se tourne vers François, l'air un peu piteux :

« Désolé, *man.* »

« Tu sembles préoccupé par les questions de justice, François ? » lui demande alors madame Rainville avec un large sourire.

François va de surprise en surprise. Il s'attendait à une réprimande de la part de madame Rainville ou, tout au moins, à un rappel moralisateur, du genre « tu vois, mon garçon, il ne faut pas porter de jugement sans connaissance de cause ». Non, au lieu de cela, il a droit à ce large sourire et à cette question, manifestant de l'intérêt à l'égard de ses idées.

« Oui, je trouve ça important la justice, Madame. Il y a plein d'affaires qui ne sont pas justes dans le monde, même dans les écoles… Peut-être surtout dans les écoles » ajoute-t-il, comme pour justifier sa réaction initiale.

« Aimerais-tu qu'on en discute tous ensemble ? C'est en effet un sujet très important et tu es tombé au bon endroit pour pouvoir le faire, n'est-ce pas ? » Les trois autres élèves, tout souriants, hochent vigoureusement la tête, incluant Justin.

« Euh oui… je veux bien. » François, un peu déstabilisé par la tournure des événements, commence à se demander s'il ne s'est pas trompé de classe, voire d'école. Mais cela lui plaît, cela lui plaît même beaucoup.

La période de travail en équipe se poursuit, les élèves s'entraidant. Madame Rainville n'est nullement surprise de constater que François a spontanément offert son aide à Justin. Quelques minutes avant la fin de la période, madame Rainville demande l'attention des élèves.

« Que diriez-vous d'une période discussion pour le cours de vendredi prochain ? »

Les élèves acquiescent avec enthousiasme. Quelques-uns vont même jusqu'à applaudir.

« C'est François, le nouveau membre de notre communauté de recherche, qui en a suggéré le thème » continue madame Rainville en se tournant vers François. Plusieurs élèves manifestent aussitôt à ce dernier leur approbation… et leur reconnaissance (sourires, pouces levés en sa direction, etc.).

Madame Rainville poursuit en expliquant le thème général, soit celui de la justice et du droit à la différence, et en invitant, comme d'habitude, les élèves à déposer d'ici la fin de la semaine leurs propres questions ou pistes de réflexion dans la boîte prévue à cet effet. Madame Rainville cherche toujours à intégrer le questionnement des élèves dans son animation et dans les activités de réflexion proposées.

Le jour venu, les élèves sont invités à se regrouper en groupes de discussion. Madame Rainville leur propose trois questions à débattre entre eux. Elle a choisi à dessein une question ouverte comme première piste de discussion, inspirée de l'échange survenu quelques jours plus tôt avec François : « Qu'est-ce que la justice pour vous ? » La seconde question aborde directement la problématique à l'étude : « Est-il possible de traiter tout le monde de manière égale tout en respectant le droit à la différence ? » La troisième question, inspirée cette fois de commentaires recueillis auprès des élèves, est la suivante : « Pouvez-vous trouver au moins un exemple dans votre vie qui réconcilie l'égalité et le droit à la différence ? »

Madame Rainville se souviendra longtemps de la discussion de classe qui s'en est ensuivie, probablement l'un des échanges les plus enrichissants, les plus significatifs et les plus marquants de sa carrière d'enseignante. On a grand tort de sous-estimer l'intelligence des enfants et des jeunes, a-t-elle tendance à rappeler à ses collègues enseignants. Comme l'un de ses maîtres à penser, Matthew Lipman, auteur d'un programme de philosophie pour enfants, elle croit que les enfants sont par nature philosophes, qu'ils pensent tout aussi naturellement qu'ils parlent ou qu'ils respirent. Il s'agit tout simplement de leur fournir l'occasion d'exercer leur pensée, de trouver les moyens pour guider et outiller cette capacité de réflexion, cette capacité à penser par eux-mêmes (*to think for oneself*, aurait dit Lipman), et surtout, surtout, soutient madame Rainville, de développer leur pensée critique.

Dès les premiers échanges, la discussion s'est amorcée avec énergie et passion. On a d'emblée rejeté la définition de justice comme étant uniquement et exclusivement une affaire de traitement identique pour tous. Les définitions trouvées dans les dictionnaires consultés par les élèves étaient à peine un peu plus satisfaisantes à leurs yeux. Que signifie, par exemple, dans les faits une « juste appréciation, reconnaissance et respect des droits et du mérite de chacun » ou ce « principe moral de conformité au droit » (Le Robert, 2008,

p. 960)? Une équipe, au sein de laquelle le droit à la différence semble faire consensus, propose que l'égalité des chances (leur définition de justice) entraîne nécessairement des différences de traitement. On en vient même à la conclusion, un peu paradoxale, qu'au fond, il n'y a rien de plus injuste que de traiter tout le monde de la même manière ! Un élève s'interpose à ce moment pour rappeler qu'à certaines occasions, le traitement égal est tout de même plus juste. Il donne l'exemple, dont il a une certaine connaissance personnelle, des différences de salaires qui subsistent entre les hommes et les femmes (ses parents militent tous deux dans une coalition pour l'équité salariale). Madame Rainville profite de l'occasion pour rappeler la distinction entre « égalité » et « équité ». Elle songe alors qu'elle doit absolument revenir sur ce sujet, d'autant plus que la question de l'équité salariale fait alors la une des journaux de la province.

La discussion a déjà produit d'excellents résultats, mais le meilleur est encore à venir. À l'étonnement de madame Rainville, toutes les équipes ont en effet trouvé au moins un exemple démontrant qu'il est possible de réconcilier l'égalité et le droit à la différence. En d'autres mots, comme l'a expliqué madame Rainville lors de sa tournée des groupes de réflexion, on n'a pas besoin d'être traité de manière identique pour être traité de manière égale. Le premier exemple, un peu surprenant (madame Rainville elle-même n'avait jamais pensé à cette analogie), est proposé par une équipe qui souligne qu'en mathématique, des opérations et des quantités totalement différentes peuvent être réunies par un signe d'égalité (par exemple, $20 + 10 = 6 \times 5$), ce qui amène ces élèves à conclure que dans les math comme dans la vie, être égaux ne veut pas dire être identiques ! Plusieurs exemples issus de la vie familiale des élèves viennent illustrer le même principe. Une équipe souligne par exemple, non sans humour, qu'il est normal et juste que lors d'un repas familial, un enfant de quatre ans reçoive une portion de nourriture moindre que celle d'un adolescent affamé. Une autre équipe mentionne l'exemple de l'heure du coucher, etc.

Madame Rainville est réellement impressionnée par les habiletés de pensée réflexive et autonome déployées par ses élèves ce jour-là, mais il n'en a pas toujours été ainsi. Lors des premières séances, les membres de sa communauté de recherche étaient beaucoup moins ouverts. Leurs jugements étaient catégoriques, sans nuances. Ils ne semblaient pas trop comprendre où elle cherchait à les amener, ce qu'elle attendait d'eux. Puis, elle était tombée par hasard sur une grille d'observation de la pratique d'une pensée critique, un instrument proposé par un chercheur québécois œuvrant dans le domaine de la philosophie pour enfants (Sasseville, 2009). Cette grille lui avait permis d'affiner ses questions, de guider ses élèves dans la production d'une pensée critique exercée à partir de critères tenant compte du contexte et d'une pensée qui soit également autocorrectrice. De manière expérientielle, elle peut aujourd'hui affirmer que la pensée critique, oui, cela s'apprend.

Les intentions pédagogiques de madame Rainville, dont elle ne fait par ailleurs aucun mystère et qu'elle affiche ouvertement face à ses élèves et à leurs parents, sont cependant loin de se limiter au seul développement de la pensée critique chez ses élèves (ce qui en soi est déjà considérable, on en conviendra). Son projet éducatif personnel inclut également une autre dimension essentielle à ses yeux, une composante d'éducation à la citoyenneté. En fait, pour madame Rainville, l'un ne va pas sans l'autre. L'apprentissage du dialogue et de l'esprit critique vont évidemment permettre à ses élèves d'accéder à une vie personnelle et interpersonnelle plus riche, plus actualisée, mais ces apprentissages doivent également être mis au service des forces du changement, aux efforts de construction d'une société plus juste, plus égalitaire, tout simplement plus humaine. En plus de son rôle de modèle et de guide, madame Rainville s'attribue en effet un rôle d'agent de changement.

Dans le guide pédagogique pour *L'éducation aux droits de la personne,* guide dont elle fait grand usage, elle a trouvé la définition qui, selon elle, résume le mieux ce rôle que doit assumer tout enseignant :

> L'enseignant ou l'enseignante, en tant qu'agent de changement, est appelé à répondre aux défis que l'éducation, en matière des droits humains, pose à l'ensemble de la société. En apportant sa contribution à la formation de futurs citoyens et citoyennes conscients des défis à caractère planétaire et désireux de faire leur part en toute solidarité, l'enseignant ou l'enseignante participe aux grands changements sociaux déjà amorcés dans le monde. C'est là une façon de se joindre aux forces montantes qui travaillent à la création d'une société plus égalitaire et plus juste (Ferrer, Gamble et LeBlanc-Rainville, 1997, p. 18).

Le dernier courant pédagogique, que nous abordons dans ce chapitre, appartient à la grande famille de l'école humaniste en éducation, école de pensée qui, rappelons-le, comprend de nombreux courants pédagogiques, que nous avons regroupés pour les besoins de cet ouvrage en deux courants complémentaires : le courant humaniste (*voir le chapitre 6*), couvrant essentiellement les composantes personnelle et sociale de l'apprenant, et le courant critique et citoyen, qui nous permettra d'introduire les composantes critique et citoyenne d'une éducation humaniste intégrale. Ce courant s'inscrit donc en continuité avec le courant humaniste.

Le courant critique et citoyen, il faut le préciser, est pour ainsi dire absent des ouvrages d'introduction en psychopédagogie ainsi que de ceux consacrés aux modèles d'enseignement contemporains que nous avons consultés en cours de rédaction. En fait, le seul ouvrage dans lequel on trouve une référence aux théories sociales en éducation est le collectif publié sous la direction de Raby et Viola (2007), référence incluse à l'intérieur d'un court texte consacré à la pédagogie actualisante (Beaudry, 2007, 193-195). Cela dit, il n'est pas surprenant que ce soit à l'intérieur d'un ouvrage québécois que l'on retrouve cette seule allusion au courant critique et citoyen, car le courant d'idées désigné sous l'expression « éducation dans une perspective planétaire » y est très présent et très actif depuis plusieurs décennies, ainsi, d'ailleurs, qu'au Nouveau-Brunswick francophone (CEICI, 1998 ; Ferrer, 1997 ; Ferrer, Gamble et Leblanc-Rainville, 1997 ; Hrimech et Jutras, 1997 ; Leblanc-Rainville et Ferrer, 1984 ; Lessard, Desroches et Ferrer, 1997 ; Pagé, Ouellet et Cortesao, 2001 ; Sauvé, 1997). Il en va de même avec la formation à la pensée critique, solidement implantée au Québec (Daniel, 1998 ; Sasseville, 2009) ainsi que dans certains pays francophones d'Europe, par exemple en Belgique (Voisin, 2009).

Cette fois encore, comme nous l'avons fait pour le courant humaniste, on pourrait s'interroger sur la pertinence de consacrer un chapitre entier au courant critique et citoyen en éducation. La réponse est toute simple. Nous croyons profondément au rôle social de l'enseignant, agent multiplicateur de transformation sociale, qui agit non pas en don Quichotte affrontant en combat solitaire les moulins à problèmes de la modernité, mais plutôt en tant que membre d'une communauté de recherche (le groupe-classe) portant un regard critique sur elle-même et sur le monde (conscientisation) et agissant à l'échelle locale pour le transformer (engagement citoyen). À l'instar de madame Rainville, l'enseignante engagée de notre introduction, on pourrait résumer la contribution originale du courant critique et citoyen par la réflexion qu'elle fit un jour à ses collègues enseignants : « À quoi bon avoir des élèves qui se sentent bien dans leur peau, heureux avec eux-mêmes et avec les autres, si cette actualisation de soi, ce bonheur personnel si durement conquis, ne sert qu'à soi-même, s'il n'est pas mis à contribution dans la construction d'un monde meilleur, d'un monde plus juste, plus équitable, plus pacifique, enfin d'un monde tout simplement plus humain ? » Voilà la raison d'être de ce courant : sa nécessaire complémentarité avec le courant humaniste…

La présentation des fondements théoriques du courant critique et citoyen (*voir la section 7.1*) nous amènera dans un premier temps à identifier le terreau commun aux fondements de ses deux composantes qui se complètent l'une et l'autre, soit le constat d'une crise humaine et écologique sans précédent, crise qui amplifie la nécessité du développement d'une pensée critique chez les apprenants et le besoin d'un engagement citoyen de tous, élèves et enseignants.

Pour ce faire, nous aborderons les travaux de Matthew Lipman et de Paulo Freire. Comme à l'accoutumée, la section suivante donnera lieu à une discussion de la conception critique et citoyenne de l'apprentissage et de l'enseignement (*voir la section 7.2*), puis à une présentation des principales implications éducatives de ce courant pédagogique (*voir la section 7.3*). La dernière section du chapitre (*voir la section 7.4*) présentera une approche qui personnalise en quelque sorte le courant critique et citoyen, l'éducation à la citoyenneté dans une perspective planétaire, approche permettant d'intégrer les composantes critique et citoyenne de ce courant.

7.1 LES FONDEMENTS THÉORIQUES DU COURANT CRITIQUE ET CITOYEN

On a mentionné au chapitre précédent que Bertrand (1998) relevait pas moins de sept grands courants en éducation et qu'il regroupait ceux-ci autour de quatre pôles, à savoir les théories centrées sur la personne de l'apprenant ; les théories centrées sur les disciplines d'enseignement ; les théories centrées sur la société ou sur les dimensions sociale, environnementale et planétaire, qu'il désigne comme les théories sociales et enfin, les théories fondées sur les interactions pédagogiques entre les trois dimensions qui précèdent.

Notre étude des fondements du courant critique et citoyen nous amène maintenant à nous intéresser d'un peu plus près aux théories sociales qui reposent « sur le principe que l'éducation doit permettre de résoudre les problèmes sociaux, culturels et environnementaux » (Bertrand, 1998, p. 20). Ces théories posent un regard critique sur le monde et mettent l'accent sur la dimension citoyenne de l'apprenant, dont les divers thèmes sont aujourd'hui regroupés dans une approche d'« éducation à la citoyenneté démocratique dans une perspective planétaire » (Ferrer et Allard, 2002a et 2002b) : l'éducation aux droits humains et à la démocratie, l'éducation à la paix, l'éducation interculturelle, l'éducation relative à l'environnement, l'éducation au développement et l'éducation à la solidarité locale et internationale.

7.1.1 Le constat d'une crise humaine et écologique sans précédent

Les fondements de ce courant pédagogique reposent sur un constat d'une importance cruciale, conviction que tous ne partagent pas nécessairement ou de laquelle on ne tire pas les mêmes conclusions : la planète Terre et ses habitants ne se portent pas très bien. Pour certains, l'humanité court même à la catastrophe : « Voici l'heure de la vérité : en une ou deux décennies, c'est peut-être le sort de l'espèce humaine qui va se jouer – tant la conjonction de périls fait peser une lourde hypothèque sur le futur » (Mayor, 2000, p. 18).

Gaston Marcotte, auteur d'un *Manifeste du mouvement humanisation*, commente en ces termes la crise humaine et écologique que nous traversons :

> L'humanité traverse actuellement une crise sans précédent. Elle est unique par son ampleur et les diverses formes qu'elle a empruntées. Nous n'avons pas [...] l'intention de dresser une liste exhaustive de tous les crimes, injustices, dévastations et horreurs commis par les humains au cours du xxe siècle et qui se poursuivent encore aujourd'hui. Ce travail a été fait et continue d'être bien fait par une foule d'experts en provenance de différents secteurs de l'activité humaine et dont le nombre ne cesse d'augmenter. Pas une journée ne passe sans qu'un nouveau livre, une nouvelle étude, un nouveau drame humain ou une nouvelle catastrophe écologique ne vienne confirmer l'état inquiétant de l'espèce humaine et de la petite planète qu'elle habite (Marcotte, 2006, p. 25).

Dans un autre plaidoyer, cette fois pour une **éducation populaire** privilégiant l'humanisme et la démocratie, Gérard Bonnefon nous présente cette éducation populaire comme « un espace théorique et pratique de formation à la citoyenneté », ayant pour ambition de « contribuer à former des personnes qui s'impliqueront dans la vie de la cité, qui donneront du sens à leurs engagements et qui sauront prendre en considération l'intérêt général » (2006, p. 37). Parmi les nombreux défis relevés par Bonnefon, notons ceux d'« éveiller les consciences et développer l'esprit critique », de « travailler à la formation des citoyens pour favoriser leur implication dans la vie publique » (p. 24) et ainsi « contribuer à la construction d'une société solidaire et fraternelle » (p. 37). Les constats de Bonnefon concernant l'école sont sévères ; il note par exemple que « l'individualisme, la compétition, la valorisation des meilleurs sont encore promus par le système scolaire, malgré des initiatives porteuses de changement » (p. 62), alors que sur la scène sociale, « l'individualisme et la compétition sont devenus les modèles sociaux dominants » (p. 37). En bref, Bonnefon en arrive à la même conclusion que Marcotte (2006), soit à l'urgence d'agir et de mettre en commun « les pratiques et les recherches entre les divers acteurs : enseignants, travailleurs sociaux, usagers, militants de l'éducation » (p. 79).

Dans un registre à la fois pédagogique et politique, Catalina Ferrer et Réal Allard proposent également un portrait détaillé de la réalité sociale contemporaine justifiant à lui seul l'importance d'une pédagogie de la conscientisation et de l'engagement, elle-même au service d'une éducation à la citoyenneté dans une perspective planétaire. Nous reviendrons sur cette approche, puisqu'elle servira à illustrer le courant présentement à l'étude, mais retenons pour l'instant le portrait davantage nuancé que tracent Ferrer et Allard « des défis multiples et complexes posés par la modernité sur les plans humain, social et environnemental », offrant en contrepartie « un portrait des richesses ou des forces qui s'activent pour relever ces défis » (Ferrer et Allard, 2002a, p. 67).

Le tableau 7.1 offre un résumé de cette vue d'ensemble des problèmes contemporains, à laquelle nous avons ajouté quelques-uns des indices proposés par Marcotte (2006) pour illustrer cette crise humaine et écologique ainsi que quelques données tirées du site de l'Organisation des Nations Unies pour l'éducation, la science et la culture (UNESCO).

Notons que le portrait de Ferrer et Allard intègre les plans **intrapersonnel,** interpersonnel, social et environnemental ainsi que la présentation de richesses et de problèmes à incidences locales. Pour une vue d'ensemble plus complète, le lecteur est invité à consulter l'article en question traitant de la pédagogie de la conscientisation et de l'engagement (première partie), à l'intérieur d'un numéro thématique de la revue *Éducation et francophonie* consacré à la pédagogie actualisante.

■ **Éducation populaire**

Concept d'origine socialiste (fin du xixe siècle) qui estime que l'éducation est un droit inaliénable de tout peuple. À ses tout débuts, ce mouvement visait à généraliser l'enseignement public à l'ensemble de la population, l'éducation gratuite et universelle étant considérée comme une condition nécessaire à l'exercice de la démocratie. Aujourd'hui, les mouvements d'éducation populaire visent à éveiller les consciences, à développer l'esprit critique et à favoriser la participation citoyenne.

■ **Intrapersonnel**

Néologisme introduit en psychologie et en éducation pour désigner les croyances, les habiletés et les attitudes qui régissent le fonctionnement intérieur de la personne. Le plan intrapersonnel correspond en quelque sorte à la manière dont on interagit avec soi-même : perception et connaissance de soi ; valeurs, représentations et préjugés, capacité d'introspection, gestion de ses sentiments, etc.

Ⓦ Site de l'UNESCO

Ⓦ La pédagogie actualisante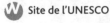

Ⓦ La pédagogie de la conscientisation et de l'engagement (1re partie)

TABLEAU 7.1	Une vue d'ensemble des problèmes contemporains
QUELQUES PROBLÈMES CONTEMPORAINS	**ILLUSTRATIONS**
1. Problème de la violence armée	Une trentaine de guerres civiles, en moyenne, se déroulent chaque année dans le monde, avec leur cortège de tueries, de viols et de destruction.
2. Problème de la violence structurelle (pauvreté et faim)	Plus de 2 milliards d'êtres humains (1 personne sur 3) vivent dans la misère absolue ; 1,2 milliard d'humains n'ont pas accès à l'eau potable ; selon le Fonds des Nations Unies pour l'enfance (Unicef), 29 000 enfants de moins de 5 ans meurent chaque jour de causes évitables.
3. Problème de la violence faite aux femmes	Selon une étude de l'Organisation mondiale de la santé, de 15 % à 70 % des femmes sont victimes de violence domestique, selon le pays où elles vivent.
4. Problème de l'exploitation des enfants	Selon l'Unicef (2005), il y a présentement des millions d'enfants dans le monde qui sont volés, échangés comme de la marchandise, réduits à l'esclavage économique ou sexuel.
5. Problème d'inégalité d'accès à l'éducation	Lors de la Journée mondiale contre le travail des enfants du 12 juin 2010, le Bureau international de travail a révélé que 215 millions d'enfants sont obligés de travailler (souvent dans des conditions dangereuses) et sont donc privés d'éducation.
6. Problème de discrimination fondée sur la race ou l'ethnie, le sexe et l'orientation sexuelle	D'après le programme *Éducation pour tous* de l'UNESCO, plus de 56 % des enfants n'ayant pas accès à l'école sont des filles ; deux tiers des 860 millions de personnes illettrées au monde sont des femmes.
7. Problème de la montée des nationalismes xénophobes et des intégrismes idéologiques et religieux	Au Rwanda, en 1994, on a massacré à coup de machette plus de 800 000 personnes en l'espace de 100 jours, et ce, pour des raisons d'appartenance ethnique.
8. Problèmes environnementaux : contamination de l'air et de l'eau, changements climatiques, disparition de certaines espèces et destruction massive des forêts	D'après l'UNESCO, les changements climatiques pourraient exposer 49 millions de personnes de plus à des risques de famine avant 2020 et 132 millions avant 2050 ; en 2006, l'empreinte écologique de l'humanité a excédé de 30 % la capacité de la Terre.

Sources : Adapté de Ferrer et Allard (2002a, p. 74-77) ; Marcotte (2006, p. 27-31) ; UNESCO (site Web consulté le 26 novembre 2010).

Avant de poursuivre, il convient peut-être de souligner l'évidence : la reconnaissance d'un état actuel de crise humaine et écologique ne constitue pas la condition nécessaire au fait de s'engager au développement de la pensée critique et de la citoyenneté à l'école. Ces deux formes d'éducation se justifient amplement d'elles-mêmes. Toutefois, des voix de plus en plus nombreuses s'élèvent dans la cité pour appeler les citoyens à l'action (par exemple Dumont, 1998 ; Jacquard, 1995 ; Mayor, 2000 ; Petrella, 1997 ; Reeves, 2003). Le courant critique et citoyen se fait l'écho de ces voix en milieu scolaire.

7.1.2 Lipman et le développement de la pensée critique

Matthew Lipman (1922-) est un philosophe états-unien contemporain, souvent identifié comme le fondateur moderne de l'enseignement de la philosophie aux enfants. Dans la préface de la traduction d'un des ouvrages de Lipman et Sharp (1980), Voisin (2009) résume ainsi le parcours du philosophe : « Dès le niveau primaire, il se révèle un enfant critique, quelque peu rebelle, sensible et soucieux de comprendre le réel. » Il sera expulsé à quelques reprises de l'école et « déjà il ressent l'abrutissement – c'est son mot – que génère la normalité de l'école » (p. 12). Issu d'un milieu modeste, il grandira à une époque pleine d'incertitudes (l'économie états-unienne s'écrase à la fin des années 1920, la Seconde Guerre mondiale se profile à l'horizon). Sans le sou, il passera une année entière dans une ferme avant de reprendre ses études en génie. Il se porte volontaire pour les forces de l'air, mais il y sera refusé à cause d'un problème visuel.

En 1943, à l'âge de 21 ans, il sera recruté par l'infanterie, ce qui lui permettra de suivre des cours en Californie « où il apprécie le climat au point de préférer le tennis à certains enseignements ennuyeux » (Voisin, 2009, p. 13). C'est lors de ses premières années d'étude à l'Université Stanford qu'un professeur d'anglais l'intéresse à la philosophie et qu'il découvre Dewey, « dont la pédagogie démocratique le séduit et l'oriente définitivement vers la philosophie » (p. 13). Signalons dès à présent que John Dewey (1859–1952), célèbre pédagogue et philosophe états-unien, adepte du **pragmatisme** en éducation, exercera une influence déterminante sur la pensée de Lipman (Daniel, 1998), avec qui il entretiendra d'ailleurs une correspondance.

Appelé au front, Lipman participera aux dernières batailles livrées par les États-Unis en Europe, évitant de peu la terrible bataille des Ardennes (1944). À la fin de la guerre, il séjourne en Angleterre, où il étudiera pendant un an à l'Université Shrivenham et où il rencontrera, selon ses propres dires, ses premiers vrais professeurs de philosophie (Voisin, 2009). Il revient aux États-Unis en 1946 et complète ses études universitaires de premier cycle à l'Université Columbia de New York en 1948. En 1950, une bourse d'études lui permet d'effectuer un séjour d'études à la Sorbonne, ce qui lui permettra de rencontrer quelques penseurs français célèbres et d'assister à de prestigieuses conférences. En se privant, il parvient à prolonger son séjour d'études de six mois à l'Université de Vienne, en Autriche. En 1954, il obtient son doctorat en philosophie de l'Université Columbia, où il entamera la même année sa carrière d'enseignement universitaire.

À la fin des années 1960, alors qu'il enseigne la logique à l'Université Columbia depuis déjà une vingtaine d'années, il s'interroge sur la valeur réelle de son enseignement :

> Je me demandais avec étonnement quel bénéfice mes étudiants pouvaient bien tirer de l'étude des règles déterminant la validité des syllogismes ou de l'apprentissage de la construction de propositions inverses. Raisonnaient-ils vraiment mieux, à la suite de leurs études de logique ? (Lipman, 1987, cité dans Daniel, 1998, p. 26).

Lipman émet l'hypothèse que lorsque les jeunes adultes commencent leurs études universitaires, « leur pensée est déjà formée, pour ne pas dire fermée » et en arrive à la conclusion que « l'apprentissage de la pensée autonome et critique devrait se faire à l'école primaire et secondaire » (Daniel, 1998, p. 26). Sasseville (2009) poursuit ici l'histoire en mentionnant que c'est également à cette époque que Lipman s'intéresse aux efforts de rééducation d'une éducatrice spécialisée auprès d'élèves en difficulté d'apprentissage en lecture. Il lui fournit des petits exercices d'inférence logique visant à développer leurs capacités de raisonnement : « Les résultats furent encourageants, suffisamment pour le persuader qu'il était possible de commencer l'étude de la **logique** bien avant l'université ou le collège » (p. 19). Mais comment s'y prendre, avec quel outil ? On lui suggère d'écrire une petite histoire où des enfants partiraient à la recherche de façons plus efficaces de penser. La première version de ce premier récit se résume à une histoire de quelques pages, accompagnée d'un

Doctrine selon laquelle la vérité est ce qui est pratique, utile et efficace (William James). Selon Dewey, la valeur d'une théorie se mesure à son efficacité pratique.

■ Logique

Branche de la philosophie, science du raisonnement valide.

petit guide pédagogique. En 1970, il aura l'occasion d'expérimenter ce matériel auprès d'enfants de 11 à 13 ans. Après neuf semaines, les résultats sont impressionnants (Sasseville, 2009). Quelques années plus tard, il publie ce premier récit et guide, *Harry Stottlemeier's Discovery* (Lipman, 1974), dont une traduction française paraîtra quatre ans plus tard (Lipman, 1978), puis une adaptation pour les élèves du Québec, sous le titre de *La découverte de Harry* (Lipman, 1987). Aujourd'hui, le programme complet de philosophie pour enfants (*Philosophy for Children*), comprend pas moins de neuf romans et guides pédagogiques destinés à des enfants et jeunes âgés de 3 à 17 ans (Sasseville, 2009).

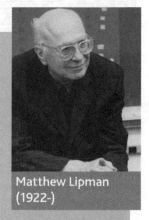

« *La reconstruction de la philosophie appelle à son tour la possibilité d'une restructuration de l'éducation. Elle propose une éducation qui ne cherchera pas à protéger les enfants contre les idées, mais qui saura tirer parti du plaisir qu'ont les jeunes à examiner les idées, les principes et les valeurs que nous leur demandons d'accepter pour répondre à leurs responsabilités sociale et intellectuelle. Cette restructuration de l'éducation sera centrée sur l'élaboration de communautés de recherche, sur la pratique réflexive ainsi que sur la recherche d'excellence dans le domaine de la pensée critique et créatrice* » (Lipman, 1998, p. 17-18).

Matthew Lipman (1922-)

L'entreprise de Lipman est toutefois beaucoup plus imposante que les 6 000 pages que compte l'ensemble de son oeuvre, car à sa manière, Lipman vise à « créer un instrument universel de libération » (Voisin, 2006). Sa critique de l'institution scolaire est radicale mais constructive, « puisqu'il propose un programme, une série d'idées, d'analyses et de moyens pour atteindre à une éducation véritable, digne de l'homme, digne de l'enfant » (p. 9).

L'originalité et le contenu du programme de philosophie pour enfants

L'originalité de l'approche du programme de philosophie pour enfants tient tout d'abord dans l'utilisation de récits, romans ou courtes histoires philosophiques, rédigés par Lipman lui-même. Des collaborateurs ont contribué à la rédaction des manuels ou guides pédagogiques, en particulier Ann Margaret Sharp, qui a participé à la rédaction de cinq d'entre eux, en plus d'être l'auteure d'une histoire destinée aux tout petits de trois et quatre ans, *L'hôpital des poupées*. Sasseville (2009) fournit une liste complète de ces histoires ainsi qu'une brève description de celles-ci (*voir le tableau 7.3 à la page suivante*). Ces textes doivent répondre aux deux critères suivants : « ils doivent être accessibles selon le niveau de lecture des lecteurs et ils doivent fournir une expérience intellectuelle stimulante » (Lipman, sans date, cité dans Sasseville, 2009, p. 21). Daniel (1998) résume ainsi l'utilisation qui est faite de ce matériel : la lecture à haute voix d'un passage de l'histoire, la cueillette des questions que soulève cet extrait chez les élèves et la discussion des problématiques retenues par ceux-ci (c'est ici que le manuel d'accompagnement peut assister l'enseignant dans son animation).

En plus du recours à ces récits philosophiques, écrits en fonction d'un public cible, et de la formation de communautés de recherche (*voir la section 7.3.1*), le programme met l'accent sur le développement de toutes les habiletés de pensée, incluant évidemment la pensée critique (sur laquelle nous reviendrons). L'enseignement de la philosophie, mais il serait peut-être plus juste de dire l'entraînement à la philosophie, s'effectue par une confrontation directe avec les idées tirées des sciences sociales et humaines et par le dialogue instauré entre tous les membres de la communauté de recherche philosophique. En bref, on n'enseigne pas tant la philosophie qu'on la vit en classe (*voir le tableau 7.2 à la page suivante*).

TABLEAU 7.2 — L'originalité de l'approche du programme de philosophie pour enfants

CARACTÉRISTIQUES DE L'APPROCHE	EXPLICATION
Utilisation de récits	Le programme repose sur des récits dont les thèmes et le langage familiers éveillent l'intérêt et l'attention des enfants et suscitent leur réflexion concernant diverses expériences sociales ou humaines auxquelles ils peuvent s'identifier.
Accent sur les habiletés de pensée	L'accent est mis sur les critères logiques d'un bon raisonnement et de méthodes valables de recherche et sur la pratique d'un large éventail d'actes mentaux, dont la déduction, l'induction, la contradiction, la comparaison, l'identification d'antinomies, etc. On insiste sur la convergence entre la connaissance théorique et l'application pratique.
Confrontation directe avec les idées	La confrontation avec les idées tirées de la philosophie sociale et politique, de la sociologie, de la psychologie sociale et autres sciences s'effectue directement, dans des discussions, plutôt que de manière indirecte par l'entremise des textes de grands auteurs.
Recours au dialogue	Le dialogue est en tout temps privilégié en tant qu'instrument pour aiguiser la réflexion. C'est par ce dialogue que les enfants font l'apprentissage de l'écoute attentive, apprennent à présenter leurs arguments avec rigueur et cohérence, découvrent les bonnes raisons pour fonder leurs opinions, apprennent le respect d'opinions différentes et la prise en compte de tous les points de vue.

Source: Adapté de Lipman et Sharp (2009, p. 23).

Notons enfin que Lipman est le fondateur de l'Institute for the Advancement of Philosophy for Children (IAPC), fondé en 1974 à l'Université Monclair, New Jersey, dont il a assuré la direction pendant plus de 30 ans. L'excellence et le caractère novateur des travaux de cet institut ont été soulignés par l'Association américaine de philosophie (Voisin, 2009). La valeur éducative de son programme de philosophie pour enfants, implanté dans plus de soixante pays, est également reconnue par l'UNESCO :

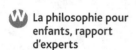
La philosophie pour enfants, rapport d'experts

> Au-delà de toute participation d'ordre médiatique à une nouvelle vogue, l'intérêt de la philosophie pour enfants rentre dans les préoccupations fondamentales de l'UNESCO. En vue de la promotion d'une culture de la paix, de la lutte contre la violence, d'une éducation visant l'éradication de la pauvreté et le développement durable, le fait que les enfants acquièrent très jeunes l'esprit critique, l'autonomie à la réflexion et le jugement par eux-mêmes, les assure contre les manipulations de tous ordres et les prépare à prendre en main leur propre destin (UNESCO, 1999, p. 7).

La philosophie et les enfants

La citation complète est également affichée sur la page d'accueil du site *La philosophie et les enfants* de l'Université Laval.

TABLEAU 7.3 — Le contenu des histoires philosophiques de Lipman

TITRE ET OBJECTIF	CLIENTÈLE VISÉE	BREF RÉSUMÉ DE CHAQUE HISTOIRE
Elfie **Raisonner sur l'activité de penser**	Maternelle et 1ʳᵉ année	« Elfie est en première année et elle est extrêmement timide. Elle n'ose pas parler en classe et éprouve de la difficulté à formuler une question. Lorsque le directeur de l'école propose un concours visant à développer le raisonnement, toute la classe est entraînée à découvrir la nature d'une phrase, la relation entre un sujet et un prédicat, à faire des distinctions. »

»

TITRE ET OBJECTIF (SUITE)	CLIENTÈLE VISÉE (SUITE)	BREF RÉSUMÉ DE CHAQUE HISTOIRE (SUITE)
Kio et Augustine **Introduction à la philosophie de la nature**	1re et 2e années	« Le roman est fait de conversations touchant le langage, les idées, les animaux, les personnes et les choses. Pendant qu'il visite la ferme de ses grands-parents, Kio, un enfant de sept ans, rencontre Augustine, une enfant du même âge. Ce qui différencie profondément Kio d'Augustine, c'est qu'il est capable de voir alors qu'Augustine est aveugle. »
Pixie **Signification et ambiguïté de la signification**	3e et 4e années	« Pixie [...] raconte une histoire à propos d'une histoire qu'elle a dû inventer lors de la visite au zoo organisée par son école. *Pixie*, un programme axé sur la lecture, le langage et le raisonnement, vise à affiner les habiletés de penser tout en permettant aux enfants de s'interroger philosophiquement sur des idées qui les préoccupent. »
Nous **La formation morale**	4e et 5e années	« *Nous* est une suite possible à l'histoire de *Pixie*. On y retrouve la plupart des personnages de *Pixie*, mais cette fois l'histoire s'oriente vers des considérations qui touchent principalement l'éthique, la morale et la formation du caractère. »
La découverte de Harry **Introduction aux principales habiletés d'une pensée logique**	5e et 6e années	« Ce roman présente la découverte des principes de logique formelle et informelle par le biais de la constitution d'une communauté d'enquête où des élèves, des parents et des professeurs réfléchissent et échangent leurs points de vue sur cette activité très particulière qui consiste à penser. Cette histoire aborde 18 thèmes logiques (allant de la définition d'un objet de pensée au syllogisme hypothétique, en passant par la conversion des énonciations) et présente 84 activités mentales. »
Lisa **Introduction aux problèmes éthiques, aux problèmes des valeurs**	Début secondaire	« Cette histoire constitue une suite à *Harry*. Tout en appliquant des principes découverts dans le roman qui la précède, elle concentre l'attention sur des problèmes éthiques et sociaux tels que l'équité, l'impartialité, l'honnêteté, le caractère naturel que présente une chose, le fait de dire la vérité et de dire un mensonge, la nature et les règles de la négociation, en mettant l'accent sur la relation existant entre la logique et l'éthique. »
Suki **Introduction à l'esthétique**	Secondaire	« Dans ce roman, Harry a de la difficulté à faire ses devoirs de composition parce que, selon lui, il n'a rien à dire. Suki va l'aider en l'éveillant à ce qu'il y a de significatif dans la poésie, et surtout, à la manière dont la poésie peut rendre son expérience de la vie encore plus significative. »
Mark **Introduction aux problèmes qui concernent la société**	Fin du secondaire	« Mark, un des enfants que l'on rencontre dans les histoires précédentes, se voit accusé de vandalisme dans son école, puis arrêté. Pendant que ses amis essaient de prouver son innocence, des sujets tels que la nature de la bureaucratie, la fonction d'une loi, la liberté individuelle versus les besoins de la société et la justice sont discutés. »

Source : Adapté de Sasseville (2009, p. 21-24).

Nous reviendrons sur les principales implications éducatives des travaux de Lipman, soit la transformation de la classe en communauté de recherche et la formation à la pensée critique (*voir la section 7.3*). Mais pour l'instant, retenons que Lipman « a voulu créer un programme de construction et de libération d'une pensée qui assure les meilleures chances de réussite à l'école et dans la vie » (Voisin, 2009, p. 12). Les axes majeurs de sa philosophie de l'éducation sont le respect de l'enfant, « considéré comme un partenaire à part entière » et la communauté de recherche philosophique, « conçue comme un véritable laboratoire de la pensée et de la citoyenneté en se fondant sur la capacité dialogique des jeunes » (Voisin, 2009, p. 14-15).

La pensée critique au service d'une éducation à la citoyenneté

Quelle place occupe la pensée critique à l'intérieur des habiletés de pensée visées par le programme de Lipman ? D'après celui-ci, toutes les habiletés de pensée doivent être également développées, habiletés cognitives que Sasseville (2009) regroupe en quatre processus intégrateurs : raisonner, rechercher, définir et traduire. La pensée critique est définie par Daniel (1998) comme une méta-habileté, une habileté de pensée supérieure, plus près du concept traditionnel de sagesse que d'une habileté de pensée particulière ou de l'un des nombreux actes mentaux identifiés par Lipman. La pensée critique est en effet bien davantage que la somme des capacités de déduction, d'induction, de comparaison, de projection, d'interprétation, etc., bien qu'elle intègre toutes ces fonctions.

La pensée critique est également bien plus que l'habileté à résoudre un problème ou à prendre une décision (Sternberg, 1985) ou que « la pensée raisonnable et réfléchie qui vise à déterminer ce que l'on doit croire ou faire » (Ennis, 1987, cité par Sasseville, 2009, p. 128). Elle ne se limite pas non plus, à la présence « d'habiletés cognitives comme celles d'analyser, interpréter, évaluer, expliquer et juger », comme le suggère Facione (2000, cité par Lang, 2010, p. 5). Alors, comment définir la **pensée critique,** cette métahabileté qui intègre mais transcende la dimension intellectuelle ?

Pour les besoins de cet ouvrage, nous avons retenu la définition de Mathieu Lang (2010), pour qui la pensée critique est *au cœur de l'éducation à la citoyenneté* (c'est d'ailleurs le titre de la thèse doctorale qu'il a consacrée à ce sujet). Elle constitue le fondement même de tout programme et de toute démarche éducative visant au développement de la citoyenneté, et ce, peu importe l'époque ou le projet philosophique :

> Que ce soit pour établir l'ordre et l'harmonie dans l'âme et la Cité chez Platon, pour résister à la corruption qu'exerce la société sur l'individu chez Rousseau ou pour contribuer à la croissance continue de la personne et de la communauté chez Dewey, la pensée critique constitue, chez ces trois philosophes de trois époques différentes, la faculté par laquelle l'individu sort de sa sphère privée pour accéder à la sphère publique (Lang, 2010, p. 11).

La pensée critique, cette « forme particulière de l'activité de penser incarnée par le dialogue intérieur » (Lang, 2010, p. 2) peut par exemple, dans certain cas, permettre de « démasquer parmi les idées celles qui sont fausses de celles qui sont vraies d'un point de vue rationnel » (p. 3). Cette pensée critique, qui s'appuie sur des critères objectifs, extérieurs à soi, est essentiellement de nature cognitive et concerne l'univers de la connaissance, c'est-à-dire le domaine du connu. Lang (2010) suggère une distinction intéressante entre cette pensée critique cognitive, qu'on pourrait par ailleurs associer aux définitions conventionnelles de la pensée critique (par exemple, Sternberg, 1985), et une pensée critique qu'il qualifie de spéculative. Contrairement à la pensée critique cognitive, la pensée critique spéculative « ne s'appuie sur rien d'autre que son activité pensante elle-même » (Lang, 2010, p.5), sans avoir recours

---

▌ Pensée critique

Pensée autonome et créatrice qui permet la synthèse du sujet avec l'objet, de la partie avec le tout, de l'individuel avec l'universel. La pensée critique est une remise en question constante des certitudes et des normes qui figent l'individu et l'empêchent de produire du nouveau. La pensée critique favorise une sortie de soi vers le monde et vers autrui et permet l'élaboration du sens commun nécessaire à l'expérience d'une citoyenneté partagée (Lang, 2010).

à des critères préétablis. C'est une pensée autonome, créative, qui cultive l'étonnement et la remise en question, une pensée « qui ne se satisfait jamais d'une réponse définitive » (p. 6).

Lang (2010) en vient à la conclusion que devant l'instabilité des événements politiques, sociaux et économiques et face à l'ampleur des problèmes humains et environnementaux qui sont aujourd'hui les nôtres, seul l'exercice d'une pensée critique spéculative permettra aux citoyens d'agir de manière responsable et autonome. Or, « une personne ne peut être responsable et autonome si elle n'effectue pas par et pour elle-même la réflexion critique qui mène à sa position ou à son action » (p. 10). Dans le contexte d'une société aussi complexe que la nôtre, au « niveau de complexité inégalé dans l'histoire de l'humanité » (p. 9), Lang (2010) plaide pour un modèle ouvert d'éducation à la citoyenneté, un modèle qui tienne compte du développement de la pensée critique spéculative. Il propose pour ce faire « une avenue toute simple : la philosophie pour enfants comme programme d'éducation à la citoyenneté » (p. 275). Sasseville (2009) fait pour sa part une démonstration éloquente des liens entre la pratique de la philosophie en communauté de recherche et les visées du nouveau programme de formation de l'école québécoise (MELS, 2008 ; MEQ, 2006 ; MEQ, 2006b).

7.1.3 Freire et le développement d'une citoyenneté engagée

La dimension citoyenne du courant critique et citoyen que nous aborderons maintenant repose sur des propositions qui intègrent les préoccupations humanistes, notamment celle qui vise à l'épanouissement personnel et social de l'apprenant, mais elle y ajoute une dimension plus large : la responsabilisation de l'élève à l'égard de son rôle dans la construction d'une société plus juste, plus équitable, plus respectueuse des droits individuels et collectifs, plus soucieuse de son environnement, d'une société plus humaine. Nous nous pencherons sur la dimension citoyenne de ce courant en présentant brièvement les thèses de Paulo Freire, pédagogue de la conscientisation, auteur dont la contribution a été déterminante dans l'élaboration d'une pédagogie de la conscientisation et de l'engagement (Ferrer et Allard, 2002a).

Paulo Freire (1921-1997), éducateur et « conscientisateur des opprimés », est né au Brésil dans une famille de classe moyenne. Adolescent, il connaît la faim (il a 13 ans lors du décès de son père), mais, à force de persévérance, il termine des études de droit, interrompues à plusieurs reprises pour des raisons financières. Il délaisse rapidement sa carrière d'avocat pour se tourner vers l'éducation et l'action sociale. Après une brève période où il est professeur de langue portugaise dans une école secondaire (1944-1945), il entreprend en 1947 son action sociale auprès des classes défavorisées. Pendant 10 ans, il travaille sur le terrain comme coordonnateur d'un programme d'éducation populaire pour des ouvriers et des paysans brésiliens. Ses idées progressistes en matière d'éducation sont présentées pour la première fois dans sa thèse de doctorat (1959). Il devient professeur d'histoire et de philosophie de l'éducation à l'Université de Recife. En 1960, il participe à la fondation du Mouvement de culture populaire (MCP) et poursuit la mise au point de sa méthode originale pour l'alphabétisation des pauvres, la méthode Paulo Freire, une véritable pédagogie de la conscientisation qui servira pendant des campagnes d'alphabétisation au Brésil et qui alimentera différents mouvements d'**éducation de base** au Brésil et partout dans le monde.

Le destin extraordinaire de cet homme, considéré par certains comme « l'éducateur le plus renommé de notre temps » (Gerhardt, 1993, p. 445), mérite que l'on s'y arrête. Après plusieurs expérimentations de sa méthode, qui connaîtra un vif succès, le gouvernement

> **Éducation de base**
> Ensemble des activités d'enseignement, formelles ou informelles, destinées à des apprenants adultes peu ou pas scolarisés et qui visent l'acquisition des apprentissages scolaires de base (lecture, écriture, calcul), de manière à permettre à ces adultes de poursuivre des études ou de participer plus activement à la vie sociale (Legendre, 2005).

brésilien invite Paulo Freire à coordonner le Programme national d'alphabétisation en 1963. Ce programme ambitieux devait toucher cinq millions d'adultes, des électeurs potentiels aux élections suivantes (le droit de vote n'était alors accordé qu'aux personnes sachant lire et écrire). Toutefois, sa méthode visait non seulement l'alphabétisation, mais aussi la conscientisation politique : « Ceux qui apprirent ainsi à lire et à écrire furent incités à remarquer les injustices dont ils étaient victimes et la nécessité de promouvoir certains changements grâce à leurs propres organisations » (Gerhardt, 1993, p. 446). Survient un coup d'État en mars 1964 qui renverse le gouvernement en place.

Après seulement trois mois d'intervention, le programme d'alphabétisation selon la « méthode Freire » est suspendu par la dictature militaire. Freire est accusé de subversion et envoyé en prison. Après un bref séjour en Bolivie, il se rend au Chili, où il occupera des fonctions à l'Institut de formation et de recherche pour la formation agricole, de conseiller auprès de l'UNESCO et de consultant pour le programme d'éducation aux adultes du gouvernement chilien. Il aura ainsi l'occasion d'appliquer à nouveau sa méthode d'alphabétisation révolutionnaire, dont l'expérimentation avait été si brutalement interrompue dans son pays. Au cours de ces années d'exil, il rédigera un ouvrage intitulé *L'éducation : pratique de la liberté* (1967, traduction française en 1971). Puis, pendant un séjour d'enseignement à l'Université Harvard, il écrit son ouvrage le plus connu, *Pédagogie des opprimés* (1969, traduction française en 1974).

Tout au long des années 1970, Freire voyage autour du monde et contribue à établir des programmes d'éducation pour adultes en Afrique, en Asie, en Amérique du Sud et aux Caraïbes. Après 16 ans d'exil, il retourne au Brésil en 1980. Il enseigne alors dans plusieurs universités réputées avant de devenir, juste retour des choses, directeur du ministère municipal de l'Éducation de Sao Paulo en 1989. Son mandat à ce poste est caractérisé par l'augmentation du salaire des enseignants de cet État, la révision des programmes d'enseignement des écoles et l'implantation de programmes d'alphabétisation pour jeunes et adultes. En avril 1997, il publie son dernier livre, intitulé *Pédagogie de l'autonomie : des savoirs nécessaires à la pratique éducative*. Il meurt le mois suivant.

Les livres de Paulo Freire ont été traduits en 18 langues, et une vingtaine d'universités partout dans le monde lui ont décerné un doctorat *honoris causa*. Il est lauréat de plusieurs prix prestigieux, dont le prix du Roi Baudouin pour le développement (Belgique, 1980), le prix UNESCO de l'éducation pour la paix (France, 1986) et le prix Andres Bello, le reconnaissant comme « éducateur du continent », décerné par l'Organisation des États américains (1992). En 1993, la Société brésilienne pour le progrès et la science (SBPC) a adopté une motion pour sa mise en candidature au prix Nobel de la paix.

L'alphabétisation et la conscientisation chez Freire

Paulo Freire
(1921-1997)

« *Voilà la grande tâche humaniste et historique des opprimés : se libérer eux-mêmes et libérer leurs oppresseurs. Ceux qui oppriment, exploitent et exercent la violence ne peuvent trouver dans l'exercice de leur pouvoir la force de libérer les opprimés et de se libérer eux-mêmes. Seul le pouvoir qui naît de la faiblesse des opprimés sera suffisamment fort pour libérer les deux* » (Freire, 1977, p. 21).

La méthode d'alphabétisation pour adultes (*voir l'encadré 7.1*), qui s'inscrit dans la pédagogie de la conscientisation élaborée par Freire, revêt probablement un intérêt limité pour les écoles primaires et secondaires actuelles, bien qu'elle soit encore largement utilisée dans de nombreux pays. Notons cependant l'aspect avant-gardiste et la pertinence pédagogique de certaines pratiques, telles que la connexion établie entre les dimensions cognitive et affective et un apprentissage résolument ancré dans le vécu des apprenants. La pertinence des thèses de Freire relève aujourd'hui de la nécessité, plus pressante que jamais, de former les apprenants à la pensée critique : « Freire conçoit l'éducation comme pratique de la liberté, qui est un acte de connaissance, une approche critique de la réalité » (Collectif d'alphabétisation, 1973, cité par Freire, 1977, p. 9). Cette conscientisation est nécessaire pour sensibiliser les élèves à leur rôle d'agent social (Bertrand, 1998) : « Le but de l'éducateur n'est pas seulement d'apprendre quelque chose à son interlocuteur, mais de rechercher, avec lui, les moyens de transformer le monde dans lequel ils vivent » (Freire, 1978, p. 89).

ENCADRÉ 7.1   Les principales étapes de la méthode d'alphabétisation de Freire

1. Au moyen d'une enquête sur le terrain, on fait l'inventaire de l'univers verbal des personnes qui participeront au « cercle de culture » ; on choisit les mots les plus chargés de sens existentiel et donc de contenu émotif.

2. Les enseignants choisissent un nombre limité de « mots clés » parmi les mots recueillis ; ce choix s'opère à partir de trois critères :
   a) la richesse des sons ou phonèmes ;
   b) les difficultés phonétiques croissantes ;
   c) le contenu sémantique (on privilégie les mots qui sont porteurs de sens social, politique, culturel).

3. On présente les mots clés et on en discute à l'aide de situations qui sont intimement liées à la vie des membres du groupe. Par exemple, dans le cas du mot *favela* (bidonville) :
   a) d'abord, on visualise la situation réelle (photo ou diapositive d'un bidonville) ; les participants décrivent et analysent la situation ;
   b) puis, on écrit le mot, tout en abordant son contenu sémantique (ce que ce mot évoque pour eux en ce qui a trait aux problématiques du logement, de l'alimentation, de la santé, etc.) ;
   c) enfin, on découpe le mot en syllabes, puis on l'analyse en familles phonétiques ; le groupe compose d'autres mots avec les combinaisons de syllabes dont il dispose.

Source : Adapté de Freire (1978, p. 117-121).

De ce qui précède, on aura sans doute compris que la pédagogie préconisée par Freire est proche d'un acte politique (Loiola et Borges, 2005). Ces auteurs situent d'ailleurs la pensée éducative de Freire quelque part entre celle de Marx et celle de Jésus : « Elle se nourrit à deux sources idéologiques majeures : la pensée critique de la tradition marxiste et communiste, et la pensée sociale chrétienne d'inspiration égalitariste et humaniste que l'on retrouve à la base de la théologie de la libération [...] » (p. 242). Il n'est donc pas surprenant que Paulo Freire soit souvent perçu comme un marxiste humaniste, puisqu'il « s'oppose, autant au nom de Marx que de Jésus, aux logiques de domination qui s'installent alors partout en Amérique du Sud » (p. 242).

Désir d'émancipation des enfants et des jeunes, confiance en leur capacité de réfléchir et d'agir en citoyens responsables, importance accordée au dialogue et à la pensée critique, voilà autant de caractéristiques que l'approche de Lipman partage avec celle de Paulo Freire, le pédagogue de la conscientisation. Lipman aura sans doute été pour les enfants et les jeunes d'âge scolaire ce que Freire sera dans un premier temps pour les opprimés des bidonvilles sud-américains : un libérateur ! Tous deux visent en effet à « libérer le trésor », le potentiel de liberté, de dignité et d'humanité qui réside en chaque être humain.

Une citoyenneté au service d'un nouveau projet de société

Certains s'interrogeront peut-être sur la pertinence d'une pédagogie des opprimés dans nos riches pays du « Premier monde », réagissant en cela comme si la réalité des élèves de milieux défavorisés n'existait pas ici. Charles Caouette (1992), pédagogue humaniste québécois, fait partie des auteurs qui dénoncent le fait que l'école actuelle « contribue à maintenir en place la société présente, avec son organisation, ses valeurs, ses idéologies et ses vicissitudes qui créent précisément ces populations défavorisées que nous voulons aider par l'école ». Il ajoute que certaines des différences que l'école se targue de respecter sont en fait des « inégalités et des injustices sociales » (p. 104). Ainsi, pour Caouette et plusieurs autres pédagogues des théories sociales, on ne peut éduquer les jeunes sans avoir en tête un nouveau projet de société, car éduquer, « c'est précisément construire une société », c'est contribuer à façonner des « êtres humains qui traduiront ce qu'ils sont et leurs valeurs profondes dans des structures, des organisations, des milieux et des conditions particulières de vie et de travail » (Caouette, 1992, p. 29).

Caouette identifie deux besoins non comblés qui seraient selon lui à l'origine des principaux problèmes qui affligent les sociétés modernes : le besoin de cohérence et le besoin de transcendance (*voir le chapitre 6*). En ce qui concerne le premier besoin, l'auteur souligne les écarts entre notre discours et nos actes, entre nos connaissances et nos façons de vivre, entre nos principes pédagogiques et notre pratique professionnelle, entre notre conscience critique et notre engagement politique (ou notre manque d'engagement politique), autant de sources d'incohérence qui « font songer à une sorte de schizophrénie collective » (Caouette, 1992, p. 33). Mais l'une des plus graves manifestations d'incohérence ne serait-elle pas celle des institutions scolaires qui continuent à se gargariser de développement intégral et harmonieux « alors que nous nous limitons de plus en plus à des apprentissages formels » (p. 34) et que nous ignorons la plupart du temps l'un des besoins fondamentaux de tout être humain, soit le besoin de transcendance ?

LA CONCEPTION CRITIQUE ET CITOYENNE DE L'APPRENTISSAGE ET DE L'ENSEIGNEMENT

Nous venons de présenter les principaux fondements théoriques des dimensions critique et citoyenne de ce courant par l'entremise des travaux de Lipman, philosophe de l'éducation et de Freire, pédagogue de la conscientisation et activiste social. Comment ces idées se traduisent-elles en projet d'apprentissage pour nos élèves ? Comparons tout d'abord la conception critique et citoyenne du processus d'enseignement-apprentissage avec celle des autres courants pédagogiques étudiés.

7.2.1 Le courant critique et citoyen et les autres courants pédagogiques

En quoi la conception citoyenne et critique de l'éducation se distingue-t-elle des conceptions véhiculées par les courants béhavioriste, cognitiviste, constructiviste, socioconstructiviste et même humaniste ? Si l'on compare le courant béhavioriste et le courant critique et citoyen, on pourrait à priori supposer que ceux-ci proposent des conceptions complètement opposées, comme c'était le cas avec le courant humaniste qui, après tout, est de la même famille idéologique. L'école béhavioriste est en effet l'école du *statu quo* social, c'est une école qui vise la transmission d'une culture, et non pas sa transformation, comme le souhaiteraient les tenants du courant critique et citoyen. Ces deux courants se rejoignent cependant sur l'importance qu'ils reconnaissent tous deux à la fonction sociale de l'école : celle de favoriser l'adaptation sociale et l'intégration économique des élèves à la société en place (courant béhavioriste) ou celle de favoriser le développement d'une citoyenneté critique et l'émergence d'une société plus humaine (courant critique et citoyen).

On a déjà mentionné la parenté idéologique entre le courant humaniste et le courant critique et citoyen, ce dernier constituant en quelque sorte le prolongement des idéaux humanistes dans la sphère sociale. Toutefois, il faut bien reconnaître que le courant humaniste, avec son accent sur les dimensions intrapersonnelle et interpersonnelle, ne débouche pas toujours ou nécessairement sur les dimensions sociale et environnementale de l'éducation. La figure 7.1 illustre la nécessaire complémentarité de ces dimensions, fonctionnellement interdépendantes, bien qu'on leur reconnaisse également une spécificité propre (Ferrer et Allard, 2002b). Nous reviendrons plus en détail sur ces quatre composantes (*voir la section 7.4.2*), mais pour l'instant, on retiendra que l'intégration de ces dimensions sociale et environnementale, associées ici au courant critique et citoyen, permet de faire évoluer le courant humaniste vers une véritable éducation à la citoyenneté démocratique dans une perspective planétaire (ECDPP).

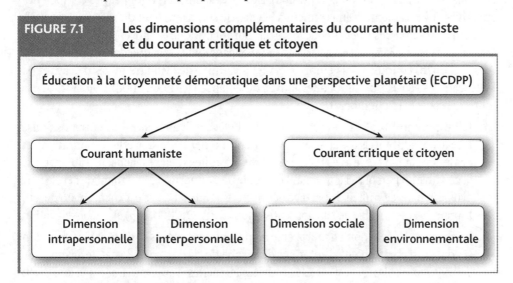

FIGURE 7.1   **Les dimensions complémentaires du courant humaniste et du courant critique et citoyen**

En ce qui concerne les trois autres courants pédagogiques abordés, rappelons que la conception cognitiviste de l'enseignement et de l'apprentissage met principalement l'accent sur la dimension cognitive des interactions avec l'environnement (traitement de l'information), alors que le courant critique et citoyen ajoute une composante de pensée critique à ces interactions cognitives en plus de s'ouvrir sur les dimensions sociale et environnementale. Enfin, en ce qui concerne les liens avec les courants constructiviste et socioconstructiviste, Daniel (1998) établit des comparaisons intéressantes avec ces courants, mais limitées dans son cas à la composante « critique » du courant critique et citoyen, plus précisément aux idées de la « philosophie lipmanienne ». On ne sera pas surpris que cet auteur trouve plusieurs similitudes entre ces deux courants d'idées : construction et évolution du savoir, sujet actif, développement de la réflexion, importance du dialogue et, surtout, rôle fondamental des interactions sociales, puisque dans chaque cas on s'entend sur le fait que « les connaissances s'élaborent selon des dynamiques sociocognitives » et que « c'est à travers une dynamique interactive que l'enfant réussit le mieux à construire ses connaissances et à se développer en tant que sujet qui apprend » (Daniel, 1998, p. 50-51). Elle en conclut que Lipman s'inscrit indéniablement dans une perspective constructiviste et socioconstructiviste de l'enseignement-apprentissage. Précisons toutefois que les liens établis avec le socioconstructivisme se limitent à ce que nous avons convenu de désigner comme le «niveau modéré» de ce courant pédagogique et non, selon l'analyse de Daniel (1998), avec le constructivisme épistémologique (niveau radical).

7.2.2 La finalité et les valeurs de l'éducation critique et citoyenne

Quelle est la finalité de l'école perçue dans une perspective critique et citoyenne? Peut-être mieux que tous les autres, Ferrer et Allard ont résumé cet ambitieux projet dans le second de leurs articles consacrés à la pédagogie de la conscientisation et de l'engagement. L'éducation à la citoyenneté démocratique dans une perspective planétaire signifie pour eux «faire apparaître le meilleur en chaque personne» (2002b, p. 101). L'école doit viser «l'acquisition de compétences cognitives et métacognitives portant sur la compréhension de soi, d'autrui et de la réalité sociale et environnementale» (p. 101). L'école doit favoriser, sans pour autant l'imposer, l'adhésion à «des valeurs de paix, de justice, d'équité, de solidarité et de respect de l'environnement» (p. 100). L'école doit enfin développer des compétences affectives et «la capacité d'engagement à l'égard de soi, d'autrui et du monde» (p. 101).

Afin de résumer les valeurs éducatives du courant critique et citoyen, nous avons retenu les concepts de conscientisation critique et d'engagement, tels que définis par Ferrer et Allard (2002b) et nous avons emprunté quelques-unes des valeurs mises de l'avant par le Réseau des écoles publiques alternatives du Québec (REPAQ, 2008), soit la responsabilité, le respect et la démocratie.

■ **Responsabilité**

Capacité de prendre des décisions en fonction des exigences d'un rôle librement accepté, capacité de justifier ces décisions et d'en assumer les conséquences (REPAQ, 2008).

■ **Respect**

Sentiment de considération ressenti à l'égard de quelqu'un ou de quelque chose en raison de la valeur qu'on lui reconnaît. Considération que l'on porte à une chose jugée bonne, avec l'intention de ne pas y porter atteinte, de ne pas l'enfreindre (REPAQ, 2008).

■ **Démocratie**

Collaboration entre les membres d'un groupe ou d'une communauté, avec ou sans réglementation, où la prise de décision a lieu par accord (consensus) ou par une majorité des membres plutôt que par voie d'autorité (REPAQ, 2008).

1. **La responsabilité**: Dès son entrée à l'école, l'élève doit apprendre à se responsabiliser face à son apprentissage et à l'exercice de son métier d'élève. Cette responsabilité est évidemment partagée avec les autres élèves (comités d'élèves, conseil étudiant), avec l'ensemble du personnel enseignant et avec le personnel non enseignant de l'école: «En évoluant dans ce milieu de partage des responsabilités, l'élève est encouragé à devenir le premier responsable de son apprentissage» (REPAQ, 2008, p. 5) et de son éducation!

2. **Le respect**: L'école doit encourager le respect en tout temps et en tout lieu, tant dans la cour de récréation qu'à l'intérieur de la salle de classe, tant à la cafétéria qu'à bord de l'autobus scolaire, tant lors des activités formelles d'apprentissage que lors d'activités parascolaires. Ces manifestations de respect envers chaque membre de la communauté scolaire seront les mêmes quels que soient l'âge, le statut et les fonctions exercées à l'école: «Dans le respect des différences individuelles, l'élève est amené à développer ses forces, à découvrir ses limites et à relever ses défis afin de contribuer à sa communauté» (REPAQ, 2008, p. 6). Le respect doit également s'exprimer envers soi-même et envers son environnement.

3. **La démocratie**: L'école n'est-elle pas censée refléter les valeurs et le fonctionnement démocratique de la société dont elle est un microcosme? Or, y a-t-il une institution plus foncièrement antidémocratique que l'école (Neill, 1975)? L'école ne doit pas seulement enseigner la démocratie aux élèves, elle doit la pratiquer. La gestion de classe (code de vie, règlements, etc.), la gestion de l'école et de ses activités doivent être l'objet d'une cogestion entre adultes et élèves ou tout au moins d'une gestion participative: «tout en conservant sa responsabilité d'adulte, ce dernier choisit le rôle de guide plutôt que celui de détenteur de l'autorité en privilégiant le consensus» (REPAQ, 2008, p. 7) plutôt que les décisions prises de manière arbitraire.

4. La **conscientisation critique** : D'après Ferrer et Allard, cet éveil de la conscience permet à l'élève ou à l'enseignant d'approfondir sa compréhension de soi, d'autrui et de son environnement social et naturel « en voyant d'un tout autre œil ses valeurs, ses croyances et ses systèmes de croyances » (2002b, p. 100). Enfin, grâce à cette conscientisation critique qu'il réalise dans l'action, l'élève ou l'enseignant « développe sa capacité d'un plus grand engagement à l'égard de lui-même, d'autrui et du monde » (p. 100).

5. L'**engagement** : L'engagement, tant à l'échelle locale que planétaire, doit être guidé par des valeurs de paix, de justice, d'équité, de solidarité et de respect de l'environnement, valeurs « que l'on fait siennes, en fonction de sa compréhension plus approfondie des facteurs qui influent sur sa vie et sur celle d'autrui » (Ferrer et Allard, 2002b, p. 100). Par ses propres actions, l'élève ou l'enseignant engagé « apporte de nouveaux éléments significatifs de son vécu à son propre processus de conscientisation critique et d'engagement » (p. 100).

Le courant critique et citoyen vise donc la formation de citoyens responsables, respectueux et démocrates, engagés dans un processus personnel de conscientisation critique à l'égard d'eux-mêmes, de leur communauté, de leur société et du monde dans lequel ils évoluent. Cette citoyenneté critique, responsable et démocratique ne s'oppose pas à la conception traditionnelle de l'**éducation civique** (Baillon, 2008), mais elle va certainement plus loin qu'une simple préparation de l'enfant à exercer passivement son futur rôle de citoyen. Cette dimension citoyenne vise à responsabiliser chaque apprenant à l'égard de son rôle présent dans un projet de société juste et équitable, respectueux des droits humains et de l'environnement et visant la construction d'un monde de paix, de justice et de solidarité. L'école doit promouvoir la pensée critique spéculative, le rôle social de l'apprenant, son apprentissage de la démocratie active et son ouverture sur le monde (perspective planétaire).

7.2.3 La conception des rôles de l'enseignant et de l'apprenant

Le rôle de l'élève consiste à apprendre à devenir un acteur du monde (plutôt qu'un simple spectateur) et à développer sa pensée critique pour assumer une citoyenneté responsable et démocratique. Pour ce faire, l'enseignant verra à l'organisation, avec ses élèves, d'un environnement éducatif favorisant la conscientisation et l'engagement dans la défense de valeurs universelles et dans l'établissement d'une communauté de recherche favorisant le développement d'une pensée critique spéculative. Enseigner, c'est ainsi aller à la rencontre du monde avec l'apprenant ; c'est s'engager à côté des élèves dans la construction d'un nouveau projet de société. Enseigner, c'est enfin s'ouvrir à l'univers en soi, c'est marcher en compagnie de l'apprenant sur le sentier infini de la sagesse (*voir l'encadré 7.2*).

ENCADRÉ 7.2   **Enseigner et apprendre : la perspective critique et citoyenne**

« Il y a le danger constant que le contenu de l'instruction organisée soit une simple matière d'enseignement pour les écoles, isolé de la matière vivante de l'expérience » (Dewey, 1990, p. 43).

« Le dialogue est cette rencontre des hommes par l'intermédiaire du monde, pour l'exprimer, et il ne se limite donc pas à une relation je-tu […]. Si en parlant, en exprimant le monde, les hommes le transforment, alors le dialogue s'impose comme le chemin par lequel les hommes trouvent leur signification en tant qu'hommes. Le dialogue est une exigence existentielle. Et s'il est la rencontre de la réflexion et de l'action de ceux qui le pratiquent, tournés vers le monde à transformer et à humaniser, il ne peut se réduire au dépôt des idées d'un individu dans un autre ni à un simple échange d'idées » (Freire, 1980, p. 72).

Conscientisation critique

Processus par lequel une personne détermine, observe et analyse les facteurs qui influent favorablement ou non sur sa vie, sur sa communauté, sur d'autres personnes et d'autres collectivités ainsi que sur l'environnement (Ferrer et Allard, 2002b, p. 99-100).

Engagement

Action de définir des buts, de formuler des intentions de comportement, d'élaborer des plans et d'agir comme citoyen ou citoyenne responsable (Ferrer et Allard, 2002b, p. 100).

Éducation civique

Éducation portant sur les responsabilités, les droits et les devoirs du citoyen : responsabilités à l'égard de l'État (par exemple, la déclaration annuelle de ses revenus) ; connaissance et exercice de ses droits (par exemple, le droit de vote) ; adoption de comportements civiques (par exemple, le respect des lois).

»

« Ma soif de liberté pour mon peuple est devenue une soif de liberté pour tous, Blancs et Noirs. Je savais mieux que toute chose que l'oppresseur a besoin de libération aussi sûrement que l'opprimé […]. Être libre n'est pas simplement se débarrasser de ses chaînes, c'est vivre d'une manière qui respecte et valorise la liberté des autres » (Mandela, 1994, p. 2).

« L'histoire des dernières décennies le prouve avec éclat ; lorsqu'elle est protégée, nourrie, la graine des droits humains finit par germer, en dépit des vents contraires, dans toutes les terres où elle est semée. […] Semer encore, semer toujours, sans penser à la récolte. Nombreuses seront les graines qui ne germeront pas, mais il est un fruit que tu ne pourras jamais récolter : c'est celui de la graine que tu n'as pas plantée » (Mayor, 2000, p. 21).

« Le rendez-vous est pris désormais avec la solidarité mondiale. Pour relever le défi, il ne faut pas chercher à être gagnant, à s'en sortir tout seul au niveau de son groupe social, du cercle de sa communauté, à l'échelle d'un pays […]. Pour le relever, il faut un projet collectif à l'échelle de la première génération planétaire que nous sommes » (Petrella, 1997, p. 117).

« Depuis l'apparition des humains sur la Terre, c'est la première fois – et le phénomène date de moins de vingt ans – qu'une espèce vivante détient le pouvoir de l'équilibre biologique de la planète au point de menacer sa propre survie » (Reeves, 1988 ; cité dans Ferrer, Gamble et LeBlanc-Rainville, 1997, p. 12).

« Aujourd'hui, je souhaite ardemment, à l'instar de mon grand-père, la libération intellectuelle de tous les enfants, ainsi qu'à la reconnaissance de leur droit à la recherche » (Sharp, 2009, p. 52).

7.3 LES IMPLICATIONS ÉDUCATIVES DU COURANT CRITIQUE ET CITOYEN

Après avoir présenté les fondements sociaux et philosophiques desquels émerge le besoin d'une éducation critique et citoyenne et après avoir dégagé les finalités d'un tel courant pédagogique, il nous reste à voir les manières dont ces principes, conceptions, croyances et valeurs se traduisent concrètement dans la salle de classe. Ce sera l'objectif des deux prochaines sections de ce chapitre.

Tout d'abord, nous explorerons les principales implications éducatives de ce courant, dont les deux premières sont plus particulièrement associées à la dimension critique : la formation de communautés de recherche et la formation à la pensée critique, alors que la troisième, l'implantation d'une pédagogie de la conscientisation, découle directement de la composante citoyenne.

7.3.1 La formation d'une communauté de recherche philosophique

Communauté de recherche

Groupe de personnes utilisant une méthode similaire (par exemple, la méthode scientifique) pour atteindre des buts également similaires (la connaissance empirique). Appliquée au monde scolaire, la communauté de recherche philosophique regroupe un enseignant et des élèves qui s'écoutent mutuellement avec respect, s'encouragent les uns les autres à justifier leurs positions, s'entraident pour tirer les conclusions des idées échangées et essaient de comprendre ce que chacun a essayé d'exprimer (Lipman, 1998).

La **communauté de recherche** philosophique occupe une place de toute première importance dans l'approche de Lipman. On vise ni plus ni moins à transformer la classe en communauté de recherche, créant ainsi les conditions qui permettent aux élèves d'apprendre ensemble à penser par et pour eux-mêmes (Sasseville, 2009), avec l'enseignant comme guide et modèle. D'après Sasseville, la communauté de recherche philosophique entraîne une approche multidisciplinaire « impliquant la présence d'au moins sept disciplines ou sources méthodologiques différentes » : le recours à la logique formelle et informelle, un esprit et une méthode empruntés à la recherche scientifique, la philosophie en tant que démarche pour poser un problème ou analyser une solution, la linguistique et l'apprentissage du langage philosophique, la psychologie cognitive par l'entremise de l'étude des processus mentaux, la littérature par le recours à des romans philosophiques et, enfin, le dialogue qui, d'après Sasseville, est la dimension méthodologique qui constitue le fondement même de cette approche éducative.

La pratique de la philosophie en communauté de recherche repose sur certaines dispositions et attitudes adoptées et pratiquées par le groupe (les qualités de la communauté de recherche), au service du développement d'habiletés cognitives (*voir la figure 7.2*) et d'une pensée holistique à la fois critique, créative et vigilante (Lipman, 2006). Sharp (2009), la collaboratrice de Lipman, commente en ces termes cette notion de communauté de recherche :

> C'est en parlant avec les autres que l'on devient soi-même quelqu'un. C'est aussi en parlant aux autres que le monde est amené à la réalité. Dire son idée à un ami dans la classe, c'est créer et exprimer sa pensée et, dans un certain sens, c'est se créer soi-même. Lorsqu'on parle aux autres, l'implicite devient explicite, et c'est de cette façon que nous en venons à mieux connaître ce que nous ne connaissions que de façon vague. C'est de cette façon que nous nous éduquons (Sharp 2009, p. 56).

FIGURE 7.2 La pratique de la philosophie en communauté de recherche

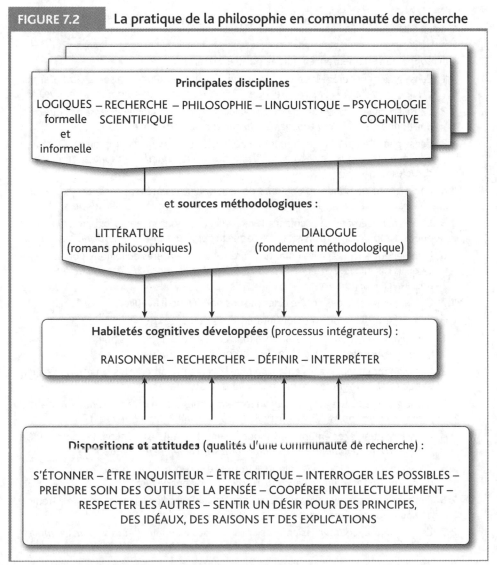

Source : Adapté de Sasseville (2009, p. 25, 26-46).

7.3.2 La formation à la pensée critique en classe

D'après Sasseville, la pensée critique se distingue des autres formes de pensée réflexive par le fait qu'elle produit des jugements. Il soutient qu'elle « est cette pensée adroite et responsable qui facilite le bon jugement parce que : 1) elle s'appuie sur des critères ; 2) elle est autocorrectrice ; et 3) elle est sensible au contexte » (2009, p. 130). Comment favoriser le développement de la pensée critique chez les élèves ? Tout simplement en posant les « bonnes » questions, dans un dialogue favorisant le développement d'une pensée guidée par des critères, qui tienne compte du contexte et qui soit autocorrectrice (*voir l'encadré 7.3*). L'un des avantages de la « grille d'observation des comportements relatifs à la pratique de la pensée critique » élaborée par Sasseville (2009) est qu'elle peut être utilisée par n'importe quel enseignant désireux d'introduire le développement de la pensée critique à l'intérieur de son « curriculum caché » (*voir le chapitre 2*), ceci avec ou sans le recours du matériel conçu pour le programme de philosophie pour enfants.

ENCADRÉ 7.3   **Une grille d'observation de la pratique d'une pensée critique**

1. **Développement d'une pensée guidée par des critères**
   1.1 L'enseignant encourage les enfants à fournir des raisons : *Quelle raison as-tu d'affirmer cela ? Qu'est-ce qui te fais penser que… ? Sur quoi t'appuies-tu pour penser que… ?*
   1.2 L'enseignant encourage les enfants à évaluer les raisons avancées : *Penses-tu que c'est une bonne raison ? Pourquoi penses-tu que ton point de vue est correct ?*
   1.3 L'enseignant encourage les enfants à définir les termes qu'ils emploient : *Quand tu utilises tel mot, que veux-tu dire ? Si une chose est… quelles en sont les principales caractéristiques ?*
   1.4 L'enseignant demande aux enfants de rechercher des présupposés : *Est-ce que ton affirmation présuppose que… ? Est-ce que cela veut dire que tu penses que… ?*
   1.5 L'enseignant demande aux enfants de rechercher des conséquences logiques : *Qu'est-ce que cela implique ? Si tu dis cela, est-ce que tu peux aussi dire que… ? Donc ?… Alors ?…*
   1.6 L'enseignant encourage les enfants à faire appel aux critères de logique pour appuyer ce qu'ils disent : *Peux-tu dire ceci et cela en même temps ? Si c'est vrai de quelques-uns, est-ce vrai pour tous ?*
   1.7 L'enseignant offre des critères, des raisons pour ce qu'il avance.
2. **Développement d'une pensée qui tient compte du contexte**
   2.1 L'enseignant encourage les enfants à tenir compte des différents points de vue : *Dans quelle mesure ce que X vient de dire s'accorde avec ce que tu dis ?*
   2.2 L'enseignant encourage les enfants à faire le lien entre différentes situations : *En quoi ce que tu dis ressemble à ce que nous avons vu auparavant ?*
   2.3 L'enseignant encourage les enfants à rechercher des alternatives : *Y aurait-il une autre façon de voir ce point ? Est-il possible de trouver une autre explication ?*
   2.4 L'enseignant aide les enfants à voir que le sens des mots est régi par le contexte : *Ce mot pourrait-il avoir une autre signification si on changeait de situation ?*
   2.5 L'enseignant encourage les enfants à trouver des contre-exemples : *Connaissez-vous un cas qui pourrait aller à l'encontre de ce que X vient de dire ?*
   2.6 En s'appuyant sur des exemples fournis par les enfants, l'enseignant les aide à trouver de nouveaux critères.
   2.7 L'enseignant encourage les enfants à trouver des exemples : *Aurais-tu un exemple à donner pour illustrer ce que tu viens de dire ? Peux-tu donner un cas ?*

> 3. **Développement d'une pensée qui est autocorrectrice**
>
>> **3.1** L'enseignant encourage les enfants à s'interroger sur la méthode qu'ils utilisent pour rechercher : *Comment sais-tu cela ? Comment as-tu réussi à trouver cela ?*
>>
>> **3.2** L'enseignant encourage les enfants à s'interroger mutuellement sur leurs méthodes de recherche : *Que penses-tu de la façon dont X s'y prend pour résoudre le problème ?*
>>
>> **3.3** L'enseignant accepte une remarque provenant d'un élève.
>>
>> **3.4** L'enseignant encourage les enfants à accepter la correction des pairs : *Ce que X vient de dire peut-il t'aider à progresser dans ta recherche ? Comment ?*

Source : Adapté de Sasseville (2009, p. 157-161).

7.3.3 L'implantation d'une pédagogie de la conscientisation

La pédagogie de la conscientisation que proposa Freire dans les années 1970 et 1980 demeure très actuelle et peut servir d'inspiration à toutes les personnes qui croient en la nécessité d'une éducation à la citoyenneté responsable et engagée. Dans une analyse approfondie des travaux de Freire, Roberts (2000) relève quatre principes clés dans sa philosophie morale :

> 1) toute personne se doit de poursuivre sa vocation innée de s'actualiser en tant qu'être humain ; 2) aucune personne, aucun groupe n'a le droit de restreindre cette quête d'humanisation ; 3) on doit collectivement établir les structures sociales et les autres conditions à l'intérieur desquelles ce processus d'humanisation sera rendu possible pour tous ; 4) toute personne a la responsabilité d'œuvrer à la transformation des structures actuelles qui nuisent à cette quête pour l'un ou l'autre groupe de la société ; c'est la tâche de libération qui nous incombe à tous (Roberts, 2000, p. 50, traduction libre).

Bertrand (1998), pour sa part, résume la pédagogie de Freire à partir des cinq caractéristiques suivantes : une pédagogie du dialogue, l'ancrage dans la réalité, la création de sa culture, la formation à l'esprit critique et la formation à l'action sociale.

1. Une pédagogie du dialogue : Freire propose d'établir un véritable dialogue entre l'enseignant et les apprenants, dialogue entendu comme une relation horizontale, non hiérarchique, entre personnes. Freire (1978) qualifie d'antidialogue le genre de communication qui prévaut habituellement en éducation, une communication privée « d'amour et de jugement critique [qui] crée des êtres passifs » (Bertrand, 1998, p. 113).

2. L'ancrage dans la réalité : La pédagogie de la conscientisation de Freire se distingue par son ancrage dans la réalité, puisant abondamment dans les expériences de vie des apprenants. Il s'agit d'une pédagogie du concret et de la vie quotidienne. Bertrand (1998) mentionne que Freire faisait référence à cette pédagogie en utilisant l'expression paradoxale d'« immersion dans sa propre vie » (Bertrand, 1998, p. 176).

3. La création de la culture : Freire n'aspire pas seulement à fournir aux apprenants les outils intellectuels qui leur permettront d'accéder à la culture dominante, il désire conscientiser la personne à la nécessité de « participer à la construction collective et démocratique de la culture et de l'histoire » (Bertrand, 1998, p. 177).

4. La formation à la pensée critique : Le développement de la pensée critique est indispensable à l'implantation d'une pédagogie de la conscientisation : l'apprenant doit prendre « conscience des problèmes de la société dans laquelle il vit » (Bertrand, 1998, p. 177), et ce, en partant de l'expérience qui lui est propre.

5. **La formation à l'action sociale**: Enfin, la pédagogie de la conscientisation de Freire est un appel à l'action sociale. Il s'oppose ainsi à certains penseurs humanistes qui prônent l'individualisme par le biais du credo de la liberté individuelle, en accordant très peu de place à la responsabilité sociale des apprenants.

7.4 L'ÉDUCATION À LA CITOYENNETÉ DANS UNE PERSPECTIVE PLANÉTAIRE

La préoccupation d'intégrer une dimension critique et une dimension citoyenne dans la finalité poursuivie par l'éducation ne date pas d'hier (Dewey, 1929). Comme nous l'avons vu précédemment, Matthew Lipman et Paulo Freire sont parmi ceux qui ont proposé qu'on élargisse le mandat de l'école de façon à y inclure une éducation à la pensée critique et à une citoyenneté responsable et engagée. Depuis quelques décennies, des valeurs et des concepts tels que ceux de justice, de paix, de solidarité, d'interdépendance, de respect des droits de la personne et des peuples, de respect de l'environnement et d'appréciation des différences individuelles et culturelles ont été regroupés sous l'appellation d'« éducation dans une perspective planétaire » (Lessard, Ferrer et Desroches, 1997), puis d'« éducation à la citoyenneté dans une perspective mondiale » (CEICI, 1998) et, plus récemment, sous l'appellation de ce que Ferrer (2005) désigne comme une « éducation à la citoyenneté démocratique dans une perspective planétaire » (ECDPP). C'est cette approche, intégrant à la fois la composante du développement de la pensée critique et celle de la conscientisation citoyenne, qui nous servira à compléter notre portrait pédagogique de ce courant. Toutefois, avant d'aborder ces contenus et comme nous l'avions fait précédemment pour Matthew Lipman et pour Paulo Freire, il convient de dire quelques mots au sujet de l'une des chercheuses les plus prolifiques dans le domaine de l'éducation à la citoyenneté dans une perspective planétaire : Catalina Ferrer.

7.4.1 Catalina Ferrer : une utopie en marche

Comme on peut le lire sur la couverture du second tome d'un ouvrage sous la direction de Jean Houssaye (2009), il est vrai qu'« il y a une histoire de l'éducation, une histoire des femmes, une histoire de l'éducation des femmes, mais il n'y avait pas (encore) une histoire de l'éducation par les femmes », tout au moins une histoire des grandes pédagogues de l'Antiquité au XXIe siècle. C'est à cette lacune que Houssaye s'est précisément attaqué en produisant un ouvrage colossal, en deux tomes (2008, 2009), consacré aux femmes pédagogues du monde entier, allant par exemple de Catherine de Sienne (1347-1380) à Madame de Maintenon (1635-1719), à Maria Montessori (1870-1952) et à Helen Parkhurst (1887-1973). Trente-neuf femmes qui ont marqué l'histoire de l'éducation de l'Antiquité à aujourd'hui... dont Catalina Ferrer ! Catalina Ferrer avait d'ores et déjà été reconnue comme faisant partie des leaders pédagogiques au Québec et dans la

Catalina Ferrer
(1938–)

« *[Le] rôle de la personne qui éduque consiste [...] à éveiller les consciences et le sens de l'engagement en favorisant une démarche intérieure de quête du sens de la vie et du sens d'appartenance à l'humanité, à ouvrir des fenêtres, à construire des ponts permettant de créer des liens entre des contenus qui semblent dispersés à première vue, à susciter le goût de l'effort intellectuel, de la lecture, de l'ouverture à la culture locale et universelle, à affirmer le sens du respect de la dignité humaine et la valorisation de la coopération* » (Ferrer et Allard, 2002b, p. 106).

francophonie canadienne (Brossard et Marsolais, 1999). Le chapitre signé par Halsouet et Lane (2009), publié dans le second tome de Houssaye (2009), lui confirme un statut de leader pédagogique sur la scène internationale.

Née de parents espagnols, Catalina Ferrer voit le jour en 1938 à Santiago, capitale du Chili. Issue de la classe sociale aisée, elle s'engage dès son adolescence auprès des plus démunis de sa ville. En tant que membre d'un groupe d'Action catholique de jeunes filles, groupe dirigé par le curé de sa paroisse, «elle participe aux cours de catéchisme donnés aux enfants des quartiers pauvres et aux visites de charité organisées par la paroisse en distribuant des vêtements usagés» (Halsouet et Lane, 2009, p. 665). Cependant, elle se préoccupe déjà des effets pervers de cette forme de charité, le fait de distribuer ainsi des vêtements seconde main «ne place-t-il pas le bénéficiaire dans une position humiliante et susceptible d'engendrer une forme de dépendance» (p. 665)? Devenue présidente de son groupe, elle contribue à mettre sur pied un local de dons en libre accès, davantage cohérent avec ses propres convictions et valeurs. Son groupe de jeunes organise des cours d'éducation populaire portant aussi bien sur l'éducation des enfants que sur la couture ou la cuisine, et tente de répondre aux divers besoins exprimés par les familles.

Ferrer ne veut pas, ne peut pas se contenter d'une action sociale superficielle et temporaire. Elle cherche déjà à comprendre les causes des problèmes sociaux qu'elle côtoie. Son père, «qui affûte son esprit critique, […] par ses connaissances en histoire, en littérature et en politique, et […] par l'importance qu'il accorde à l'analyse d'une situation à l'aide de points de vue divergents» (Halsouet et Lane, 2009, p. 666), exercera une influence déterminante sur la pensée éducative de Ferrer.

Sans qu'elle en soit consciente, son engagement de jeunesse s'inspire des principes de la théologie de la libération «qu'elle ignorait alors… et qui l'ont inspirée par la suite» (p. 666). Bien qu'ayant reçu son éducation primaire et secondaire dans des écoles privées, elle choisira néanmoins une université d'État, l'Université du Chili, pour effectuer ses études universitaires. Ce choix ne sera pas sans conséquence, puisque les idées progressistes et de gauche auxquelles elle y est exposée «ont tôt fait de faire vibrer son âme d'engagée sociale et lui ont permis de mieux comprendre les causes profondes de la pauvreté et la nécessité de changer le système pour y remédier» (p. 666). Elle y complètera un baccalauréat en éducation préscolaire en 1962.

À sa sortie de l'université, elle poursuit son engagement social en collaborant à divers projets éducatifs mis sur pied par des militants engagés dans la lutte pour la justice et le changement social, sans toutefois s'affilier à aucun parti politique, conservant ainsi sa pleine autonomie (Halsouet et Lane, 2009). Sa carrière d'éducatrice débutera par un stage d'un an dans un jardin d'enfants d'une usine de textile de Santiago. Elle y découvre un intérêt particulier pour l'éducation des parents, orientation qu'elle conservera tout au long de sa carrière d'éducatrice au préscolaire (1962-1971). En 1971, elle entreprend sa carrière universitaire en tant que chargée de cours, puis de professeure assistante et enfin de superviseure de stage à l'École d'éducation préscolaire où elle a effectué ses études. En 1973, elle entreprend des études de licence en éducation à l'Université catholique de Santiago, programme de deuxième cycle «axé sur l'étude des fondements de l'éducation dans une perspective multidisciplinaire» (p. 667). Elle conservera toute sa vie cette ouverture aux autres disciplines des sciences sociales et humaines, mais ne pourra jamais terminer ce programme d'étude… pour cause d'exil politique (mars 1974).

En effet, rappelons que quelques années plus tôt (en 1970), Salvador Allende avait été élu à la présidence du Chili, devenant ainsi le premier président socialiste à être élu démocratiquement par son peuple. Catalina Ferrer appuie les initiatives de ce gouvernement socialiste et s'engage alors avec lui dans différentes actions visant à améliorer la qualité et l'accès à l'éducation préscolaire :

> C'est ainsi qu'elle enseigne dans un programme de formation accélérée d'éducatrices et qu'elle collabore avec une équipe de l'université dans un vaste projet de formation d'auxiliaires d'éducation préscolaire destiné aux jeunes filles aux conditions de vie précaires. Parallèlement, elle participe aux cours du soir de formation d'auxiliaires d'éducation préscolaire offerts par le YWCA. Elle respecte ainsi sa passion pour l'éducation populaire et son engagement dans les divers milieux, alors si dichotomiques dans la société chilienne. Mais le coup d'État du 11 septembre 1973 met fin à tous ces efforts d'éducation au service de la justice sociale (Halsouet et Lane, 2009, p. 667).

En mars 1974, Catalina Ferrer s'installe au Canada avec mari et enfants, dans la ville de Québec. En collaboration avec des associations québécoises, elle poursuivra son engagement social, cette fois « au niveau de la solidarité internationale pour faire connaître les droits humains bafoués au Chili et ailleurs en Amérique latine » (Halsouet et Lane, 2009, p. 667). Toujours avide de perfectionnement, elle s'inscrit en 1975 à l'Université Laval, de laquelle elle obtiendra en 1979 une maîtrise en psychopédagogie. Elle y occupera les postes d'assistante à l'enseignement, de chargée de cours et d'assistante de recherche. À l'automne 1979, elle accepte un poste de professeure à l'Université de Moncton, au Nouveau-Brunswick. En principe, elle ne devait y rester qu'une seule année, les Chiliens exilés croyant alors imminente la chute du dictateur Pinochet. En fait, elle y demeurera jusqu'à sa retraite en 2003. Catalina Ferrer est actuellement professeure associée à la Faculté des sciences de l'éducation de l'Université de Moncton.

Comme le soulignent Halsouet et Lanc (2009), le rayonnement de l'action de Catalina Ferrer s'étend bien au-delà de l'Université de Moncton, et nous ajouterons, du Nouveau-Brunswick et du Canada. Parmi les très nombreuses réalisations qui ont jalonné sa carrière exceptionnelle, mentionnons, entre autres, le Groupe de recherche sur l'éducation dans une perspective mondiale (GREPM) et la mise sur pied d'un centre de documentation en éducation dans une perspective planétaire, le Projet d'éducation à la citoyenneté dans une perspective planétaire en Atlantique (PECPPA) et l'organisation d'un institut d'été destiné aux intervenants scolaires de ces quatre provinces, le Programme d'éducation planétaire des universités de l'est du Canada (EDUPLAN), le Projet d'intégration de l'éducation à la solidarité internationale dans les programmes scolaires (PESI) et sa participation aux activités du Centre d'éducation interculturelle et de compréhension internationale du Québec (CEICI), sa participation à l'Université d'été en éducation pour les droits humains de Strasbourg, organisée conjointement par l'Institut international des droits de l'homme de Strasbourg et la Commission des droits de la personne du Québec, sa collaboration avec la Chaire UNESCO en droits humains de l'Universidad Nacional Autónoma de México, les projets de coopération avec le Nicaragua et le Chili.

Au-delà de tous ces accomplissements professionnels, Catalina Ferrer « s'est toujours donné pour but de "toucher l'âme" et de "faire évoluer la conscience critique" » (Halsouet et Lane, 2009, p. 670), et ce, tant par son enseignement universitaire que lors de ses innombrables conférences. Elle incarne, selon nous, les idéaux complémentaires du courant humaniste et du courant critique et citoyen. Le lecteur pourra s'interroger sur les raisons pour lesquelles nous avons choisi d'intituler cette section *une utopie en marche*. Il faut bien admettre que pour plusieurs personnes, une contribution de l'école, aussi minime soit-elle, au projet de construction d'un monde meilleur va bien au-delà de tout ce qui est raisonnable d'espérer de la part de cette institution. Alors à quoi donc peut réellement servir un projet d'éducation à la citoyenneté dans une perspective planétaire (*voir la section suivante*) ? La réponse se trouve dans les mots de l'écrivain uruguayen Eduardo Galeano, cités et traduits librement par Ferrer (1997) :

> L'utopie est à l'horizon. Je m'en approche de deux pas, elle s'éloigne de deux pas. Je fais dix pas de plus, et l'horizon s'éloigne de dix pas. Peu importe combien de temps je marche, je ne m'y rendrai jamais. Alors, à quoi peut-elle bien servir, l'utopie ? Eh bien, elle sert à cela : à marcher (Ferrer, 1997, p. 35).

Avant d'aborder la présentation du modèle exposé dans les prochaines sections de ce chapitre, quelques précisions s'imposent concernant la genèse et le développement de l'approche de l'ECDPP. Au cours des années 1980, par leurs activités de recherche, Catalina Ferrer et ses collègues de l'Université de Moncton explorent et approfondissent le domaine de l'éducation pour les droits humains. Au cours de la décennie suivante, leur champ d'étude et d'intervention s'élargit pour inclure les divers volets de l'approche de l'éducation dans une perspective planétaire (EPP). Vers la fin des années 1990, le concept s'élargit encore davantage pour déboucher sur un modèle d'éducation à la citoyenneté démocratique dans une perspective planétaire appliqué aux programmes de formation initiale à l'enseignement (Ferrer, 1997). Enfin, quelques années plus tard, l'ECDPP donnera naissance à une approche pédagogique, la pédagogie de la conscientisation et de l'engagement (Ferrer et Allard, 2002a et 2002b).

7.4.2 La définition et les volets de l'éducation à la citoyenneté dans une perspective planétaire

Tout d'abord, il convient de définir le premier concept intégrateur utilisé, celui d'« éducation dans une perspective planétaire ». L'éducation dans une perspective planétaire (EPP) est un concept « voisin de ce que, en contexte anglo-saxon, on nomme depuis une vingtaine d'années *global education* » (Lessard, Ferrer et Desroches, 1997, p. 4). Selon ces auteurs, l'éducation dans une perspective planétaire est davantage un courant de pensée et d'action qu'un modèle pédagogique proprement dit, bien que, en plus de tenter d'adapter l'école aux transformations que connaît la société et de clarifier les valeurs permettant de fonder un projet éducatif adapté à ce nouveau contexte, l'éducation dans une perspective planétaire cherche « à animer une pratique pédagogique cohérente avec les valeurs mises de l'avant » (p. 5).

Dans un collectif consacré à ce courant, projet initié par le Programme d'éducation planétaire des universités de l'est du Canada (EDUPLAN) et dirigé par Mohamed Hrimech et France Jutras (1997), on définit ainsi l'éducation dans une perspective planétaire :

> L'éducation planétaire est une perspective (et non un objet d'apprentissage) qui sous-tend, influence et harmonise les processus d'enseignement et d'apprentissage dans les écoles. Elle permet aux élèves d'étudier, de développer une connaissance critique et de comprendre les enjeux planétaires de manière à ce qu'ils puissent les aborder dans leurs milieux. Elle leur permet aussi d'adopter des valeurs saines axées sur le respect de l'environnement, l'interdépendance mondiale, la justice sociale pour tous les peuples, la paix, les droits de la personne et des processus de développement économique, social et culturel qui profitent à tous. Les élèves ont l'occasion de développer leur détermination et leur aptitude à agir en tant que citoyennes

et citoyens responsables, soucieux de contribuer à l'édification d'un monde meilleur pour eux-mêmes, pour leur collectivité et pour la terre entière (Desroches, 1997, p. 178).

Un consensus semble en voie de s'établir autour de la nécessité d'intégrer une perspective planétaire dans la formation qu'offre le milieu scolaire : « Pour la première fois dans l'histoire, la survie de la race humaine dépend d'un changement radical du cœur humain » (Fromm, 1976, cité par Ferrer, 1997, p. 18). Selon Ferrer (1997), l'éducation est appelée à contribuer à ce changement du cœur humain et des structures sociales que recherchent Erich Fromm et d'autres penseurs contemporains, et « bien que l'éducation ne puisse opérer seule les transformations nécessaires, elle peut apporter une contribution significative à la formation d'agents de changement capables de joindre les rangs des forces vives de transformation sociale » (p. 18). On s'attend à ce que les intervenants scolaires deviennent les premiers de ces agents multiplicateurs, d'où la nécessité d'intégrer l'éducation à la citoyenneté dans une perspective planétaire dans la formation des enseignants, un modèle ayant même été conçu à cet effet (Ferrer, 1997).

L'éducation dans une perspective planétaire, désignée aujourd'hui par Ferrer sous l'appellation d'**éducation à la citoyenneté démocratique dans une perspective planétaire (ECDPP)**, est une approche globale qui intègre divers volets qu'on aborde trop souvent séparément. Notons que ces volets peuvent être nommés ou regroupés différemment, Ferrer (1997) retenant pour sa part les six volets suivants :

> **Éducation à la citoyenneté démocratique dans une perspective planétaire (ECDPP)**
>
> Éducation qui tient compte de la réalité entière du monde d'aujourd'hui et de demain. Éducation qui permet aux élèves et à l'enseignant d'acquérir des compétences et de développer des attitudes pour qu'ils puissent exercer, dès aujourd'hui et pour demain, une citoyenneté consciente, critique, active, responsable et solidaire. Éducation qui favorise l'émergence d'une démocratie participative dans un cadre social caractérisé par le pluralisme et les interdépendances locales et globales et par des rapports de coopération plutôt que de compétition (CEICI, 1998).

1. L'éducation aux droits humains et à la démocratie, « qui ne signifie pas seulement l'étude des lois, des déclarations et des conventions internationales, mais la mise en pratique d'un système complexe d'interactions d'égalité » (Ferrer, 1997, p. 23) ;

2. L'éducation à la paix, qui amène entre autres « à se remettre en question, à s'opposer aux injustices, à résoudre les conflits de façon non violente par le dialogue, la négociation et la coopération » (p. 23) ;

3. L'éducation interculturelle, qui non seulement inclut l'acquisition d'attitudes favorables à la diversité, mais qui vise également au « développement d'habiletés à vivre dans un espace commun, démocratique, pluraliste et multiethnique » (p. 24) ;

4. L'éducation relative à l'environnement, qui comprend la sensibilisation aux problèmes environnementaux et l'approfondissement de la relation vécue avec son environnement naturel ;

5. L'éducation au développement, « définie en fonction d'un développement intégral et harmonieux » (p. 24) qui tient compte de l'épanouissement des personnes, des communautés et des peuples ainsi que de la protection de l'environnement ;

6. L'éducation à la solidarité locale et internationale, qui privilégie un « effort de compréhension critique de la situation mondiale et la recherche de solutions à caractère global et local, à court terme et à long terme, qui s'imposent tant au Nord qu'au Sud » (p. 24).

7.4.3 Les dimensions de l'éducation à la citoyenneté dans une perspective planétaire

Dans le prolongement des travaux du GREPM de l'Université de Moncton, Ferrer et Allard (2002b) désignent quatre dimensions interdépendantes constituantes de l'éducation à la citoyenneté dans une perspective planétaire : une dimension intrapersonnelle, une dimension interpersonnelle et intergroupe, une dimension sociale de même qu'une dimension environnementale. Nous exposerons ici un peu plus en détail les contenus susceptibles d'être véhiculés à l'intérieur de chacune de ces dimensions de l'éducation à la citoyenneté dans une perspective planétaire (*voir l'encadré 7.4*).

ENCADRÉ 7.4 **Les contenus d'apprentissage associés aux quatre dimensions de l'éducation à la citoyenneté dans une perspective planétaire**

Dimension intrapersonnelle : construction de soi comme sujet de sa propre existence

A. Contenus d'ordre général

- Complexité de l'être humain (être biologique, spirituel et culturel) et fonctionnement de la psyché humaine : conscience et inconscience, cadre de référence et filtres cognitifs et affectifs [...]
- Problèmes et richesses sur le plan intrapersonnel

B. Contenus en lien avec le travail à faire sur soi-même

- Connaissance de sa propre façon d'être, de penser et de sentir ; origine de ses valeurs, de ses croyances, de ses opinions et de ses représentations, de ses préjugés et stéréotypes [...]
- Acquisition d'habiletés : autonomie, effort de décentration de soi (capacité d'introspection, d'autoquestionnement, de dialogue intérieur) ; gestion de ses sentiments [...]
- Acquisition d'attitudes : respect de la dignité humaine, liberté, sens à donner à la vie

Dimension interpersonnelle et intergroupe : reconnaissance de l'autre en tant que sujet

A. Contenus d'ordre général

- Complexité de la communication humaine : intersubjectivité, obstacles à la compréhension et à la reconnaissance d'autrui, sens de l'appartenance au groupe
- Problèmes et richesses sur les plans interpersonnel et intergroupe

B. Contenus en lien avec le travail à faire sur ses rapports avec autrui

- Connaissance du type de rapports que l'on établit sur le plan interpersonnel et intergroupe
- Acquisition d'habiletés : reconnaissance et compréhension d'autrui ; dialogue (capacité d'écoute active), coopération, résolution non violente des conflits
- Acquisition d'attitudes : empathie, respect de la diversité

Dimension sociale : conscience sociale planétaire et engagement solidaire

A. Contenus d'ordre général

- Principales idéologies, religions et régimes politiques ; diversité culturelle, cultures et sous-cultures ; dialogue des cultures, socialisation et désocialisation ; rôle des médias [...]
- Complexité de la réalité sociale (locale et internationale, hier/aujourd'hui) : problèmes et richesses
- Législation : les instruments juridiques concernant les droits humains

B. Contenus en lien avec le travail à faire à l'égard de son engagement social

- Connaissance du type de rapport (ou d'engagement) que l'on établit avec les groupes sociaux, les institutions civiles, religieuses et culturelles, les médias [...]
- Acquisition d'habiletés : effort de décentration par rapport à sa culture (capacité de remettre en question sa culture, son idéologie, sa classe sociale et de faire une relecture de l'histoire officielle)
- Acquisition d'attitudes : appréciation et respect du patrimoine culturel de l'humanité [...]

> Dimension environnementale : conscience planétaire et engagement responsable
> A. **Contenus d'ordre général**
>   - Phénomènes environnementaux à l'échelle locale et internationale [...]
>   - Complexité de la réalité environnementale [...] : problèmes et richesses
> B. **Contenus en lien avec le travail à faire à l'égard de son rapport avec l'environnement**
>   - Connaissances de ses rapports avec l'environnement
>   - Acquisition d'habiletés : respect de la nature, responsabilités à l'égard de l'environnement
>   - Acquisition d'attitudes : appréciation de la nature et sentiment d'appartenance au milieu de vie

Source : Ferrer et Allard (2002b, p. 104).

L'éducation à la citoyenneté dans une perspective planétaire s'inscrit dans une perspective interdisciplinaire, laquelle se prête bien à l'acquisition de compétences transversales, dont certaines d'ordre intellectuel (par exemple, exercer son jugement critique) et d'autres d'ordre personnel et social (par exemple, structurer son identité). L'approche d'insertion préconisée dans la formation des maîtres et dans l'enseignement en milieu scolaire est double : « la transversalité (ou infusion) des objectifs de l'ECDPP dans les cours appropriés et la création de cours déterminés portant sur l'éducation à la citoyenneté démocratique et l'éducation aux valeurs » (Ferrer et Allard, 2002b, p. 102). À celles-ci, s'ajoute une troisième modalité complémentaire pour l'insertion de cette approche en milieu scolaire, soit le « travail de coopération avec la collectivité universitaire et les organismes de la communauté » (Ferrer, 1997, p. 31).

Nous avons mentionné dans l'introduction de ce chapitre une activité associée à la gestion de classe tirée du guide *L'éducation aux droits de la personne* (Ferrer, Gamble et LeBlanc-Rainville, 1997). Ce guide contient de nombreuses activités d'apprentissage susceptibles d'être intégrées dans le programme scolaire ordinaire. Les disciplines du français (langue maternelle) et des sciences humaines apparaissent particulièrement bien adaptées à l'approche par infusion. Toutefois, l'intégration des contenus associés aux dimensions intrapersonnelle, interpersonnelle, sociale et environnementale de l'éducation à la citoyenneté dans une perspective planétaire peut tout aussi bien se réaliser au moyen d'activités d'apprentissage en mathématique ou en sciences, comme en témoigne l'exemple présenté dans l'encadré 7.5, tiré d'un recueil d'interventions pédagogiques publié par le ministère de l'Éducation du Nouveau-Brunswick (MENB, 1992).

ENCADRÉ 7.5	Une intervention pédagogique dans le cadre d'une éducation à la solidarité internationale

Thème : Le sens des nombres (mathématique 7ᵉ année ou secondaire 1).

Activité suggérée : Résoudre un problème mathématique sur l'espérance de vie par la stratégie d'essais et erreurs.

Résultats d'apprentissage spécifiques :

1. Appliquer la stratégie d'essais et erreurs dans la résolution de problèmes.
2. Nommer certains facteurs qui influencent l'espérance de vie.

Déroulement:

1. Effectuer une mise en situation sur le concept d'espérance de vie.
2. Permettre aux élèves de partager leurs connaissances antérieures sur le sujet.
3. Demander aux élèves de résoudre le problème ci-dessous en équipes.
4. Discuter des problèmes de justice et d'égalité des chances que soulèvent les disparités existant entre les espérances de vie de personnes nées et vivant dans différentes parties du monde ainsi que des solutions possibles pour amoindrir ces disparités.

Problème à résoudre: Écris le nom et l'espérance de vie de chacune de ces cinq femmes en t'aidant des indices qui suivent. Voici tes choix de réponses pour l'espérance de vie: 48 ans, 58 ans, 64 ans, 79 ans et 81 ans.

1. L'espérance de vie de Nou Yong du Viêtnam n'est ni la plus longue, ni la plus courte.
2. L'espérance de vie de Naja au Niger est un nombre pair et un multiple de 4.
3. L'espérance de vie de l'Allemande, Érika, est un nombre premier.
4. L'espérance de vie d'Antonia en Bolivie est un multiple de 2, plus grand qu'un demi-siècle, mais n'atteignant pas 65 ans.
5. L'espérance de vie de la Canadienne, Isabelle, est un multiple de 9.

Réponses

Nou Yong: 58 ans; Naja: 48 ans; Érika: 79 ans; Antonia: 64 ans; Isabelle: 81 ans.

Source: Adapté du guide *Projet d'éducation à la solidarité internationale. Interventions pédagogiques* publié par le ministère de l'Éducation du Nouveau-Brunswick (MENB, 1992) en collaboration avec l'Association des enseignantes et des enseignants francophones du Nouveau-Brunswick (AEFNB), l'Université de Moncton et l'Agence canadienne de développement international (ACDI); section mathématiques, 2e activité.

En plus des guides pédagogiques spécialisés dans l'un ou l'autre des volets que comprend l'éducation dans une perspective planétaire, signalons que de nombreux organismes non gouvernementaux (ONG) produisent du matériel pédagogique à l'intention des écoles primaires et secondaires. Desroches et Lessard (1997) fournissent une liste non exhaustive de ces ONG avec leurs coordonnées (Oxfam, Unicef, Développement et paix, L'éducation au service de la Terre, Amnistie internationale, Pacijou, etc.).

7.4.4 Les stratégies et techniques d'enseignement associées

Bien qu'il ne constitue pas un modèle d'enseignement proprement dit tel que défini au chapitre 2, le modèle d'éducation à la citoyenneté démocratique dans une perspective planétaire développé par Ferrer (1997) n'en débouche pas moins sur un certain nombre de stratégies et de techniques d'enseignement d'inspiration humaniste et socioconstructiviste. Citons la pédagogie expérientielle, la pédagogie de la coopération et la résolution de problèmes (Ferrer, Gamble et LeBlanc-Rainville, 1997). Ferrer et Allard (2002b), s'inspirant de différents pédagogues progressistes, dont Freire (1977), Shor (1992) et Snyders (1975), proposent six techniques s'adressant tant à l'hémisphère droit qu'à l'hémisphère gauche du cerveau, tant à l'affectivité qu'à l'intellect:

1. les techniques de discussion: le remue-méninges, l'échange d'opinions, le débat, la remise en question;
2. les techniques de réflexion d'ordre éthique: la clarification des valeurs, la résolution de dilemmes, le conseil de coopération, le cercle de communication (inspiré des pratiques amérindiennes);

3. les activités de recherche : les projets collectifs, les études de cas, les entrevues, l'analyse de contenus ;

4. l'évocation de figures de proue en tant que sources d'inspiration : Nelson Mandela, Gandhi, Rigoberta Menchu, Aung San Suu Kyi, le dalaï-lama, mère Teresa, etc. ;

5. le recours à des représentations symboliques : le cercle yin et yang qui permet d'illustrer les deux côtés d'une problématique, etc. ;

6. les techniques d'expression créatrice : les jeux de rôle, l'utilisation de poèmes, de chansons, d'œuvres d'art, d'allégories, de mythes, de citations et autres provenant de contextes culturels variés.

> **Pédagogie de la conscientisation et de l'engagement**
>
> Pédagogie critique, holistique et engagée. Tout en s'efforçant d'éviter le dogmatisme et le réductionnisme, l'enseignant invite les apprenants à participer de façon active, autonome et, guidé par des valeurs de paix, de justice, d'équité et de solidarité, à cheminer vers l'épanouissement personnel et la compréhension de soi, d'autrui et de la réalité sociale. Pédagogie qui mène à l'engagement dans la construction d'une citoyenneté démocratique, pluraliste et solidaire du sort de la planète (Ferrer et Allard, 2002b).

La **pédagogie de la conscientisation et de l'engagement** proposée par Ferrer et Allard (2002b) constitue en quelque sorte le prolongement pédagogique du modèle d'éducation à la citoyenneté démocratique dans une perspective planétaire développé par Ferrer (1997), modèle destiné à la formation initiale à l'enseignement. Cette pédagogie intègre les deux courants associés à l'école humaniste en éducation. Cette pédagogie est tout d'abord humaniste, car elle accorde une place importante à l'affectivité et vise au développement d'un sentiment d'autonomie et à l'accroissement de la capacité d'autodétermination (dimension personnelle) ; elle permet également d'approfondir sa connaissance et sa compréhension de l'autre tout en développant sa capacité à prendre un recul critique par rapport à son propre processus de socialisation (dimension sociale). Cette pédagogie est également critique et citoyenne, en ce qu'elle articule une éthique de la responsabilité sociale (dimension citoyenne). Elle permet enfin de donner davantage de sens à sa vie ou de prendre conscience de sa responsabilité face au sens à donner à sa vie : « Tenir compte de l'intégralité de la personne signifie favoriser la réflexion sur les questions fondamentales relatives au sens de la vie et à ce qui nous unit comme êtres humains par delà nos différences personnelles et culturelles » (Ferrer et Allard, 2002b, p. 106).

Résumé

Les fondements théoriques du courant critique et citoyen (*section 7.1*)

- Le besoin d'intégrer le courant critique et citoyen dans nos écoles est aujourd'hui accentué par le constat d'une crise humaine et écologique sans précédent.

- Matthew Lipman est l'auteur d'un programme de *Philosophie pour enfants* fondé sur le dialogue et visant à la formation de la pensée critique. L'un des aspects originaux de ce programme est qu'il fait appel à des histoires et à des romans à contenus philosophiques.

- Paulo Freire propose une pédagogie de la conscientisation visant à la formation de citoyens conscients et socialement engagés, citoyenneté mise au service d'un nouveau projet de société.

La conception critique et citoyenne de l'apprentissage et de l'enseignement (*section 7.2*)

- Les conceptions de l'apprentissage et de l'enseignement véhiculées par le courant critique et citoyen présentent certains liens de parenté avec les courants humaniste et socioconstructiviste.

- Les dimensions sociale et environnementale du courant critique et citoyen complètent les dimensions couvertes par le courant humaniste en éducation. Les valeurs mises de l'avant par ce courant sont la responsabilité, le respect, la démocratie, la conscientisation critique et l'engagement.

Les implications éducatives du courant critique et citoyen (*section 7.3*)

- La formation d'une communauté de recherche philosophique favorise le développement d'une pensée critique spéculative, pensée critique qui est au cœur de l'éducation à la citoyenneté.

- La pédagogie de la conscientisation préconisée par Paulo Freire se traduit en classe par une pédagogie du dialogue, l'ancrage des activités proposées dans la réalité vécue par les élèves, une participation active à la création de leur culture, la formation à la pensée critique et la formation à l'action sociale.

L'éducation à la citoyenneté dans une perspective planétaire (*section 7.4*)

- L'éducation à la citoyenneté dans une perspective planétaire est une approche qui recouvre six volets : l'éducation aux droits humains et à la démocratie, l'éducation à la paix, l'éducation interculturelle, l'éducation relative à l'environnement, l'éducation au développement et l'éducation à la solidarité locale et internationale.

- L'éducation à la citoyenneté dans une perspective planétaire touche à quatre dimensions, auxquelles sont associés différents contenus : une dimension intrapersonnelle (construction de soi comme sujet de sa propre existence), une dimension interpersonnelle et intergroupe (reconnaissance de l'autre en tant que sujet), une dimension sociale (conscience sociale et engagement solidaire) et une dimension environnementale (conscience planétaire et engagement responsable).

- En tant que pédagogie du modèle d'éducation à la citoyenneté dans une perspective planétaire, la pédagogie de la conscientisation et de l'engagement intègre les dimensions intrapersonnelle et interpersonnelle associées au courant humaniste et les dimensions sociale et environnementale associées au courant critique et citoyen.

Lectures recommandées

CAOUETTE, C.E. (1992). *Si on parlait d'éducation. Pour un nouveau projet de société*, Montréal, VLB éditeur.

FERRER, C. et ALLARD, R. (2002a). « La pédagogie de la conscientisation et de l'engagement : pour une éducation à la citoyenneté démocratique dans une perspective planétaire. Première partie – Portrait de la réalité sociale et importance d'une éducation à la conscientisation critique et à l'engagement », *Éducation et francophonie*, vol. xxx, nº 2,), [en ligne]. [www.acelf.ca/revue/30-2/ articles/04-ferrer-1.html]

FERRER, C. et ALLARD, R. (2002b). « La pédagogie de la conscientisation et de l'engagement : pour une éducation à la citoyenneté démocratique dans une perspective planétaire. Deuxième partie – La PCE : concepts de base, transversalité des objectifs, catégorisation des contenus, caractéristiques pédagogiques, obstacles et limites », *Éducation et francophonie*, vol. xxx, nº 2, [en ligne]. [www.acelf.ca/revue/30-2/articles/04-ferrer-2.html]

FERRER, C., GAMBLE, J. et LEBLANC-RAINVILLE, S. (1997). *L'éducation aux droits de la personne*, Halifax, Fondation d'éducation des provinces atlantiques.

GERHARDT, H.-P. (1993). Paulo Freire (1921-1997), *Perspectives : revue trimestrielle d'éducation comparée*, vol. xxiii, nº 3-4, p. 445-465 [en ligne]. [www.ibe.unesco.org/publications/ThinkersPdf/freiref.PDF]

SASSEVILLE, M. (2009) (direction). *La pratique de la philosophie avec les enfants* (3ᵉ édition), Québec, Les Presses de l'Université Laval.

CONCLUSION

La lecture de ce livre nous aura permis de constater que l'apprentissage humain et son équivalent institutionnalisé, l'apprentissage scolaire, sont des phénomènes complexes et multidimensionnels. L'apprentissage scolaire, en particulier, donne lieu à diverses interprétations : selon le sens que l'on attribue au verbe d'action qui le désigne, selon qu'il soit perçu comme un produit ou comme un processus, mais, surtout, selon le courant pédagogique dont on s'inspire pour le définir et pour choisir les moyens de le réaliser chez les apprenants (conception de l'enseignement et pratiques pédagogiques).

La définition traditionnelle de l'apprentissage ne suffit plus. Elle a été remplacée par une définition plus dynamique mettant résolument l'accent sur l'aspect « processus » du phénomène. Cette définition nouvelle ne s'inspire plus uniquement du béhaviorisme et du cognitivisme, mais puise désormais dans les idées de plusieurs autres courants pédagogiques : le courant constructiviste, le courant socioconstructiviste, le courant humaniste et le courant critique et citoyen.

Dans un premier temps, on retiendra que l'apprentissage est un processus de nature cognitive. L'apprentissage scolaire ne se définit plus uniquement en fonction de produits, de bonnes réponses, de comportements observables et mesurables (la conception béhavioriste). Il consiste plutôt dans un processus interne, non transmissible, qui se passe « entre les deux oreilles » de l'apprenant. L'apprentissage est tout d'abord une multitude d'opérations de traitement de l'information, qui se traduiront éventuellement par autant de nouvelles connaissances déclaratives, procédurales et conditionnelles venant enrichir la structure cognitive de l'apprenant. Le courant cognitiviste et son modèle théorique du traitement de l'information auront sans nul doute contribué à redéfinir l'apprentissage scolaire en tant que processus de nature cognitive sur lequel l'enseignant peut intervenir indirectement, par exemple en tenant compte des styles cognitifs et des styles d'apprentissage de ses élèves, et directement, en adoptant des techniques favorisant notamment l'attention sélective, le traitement efficace de l'information dans la mémoire de travail et l'organisation de l'information devant être emmagasinée dans la mémoire à long terme.

Dans un deuxième temps, on retiendra que l'apprentissage est une coconstruction de sens. Le traitement de l'information effectué de manière solitaire ne saurait garantir à lui seul la construction de savoirs solides, durables et transférables. En effet, l'apprentissage est également défini comme un processus continu, par lequel l'apprenant construit avec l'autre sa connaissance de soi et du monde. L'apprentissage scolaire est désormais conçu comme une véritable entreprise de construction, ou, pour être plus précis, de coconstruction de sens. Sans la médiation habile d'un enseignant ou d'un apprenant expert sachant exploiter sa zone prochaine de développement, ou sans les interactions avec ses pairs, sources de stimulations cognitives et affectives, l'élève laissé à lui-même ne sera pas toujours en mesure de donner un sens aux stimuli traités dans son environnement scolaire. Le courant constructiviste, associé au rôle d'apprenant actif, et plus particulièrement le socioconstructivisme (l'apprenant social), ont mis en lumière les dimensions sociale et culturelle de l'apprentissage en valorisant, par exemple, des stratégies d'enseignement faisant appel à la coopération, comme l'apprentissage coopératif, et aux interactions significatives dans le milieu, habituellement vécues en équipe, comme l'apprentissage par découverte et l'apprentissage par projets.

Enfin, l'apprentissage est actualisation de soi. L'apprentissage a été défini à la fois comme un processus de nature cognitive et comme un processus de coconstruction de sens, mais il est également un processus multidimensionnel dans lequel toutes les dimensions de la personne sont mises à contribution. L'apprentissage scolaire, tout comme l'apprentissage humain, intègre donc les savoirs (les connaissances de toutes sortes), les savoir-faire et les savoir-agir (les habiletés intellectuelles, les habiletés sportives, etc.), les savoir-être (les attitudes et les valeurs), les savoir-vivre-ensemble (les habiletés sociales, etc.) et même les savoir-devenir (la capacité à se donner un projet de vie, etc.). Puisque l'élève ne fréquente pas l'école seulement avec sa tête, c'est à la personne entière de l'apprenant que l'enseignant doit s'adresser, à une personne animée de désirs, d'aspirations et de rêves, à une personne qui tente de satisfaire, parfois maladroitement, ses besoins de sécurité, d'appartenance, de pouvoir, de liberté et de plaisir. Le courant humaniste (dimensions intrapersonnelle et interpersonnelle) et le courant critique et citoyen (dimensions sociale et environnementale) nous rappellent qu'apprendre, c'est aussi, et peut-être surtout, s'actualiser en tant qu'« être humain total », et s'engager dans la construction d'un monde de paix, de justice et de solidarité.

GLOSSAIRE

Acceptation inconditionnelle
Attitude par laquelle l'enseignant accepte de manière inconditionnelle chacun de ses élèves, sans égard à leur personnalité, à leur manière d'être ou de se comporter. L'acceptation inconditionnelle s'exerce à l'égard de la personne, non à l'égard de ses comportements. D'après Rogers, l'acceptation inconditionnelle des personnes est l'une des trois conditions nécessaires à un apprentissage authentique.

Activité d'apprentissage
Terme générique qui désigne toute activité vécue en milieu scolaire visant à l'obtention d'un résultat d'apprentissage spécifique (synonymes : situation d'apprentissage, situation d'enseignement-apprentissage).

Actualisation de soi
Processus de toute une vie menant au développement optimum du potentiel de l'être humain, quels que soient ce potentiel et la forme ou l'expression de cette réalisation de soi ; pour certains humanistes, c'est le but ultime de l'éducation.

Altruisme
Disposition naturelle à s'intéresser aux autres et à leur offrir notre aide et notre soutien, et ce, de manière désintéressée (sans rien attendre en retour). L'altruisme et la solidarité humaine sont des valeurs très importantes pour les humanistes.

Analyse de tâche
Consiste à analyser un apprentissage scolaire complexe en ses diverses composantes ou en une série d'étapes qui mèneront à sa réalisation. Cette importante habileté pédagogique repose sur une connaissance pédagogique des contenus d'apprentissage (connaissance didactique). L'analyse de tâche peut être utilisée avec n'importe quel contenu d'apprentissage et avec des élèves de tous les âges et de tous les niveaux d'habileté.

Analyse du comportement
Les étapes d'une procédure d'analyse et de modification du comportement se résument ainsi : 1) préciser le comportement cible en termes observables et mesurables ; 2) déterminer les contingences environnementales (où ? quand ? dans quelles situations ? etc.) ; 3) mesurer le comportement cible avant d'intervenir (niveau de base) ; 4) intervenir systématiquement et mesurer les effets de l'intervention ; 5) évaluer l'efficacité de l'intervention et 6) viser à l'autocontrôle du comportement.

Apprenant actif
Rôle de l'apprenant associé au constructivisme pédagogique qui cherche à mettre l'élève aux commandes de sa démarche d'apprentissage. L'apprenant actif est engagé, tant cognitivement qu'affectivement, dans la construction de ses connaissances par des expériences de manipulation, des mises en situation et diverses expériences vécues dans son environnement scolaire et dans son milieu de vie.

Apprenant créatif
Rôle de l'apprenant associé au constructivisme épistémologique. Ce rôle repose sur deux convictions de base : l'élève doit reconstruire tout savoir ; ce savoir est culturellement déterminé, et donc provisoire, puisqu'il dépend des connaissances du moment, qui changent continuellement.

Apprenant social
Rôle de l'apprenant associé au socioconstructivisme, fondé sur les interactions sociales vécues entre des apprenants en situation d'apprentissage. L'apprenant social est engagé, tant sur le plan cognitif que sur les plans affectif et social, dans la coconstruction de ses connaissances par les discussions et les échanges vécus avec ses pairs et à l'intérieur d'activités d'apprentissage accordant une place importante à la coopération.

Apprenants stratégiques
Littéralement, des apprenants qui ont appris à apprendre. L'apprenant stratégique possède un vaste répertoire de stratégies d'apprentissage et sait les utiliser à bon escient, en faisant preuve d'habileté métacognitive. L'apprenant stratégique est en contrôle de son processus d'apprentissage et démontre une confiance en ses capacités d'apprenant.

Apprendre
Acquérir de nouvelles connaissances, développer de nouvelles habiletés et capacités, comprendre de nouvelles réalités, enrichir ses représentations, se transformer...

Apprendre à
Savoir-faire, connaissances procédurales ou conditionnelles que l'élève apprend à exécuter.

Apprendre que
Savoirs théoriques ou connaissances déclaratives que l'élève apprend à mémoriser.

Apprenti
En Europe, désigne le jeune, habituellement d'âge scolaire, qui est en apprentissage chez un employeur et dans un centre de formation d'apprentis.

Apprentissage
Processus interne, interactif, cumulatif et multidimensionnel par lequel l'apprenant construit activement ses savoirs.

Apprentissage authentique
Expression employée par Rogers pour désigner le genre d'apprentissage visé par les humanistes, un apprentissage réel et signifiant pour l'élève, qui s'inscrit à l'intérieur d'un processus d'actualisation de soi. L'apprentissage authentique nécessite d'une part un enseignant-facilitateur faisant preuve d'authenticité, d'acceptation

incorditionnelle et d'empathie et, d'autre part, un élève-apprenant faisant preuve d'ouverture, de responsabilité personnelle et de cohérence dans ses actions.

Apprentissage autodirigé

Conception humaniste du processus d'apprentissage dont la direction est assumée presque entièrement par l'apprenant (l'enseignant y joue un rôle secondaire de facilitateur). L'apprentissage autodirigé est un concept plus vaste que celui d'autorégulation, associé au socioconstructivisme, car il englobe l'ensemble des activités habituellement couvertes par le processus d'enseignement-apprentissage, incluant le choix des objectifs d'apprentissage qui seront poursuivis.

Apprentissage coopératif

Stratégie d'enseignement par laquelle un certain nombre d'élèves sont regroupés pour réaliser une tâche scolaire dans un climat d'interdépendance positive et de responsabilité individuelle et collective à l'égard des apprentissages effectués par chaque membre de l'équipe. L'apprentissage coopératif se définit avant toute chose comme un processus plutôt que comme un produit (production réalisée en équipe).

Apprentissage par découverte

Modèle d'enseignement d'inspiration constructiviste par lequel les apprenants sont appelés à découvrir par eux-mêmes certaines règles ou certains contenus d'apprentissage à la suite du questionnement ouvert de leur enseignant (découverte avec assistance minimale) ou à travers les activités ou les mises en situation qu'il aura soigneusement planifiées (découverte guidée).

Apprentissage par problèmes (APP)

Stratégie d'enseignement d'inspiration socioconstructiviste qui consiste à regrouper les apprenants en équipes pour résoudre une situation-problème à la fois complexe et significative qui leur a été proposée. Le problème peut être réel, réaliste ou simulé, mais dans chaque cas, il doit permettre de développer des compétences en résolution de problèmes et à faire en même temps l'apprentissage de nouveaux contenus.

Apprentissage par projets

Stratégie d'enseignement d'inspiration constructiviste (projets individuels) ou socioconstructiviste (projets réalisés en équipe) selon laquelle les élèves participent à la planification d'un projet qui leur permettra de développer à la fois des compétences disciplinaires et des compétences transversales. Les projets proposés par l'enseignant ou par les élèves peuvent varier suivant le nombre d'élèves par équipe, la durée du projet, la nature des apprentissages poursuivis et les modes de communication et d'évaluation des résultats.

Apprentissage-processus

Expression qui désigne le premier moment de l'apprentissage, pendant lequel l'élève perçoit, décode et traite l'information reçue de l'environnement, période pendant laquelle un apprentissage est en train de se réaliser.

Apprentissage-produit

Résultat du processus d'apprentissage, moment « final » de ce processus... mais qui peut enclencher aussitôt un nouveau processus.

Apprentissage scolaire

Composante de l'apprentissage (au sens le plus large) qui correspond aux apprentissages réalisés en milieu scolaire ; ce que l'on apprend à l'école.

Apprentissage significatif

Employée par Ausubel, l'expression « apprentissage significatif » ou « apprentissage signifiant » (*significative learning*) désigne un apprentissage véritablement intégré à la structure cognitive de l'individu, en opposition avec un apprentissage dit mécanique, sans lien établi avec les connaissances antérieures.

Apprentissage vicariant

Type particulier d'apprentissage par imitation dans le cadre duquel le sujet qui apprend par imitation joue le rôle d'un observateur : il observe à la fois le comportement adopté par son modèle et les conséquences de ce comportement, fournies par l'environnement. Selon ces conséquences (renforcement ou punition), il choisira ou non d'adopter le même comportement.

Apprentissages acquis

Sens spécifique : apprentissages préalables. Sens général : ensemble des connaissances, des stratégies d'apprentissage et des outils intellectuels intégrés dans la structure cognitive de l'apprenant (ou « connaissances antérieures »).

Apprentissages formels

Connaissances, habiletés ou compétences développées dans un contexte formel d'apprentissage, c'est-à-dire sous la supervision directe d'un enseignant (à l'école) ou de toute autre personne (hors école) à qui cette fonction est assignée (par exemple, un instructeur de hockey, une enseignante de ballet, etc.).

Apprentissages informels

Connaissances, habiletés ou compétences développées dans un contexte informel d'apprentissage, c'est-à-dire sans la supervision directe d'un enseignant ou de tout autre responsable.

Apprentissages préalables

Anciennement désignés comme « prérequis », correspondent aux connaissances directement nécessaires à la maîtrise d'un nouvel apprentissage (sens spécifique donné aux « apprentissages acquis »).

Apprentissages scolaires

Désigne les apprentissages réalisés en milieu scolaire, habituellement précisés dans un programme de formation.

Approche descendante (ou *top down*)

En pédagogie, désigne l'approche consistant à proposer des problèmes complexes à résoudre, à partir desquels les élèves sont progressivement amenés à déduire ou à découvrir, à l'aide de leur enseignant, certaines règles ou certains des contenus d'apprentissage que l'on désire enseigner.

Approche holistique

Approche globale d'un phénomène ou d'une personne (par exemple, l'apprenant), abordé comme un système dynamique, ayant des propriétés et des attributs qui lui sont propres et qui transcendent ses éléments constituants. Ainsi, la personne de l'apprenant est davantage que la somme de ses « composantes » (physique, intellectuelle, affective, etc.).

Approche non directive

Approche humaniste centrée sur la personne, employée tout d'abord en psychologie clinique, puis en éducation. L'enseignant non directif fait confiance à ses élèves, en leurs capacités de gérer tant leurs démarches individuelles que leur démarche collective d'apprentissage. Il guide, il accompagne ses élèves, plutôt que d'imposer ses propres règles et sa propre démarche pédagogique. Il ne faut pas confondre approche non directive et style permissif ou avec une attitude de « laisser-faire ».

Assimilation-accommodation

Dans un contexte piagétien, désigne le double processus par lequel un individu intègre un nouvel objet de connaissance (assimilation) à sa structure cognitive en modifiant un schème mental (accommodation), menant à une nouvelle équilibration. L'assimilation et l'accommodation sont les deux processus à la base de l'adaptation cognitive de l'individu à son environnement.

Attentes

Les attentes constituent la composante affective à l'intérieur du modèle du traitement de l'information. Cette composante est l'une des deux composantes situées en périphérie du modèle, car les attentes ou la motivation exercent une influence continue à toutes les étapes du traitement de l'information.

Attentes de succès

Croyances personnelles de l'élève en ses capacités de réussite dans sa démarche d'apprentissage, liées à ses croyances en sa capacité de répondre ou non adéquatement aux attentes de l'école (confiance en soi en tant qu'apprenant).

Attention sélective

Processus cognitif mis en branle à l'étape de l'enregistrement sensoriel, l'attention sélective consiste à diriger consciemment son attention vers les stimuli pertinents à la réalisation d'une tâche ou vers les aspects importants de l'information transmise (par exemple, mots clés, idées principales, etc.). L'attention sélective peut être amorcée par l'apprenant ou être sollicitée et dirigée par l'enseignant à l'aide de différentes techniques.

Attitudes

Règles intériorisées qui dictent le comportement de l'individu dans telle ou telle situation. Bien qu'elles puissent être influencées par les croyances (composante cognitive), les attitudes relèvent du domaine social et affectif.

Authenticité

Être vrai avec soi-même et avec les autres, faire preuve de sincérité et de cohérence entre ce que l'on pense et que l'on ressent intérieurement et nos comportements extérieurs (notre expression verbale et non verbale). D'après Rogers, l'authenticité est la caractéristique la plus importante chez les enseignants pour établir les conditions propices à un apprentissage authentique.

Autoactualisation ou actualisation de soi

Processus continu d'actualisation de son potentiel humain, associé de près au besoin d'autoactualisation ou découlant de celui-ci. Trois conditions permettent à l'élève-apprenant de s'engager dans un processus d'actualisation de soi : une attitude d'ouverture envers son expérience personnelle, une attitude de responsabilisation et de prise en charge de son développement de même qu'un engagement actif dans une démarche de développement personnel, qui se traduit en actions.

Autoapprentissage

Concept proposé par Bruner pour désigner l'apprentissage réalisé de manière totalement autonome (apprentissage par découverte) ou de manière plus ou moins autonome (découverte guidée). L'autoapprentissage est la résultante de situations qui amènent les apprenants à découvrir par eux-mêmes les règles et les concepts que l'on désire leur enseigner.

Autocontrôle

Pour le béhavioriste, l'autocontrôle correspond à la capacité de l'élève à identifier de lui-même les comportements qu'il doit modifier ou améliorer (incluant ses apprentissages scolaires), puis à appliquer de manière autonome toutes les étapes d'une procédure de modification du comportement (incluant l'automesure et l'autorenforcement des comportements cibles).

Autoenseignement

Dernier style d'enseignement sur le spectre des styles d'enseignement associés au pôle « production d'un apprentissage ». À cette position, l'élève apprend de manière complètement autonome (autodidacte), sans aucun soutien de l'enseignant et prend toutes les décisions nécessaires.

Autonomie

Capacité, à partir de sa motivation intrinsèque, d'agir et de conserver le contrôle de son action en toute liberté (RÉPAQ, 2008). On distingue trois sphères d'autonomie : l'autonomie personnelle et affective (composante intrapersonnelle), l'autonomie sociale (composante interpersonnelle) et l'autonomie cognitive.

Autonomie cognitive

Composante du concept d'« autonomie personnelle », l'autonomie cognitive se réfère à la capacité de définir par soi-même les résultats d'apprentissage poursuivis (ou en faire une intégration personnelle), à établir les moyens d'y parvenir puis à évaluer les résultats atteints. Le développement de l'autonomie cognitive est un processus évolutif qui mène progressivement l'apprenant vers la prise en charge de sa démarche d'apprentissage.

Autonomisation

Néologisme introduit pour désigner le processus visant le développement de l'autonomie chez les élèves. De la même manière que la socialisation vise le développement social de l'élève (par exemple, le savoir-vivre-ensemble), l'autonomisation vise le développement de l'autonomie affective, sociale et cognitive.

Autorégulation

La conception socioconstructiviste de l'autorégulation couvre l'ensemble des stratégies cognitives et métacognitives, des stratégies de gestion des apprentissages et des stratégies motivationnelles utilisées consciemment et de manière régulière par un apprenant qui assume la responsabilité de sa démarche d'apprentissage, soit un apprentissage qu'on pourrait qualifier d'autorégulé.

Autorité

Capacité à influencer d'autres personnes ou à se faire obéir par celles-ci. En éducation, on distingue l'« autorité naturelle », celle exercée grâce au respect que l'enseignant inspire à ses élèves, de l'« autorité déléguée », soit l'exercice du pouvoir transmis par l'institution. L'enseignant humaniste privilégie l'exercice d'une autorité naturelle (le pouvoir d'influencer) plutôt qu'une autorité qui s'exprime par une démonstration de force (par exemple, le pouvoir de punir).

Besoins
État de manque, de déséquilibre ressenti par l'être humain. Cette sensation déclenche un comportement compensateur visant à rétablir l'équilibre (Raynal et Rieunier, 2009). On distingue les besoins primaires, d'ordre physiologique (par exemple, le sommeil et la faim) et les besoins secondaires, d'ordre psychologique (par exemple, la sécurité et l'accomplissement). Il ne faut pas confondre, toutefois, besoins et intérêts.

Besoin d'autoactualisation
Ultime besoin de croissance dans la théorie de la motivation de Maslow, le besoin d'autoactualisation ou d'actualisation de soi est le besoin de développer de manière optimum l'ensemble de ses potentialités humaines (intellectuelles, sociales, affectives, créatrices, etc.) et le besoin d'exprimer son caractère unique. D'un point de vue humaniste, l'autoactualisation correspond à la finalité même du processus d'éducation.

Besoin de transcendance
Besoin d'ordre métaphysique, mystique et spirituel qui serait profondément ancré en tout être humain. Le besoin de transcendance peut s'exprimer par diverses pratiques (par exemple, la méditation), incluant mais ne se restreignant pas aux pratiques religieuses. Le courant spiritualiste et, dans une certaine mesure, le courant humaniste en éducation tentent de répondre au besoin de transcendance des élèves.

Besoins d'appartenance (et d'amour)
Catégorie de besoins psychologiques ou besoins-déficiences (théorie de Maslow) qui repose sur la satisfaction préalable des besoins de sécurité et des besoins physiologiques. Les besoins d'appartenance et d'amour sont des besoins sociaux qui regroupent les besoins de relations interpersonnelles, de relations d'amitié et d'amour, le besoin d'appartenance à une famille ou à un groupe, etc.

Besoins-déficiences
Besoins qui poussent l'humain à agir pour combler un manque (théorie de Maslow). Comprennent les besoins physiologiques (besoins primaires) et trois catégories de besoins psychologiques : sécurité, appartenance et amour, estime.

Besoins d'estime
Catégorie de besoins psychologiques ou besoins-déficiences (théorie de Maslow) qui repose sur la satisfaction préalable des besoins de sécurité, des besoins d'appartenance et des besoins physiologiques. Les besoins d'estime comprennent le besoin d'estime de soi (se sentir intelligent, compétent) et le besoin de ressentir de l'estime de la part des autres (se sentir reconnu, respecté, apprécié, valorisé).

Besoins de croissance
Comprennent trois catégories de besoins qui permettent la pleine actualisation du potentiel humain : les besoins de connaître et de comprendre, les besoins esthétiques et le besoin d'autoactualisation. Les besoins de croissance reposent sur la satisfaction préalable des besoins-déficiences (théorie de Maslow) et ne sont jamais pleinement satisfaits (augmentent en intensité lorsqu'on y répond).

Besoins de sécurité
Catégorie de besoins psychologiques ou besoins-déficiences (théorie de Maslow) qui repose sur la satisfaction préalable des besoins physiologiques. Les besoins de sécurité englobent le besoin de se sentir en sécurité, de se sentir protégé, de même que les besoins d'ordre et de structure.

Besoins physiologiques
Besoins primaires et première catégorie de besoins-déficiences (théorie de Maslow) dont la satisfaction est nécessaire à la survie de l'espèce.

Boîte de Skinner
Dispositif mis au point par B. F. Skinner et qui a servi à établir les lois et les principes du conditionnement opérant. La boîte de Skinner est en fait la cage utilisée dans un laboratoire à l'intérieur de laquelle un rat est placé en observation. La cage comprend une barre ou un levier sur lequel le rat appuie pour obtenir un renforçateur (boulette de nourriture), mais qui peut également donner une décharge électrique. Les effets des différents programmes de renforcement ont été établis en laboratoire, auprès de rats placés dans une telle boîte.

Capacité d'attention
La capacité d'attention revêt à la fois un aspect quantitatif, soit la durée pendant laquelle un apprenant peut demeurer attentif, et un aspect davantage qualitatif, soit la profondeur ou l'intensité de l'attention offerte, qu'on associe également à la capacité de concentration de l'apprenant.

Champ d'études
Regroupement de plusieurs disciplines scolaires apparentées, qui forment un ensemble (synonyme : domaine d'apprentissage).

Classes de contingences
Correspondent aux catégories de conséquences pouvant être offertes à un comportement. Les quatre classes de contingences sont le renforcement positif, le renforcement négatif, la punition par addition et la punition par soustraction.

Cognition
La cognition recouvre à la fois l'ensemble des activités de traitement de l'information, c'est-à-dire tous les processus internes de l'apprentissage et les contenus de cette activité intellectuelle (les connaissances, les représentations, les savoir-faire, etc.). En langage courant, on pourrait dire que la cognition correspond à la fois à l'action de penser et au résultat qui en découle, soit l'ensemble des savoirs.

Cognitivisme développemental
Branche de la psychologie, également connue sous le nom de psychologie génétique, qui étudie les stades et les étapes du développement intellectuel, de la naissance à l'âge adulte. Le cognitivisme développemental cherche à expliquer comment se développent l'intelligence et les instruments de la connaissance pendant toute la période de développement de l'individu.

Communauté d'apprenants (ou communauté d'apprentissage)
Expression en vogue dans le monde de l'éducation et qui se réfère au climat d'apprentissage que les enseignants socioconstructivistes (et humanistes) cherchent à instaurer dans leurs classes.

Une communauté d'apprenants est constituée d'élèves qui tentent, chacun à sa manière, de contribuer à l'apprentissage de tous dans le respect des différences. L'enseignant, au même titre que ses élèves, est un membre à part entière de cette communauté d'apprentissage.

Communauté d'apprentissage professionnelle
Modèle structuré de collaboration établi par un groupe d'enseignants partageant une responsabilité commune (par exemple, les enseignantes de première année, les enseignants de mathématiques d'une école secondaire) ou par l'ensemble des intervenants d'une école en vue de partager les expériences pédagogiques vécues, le matériel d'enseignement, les ressources ainsi que les expertises développées par chacun.

Communauté de recherche
Groupe de personnes utilisant une méthode similaire (par exemple, la méthode scientifique) pour atteindre des buts également similaires (la connaissance empirique). Appliquée au monde scolaire, la communauté de recherche philosophique regroupe un enseignant et des élèves qui s'écoutent mutuellement avec respect, s'encouragent les uns les autres à justifier leurs positions, s'entraident pour tirer les conclusions des idées échangées et essaient de comprendre ce que chacun a essayé d'exprimer (Lipman, 1998).

Compétence
Savoir-agir qui intègre les savoirs et les savoir-faire d'ordre intellectuel ainsi qu'un certain nombre d'attitudes et de valeurs associées aux savoir-être de l'apprenant. La compétence est un « savoir-agir fondé sur la mobilisation et l'utilisation efficaces d'un ensemble de ressources ».

Compétences disciplinaires
Compétences qui découlent directement des contenus spécifiques des programmes d'études.

Compétences transversales
Compétences génériques développées à travers plusieurs disciplines d'enseignement.

Concept de soi
Représentation que l'on a de soi en tant que personne. S'applique à de nombreuses facettes de la personne (par exemple, image de soi physique, intellectuelle, sociale). En éducation, la manière dont l'élève se perçoit comme apprenant exerce une influence déterminante sur sa disposition affective face à l'apprentissage, en particulier sur ses attentes de succès.

Conditionnement classique
Le conditionnement classique, ou conditionnement pavlovien ou conditionnement répondant (expressions synonymes), est le processus par lequel un stimulus qui était auparavant neutre en vient à provoquer la même réponse qu'un stimulus inconditionnel auquel il a été associé. Les réponses involontaires apprises par ce type de conditionnement (modèle S-R) sont généralement des réponses émotives.

Conditionnement opérant
Le conditionnement opérant est le processus par lequel on augmente la fréquence d'émission d'une réponse en la faisant suivre d'une conséquence agréable (contingence de renforcement) ou par lequel on diminue la fréquence d'une réponse en la faisant suivre d'une conséquence désagréable (contingence punitive).

Conflits sociocognitifs
Conflit de nature cognitive (par exemple, divergences entre les interprétations d'un problème à résoudre, entre les stratégies préconisées, entre les solutions trouvées, etc.) qui survient entre des élèves qui travaillent de manière coopérative. Le conflit sociocognitif incite à la confrontation des idées et sert souvent de bougie d'allumage pour un nouvel apprentissage.

Connaissance métacognitive
La connaissance métacognitive est une prise de conscience de la manière dont on apprend, des stratégies d'apprentissage ou d'étude qu'on utilise ou que l'on devrait utiliser, de nos stratégies de mémorisation, etc.

Connaissances antérieures
Ensemble des connaissances, des stratégies d'apprentissage et des outils intellectuels intégrés dans la structure cognitive de l'apprenant (sens général donné aux « apprentissages acquis »).

Connaissances conditionnelles
Capacité à utiliser le contexte pour déterminer la réponse à apporter ou l'action à accomplir. Les connaissances conditionnelles font appel aux processus cognitifs supérieurs de la taxonomie du domaine cognitif.

Connaissances déclaratives
Correspondent aux divers types d'informations pouvant être mémorisées par l'apprenant. Les connaissances déclaratives peuvent s'exprimer par une réponse verbale.

Connaissances procédurales
Application d'une procédure ou d'un algorithme menant à la résolution d'un problème donné ou application d'étapes permettant la réalisation d'une activité intellectuelle complexe. Les connaissances procédurales correspondent à un savoir-faire.

Connexionnisme
Théorie de l'apprentissage défendue dans un premier temps par Thorndike, reprise et enrichie par les béhavioristes qui lui succéderont. L'apprentissage y est perçu comme le résultat des connexions établies entre des stimuli de l'environnement et les réponses émises par un sujet.

Conscientisation critique
Processus par lequel une personne détermine, observe et analyse les facteurs qui influent favorablement ou non sur sa vie, sur sa communauté, sur d'autres personnes et d'autres collectivités ainsi que sur l'environnement (Ferrer et Allard, 2002b, p. 99-100).

Conseil de coopération
Formule de gestion de classe participative par laquelle les élèves sont amenés à discuter de manière périodique, par exemple, toutes les semaines, des difficultés rencontrées dans la vie de leur groupe-classe. Le conseil de coopération est également l'occasion de souligner publiquement les réalisations des élèves et de mettre en valeur des comportements d'entraide et de coopération au sein du groupe.

Constructivisme dialectique
Approche constructiviste que l'on associe principalement à Vygotski, basée sur un dialogue pédagogique dirigé par l'enseignant. Par le questionnement qu'elle suscite, la médiation de

l'enseignant favorise le développement des capacités de raisonnement de l'apprenant (argumentation, réfutation, etc.).

Constructivisme épistémologique (ou radical)
Niveau du constructivisme qui accorde un rôle prépondérant à la reconstruction de tout savoir par l'élève qui apprend et donc au rôle de l'élève en tant qu'apprenant créatif.

Constructivisme pédagogique
Niveau de base du constructivisme qui accorde un rôle prépondérant à l'activité de l'élève dans la construction de tout savoir et donc au rôle de l'élève en tant qu'apprenant actif.

Contenus d'apprentissage
Résultats d'apprentissage généraux ou spécifiques visés à l'intérieur d'un programme de formation. Les contenus d'apprentissage sont ce que l'on enseigne pendant une période d'enseignement donnée (par exemple, le pluriel des noms, le théorème de Pythagore, le service au badminton, etc.).

Contrôle exécutif
Le contrôle exécutif ou la métacognition est l'une des deux composantes situées en périphérie du modèle du traitement de l'information. Cette composante métacognitive effectue le monitorage (*monitoring*) de l'ensemble du processus de traitement de l'information.

Courant pédagogique
Cadre théorique et idéologique déterminant l'orientation générale donnée au processus d'enseignement-apprentissage dans un contexte d'apprentissage donné. Un courant pédagogique exerce une influence sur la finalité et les objectifs généraux de l'école, sur les moyens mis en place pour atteindre ces objectifs et sur les rôles assignés aux agents d'éducation.

Courant spiritualiste
En éducation, courant pédagogique qui tente de répondre au besoin de transcendance, en évitant toute forme d'endoctrinement religieux ou autre. Le courant spiritualiste pose avant tout la question de la relation entre l'humain et l'univers, relation qui l'amène à s'interroger sur lui-même et sur le sens ultime de sa vie.

Cours
Terme polysémique dont le sens le plus courant, en éducation, est celui qui correspond au temps consacré à l'enseignement d'une matière scolaire pendant une période de temps donné.

Culture pédagogique
Ensemble des savoirs et des savoir-faire, mais également de croyances, partagés par les membres de la profession enseignante. Tout enseignant en devenir doit s'approprier cette culture professionnelle et, surtout, participer à son évolution.

Curriculum caché
Désigne l'ensemble des apprentissages que l'enseignant cherche à développer chez ses élèves, bien que ceux-ci ne fassent pas partie du programme officiel (par exemple, la politesse, la ponctualité, l'autonomie, etc.).

Cybernétique
À ses débuts (1940-1960), la cybernétique était une discipline scientifique cherchant à établir un modèle cohérent du fonctionnement de systèmes artificiels (par exemple, les machines) et de systèmes naturels (par exemple, les êtres humains). Aujourd'hui, la cybernétique englobe de nombreux champs d'application, dont l'intelligence artificielle la télématique et la robotique.

Débat
Stratégie d'enseignement dans laquelle deux groupes d'élèves sont amenés à confronter des positions opposées, en faisant appel à une argumentation qui aura nécessité une recherche préalable et en utilisant leurs talents oratoires pour réfuter systématiquement les arguments adverses. Les positions défendues par chaque groupe peuvent être choisies par les débatteurs ou assignées au hasard par l'enseignant.

Démarche d'apprentissage
Processus interne chez l'apprenant, alimenté par les stimuli externes offerts par l'environnement pédagogique, incluant les interventions de l'enseignant. Les trois temps de cette démarche sont la mise en situation ou l'activation de sa disposition cognitivoaffective ; la réalisation de l'activité, pendant laquelle l'apprenant effectue le traitement du contenu d'apprentissage ; enfin, le temps d'intégration de cette nouvelle connaissance, habileté, attitude ou valeur.

Démarche expérimentale (ou démarche scientifique)
En milieu scolaire, approche associée principalement, mais non exclusivement, à l'enseignement des sciences. La démarche expérimentale désigne tout cheminement intellectuel qui passe par le recours à une expérience, c'est-à-dire à une action directe sur la nature ou sur un objet pour observer ce qui se passe sous certaines conditions (Cariou, 2007).

Démarche pédagogique
Ensemble des interventions qui ont pour but d'alimenter et de soutenir la démarche d'apprentissage de l'élève. Elle comporte trois étapes qui se déroulent parallèlement à la démarche d'apprentissage de l'élève : la préparation de la situation d'apprentissage, la réalisation de la situation et l'intégration des apprentissages effectués.

Démocratie
Collaboration entre les membres d'un groupe ou d'une communauté, avec ou sans réglementation, où la prise de décision a lieu par accord (consensus) ou par une majorité des membres plutôt que par voie d'autorité (REPAQ, 2008).

Désensibilisation systématique
Procédure ou thérapie béhavioriste pour éliminer les phobies, incluant celles produites par conditionnement classique.

Design pédagogique
En anglais, *instructional design*. Branche des sciences de l'éducation qui tente de traduire les nouvelles connaissances en psychopédagogie (par exemple, les théories de l'apprentissage) en modèles d'enseignement ou d'en dégager les principes d'un enseignement efficace.

Développement intégral
Développement équilibré et harmonieux de toutes les dimensions qui s'expriment chez l'être humain : développement intellectuel et cognitif, développement social et affectif, développement moteur, développement artistique, développement moral, développement

psychique et spirituel, etc. Le développement intégral de l'élève fait partie du credo humaniste en éducation.

Devis expérimental
Modèle utilisé dans la recherche expérimentale. Le devis expérimental classique de la recherche sur le transfert des apprentissages est le suivant : un groupe expérimental est soumis à l'apprentissage d'une tâche A (appelée « tâche source »), puis à l'apprentissage d'une seconde tâche B (tâche cible). Le groupe de contrôle est directement exposé à la situation d'apprentissage de la tâche B, sans apprentissage préalable de la tâche A. Si la performance du groupe expérimental sur la tâche B est significativement supérieure à celle du groupe de contrôle, on peut conclure qu'il y a eu transfert positif de la tâche A vers la tâche B.

Didacticien
Spécialiste de l'enseignement d'une discipline (par exemple, la mathématique) ou d'un ensemble de disciplines scolaires (par exemple, les langues). La didactique fait intervenir deux types de connaissances complémentaires : une connaissance approfondie des contenus des programmes disciplinaires et une connaissance pédagogique portant sur les méthodes, stratégies et techniques d'enseignement propres à cette discipline.

Discipline d'enseignement
Branche du savoir humain pouvant être l'objet d'un enseignement ; par exemple, le français, la biologie, l'histoire, la mathématique, la musique et l'éducation physique sont des disciplines d'enseignement.

Disposition affective
Comprend deux aspects complémentaires : le désir d'apprendre, qui correspond à la conception traditionnelle de la motivation scolaire, et les attentes de succès, un aspect à dimension cognitive puisqu'il fait appel aux croyances de l'apprenant.

Disposition cognitive
Facteur interne de l'apprentissage associé au facteur d'aptitude, mais qui s'en distingue. La disposition cognitive correspond aux modalités de traitement de l'information ainsi qu'au style cognitif ou au style d'apprentissage propres à chaque élève.

Domaine d'apprentissage
Regroupement de plusieurs disciplines scolaires apparentées, qui forment un ensemble (synonyme : champ d'études).

Domaine moral
Domaine d'apprentissage associé au développement social et affectif. Ce domaine traite des stades de développement du jugement moral (par exemple, distinguer la manière juste d'agir dans telle ou telle circonstance).

Domaines généraux de formation
Méga-objectifs de formation qui transcendent les frontières disciplinaires et favorisent l'intégration des apprentissages tout en servant de points d'ancrage au développement des compétences transversales et des compétences disciplinaires.

Douance
Désigne le fait, pour un apprenant, de manifester des aptitudes d'apprentissage largement supérieures à la moyenne. À l'expression « élèves doués », on préfère aujourd'hui celle d'« élèves doués et talentueux », de manière à inclure les aptitudes supérieures dans des domaines autres que les performances intellectuelles (par exemple, les talents artistiques, sportifs, etc.).

Double mode d'enregistrement
Théorie selon laquelle toute information serait enregistrée dans la mémoire à long terme, soit en images, sous une forme visuelle (mémoire épisodique), soit en propositions, sous une forme verbale (mémoire sémantique). Cette théorie prédit qu'une information présentée sous ces deux modes est plus facilement mémorisée que si elle n'est présentée que de manière visuelle ou verbale.

École de pensée
Regroupement de plusieurs courants d'idées, tels les courants pédagogiques, qui partagent un objet d'intérêt commun. L'école béhavioriste s'intéresse à la sphère comportementale. L'école cognitiviste regroupe les courants centrés sur la cognition et s'intéresse aux processus internes de l'apprentissage. L'école humaniste regroupe les courants centrés sur le développement personnel et social de l'apprenant.

Écoles alternatives
Écoles proposant un projet éducatif particulier. Dans un sens large, on peut qualifier d'« alternative » toute école offrant une orientation qui la distingue des autres écoles (par exemple, les programmes sport-étude et musique-étude) ou qui s'inspire d'une philosophie éducative particulière (par exemple, les écoles Steiner et les écoles Montessori). Dans un sens plus restrictif, les écoles alternatives désignent au Québec les écoles publiques, constituées en réseau, adhérant à une vision commune de l'éducation. Notons qu'il existe également des écoles alternatives dans le secteur privé.

Éducation
Processus de transmission culturelle et sociale par lequel une génération donnée transmet à la suivante une grande variété de savoirs, de valeurs et d'attitudes visant à la fois la socialisation des nouveaux membres et l'actualisation optimale de toutes leurs potentialités. Pendant une certaine période de la vie de l'enfant et du jeune, une partie de ce processus est assumée par l'école.

Éducation à la citoyenneté démocratique dans une perspective planétaire (ECDPP)
Éducation qui tient compte de la réalité entière du monde d'aujourd'hui et de demain. Éducation qui permet à l'élève et à l'enseignant d'acquérir des compétences et de développer des attitudes pour qu'ils puissent exercer, dès aujourd'hui et pour demain, une citoyenneté consciente, critique, active, responsable et solidaire. Éducation qui favorise l'émergence d'une démocratie participative dans un cadre social caractérisé par le pluralisme et les interdépendances locales et globales et par des rapports de coopération plutôt que de compétition (CEICI, 1998).

Éducation civique
Éducation portant sur les responsabilités, les droits et les devoirs du citoyen : responsabilités à l'égard de l'État (par exemple, la déclaration annuelle de ses revenus) ; connaissance et exercice de ses droits (par exemple, le droit de vote) ; adoption de comportements civiques (par exemple, le respect des lois).

Éducation de base

Ensemble des activités d'enseignement, formelles ou informelles, destinées à des apprenants adultes peu ou pas scolarisés et qui visent l'acquisition des apprentissages scolaires de base (lecture, écriture, calcul), de manière à permettre à ces adultes de poursuivre des études ou de participer plus activement à la vie sociale (Legendre, 2005).

Éducation populaire

Concept d'origine socialiste (fin du XIXe siècle) qui estime que l'éducation est un droit inaliénable de tout peuple. À ses tout débuts, ce mouvement visait à généraliser l'enseignement public à l'ensemble de la population, l'éducation gratuite et universelle étant considérée comme une condition nécessaire à l'exercice de la démocratie. Aujourd'hui, les mouvements d'éducation populaire visent à éveiller les consciences, à développer l'esprit critique et à favoriser la participation citoyenne.

Éducation transpersonnelle

Courant pédagogique qui tente de répondre au besoin de transcendance des élèves en les amenant à se questionner sans cesse, à explorer tous les recoins de leur expérience consciente, à entreprendre une quête de sens, à explorer les frontières et les profondeurs du soi. Sous certains aspects, l'éducation transpersonnelle se rapproche du courant spiritualiste en éducation, mais elle se veut plus scientifique dans sa démarche.

Effecteurs

Organes (par exemple, les organes phonateurs) ou systèmes (par exemple, le système musculaire) qui permettent l'émission d'une réponse. Les récepteurs sont à la réception des stimuli (captés de l'environnement) ce que les effecteurs sont à l'émission de la réponse (retour à l'environnement).

Effet de primauté

Effet sur l'apprentissage associé à la position des contenus présentés (effet de position sérielle), les premiers items présentés étant parmi les mieux mémorisés.

Empathie

Faculté de se mettre à la place d'un autre, de percevoir ce que l'autre ressent ; pour l'enseignant, capacité à adopter le champ perceptuel de l'élève (voir les choses de son point de vue). D'après Rogers, l'empathie est l'une des trois conditions nécessaires à un apprentissage authentique.

Empirisme

École philosophique pour laquelle la seule source de connaissance est l'expérience (Raynal et Rieunier, 2009). En tant que science du comportement, le béhaviorisme adopte dès ses débuts une approche empirique dans l'établissement de ses théories et dans l'élaboration de techniques visant la modification du comportement.

Engagement

Niveau élevé de participation de l'apprenant qui se traduit par un investissement personnel sur tous les plans (cognitif, métacognitif, affectif, émotif et ludique) dans une démarche d'apprentissage faisant principalement appel à sa motivation intrinsèque, elle-même alimentée par son désir d'apprendre, sa curiosité naturelle et son besoin d'appartenance à une communauté d'apprenants.

Enseignant facilitateur

Conception humaniste du rôle de l'enseignant qui cherche à établir les conditions environnementales (par exemple, un climat de classe où règnent la confiance et le respect), les conditions interpersonnelles (par exemple, des relations marquées par l'authenticité et qui accordent une place au vécu affectif) et les conditions motivationnelles (par exemple, des activités répondant aux intérêts personnels) permettant de mener ses élèves à un apprentissage authentique.

Enseignant stratégique

L'enseignant stratégique est un enseignant qui planifie méticuleusement sa démarche pédagogique et la module constamment en fonction de la réussite de la démarche d'apprentissage de ses élèves. Tardif identifie six rôles à l'enseignant stratégique : ceux de penseur, de preneur de décisions, de motivateur, de modèle, de médiateur et d'entraîneur.

Enseignement

Terme générique désignant l'ensemble des fonctions exercées par un enseignant, incluant (mais ne s'y limitant pas) : une composante pédagogique, une composante didactique, une composante évaluative, une composante psychopédagogique, une composante de gestion de classe, une composante gestionnaire, etc.

Enseignement-apprentissage

Processus qui englobe à la fois toutes les interventions et les mises en situation effectuées par l'enseignant (démarche d'enseignement) et toutes les activités, actions et opérations mentales réalisées par l'apprenant au cours de sa démarche d'apprentissage.

Enseignement de précision

Bien que d'inspiration béhavioriste, ce modèle d'évaluation et de gestion des apprentissages scolaires peut être employé conjointement avec différents modèles ou stratégies d'enseignement. Les élèves y pratiquent chaque jour un apprentissage poursuivi dans chacune de leurs matières scolaires, mesurent leur performance et l'inscrivent sur une charte personnelle prévue à cet effet.

Enseignement direct

Stratégie d'enseignement d'inspiration béhavioriste dont les principales caractéristiques sont le recours à des objectifs d'apprentissage très précis (parfois désignés comme des « microobjectifs »), une approche soigneusement planifiée et structurée de l'enseignement, une modélisation explicite de la tâche ou de l'habileté présentée par l'enseignant, une période de pratique guidée et une période de pratique indépendante pendant laquelle l'élève doit démontrer sa maîtrise de l'apprentissage visé.

Enseignement efficace

À la fois domaine de recherche en sciences de l'éducation (enseignement, enseignants et écoles efficaces) et modèle d'enseignement, proprement dit, qui partage plusieurs caractéristiques avec les modèles d'enseignement direct ou explicite. Toutefois, l'enseignement efficace, en tant que pratique, ne se limite pas à un modèle d'enseignement en particulier.

Enseignement explicite

Stratégie d'enseignement apparentée à l'enseignement direct et dont la caractéristique fondamentale est de rendre explicite les objets de l'apprentissage, c'est-à-dire les connaissances, les habiletés ou les stratégies qui seront enseignées et qui devront être maîtrisées par l'élève. Ces objectifs ou résultats d'apprentissage sont clairement établis à l'avance et sont communiqués à l'élève.

Enseignement magistral

Stratégie d'enseignement correspondant à un exposé formel effectué par l'enseignant devant un groupe-classe, sans interactions avec les élèves (communication unidirectionnelle), habituellement à l'aide de notes préparées par l'enseignant et transmises de la même manière, d'une fois à l'autre, sans effort d'adaptation de la part du « maître ».

Enseignement magistrocentré

Forme d'enseignement centrée sur le « maître », c'est-à-dire sur l'enseignant qui enseigne. Formule opposée à celle d'un enseignement pédocentré, c'est-à-dire centré sur l'élève qui apprend.

Enseignement modulaire

Forme d'enseignement programmé dont les contenus d'apprentissage sont regroupés en modules indépendants les uns des autres. Contrairement à l'enseignement programmé, l'enseignement modulaire s'appuie sur l'utilisation de plusieurs ressources d'apprentissage ou médias : ouvrages de référence, sites Web, articles de revues, photographies, films, vidéos, enregistrement audio, etc.

Enseignement programmé

Stratégie d'enseignement individualisée, consistant à morceler un contenu d'apprentissage quelconque en petites unités, à les présenter dans un ordre graduel de difficulté, en les accompagnant de fréquentes questions de vérification qui permettent une rétroaction continue et l'autocorrection de l'apprenant. Il existe deux types d'enseignement programmé : les programmes linéaires et les programmes ramifiés.

Enseignement réciproque

Formule d'apprentissage coopératif visant au développement de quatre stratégies de compréhension en lecture : le résumé, l'auto-questionnement, la clarification et la prédiction. Les élèves sont regroupés en équipes à l'intérieur desquelles chaque élève joue, à tour de rôle, le rôle d'animateur ou de leader dans un « dialogue pédagogique » modélisé par l'enseignant.

Enseignement tutoriel

Stratégie d'enseignement consistant à faire appel à des tuteurs (des élèves du même âge ou plus âgés) pour offrir un programme d'intervention auprès d'élèves nécessitant une aide ponctuelle ou auprès d'élèves éprouvant des difficultés d'apprentissage. Il s'agit d'une approche systématique impliquant des rencontres régulières entre tuteurs et tutorés et visant des objectifs ou des résultats d'apprentissage spécifiques.

Entraînement cognitif

Approche consistant à enseigner certaines stratégies cognitives ou stratégies d'apprentissage ou à effectuer une rééducation de certaines fonctions cognitives auprès d'élèves en difficulté. On distingue deux grandes approches à l'entraînement cognitif : une approche par infusion (les stratégies sont enseignées à l'intérieur des matières scolaires visées) et une approche directe, selon laquelle l'entraînement aux stratégies ou la rééducation cognitive est effectué séparément de l'enseignement.

Épistémologie génétique

L'épistémologie étant l'étude de la connaissance, l'épistémologie génétique est la science qui étudie les relations entre le développement chronologique et physiologique de l'individu et le développement de sa pensée. En d'autres mots, l'épistémologue généticien tente de décrire comment se construisent les connaissances chez un individu pendant toute la durée de son développement.

Essais et erreurs

Approche d'apprentissage non structurée pour résoudre un problème ou pour obtenir un résultat désiré. Le sujet effectue autant d'essais infructueux (erreurs) que nécessaire, avant de tomber, par hasard, sur la bonne réponse ou de réussir à effectuer la tâche désirée.

Estompage

Technique béhavioriste, également désignée comme l'« atténuation des stimuli » (*fading*). Elle consiste à diminuer progressivement l'assistance apportée à l'élève dans la création du comportement désiré ou à atténuer graduellement les stimuli qui servent d'indices ou de support au comportement.

Étude de cas

Stratégie d'enseignement d'inspiration socioconstructiviste selon laquelle on propose à des apprenants regroupés en équipes des cas réels ou fictifs qu'ils doivent analyser en utilisant leurs connaissances disciplinaires et pour lesquels ils doivent poser un diagnostic ou proposer une solution.

Évaluation formative

Évaluation offerte tout au long du processus d'enseignement-apprentissage. L'évaluation formative est à la fois au service de l'élève, puisqu'elle lui permet d'identifier les aspects non maîtrisés d'une tâche ou d'un objectif d'apprentissage (fonction de rétroaction), et au service de l'enseignant, puisqu'elle lui fournit l'information nécessaire pour ajuster ses interventions pédagogiques (fonction de régulation). L'évaluation formative est également dite « critériée » lorsque le résultat de l'élève est comparé à un critère spécifié à l'avance.

Évaluation sommative

Évaluation qui survient à la fin d'une séquence d'enseignement et qui porte habituellement sur une tranche des contenus d'apprentissage composant une matière scolaire. L'évaluation sommative, qui évalue une « somme » et l'intégration de plusieurs connaissances ou compétences disciplinaires, sert également à déterminer les résultats scolaires des élèves et leur réussite ou non, selon le seuil de rendement minimal fixé par l'institution scolaire.

Expérience

Toute interaction vécue avec l'environnement physique ou humain qui entraîne l'entrée de stimuli sensoriels et un traitement de l'information par l'apprenant.

Exposé formel

Présentation orale d'informations à un groupe-classe par l'enseignant. L'exposé formel est généralement unidirectionnel, c'est-à-dire qu'il comporte peu d'interactions, voire aucune, entre l'enseignant et son « auditoire ». Ainsi défini, l'exposé formel correspond à un exposé ou à un enseignement dit magistral (stratégie d'enseignement totalement centrée sur l'enseignant).

Exposé interactif

L'exposé interactif, ou exposé informel, correspond à une présentation orale d'informations effectuée à un groupe-classe par l'enseignant, qui accorde cependant une place importante à la participation des élèves et intègre divers supports audiovisuels ou informatiques. La qualité d'un exposé interactif dépend de l'efficacité de la communication pédagogique mise en place par l'enseignant. »

Extinction

En conditionnement opérant, correspond à une technique visant à diminuer ou à éliminer un comportement jugé inapproprié (technique punitive). Elle consiste tout simplement à ignorer le comportement en question… jusqu'à ce que celui-ci s'éteigne de lui-même.

Façonnement

Technique béhavioriste, également désignée comme le « renforcement des approximations successives » (*shaping*). Elle consiste à décomposer un comportement cible en plusieurs étapes et à renforcer systématiquement la réalisation de chacune de ces étapes. On renforce ainsi les « approximations successives » menant au comportement visé.

Facteur de l'aptitude

Correspond à la capacité d'apprendre de l'élève, au temps qui lui est nécessaire pour apprendre.

Facteurs externes

Tout aspect de l'environnement physique et humain qui exerce une influence directe ou indirecte sur l'un ou l'autre des facteurs internes de l'apprentissage ou sur une combinaison de ces facteurs chez l'apprenant.

Facteurs internes

Facteurs personnels de l'élève-apprenant qui influencent directement son apprentissage: aptitude, disposition affective, disposition cognitive et apprentissages acquis. En interaction constante avec les facteurs externes à l'apprenant, ces facteurs internes évoluent constamment.

Facteurs sociaux

Facteurs d'origine externe influençant l'apprentissage de tout élève. Les facteurs sociaux de l'apprentissage scolaire trouvent leurs sources dans le milieu de vie immédiat (famille, parents et amis) et dans l'environnement social et culturel de l'élève (par exemple, le milieu socioéconomique).

Généralisation du stimulus conditionné

La généralisation d'un stimulus conditionné survient lorsque le sujet émet une réponse conditionnée (par exemple, les pleurs du petit Albert), non seulement en présence du stimulus conditionné initial (dans ce cas-ci, le rat), mais également en présence de stimulus similaires ou présentant certaines caractéristiques communes avec le stimulus conditionné (par exemple, lapin, objet avec de la fourrure blanche).

Générateur de réponses

Dernière étape active du traitement de l'information pendant laquelle une réponse est générée à partir de l'information en cours de traitement dans la mémoire de travail et de l'information qui a été puisée et réactivée de la MLT.

Groupes de discussion

Stratégie ou technique d'enseignement (selon l'emploi qui en est fait) dont le design et le fonctionnement peuvent varier suivant sa fréquence d'utilisation, la taille du groupe, le degré de structure de l'activité et les objectifs poursuivis par l'enseignant. Les groupes de discussion visent à développer une compréhension approfondie d'un thème donné et à développer la compétence à résoudre collectivement un problème (Martineau et Simard, 2001).

Habiletés intellectuelles

Opérations mentales effectuées sur les informations verbales. Elles permettent de résoudre des problèmes, d'analyser un ensemble de données, d'effectuer une synthèse de l'information sur un sujet donné, etc.

Habiletés motrices

Habiletés impliquant une activité physique simple (comme tracer une lettre) ou complexe (comme nager). Les habiletés motrices relèvent du domaine d'apprentissage psychomoteur.

Impuissance apprise

Syndrome ou sentiment d'impuissance entraîné par un manque de confiance en ses capacités de maîtriser son environnement. L'apprenant n'éprouve plus le désir de contrôler sa démarche d'apprentissage, n'est plus capable d'établir de liens entre ses actions et les résultats de celles-ci et éprouve un fort sentiment d'échec, proche du désespoir.

Incitation

Technique béhavioriste consistant à fournir à l'élève un soutien direct en vue de permettre l'émission de la réponse ou l'adoption du comportement souhaité. On distingue trois types d'incitation (*prompting*) : l'incitation physique, l'incitation verbale et l'incitation gestuelle.

Informations verbales

Connaissances sémantiques qui permettent de nommer un objet ou une réalité, d'énoncer un fait, d'expliquer ou de décrire un phénomène. Les informations verbales peuvent être mémorisées, puis exprimées dans une réponse verbale.

Insight

Apprentissage qui a lieu sans expérience ou sans exercice préalable, ce qui est contraire aux théories béhavioristes. L'*insight* est la découverte brusque qui permet de comprendre une situation. On doit à Koehler (1927) l'expérience classique qui illustre le mieux ce phénomène. Un chimpanzé est enfermé dans une cage. Une banane est posée sur le sol à l'extérieur de la cage, de telle sorte que le singe ne puisse l'atteindre. On pose un bâton à l'intérieur de la cage. Le singe essaie d'attraper la banane avec le bras, n'y arrive pas, renonce et s'assoit dans un coin de la cage. Tout à coup, il se lève, se saisit du bâton et l'utilise pour déplacer la banane vers la cage, de telle sorte qu'il puisse s'en saisir.

Institutionnalisation des savoirs

Dernière étape d'une situation-problème, qui correspond à la synthèse effectuée par l'enseignant. Cette synthèse permet aux élèves d'ancrer leurs nouvelles connaissances par rapport aux représentations qu'ils se sont construites tout au long de la situation-problème. Peut prendre la forme d'un exposé formel de la part de l'enseignant, mais un tel exposé « a l'avantage d'avoir été précédé par un agir cognitif des élèves autour des concepts visés » (Pallascio, 2005, p. 34).

Intelligence artificielle
Domaine de recherche qui associe principalement l'ingénierie informatique et les sciences cognitives et qui vise à simuler le comportement intelligent de l'humain par l'intermédiaire de programmes informatiques. C'est grâce à l'intelligence artificielle que l'ordinateur *Deep Blue* a réussi à battre Garry Kasparov, champion du monde aux échecs, lors d'un tournoi à Londres, en 1997.

Intelligence émotionnelle
Capacité à comprendre et à nommer les émotions vécues par soi-même et par les autres, capacité à exprimer soi-même ses émotions et à adapter ses comportements aux émotions vécues par les personnes avec lesquelles on interagit. On peut associer le concept d'intelligence émotionnelle avec celui d'intelligence sociale (compréhension des êtres humains et facilité à s'entendre avec eux) ou avec les intelligences dites intrapersonnelle et interpersonnelle (Gardner, 1983).

Intelligences multiples
Conception qualitative du facteur de l'aptitude (intelligence). Théorie selon laquelle il existerait plusieurs formes ou types d'intelligence, chaque personne ayant un profil qui lui est propre, à l'intérieur duquel on retrouve une ou plusieurs formes d'intelligence dominantes.

Interdisciplinarité
En éducation, approche qui favorise « l'intégration des matières », en proposant des activités d'apprentissage qui intègrent les contenus de plusieurs matières scolaires (par exemple, une activité d'éducation musicale visant simultanément des résultats d'apprentissage en français).

Intérêts
Sentiment positif que l'on accorde à quelque chose, à un sujet ou à un domaine quelconque ou que l'on ressent à l'égard de quelqu'un. Agrément que l'on en retire. En éducation, particulièrement à l'intérieur des courants humaniste et socioconstructiviste, on accorde une place de plus en plus importante aux intérêts personnels des élèves, intérêts qui permettent d'activer leur motivation intrinsèque.

Interférence
En apprentissage, désigne la situation qui survient lorsqu'un nouvel apprentissage interfère avec un apprentissage similaire qui a été réalisé auparavant (interférence rétroactive). L'interférence proactive survient lorsque c'est le nouvel apprentissage qui est confondu avec un apprentissage plus ancien. Dans ce cas, c'est l'apprentissage déjà réalisé qui interfère de façon proactive avec l'apprentissage en cours.

Intrapersonnel
Néologisme introduit en psychologie et en éducation pour désigner les croyances, les habiletés et les attitudes qui régissent le fonctionnement intérieur de la personne. Le plan intrapersonnel correspond en quelque sorte à la manière dont on interagit avec soi-même : perception et connaissance de soi ; valeurs, représentations et préjugés, capacité d'introspection.

Logique
Branche de la philosophie, science du raisonnement valide.

Loi de l'effet
Première version de la loi du conditionnement opérant proposée par Thorndike qui stipule qu'un comportement suivi d'une conséquence agréable aura tendance à se reproduire dans une situation similaire alors qu'un comportement suivi d'une conséquence désagréable tendra à diminuer.

Loi de Yerkes-Dodson
Principe en psychologie de l'apprentissage qui se traduit en deux propositions : pour toute tâche, il existe un point optimal de motivation plus une tâche est difficile et plus le rendement sera affecté par un excès de motivation.

Matière scolaire
Tranche d'une discipline d'enseignement faisant l'objet d'un cours et dont l'enseignement est étalé sur une période de temps donné (par exemple, un semestre, une année scolaire). On peut suivre plusieurs matières scolaires (cours) à l'intérieur d'une même discipline.

Maturation
Processus naturel menant au développement de l'organisme vers son état adulte.

Médiateur
Personne qui fournit une médiation de l'apprentissage. Dans le sens large du terme, une ressource non humaine (par exemple, un didacticiel) peut offrir une certaine forme de médiation. Dans une perspective constructiviste, l'enseignant est le principal médiateur de l'apprentissage de ses élèves, alors que le socioconstructivisme mise sur la médiation effectuée entre eux par les pairs.

Médiation
Ensemble des interventions qui guident un individu dans son processus d'apprentissage, soit toutes les actions ou paroles par lesquelles une autre personne aide celui-ci à filtrer ou à interpréter l'information en provenance de son environnement.

Médiation pédagogique
Médiation exercée par l'enseignant dans un contexte d'enseignement-apprentissage. Ce dialogue pédagogique entre enseignant et apprenant, à base de questionnement, permet de guider l'élève dans son processus d'apprentissage. La médiation pédagogique peut être apparentée avec la maïeutique de Socrate, soit l'art d'aider à l'accouchement des idées.

Mémoire à court terme
Surnommée la « mémoire de travail », la mémoire à court terme pourrait être décrite comme la centrale du traitement de l'information. C'est à cette étape cruciale que les stimuli sont décodés ou réorganisés avant d'être acheminés, si besoin est, vers la MLT. Ses capacités de traitement sont limitées (cinq à neuf items) et sa durée est d'environ 15 à 30 secondes.

Mémoire à long terme
Correspond à l'entrepôt dans lequel sont entreposés toutes nos connaissances (mémoire sémantique et mémoire procédurale) et tous nos souvenirs (mémoire épisodique). Les capacités de stockage de la MLT sont inconnues, présumées illimitées. La durée de vie de l'information mémorisée est également présumée permanente.

Mémoire épisodique

Système de la mémoire à long terme dans lequel sont enregistrés les épisodes de notre vie, c'est-à-dire notre mémoire d'événements personnels ou mémoire autobiographique. Ces épisodes, des plus simples aux plus élaborés, sont emmagasinés avec leur charge émotionnelle. Plus la charge émotionnelle associée à un épisode de vie est forte (par exemple, un échec scolaire), plus son souvenir sera enraciné. La mémoire émotionnelle est donc liée de très près à la mémoire épisodique, composante du système mnémonique.

Mémoire procédurale

Système de la mémoire à long terme dans lequel sont enregistrés tous les apprentissages d'ordre psychomoteur, du plus simple au plus complexe (par exemple, comment tenir un crayon, écrire, dactylographier, se tenir debout, pratiquer un sport, etc.). La mémoire procédurale est donc la mémoire des actions automatisées ou quasi automatisées. À ce titre, la mémoire procédurale est l'une des composantes de notre système mnémonique.

Mémoire sémantique

Système de la mémoire à long terme dans lequel est enregistré le sens accordé à un mot ou à un énoncé. La mémoire sémantique est organisée en catégories de concepts (par exemple, le canari est un oiseau, un oiseau est un animal ; etc.) et d'attributs (le canari est jaune, il est petit, il chante). La mémoire sémantique d'un mot est complétée par un niveau lexical (ou « mémoire lexicale »), soit l'aspect graphique et morphologique du mot. La mémoire sémantique est une composante du système mnémonique.

Métacognition

La métacognition pourrait être définie comme le degré de contrôle que l'apprenant exerce consciemment sur son processus d'apprentissage, au moyen de diverses stratégies métacognitives. Dans une perspective cognitiviste, le développement de la métacognition est au cœur même de l'intervention éducative.

Méthode pédagogique

Niveau le plus général à l'intérieur de la démarche pédagogique de l'enseignant. Une méthode pédagogique est constituée d'un ensemble de stratégies et de techniques d'enseignement partageant la même orientation (synonymes : approche pédagogique, pédagogie de …).

Métier d'élève

Rôle social associé à la scolarisation (obligatoire) des enfants et des jeunes d'âge scolaire.

Mission de l'école

Finalité ou but ultime poursuivi par un système d'éducation donné.

Modelage

Technique béhavioriste, également désignée comme l'« apprentissage par modèle » (modeling). Elle consiste à enseigner un nouveau comportement en effectuant soi-même une démonstration de ce comportement ou en demandant à un élève ayant déjà maîtrisé cette tâche d'effectuer cette démonstration. Le modelage est souvent employé pour l'acquisition de comportements moteurs, mais peut également favoriser l'acquisition de comportements sociaux ou d'habiletés intellectuelles (domaine cognitif).

Modèle d'enseignement

Appellation correspondant le plus souvent à celle de courant pédagogique, mais qui désigne ici un modèle d'intervention basé sur un certain nombre de pratiques pédagogiques ayant une visée commune, dans ce cas-ci, l'atteinte de la maîtrise de l'apprentissage par tous les élèves (la réussite scolaire pour tous). En tant que modèle d'intervention, la pédagogie de la maîtrise est compatible avec tous les courants pédagogiques ou modèles d'enseignement.

Modeling cognitif

Processus par lequel les apprenants apprennent à imiter des habiletés intellectuelles, des stratégies cognitives ou des stratégies d'apprentissage observées chez des pairs ou chez leur enseignant. Il comprend trois phases : la démonstration par l'« expert », l'imitation assistée (avec une diminution graduelle de l'assistance fournie) et, enfin, l'imitation autonome à l'aide d'un problème nouveau ou une application nouvelle.

Modélisation

Deux sens peuvent être associés à ce terme. Le premier et le plus courant consiste à effectuer une démonstration du savoir ou du savoir-faire que l'on désire enseigner en demandant par la suite à l'élève d'imiter le modèle, c'est la technique du modelage. La modélisation peut également correspondre à la construction d'un modèle (représentation visuelle), préférablement effectuée en collaboration avec l'apprenant, pour faciliter chez lui la compréhension d'un contenu d'apprentissage complexe.

Motivation

Force intérieure qui provoque ou qui soutient un comportement dirigé vers un but. En éducation, composante fondamentale de la disposition affective de l'apprenant à l'égard de l'apprentissage scolaire, correspondant au désir d'apprendre. On distingue deux types de motivation, selon leur source : la motivation intrinsèque (favorisée, par exemple, par les humanistes) et la motivation extrinsèque (utilisée par les béhavioristes).

Motivation extrinsèque

Motivation dont la source est extérieure à l'élève. Elle joue un rôle important dans l'apprentissage scolaire. Elle est même nécessaire dans certaines situations ; cependant, si ses effets sont immédiats, ils ne sont pas très durables.

Motivation intrinsèque

Motivation dont la source est interne. La motivation intrinsèque n'est pas présente au même degré chez tous les élèves. Bien que fortement souhaitable, elle n'est pas indispensable. Ses effets sont profonds et durables.

Niveaux de traitement

Théorie complémentaire au modèle du traitement de l'information qui stipule que la rétention à long terme d'une information dépendrait du niveau de traitement que reçoit cette information. Plus le traitement est superficiel, moins son transfert sera efficace dans la MLT. À l'opposé, plus un traitement en profondeur est effectué (par exemple, faire le lien entre ce stimulus et ses connaissances antérieures), plus cette information sera susceptible d'être mémorisée.

Ordonnateurs supérieurs

Courts énoncés servant d'éléments d'ancrage aux informations nouvelles que l'enseignant s'apprête à aborder avec ses élèves.

Concept et approche proposés par Ausubel, ces idées générales organisatrices de l'information sont également désignées sous l'appellation d'« indices préalables d'organisation ».

Pédagogie
Ensemble de moyens utilisés de manière délibérée pour provoquer un apprentissage chez une personne ou chez un groupe de personnes visées. La pédagogie propose des méthodes générales, ou « modèles d'intervention », des stratégies et des techniques d'enseignement, le tout se concrétisant dans la mise en place d'activités ou de situations d'apprentissage.

Pédagogie active (ou méthodes actives)
Méthodes associées aux pionniers de l'éducation nouvelle (environ de 1860 à 1960), tels que Dewey, Decroly, Montessori et Freinet, pédagogues qui voulaient rompre avec l'enseignement traditionnel en proposant un rôle actif à l'élève et des activités qui tiendraient compte de leur motivation pour des activités propres à leur âge (par exemple, le jeu, le chant, le dessin) et de leurs intérêts personnels (par exemple, leurs centres d'intérêt). Aujourd'hui, la pédagogie active rallie aussi bien les socioconstructivistes que les humanistes.

Pédagogie actualisante
Projet éducatif qui tente de s'adapter aux caractéristiques individuelles de chaque apprenant en vue d'actualiser son plein potentiel.

Pédagogie de la conscientisation et de l'engagement
Pédagogie critique, holistique et engagée. Tout en s'efforçant d'éviter le dogmatisme et le réductionnisme, l'enseignant invite les apprenants à participer de façon active, autonome et, guidés par des valeurs de paix, de justice, d'équité et de solidarité, à cheminer vers l'épanouissement personnel et la compréhension de soi, d'autrui et de la réalité sociale. Pédagogie qui mène à l'engagement dans la construction d'une citoyenneté démocratique, pluraliste et solidaire du sort de la planète (Ferrer et Allard, 2002b).

Pédagogie de la maîtrise
Modèle d'enseignement d'inspiration béhavioriste dont la croyance de base est que la très grande majorité des élèves peut effectivement maîtriser les contenus qui leur sont enseignés. Ses cinq composantes pédagogiques sont les suivantes : définition de l'apprentissage visé, spécification d'un seuil de maîtrise, recours à une évaluation formative à base critériée, activités correctives ou d'enrichissement, accès à la reprise des évaluations sommatives.

Pédagogie de la participation et de l'autonomie
Un des volets de la pédagogie actualisante (projet éducatif) qui vise à la participation optimale des apprenants dans leur processus d'apprentissage et dans la gestion du groupe-classe, de même qu'au développement de l'autonomie personnelle (affective et cognitive) et de l'autonomie sociale des apprenants.

Pensée critique
Pensée autonome et créatrice qui permet la synthèse du sujet avec l'objet, de la partie avec le tout, de l'individuel avec l'universel. La pensée critique est une remise en question constante des certitudes et des normes qui figent l'individu et l'empêchent de produire du nouveau. La pensée critique favorise une sortie de soi vers le monde et vers autrui et permet l'élaboration du sens commun nécessaire à l'expérience d'une citoyenneté partagée (Lang, 2010).

Pensée divergente
Capacité à produire des formes nouvelles, à conjuguer des éléments indépendants ou disparates (Legendre 2005). Associée à la créativité, la pensée divergente est caractérisée par sa fluidité, son originalité et sa flexibilité.

Perception
Comme l'attention, la perception est un processus mis en branle à l'étape de l'enregistrement sensoriel et constitue la première étape de traitement (inconscient et automatique) des stimuli captés de l'environnement. Elle consiste en l'interprétation que l'on donne aux stimuli enregistrés. La perception est influencée, entre autres facteurs, par nos expériences et nos connaissances antérieures.

Performance
Expression des apprentissages réalisés dans une production quelconque (par exemple, travail scolaire, test, examen synthèse). La performance scolaire fournit un indice des compétences et des apprentissages développés par l'élève.

Période critique
Théorie selon laquelle on ne peut pas apprendre n'importe quoi à n'importe quel âge ; pour tout apprentissage, un certain degré de maturation physiologique, psychologique ou psychomoteur est nécessaire.

Permanence de l'apprentissage
Théorie selon laquelle tout apprentissage serait permanent, modifiant à jamais les réseaux neuraux du cerveau.

Positivisme
Doctrine philosophique selon laquelle on ne tient pour vrai que ce qui peut être démontré scientifiquement (par la méthode expérimentale).

Potentiel de l'apprenant
Le potentiel modifié par l'apprentissage désigne le nouveau comportement que l'élève est maintenant en mesure de manifester.

Pragmatisme
Doctrine selon laquelle la vérité est ce qui est pratique, utile et efficace (William James). Selon Dewey, la valeur d'une théorie se mesure à son efficacité pratique.

Pratique distribuée
Distribution, dans une période relativement longue, des séances consacrées à la pratique d'un apprentissage quelconque ou à son étude. La pratique distribuée est plus efficace que la pratique intensive (pratique concentrée dans une seule ou quelques rares séances). Ce phénomène est également connu sous le nom d'« effet d'espacement » et plaide à la fois pour une distribution du temps d'apprentissage et des périodes consacrées à l'étude.

Procédés mnémotechniques
Stratégies de mémorisation consistant à utiliser la première lettre d'une série de mots à apprendre pour créer une formule mnémonique (un acronyme ou une phrase) qui sera plus facile à mémoriser.

Profession enseignante
Profession exercée par un professionnel de l'enseignement. Si tout le monde peut par moments enseigner (en tant que parent, ami, instructeur), tous n'exercent pas pour autant la profession

enseignante. L'exercice de cette profession exige généralement une formation spécialisée et l'obtention d'un permis d'enseignement délivré par l'état.

Programme continu
Programme de renforcement par lequel on renforce systématiquement un comportement cible chaque fois que celui-ci est observé (ratio de 1/1). Ces programmes sont particulièrement utiles et efficaces dans le cas d'un apprentissage difficile pour l'élève ou au début d'un apprentissage nouveau.

Programme de formation
Ensemble de programmes disciplinaires prescrits par un ordre d'enseignement.

Programmes intermittents
Programmes de renforcement dans lesquels les renforçateurs sont administrés de manière intermittente (à certaines occasions seulement), suivant deux catégories de critères : un critère temporel (les programmes à intervalles, fixes ou variables) et un critère quantitatif (les programmes à proportions, fixes ou variables).

Progrès continu
Formule organisationnelle qui permet aux élèves de progresser dans leurs apprentissages scolaires sans appartenir à une classe particulière. Chaque élève poursuit ses apprentissages dans chaque matière, à son propre rythme. L'enseignement-apprentissage est complètement individualisé.

Projet éducatif
Le projet éducatif, ou «projet d'établissement», est «la démarche dynamique par laquelle une école, grâce à la volonté concertée des parents, des élèves, de la direction et du personnel, entreprend la mise en œuvre d'un plan d'action en vue d'améliorer les apprentissages, les situations pédagogiques ainsi que l'infrastructure pédagogique» (Legendre, 2005, p. 1100) (synonyme : projet scolaire).

Psychologie cognitive
Branche de la psychologie qui étudie les modalités du traitement de l'information chez l'humain. La psychologie cognitive cherche à expliquer comment une personne, indépendamment de son âge, traite l'information reçue de son environnement. Ses principaux domaines de recherche sont la perception, la mémoire, la résolution de problèmes, l'apprentissage et le langage.

Psychologie de l'apprentissage
Branche de la psychologie qui étudie le phénomène de l'apprentissage animal et humain.

Psychologie de la forme
Branche de la psychologie, née en Europe au début du XXᵉ siècle, également désignée sous le nom de *gestalt* (mot allemand qui signifie «structure»). La gestalt est surtout connue pour ses travaux sur la perception chez l'être humain. La perception serait avant tout une activité d'organisation, de mise en relation des éléments, de structuration de l'information. Ainsi pour les gestaltistes, le résultat de la perception, le tout, est plus grand que la somme de ses parties.

Psychologie expérimentale
Courant en psychologie qui préconise le recours à une méthodologie rigoureuse, basée sur l'observation et la mesure des comportements.

Après avoir identifié les variables à l'étude, on élabore un protocole expérimental qui inclut habituellement un groupe témoin et un groupe expérimental. Le behaviorisme, mais également la psychologie cognitive, s'inscrit dans ce courant.

Psychologie humaniste
Branche de la psychologie également connue sous le nom de «psychologie perceptuelle» consacrée à l'étude de la personne (science de la personne). La psychologie humaniste repose sur deux postulats ou croyances : la tendance naturelle à l'actualisation, présente chez tout être humain, et la subjectivité de l'expérience humaine.

Quotient intellectuel (QI)
Mesure quantitative du facteur de l'aptitude ; correspond au score obtenu sur un test standardisé mesurant certaines composantes de l'intelligence humaine.

Récepteurs
Organes sensoriels qui permettent de capter les stimuli en provenance de l'environnement. Aucun traitement de l'information proprement dit n'est effectué par les organes sensoriels, qui se contentent de capter l'information.

Rééducation cognitive
Rééducation de certaines fonctions cognitives (par exemple, les capacités d'abstraction et d'analyse) ou entraînement cognitif visant le développement des habiletés liées aux six fonctions exécutives : activation, inhibition, flexibilité, planification, mémoire de travail et régulation des émotions. La rééducation cognitive repose sur l'hypothèse générale de l'éducabilité cognitive, c'est-à-dire sur la possibilité d'éduquer l'intelligence.

Registre sensoriel
Surnommé la «première mémoire», le registre sensoriel correspond à la première étape du traitement de l'information en faisant intervenir les phénomènes de la perception et, surtout, de l'attention sélective. La capacité du registre sensoriel est très grande (des centaines de stimuli) et son activité est très rapide (calculée en millisecondes).

Renforçateur
Conséquence administrée après un comportement ayant pour effet d'augmenter sa fréquence ou de maintenir un comportement déjà établi. On distingue cinq types de renforçateurs en milieu scolaire : les renforçateurs matériels, les renforçateurs par privilèges ou activités, les renforça-teurs symboliques, les renforçateurs sociaux (les plus courants) et les renforçateurs informationnels.

Renforçateur conditionné
La plupart des renforçateurs, en particulier ceux utilisés en milieu scolaire, sont des renforçateurs conditionnés, leur valeur de renforcement ayant été apprise. L'environnement familial, social et culturel de l'élève exerce une influence déterminante sur la valeur accordée par celui-ci à certains de ces renforçateurs conditionnés (par exemple, un livre offert comme récompense).

Renforçateur généralisé
Renforçateur donnant accès à une grande variété de renforçateurs. Un enseignant identifie avec ses élèves une série de comportements qui seront renforcés (récompensés) par l'obtention d'un certain nombre de points pouvant être échangés à une fréquence déterminée à l'avance (par exemple, toutes les semaines). Le renforçateur

généralisé permet le renforcement immédiat (les points sont remis dès l'émission du comportement visé) et surtout l'individualisation de la procédure de renforcement (l'élève choisit son propre renforçateur, au moment désiré).

Renforçateur informationnel
Renforçateur qui informe l'élève de ses progrès ou qui souligne les aspects d'une tâche qui sont bien accomplis. Étant donné l'importance accordée par les béhavioristes au fait d'offrir aux élèves un renforcement et une rétroaction aussi immédiats et fréquents que possible, le renforçateur informationnel occupe une place importante à l'intérieur des procédures de renforcement (par exemple, un histogramme illustrant les progrès, même minimes, d'un élève pendant une période de temps donnée).

Renforçateur primaire
Stimulus qui possède un pouvoir de renforcement indépendamment de tout apprentissage antérieur, puisqu'il répond aux besoins physiologiques de l'organisme ; par exemple, la nourriture répond au besoin naturel de se nourrir. Les renforçateurs primaires sont probablement les seuls renforçateurs universels, c'est-à-dire communs à tous les êtres humains.

Renforcement négatif
Retrait d'un stimulus (par exemple, suppression d'un devoir) ou d'une situation stimulus, retrait ayant pour conséquence d'augmenter le comportement visé. Le stimulus retranché est évidemment un stimulus « aversif » (quelque chose qui ne plaît pas à la personne dont on désire renforcer le comportement). Le renforcement négatif N'EST PAS une punition.

Renforcement positif
Ajout d'une conséquence matérielle, sociale ou d'autre nature (par exemple, privilège ou activité), ajout ayant pour effet d'augmenter ou de maintenir le comportement visé.

Réponse conditionnée (RC)
En conditionnement classique, réponse apprise par association en contiguïté d'un stimulus inconditionnel et d'un stimulus neutre. Notons que la réponse conditionnée est essentiellement la même que la réponse inconditionnelle, à ceci près qu'elle est maintenant provoquée par un stimulus conditionné.

Représentation en réseaux
Forme de représentation de connaissances particulièrement bien adaptée à la représentation de connaissances déclaratives. Les deux principaux types de représentations en réseaux sont le réseau de concepts (aucun ordre particulier entre les éléments du réseau) et le réseau de concepts hiérarchisés (d'un concept général à des concepts plus spécifiques).

Représentation en schéma
Forme de représentation graphique de connaissances déclaratives, procédurales ou conditionnelles qui établit des liens hiérarchiques ou tout autre type de relations (par exemple, en opposition à…, dépend de…, est un exemple de…, etc.) entre différents concepts ou éléments d'information qu'on désire comprendre ou mémoriser.

Représentation productionnelle
Forme de représentation d'une connaissance procédurale à partir de brefs énoncés indiquant les actions qu'il faut entreprendre pour produire une réponse à partir d'une condition donnée (une condition/plusieurs actions). On peut également illustrer de cette manière une connaissance conditionnelle en déterminant l'action ou la réponse à produire à partir d'un certain nombre de conditions données (plusieurs conditions/une action).

Résolution de problèmes
La résolution de problèmes est une activité intellectuelle supérieure qui mobilise toutes les facultés intellectuelles et affectives de l'apprenant : la mémoire, la perception, le raisonnement, la conceptualisation, le langage, la motivation, la confiance en soi, la capacité à maîtriser une situation, etc. L'apprenant est placé dans une situation de résolution de problèmes lorsqu'il fait face à une situation qu'il n'a jamais rencontrée auparavant et qu'il cherche à maîtriser.

Respect
Sentiment de considération ressenti à l'égard de quelqu'un ou de quelque chose en raison de la valeur qu'on lui reconnaît. Considération que l'on porte à une chose jugée bonne, avec l'intention de ne pas y porter atteinte, de ne pas l'enfreindre (REPAQ, 2008).

Responsabilité
Capacité de prendre des décisions en fonction des exigences d'un rôle librement accepté, capacité de justifier ces décisions et d'en assumer les conséquences (REPAQ, 2008).

Résultats d'apprentissage
Désigne les objectifs poursuivis par un programme d'études ou un programme de formation. Les résultats d'apprentissages spécifiques (RAS) sont l'équivalent des objectifs spécifiques, alors que les résultats d'apprentissage généraux (RAG) équivalent aux objectifs généraux de l'enseignement. Une troisième catégorie de résultats, les résultats d'apprentissage transdisciplinaires (RAT), correspond aux compétences transversales.

Rétroaction
Information communiquée par l'enseignant, à l'oral ou à l'écrit, soit à un élève en particulier (rétroaction individuelle) ou à tout le groupe-classe (rétroaction collective) et qui porte sur la performance à une tâche (exactitude ou qualité de la réponse émise) ou sur la démarche d'apprentissage de l'élève (par exemple, la stratégie utilisée). La rétroaction s'inscrit dans une démarche d'évaluation formative.

Rythme d'apprentissage
Une des mesures quantitatives du facteur de l'aptitude ; correspond au rapport mathématique entre le temps prévu ou consacré par le groupe de référence et le temps nécessaire à un apprenant pour atteindre les résultats d'apprentissage prescrits.

Savoir
Au singulier, le savoir désigne l'ensemble des connaissances acquises grâce à l'étude, à l'observation et à l'expérience. Au pluriel, les savoirs réfèrent souvent aux connaissances de type théorique (connaissances déclaratives) apprises à l'école.

Savoir-agir
Savoir qui intègre plusieurs autres types de savoirs (savoirs, savoir-faire, savoir-être, etc.) dans une réponse plus complexe ; l'expression d'une compétence.

Savoir-devenir
Savoirs associés au développement personnel, à la capacité à s'inscrire au présent dans un projet de vie visant la pleine actualisation de soi.

Savoir-être
Attitudes et croyances, réponses affectives et comportements sociaux, connaissance de soi et des autres ; tout apprentissage associé au domaine social et affectif.

Savoir-faire
Habiletés intellectuelles ou dans tout autre domaine (moteur, social, etc.) ; en milieu scolaire, correspond aux connaissances procédurales et conditionnelles.

Savoir-vivre ensemble
Respect et appréciation des différences individuelles, capacité à établir des relations harmonieuses avec autrui tout en exprimant sa personnalité propre.

Scénario d'apprentissage
Expression désignant une série d'activités d'apprentissage menant à l'atteinte d'un résultat d'apprentissage ou d'un objectif de formation. Un scénario d'apprentissage peut s'échelonner sur plusieurs périodes d'enseignement et inclure plusieurs activités différentes.

Sciences de l'éducation
Champs d'études comprenant plusieurs disciplines complémentaires : la pédagogie (les méthodes d'enseignement), la didactique des disciplines (les approches particulières aux disciplines d'enseignement), la psychopédagogie (l'éducation des élèves en difficulté), l'andragogie (l'éducation des adultes), la philosophie de l'éducation, la sociologie de l'éducation, etc.

S'éduquant
Néologisme formé du pronom personnel « se » et du verbe « éduquant » et suggéré par les humanistes pour désigner le rôle de l'apprenant (s'éduquer par lui-même). Indique le caractère personnel et autodirigé de l'apprentissage. L'apprenant est aux commandes de son processus d'apprentissage, qu'il dirige de manière à répondre à son besoin inné de connaître, de comprendre et de s'autoactualiser.

Seuil de maîtrise
Niveau de rendement correspondant à ce que l'on considère être un indice fiable de l'atteinte de la maîtrise d'un apprentissage. Les seuils de maîtrise pour chacun des objectifs ou des résultats d'apprentissage mesurés sont fixés par les intervenants scolaires et varient habituellement entre 80 % de réussite (jugé le seuil minimal pour une maîtrise de l'apprentissage) et 100 % (seuil souvent utilisé lorsqu'on vise un automatisme).

Signification
Au sens large, interprétation attribuée à un signe quelconque dans un contexte donné (Raynal et Rieunier, 2009). Le constructivisme épistémologique accorde un rôle central à la construction de signification, processus à la fois personnel et social, dû à l'influence déterminante de l'environnement cultuel. D'un point de vue constructiviste, l'apprentissage humain est d'abord et avant tout une construction de sens.

Situation d'application (ou problème d'application)
Activité survenant à la fin d'une séquence d'apprentissage dont le but est de pratiquer les connaissances nouvellement acquises. L'élève y exerce un rôle d'exécutant, dans lequel il doit appliquer une stratégie préétablie avec rigueur et précision. Les problèmes d'application sont l'occasion de renforcer les compétences disciplinaires.

Situation-problème
Activité survenant au début d'une séquence d'apprentissage dont le but est d'introduire une nouvelle connaissance ou un nouveau savoir-faire (connaissance procédurale). L'élève y joue un rôle de chercheur, dans lequel il doit concevoir une stratégie de résolution en faisant appel à sa créativité et en exerçant ses processus cognitifs supérieurs (analyse, synthèse). Les situations-problèmes constituent une occasion de développer les compétences transversales.

Socioconstructivisme
Niveau du constructivisme qui accorde un rôle prépondérant aux interactions sociales dans la coconstruction de tout savoir et donc au rôle de l'élève en tant qu'apprenant social. Le socioconstructivisme est un constructivisme socialement déterminé. En éducation, ce terme correspond également à un courant pédagogique.

SOMA
Acronyme désignant le « carré didactique » (puisque composé de quatre éléments) proposé par Legendre pour la planification d'une situation pédagogique. Cette planification doit tenir compte des interactions et des échanges entre le sujet qui apprend (S), l'objet visé par l'apprentissage (O), le milieu où se déroule la situation (M) et l'agent d'éducation (A), soit l'enseignant et les ressources mises à la disposition de l'élève.

Spectre des styles d'enseignement
Classification des styles d'enseignement sur un continuum en fonction du but visé par l'enseignant. Le modèle identifie 11 positions pédagogiques variant selon la phase de la démarche pédagogique où l'activité se déroule et selon le type de décisions qui doit y être pris.

Stade des opérations concrètes
Stade du développement intellectuel (7-8 ans à 11-12 ans) correspondant grosso modo à l'école primaire et au début de l'école secondaire. Durant ce stade, l'enfant apprend à effectuer diverses opérations avec du matériel concret, directement manipulable, ou sur des contenus facilement accessibles en pensée.

Stade des opérations formelles
Dernier stade du développement intellectuel (11-12 ans à 15-16 ans), qui correspond à l'école secondaire. Durant ce stade, l'adolescent apprend à construire des raisonnements basés sur des hypothèses ou des propositions abstraites (par exemple, les syllogismes). Il est maintenant capable de pensée abstraite.

Stade préopératoire
Stade du développement intellectuel (18 mois à 7-8 ans) dont les dernières années correspondent au début de la scolarisation. Durant ce stade, l'enfant apprend à utiliser des symboles (par exemple, le langage et les nombres). Ce stade est caractérisé par une pensée égocentrique, l'enfant appréhendant la réalité à partir de sa perception.

Stratégie d'enseignement-apprentissage
Mode d'organisation d'une situation d'apprentissage ou d'une série d'activités d'apprentissage définissant les interactions entre le sujet qui apprend (l'élève), l'objet enseigné ou la matière enseignée (les contenus d'apprentissage) et l'agent d'éducation qui sert de soutien à l'apprentissage (par exemple, l'ordinateur) ou qui guide le processus d'enseignement-apprentissage.

Stratégie organisationnelle
Stratégie de mémorisation consistant à donner une organisation quelconque à de l'information qui n'avait pas initialement ce caractère organisé. Le regroupement sémantique (par catégories ayant un sens commun) est un exemple de stratégie organisationnelle.

Stratégies cognitives
Techniques et moyens personnels utilisés consciemment par l'apprenant pour améliorer son traitement de l'information à toutes les étapes de celui-ci : de la réception et enregistrement des stimuli (stratégies liées à l'attention et à l'activation), au décodage (stratégies de compréhension, de planification, de flexibilité cognitive) à la mémorisation et au rappel de l'information (stratégies de mémorisation, stratégies de rappel).

Stratégies d'apprentissage
Techniques et moyens personnels utilisés consciemment par l'apprenant pour faciliter l'apprentissage ou l'étude, incluant les stratégies motivationnelles (stratégies affectives) et les stratégies de gestion des ressources (par exemple, les stratégies de recherche de l'information). Une définition élargie des stratégies d'apprentissage inclut les stratégies cognitives, les stratégies affectives et les stratégies organisationnelles.

Stratégies d'élaboration
Catégorie de stratégies de mémorisation consistant à inventer un lien entre deux items que l'on désire mémoriser (stratégie d'association), à élaborer une histoire permettant de mémoriser une suite d'éléments dans un ordre quelconque, à associer différents éléments à des lieux connus (méthode des loci ou méthode des lieux) ou, enfin, à associer des mots à apprendre grâce à un lien acoustique et à l'imagerie mentale (méthode de l'imagerie).

Stratégies métacognitives
Techniques et moyens utilisés consciemment par l'apprenant pour gérer son répertoire de stratégies cognitives et de stratégies d'apprentissage. Les stratégies métacognitives lui permettent la gestion et la régulation de ses stratégies d'apprentissage (par exemple, les stratégies d'étude) et de ses propres stratégies cognitives (par exemple, les stratégies de mémorisation, de compréhension ou de résolution de problèmes). Les stratégies métacognitives sont liées aux capacités de métacognition de l'apprenant.

Structure cognitive
Expression utilisée pour désigner l'organisation des contenus de la cognition dans le cerveau humain. La structure cognitive est l'ensemble des connaissances déclaratives, procédurales et conditionnelles emmagasinées et organisées à l'intérieur de la mémoire à long terme. Elle correspond à l'ensemble de ce que l'apprenant sait déjà, incluant les règles et les stratégies utilisées pour le traitement initial, le stockage et l'utilisation de l'information.

Style cognitif
Approche relativement stable découlant de caractéristiques personnelles innées qui influencent la manière dont la personne enregistre, décode, transforme ou utilise l'information reçue de l'environnement. Exemple : style visuel *versus* style auditif.

Style convergent
Élève qu'on pourrait qualifier de pratique, qui préfère travailler seul. Sa plus grande ressource est l'application de notions théoriques à la résolution de problèmes, plus particulièrement les problèmes dont la solution peut être trouvée par déduction. L'élève pratique préfère les tâches techniques aux discussions philosophiques.

Style d'apprentissage
Manière personnelle, sujette à modification, d'aborder certaines situations d'apprentissage ou d'y réagir. Le style d'apprentissage correspond habituellement à des modalités préférentielles. Exemple : élève préférant apprendre seul et élève préférant apprendre en compagnie de pairs.

Style divergent
Élève qu'on pourrait qualifier d'« imaginatif », dont les principales ressources sont l'intuition et l'imagination, qui lui permettent d'analyser les situations selon différentes perspectives. Il excelle dans les remue-méninges et démontre une grande capacité de synthèse. Il s'intéresse aux personnes et est réceptif au monde des valeurs et des sentiments.

Style transmissif
Style d'enseignement associé à la conception traditionnelle du rôle de l'enseignant, soit celle d'un transmetteur de connaissances. Un enseignant adoptant ce style aura surtout recours à l'enseignement magistral, ou exposé formel, sans nécessairement susciter d'interactions avec ses élèves (exposé non interactif).

Styles d'enseignement
Manières d'entrer en relation avec les élèves et d'animer une situation d'apprentissage. Le style d'enseignement relève donc de la dimension interactive ou communicationnelle de l'enseignement.

Subjectivité
Caractère de ce qui est subjectif, de ce qui est susceptible de varier selon les perceptions individuelles. La primauté accordée à la subjectivité, aux perceptions individuelles (comment la personne a perçu tel ou tel événement, comment elle a ressenti telle ou telle expérience, etc.) correspond au second postulat de la psychologie humaniste. Cette position détermine la perspective qui sera privilégiée pour l'intervention, soit le champ perceptuel du client en psychologie clinique ou celui de l'élève en éducation.

Surapprentissage
Pratique intensive suivant l'acquisition d'un apprentissage en vue de favoriser sa rétention (mémorisation à long terme). Le surapprentissage consiste donc à fournir aux élèves de nombreuses occasions de revoir ou de pratiquer, dans des contextes variés, un apprentissage déjà maîtrisé, de manière à favoriser le développement d'automatismes et de faciliter le transfert de cet apprentissage pour la construction d'un apprentissage plus complexe.

Système mnémonique
Chez l'humain, ensemble des mémoires fonctionnant en réseau (mémoire ou registre sensoriel, mémoire de travail et mémoire à long terme) ou en parallèle (mémoire sémantique, mémoire procédurale, mémoire iconique, mémoire lexicale, mémoire épisodique et mémoire émotionnelle).

Taxonomie cognitive
Classification hiérarchisée des activités intellectuelles (de la plus simple à la plus complexe). La classification originale de Bloom était composée des six niveaux suivants : connaissance, compréhension, application, analyse, synthèse et évaluation.

Technique d'enseignement
Composante des stratégies d'enseignement. Une stratégic d'enseignement peut faire appel à plusieurs techniques complémentaires. D'autres techniques sont communes à plusieurs stratégies d'enseignement (par exemple, les techniques du questionnement).

Techniques de questionnement
Intègrent les diverses formes de questions (par exemple, les questions de type fermé, de type ouvert, de type socratique) et les différents types de questionnement utilisés par l'enseignant à l'intérieur de son « dialogue pédagogique » avec ses élèves : les questions adressées aux élèves volontaires, les questions posées à toute la classe ou à un sous-groupe d'élèves, les questions posées à un élève en particulier (les élèves étant choisis à tour de rôle ou au hasard), etc.

Tendance actualisante (ou tendance à l'actualisation)
Postulat de la psychologie humaniste qui reconnaît l'existence, chez tout être humain, d'une force ou d'une énergie positive au centre de la personne, qui pousse chacun à s'actualiser en tant qu'être humain. Pour l'enseignant humaniste, le but est de libérer, lorsque nécessaire, cette force positive pour permettre à l'apprenant de s'actualiser.

Théorie de l'attribution
Croyances de l'apprenant à l'égard de l'origine de ses échecs et de ses réussites et de sa capacité à contrôler ceux-ci. Un élève ayant un locus de contrôle externe a tendance à attribuer ses réussites et ses échecs à des facteurs externes qu'il ne contrôle pas.

Théories sociales
 « Les théories sociales reposent sur le principe que l'éducation doit permettre la résolution des problèmes sociaux, culturels et environnementaux. Elles insistent sur les déterminants sociaux et environnementaux qui influent sur l'éducation et critiquent les organisations qui ne s'attaquent pas aux problèmes sociaux et écologiques » (Bertrand et Valois, 1999, p. 85).

Traitement de l'information
Désigne à la fois un ensemble de théories et le modèle qui en est issu, le modèle du traitement de l'information. Ce modèle tente d'expliquer, étape par étape, comment les stimuli perçus par les récepteurs sensoriels sont enregistrés, codés, mémorisés puis utilisés pour générer une réponse quelconque.

Transdisciplinarité
En éducation, approche qui vise à transcender, c'est-à-dire à aller au-delà des disciplines scolaires pour développer des compétences communes à ces diverses disciplines.

Transfert
Utilisation d'une connaissance ou d'une habileté déjà maîtrisée dans un nouveau contexte, soit à un niveau de complexité comparable (transfert horizontal) ou dans la maîtrise d'une connaissance ou d'une habileté plus complexe (transfert vertical).

Tutorat
Formule d'intervention individualisée par laquelle une personne (le tuteur) en assiste une autre (le tutoré) pour favoriser l'atteinte de certains objectifs ou résultats d'apprentissage par ce dernier. On distingue le tutorat informel (par exemple, le regroupement spontané des élèves en dyades, dans lesquelles chaque élève peut jouer le rôle de tuteur, à tour de rôle) du tutorat formel (rencontres planifiées entre un tuteur et un élève tutoré).

Unicité
Caractère de ce qui est propre à chaque personne. L'unicité de l'apprenant s'exprime dans divers domaines : dans sa manière d'apprendre et de traiter l'information issue de son environnement éducatif (styles d'apprentissage, styles cognitifs), dans sa manière de communiquer et d'interagir avec ses pairs, dans ses dispositions naturelles envers l'apprentissage, ainsi que dans une multitude d'aspects qui le définissent en tant que personne (expériences de vie, intérêts et passions, attitudes et croyances, etc.).

Valeurs
Principes ou croyances qui influencent les comportements et les choix des individus. Certaines valeurs sont considérées comme universelles (par exemple, la *Déclaration universelle des droits de l'homme*), d'autres ont une connotation plus individuelle (par exemple, le droit à la différence).

Viabilité
Terme associé au constructivisme épistémologique qui désigne la relation suggérée entre la connaissance et la réalité pour remplacer le concept de « vérités » (connaissances objectives). Une connaissance construite par l'apprenant, voire la théorie scientifique présentée par l'enseignant, est jugée « viable » (vraie) tant et aussi longtemps qu'elle demeure compatible avec les modèles existants.

Zone prochaine de développement (ou zone proximale de développement)
Concept proposé par Vygotski pour désigner la zone cognitive à l'intérieur de laquelle des apprentissages difficiles deviennent possibles grâce à la médiation efficace d'un adulte ou d'un pair exerçant le rôle de guide.

BIBLIOGRAPHIE

ADAMS, J. L. (1974). *Conceptual blockbusting*, San Francisco, Freeman.

ALTET, M. (1997). *Les pédagogies de l'apprentissage*, Paris, PUF.

ALTET, M. (2005). « Styles d'enseignement, styles pédagogiques », dans J. Houssaye (direction), *La pédagogie : une encyclopédie pour aujourd'hui*, Issy-les-Moulineaux, ESF Éditeurs, p. 89-102.

ALTET, M. (2007). *Analyse des pratiques et de l'activité des enseignants et des formateurs en situation*, Communication au CRCRIE, Sherbrooke.

AMEGAN, S. (1987). *Pour une pédagogie active et créative*, Sainte-Foy, Presses de l'Université du Québec.

AMERICAN PSYCHOLOGICAL ASSOCIATION (APA) (1997). *Learner-centered psychological principles : A framework for school redesign and reform*, Washington, DC, APA [en ligne]. [www.apa.org/ed/governance/bea/learner-centered.pdf]

ANDERSON, J. R. (1983). *The architecture of cognition*, Cambridge, Harvard University Press.

ANDERSON, J. R. (1995). *Learning and memory : An integrated approach*, New York, Wiley.

ANDERSON, L. W. et KRATHWOHL, D. R. (2001) (direction). *A taxonomy for learning, teaching and assessing : A revision of Bloom's taxonomy of educational objectives*, New York, Longman.

ANDERSON, L. W. et SOSNIACK, L. A. (1994) (direction). *Bloom's taxonomy : A forty years retrospective*, Chicago, University of Chicago Press.

ANDLER, D. (2004) (direction). *Introduction aux sciences cognitives*, Paris, Gallimard.

ANTOINE, J. (1999). *Activité de recherche et contrat didactique*, Paris, Éditions universitaires du Septentrion.

ARCHAMBAULT, J. et CHOUINARD, R. (2003). *Vers une gestion éducative de la classe*, 2e édition, Montréal, Gaëtan Morin Éditeur.

ARCHAMBAULT, J. et RICHER, C. (2007). *Une école pour apprendre*, Montréal, Chenelière Éducation.

ARMSTRONG, T. (1999). *Les intelligences multiples dans votre classe*, Montréal, Chenelière/McGraw-Hill.

ARPIN, L. et CAPRA, L. (2001). *L'apprentissage par projets*, Montréal, Chenelière/McGraw-Hill.

ASPY, D. et ROEBUCK, F. (1990). *On n'apprend pas d'un prof qu'on n'aime pas. Résultats de recherches sur l'éducation humaniste*, Montréal, Actualisation.

ASTOLFI, J. P. (1987). « Styles d'apprentissage et différenciation pédagogique », *Cahiers pédagogiques*, no 254-255, p. 12-14.

ASTOLFI, J. P. (1997). *L'erreur, un outil pour enseigner*, 3e édition, Paris, ESF.

ATKINSON, R. C. et SHIFFRIN, R. M. (1968). « Human memory : A proposed system and its component processes », dans K. Spence et J. Spence (direction), *The Psychology of Learning and Motivation*, vol. 2, New York, Academic Press, p. 89-196.

AUDY, P., RUPH, F. et RICHARD, M. (1993). « La prévention des échecs et des abandons scolaires par l'actualisation du potentiel intellectuel » (A.P.I.), *Revue québécoise de psychologie*, vol. 14, no 1, p. 151-189.

AUSUBEL, D. P. (1967). *Learning theory and classroom practice*, Toronto, Ontario Institute for Studies in Education (OISE).

AUSUBEL, D. P. (1968). *Educational psychology : A cognitive view*, New York, Holt, Rinehart & Winston.

AUSUBEL, D. P. et ROBINSON, F. G. (1969). *School learning : An introduction to educational psychology*, New York, Holt, Rinehart & Winston.

BACH, R. (1978). *Illusions ou les aventures d'un messie récalcitrant*, Paris, Les Éditions Flammarion.

BAILLARGEON, N. (2001). *La lueur d'une bougie : Citoyenneté et pensée critique* (Les grandes conférences), Montréal, Les Éditions Fides.

BAILLARGEON, N. (2008). « De bien fragiles assises : le constructivisme radical et les sept péchés capitaux », dans R. Comeau et J. Lavallée (direction), *Contre la réforme pédagogique*, Montréal, VLB Éditeur, p. 59-84.

BAILLON, R. (2008). « L'éducation à la citoyenneté : une nouvelle mission pour l'école » (entretien avec Robert Baillon), dans J.-C. Ruano-Bordelan (coordination), *Éduquer et former*, 3e édition, Auxerre, Éditions Sciences Humaines, p. 377-379.

BANDURA, A. (1976). *L'apprentissage social*, Bruxelles, Pierre Mardaga.

BARLOW, D. L. (1985). *Educational psychology. The teaching-learning process*, Chicago, Moody Press.

BARTH, B.-M. (1993). *Le savoir en construction. Former à une pédagogie de la compréhension*, Paris, Retz Nathan.

BEAUCHAMP, R. (1981). « Une histoire à succès : la pédagogie de la réussite », *Vie pédagogique*, no 14, p. 37-41.

BEAUDRY, N. (2007). « L'humanisme (section 3) », dans C. Raby et S. Viola (direction), *Modèles d'enseignement et théories d'apprentissage – de la pratique à la théorie*, Anjou (QC), Les Éditions CEC, p. 187-205.

BÉGIN, Y. (1978). *L'individualisation de l'enseignement : Pourquoi ?*, Québec, INRS-Éducation.

BÉLAIR, F. (1996). *Pour le meilleur… jamais le pire. Prendre en main son devenir*, Montréal, Chenelière/McGraw-Hill.

BÉLAIR, F. (2003). *Vivre en équilibre – Des outils d'intervention et d'animation de groupe*, Montréal, Chenelière Éducation.

BÉLAIR, F. (2006). *Choisir de changer – Neuf stratégies gagnantes*, Montréal, Chenelière Éducation.

BÉLAIR, F. (2007). *Ma classe-qualité – Des outils pratiques de gestion inspirés de la théorie du choix*, Montréal, Chenelière Éducation.

BÉLAIR, F. (2009). *Ma classe-qualité au secondaire – Des outils de gestion de classe inspirés de la théorie du choix*, Montréal, Chenelière Éducation.

BÉLANGER, C. (2008). *Les styles d'enseignement et le partage de décisions utilisés par des enseignants en éducation physique du troisième cycle du primaire lors d'une situation d'enseignement-apprentissage*, mémoire inédit en éducation, Montréal, Université du Québec à Montréal.

BENNETT, B. et ROLHEISER, C. (2006). *L'art d'enseigner. Pour une intégration créative des concepts d'apprentissage* (adaptation de M. Leclerc), Montréal, Chenelière Éducation.

BERTRAND, Y. (1998). *Théories contemporaines de l'éducation*, 4e édition, Montréal, Éditions Nouvelles.

BERTRAND, Y. et VALOIS, P. (1992). *École et sociétés*, Laval, Éditions Agence d'Arc.

BERTRAND, Y. et VALOIS, P. (1999). *Fondements éducatifs pour une nouvelle société*, Montréal, Éditions Nouvelles AMS.

BISSONNETTE, S., RICHARD, M., GAUTHIER, C. et BOUCHARD, C. (2010). «Quelles sont les stratégies d'enseignement efficaces favorisant les apprentissages fondamentaux auprès des élèves en difficulté de niveau élémentaire? Résultats d'une méga-analyse», *Revue de recherche appliquée sur l'apprentissage*, vol. 3, p. 1-35.

BLOOM, B. S. (1969). *Taxonomie des objectifs pédagogiques. Tome I: Domaine cognitif*, Montréal, Les Presses de l'Université du Québec.

BLOOM, B. S. (1973). *Handbook on formative and summative evaluation of student learning*, 2e édition, New York, McGraw-Hill.

BLOOM, B. S. (1984). «The search for methods of group instruction as effective as one-to-one tutoring», *Educational Leadership*, vol. 41, n° 8, p. 4-18.

BLOOM, B. S., ENGELHART, M. D., FURST, E. J., HILL, W. H., et KRATHWOHL, D. R. (1956) (direction). *Taxonomy of educational objectives. The classification of educational goals. Handbook I: Cognitive domain*, New York, David McKay Company.

BOHLIN, L., CISERO DURWIN, C. et REESE-WEBER, M. (2009). *EdPsych*, New York, McGraw-Hill Higher Education.

BOLICH, B. J. (2001). «Peer tutoring and social behaviors: A review», *International Journal of Special Education*, vol. 16, n° 2, p. 16-30.

BON, D. (2004). *Dictionnaire des termes de l'éducation*, Paris, Éditions De Vecchi.

BONNEFON, G. (2006). *Penser l'éducation populaire – Humanisme et démocratie*, Lyon, Chronique sociale.

BONNOT, G. (1981). «Ivan Pavlov: le paradoxe de la psychologie», *La Psychologie par ses fondateurs: Les 10 grands de la psychologie*, Paris, Robert Laffont, p. 8-33.

BORDELEAU, C. et MORENCY, L. (1999). L'art d'enseigner – Principes, conseils et pratiques pédagogiques, Montréal, Gaëtan Morin Éditeur.

BOUCHARD, S. et GINGRAS, M. (2007). *Introduction aux théories de la personnalité*, 3e édition, Montréal, Gaëtan Morin Éditeur.

BOULET, A. (1999). «Changements de paradigme en apprentissage: du behaviorisme au cognitivisme au constructivisme», *Apprentissage et socialisation*, vol. 19, n° 2, p. 13-22.

BOULET, A. (2007). *Enseigner les stratégies d'apprentissage au primaire et au secondaire*, Montréal, Éditions Saint-Martin.

BOULET, A., SAVOIE-ZAJC, L. et CHEVRIER, J. (1996). *Les stratégies d'apprentissage à l'université*, Québec, Presses de l'Université du Québec.

BOWD, A., MCDOUGALL, D. et YEWCHUK, C. (1998). *Educational psychology for canadian teachers*, Toronto, Harcourt Brace Canada.

BOWER, G. H. et HILGARD, E. R. (1981). *Theories of learning*, 5e édition, Englewood Cliffs, Prentice-Hall.

BOYER, C. (1993). *L'enseignement explicite de la compréhension en lecture*, Montréal, GRAFICOR/Les Éditions de la Chenelière.

BRANDT, R. S. et PERKINS, D. N. (2000). «The evolving science of learning», dans R. S. Brandt (direction), *Education in a New Era*, Alexandria, ASCD, p. 159-183.

BRANSFORD, J. D. et STEIN, B. S. (1993). *The ideal problem solver: A guide for improving thinking, learning and creativity*, 2e édition, New York, Freeman.

BRIEN, R. (1992). *Design pédagogique – Introduction à l'approche de Gagné et de Briggs*, Ottawa, Les Éditions Saint-Yves.

BROADBENT, D. E. (1958). *Perception and communication*, London, Pergamon Press.

BROOKHART, S. M. (2010). *La rétroaction efficace. Des stratégies pour soutenir les élèves dans leur apprentissage* (adaptation de L.-J. Lévesque), Montréal, Chenelière Éducation.

BROOKS, J. G. et BROOKS, M. G. (1993). *In search of understanding: The case for constructivist classrooms*, Alexandria, ASCD.

BROSSARD, L. et MARSOLAIS, A. (1999). *Des pistes prometteuses – Propos de leaders pédagogiques*, Montréal, Éditions MultiMondes.

BRU, M. et NOT, L. (1987). *Où va la pédagogie du projet?*, Toulouse, Éditions Universitaires du Sud.

BRUNER, J. S. (1960). *The process of education*, Cambridge, Harvard University Press.

BRUNER, J. S. (1966). *Toward a theory of instruction*, Cambridge, Harvard University Press.

BRUNER, J. S. (1991). «…*car la culture donne forme à l'esprit*», Paris, Esthel.

BRUNER, J. S. (1996). *L'éducation, entrée dans la culture – Les problèmes de l'école à la lumière de la psychologie culturelle*, Paris, Éditions Retz.

BRUNER, J. S., GOODNOW, J. J. et AUSTIN, G. A. (1956). *A study of thinking*, New York, Wiley & Sons.

BRUNING, R. H., SCHRAW, G. J. et NORBY, M. M. (2011). *Cognitive psychology and instruction*, 5e édition, Boston, Pearson.

BUJOLD, N. (1997). *L'exposé oral en enseignement*, Québec, Presses de l'Université du Québec.

BYRNES, J. P. (1996). *Cognitive development and learning in instructional context*, Boston, Allyn & Bacon.

BYRNES, J. P. et FOX, N. A. (1998). «The educational relevance of research in cognitive neuroscience», *Educational Psychology Review*, vol. 10, n° 3, p. 297-342.

CAINE, R. N. et CAINE, G. (1991). *Making connections: Teaching and the human brain*, Alexandria, ASCD.

CAINE, R. N. et CAINE, G. (1997). *Education on the edge of possibility*, Alexandria, ASCD.

CALVI, J. (1981). «John Broadus Watson, le père du behaviorisme», *La Psychologie par ses fondateurs: Les 10 grands de la psychologie*, Paris, Robert Laffont, p. 34-61.

CAOUETTE, C. E. (1992). *Si on parlait d'éducation – Pour un nouveau projet de société*, Montréal, VLB Éditeur.

CARBONNEAU, M. et LEGENDRE, M.-F. (2002). « Pistes pour une relecture du programme de formation et de ses référents conceptuels », *Vie pédagogique*, n° 123, p. 12-17.

CARDINET, A. (1995). *Pratiquer la médiation en pédagogie*, Paris, DUNOD.

CARIOU, J.-Y. (2007). *Un projet pour… faire vivre des démarches expérimentales*, Paris, Delagrave Éditions.

CARON, J. (1994). *Quand revient septembre… Guide sur la gestion de classe participative*, vol. 1, Montréal, Les Éditions de la Chenelière.

CARON, J. (1997). *Quand revient septembre… Recueil d'outils organisationnels*, vol. 2, Montréal, Les Éditions de la Chenelière.

CARROLL, J. B. (1963). « A model of school learning », *Teachers' College Record*, vol. 64, p. 723-733.

CASE, R. (1978). « A developmentally based theory and technology of instruction », *Review of Educational Research*, vol. 48, p. 439-463.

CENTRE D'ÉDUCATION INTERCULTURELLE ET DE COMPRÉHENSION INTERNATIONALE (CEICI) (1998). *L'éducation à la citoyenneté dans une perspective mondiale*, Montréal, CEICI.

CHAMBERLAND, G., LAVOIE, L. et MARQUIS, D. (1995). *20 formules pédagogiques*, Sainte-Foy, Presses de l'Université du Québec.

CHAMPY, P. et ÉTÉVÉ, C. (2000). *Dictionnaire encyclopédique de l'éducation et de la formation*, 2e édition, Paris, Nathan.

CHARRON, A. et RABY, C. (2007). « Synthèse sur le socioconstructivisme », dans C. Raby et S. Viola (direction), *Modèles d'enseignement et théories d'apprentissage – De la pratique à la théorie*, Anjou (QC), Les Éditions CEC, p. 119-133.

CHOMSKY, N. (1956). « Three models for the description of language », *IRE Transactions on Information Theory*, vol. 2, n° 3, p. 113-124.

CLARK, J. M. et PAIVIO, A. (1991). « Dual coding theory and education », *Educational Psychology Review*, vol. 3, p. 149-210.

CODY, N. et GAGNON, R. (2009). *Apprendre autrement – L'apprentissage par problèmes*, Montréal, Éditions Nouvelles.

COLOMBO, J. (1982). The critical period concept: research, methodology and theoretical issues, *Psychological Bulletin*, n° 91, p. 260-275.

COMBS, A. W. (1979) (direction). *Humanistic education: objectives and assessment*, Alexandria, ASCD.

COMBS, A. W. (1981). « Humanistic education: too tender for a tough world? », *Phi Delta Kappan*, vol. 62, p. 446-449.

COMEAU, R. et LAVALLÉE, J. (2008) (direction). *Contre la réforme pédagogique*, Montréal, VLB Éditeur.

CONSEIL ÉCONOMIQUE DU CANADA – CEC (1992). *Les chemins de la compétence: éducation et formation professionnelle au Canada. Un rapport de synthèse*, Ottawa, Gouvernement du Canada.

CONSEIL SUPÉRIEUR DE L'ÉDUCATION DU QUÉBEC (1971). *L'activité éducative. Rapport annuel du Conseil supérieur de l'éducation du Québec 1969-1970.*

CONSEIL SUPÉRIEUR DE L'ÉDUCATION DU QUÉBEC (1999). *Pour une meilleure réussite scolaire des garçons et des filles – Avis au ministre de l'Éducation.*

CORDIER, F. et GAONAC'H, D. (2007). *Apprentissage et mémoire*, Paris, Armand Colin.

CRAHAY, M. (1999). *Psychologie de l'éducation*, Paris, Presses Universitaires de France.

CRAHAY, M. et DUTRÉVIS, M. (2010) (direction). *Psychologie des apprentissages scolaires*, Bruxelles, De Boeck Université.

CRAHAY, M., DUTRÉVIS, M. et MARCOUX, G. (2010). « L'apprentissage en situation scolaire: un processus multidimensionnel », dans M. Crahay et M. Dutrévis (direction), *Psychologie des apprentissages scolaires*, Bruxelles, De Boeck Université, p. 11-46.

CRAIK, F. I. et LOCKHART, R. S. (1972). « Levels of processing: A framework for memory research », *Journal of Verbal Learning and Verbal Behavior*, vol. 11, p. 671-684.

DAIGNAULT, J., GAUTHIER, C., GAUVIN, L., PAQUETTE, C., PELLETIER, G. et ROY, J. A. (1984). *La pédagogie ouverte en question?*, Montréal, Éditions Québec/Amérique.

DALCEGGIO, P. (1991). *Qu'est-ce qu'apprendre?*, Montréal, Service d'aide à l'enseignement, Université de Montréal.

DANIEL, M.-F. (1998). *La philosophie et les enfants*, Montréal, Les Éditions Logiques.

DANSEREAU, D. F. (1985). « Learning strategy research », dans J. Segal, S. Chipman et R. Glaser (direction), *Thinking and learning skills: Relating instruction to basic research*, vol. 1, Hilldale, Erlbaum, p. 209-240.

DAUDELIN, M. (2006). *70 activités pour exploiter les intelligences multiples en classe*, Montréal, Chenelière Éducation.

DE BONO, E. (1975). *CoRT thinking program*, Blandford, Direct Education Services.

DE GRANDMONT, N. (1995). *Pédagogie du jeu: jouer pour apprendre*, Montréal, Les Éditions Logiques.

DE LA GARANDERIE, A. (1980). *Les profils pédagogiques*, Paris, Éditions Le Centurion.

DE LANNOY, J.-D. et FEYEREISEN, P. (1999). *Qu'est-ce donc qu'apprendre?*, Lausanne, Delachaux et Niestlé.

DE SMEDT, M. (1991) (direction). *L'enfant du possible. Pour une autre éducation*, collection Question de.

DEMBO, M. H. (1994). *Applying educational psychology*, 5e édition, New York, Longman.

DESROCHES, F. (1997). « Lexique de l'éducation dans une perspective planétaire », dans M. Hrimech et F. Jutras (direction), *Défis et enjeux de l'éducation dans une perspective planétaire*, Sherbrooke, Éditions du CRP, p. 175-213.

DESROCHES, F. et LESSARD, C. (1997). « Organismes faisant la promotion de l'éducation dans une perspective planétaire », dans M. Hrimech et F. Jutras (direction), *Défis et enjeux de l'éducation dans une perspective planétaire*, Sherbrooke, Éditions du CRP, p. 215-223.

DEWEY, J. (1916). *Democracy and education*, New York, Macmillan [en ligne]. [www.ilt.columbia.edu/publications/dewey.html]

DEWEY, J. (1929). *Am I gettting an education?* New York, Doubleday, Doran & Company Inc.

DEWEY, J. (1938). *Experience and education*, New York, Macmillan.

DEWEY, J. (1990). *Démocratie et éducation*, Paris, Armand Colin.

D'HAINAULT, L. (1988). *Des fins aux objectifs de l'éducation*, Paris, Nathan.

D'HAINAULT, L. et MICHEZ, N. (1979). *Une méthode récurrente pour enseigner la résolution de problèmes*, Bruxelles, Ministère de l'Éducation de la Belgique.

DORÉ, F. Y. (1986). *L'apprentissage. Une approche psycho-éthologique*, Saint-Hyacinthe, Edisem.

DORÉ, F. Y. et MERCIER, P. (1992). *Les fondements de l'apprentissage et de la cognition*, Montréal, Gaëtan Morin Éditeur.

DRISCOLL, M. P. (2000). *Psychology of learning for instruction*, 2e édition, Needham Heights, Allyn & Bacon.

DRISCOLL, M. P. (2005). *Psychology of learning for instruction*, 3e édition, Boston, Pearson.

DUBÉ, L. (1986). *Psychologie de l'apprentissage de 1880 à 1980*, Sillery, Presses de l'Université du Québec.

DUBÉ, L. (1996). *Psychologie de l'apprentissage*, 3e édition, Québec, Presses de l'Université du Québec.

DUBOIS, N. (1987). *La psychologie du contrôle – Les croyances internes et externes*, Grenoble, Presses Universitaires de Grenoble.

DUFRESNE-TASSÉ, C. (1981). *L'apprentissage adulte, essai de définition*, Montréal, Éditions Vivantes.

DUMONT, R. (1998). *Un monde intolérable. Le libéralisme en question*, Paris, Seuil.

DUNN, R. et DUNN, K. (1978). *Teaching students through their individual learning style*, Englewood Cliffs, Prentice-Hall.

DUNN, R. et DUNN, K. (1998). *The complete guide to the learning style inservice*, New York, Pearson, Allyn & Bacon.

EGGEN, P. et KAUCHAK, D. P. (2004). *Educational psychology – Windows on classrooms*, Upper Saddle Rivers, Pearson Merry Prentice Hall.

EISNER, E. et VALLANCE, E. (1974) (direction). *Conflicting conceptions of curriculum*, California, McCutchan.

ELBAUM, B., VAUGHN, S., HUGHES, M. T. et MOODY, S. W. (2000). « How effective are one-to-one tutoring programs in reading for elementary students at risk for reading failure? A meta-analysis of the intervention research », *Journal of Educational Psychology*, vol. 92, nº 4, p. 605-619.

ENGELMANN, S. et CARNINE, D. (1975). *DISTAR-Arithmetic-Level 1*, Columbus, Sciences Research Associates.

FARR, R. et TONE, B. (2002). *Le portfolio au service de l'apprentissage et de l'évaluation*, Montréal, Chenelière/McGraw-Hill.

FAURE, E. (1972). *Apprendre à être*, Paris, Fayard-UNESCO.

FERGUSON, M. (1981). *Les enfants du Verseau ; pour un nouveau paradigme*, Paris, Calmann-Lévy.

FERRER, C. (1997). « Vers un modèle d'intégration de l'éducation dans une perspective planétaire à la formation des enseignantes et des enseignants », *Revue des sciences de l'éducation*, vol. 23, nº 1, p. 17-48.

FERRER, C. (2005). « Une expérience d'éducation à la citoyenneté démocratique dans une perspective planétaire en formation initiale à l'enseignement », dans A. Duhamel et F. Jutras (direction), *Enseigner et éduquer à la citoyenneté*, Québec, Les Presses de l'Université Laval, p. 93-113.

FERRER, C. et ALLARD, R. (2002a). « La pédagogie de la conscientisation et de l'engagement : pour une éducation à la citoyenneté démocratique dans une perspective planétaire. Première partie – Portrait de la réalité sociale et importance d'une éducation à la conscientisation critique et à l'engagement », *Éducation et francophonie*, vol. 30, nº 2, p. 66-95 [en ligne]. [www.acelf.ca/c/revue/sommaire.php?id=5]

FERRER, C. et ALLARD, R. (2002b). « La pédagogie de la conscientisation et de l'engagement : pour une éducation à la citoyenneté démocratique dans une perspective planétaire. Deuxième partie – La PCE : concepts de base, transversalité des objectifs, catégorisation des contenus, caractéristiques pédagogiques, obstacles et limites », *Éducation et francophonie*, vol. 30, nº 2, p. 96-134 [en ligne]. [www.acelf.ca/c/revue/sommaire.php?id=5]

FERRER, C., GAMBLE, J. et LEBLANC-RAINVILLE, S. (1997). *L'éducation aux droits de la personne*, Halifax, Fondation d'éducation des provinces atlantiques.

FEUERSTEIN, R. (1980). *Instrumental enrichment : an intervention program for cognitive modifiability*, Baltimore, University Park Press.

FEUERSTEIN, R., MILLER, R., HOFFMAN, M. B., RAND, Y., MINTZKER, Y. et JENSEN, M. J. (1981). « Cognitive modifiability in adolescence : Cognitive structure and the effects of intervention », *The Journal of Special Education*, vol. 15, nº 2, p. 269-287.

FLAVELL, J. H. (1979). « Metacognition and cognitive monitoring : A new area of cognitive development inquiry », *American Psychologist*, vol. 34, p. 906-911.

FLAVELL, J. H. et WELLMAN, H. M. (1977). « Metamemory », dans R. V. Krail et J. W. Hagen (direction), *Perspectives on the development of memory and cognition*, Hillsdale, Erlbaum, p. 3-33.

FOGARTY, R. (1999). « Architects of the intellect », *Educational Leadership*, vol. 57, nº 3, p. 76-78.

FOREHAND, M. (2010). *Bloom's taxonomy : From emerging perspectives on learning, teaching and technology*, [en ligne]. [http://projects.coe.uga.edu/epltt/index.php?title=Bloom%27s_Taxonomy].

FORGET, J., OTIS, R. et LEDUC, A. (1988). *Psychologie de l'apprentissage : théories et applications*, Brossard, Éditions Behaviora.

FORNESS, S. R. (1973). « The reinforcement hierarchy », *Psychology in the Schools*, vol. 2, p. 168-177.

FORQUIN, J.-C. et ROBERT, A. D. (2005*). Dictionnaire encyclopédique de l'éducation et de la formation*, 3e édition, Paris, RETZ.

FOWLER, R. D. (1990). « In memoriam : Burrhus Frederic Skinner, 1904-1990 », *American Psychologist*, vol. 45, p. 1203.

FRANCOEUR BELLAVANCE, S. (1997). *Le travail en projet : une stratégie pédagogique transdisciplinaire*, Longueuil, Éditions Intégra.

FREDRICK, L. D. et HUMMEL, J. H. (2004). « Reviewing the outcomes and principles of effective instruction », dans D. J. Moran et R. W. Malott (direction), *Evidence-based educational methods*, San Diego, Elsevier Academic Press, p. 9-22.

FREIRE, P. (1977). *Pédagogie des opprimés*, suivi de *Conscientisation et révolution*, 2e édition, Paris, François Maspero.

FREIRE, P. (1978). *L'éducation : pratique de la liberté*, 4e édition, Paris, Les Éditions du Cerf.

FREIRE, P. (1980). *Pédagogie des opprimés*, suivi de *Conscientisation et révolution*, 3e édition, Paris, François Maspero.

FREIRE, P. (1997). *Pédagogie de l'autonomie : des savoirs nécessaires à la pratique éducative*, Paris, Les Éditions du Cerf.

GAGE, N. L. et BERLINER, D. C. (1998). *Educational psychology*, 6e édition, Boston, Houghton Mifflin.

GAGNÉ, E. D. (1985). *The cognitive psychology of school learning*, Boston, Little, Brown and Company.

GAGNÉ, P.-P. (1999). *Pour apprendre à mieux penser – Trucs et astuces pour aider les élèves à gérer leur processus d'apprentissage*, Montréal, Les Éditions de la Chenelière.

GAGNÉ, P. P., LEBLANC, N. et ROUSSEAU, A. (2009). *Apprendre… une question de stratégies – Développer les habiletés liées aux fonctions exécutives*, Montréal, Chenelière Éducation.

GAGNÉ, R. M. (1968). « Learning hierarchies », *Educational Psychologist*, no 6, p. 1-9.

GAGNÉ, R. M. (1972). « Domains of learning », *Interchange*, vol. 3, p. 1-8.

GAGNÉ, R. M. (1974). *Essentials of learning for instruction*, Hinsdale, The Dryden Press.

GAGNÉ, R.M. (1977). *The conditions of learning*, 3e édition, New York, Holt, Rinehart and Winston.

GAMBLE, J. (2002). « Pour une pédagogie de la coopération », *Éducation et francophonie*, vol. 30, no 2, p. 188-291 [en ligne]. [www.acelf.ca/c/revue/sommaire.php?id=5]

GARDNER, H. (1983). *Frames of mind : The theory of multiple intelligences*, New York, Basic Books.

GARDNER, H. (1999). *Intelligence reframed : Multiple intelligences for the 21st century*, New York, Basic Books.

GARDNER, H. (2006). *Multiple intelligences : New horizons*, New York, Basic Books.

GARDNER, H. (2008). *Les intelligences multiples : La théorie qui bouleverse nos idées reçues*, Paris, Retz.

GAUQUELIN, F. (1973). *Apprendre à apprendre*, Paris, La Bibliothèque du Centre d'étude et de promotion de la lecture.

GAUTHIER, C. (2005). « Alexander S. Neill et la pédagogie libertaire », dans C. Gauthier et M. Tardif (direction), *La pédagogie – Théories et pratiques de l'Antiquité à nos jours*, 2e édition, Montréal, Gaëtan Morin Éditeur, p. 175-194.

GAUTHIER, C. et TARDIF, M. (2005) (direction). *La pédagogie – Théories et pratiques de l'Antiquité à nos jours*, 2e édition, Montréal, Gaëtan Morin Éditeur.

GÉLINAS, F. et ROUSSEL, M. (2006). *Les intelligences multiples dès la maternelle*, Montréal, Chenelière Éducation.

GERHARDT, H.-P. (1993). « Paulo Freire (1921-1997) », *Perspectives : revue trimestrielle d'éducation comparée*, vol. 23, no 3-4, p. 445-465.

GIANESIN, F. (2001). *Mémoriser pour… comprendre, réfléchir, créer*, Montréal, Chenelière/McGraw-Hill.

GIBRAN, K. (1978). *Le prophète*, 21e édition, Paris, Casterman.

GIORDAN, A. (1998). *Apprendre !*, Paris, Éditions Belin.

GLASSER, W. (1969). *Schools without failure*, New York, Harper & Row.

GLASSER, W. (1973). *Des écoles sans déchets*, Paris, Fleurus.

GLASSER, W. (1984). *Take effective control of your life*, New York, Harper & Row.

GLASSER, W. (1986). *Control theory in the classroom*, New York, Harper & Row.

GLASSER, W. (1996). *L'école qualité – Enseigner n'est pas contraindre*, Montréal, Les Éditions Logiques.

GLOVER, J. A. et BRUNING, R. H. (1987). *Educational Psychology. Principles and applications*, 2e édition, Toronto, Little, Brown and Company.

GLYNN, E. L. (1970). « Classroom applications of self-determined reinforcement », *Journal of Applied Behavior Analysis*, vol. 3, p. 123-132.

GOETZ, E. T., ALEXANDER, P. A. et ASH, M. J. (1992). *Educational psychology : A classroom perspective*, Toronto, Maxwell Macmillian Canada.

GOLEMAN, D. (1998). *L'intelligence émotionnelle – Comment transformer ses émotions en intelligence*, Montréal, Édition du Club Québec Loisirs.

GOOD, T. L. et BROPHY, J. E. (1986). *Educational psychology : a realistic approach*, 3e édition, New York, Longman Publishers.

GORDAN, T. (1974). *Teachers effectiveness training*, New York, Peter H. Wyden.

GOUPIL, G. et LUSIGNAN, G. (1993). *Apprentissage et enseignement en milieu scolaire*, Boucherville, Gaëtan Morin Éditeur.

GRAVEL, H. et VIENNEAU, R. (2002). « Au carrefour de l'actualisation de soi et de l'humanisation de la société : plaidoyer pour une pédagogie de la participation et de l'autonomie », *Éducation et francophonie*, vol. 30, no 2, p. 135-157 [en ligne]. [www.acelf.ca/c/revue/sommaire.php?id=5]

GREDLER, M. E. (2004). *Learning and instruction : Theory into practice*, 5e édition, Englewood Cliffs, Prentice-Hall.

GROLNICK, W. S. et RYAN, R. M. (1987). « Autonomy in children's learning : An experimental and individual difference investigation », *Journal of Personality and Social Psychology*, vol. 52, p. 890-898.

GUÉRIN, M.-A. (1998). *Dictionnaire des penseurs pédagogiques*, Montréal, Guérin éditeur.

GUILBERT, L. et OUELLET, L. (2004). *Étude de cas – Apprentissage par problèmes*, Sainte-Foy, Presses de l'Université du Québec.

HALSOUET, B. et LANE, J. (2009). « Catalina Ferrer », dans J. Houssaye (direction), *Femmes pédagogues. Tome 1 : De l'Antiquité au XIXe siècle*, Paris, Éditions Fabert, p. 665- 701.

HANSON. R. J., Silver, H. F. et STRONG, R. W. (1986). *Teaching styles and strategies*, Englewood Cliffs, Prentice-Hall.

HARROW, A. J. (1972). *A taxonomy of the psychomotor domain : A guide for developing behavioral objectives*, New York, D. McKay Co.

HATTIE, J., BIBBS, J. et PURDIE, N. (1996). « Effects of learning skills interventions on student learning : A meta-analysis », *Review of Educational Research*, vol. 66, no 2, p. 99-136.

HATTIE, J. et TIMPERLEY, H. (2007). « The power of feedback », *Review of Educational Research*, vol. 77, p. 81-112.

HAYES, D. (2010). *Encyclopedia of primary education*, New York, Routledge.

HEMMINGS, R. (1981). *Cinquante ans de liberté avec Neill*, Paris, Hachette.

HOHN, R. L. (1995). *Classroom learning & teaching*, White Plains, Longman Publishers.

HOHN, R. L. (2005). «Learning», dans S. W. Lee (direction), *Encyclopedia of school psychology*, Thousand Oaks, SAGE, p. 283-289.

HOOPER, J. et TERESI, D. (1986). *The three pound universe: the brain, from chemistry of the mind to new frontiers of the soul*, New York, Dell Publishing.

HOUSSAYE, J. (2008) (direction). *Femmes pédagogues. Tome 1: De l'Antiquité au XIXᵉ siècle*, Paris, Éditions Fabert.

HOUSSAYE, J. (2009) (direction). *Femmes pédagogues. Tome 2: Du XXᵉ au XXIᵉ siècle*, Paris, Éditions Fabert.

HOWDEN, J. et KOPIEC, M. (1998). *Structurer le succès – Un calendrier d'implantation de la coopération*, Montréal, Chenelière/McGraw-Hill.

HOWDEN, J. et MARTIN, H. (1997). *La coopération au fil des jours – Des outils pour apprendre à coopérer*, Montréal, Chenelière/McGraw-Hill.

HRIMECH, M. et JUTRAS, F. (1997) (direction). *Défis et enjeux de l'éducation dans une perspective planétaire*, Sherbrooke, Éditions du CRP.

HUBERMAN, M. (1988). «La pédagogie de la maîtrise: idées, analyses, bilans», dans M. Huberman (direction), *Assurer la réussite des apprentissages scolaires? Les propositions de la pédagogie de la maîtrise*, Paris, Delachaux & Niestlé, p. 12-44.

HUMMEL, J. H., VENN, M. L. et GUNTER, P. L. (2004). «Teacher-made scripted lessons», dans D. J. Moran et R. W. Malott (direction), *Evidence-based educational methods*, San Diego, Elsevier Academic Press, p. 95-108.

HUTEAU, M. (1985). *Les conceptions cognitives de la personnalité*, Paris, PUF.

ILLERIS, K. (2007). *How we learn: An introduction to learning and non-learning in school and beyond*, New York, Routledge.

JACOBSEN, D., EGGEN, P. et KAUCHAK, D. P. (1989). *Methods for teaching: A skills approach*, Columbus, Merrill.

JACQUARD, A. (1995). *J'accuse l'économie triomphante*, Paris, Calvin-Lévy.

JENSEN, E. (2001). *Le cerveau et l'apprentissage – Mieux comprendre le fonctionnement du cerveau pour mieux enseigner*, Montréal, Chenelière/McGraw-Hill.

JONNAERT, P. et VANDER BORGHT, C. (1999). *Créer des conditions d'apprentissage – Un cadre de référence socioconstructiviste pour une formation didactique des enseignants*, 1ʳᵉ édition, Bruxelles, De Boeck Université.

JONNAERT, P. et VANDER BORGHT, C. (2009). *Créer des conditions d'apprentissage – Un cadre de référence socioconstructiviste pour une formation didactique des enseignants*, 3ᵉ édition, Bruxelles, De Boeck Université.

JOHNSON, D. W. et JOHNSON, R. T. (1987). *Learning together and alone. Cooperative, competitive and individualistic learning*, 2ᵉ édition, Englewood Cliffs, Prentice-Hall.

JOHNSON, D. W. et JOHNSON, R. T. (1999). *Learning together and alone: Cooperative, competitive and individualistic learning*, Boston, Allyn & Bacon.

JONES, B. F., PALINCSAR, A S., OGLE, D. S. et CARR, E. G. (1987). *Strategic teaching and learning: Cognitive instruction in the content areas*, Alexandria, ASCD.

JOYCE, B. et WEIL, M. (1972). *Models of teaching*, Englewood Cliffs, Prentice-Hall.

JOYCE, B. et WEIL, M. (1980). *Models of teaching*, 2ᵉ édition, Englewood Cliffs, Prentice-Hall.

JOYCE, B. et WEIL, M. (1996). *Models of teaching*, 5ᵉ édition, Boston, Allyn & Bacon.

JOYCE, B., WEIL, M. et CALHOUN, E. (2004). *Models of teaching*, 7ᵉ édition, Boston, Allyn & Bacon.

JOYCE, B., WEIL, M. et CALHOUN, E. (2009). *Models of teaching*, 8ᵉ édition, Boston, Allyn & Bacon.

KAGAN, J. (1966). «Impulsive and reflective children: significance of conceptual tempo», dans J. D. Krumboltz (direction), *Learning and the educational process*, Chicago, Rand McNally, p. 133-161.

KAGAN, S. (1992). *Cooperative learning resources for teachers*, San Juan Capistrano, Resources for Teachers.

KESSLER, R. (2000). *The soul of education. Helping students find connection, compassion and character at school*, Alexandria, ASCD.

KINCHLA, R. A. (1992). «Attention», *Annual Review of Psychology*, vol. 43, p. 711-742.

KLATZKY, R. (1984). *Human memory: structures and processes*, 3ᵉ édition, San Francisco, Freeman.

KLEIN, J. (1998). «L'éducation primaire, secondaire et postsecondaire aux États-Unis: vers l'unification du discours sur l'interdisciplinarité», *Revue des sciences de l'éducation*, vol. 24, nº 1, p. 51-75.

KLEIN, S. B. (2009). *Learning principles and applications*, 5ᵉ édition, Los Angeles, SAGE.

KOHLBERG, L.A. (1972). *The meaning and measurement of moral development*, New York, Clarck University Press.

KOLB, D. A. (1985). *The Learning style inventory*, Boston, McBer & Co.

KRATHWOHL, D. R., BLOOM, B. S., et MASIA, B. B. (1964). *Taxonomy of educational objectives. The classification of educational goals. Handbook II: Affective domain*, New York, David McKay Company.

KRISHNAMURTI, J. (1991). *Réponses sur l'éducation*, Paris, Christian de Bartillat éditeur.

KRUMBOLTZ, J. D. et BRANDHORST KRUMBOLTZ, H. (1975). *Comment intervenir auprès des enfants*, Sainte-Foy, Éditions Saint-Yves.

LA BORDERIE, R. (2005). *Lexique de l'éducation*, Paris, Nathan.

LABORATOIRE D'ENSEIGNEMENT MULTIMÉDIA (LEM) (consulté le 6 octobre 2010). *Styles d'enseignement, style d'apprentissage et pédagogie différenciée en sciences*, Université de Liège [en ligne]. [www.lmg.ulg.ac.be/competences/chantier/eleves/lem_art.html]

LAFORTUNE, L., JACOB, S. et HÉBERT, D. (2000). *Pour guider la métacognition*, Québec, Presses de l'Université du Québec.

LAFORTUNE, L. et ST-PIERRE, L. (1994). *Les processus mentaux et les émotions dans l'apprentissage*, Montréal, Les Éditions Logiques.

LANDRY, M. C. (1992). *La créativité des enfants – Malgré ou grâce à l'éducation?*, Montréal, Les Éditions Logiques.

LANDRY, R. et RICHARD, J.-F. (2002). «La pédagogie de la maîtrise des apprentissages: une invitation au dépassement de soi», *Éducation* et francophonie, vol. 30, nᵒ 2, p. 158-187 [en ligne]. [www.acelf.ca/c/revue/sommaire.php?id=5]

LANDRY, R., FERRER, C. et VIENNEAU, R. (2002) (rédacteurs invités). « La pédagogie actualisante », *Éducation et francophonie*, vol. 30, nᵒ 2 [en ligne]. [www.acelf.ca/c/revue/sommaire.php?id=5]

LANDRY, R. et ROBICHAUD, O. (1985). « Un modèle heuristique pour l'individualisation de l'enseignement », *Revue des sciences de l'éducation*, vol. 11, nᵒ 2, p. 295-317.

LANG, M. (2010). *La pensée critique au cœur de l'éducation à la citoyenneté*, thèse doctorale inédite, Faculté de philosophie, Québec, Université Laval.

LARUE, C. et COSSETTE, R. (2005). *Les stratégies d'apprentissage en profondeur et l'apprentissage par problèmes – Un long processus de maturation*, Cégep du Vieux Montréal, Montréal, Québec [en ligne]. [www.cvm.qc.ca/formationreg/rechercheCVM/Documents/ArticleLarue Cossettefinal-3.pdf].

LAZEAR, D. (2008). *Du simple au complexe – Appliquer la taxonomie de Bloom et les intelligences multiples aux processus de pensée*, Montréal, Chenelière Éducation.

LEBLANC, M. (2010). *Les relations de collaboration vécues entre l'enseignante ressource et l'enseignante de classe ordinaire dans le contexte de l'inclusion scolaire au Nouveau-Brunswick francophone*, thèse de doctorat inédite, Moncton, Université de Moncton.

LEBLANC-RAINVILLE, S. et FERRER, C. (1984). *Vers un nouveau paradigme*, Frédéricton, Association des enseignantes et des enseignants francophones du Nouveau-Brunswick (AEFNB).

LEE, S. W. (2005) (direction). *Encyclopedia of school psychology*, Thousand Oaks, SAGE Publications.

LEGENDRE, R. (1983). *L'éducation totale – Une éducation à éduquer*, Montréal, Éditions Ville-Marie.

LEGENDRE, R. (2005). *Dictionnaire actuel de l'éducation*, 3ᵉ édition, Montréal, Guérin Éditeur.

LEGENDRE-BERGERON, M. F. (1980). *Lexique de la psychologie du développement de Jean Piaget*, Chicoutimi, Gaëtan Morin Éditeur.

LEMAY BOURASSA, G. (2004). *Intégrer les ateliers d'apprentissage dans ma classe*, Montréal, Éditions Hurtubise HMH.

LE NY, J.-F. (1992). *Le grand dictionnaire de psychologie*, Paris, Larousse.

LESSARD, C., FERRER, C. et DESROCHES, F. (1997). « Pour un monde démocratique : l'éducation dans une perspective planétaire », *Revue des sciences de l'éducation*, vol. 23, nᵒ 1, p. 3-16.

LEWIN, K., Lippit, R. et White, R. K. (1939). « Patterns of aggressive behavior in experimentally created social climates », *Journal of Social Psychology*, nᵒ 10, p. 271-301.

LIEBERMAN, A. et MILLER, L. (2000). « Teaching and teacher development : A new synthesis for a new century », dans R. S. Brandt (direction), *Education in a new era*, Alexandria, ASCD, p. 47-66.

LIEURY, A. (1998). *La mémoire de l'élève en 50 questions*, Paris, DUNOD.

LIGNUGARIS-KRAFT, B. (2004). « Applying direct instruction to new content », dans N. E. Marchand-Martella, T. A. Slocum et R. C. Martella (direction), *Introduction to direct instruction*, Boston, Pearson, p. 280-303.

LINDSAY, P. H. et NORMAN, D. A. (1977). *Human information processing : an introduction to psychology*, 2ᵉ édition, New York, Academic Press.

LIPMAN, M. (1974). *Harry Stottlemeier's discovery*, Montclair State University, The First Mountain Foundation.

LIPMAN, M. (1978). *La découverte de Harry Stottlemeier*, Paris, Librairie philosophique J. Vrin.

LIPMAN, M. (1987). *La découverte de Harry*, Montréal, La Commission des écoles catholiques de Montréal, Service des études.

LIPMAN, M. (1998). « Préface », dans M.-F. Daniel, *La philosophie et les enfants*, Montréal, Les Éditions Logiques, p. 15-19.

LIPMAN, M. (2006). *À l'école de la pensée – Enseigner une pensée holistique*, 2ᵉ édition, Bruxelles, De Boeck Université.

LIPMAN, M. et SHARP, A. M. (2009). *Mark – Recherche sociale* (traduction et adaptation de N. Decostre), Bruxelles, P.I.E. Peter Lang.

LOIOLA, F. A. et BORGES, C. (2005). « La pédagogie de Paulo Freire ou quand l'éducation devient un acte politique », dans C. Gauthier et M. Tardif (direction), *La pédagogie – Théories et pratiques de l'Antiquité à nos jours*, Montréal, Gaëtan Morin Éditeur, p. 237-254.

LONGHI, B., LONGHI, G. et LONGHI, V. (2009). *Dictionnaire de l'éducation. Pour mieux connaître le système éducatif*, Paris, Vuibert.

LOWE, A. (2002). « La pédagogie actualisante ouvre ses portes à l'interdisciplinarité scolaire », *Éducation et francophonie*, vol. 30, nᵒ 2, p. 220-240 [en ligne]. [www.acelf.ca/c/revue/sommaire.php?id=5]

MAHONEY, M. J. (1974). *Cognition and behavior modification*, Cambridge, Ballinger Publications.

MALCUIT, G., POMERLEAU, A. et MAURICE, P. (1995). *Psychologie de l'apprentissage : termes et concepts*, Saint-Hyacinthe, Édisem.

MANDELA, N. (1994). *A long walk to freedom*, New York, Time Inc.

MARCOTTE, G. (2006). *Manifeste du Mouvement Humanisation – Un sens et une direction pour l'humanité*, Saint-Nicolas, Éditions Humanisation.

MARGULIES, N. (2005). *Les cartes d'organisation des idées – Une façon efficace de structurer sa pensée* (adaptation de G. Sirois), Montréal, Chenelière Éducation.

MARION, I. (2007). « Apprentissage coopératif », dans C. Raby et S. Viola (direction), *Modèles d'enseignement et théories d'apprentissage – De la pratique à la théorie*, Anjou (QC), Les Éditions CEC, p. 67-89.

MARQUIS, D. et LAVOIE, L. (1998). *Enseignement programmé – Enseignement modulaire*, Québec, Presses de l'Université du Québec.

MARTINEAU, R. (1998). « Utiliser la recherche ou enseigner pour faciliter le traitement de l'information », *Vie pédagogique*, nᵒ 108, p. 24-28.

MARTINEAU, S. et SIMARD, D. (2001). *Les groupes de discussion*, Sainte-Foy, Presses de l'Université du Québec.

MARZANO, R. J. (2000). « 20th century advances in instruction », dans R. S. Brandt (direction), *Education in a New Era*, Alexandria, ASCD, p. 67-95.

MARZANO, R. J. et KENDALL, J. (2006). *The new taxonomy of educational objectives*, Thousand Oaks, Corwin Press.

MARZANO, R. J. et KENDALL, J. (2008). *Designing & assessing educational objectives. Applying the new taxonomy*, Thousand Oaks, Corwin Press.

MASLOW, A. H. (1954). *Motivation and personality*, New York, Harper & Row.

MASLOW, A. H. (1968). « Some educational implications of the humanistic psychologies », *Harvard Educational Review*, vol. 38, nº 4, p. 685-696.

MASLOW, A. H. (1970). « Humanistic education vs professional education », *New Directions in Teaching*, vol. 2, p. 3-10.

MASLOW, A. H. (1972). *Vers une psychologie de l'Être*, Paris, Fayard.

MAYER, R. E. (1987). « Learnables aspects of problem solving : Some examples », dans D. E. Berger, K. Pezdek et W. P. Banks (direction), *Applications of cognitive psychology : Problem solving, education and computing*, Hillsdale, Erlbaum.

MAYER, R. E. (1996). « Learning strategies for making sense out of expository text : The SOI model for guiding three cognitive processes in knowledge construction », *Educational Psychology Review*, vol. 8, p. 357-371.

MAYER, R. E. et MORENO, R. (1998). « A split-attention effect in multimedia learning : Evidence for dual processing systems in working memory », *Journal of Educational Psychology*, vol. 90, nº 2, p. 312-320.

MAYOR, F. (1999). *Un monde nouveau*, Paris, UNESCO/Édition Odile Jacob.

MAYOR, F. (2000). *Lettres aux générations futures*, Paris, UNESCO.

McCARTHY, B. (1986). *Hemispheric mode indicator (HMI) – Right and left brain approaches to learning*, Barrington, Excel Inc.

McCULLOCK, G. et CROOK, D. (2008). *The routledge international encyclopedia of education*, New York, Routledge.

McGRATH, H. et NOBLE, T. (2008). *Huit façons d'enseigner, d'apprendre et d'évaluer – 200 stratégies utilisant les niveaux taxonomiques des intelligences multiples* (traduction et adaptation de G. Sirois), Montréal, Chenelière Éducation.

MEIRIEU, P. (1988). *Différencier la pédagogie. Pourquoi ? Comment ?*, Paris, ESF.

MEIRIEU, P. (1996). « Les grandes questions de la pédagogie et de la formation », dans J. C. Ruano-Borbalan, *Savoir former. Bilan et perspectives des recherches sur l'acquisition et la transmission des savoirs*, Baume-les-Dames, Les Éditions Demos/Sciences Humaines, p. 21-34.

MEIRIEU, P. et DEVELAY, M. (1996) (direction). *Le transfert des connaissances en formation initiale et continue*, Lyon, Centre régional de documentation pédagogique de l'Académie de Lyon.

MÉNARD, L. (2007). « Apprentissage par problèmes », dans C. Raby et S. Viola (direction), *Modèles d'enseignement et théories d'apprentissage – De la pratique à la théorie*, Anjou (QC), Les Éditions CEC, p. 90-106.

MICHAUD, C. (2002). « Pour une pédagogie de l'accueil et de l'appartenance : interprétation des savoirs et des pratiques », *Éducation et francophonie*, vol. 20, nº 2, p. 49-65 [en ligne]. [www.acelf.ca/c/revue/sommaire.php?id=5]

MIKULAS, W. I. (1974). *Concepts in learning*, Philadelphie, Saunders.

MILLER, G. A. (1956). « The magical number seven, plus or minus two : Some limits on our capacity for processing information », *Psychological Review*, vol. 63, p. 81-97.

MINISTÈRE DE LA JEUNESSE, DE L'ÉDUCATION NATIONALE ET DE LA RECHERCHE (MJENR) (2002). *Qu'apprend-on à l'école élémentaire ? Les nouveaux programmes*, France, Éducation Nationale [en ligne]. [www.cndp.fr/ecole/quapprend/pdf/755A0212.pdf]

MINISTÈRE DE L'ÉDUCATION DU NOUVEAU-BRUNSWICK (MENB) (1992). *Projet d'éducation à la solidarité internationale – Interventions pédagogiques*, Frédéricton, Direction des programmes d'études.

MINISTÈRE DE L'ÉDUCATION DU NOUVEAU-BRUNSWICK (MENB) (1995). *Excellence en éducation – L'école primaire*. Frédéricton, Direction des programmes d'études.

MINISTÈRE DE L'ÉDUCATION, DU LOISIR ET DU SPORT (MELS) (2008). *Un programme de formation pour le XXIᵉ siècle – Programme de formation de l'école québécoise – Enseignement secondaire, deuxième cycle*, Québec, Gouvernement du Québec [en ligne]. [www.meq.gouv.qc.ca/sections/programmeFormation].

MINISTÈRE DE L'ÉDUCATION DU QUÉBEC (MEQ) (2005). *L'école communautaire – Un carrefour pour la réussite des jeunes et le développement de la communauté*, Québec, Gouvernement du Québec [en ligne]. [www.mels.gouv.qc.ca/lancement/ecole_communautaire/446909.pdf]

MINISTÈRE DE L'ÉDUCATION DU QUÉBEC (MEQ) (2006a). *Programme de formation de l'école québécoise (version approuvée). Éducation préscolaire, enseignement primaire*, Québec, Gouvernement du Québec [en ligne]. [www.meq.gouv.qc.ca/sections/programmeFormation].

MINISTÈRE DE L'ÉDUCATION DU QUÉBEC (MEQ) (2006b). *Programme de formation de l'école québécoise – Enseignement secondaire, premier cycle – Décroche tes rêves*, Québec, Gouvernement du Québec [en ligne]. [www.meq.gouv.qc.ca/sections/programmeFormation].

MISHARA, N. et RIEDEL, R. (1985). *Le vieillissement*, Paris, PUF.

MORAN, D. J. et MALOTT, R. W. (2004). *Evidence-based educational methods*, San Diego, Elsevier Academic Press.

MORANDI, F. et LA BORDERIE, R. (2006). *Dictionnaire de pédagogie*, Paris, Nathan.

MORISSETTE, R. et VOYNAUD, M. (2002). *Accompagner la construction des savoirs*, Montréal, Chenelière/McGraw-Hill.

MORVAN, D. et REY, A. (2008). *Le Robert : Dictionnaire pratique de la langue française*, Paris, France Loisirs.

MOSSTON, M. et ASHWORTH, S. (1990). *The spectrum of teaching styles*, New York, Longman.

MOSSTON, M. et ASHWORTH, S. (2002). *Teaching physical education*, 5ᵉ édition, New York, Macmilan College Publishing company.

MOUSSEAU, J. (1981). « Jean Piaget : l'épistémologie génétique », dans *La Psychologie par ses fondateurs : Les 10 grands de la psychologie*, Paris, Éditions Robert Laffont, p. 186-209.

MYERS, D. G. (1995). *Psychologie*, 4ᵉ édition, Paris, Médecine-Sciences Flammarion.

MYERS BRIGGS, I. (1962). *Introduction to type*, Palo Alto, Consulting Psychologists Press.

NAULT, T. et FIJALKOW, J. (1999). « La gestion de classe : d'hier à demain », *Revue des sciences de l'éducation*, vol. 25, nº 3, p. 451-466.

NEILL, A. S. (1975). *Libres enfants de Summerhill*, Paris, François Maspero.

NEWELL, A. et SIMON, H. A. (1956). « The logic theory machine : A complex information processing system », *IRE Transactions on Information Theory*, p. 61-79.

NOËL, B. (1997). *La métacognition*, 2ᵉ édition, Bruxelles, De Boeck Université.

NOISEUX, G. (1997). *Les compétences du médiateur pour réactualiser sa pratique professionnelle*, Sainte-Foy, M.T.S Éditeur.

NOYÉ, D. et PIVETEAU, J. (1985). *Guide pratique du formateur. Concevoir, animer et évaluer une formation*, Paris, INSEP.

ORMROD, J. E. (2004). *Human learning*, 4e édition, Upper Saddle River, Pearson Education.

PAGÉ, M., OUELLET, F. et CORTESAO, L. (2001). *L'éducation à la citoyenneté*, Montréal, Éditions du CRP.

PALINCSAR, A. S. et BROWN, A. L. (1984). «Reciprocal teaching of comprehension – fostering and comprehension – monitoring activities», *Cognition and Instruction,* vol.1, no 2, p. 117-175.

PALLASCIO, R. (2005). «Les situations-problèmes» : un concept central du nouveau programme de mathématique», *Vie pédagogique*, no 136, p. 32-35.

PAPALIA, D. E. et OLDS, S. W. (1988). *Introduction à la psychologie* (adaptation française de C. Bégin), Montréal, McGraw-Hill.

PAQUETTE, C. (1976). *Vers une pratique de la pédagogie ouverte*, Victoriaville, Éditions NHP.

PAQUETTE, C. (1992a). *Une pédagogie ouverte et interactive. Tome 1 : L'approche*, Montréal, Éditions Québec/Amérique.

PAQUETTE, C. (1992b). *Une pédagogie ouverte et interactive. Tome 2 : Démarches et outils*, Montréal, Éditions Québec/Amérique.

PAQUETTE, C. (1995). *Vers une école primaire renouvelée. Référentiel de mise en œuvre*, Monographie 1, Frédéricton, Direction des services pédagogiques, Ministère de l'Éducation du Nouveau-Brunswick.

PARÉ, A. (1977). *Créativité et pédagogie ouverte*, Laval, Les Éditions NHP.

PARÉ, M. et TRÉPANIER, N. S. (2010). «Introduction», dans N. S. Trépanier et M. Paré (direction), *Des modèles de services pour favoriser l'intégration scolaire*, Québec, Presses de l'Université du Québec, p. 1-4.

PARTOUNE, C. (2002). «La pédagogie par situations-problèmes», *Puzzle : La revue bisannuelle du CIFEN*, Université de Liège, no 12, p. 6-14 [en ligne]. [www.lmg.ulg.ac.be/articles/situation_probleme.html]

PECK, S. (1993). *La route de l'espoir : Pacifisme et communauté*, Paris, Les Éditions Flammarion.

PÉLADEAU, N., FORGET, J. et GAGNÉ, F. (2010). «Le rôle du transfert des apprentissages dans l'acquisition des habiletés simples et complexes», dans M. Crahay et M. Dutrévis (direction), *Psychologie des apprentissages scolaires*, Bruxelles, De Boeck Université, p. 47-63.

PERKINS, D. (1999). «The many faces of constructivism», *Educational Leadership*, vol. 57, no 3, p. 6-11.

PERRENOUD, P. (1990). *Curriculum caché : deux paradigmes possibles*, Genève, Université de Genève, Faculté de psychologie et des sciences sociales.

PERRENOUD, P. (1997). *Pédagogie différenciée : des intentions à l'acte*, Paris, ESF Éditeur.

PERRENOUD, P. (1999). «Apprendre à l'école à travers des projets : pourquoi? comment?», *Éducateur*, no 14, p. 6-14 [en ligne]. [www.ibe.unesco.org/fileadmin/user_upload/Poverty_alleviation/PresentationExperts/PresentationExperts_Madrid05_Perrenoud_ApprendreEcole_FR.pdf]

PERRENOUD, P. (2004). «Qu'est-ce qu'apprendre?», *Enfances & Psy*, no 24, p. 9-17.

PETRELLA, R. (1997). *Le bien commun – Éloge de la solidarité*, Lausanne, Éditions Page deux.

PHILLIPS, D. C. (1995). «The good, the bad and the ugly : The many faces of constructivism», *Educational Researcher*, vol. 24, no 7, p. 5-12.

PIAGET, J. (1979). *L'épistémologie génétique*, Paris, PUF, collection Que sais-je ?

PIAGET, J. (1997). « Commentaire sur les remarques critiques de Vygotski», dans L. Vygotski, *Pensée et langage* (traduction de F. Sève), 3e édition, Paris, La Dispute, p. 501-516.

POLIQUIN, L. (1998). *Notre fonction créatrice – Un atout pour la vie*, Montréal, Éditions du Gai Savoir.

POSTIC, M. et DE KETELE, J.-M. (1988). *Observer les situations éducatives*, Paris, PUF.

PRESSEAU, A. (2004) (direction). *Intégrer l'enseignement stratégique dans sa classe*, Montréal, Chenelière/McGraw-Hill.

PRESSLEY, M. (1990). *Cognitive strategy instruction that really improves children's academic performance*, Cambridge, Brookline Books.

PROULX, J. (1994). *Enseigner mieux. Stratégies d'enseignement*, 2e édition, Trois-Rivières, Cégep de Trois-Rivières.

PROULX, J. (1999). *Le travail en équipe*, Sainte-Foy, Presses de l'Université du Québec.

PROULX, J. (2004). *Apprentissage par projet*, Sainte-Foy, Presses de l'Université du Québec.

PROVENCHER, G. (1981). «Enseignement et styles d'apprentissage», *Vie pédagogique*, no 15, p. 4-8.

RABY, C. (2007). «Apprentissage par projets», dans C. Raby et S. Viola (direction), *Modèles d'enseignement et théories de l'apprentissage – De la pratique à la théorie*, Anjou (QC), Les Éditions CEC, p. 40-66.

RABY, C. et VILOA, S. (2007) (direction). *Modèles d'enseignement et théories de l'apprentissage – De la pratique à la théorie*, Anjou (QC), Les Éditions CEC.

RAVITCH, D. (2007). *Ed Speak. A glossary of education terms, phrases, buzzwords and jargon*, Alexandria, ASCD.

RAYMOND, D. (2006). *Qu'est-ce qu'apprendre et qu'est-ce qu'enseigner ? Un tandem en piste !*, Montréal, Association québécoise de pédagogie collégiale (AQPC).

RAYNAL, F. et RIEUNIER, A. (2007). *Pédagogie : dictionnaire des concepts clés – Apprentissage, formation, psychologie cognitive*, 6e édition, Paris, ESF éditeur.

RAYNAL, F. et RIEUNIER, A. (2009). *Pédagogie : dictionnaire des concepts clés – Apprentissage, formation, psychologie cognitive*, 7e édition, Paris, ESF éditeur.

REBOUL, O. (1999). *Qu'est-ce qu'apprendre ? Pour une philosophie de l'enseignement*, 8e édition, Paris, Presses Universitaires de France.

REEVES, H. (2003). *Mal de terre*, Paris, Seuil.

RÉSEAU CANADIEN DE RECHERCHE SUR LE LANGAGE ET L'ALPHABÉTISATION (2009). *Pour un enseignement efficace de la lecture et de l'écriture : une trousse d'intervention appuyée par la recherche* [en ligne]. [http://foundationsforliteracy.ca/pdf/ReadWriteKit_FR09.pdf].

RÉSEAU DES ÉCOLES PUBLIQUES ALTERNATIVES DU QUÉBEC (REPAQ) (2008). *Référentiel des écoles alternatives du Québec* [en ligne]. [http://repaq.qc.ca].

RESNICK, L. B. et KLOPFER, L. E. (1989). « Toward the thinking curriculum : An overview», dans L. B. Resnick et L. E. Klopfer (direction), *Toward the thinking curriculum : Current cognitive research*, Alexandria, ASCD, p. 1-19.

REUTER, Y. (2007) (direction). *Dictionnaire des concepts fondamentaux des didactiques*, Paris, De Boeck.

RICHARD, J.-F. (1990). *Les activités mentales*, Paris, A. Colin.

RICHELLE, M. (1977). *B. F. Skinner ou le péril behavioriste*, Bruxelles, Pierre Mardaga.

RIEBEN, L. (1988). « Un point de vue constructiviste sur la pédagogie de maîtrise », dans M. Huberman (direction), *Assurer la réussite des apprentissages scolaires ? Les propositions de la pédagogie de la maîtrise*, Paris, Delachaux & Niestlé, p. 127-154.

ROBERTS, P. (2000). *Education, literacy and humanization. Exploring the work of Paulo Freire*, Wesport, Bergin & Garvey.

ROBERTS, S. M. et PRUITT, E. Z. (2009). *Les communautés d'apprentissage professionnelles* (adaptation de L. Arpin et L. Capra), Montréal, Chenelière Éducation.

ROBICHAUD, O. et LANDRY, R. (1978). « Intégration et individualisation : modèle de développement de curriculum », *Apprentissage et socialisation*, vol. 1, n° 4, p. 5-31.

ROBIDAS, G. (1989). *Psychologie de l'apprentissage : un système d'apprentissage-enseignement personnalisé*, Brossard, Éditions Behaviora.

ROBILLARD, C., GRAVEL, A. et ROBITAILLE, S. (1998). *Le métaguide – Un outil et des stratégies pour apprendre à apprendre*, Laval, Groupe Beauchemin.

ROGERS, C. (1939). *The clinical treatment of the problem child*, Boston, Houghton Mifflin.

ROGERS, C. (1951). *Client-centered therapy : Its current practice, implications and theory*, Boston, Houghton Mifflin.

ROGERS, C. (1959). « Signifiant learning : In therapy and in education », *Educational Leadership*, vol. 16, p. 232-242.

ROGERS, C. (1961). *On becoming a person*, Boston, Houghton Mifflin.

ROGERS, C. (1969). *Freedom to learn : A view of what education might become*, Columbus, Merrill Publishers.

ROGERS, C. (1970). *La relation d'aide et la psychothérapie* (2 volumes), Paris, Éditions Sociales Françaises.

ROGERS, C. (1971). *Liberté pour apprendre*, Paris, Dunod.

ROGERS, C. (1976). *Le développement de la personne*, Montréal, Bordas Dunod Mtl inc.

ROGERS, C. (1983). *Freedom to learn for the 80s*, Columbus, Merrill Publishers.

ROTTER, J. B. (1966). « Generalized expectancies for internal versus external control of reinforcement », *Psychological Monographs : general and applied*, vol. 80, n° 1, numéro en entier.

RUNTZ-CHRISTAN, E. (2000). *Enseignant et comédien, un même métier ?*, Issy-les-Moulineaux, ESF.

SAINT-ARNAUD, Y. (1974). *La personne humaine*, Ottawa, Les Éditions de l'Homme.

SAINT-ARNAUD, Y. (1982). *La personne qui s'actualise – Traité de psychologie humaniste*, Montréal, Gaëtan Morin Éditeur.

SANTROCK, J. W., WOLOSHYN, V. E., GALLAGHER, T. L., DI PETTA, T. et MARINI, A. (2004). *Educational psychology – First canadian edition*, Toronto, McGraw-Hill Ryerson.

SASSEVILLE, M. (2009) (direction). *La pratique de la philosophie avec les enfants*, 3e édition, Québec, les Presses de l'Université Laval.

SAUVÉ, L. (1992). *Éléments d'une théorie du design pédagogique en éducation relative à l'environnement : Élaboration d'un supramodèle pédagogique*, thèse de doctorat inédite, Montréal, Université du Québec à Montréal.

SAUVÉ, L. (1997). « L'approche critique en éducation relative à l'environnement : origines théoriques et applications à la formation des enseignants », *Revue des sciences de l'éducation*, vol. XXIII, n° 1, p. 169-187.

SCALLON, G. (2000). *L'évaluation formative*, Saint-Laurent, Éditions du Renouveau Pédagogique.

SCRUGGS, T. E. et MASTROPIERI, M. A. (1992). « Classroom applications of mnemonic instruction : Acquisition, maintenance and generalization », *Exceptional Children*, vol. 58, p. 219-229.

SEARLEMAN, A. et HERRMANN, D. (1994). *Memory from a broader perspective*, Toronto, McGraw-Hill.

SELIGMAN, M. E. P. (1975). *Helplessness : On depression, development and death*, San Francisco, Freeman.

SERON, X., LAMBERT, J.-L. et VAN DER LINDEN, M. (1977). *La modification du comportement : théorie-pratique-éthique*, Bruxelles, Dessart et Mardaga.

SHARP, A. M. (2009). « Quelques présuppositions sur la notion de communauté de recherche », dans M. Sasseville (direction), *La pratique de la philosophie avec les enfants*, 3e édition, Québec, les Presses de l'Université Laval, p. 51-62.

SHOR, I. (1992). *Empowering education : Critical teaching for social change*, Chicago, University of Chicago Press.

SHUELL, T. J. (1986). « Cognitive conceptions of learning », *Review of Educational Research*, vol. 56, p. 411-436.

SIMARD, D. (2005). « La Renaissance et l'éducation humaniste », dans C. Gauthier et M. Tardif (direction), *La pédagogie – Théories et pratiques de l'Antiquité à nos jours*, 2e édition, Montréal, Gaëtan Morin Éditeur, p. 59-84.

SIROIS, G. (1997). « Créer des conditions qui permettent aux élèves d'apprendre et au personnel enseignant de les faire apprendre », *Vie pédagogique*, n° 102, p. 16-22.

SIX, J.-F. (1990). *Le temps des médiateurs*, Paris, Le Seuil.

SLAVIN, R. E. (1994). *Using student team learning*, 4e édition, Baltimore, Johns Hopkins University, Center for Research on Elementary and Middle Schools.

SLAVIN, R. E. (1995). *Cooperative learning : Theory, research and practice*, 2e édition, Boston, Allyn & Bacon.

SLAVIN, R. E. (2009). *Educational psychology – Theory and practice*, 9e édition, Upper Saddle River, Pearson.

SMITH, F. (1979). *La compréhension et l'apprentissage*, Laval, Éditions HRW.

SNOWMAN, J., McCOWN, R. P. et BIEHLER, R. (2009). *Psychology applied to teaching*, 12e édition, Boston, Houghton Miffin Company.

SNYDERS, G. (1975). *Pédagogie progressiste*, Paris, PUF.

SOLSO, R. L. (1998). *Cognitive psychology*, 5e édition, Boston, Allyn & Bacon.

SPERLING, G. A. (1960). « The information available in brief visual presentation », *Psychological Monographs*, vol. 74, n° 11, numéro entier.

STEINER, R. (1976). *Les bases spirituelles de l'éducation*, 2ᵉ édition, Paris, Centre Triades.

STERNBERG, R. J. (1985). *Beyond IQ: A triarchic theory of human intelligence*, New York, Cambridge University Press.

STERNBERG, R. J. (1994). « Answering questions and questioning answers », *Phi Delta Kappan*, vol. 76, nᵒ 2, p. 136-138.

STERNBERG, R. J. et WILLIAMS, W. M. (2002). *Educational psychology*, Boston, Allyn & Bacon.

STRONGE, J. H. (2002). *Qualities of effective teachers*, Alexandria, ASCD.

ST-YVES, A. (1986). *Psychologie de l'apprentissage-enseignement – Une approche individuelle ou de groupe*, Québec, Les Presses de l'Université du Québec.

TARDIF, J. (1992). *Pour un enseignement stratégique. L'apport de la psychologie cognitive*, Montréal, Les Éditions Logiques.

TARDIF, J. (1999). *Le transfert des apprentissages*, Montréal, Les Éditions Logiques.

TARDIF, M. (2005). « Les Grecs anciens et la fondation de la tradition éducative occidentale », dans C. Gauthier et M. Tardif (direction), *La pédagogie – Théories et pratiques de l'Antiquité à nos jours*, 2ᵉ édition, Montréal, Gaëtan Morin Éditeur, p. 9-36.

TESSMER, M. et JONASSEN, D. (1988). « Learning strategies: A new instructional technology », dans H. Duncan (direction), *World yearbook of education: Education for the new technologies*, London, Kogan Page, p. 29-47.

THÉORÊT, M. (2007). « Le behaviorisme (section 4) », dans C. Raby et S. Viola (direction), *Modèles d'enseignement et théories d'apprentissage – De la pratique à la théorie*, Montréal, Les Éditions CEC, p. 206-228.

THÉORÊT, M. et DUMAIS, F. (2004). *Modèles et pratiques d'enseignement efficaces en lecture* [en ligne]. [www.meq.gouv.qc.ca/Agirautrement/Sug_pratiques_ens_lecture/Chapitre5.pdf].

THERER, J. et WILLEMART, C. (1983). « Styles et stratégies d'enseignement et de formation – Approche paradigmatique par vidéo », *Probio Revue*, vol. 7, nᵒ 1, p. 2-16.

THEYTAZ, P. (2007). *Motiver pour apprendre*, Saint-Maurice, Éditions Saint Augustin.

TIMPSON, W. M. et TOBIN, D. N. (1982). *Teaching as performing: A guide to energizing your public presentation*, Englewood Cliffs, Prentice-Hall.

TOMLINSON, C. A. (2010). *Vivre la différenciation en classe* (adaptation de D. D. Demers), Montréal, Chenelière Éducation.

TOURNIER, M. (1981). *Typologie des formules pédagogiques*, Sainte-Foy, Éditions Le Griffon d'argile.

TULVIG, E. (1993). « What is episodic memory? », *Current Directions in Psychological Science*, vol. 2, p. 67-70.

UNESCO (1999). *La philosophie pour les enfants*, Paris, UNESCO, Division de la philosophie et de l'éthique [en ligne]. [http://unesdoc.unesco.org/images/0011/001161/116115mo.pdf]

VIANIN, P. (2007). *La motivation scolaire – Comment susciter le désir d'apprendre*, Bruxelle, De Boeck.

VIAU, R. (1994). *La motivation en contexte scolaire*, Bruxelles, De Boeck.

VIENNEAU, R. (1987). *La modifiabilité cognitive… ou comment améliorer l'efficience cognitive de sujets démontrant une déficience intellectuelle*, Montréal, Université de Montréal, Faculté des sciences de l'éducation.

VIENNEAU, R. (2002). « Pédagogie de l'inclusion: fondements, définition, défis et perspectives », *Éducation et francophonie*, vol. 30, nᵒ 2, p. 257-286 [en ligne]. [www.acelf.ca/c/revue/sommaire.php?id=5]

VIENNEAU, R. (2005). *Apprentissage et enseignement – Théories et pratiques*, 1ʳᵉ édition, Montréal, Gaëtan Morin Éditeur.

VIENNEAU, R. (2006). « De l'intégration scolaire à une véritable pédagogie de l'inclusion », dans C. Dionne et N. Rousseau (direction), *Transformation des pratiques éducatives – La recherche sur l'inclusion scolaire*, Québec, Presses Universitaires du Québec, p. 7-32.

VOISIN, M. (2006). « Avant-propos », dans M. Lipman, *À l'école de la pensée – Enseigner une pensée holistique*, 2ᵉ édition, Bruxelles, De Boeck Université, p. 9-12.

VOISIN, M. (2009). « Préface », dans M. Lipman et A. M. Sharp, *Mark – Recherche sociale*, Bruxelles, P.I.E. Peter Lang, p. 11-17.

VON GLASERFELD, E. (1994). « Pourquoi le constructivisme doit-il être radical? », *Revue des sciences de l'éducation*, vol. 20, nᵒ 1, p. 21-27.

VYGOTSKI, L. (1985). *Pensée et langage*, Paris, Messidor.

VYGOTSKI, L. (1997). *Pensée et langage* (traduction de F. Sève), 3ᵉ édition, Paris, La Dispute.

WATKINS, C. L. (1988). « Project follow through: A story of the identification and neglect of effective instruction », *Youth Policy*, vol. 10, nᵒ 7, p. 7-11.

WEINER, B. (1985). « An attributional theory of achievement motivation and emotion », *Psychological Review*, vol. 92, nᵒ 4, p. 548-573.

WEINSTEIN, C. E. et MAYER, R. E. (1986). « The teaching of learning strategies », dans M. C. Wittrock (direction), *Handbook of research on teaching*, 3ᵉ édition, New York, Macmillan, p. 315-327.

WILSON, K. G. et DAVISS, B. (1994). *Redesigning education*, New York, Teachers College Press.

WINDSCHITL, M. (2002). « Framing constructivism in practice as the negociation of dilemmas: An analysis of the conceptual, pedagogical, cultural and political challenges facing teachers », *Review of Educational Research*, vol. 72, nᵒ 2, p. 131-175.

WITKIN, H. A. (1978). *Cognitive style in personal and cultural adaptation*, Clark University Press.

ZIMMERMAN, B. J., BONNER, S. et KOVACH, R. (2002). *Developping self-regulated learners*, Washington, DC, American Psychological Association.

ZIMRING, F. (1994). « Carl Rogers », *Perspectives – Revue trimestrielle d'éducation comparée*, vol. 24, nᵒ 3/4, p. 429-442.

ZIV, A. (1979). *L'humour en éducation: approche psychologique*, Paris, Éditions ESF.

ZWIERS, J. (2008). *Lire pour apprendre. Construire des automatismes de compréhension en lecture* (adaptation française de S. Garnick), Montréal, Chenelière Éducation.

INDEX DES AUTEURS

INDEX DES SUJETS

Note : Les pages où se trouvent les termes définis en marge du texte sont indiqués par les numéros en caractères gras.

d'autoactualisation (*need for self-actualization*), ou d'actualisation de soi, 214, **217**, 219, 220, 249

d'épanouissement, 217

d'estime, 217, **218**, 220, 249
    de la part des autres, 218, 219
    de soi, 218

d'expression de soi, 214

d'harmonie, 219

d'ordre et de structure, 217-219

de cohérence, 268

de connaître et de comprendre, 217, 219, 249

de croissance, **217**, 219, 249

de développement, 217

de liberté, 210, 212-214, 231, 237-239, 241-243, 250

de nature cognitive, 217, 219

de niveau inférieur (selon Maslow), 217, 219, 231, 249

de niveau supérieur (selon Maslow), 217, 219, 231, 249

de plaisir, 210, 213, 231, 239-243, 246, 250

de pouvoir, 210, 213, 231, 233, 235-237, 242, 246, 249,

de réalisation, 217

de relations interpersonnelles, 218

de sécurité, 211, 213, **217**, 218, 219, 225, 232-235, 241, 242, 249

de survie, 219, 231, 232

de symétrie, 219

de transcendance, 214, **226**, 268

esthétiques, 217, 219, 249

fondamentaux, 211, 213, 219, 225, 231, 232, 242, 268

primaires, 216, 217

physiologiques, **216**, 217, 218, 232

psychologiques, 217, 218, 232, 249

pyramide des_,
    de Maslow, 217, 225

secondaires, 216

sociaux, ou d'intégration sociale, 218

Besoins-déficiences, 216, **217**, 218, 249

Boîte de Skinner, 85, 89

Communauté
    d'apprenants, **184**
    d'apprentissage professionnelle, 51
    de recherche, **272**

Compétence(s), 7, 11, 12, 16, **20**, 21, 22, 34-36, 42, 54, 66-69, 72, 113, 153, 177, 198, 200, 246, 247, 270

approche par_, 2

cognitives, 153, 270

développement des_, 50, 53, 62, 67, 198, 200, 206

disciplinaires, 10, **20**, 21, 22, 36, 49, 62, 70, 97, 103, 114, 163, 169, 194, 200, 201, 203

langagières, 28

logicomathématiques, 26

métacognitives, 270

transversales, 10, 16, 20, **21**, 22, 36, 37, 39, 49, 54, 66-68, 70, 72, 103, 163, 170, 194, 200, 203, 206, 246, 282

Comportement(s)
    analyse du_, **92**
    approche par_, 2
    autocontrôle des_, 95
    autogestion des_, 95
    automesure du_, 95

Concept de soi, 30

Conditionnement classique (ou pavlovien), 81

Conditionnement opérant, **85**

Conflits sociocognitifs, **190**

Connaissance(s)
    antérieure(s), **28**, 29
        de l'apprenant, 28, 29
    conditionnelle(s), 3, **4**, 10, 11, 17, 18, 20, 29, 32, 33, 36
    déclarative(s), **3**, 10, 11, 17, 18, 20, 32, 33, 36, 67, 103, 111
    métacognitive(s), **14**
    préalables, 28, 29, 108, 144
    procédurale(s), **3**, 10, 11, 14, 17, 18, 20, 29, 32, 33, 36, 103, 111

Connexionnisme, **79**, 80

Conscientisation, 49, 64, 256, 258, 265-268, 270-272, 275, 276, 279, 284, 285
    critique, 271

Conseil de coopération, **237**

Constructivisme, 14, 62, 66, 78, 123, 163, 170-173, 178-185, 205, 224, 270
    dialectique, 179
    épistémologique (ou radical), **182**
    pédagogique, **182**

Contenus d'apprentissage, **20**

Contingences, classes de_, **86**

Contrôle exécutif, **128**

Coopération, conseil de_, **237**

Courant(s)
    pédagogique(s), **5**, 35, 38, 39, 48, 49, 53, **54**, 56-59, 65, 66, 69-72, 112, 120, 122, 123, 144, 165, 179, 183, 212, 242, 247, 249, 256, 268, 269
    spiritualiste, 214

Cours, 19

Croissance, besoins de_, **217**

Culture pédagogique, **43**

Curriculum, 19, 42, 53, 55, 56-58, 71, 134, 274
    caché, **42**, 53, 71, 274

Cybernétique, **125**

Éducation, **45**

à la citoyenneté démocratique dans une perspective planétaire (ECDPP), **280**

contenus d'apprentissage, 281

à la solidarité internationale, 282

civique, 271

de base, 265

populaire, 258

sciences de l'_, 43

transpersonnelle, 227

Effecteurs, **127**

Effet de primauté, **150**

Élève(s)
    métier d'_, **6**

Élève(s)-apprenant(s), 68, 101, 120, 140

Empathie, **222**

Empirisme, **89**

Engagement, **184**, 271

Enseignant
    facilitateur, **229**
    fonctions de l'_, 44, 45, 71
    stratégique, **134**

Enseignement, **45**
    de précision, **110**
    direct, **103**
    discipline d'_, **19**
    efficace, **108**
    explicite, **106**
    fonctions de l'_, **108**
    magistral, **91**
    magistrocentré, **91**
    modèle d'_, **112**
    modulaire, **90**
    programmé, **90**
    réciproque, **104**
    spectre des styles d'_, **47**
    styles d'_, **46**
    technique d'_, **41**
    tutoriel, **100**

Enseignement-apprentissage, **4**
    stratégie d'_, **41**

Entraînement cognitif, **135**, 152, 153

Épistémologie génétique, **172**

Essais et erreurs, **80**, 81

Estime
    besoin d'_, **218**

Estompage, **97**

Étude(s)
    champ d'_, **19**
    de cas, **198**

Évaluation
    formative, 52, 101, 109, 112, **113**, 114, 116, 163, 165
    sommative, 52, 112, **114**, 163, 165

Expérience, **8**

Exposé
    formel, **157**
    interactif, **157**

Extinction, **92**